民国年度出版时评史料辑编 第五卷

吴永贵　张学科　编

华中师范大学出版社

新出图证(鄂)字10号

图书在版编目(CIP)数据

民国年度出版时评史料辑编　第五卷/吴永贵,张学科编.—武汉:华中师范大学出版社,2019.6

ISBN 978-7-5622-8441-3

Ⅰ.①民…　Ⅱ.①吴…　②张…　Ⅲ.①出版工作—史料—汇编—中国—民国　Ⅳ.①G239.296

中国版本图书馆CIP数据核字(2018)第261995号

民国年度出版时评史料辑编　第五卷

©吴永贵　张学科　编

责任编辑:宋文静　冯会平　　　　责任校对:刘　峥

封面设计:罗明波

编辑室:学术出版中心　　　　电话:027-67863220

出版发行:华中师范大学出版社

社址:湖北省武汉市洪山区珞喻路152号

电话:027-67863426(发行部)　027-67861321(邮购)

传真:027-67863291

网址:http://press.ccnu.edu.cn　　　　电子信箱:press@mail.ccnu.edu.cn

印刷:武汉中科兴业印务有限公司　　　　督印:王兴平

开本:710mm×1000mm　1/16　　　　印张:37.25

版次:2019年6月第1版　　　　印次:2019年6月第1次印刷

字数:554千字　　　　定价:168.00元

欢迎上网查询、购书

目　　录

1936 年

1937 年

1936 年

一九三五年出版界的总检讨

牛亦未

一

中国是个落后的国家，这话的证据是从各方面可以找得出来的，尤其是从教育方面，因为无论如何讲，强国富民之道无论怎样多，教育关系国家的命脉，是具有极大的效能的。据概括的统计，得受教育的国人，尚不足百分之二十，这种比例的数字，恐在世界各国中，我们占了第一把交椅，这不是我国教育落后的一个铁证吗？又岂不是我国落后的一个征信吗？

教育既在富国强民的方法中，占紧要的位置，所以觇人国者，每喜以教育的兴替，为估断的依据；而教育之兴替，则不只侧重学校的多少，而亦应注目到出版物的如何。谈到出版物，可以分作两方面去观察：量的方面与质的方面。如今我们先就量的方面，来考察一下中国的出版物吧，关于质的方面，后边再谈。

二

舒新城先生在《文化建设》第一卷三期发表了一篇《一年来之我国出版事业》的文章，在那篇文章中舒先生引用了日本东京堂《出版年鉴》的世界各文明国的出版统计，我可借来一用，以为和我国出版界作一比较，以见我国出版界现在的情形，借此也就可以知道我国教育如何，国势如何。

世界主要国家出版统计（册数）

国名	一九三一	一九三〇	一九二九	一九二八	一九二七	一九二六
苏维埃	三八，四〇三	三四，一九五	二九，四七四	—	三六，六八〇	三六，四一六
德意志	二四，〇七四	二六，九六一	二七，〇〇二	二七，七九四	三一，〇二六	三〇，〇六四
日本	二三，一一〇	二二，四六七	二一，一一一	一九，八八〇	一九，九六七	二〇，二一三
英吉利	一四，六八八	一五，三九三	一四，〇八六	一四，三九九	一三，八一〇	一二，七九九
法兰西	一四，〇五五	一四，三七二	一四，六六〇	一五，六三二	一一，九二二	一一，〇九五
意大利	一二，一九三	一一，九四九	八，四四二	七，三一八	六，五三三	五，八七三
波兰	一一，三一三	一二，二七四	—	—	六，八八八	六，三三九
美利坚	一〇，三〇七	一〇，〇二七	一〇，一八七	一〇，三五四	一〇，一五三	九，九二五
荷兰	七，三三三	六，七八二	—	六，二六四	六，一〇三	—
匈牙利	三，一六九	三，四〇三	二，九八七	三，五〇七	三，八七九	三，八二八
丹麦	三，一三八	三，四二一	三，二五七	二，八九三	三，二九三	三，二七〇
葡萄牙	二，七五三	二，一七一	—	一，三二二	九六七	—
瑞典	二，六四三	二，六六〇	二，六三七	二，七二三	二，六五二	二，七四四
西班牙	二，四三六	二，四三六	—	二，三一〇	二，三七四	二，二六八
保加利亚	二，四〇四	二，六九六	二，五九五	二，七七五	二，三七九	二，七六〇
瑞士	二，〇四九	二，〇九五	二，〇〇九	一，九二二	一，九〇九	一，八二三
加拿大	—	—	—	二，八八九	三，一六七	二，八九一
比利时	—	—	—	—	一，六八九	二，二〇九
挪威	—	一，六一二	一，六二〇	一，一五五	一，二三八	一，二〇四

至于各国出版物与人口之比例数则如下表：

国名	人口数	出版物册数	每一册与人口之比例
苏维埃	一六五，七〇〇，〇〇〇	三八，四〇三	四，三一二
德意志	六五，三〇〇，〇〇〇	二四，〇七四	二，七一二
日本	九〇，三九六，〇四三	二二，一一〇	二，九一三
英吉利	四六，一八九，四四五	一四，六八八	三，一四五
法兰西	四一，八三四，九二三	一四，〇五五	二，九七七
意大利	四二，二四七，〇〇〇	一二，一九三	三，四六五
波兰	三二，九二七，七七三	一一，三一三	二，九一一
美利坚	一二二，七七五，〇四六	一〇，三〇七	一一，九一二
荷兰	七，九二〇，三八八	七，三三三	一，〇八〇
匈牙利	八，六八八，〇〇〇	三，一六九	二，七四三
丹麦	三，五九〇，〇〇〇	三，一三八	一，一〇四
葡萄牙	六，六九八，三四五	二，七五三	二，四三三
瑞典	六，一九〇，三六四	二，六四三	二，三四二
西班牙	二三，五六〇，九七五	二，四三六	九，六七二
保加利亚	六，〇〇六，〇岁①〇	二，四〇四	二，四九八
瑞士	四，〇六六，四〇〇	二，〇四九	一，九八五
加拿大	一〇，三七六，七八六	二，八八九	三，五九二
比利时	八，一五九，一八五	一，六八九	四，八三一
挪威	二，八一四，一九四	一，六一二	一，七四六

从上二表，则可见世界各文明出版物状况若何。至于我国出版物情形若何，一则人口统计，到现在没有一定的把握，所有统计，都是估断数，而非实在数；至于出版物，因为民十七以前《著作权法》尚未制定公布，无从统计。就是自十七年五月《著作权法》公布以后，因事在初创，出版业者未能悉遵法令办理，所以自十七年的六月至二十二

① 岁，原文如此，疑为“〇”之误。

年，五年之中，在内政部注册之出版物，仅三千七百七十六种，新闻及杂志计三千三百三十一种。这种数字，实不可靠，然以出版事业在中国可谓新兴之事业，其实在量数，较以上估断之数，大约也多不出多少。所以据舒新城先生的估计，我国每二七五，九五四人始有新刊一种，每二，二五七，七二九人始有新志一种，以与其他各文明国家相比，真是瞠乎其后。以我国幅员之广，人口之多，其每年出版物之量数尚不及荷兰等小小国家，岂非现象之怪者哉？

三

我国出版物，在其量的方面，已不及其他现代国家远矣，欲我国而现代化，能和其他国家，在文化方面站在同一水平线上，非设法把出版物予以扩张不可。现在我们可以把我国出版物所以如此贫困的原因，略作分析与观察。

前边已经说过，我国受教育的人数，尚不及全民数的百分之二十。没有受过教育的人，当然不会购买读物，所以教育不普及，是中国出版界不能繁盛的一个原因。

现在世界，几乎没有一个国家不感受着经济恐慌的威胁的，所以我国也不能逃出这种整个世界的氛围。何况我国又是生产落后的国家，工商业之不振，农业之衰颓，已经使得一般民众生活艰难。况此外又加上了连年的天灾人祸，水旱的浩劫，兵匪的滋扰，苛杂的繁重，弄得农村破产，农民逃出乡村而趋往都市；都市因人口的过剩，无工可作，以致失业人数骤增。据报纸上的统计，只上海一埠，失业人已占全人数三分之二，为象之险，为状之苦，可以想见。由是便影响到金融，以致白银流出，使种种事业，或濒于破产，或至于停顿，我们如今再往都市伸头去探视，则只见什么大廉价、加尺、一折九扣等等的广告，这正是都市也闹着经济不景气的象征。经济既到了不景气的世界，则人民的一般购买力必要减低，而人民的生活，衣食为先，一般人衣食之不足，更又何力量去购买不急需的书籍；书籍既不易售出，则印刷营业，势必至于迟滞，而书店既不能扩展，即已开办者，也必至于停办。

四

出版事业，既因着教育之不普及与经济之恐慌，不能有所发展，远不及其他各国，此只就量的方面言。然据历年的统计，在量的方面，每年若有增加，是非与前言有所矛盾乎？曰否。因量的方面的微弱，系就与他国出版界比较言；在同一方面，若有所增加，系只就国内言，前面谓我国出版界之破产、之停顿，不只是就其量的方面说，而亦就质的方面言。盖欲审断某种事业进展或退步，不应只就其量为估断，而同时亦应顾到它的实质如何。

谈到我国出版刊物之质的问题，实有令人可长叹惜者。业书商者，既受经济之影响，而仍欲维持其营业，不得不减低其价格，价格既贬，而仍须维持其普通收入，势非在量的方面扩展不可。所以在所谓文化城的北平，你到书摊上去看，满屋满架东西装的各种书籍，这似乎是出版界的好现象，然而你试翻检内容，不免使人灰心，盖其内容之贫困、之恶劣，实有出人意想之外者。我且引一段别人的话，来作我这说话的注脚：

"有些人说去年（二十二年）是'杂志年'，无非是表示在去年这一年中出版的刊物异常繁多，显示着出版界的活跃。其实呢，要是仔细的一推敲，那就不免又要教你把万分的高兴低落到零点了，甚至会教你感觉到不少的忧虑，抱着凄凉的失望。因为所谓如'雨后春笋'出现的刊物，在形式上尽管有不少的在考究封面怎样美丽好看，广告登得怎样高明耀目，但是它的销路终不能因这些形式上的考究而有所开展，内容的腐陋、幼稚、污浊、浅薄，终不能因这些形式上争妍而能克服的。以如此之事实，与其说这'杂志年'表示着出版界的好现象，毋宁说这是出版界最大的失败的表现，因为花费了许多的资金、财力，结果，只是说了些虚伪含糊、不切实际的话，倒反搅乱了听众的心神，把他弄的更加糊涂，更加莫明其妙、不知西东了。"（《读书季刊·书报评介之三》）

我们从以上所引的一段文字，便可概见现在出版物的质的一般情形。一般营书业者，只是营业性质，惟利是谋，以发财为目的，他们之中，能有几人明了自己责任之所在。出版界是要负普及文化的责任的，惟其如此，所以为谋维持他们的营业，不问刊物的内容若何，将来能有什么结果。那么，不惜把刊物的内容弄到龌龊、污浊、腐陋，只要能迎合读者的低级趣味，能获利，能发财，于愿已足，所以若从出版物的质的方面去估价，我国出版界的现象，真是漆黑稀糖。

五

纯以营业立场的我国出版界，在经济不景气的今日，为维持其营业，他们走向了三种路径：一是古书的翻印，二是色情文学的流行，三是小型杂志的出现。

关于古书的翻印，又可分为三大类：一、小说笔记类；二、丛书类；三、珍本类。翻印古人小说笔记的书店，现在已有许多家，所翻印的东西，既无版权，因无稿费，所以成本很为低廉。这类东西能够畅销的缘故，就只是价格的低廉，无关于内容的好坏。在那些笔记小说中，有的谈神说怪，也有的诲淫诲盗，在昔悬为禁书的，现在也可公开出售。这类刊物中，我不说无一是处，然大多数是既不合时代的要求，更不能使读之者生发什么现代知识，燃起爱国热情，且往往引导一般青年读者入于迷途。近来在报纸上往往记载某青年要想遁世，逃往深山，修仙炼丹，这种奇怪现象，都是那种谈神说鬼小说笔记等之作祟。

翻印丛书，成本既巨，不是一般小书店所能胜任，所以只有几家大书店作这种工作。这种工作的价值，只在保存中国文献的一点，供几个专门学者的参考，对于普及文化上，尚谈不到，不过我认这个工作，较比翻印那些小说笔记类稍胜一筹，因为一则可以保存中国文献，二则不似诲淫诲盗之小说之为害社会人心也。

刊物是所以保存并促进文化者，其所有之效能，不在刊物之外形、之量数多寡，而尤在于其实质如何。如今我们就此一点再一检我国过去一年出版界之情形吧。古书翻印的估价，已如上述，我们就进而看一看第二类、第三类：色情文学的流行与小型杂志的出现。因为这二类大同而小异，所以得合并而论之。什么《黑幕大观》、《性的秘密》、《女学生外史》等奇名怪姓、大本小本的书籍，还有种种不堪入目的画报、杂志，名目繁多，不可数计。如果你留心一下，在各都市的书肆浮摊上，便触目皆是，就是比较稍好一点的，也仍脱不了软性东西的氛围。而此等东西的读者，大半数是青年学生，将为国家基础的青年学生。当此国难重重，内忧外患，纷至沓来的时期，绝不应把一般青年造就成贾宝玉式的废物，而应培养之成为清廉雄壮的人格，担得起重任，吃得下辛苦，肯牺牲，能团结。然而那些描声绘色的色情读物，不只不能达此目的，且不知陷害了多少有为的青年！“始作俑者，岂无后乎？”

青年阅读那些色情文学的书籍，好比吞食毒物，而其为毒，却有甚于毒物者，因为毒物之所贼害者，只不过人的肉体，而色情文学则兼青年人之道德观念，也完全给破坏，陷入不可救治的地步。但对于毒物，政府时有禁令，设法肃清，然而对于这些伤风败俗的刊物，却少有人过问，这未免是一件遗憾的事情。去年陈衡哲女士发表过一篇《救救中学生》的文章（二四年九月十一二日《大公报》星期论文），她认为现在中学的课程门类太杂，钟点太多，对于正在发育的青年，害多益少，我也可效法的口调说一声“救救青年学生”。但不是要缩短他们工作的时间，而是要把他们应当吃的东西——读物——消毒一下，肃清读物中的毒素，扫除出版界的妖孽。这个救济问题，我认为比缩短课程时间更为紧要。

六

过去的出版界，既有了许多不好的现象，在过去的一年情形，较从前也没有什么进步。可是当此国难严重期间，民族的出路，国家的生存，出版界是负着很重的责任的。自然出版界也是带营业性质，然而决不得因为自身的利益，而断送了整个民族，把一般有为的青年，或引入迷途，或陷于悲惨的境地。至于主笔政者，更应当顾到这一层，莫只快自己一时的私意，而应为社会、国家前途打算。负军政之责者，对国家、社会、人民之幸福，固负相当责任，然而主持言论者，其所负之责任，恐较军政当局为尤巨，盖人民思想、智识之如何，胥视所受之教训如何。民众如果得有正确之领导，国家社会必渐次而走入正轨，否则不惟歧途彷徨，亦且走入危险境地。故愿在此二十五年开始之日，敬为出版界告，希今年之出版物，悉本救国正义、原则，辅助政府推进各种建设，那时我国前途，庶有豸乎？

二五，一，一，于故都。

（载《新北辰》1936 年第 2 卷第 1 期）

一九三五年的中国出版界

瘦　石

近年来中国的出版界，已陷于极度的恐慌和凋零的地步，这也正反映着中国近年来的文化，原已处于僵半死的状态了。这个形态的形成，确是够人悲观的，也实是已到了最危险的一个阶段了。

去年，谁都不会忘记：我国出版界一种特异的趋势，就是翻印古书的风行。这许多古书的翻印，约可以分为三类：（一）小说笔记类；（二）丛书类；（三）珍本类。三种中尤以第一种销路为最广，他们不惜都以一折八扣来出卖，来投以读者所好，而得畅销。所谓丛书类，也可分成两类：一是给学者们参考或图馆用的，一种都给一般从事于国学研究者诵习的。前者如商务的《丛书集成》，后者则如中央书店的《国学文库》之类。再其次，所谓珍本的印行，上海杂志公司所编印的，最可注意的就是还有一种中西合璧式的有类杂志性质的《世界文库》，把前人没有胆量捧为文章名著的，一经郑振铎品题，便正式把翻印旧书的事，从商人的手里转移到文人学者的手里来了。同年间，画报的风行也堪注意，无奈都仍是以女人的照片来号召，来吸引读者的性感，这种刊物无疑的对青年读者还是没多大利益的。

从上列的事实看来，至少我们可以得到两个意见：

第一，就是中国的出版界，既消失了往年的雄姿，而益复日陷没落凋零了。回忆中国过去，自五四运动以后的新文艺书籍的畅销，随后社会科学书籍的盛行，差不多展开了出版界的黄金时代的一页。此后，到第三阶段的教科书和儿童书籍，虽然有一些刺激，而能援延到“杂志年”的来临，但也早已呈示着出版界已早到了最后一步，也可以说是“强弩之末”了。回顾到出版界已往的光荣和蓬勃的气象，对现实的出版界，该作如何的今昔之感呢？但这也原是中国一般进展底同样的步调，原该用不着悲观。要是照辩证法来论断，说不定去年出版界的衰颓，原也正是出版界再次蓬勃的肇端吧，前夜吧！

第二，就是从上列的趋势，我们可以看出社会的经济环境、群众心理和文化事业各方面的姿态来。中国近年来农村破产到极度的时期，商品价格愈低落，而群众购买力也愈弱。经济的不景气，赶走了都市的繁荣，一般书贾，没有过量的金钱收买稿件，在读者又以经济力弱而鲜能购买价格昂贵的古书，于是没有版权的较大众化的翻印，势成必然了。而群众对于现实生活的困倦，尤其是精神生活的失其凭借，新颖的书籍又以复古的高潮而动荡了群众的思维，于是价廉的古书，乃成为唯一的消遣品了。在嗜好古学的穷人们，当然更可以得一饱了。

摆在目前的史实，在过去的一九三五年中，中国的出版界已走到混乱的顶点，大家都觉无书可读。而坊间的书商们也觉无书可印，大家都在古书和画报间徘徊彷徨了。这样下去，对于中国的文化界的前途，实在是危险得万分的。

一九三六年既已开始了，我希望一般有高深学术的文人学者们，充其量的供献现时代新兴的文化思潮；一般商贾们能以薄利主义以文化为使命的来厚待读者大众，使出版物系统化、通俗化、大众化起来；使出版界得有起色，得能免大众无书可读、无多钱购买之苦，而恢复已往的出版界黄金时代的一页！

（载《民智月报》1936年第5卷第2期）

一九三五年的中国的出版界

江菊林

中国的出版界，到近年来直接跟着了农村破产而衰颓了下来，在去年更充分地显露着出版界的崩溃、凋零。

忆中国自从五四新文化运动以来，一般青年的求知欲随着时代思潮的激荡而高涨起来，新的出版业如雨后春笋般地产生，一时出版界成了蓬勃的气象。最初是新文艺书籍的畅销，鲁迅、冰心等人的创作，在时代青年的手里，可说是人手一册。而在南洋一带，张资平的创作，更是大量的销售着。这时期差不多可说是出版界的黄金时期。后来经过革命军的北伐，一般青年都从浪漫的氛围里转到现实来。他们需要对时代社会的认识，需要实际社会问题的解答，所以社会科学一类的书籍便应运而生了。这时期可以说是黄金时期的转变期。接下因为社会科学书理论的老调，而翻译的社会科学一类的书籍，又不能适合于一般读者的胃口，更因价格昂贵，便急转直下的在儿童书籍和教科书上想尽方法了。这样便转成第三个时期。这时期，儿童书各书局都设法印卖，而各学级的补充读物，更充斥于市。最初却有些刺激，结果又因为花样并不能多翻，内容又是那么一套，销路也就显然地低落下去。到前年，竟称为"杂志年"，而一味在杂志上努力，企图以低廉的价格而出卖内容丰富的文字，但这个潮流一到去年也就不行了。

提起一九三五年的去年，我得稍微追述去年一般文化界的情形：

我们不会忘记，在一九三四年，有作为大众语战所引起的反动，作为整个复古运动理论基础的"存文会"底出现，和十教授建设中国本位文化的宣言底发表。"存文会"的意见说明了十教授底主张所需要的形式，十教授宣言却规定了"存文会"底主张底内容，它们原是一而二、二而一的。

"存文会"和十教授以前，有"禁止男女同行"、"提倡贤母良妻"之类的事实，并且愚夫愚妇底迎神赛会，天师活佛底罗天大醮和金刚法会都成了救国良图；同时盛大的祀孔大典又在皇皇举行了。由于这些事实的唆示，在书业商方面，便有大规模的翻印古书的企图了。如果把这些被翻印的古书加以分别，则可以分为三大类：（一）小说笔记类；（二）丛书类；（三）珍本类。其中尤以第一类在市面上获得大量的倾销。四库之类的不用谈，凡是用方块字写成的，已经被忘记或没有注意过的书，无论是什么性质，无论是什么体裁，差不多都被翻印出来了，以极便宜的价钱推销全国偏僻地方去。这就是说，无论怎样封建的读物，下流的读物，都送到全国读者的面前了。

然而这一个事实，在“存文会”和十教授以前，只限于吸血兽一般的书商。他们没有通过文人学者，没有任何理论根据，不过眼明手快的在浓厚的复古空气中趁机会发财罢了。而一到了“存文会”和十教授宣言出现，他们底事业才随同整个复古运动一齐得到合理的解释，而疯狂地滋长着，充分地反映在去年的出版界了。

不过一般的出版界还未能十分咬定那些封建文学和色情文学是世界名著或伟大的作品，而一到郑振铎，便把翻印旧书的事由书业手里转到文人学者手里来，使文人都可充其量的在古书堆里找钱用。郑氏的中西合璧有类杂志性质在生活书店出版的《世界文库》固是一个明例，而施蛰存、阿英之流的“珍本丛书”也出现在动乱的出版界了。

因古文化运动吐着最后的光芒，而直接造成出版界去年的翻印底风行，该是一个主因了。其次自然，又因无版权或著作权和原刻本的价昂，非一般读书人的购买力所及，这差不多为构成出版界翻印主潮的物质的原因。而更因一般群众于现社会中感到生活的不安定，尤其是精神生活失去了倚靠般，使人生不能自拔，对于一般刺激性或麻醉性的草药，感到了厌倦之后，一些歌咏才子佳人的章回小说和怪力乱神的笔记小品，便成为唯一的消遣读物了。这样，“一折八扣”的书籍便获得了销售。这差不多可说是精神的原因。

除了上述一种特殊的趋势外，而画报在去年也很盛行。无论是“电影”、“戏剧”、“漫画”、“木刻”，约有数十种以上，仍大都以女性来号召，以吸引读者的性感，这也是在过渡时代的出版界畸形的内容的表象。

这里，约可窥见去年出版界内亏到一至于若何地步，而是正式地在混乱的阶段了，差不多一至于顶点的。大家都觉得无书可出，而徘徊于古书和画报之间，这样下去，文化界实是很危险的。不过相反地也正表示出中国文化的现阶段，正处于一种停滞状态中。新的理论和新的学术，都因直接受了经济恐慌的影响，使知识分子无法接受随着时代潮流前进的文化。一般学者既无志于承担介绍新的学术与思想的责任，同时一般书商也不愿意出版徒费资本而销路狭隘的书籍，因此整个的中国文化界陷下了僵死的状态了。

一九三五年是去了，我希望文化界的封建意识也跟着肃清去吧，我们不祈求于回复到旧时代的桎梏里去。我们该有前进的文化来丰富出版界，来蓬勃出版界。自然，今后的出版界当本着为文化的使命，而致力于出版物的大众化、系统化、经济化，而更希一般学者们以纯学术的立场来共为出版界努力、挽救。这样“悟以往之不谏，知来者之可追”，当能有所望于今年以及今后吧！

（载《晨光周刊》1936 年第 5 卷第 8 期）

民国二十四年出版界回顾

一　平

出版事业是一国文化的风雨表。人们要考察“文明的优秀的”德意志自从希特勒上台后文明到怎样，和“野蛮的低劣的”苏联究竟野蛮到如何，往往从各该国里搬出一大堆的数目字，说那是衰落了，这是蓬勃着。

中国的文化事业怎样了呢？我们从出版事业这一个角去瞥视一下，在一切都要刷上新的年头来回顾去年的动静，或者也能得个粗浅的印象吧。

可是在资本制度的国家内，出版事业也和别的事业一样，受着商品的网的限制的。书是文化品，同时也是商品。于是这被一部分人视为神圣的文化事业，其动向也不得不跟着市场情况而同进退了。

这是去年一年间出版物的分类统计：

类别	种数	价值	百分比（%）
总数	四六	三六・六五	○・九五
哲学宗教类	一○七	八七・一六	二・二七
社会科学类	六○二	六三○・一四	一六・四○
语文学	一三三	一一五・一一	二・九九
自然科学	一七○	一六八・九九	四・三九
应用技术	二七三	三八六・五七	一○・○六
艺术	一四六	一五八・二四	四・一二
文学	三六四	二九一・八四	七・五九
史地	二八二	二六七・七二	六・九七
儿童读物	一二一	三七・六三	○・九八
大部古书	一七	一，六六三・三○（预约价）	四三・二八
总计	二，二六一	三，八四三・三五	一○○・○○

看了上表的总计一项，简直不能相信，去年出版界一年的努力，仅只有二千余种的出版物，全部价格连大部的古书在内，仅只三四千元。希特勒的德国虽经尽力的压制舆论，出版的统计数字正在一年年的跌落，但出版物的数量，还在二万种以上。

上表是去年的初版新书，重版书不在内，还有教科书也除外。大部的古书概依预约价计算，时间有期限，付款有分期，书有精平本的，概依第一期整付和平装的价目计算，就是依最低的价格。但这大部古书的一项内仍占全体百分之四三点二八，假如出版业所出的书籍，视作读者们对文化事业的投资，那末我们出版界的吸收游资的着眼点，是在翻印古书了。自从开明利用现代印刷术的精良方法，极经济地刊印了我国史部典籍的二十五史以来，大部的翻印古书，粗制滥造的竞卖，以致倒闭诈欺，舆论界指责着，有识人士叹息着，真不能不使我们惋惜了。

文学和社会科学总是占较多的数量的，其中社会科学因为包括的门类较多，如政治、外交、教育、法律等都经包含在内，所以数目显得庞大。而自然科学及应用技术在充满一片建设声的中国似乎在总的比重中还嫌太少。说到这两门的出版物，假如纯粹从商业观点来说，通俗的自然科学书是销行并不差的。专门的论文和报告刊行者大都为学术机关，在文化价值上这应该是很高的，但是刊行者既无心使刊物普遍化，著作者的专家们也多用文言，甚至直接用外国文写。专家的修养上是没有文学趣味的。同时这些专门刊物，据说是不甚希望国内的一般人也能读的，倒是在出版后向外国的学术机关去交换的。得到中国工程师学会第一个荣誉的工程师侯德榜，他的名著《制碱工业》一书是用英文写成，在美国出版，中国除上海的别发洋行外，恐怕他处无法可以购到。

杂志刊物在二十四年初是顺着“杂志年”的余波，在所谓“第二杂志年”的口号之下，总算挣扎了些时，终于跟着二十四年而衰落。杂色刊物被淘汰了，剩下依然是“杂志年”以前的有学术和社会价值的刊物，另一些是有着津贴的机关刊物。这使幽默派的三大刊物也会倒去其一，一个专营杂志业的老板也改营丛书，但仍是终于生“病”、“退职”了。

据说去年是“小报年”，但我们仅看到不多几种编得较以前进步些的小报而已。

开明书店在去年内所出各书中除教科书和大部书之外，也出了八十七种书，内中以中等程度的读物占多数，兹分类如下：

类别	种数	价值	百分比（%）
总类	四	三・八〇	五・〇〇
哲学宗教类	二	一・一〇	一・四五
社会科学类	九	五・九五	七・八三
语文学类	九	九・五〇	一二・五〇
自然科学类	二〇	一六・三四	二一・五〇
应用技术类	二	〇・九〇	一・一八
艺术类	一一	六・六五	八・七五
文学类	一七	九・〇〇	一一・八四
史地类	二一	二二・二〇	二九・二二
儿童读物	二	〇・五五	〇・七三
总计	八七	七五・九九	一〇〇・〇〇

照上表，除了史地类外，自然科学类的书占了次多的百分数。在一般科学书中，至少有下列几种可供青年诸君一读的：

《科学在今日》	茵菲尔名著，秦仲实译	实价六角
《科学的故事》	法布尔名著，宋易译	实价一元
《科学的新背景》	琴斯教授名著，郃光谟译	实价六角

自然科学中的天文学是向来为人视为与人生无直接关系的科学，对于这个错误观念的改正，曾出了下列各书：

《星座佳话》	黄石著	实价六角五分
《秋之星》	赵辜怀著	实价六角
《宇宙之大》	琴斯教授名著，侯硕之译	实价六角五分
《神秘的宇宙》	琴斯教授名著，周煦良译	实价五角
《星空的巡礼》	王幼于译	实价四角五分

关于语文方面，也特别为中学生的国文方面出了几种，占了较高的百分数。其中除《文心》一书已得全国青年的热烈欢迎外，《国文百八课》的刊印，尤给目前中学的语文教学上开辟了一条簇新的道路。而《青年英语丛书》也给中学青年学习外国语不少的帮助。

（载《申报·读书俱乐部》创刊号 1936 年 1 月 1 日）

一年来的中国出版界

张金兰

民国二十四年已经结束了，二十五年又开始了，在这送旧迎新的时候，我们不但要准备今年这一年的工作计划，而且要检阅过去这一年来的中国种种方面的情形，在这里我要特别提出来的，是关于一年来的中国出版界情形。

这一年来的出版界，不仅是继续了一九三四年的不景气，而且显然不景气得更深刻、更严重了。以出版中心的上海来说，除了商务、中华这二三家规模极大的商店外，文化的商店，简直没有什么新书出版。现代光华、水沫等书店的关门，华通书局的破产，北新书局之难于度日，开明书店的举债，世界书局的穷困，大东书局之不能维持，亚东图书馆之大蚀本，黎明书局的千孔百疮，华通书局的停顿，这些都是一九三五年中国出版界的重要现象。本来因为出版界连年不景气的缘故，上海的七八十家新书店已经仅剩这十余家了。现在，这仅存的十余家，也都将不能存在了。出版界不景气的深刻化，于此可见。

在这不景气的出版界中，一年来最显著的情形，约有下列各点：第一是单行本出版之愈益减少。一九三四年中国出版界，是被称为“杂志年”的。所谓“杂志年”，包含下列两种意义：一是杂志“定期刊物”的众多；二是单行本出版之减少。在一九三四年，已经有人大喊单行本太少了，但是一九三五年的出版界，单行本更其少得可怜。以出版中心的上海来说，除了商务印书馆还在天天出书以外，其次，就只有中华与开明，还有少数几本书出版，其他书店，简直可以说没有单行本的新书出版。这一现象，就是出版界不景气之深刻化的深刻表现。一九三五年出版界的第二个显著情形，即是“杂志年”的没落。如上所述，一九三四年的出版界，是被称为“杂志年”的。“杂志年”的特色，就是定期刊物之众多。以上海而论，一九三四年杂志界的兴盛时代，平日定期刊物的出版，二十四种以上，即平均每月有七百余种定期刊物，把这所谓“杂志年”点缀得非常热闹，单是所谓杂志公司（即专营定期刊物的书店），就有上海、中华、群众、中国、文华等五六家之多。不仅是杂志数量之多而已也，而且杂志的销路多很不坏，水平线几乎可以提到每期三十①份，至于像《中学生》、《东方》、《申报月刊》、《新生》、《文字》等杂志，都是在数万份以上；销不满二千份的定期刊物是很少的。但是一九三五年的情形完全不同了，“杂志年”显然是过去了。现在全上海的定期刊物，平均每天已不足十种，即比较一九三四年不足一半，尤其重要的是一般定期刊物销路之锐减。一九三四年定期刊

① 三十，原文如此，疑为“三千”。

物销路的水平线减三千份，一九三五年的水平线到不足一千五百份，即减少了一半多。以致那些专营定期刊物的杂志，不能不另觅出路（如上海杂志公司出版丛书）。一九三五年出版界的第五个特征，即是丛书的杂志化来代替了杂志，如生活书店的《世界文库》、“记文丛书”，文化生活社的“文化生活丛书”，上海杂志公司的“中国文学珍本丛书”，中央书店的“国学珍本文库”。这次都是丛书的杂志化，即大批的丛书，像杂志一样的定期出版。在文化的意义上，这原不是一个坏的现象，但一考其内容，这些杂志化的丛书，实在不敢恭维。其中以“记文丛书”较为严肃，但出版的种数很少，其中号召力量最大，销路最好的，还是“中国文学珍本丛书”。但“珍本丛书”的内容，实际上是以淫书如《金瓶梅》、《拍案惊奇》为主，无聊的旧文学作品次之。这一类的出版物，无论就文化本身及民族意义各方面说，都是有罪而无功的。至于以赠送《金瓶梅》为号召的“国学珍本文库”（中央书店），更是几近无聊。一九三五年出版界的第四个特征，即古书的大批翻印。除了商务、中华等大书局出版之巨量古书外，其余中小书店，亦竞以翻印古书为维持营业的唯一方法，除“中国文学本丛书”、“国学珍本文库”等大批旧版丛书外，其余如唐、宋、明、清各代各大家“文学的，乃至政治的”的全体选举，纷纷被各书店翻印，甚至一种全集，翻印者在数家以上（如翻印《袁中郎全集》者共有五大家，翻印《王安石全集》者亦有四五家）。这种旧书的翻印，也就是出版界没落的一种表现，因为翻印旧书，可以不出稿费，不支版税，这是投机取巧的办法。一九三五年出版界的第五个特征，即是淫书的活跃。正当的、严肃的、有价值的社会科学书籍及文学书籍，竟至毫无销路，而淫秽的书籍，则无不畅销一时。举例来说，中国最著名的淫书《金瓶梅》，在一九二五年一年，上海出版家在十家以上（最著名的，如生活书店《世界文库》中之《金瓶梅词话》、上海杂志公司之《金瓶梅词话》，其余如中央、大连、启智、新文化、交通、新华、中国、南华等各书店，亦无不翻印《金瓶梅》发卖），销路总量，虽无确实数目，但总不下十万册。其余各种新旧淫书，亦无不畅销，以致专售淫秘书籍之爱丽、好运通、青华、交通、中央各书店，无不利市十倍，门庭如市，而专家正当书籍者，则门可罗雀。一九三五年出版界的第六个特征，为歌曲及色情文化刊物之畅销，这是与淫书之畅销是同一意义。一九三五年出版界的第七个特征，即小报之大报化的发展，本来上海、北平、天津等地小报，都是以社会新闻，尤其是以风月琐闻、梨园消息以及淫秽文字为主要内容，他近年来，小报亦往往兼谈政治，登载有关于国际国内之政治新闻。在一九三五年中，小报之大报化的发展，尤为明显。所谓小报的大报化，就是小报采取了大报的体裁，将国中国外之紧要新闻，缩编发表，并有论文及副刊等种种材料，成为具体而微的大报，如上海的《时代日报》、《立报》、《小晨报》等是。这种小报之大报的发展，或者可以说是一九三五年出版界唯一进步的现象。

以上各点，是一九三五年出版界的主要特征。总结起来，我们不能不痛感中国出版界的衰落与堕落的恶劣现象；因为衰落，愈加堕落；因为堕落，更其衰落。这是互为因果的。

总之，一九三五年的中国出版界，除充分表示出衰落与堕落以外，其余尚无若何不良现象。不过出版为文化之中心，出版界场衰落，亦即文化衰落的明证，我们站在促进文化完成革命的立场上，希望全国朝野，一致努力于文化的复兴工作，特别是出版界之复兴工作！

（载《政治旬刊》1936 年第 1 卷第 9、10、11 期）

中国出版界最近十年的几个演变倾向

王渔邨

现在是一九三六年，数转去十年，就恰好是一九二六年。

一九二六年是中国现代史上的一个划时期的年度。那一年度或那一年度前后由国民革命怒潮所激荡而成的最大的成就，虽只是一些对于旧社会的破坏工作，但被那次怒潮涤去了旧染之污，或冲破了顽硬之壳的硗秽不治的荒野，却还能在怒潮退落以后，成为撒种新种子、培植新生命的园地。

我们这里单就出版界、思想界的情形来说。

在一九一九年的五四运动以后，中国思想界对于旧的文物制度，本已有了新的评价。以前像挂在佛教信徒口边的“南无阿弥陀佛”一样，为中国士大夫信口乱嚷的“尧舜禹汤文武之道”，在当时已由“孔家店”的渐被打倒，而为有识者视同巫卜之流的符咒歌诀，在旧的否定当中包含有新的要求。一九二六年以前的新文化运动，早已成为助成一九二六年前后的大国民革命运动的一种力量。

但我们须得注意以次两种事实：

一、当时所谓新文化运动，不外就是以西洋的资本主义文化，去克服并代替我们沿袭了几千年的封建文化。在封建文化所由存立的社会经济基础即封建制度没有经过大变革的限内，封建文化绝无法彻底摧毁，同时资本主义的新文化新思想绝无法确立。

二、资本主义文化在落后的中国，虽然看得新鲜，而在泰西各国，却已成为保守的了，成为对于更新的文化的防壁。从而，在它那初期极盛期的光辉面上，已投射了黑暗之影，为十七八世纪启蒙思想所驱除的宗教的幽灵，又借着玄之又玄的唯心哲学复活起来，而中国当时不明了历史进化法则的学者，如张君劢先生之流，一方面尽管昌言反对中国封建文化，同时却把那些象征资本主义没落的玄学思想，当作新宝贝似的介绍到中国来，替旧来尚图挣扎的封建文化张目。

这是一九二六年大变动前夜的思想界的情景。

在一九二六年达到极点的中国国民革命高潮，虽然不曾把旧来的封建制度封建文化完全彻底的摧毁，但已在解体过程中的封建制度与思想，却显然受到了那次革命高潮的严重打击。同时，在这以前俨然形成了对抗前进思想的一大势力的玄学阵营，从此一直保守了“历史的”沉默。

所以由一九二六年前后的大变动所导来的建设工作虽属寥寥，但在文化思想方面，毕竟由一部分封建文化与没落期的资本主义文化思想的廓清，而为此后的文化界出版界开拓了一个新的途径。或者说，中国新兴的文化思想，从此乃在文化界出版界确立了支配的地位。

根据以上的说明，中国旧的文化思想，虽还在依着旧的封建体制的残存，而延续其余绪；并且在大变动后的十年的今日，我们眼前虽还展示着一些“死灵魂”复活的光景，但新文化思想，却始终维持着出版界的支配的地位。

不过，表现在出版界的新文化思想，这十年中却因应国际与国内的实际环境，在大体趋向上有所变迁。但这变迁与其说是本质的，不如说是方面的；与其说是关系的，不如说是发展的。

包括在新文化思想范畴中的，有法律、经济、政治、社会、文艺、哲学诸方面的意识形态，即主要关于社会科学方面的知识，传播那类知识的出版界的演变倾向，显然表现在出版物上面。在一九二六年之后数年间，中国出版界关于社会科学的出版物，与一九三一年“九一八”事变前后不同，而目前又与“九一八”事变前后不同；如其我们不妨对这三个不同时期指出其各别的显著倾向，即：

第一期主要是关于世界一般进步社会科学著述的翻译与介绍。

第二期主要是关于中国社会发展史的探究与讨论。

第三期则主要是关于上述两方面之基本知识的明确化与通俗化。

我们并不否认目前还有人在翻译介绍世界进步的社会科学著述，且还有许多学者在不绝发表关于中国社会史、经济史方面的论著，但问题的要点，是要把握着呈现于各该时期的出版界的最显著倾向。

事实上，在上述各时期的各别的显著倾向当中，不但贯透有必然的发展的连属关系，且还分别有其形成那种倾向的客观要求。

我们且依照顺序先述第一个时期的出版界的倾向。

五四运动前后表现在中国出版界的最大收获，主要可以说在文字改革本身；装饰那个启蒙时期的《新青年》乃至此后收入《胡适文存》、《独秀文存》中的论著，大抵都是在革新文字上大用工夫，而打倒“玄学鬼”的玄学科学论战，亦只能说是略微涉及了进步的社会科学领域的边缘。所以在一九二六年国民革命怒潮汹涌的当时，很少有作为革命行动指导原理的科学论著出现。与孙中山先生的《三民主义建国大纲》同时流行长江中部一带的，我记得还有一本《唯物史观解说》，一本布哈林的《共产党的ABC》，一本漆树芬的《帝国主义铁蹄下的中国》，李季的《马克思传》也是在这当中出版的。此外，就是临时发刊的若干小册子，如其要套“半部论语可以治天下”的架子，主观认识的条件，也许不算是怎样不够吧！然而，随国民革命怒潮退落而清醒过来的人们，有的固觉前此“左翼小儿病”的失常，有的亦认“右翼老大癖”的非当。于是，由过去的清算与批判，引起对于世界社会科学名著名论翻译介绍的迫切要求。由一九二七年至一九三〇年这几年当中，上海新生命、南强、昆仑、现代等书局所出版的杂志书籍，强半带有那种“时代”性质。当时为大变动怒潮卷落下来的斗士们，固然有志有闲从事那种翻译介绍工作，即在朝的国民党中的有研究兴趣的学者，亦颇想由理论研究找到动荡时代中的归宿。周佛海的《三民主义理论之体系研究》，似把三民主义体系化了，深化了，《新生命》杂志上的许多论文，亦表现了前进的倾向。而胡汉民先生和戴季陶先生合译的《资本论解说》，尤表示国民党先进在进步理论研究介绍上并不后人。一时风气如此，故有关唯物辩证法的基本论著，特别是关于马克思主义著作的译本，乃如雨后春笋般的呈现于出版市场，即马氏的被称为“无产者三部曲”的《资本论》，亦有人在进行翻译。所以中国关于进步的社会科学的翻译介绍，可以说是在这个时期立下了基础。

其次，我们要说到前述第二个时期，即一九三一年“九一八”前后的出版界的显著倾向了。

在这个时期的出版界，诚然还不曾中断其前一时期的翻译介绍工作，但其继续不但是“跛行的”，且为另一较显著的倾向所掩蔽了。那较显著的倾向，就是关于中国社会史的探究与讨论。

本来，由介绍翻译一般进步的社会科学，而理解世界一般的进化法则，在实践的意义上，不过是作为理解中国社会发展法则，从而作为改革中国社会的手段。由一般的社会法则的研究，移到关于中国社会发展法则的研究，虽是最自然的顺序，但没有当时的客观环境的要求与促进，也许这种倾向要延缓些时才能显露出来。

“九一八”事变前后，正是中国天灾人祸交相煎逼的时期。在大旱灾、大洪水、大内战与苦重的捐税压力下展开的赤区扩大活动，使一般关心（支持或反对）那种活动的知识分子、社会活动家，企图从理论的研究来推论那种活动的前途。在那种要求下，当然要把中国社会史当作中心问题来研究，因为那种活动是在农村方面扩展着的；在理论的分野上，支持农村方面的扩大活动，是认定中国社会现阶段是由封建势力占着上风。但持着反对意见的知识分子，则又以为中国现社会阶段是由资本主义势力行使支配。而中国现社会阶段究竟是封建主义的，抑是资本主义的，又非从中国历史发展过程上来确定其究竟不可。结局，一个显然而又显然的次殖民地的现实问题，竟导来了一种汇为洋洋大观的历史的争吵。当时各派论争的舞台，主要是上海神州国光社所发刊的《读书杂志》、《新生命》及其他书局亦在这前后刊行了一些有关中国社会史的读物。像当时那种论争，当然无法得到最后的结论（虽然一个为帝国主义提供制品市场、提供原料的次殖民地的现实结论，是非常显然的），但我们并不因此就说那是多余。事实上，那不仅是当作研究一般社会科学之必然结果而产生的趋势，不仅是每个研究一般社会进化史的中国人所当注意到的论题，同时尤且是现实要求的直接反映，因为论争尽管有两个对立的方面，但真理是不怕讨论的。

不但此也，经过了那次论争以后，凡属有关中国社会经济问题或历史的国外论著，都成了中国出版界争相发刊的对象。在“九一八”事变以前，一个读者要研究世界的或各国的社会变迁史一类东西，虽可找到不少中文的读物，但他如果想研究中国这方面的问题，就几乎找不到一本可看的书了。这不是大可遗憾的事么？到了现在，这类书虽还有限得很，但毕竟还能找到几部，这不能不说是受了那次论争的影响。不过，在最近两年，出版界的这种倾向，即争印有关中国社会经济历史一类书籍的倾向，虽还不曾怎样衰减，但一时最显著的风气，却又另有所属了。

最近出版界的倾向，谁都承认是对于一般大众读物的刊行。定期杂志和通俗小册子，把出版市场装饰得异常热闹。虽然有人把一九三五年呼作是“古书年”，但因为那不是我所要论及的进步的社会科学的范围，所以这里只好存而不论了。

对于当前出版界的这种倾向的形成，也许可以作以次几种解释，即：

一、国内连年荒乱与帝国主义加紧压迫所造成的全般经济破产局面，使中国一般读者的购买力大减特减，通俗小册子和通俗杂志的风行，无疑有一部分是为了投合购买力低落的市场，但单纯的“营业观”

是不够解释的。

二、过去关于世界一般社会科学的翻译介绍，乃至关于中国社会史问题的讨论，主要是行于特殊知识阶层之间；所介绍者、所讨论者，大体只有介绍者、讨论者能够理解，于社会一般大众并没有何等直接的关系。但中国的国情与中国一般人民所处的地位，却愈益急迫的要求有关世界及中国之进步的社会基本知识之理解与传播的范围的扩大，由是高深的介绍讨论工作，乃不能不让位于通俗的一般的解释式的编译工作。

三、由“九一八”事变所导来的一列失地丧权辱国的惨痛事实，使一向不大关怀国事的一般大众，都自觉的发生保障民族生存，争取民族独立自由的要求；他们在苦闷中，渴望知道如何挽救民族危亡的方针与途径，渴望知道他们祖国究与世界有怎样的关联。总之，他们要求理解中国，理解中国的敌人，理解世界。

在上述三种理由中，恐怕最后一项，是当前出版界的大众读物流行的最有力的说明。现在生活书店及上海杂志公司等文化机关所努力发行的读物，我们须得在“营业观”以外去认知其社会的意义。

不过，刊行通俗读物，虽为现阶段中国出版界的显著倾向，但我们须知道继续前两个时期的翻译研究讨论工作，那不但为提高文化水准所必要，且亦为扩大文化传播所必要。因为要求通俗读物的内容丰实化和其论点明确化，势须由较高深的翻译研究工作，不绝提供以本据的资源。一切较高深的研究翻译工作，只有在这种意义上，才有其社会价值；否则就是一种观念的游戏，一种离绝现实的多余装饰。

要之，近十年来的中国出版界的现象，表现出了上述三个显著倾向。由世界一般进步社会科学的翻译介绍，移到中国社会史问题的研究讨论，更进而移到这两方面的社会基本知识之明确化、通俗化、大众化。这在出版上是必然的发展顺序，同时又各各体现着现实社会的要求。我们现正当着这所谓第三时期。我们还相信这个时期会延到相当长的期间，因为无论从那方面说，这都是中国人民大众一致起来护卫民族生存，表现民族抗争力量，从而要求增加他们对于中国与世界的理解的时候。

本刊是带着这种社会的民族的意义和任务产生的，我们期望对于一般志愿争取民族自由平等的大众有所益助，同时尤期望大众诸君能热心帮助我们！

（载《大众论坛》1936年第1卷第1期）

中国出版事业之统计的观察

张友梅

凡百事业盛衰如何，趋势如何，非有统计数字以表现之，总不容易详悉。出版事业，自然不能例外。因此，我们要明白中国出版界的情形，自然不可不知道出版的统计。然而要得到一种确实的统计，实在很难。一来因为中国向不注重统计方法，二来因为中国土地实在太大，要做一种调查，往往因着时间交通种种关系，而难以得到满意的结果。出版统计，自然也是如此。在最近出版的英文《中国年鉴》（*The Chinese year-book 1935/36*）里，关于出版事业，王云五先生有一篇文章，叙述民国二十三年份中国出版界情形，关于图书期刊日报，都有统计表。此项统计，固然不能遽认为完全确实，然在没有别种可靠的统计之前，我们且将这些统计表摘译如下，再加以研究：

1. 图书

类别	册数	百分比例（%）
总类	二二一	六·一
哲学	一一〇	三·一
宗教	三三	〇·九
社会科学	一，〇四三	二九·〇
语文学	一七七	四·九
自然科学	一七三	四·八
应用技术	四三六	一二·〇

续表

类别	册数	百分比例（%）
美术	二五一	七·〇
文学	七九六	二二·〇
史地	三六八	一〇·二

共三六五八册

2. 期刊

出版地	南京市	北平市	江苏	安徽	山东	河南	湖南	云南
种数	四九	四七	二五	三	一八	一三	八	八
出版地	察哈尔	福建	四川	津浦路党部		上海市	青岛市	浙江
种数	六	一五	五	一		九九	五	一九
出版地	江西	山西	河北	湖北	广东	贵州	绥远	陕西
种类	四	一八	四九	二三	二一	一	八	五

共四五〇种

3. 日报

出版地	南京	江苏	山东	湖南	贵州	四川	青岛	江西	河北	广东
种数	三八	二三七	三九	九四	三	二九	一九	二〇	一五	二〇
出版地	甘肃	广西	青海	汉口	天津	北平	安徽	河南	云南	绥远
种数	七	八	一	三七	二五	九二	四三	三六	一五	九
出版地	上海	浙江	山西	湖北	福建	陕西	宁夏	察哈尔	广州	
种数	四一	九八	一〇	一六	二八	九	一	五	一七	

共一〇〇八种

上面第一表所列的图书册数，只限于普通读物而已；各级教科书及整部的丛书（包括翻印的古书、儿童书等），均未计在内。据王氏的统计，发行教科书的，有商务、中华、世界、开明四家，其中商务二一〇册，中华一五七册，世界一四八册，开明三六册，合共五五一册。发行丛书的，王氏也只举商务、中华、世界、开明四家，其中商务一，七七七册，中华六〇册，世界二〇〇册，开明一册，合计二，〇三八册。然而王氏的统计，似不无漏落，例如上海影印宋版藏经会印行之《碛砂版藏经》五九二册（二十三年三月出版），未见列入统计，其他可知。现在粗枝大叶地估计起来，在民国二十三年份，全国出版的图书大约有七千册左右，因为据王氏的统计，已有六，二四七册，王氏所未统计的，想至少也还有一千册之谱。何以见得呢？单就上述的《碛砂版藏经》而言，已有差不多六百册了，其他新出版的书，不登广告，不为王氏所见的（据原文，王氏统计，系以各报上新书广告为根据）当然还不在少数。（同年日本出版总数为二六，三三一册，相差何其远也！）

上面第二表所列的期刊种数，据王氏原文，只是曾在内政部登记的期刊而已；其未登记者大约还很不少，例如上海所出版的期刊，在内政部登记的只有九九种，但据民国廿四年《上海年鉴》，廿三年份在上海出版的期刊实有二一二种。上海如此，他处可知，所以王氏估计全国的期刊当不在九〇〇种之下。然而“据人文月刊所收近三年的统计，二十一年为八七七种，二十二年为一，七二四种，二十三年为二，〇八六种”（见本刊第一期，《近年中国出版界的趋势》），则王氏的估计，与此数比，还相差至一千余种之多！

上面第三表所列的日报种数，据王氏原文，系以中央宣传委员会与内政部的登记册为根据的。日报不呈准、不经过登记是不能发行的，所以根据登记册而编统计，其数目大概是可靠的。

然而这几个统计表上所列的数字，无论确实与否，我想，总不能包括全中国的出版物，因为东北四省未计在内。我们不能承认东北四省是日本的，那末，东北四省的出版物还要算是中国的，才是。

以上专就统计数字上研究，以下是由这些数字而发生的几个感想：

（一）中国人数有四万万之谱，而一年中出版的书籍只有七千册左右，平均差不多六万个人，才有一本新书！出版的书为什么这样少呢？想来，这不是会编书者不肯编，也不是出版家不肯印，只因读书者太少之故。俄国近年来，努力教育事业，识字人加多，他们的出版事业自然而然地一跃而居世界的第一位，这是给我们最好的一个榜样。中国近年来教育事业虽然比从前发达得多了，但是文盲还是很多，会读书的人只占一极小的部分，图书出版如果多了，就销不尽，出版家势必吃亏，所以出版不能不有限制。假使，中国教育一旦普及起来，四万万人个个都会读书，那每年就非出版到几十万种新书不足以应付。总而言之，图书出版的多寡，完全视读书人数多寡如何而定。

（二）在七千册左右的估计中，有一半是儿童书及翻印的古书。儿童书只供儿童阅读而已，对于成人，没有什么用处。古书固自有其价值，但只能供少数的学者利用，对于一般读者则无所裨益。此外一半才是新出的书，其总数为三千六百多册，照四万万人分配，平均差不多十一万人只有一本书！何况这三千六百多册，又不一定是每册都有用处呢！这是很值得我们注意的。

（三）照上面第一表所列的百分比例，社会科学占百分之二九，居第一位；文学占百分之二二，居第二位；应用技术占百分之一二，居第三位；史地占百分之一〇点二，居第四位；美术占百分之七，居第五位；总类占百分之六点一，居第六位；语文学占百分之四点九，居第七位；自然科学占百分之四点八，居第八位；哲学占百分之三点一，居第九位；宗教占百分之〇点九，居末位。与日本同年出版的统计（社会科学百分之三二，应用技术百分之一九，文学百分之一〇，统类、美术、史地各百分之八，宗教百分之六，语文学百分之四，哲学百分之三，自然科学百分之二）比较起来，中国人注重于应用技术，虽未及日本人，但中国向来不注重这一方面，现在这方面的出版物竟一跃而居第三位，可见中国人近来受种种刺激，已渐渐醒悟，觉得应用技术之重要，而多所研求了。出版物不多，固然不是好现象，但这一个新的倾向，还差强人意。须知中国要得救，应用技术必须十分发达，中国年来饱吃日本人飞机炸弹等等之亏，多由应用技术缺乏的缘故。因此，对于应用技术图书之加多，我们不能不认为可喜的现象，同时我们希望国人还要多多注意这方面，使这类图书年年更加多。

（载《图书展望》1936年第6期）

中国出版界之现状及今后应走向的途径

大　川

一个国家文化的盛衰她是完全投影在出版界上。我们一看世界各先进国家，其出版物数量之多少，而能决定其文化进展的阶程，如俄德日美英法，便呈着这种显著的现象；回顾我们自己的中国，文化落后，出版物之稀少，大有相形见绌、望尘莫及之憾。曾记得外人说中国现在的文化，还是欧洲十八世纪的文化，更使我们顾影自惭、愧容无地了。

中国现在出版界是呈着什么现象呢？它所反映出来的文化是怎样的呢？谈到这些问题，真是感到非常的广茫，因为范围旁及之大，内情错综机构的复杂，自非数百言所能尽道，正如世人所谓一部二十二史，从何说起呢！

一般人之观察现阶段的中国出版界，自然以其实际的现象为发抒观论之焦点，本文亦即根据此要焦点及周围环境的情状，作一梗概的叙述，对于中国出版界当前之衰弱原因及今后所趋的新途径，聊述管见如下：

（一）知识阶级购买力薄弱。由于现在经济的恐慌，都市和乡村都陷于不景气现象中，尤其是知识阶级中人，苦闷更甚。为了生活的压迫，失业的损失，对于购买出版物的经济力量渐形薄弱。我曾经调查过好多很喜欢读书的人，三四年前还能每年买几十块钱的书报，可是现在连几块钱的书也无力购买了，经济的压迫使他们陷于精神食粮的缺乏，这固然是知识界人最苦痛的事，同时，也就是出版界一个重大的危机所在。

（二）出版物内容殊少精华。中国现在的出版物，以中国人自己看来，数量似也不少，平均起来，每天有四五种新书，每月有二三百种杂志出版，全国各地报纸尚不在此例，但是看看它们的内容，有新的创见或精粹的论述，为数极少，这不是过于冤枉的话，实际现在一般之从事编著出版物的人物，因其个人生活经验的空虚，识见的浅狭，下笔为文，或剪裁他人的作品，或窃译外人的论见，抄袭成章，首尾异调，内容错乱散漫，文字干枯艰涩，这种情景，每为一般作者易患之病，而患之重者，则其作品便带着病毒走上出版界去，可怜那如迷途的羔羊的青年读者，无形中便蒙受其害了。所以现在还有许多人对于新文化不作乐观，对于现在出版界说来摇头，叹为文化衰落，出版物多流产，也不无其因。如此出版物本身之多病态，也能激少一部分读的需求。

（三）争印古书与翻版图利。现在出版界上有一种特别的现象，便是所谓全国文化重地之上海的各书局，对于历代古书，互相争印。时代是向前走的，他们的出版物多是向后转的，教育普及化的声浪愈高，他们专为供给有闲阶级欣赏的印品愈多。如最近神州国光社之"中国内乱外祸历史丛书"这样有计划的整理，实际很少。我们并不是反对翻印古书，因为这也有其背景和当前的环境的决定，不出稿费而能复兴固有的文化，天下何乐而不为呢？还有一种偷印翻版的风气，也非常之盛，这些风气前九年在北平、天津、开封诸地曾不少的案件，现在上海此风还很仍炽。这种事情固然是干犯出版法，有害著作人及其出版家的利益，但是翻版的缘故，售价低廉，倒很受一般读者的欢迎。即就学校教科用书一项，所占翻版的书籍也不少。不过纸张过劣，错字过多，也不无贻害读者的地方。此外如各种古今剑侠言情诸类小说之滥印，低价倾销，风行全国，深入内地，这种出版界之投机事业，最足图利获盈，但对于整个的出版界并无什么好处，因为他们的目的只在攫钱，对于文化之进化根本漠不关心的。

（载《申报·出版界》第八十期 1936 年 11 月 12 日）

中国的出版事业

——一位外国人的观察

唐人杰　译

中国，最先应用印刷的技术，但在近世中，却是一个对于印刷术发展得最迟的国家。这是一个经济方面的问题，这问题不是在眼前就能容易解决的。

当欧洲的中世纪的修道士，辛苦地在羊皮纸上记下他们的工作时，中国的学者们，已经能够享受着印刷得很精美的书籍了。在哥登堡（Johannes Gutenberg）“发明”印刷很早以前，木质或金属的凸字版和活字版，已为中国的印刷者所应用。然而中国出版事业底摩登化，一直要到十九世纪才开始。在这一千七百多年之中，改革既少，而进步又异常地缓慢。这样迟滞发展的理由，大部分是经济方面的缘故。在中国的旧社会中，教育，实际上被少数的智识阶级所专利，大部分的民众、商人和手工业者，对于书籍既没有能力购买，也没有兴趣去读。

其次，学者们所研究的典籍，是那些同样的古旧的经籍，一代一代地传下去而不需要什么新书。因为仅仅只有很少的书籍，所以出版事业的生长就很微弱了。还有一点，在缺乏大规模的生产和工业进展的情形下，所印行的书籍的价格是非常地昂贵，远在普通一般购买力之上。那些更贫苦一些的学者，甚至宁愿抄录经籍，而不愿去购买新书。

然而，近五十年来，情形就不同了。出版业在中国已成为一种现代的工业，技术方面和经济方面都有相当的进步。但是从中国的广大的领土和人口方面看来，则所成就的远不过是一种事业的起始而已。日本人学得近代的印刷术并不比中国早，可是在一九三〇年中，日本一共发行了一八，〇二九册的新书，在近代各国中仅次于德国。同时，在同一年中，据估计所得中国出版的新书是不到一，〇〇〇册。当然，在忽略大众教育这一方面，政府应当受到相当的批评，可是在出版者一方面，亦应自己替自己想法子。

事实是这样的，中国的出版者应当创造出一种书籍的普遍的需要，然后从这种需要上去努力。一直到现在，他们仅供给粮食给智识阶级，尤其是那些占有不到百分之二中国人口的学生们。定期刊物和新闻纸是仅给少许受过教育的人阅读的。而那些大规模的发行所如商务印书馆、中华书局和世界书局等，大部分是靠着印行教科书来维持。至于要给一般民众阅读的出版物，却是可怜地缺少。换句话说，出版业在现代的中国，是依然在智识阶级庇护下的道路上摇摆地前进。在它的现代化的时期中，它之所以能有发展，大都是靠着从西方传入的机械的便利，和因中国社会变迁的结果而产生的书籍的需要。

印刷在中国起始于汉熹平四年（175A.D.），当时曾敕令将孔子之五经刻于石碑而竖立于太学之前。其后约四百年后，在隋文帝开皇十三年中，曾谕令将所有经籍刻于木板，以便印刷，这是历史上关于印刷书籍的最早的记载。其后印刷传布渐广，一种原始形的报纸名叫“邸报”的也渐产生。“邸报”是在京城中印行后分发给汉族的各诸侯，使他们知道当时的政事。过后“邸报”逐渐扩展变迁。在香港和上海，外人所办的报纸渐趋流行，一八五四年香港的《中外新报》或许是中国的最早的报纸，上海的《申报》——现今中国最大的报纸——是英人梅乔(E.Major)在一八七二年所创办，嗣后上海的出版业日见兴盛，渐渐步入于现代和工业化之途了。

然而，在突飞猛进的幸运中，上海的出版业，在一九三二年“一·二八”之夜，日本的海军陆战队袭击十九路军时，遭受着悲惨的危难。翌晨，钉书工业中心地的闸北和几所发行处的房屋，包括那巨大的商务印书馆的工厂，被炸弹所焚毁。这个打击，毁伤了中国出版业中心地的上海，致使多数的出版者，停了好几个月的工作。商务印书馆，遭受了一千六百万元（原来资本的三倍）的损失，直至同年的八月，才能稍稍恢复原状。

可是，上海的战役，在新闻纸和定期刊物方面，却意外地获得广大的销路。据最近的统计，这类的出版物在内政部注册过的已有三，三三一份，较之七年以前，共增加了百分之七百十一，这样的可惊异的发展，大多是因为全国的对于外人侵略的一致的忿怒所造成。

同时，书籍的市场也已复活，在将近不幸的那年的年底，商务印书馆宣布一种计划，就是在教科书和百科全书文学之外，他们将再出版一天一本新书，但事实上现在尚未实现这个理想。（编者案：原作者此言不确。）多数的出版者明显地并不关心于发行大众教育的书籍。就是有这样做的，也不过出了寥寥的几册就以为满足了，多数的中国报纸仍旧用文言体裁来写，虽然已经有了十五年的新文学运动。这个或许就是为什么没有一家报纸能超过十五万份定户的缘故。

缺少一种使书籍普遍化的欲望，也可以从发行者的价目表上看出。普通书籍的售价，常在五角或五角以上。这种价目，在一般民众看来，已是一种不能得到的奢望了。在有效的管理之下，出品的价目可以相当地减低，举个例来说，在上海战役中，商务印书馆的百分之六十的机器被毁，百分之五十的工作人员被裁，然而现在的产量，却是二年前的两倍半。

总之，中国出版事业的将来的希望是极大的，但是这个希望的实现与否，却视出版者之是否立刻采取大众教育运动的积极活动而定。现在他们每年的产量，只不过是一个美国有名的周刊杂志的销数的一半。这是用不到欣羡，也用不到懊丧。一句中国的俗谚说得好："临渊羡鱼，何如退而结网!"这是我希望于中国的出版者的。（本文译自 *The America Mercuny*，1936 年 1 月号）

（载《国立浙江大学学报（日刊）》1936 年第 98 期）

中国出版界的两大危机

独　秀

笔者也是从事于出版界事业的一员，虽然只有短短的两年历史，不过对于中国出版界自身的缺陷和危机，深深感到非常的深刻与可怕。假定我们不来一个自我批判，促起一般出版界同仁的注意，那么我们简直不能想象中国的文化会堕落到一个怎样可怕的地步。

我们不必讳言，目前中国出版界的最大危机，一为粗制滥造，二为随波逐流。不必再提起以前的什么天书似的社会科学的译作来，即就今日各书局争先恐后的出版教科书而论，就不免有粗制滥造之弊。我们试略一查阅各书局出版的中学国文教科书，充满了古文，现代文简直绝无而仅有，即使有一二篇所谓现代文，也是在七八年以至十年前的"今古文"了。我们不能忽视古文，但我们更不能忽视现代文。难道在最近五六年来的文献中，简直没有十来篇文章给中学生精读的吗？问题并不在没有，而在于编教科书的先生们不去发掘，不去搜罗，国难到此地步，各科的教学，都应该以国防与生产为中心，然而中学生早夕咿唔吟诵的国文书，却还是在韩愈、陶渊明中兜圈子，青年们所接受的教学，与现实的生活，现实的环境，现实的需要，相距十万八千里，这种出版界的粗制滥造，不知贻误了多少的青年学子。再就历史教科书而论，往往还是从开天辟地说起，开列了一大篇帝皇家的年谱，至于如朝代变革的因果，社会文化经济状况等，反成附庸，那么也怪不得一般中学生以很有趣味的历史科而当作异常麻烦的学科了。教科书的出版固然在出版界中是大家争先恐后的发行着，然而内容的陈腐与不长进，几乎是千篇一律。我们不必掩饰，不必敝帚自珍，自己应该严肃地批评自己，承认自己的错误。这粗制滥造的弊病，当然不仅教科书一项而已，其他若社会科学或自然科学等书籍，也很多发现这个毛病的。

有远大目光的出版家，对于自己的出版事业一定有他独特的出版方针、出版计划，决不会趋附时髦，为生意眼着想而随波逐流，走上一条错误的路上去。中国是一个非常复杂的国家，思想之庞杂，与有某种作用的捣乱分子是互为因果的，当某种分子利用时机推动某种运动时，往往利用了出版界以为其文字宣传的工具，因为他们的技术相当巧妙，而所谓“理论”也者，尤能投合一般政治理解浅薄的读者们的胃口，于是某种运动在某一个时间内，居然也蔚成风气。这蔚成风气的原因当然出版界予以直接或间接的帮助，更有重大的关系。这随波逐流的结果，到底还是出版界自身吃亏，与某种分子是无所得失于其间的。

这两种现象，固然并不是每一家书局都陷于这种情形之下，不过至少已成了中国出版界近年来的一个严重而普遍的趋势。为中国文化计，为出版界自身计，为目前中国国难的日益深刻急迫计，我们对于这出版界的两大危机，都有郑重的提出与纠正的必要。

（载《申报·出版界》第四十五期 1936 年 3 月 5 日）

最近出版界应负之使命

君 谋

睁着眼看，中国识字的分子，究竟是少数的少数，虽然现在是提倡识字运动的时候。

在目前，扫除文盲，确是一件很重大的事情。不过，我们把和这运动有连带关系的出版业的情况来看，是多么的矛盾！

诗、词，只供给文人名士的欣赏外，又有什么？游记、什记、随笔，是给识字阶级的作消遣品外，又有什么？换句话说，科学、哲学，只供一二人的研究，使他们成个顶天立地的名家外，又有什么？这许多，是不是可以作为扫除文盲的工具？

从正面来讲要扫除文盲先应该改变出版业的目标：

一、文字。要由贵族化改为平民化，麻繁的改为简易的，把整个的出版事业建筑在平民的立场。

二、书价。在经济恐慌达于极点的现在，读者的负担，决不能使其加重，利息应该看轻些，宁可薄利多卖。

这来一般文盲既可以少数的钱买书读，同时书又可以读的懂，不致一知半解。

在这里千秋出版社依了上面的原则做去，事业很发达，已经出了很多的书，将来，将来，还有将来。

（载《礼拜六》1936 年第 656 期）

购书和出版

幼 鲁

苏联的最高机关的报纸和杂志管理部长泰尔（B. M. Tal），在本年苏联报纸纪念日，将苏联一年来出版事业，作一个概述。他的演辞中说："过去一年间所出版的马克思及恩格斯的著作有两百万部之多，列宁的著作五百万部，史太林的著作一千三百万部，文艺书一千九百万部，科学书籍五百万部，儿童书籍一千六百万部。在今年这一年间，这许多书籍的数量，还要增加好几百万部。"这报告中反映出苏联辛勤缔造普及民智的收获，而一国文化程度的进步高低，至少在出版物方面，可作为一种很好的旁证。日本昭和十年共出书一五，〇一〇种（据日本出版年鉴）。如果以人数做比例，尤占着优越的地位，英国也是大书业国之一，希特勒的德国虽经尽力压制舆论，出版数量正在一年一年的低落，但它近年出版的数量，还占二万种以上。反观我国经去年出版界的努力，仅只有二千余种的出版物，不要同苏俄来比，即与日本相差也太悬殊。利用印刷工资的低落，印刷工场和装订工场的倒闭，工人纷纷失业，出版界盲目地翻印一折书，借以到穷乡僻处街头巷尾去倾销，这不啻显示我国近年出版界一种病征。

出版业的发展，虽建筑在国民的文化和经济条件之上；而著作者优越的作品，也很有关系。我国出版物无广大的读者群众，普通书籍通常只能销到数百到二千本，含有专门学术性书，尚不能有这样的销数，所抽得些版税的稿费，似为仅仅，于是有志专门著述者在我国简直是冒险工作。所以晚近中国极少专门的著作家，所有的稿件都出于学校教师的副产物，而其中有许多最优秀最辛勤的作者，都用了全部或一部的精力从事于翻译工作，这又显示了我国出版界的又一特征。

书店为着维持营业与谋利的关系，其出版方针常不能以提高及普及文化为前提，因其与谋利常相背道的缘故。所以调整出版界并使图书质与量的偕进，全赖社会的扶掖矫正。但由于今日一般经济的贫乏，最低限度的生活供给，犹恐其不能周全，那有余力及于购书，这沉痛的事实，固不容吾人抹杀。不过物质生活诚为人生所绝对需要，而书籍为人生智识和精神的唯一粮食，没有书籍的供给，科学和事业的进步，将招致停顿，则书籍之购读又何可忽视？颜渊的幽居陋巷、箪食瓢饮，范仲淹的断韭划粥，都是证明了精神生活的无上的重大意义。何况现时生存竞胜均以智识为前提，非智识无以图生存，惟有不断的读书，才有不竭的收获，正当的购书费用，实应列在每人的预算之中。

完备的图书馆，国内尚不普遍，社会人士既乏供给书籍阅读的资源，则私人购书尤属必要。且书籍一经自己购买，既可不受时间限制，遇有疑问或有所评正，正可在书端举出摘录，自由发抒意见。遇有原书精彩或特别重要之处，又可用记号标出，俾便将来复检时的参考和应用。若书非自备，往往欲追忆查检时，再从别处去借，从头彻尾去找，就会发生许多麻烦，时间尤不经济，实不足以尽阅读的最好方法。所以重要的基本图书和工具书，有时常要翻阅和将来应用的价值的，必得自己购买，借以增进致用的效率。

书籍的选择，自应就个人资力如何，以为取决购书值的多寡。而书之性质和自己研究的趋向，书之本身和应用的实际，亦当奉为确定购书的标准，然后循此规辙进行，必可更有次序。图书广告据舒新城先生在《文化建设》（民廿三）《一年来之我国出版事业》一文中，曾比较内政部注册图书和《申报》图书广告，觉察内政部登记册数相去太远。而上海为全国出版中心，《申报》又为销行全国的新闻纸。在每天读报的时候，稍予留意，于全国的出版品即可概见，不致多大遗漏。广告的内容，有的是含有非常的宣传作用，但多数总把原书的内容加以提要式的介绍，使读者明了书籍性质和结构之大概，足供购书者的参考。如有机会到书坊去访问，就把原书取来翻检，自然可更审慎而决不致盲目了。至于参考书和工具书，其应用较广者，自愈不可省。常见一般中学生在案头上很难找出一本较完备的中国辞典，在时代巨轮推动得这样迅速的时候，陈旧的图籍还要敷衍应用，参考工具书的因陋就简，此间不过略举一例，这实在值得我们深切的注意与纠正。

某报记者诋中国出版的不发达，一般著作差不多是作者和读者的相互交替。这句话实在说得非常痛切。苏联的出版量所以能有这么多销数，一方固由近年文化的进步，而另一原因就是因为他们的书业是国营的。在普及民智的目标下，一批发印，廉价出售，使人人都有能力购买。假使中国社会都养成读书习惯，肯好好的读书，同时由国家规划创营官书局，于发展教育文化之中，行低价销售之实，而且就印刷的成本而言，销数愈广，每本单位成本，必可递减，定价必可愈低。一方鼓励创作，提高优良著作的稿费，使一般人花费少数的金钱，多能读到名著的机会。要之，要求一国出版物的繁荣，须得著作界、出版界和购书界一致努力，互相维护。而最要紧的，尤在乎全国国民养成读书习惯，同时养成购书习惯，那么于民智与出版物的推进，必可更着成效了。

（载《图书展望》1936年第1卷第10期）

学生运动对出版界之重大影响

雪 雪

这一次全国学生的救国运动，现在表面上虽然好像平伏了。其实它是在暗地里一天天地发展起来。这一次的轰轰烈烈运动，对于政治固然有影响，同时对出版界也有很大的影响呢。

第一，翻印古书的空气打破，因为时代的苦闷，因为说话的艰难，书店就翻印古书。在这本来是落后倾向，但一时倒也抓住了一些落后的读者。在这次学生运动以后，这种书既没有积极意义，又没有实用知识，就没有人读了。好像上海杂志公司的“中国文学珍本丛书”，本来每种可以销二三千，现在竟销不满五百，出版古书的人都为之叫苦不迭。

第二，所谓“幽默”刊物的衰落，这是可以拿《论语》做代表。《论语》本来可以销五六千，现在据说不满三千了；就是林语堂自己的《宇宙风》，也销不满五千。

故此林语堂对于这次学生运动大不谓然，其实也是因为与他有切肤之痛呢。

（载《娱乐》1936年第2卷第7期）

闲话书业

芷 芬

当我跨进书业界的时候，听到房龙《世界地理》一日内销售十八万册的惊人消息，在我国同时又来了三个译本，这是够人刺激的！

因此，我常想中国有这么大的地皮，那么多的人口，在打倒文盲、普及教育、提高文化水平许多口号之下，书籍的需求，一定非常之大。而在各色各样苛捐杂税之中，惟书报独享到蠲免（最近四川果然有过书籍税，但终于受不住各方反对而取消了），且邮寄比众便宜；刊登广告，又有特别折扣；存货不会酵，也不会烂。那末书业前途的发展一定极灿烂的呢，一本通俗的名著，销售一百八十万册，也可能的吧！

可是几年来的感受，想象和事实，恰恰背道而驰。现在的教育，不分阶级，不论男女，却可进学校读书，总算是平等极了。但贫苦的国民，无论你天才怎样高，向学怎样切，却给银块纸钞把你拒绝在高崇的黉墙之外。就是一点普遍的义务小学教育，大部分农民的子弟，要紧放牛赶水，也何尝有幸福来享受呢。所以书报的读者仅限在城市中而已。而城市中的读者大部分因了内地报纸的趣向低级趣味的感染，最欢迎是淫杀盗的新闻，对于立场严肃一点的书籍，便要摇头。这样书籍的用处在城市中又狭小了。即使有一辈欢喜买书的朋友，而近年来不景气的形势愈来愈凶，非但没钱来买，更以奔走生活，没有时间和心思来读。那末剩下来必得买书的读者是学生、教员、图书馆和以书为生的书佣了。而且“九一八”以来，国境一天天缩小，这仅有的读者，又被分割去了。这些读者的读物，自然教科书要推首位。但教科书经过内地的贩卖者，贩到学校里，大都是上在账上的。而内地教育经费的贫乏，又往拿学生的书籍费来支付教员的薪水，于是内地的学校间接是书店来支持的了。而书店的商品，变成滞账了。因了这许多原因，我想象中的书业繁荣，便烟消云散了。

整个书业在这样不景气情形之下挣扎，挣扎的尖顶，便现出了同业竞争的姿态。竞争的方式，是大廉价；目的是争取读者现款图书费。上面已经说过主要读者是教员学生，所以书店的大廉价总趁他们荷包里有钱的开学时候举行，这已成了年常老规了。其实同业竞争在书业本身来说，是自杀的政策：假定读者必须要买的书籍总值一百万元，现以竞争的缘故，半价售出，读者就得以五十万购得了。即使其他五十万仍消费到书业界来，那末书业界便要多付出一百万的货品了。最近书业界似已觉悟这自杀政策不能再继续下去，以教育部的策动，便妥协了。可是书业界大小同行的利害是矛盾的，平常以一折八扣来引诱读者的，自然受到威胁，所以这协定能维持多少时候的历史，是值得玩味的。

书业界因了读者减少和同业竞争，已是奄奄一息了。而还有手枪尖刀对准了他的胸膛。说来真是奇迹，已经审查和注册的书籍霎时间会变成“思想危险”；已经出版较久推认为唤起爱国意识的读物，一刻儿会变成“妨碍邦交”。毁版，删改，封存，把书业界弄得头昏眼暗，莫知所措。就是编印一点教科书吧，每调换一位教育部长，总是非常顶真，要重来一个课程标准。重编，重排，重印，销毁旧书，常使书业界弄得满头大汗，黯气吞声。

书业界的营业是这样疲软，环境是这样恶劣，几乎是无路可走了。但是一爿书店到了相当的机构以上，资力是不能呆滞的，人力是不能浪费的，于是只有翻印古书。近年来翻印古书的风起云涌，就是这个道理了。

开明书店就是在书业界这样的背景中生长起来的。从弄堂书店到今朝足足十年了。然而开明书店为什么能发展得这样快呢？这是开明书店有前进的意识，能适应社会的需求。最先是发行杂志，出版新书，首创《活叶文选》和认真编校中小学教本，到现在自然也不能不被逼到翻印古书的路上去了。开明版《二十五史》是首先出现，接着《二十五史补编》和《清名家词》也来了。但开明的翻印古书，并非杂乱地翻印，也不仅照样地翻印，更不翻印了一遍再来复翻。《二十五史》但在《二十四史》以外增加《新元史》和《明史考证》，更附人名索引和参考书目，这给读者有不少帮助的。装订的形式又是非常便于携带、翻检；这翻印古书的装订，从此便开了书业界的风气。《二十五史补编》和《清名家词》是很费气力辑集而成的，以后研求史学和清代文学的人可节省不少搜集的工夫吧！所以站在翻印古书的立场来说，开明依旧是有前进的意识的，能适应社会的需求的。

书业界的苦闷现在是到了顶尖，而民族的生机快要被人斩绝，但书业界究竟负有文化使命的，将怎样把觉醒民族的责任担在肩膀上呢？开明在十周纪念的今日，缅怀过去，瞻顾未来，当需要更大的毅力和勇气啊！

（载《申报·开明书店创业十周年纪念特刊》1936年8月1日）

新书业的衰落及其前途

顾凤城

我们要检讨新书业所以衰落的原因，应当先从它的兴盛时代说起。

中国新书业的兴起是伴随着新文化运动而来的，自从五四运动以后，中国的社会起了整个的变化，新思潮如排山倒海般的灌进古老的中国社会，于是，专门印行新思潮书籍的出版机关，就一天发达一天。

最初，新书业专门出版标点书，从前许多旧小说经过一度的改头换面，就风行一时，一向被老先生所不屑的《水浒》、《红楼梦》、《儒林外史》等，这时穿了新装站在新青年的案头了。后来标点书愈出愈多，有几家新书店就出起文艺创作来，那时上海的泰东图书局，以创造社为中心，北京的北新书局，以语丝派为中心，是新书业的二大营垒。

那时的创作小说正适应当时社会的需要，出版后自然风行一时，如鲁迅的《呐喊》，郁达夫的《沉沦》等，成为多数青年爱读的书籍。因为那种书籍在内容方面是反封建的，如鲁迅的对于封建社会的讽刺，郁达夫的大胆的性爱描写，形式方面是白话的，所以受到当时一般青年的热烈欢迎。

经过“五卅”惨案以后，青年的反帝反封建的情绪更为热烈，创造社出版部成立，以革命的浪漫主义为号召，出版的书籍最为青年所欢迎，郭沫若的《落叶》，张资平的《飞絮》等，均销行至十余版之多。那时的书局，无论出版什么创作，只要内容有些革命的口号和恋爱的穿插，那么，初版二千本是闭了眼睛可以销去的，这是新书业的黄金时代。

国民革命军北伐以后，社会由极度的动乱又渐渐地趋向安定。许多青年从战场上归来，深深地感觉到革命不是专靠一时的热情所能成事的，在实际工作的体验中，知道理论的重要，于是有许多青年从浪漫的热情的空气中转而趋向于实际的理论的研究。因此，社会科学的书籍就迫切地需要起来，于是那时的新书业就从文艺书的刊行转到社会科学的刊行。甚至有专门出版社会科学的书店，如联合书店、平凡书局、昆仑书店等产生，那是民国十七八年的时候。

但是，不到二三年，社会科学的书籍却日渐衰落下来了，原因是有下面几种：第一，当时的社会科学书籍大多数是从日文翻译过来的，那时候翻译的技术还没有现在的进步，有许多读者把日文直译过来，一般读者都看不大懂；第二，社会科学书愈出愈多，形成千篇一律，而许多重要的著作如《资本论》等，却并未出版，读者始终限于大中学生，不能扩大开去，一般的读者仍嫌高深，专门的读者并无特别的名著新书可以参考研究。于是，社会科学书籍的销路，就日渐缩减下去了。

后来，长江方面发生了空前的大水灾，读者的购买力又为了经济恐慌而更形削减，同时“九一八”事变，失去了广大的东北市场，新书业在这种状况之下，只得转向中小学教科书、参考书以及儿童读物方面去了。专门刊行新书的北新、开明等都注全力于教科书、参考书的刊行，以专出儿童书为目标的儿童书局也开办起来。

但是，这种书籍到后来也愈出愈多了，市场并未扩大，读者并未增加，而关于此类书的出版却层出不穷，因此销数也日渐减低了。

继而又有杂志年、翻译年等等来刺激读者，但新书业的日渐衰落，是铁的事实，去年年底有好几家书店的收账甚至不到一成（譬如放在外埠账款一万元，年终结账收回不足一千元），这是何等严重的事实啊！（未完）

（载《申报·出版界》第六十五期1936年7月23日）

国难时期的出版方针

周寒梅

有智慧，有远大目光的人，他对于自己所处的时代和环境，是很善于处理和应付的，并且他所处理和应付的方针，并不为了他一个人，或是他所属的一小部分，而是有系统有计划的推进这时代，改造这环境，充分地在现代分工合作的社会制度之下，发挥着最可能的努力、最高度的贡献。过去中国的出版事业，我们不能讳言，它是专门站在“生意眼”的观点上出发的，因此，文艺书籍风行的时代，疯狂地出版文艺书籍，至于在这疯狂的数年间，究竟建设了一点什么文艺的理论来，或不朽的名作来呢？这是谁也不敢说的。固然，这责任并不完全在出版界，然而至少出版界是可以推动这工作的，直到现在为止，连世界文学名著之系统的完美的译作，也不能找出一全部，这真不能不使我们感到很大的缺憾！在社会科学书籍昌盛的时代，字句不通，含义艰涩的译作，竟也出现了不少，这种贻误自己而又贻误读者的事情，到今日旧事重提，谁也不无感慨系之吧！“生意眼”的结果，究竟有多少“生意”可做呢？

过去的不必谈了，将来也似乎太远，我们不妨来把握现实。今日的中国，谁也知道国步艰难，而且一九三六年的危机，已经展开在眼前了。以书局而论，经济之不景气，读者购买力之薄弱，老实说，出版界在今日，真是遭逢了一个空前的艰苦。不过，我们对于空前的艰苦，必须有一个正确而清楚的认识，要知道这不独出版界为然，其他各业，莫不如此，而且这艰苦是随民族整个的国难而俱来，决不是丢开民族的大问题而可以先解决得了自己的小问题的。在国家争存亡生死的关头，每一个民众，只有出死力以保卫国家，出路，有财捐财，有力出力。那么出版界在这国难期间，应该尽些什么责任呢？

我们深信，出版界在国难期间的工作，可以增长整个民族求生存的力量，也可消蚀整个民族求生存的力量，这一转移之间，仅在出版方针的一念之相差而已。笔者深信中国的出版界不少聪明才智之士，也许已有目光远的出版家，已在他的出版计划中迈进，但也许有一部分从事于出版事业的人们，正忧惶终日，尚在缜密考虑之中，笔者无似，愿贡一得之愚！

国难期间的出版方针，详细的方案，尚有待另文商讨，现在先提出三个原则，敬请国内时贤指教！

第一，是非常时的，而不是平时的。在这国家逢到空前危机到临的时候，全国的民力财力，都将有一次整个民族的大决斗。现代的战争，决不是军事的，而是军事、政治、经济、文化的大搏战，所以如何可使自己的力量运用得非常经济而有效，这就有待于事前的训练，这事前的训练工作，是最重要的一件事。占训练工作最重要的一部分工作，便是训练材料的问题，这训练材料的供给，出版界是应该义不容辞的担负起来的。所谓非常时的而不是平时的，就是指这训练材料之供给。准此而论，那么不仅军事知识、战事常识等应大量出版，就是国际政治、经济等分析现状的知识和自然科学、社会科学原理的和应用的高深的知识，也应该充分地供给。现在的一个最大的前提，并不在整理国故，保存国粹，发扬国学，而是在保存国命。一切的事业，一切的工作，都应以此为出发，以此为归宿，所以国难时期的出版方针，其出版书籍的性质，应该是适应非常时的需要，而并不是像太平盛世时那样既要广又要远的。

第二，一元的，而非多元的。过去中国的出版界，一向是艳羡着欧美学术自由的空气，以为无论那一个政党的书籍，那一种学术的研究，在政治上、行动上固然可以受到相当拘束，但在学术研究的领域内，应该是绝无障碍的，因此“出版自由”的要求，与“新闻开放”同样高唱入云。关于“新闻开放”这问题，不在我们讨论之列，而“出版自由”，却是值得我们研究的。老实说，绝对的出版自由，在这地球上是找不到这一个国家的，不论社会主义的国家如苏维埃，资本主义的国家如英美法，法西斯主义的国家如意德等，“出版限制”仅有程度上的差异，而根本没有绝对自由的事实。为什么在国难期间出版物的思想更应该是一元的而不是多元的呢？因为在一个国家争生死存亡的时候，步伐必须统一，阵线必须巩固；而统一的步伐，与巩固的阵容，是产生在思想和信仰上的一致；假定事前的训练材料，还是多方面的，还是出发在几个绝对不相同的信仰上的，那么因思想信仰之不同，步伐必不能整齐，而阵容更不易严密。以散乱而不统一的一义，想争民族的生存，岂非梦呓？所以国难时期出版方针的第二个原则，所有出版物的中心信仰必须是一元的，而绝不可多元的。

第三，是大众的，而不是贵族的。国难期间的训练材料，是每一个民众所需要的，是每一个识字的民众所必须置办的，中国人民的购买力虽然薄弱，但是这最后的而必须购买的出版物，民众决不会吝惜。不过中国的大众是贫苦的，假定定价昂贵，那么对于这训练材料的流传，一定要发生障碍。过去的出版物往往只有三四万字的书，却用了四号字排版，道林纸印刷，再加上金字精装，于是定价至少要一块钱。这种书卖给大学教授，或一般购书而不读书的公子哥儿们放在红木书架上当装饰品，诚然不差，给中国的大众去购买，当然只好望洋兴叹了。这一点，在太平盛世时，已有提出研究的价值，而在非常时的训练材料，尤应指出这一种办法是不可宽容的错误。所以在国难期间的出版物，定价应特别低廉，以足够血本为度，决不能再希望一个人发了财到巴黎避难去做一个犹太人。定价应大众化而不能贵族化，是第三个重要的原则。

这是出版界当前的一个严重问题，笔者深信有远大目光的中国出版家们，对于这一个问题一定有更好的修正，勿［望］补充！

（载《申报·出版界》第四十六期1936年3月12日）

出版界应放弃愚民政策

任　平

提及出版界，哪一个不是高撑着宣扬文化、启迪社会的大牌子，而且凿凿言之，以此为职志？它自己以此标榜，大家也以此期望它，推重它。照道理讲，它似乎不致采用愚民政策。然而，大概是因为大家说惯了“未上轨道”吧？这似乎忠心耿耿而又道貌岸然的出版界，竟是伪君子一般，老走不上正道，挣不起一点真实的正派气概。

无论一宗什么事业，从事者无不怀着个名利双收的期待，这是人之恒情。否则，何必多此一举？因此，出版界在其所标榜的职志之夹袋中，带着个更大的赚钱企图，自是题中应有之义，谁都心领神会的。如果这企图远驾其所标榜的职志而上之，那末，“出版界”这高尚的令誉便就此断送，只落得个“书贾”的尴尬名称了。

当然，要出版界贴血本来履行其职志，那不是近人情的事。要营业发达，要贡献更多，自然要赚钱充实底子。不过赚钱也应分个该与不该。比方大部头的丛书集子之类，尽可高高的索价，因为那至多是敲各图书馆及各有钱的好老一笔不算稀奇的竹杠，不会压迫到一般小百姓的头上来。至于那一般的学生用书，诸如教科书及参考书等，却应当在薄利多卖方面着想，因为只要内容优良，其销路之广自是意中事，岂可稍存那卖一本算一本的丑恶心理？固然有些书本是“排印精良，装潢优美”，确实花本钱不少，以致定价甚高。然而排印是应该精良的，装潢却不必太考究。学生们要的是那内容，谁稀罕你的外观？目前市面上发行的关于机械工程等方面的书籍，质量都不甚充实的一本，动辄定价三四元，这是因为那是冷门书才故意抬高价格呢，还是认为奇货可居的有意加重学生们的负担？有许多贫寒的家庭，既苦于学费负担之过重，又苦于书籍购置之不易，在这两重苦厄之下，虽说有心为社会多培植一个有用的分子，可是因为力不足而不得不忍心令其子弟中途废学。在这种情形之下，也不知埋没过多少可爱的天才呢！出版界可知道这种情形所关的利害么？

学费过重，拒有志向学的青年于门墙之外，这是营业性质的教育机关造成的罪过，社会对它自会有相当的制裁的，此处不谈。至于学生用书的价格太昂，却是急应指出的出版界有忝厥职的悖理处。教育不普及，民智不开，以及科学不发达，教育界固应负一部分责任，但出版界所给予民间的书费负担过重这一点，也确是一宗不可贷的罪过。这，不是出版界在利欲刺激得特厉害的心情下昏昏然走上了愚民政策的险恶路径么？为企望开发民智以税国运起见，不得不希望出版放弃此项愚民政策。

（载《汗血周刊》1936年第7卷第12期）

今后的《出版界》

周寒梅

一国文化之重心在于出版事业，中国出版事业之重心在于上海，所以本刊之发行，我们深信其应负起辅导和协助中国出版界的责任来的。

本刊过去的一年间，固然不能说已尽了相当的责任，就是今后的本刊，也决不敢自负能肩荷起怎样重大的使命来。不过我们总尽着我们微薄的能力，要求国内一般关心出版事业的同志们，以及从事于出版事业的朋友们，共同努力，共同协助，倘使本刊今后对于中国的出版界有一点一滴的贡献，那么不仅本刊将引以为荣，而且关心中国文化事业的同志们，也将深为高兴的吧！

现在把本刊今后努力的目标，阐述如次：

第一是问题讨论。我们以为最近的十年间，中国出版界可分为下列四个时期：第一是文艺书籍时期，这时期可以说是以创造社为重心而掀动起来的，浪漫主义的文学疯狂了全中国的青年，而文艺书籍的发行也就疯狂了全国的出版界。在这时期里最努力的，倒不是老牌的出版机关如商务、中华等，而是几爿新兴的小书局如光华、泰东等。第二个时期是社会科学书籍时期，是在民国十六、十七的几年间，那时革命军刚奠定江南，在军阀时代所不准发行三民主义等社会科学书籍，这时公开在青天白日旗之下了。接着党义书籍而风行的，是马克思主义等书籍。在这时期最努力的，也不是老牌的出版机关如商务、中华，而是一般发行文艺书籍站住脚头的小书局，以及民智书局等。第三是翻印古书时期，什么《四部备要》、《万有文库》、《二十四史》、《二十五史》、《二十六史》等。在这时候，以前崛起于出版街头的小书局都一一倒塌下去了，而致力于古书新印工作的，当然要让资本雄厚的出版机关如商务、中华等，开明、世界也仅可勉力跟踪。到了最近，似乎又到了一个教科书时期，大家争先恐后的出版着大学的丛书，中学和小学的教科书，商务、中华不待说，世界、大东、正中、开明等，也莫不如此。所以会形成这四个时期的原因，固然是时代背景和社会环境决定了它的，不过我们仔细的把近十年来的出版界加以检讨，不论资本雄厚或资力薄弱，其出版方针之无计划、无步骤，随波逐流，粗制滥造，或故步自封的气象，却已在铁的事实上呈现无遗了。中间人力的浪费、财力的浪费，可想而知。所以今后的本刊，对于出版界的种种问题，大而至于出版计划、出版方针，小而至于定价、排列、纸张等，都在我们讨论之列。

第二是新书批评。书报批评的文章在各杂志、报章、刊物上，我们是常见到的，然而一般的书报批判，不幸流入于两种现象，一为应酬性或广告性的，二为含有某种作用而一味谩骂的。我们深信这种恶劣的趋势不加以严肃的纠正，这书报批评非但会养成文化界的一种堕落的习惯，而且一切的书报批评都会失却读者的注意和信用。本刊可以在这里郑重的宣誓，新书批评是本刊的重要任务之一，但是应酬性的，广告性的，甚至谩骂性的批评文字，我们绝对要把它摒除，我们深信这对于文化，对于读者，却是一种决难容忍的毒物。

第三是各地出版界的调查报告。唯其中国出版事业的重心在上海，因此一般人的目光，都集中于上海的出版界。其实，要希望中国的文化发扬，要希望中国出版事业能适应广大的中国的需要，仅仅这上海一隅是万万不够的，而且上海这地域根本是一个危险的所在，“一·二八”的教训够我们领受了，所以我们应该尽量调查各地的出版事业，辅导各地的出版界。这一部分工作，我们现在正委托中国文化建设协会各省市分会的出版事业委员会，指派专员，加以调查，大概在半年之中，全国各省市出版事业的初步调查工作，总可以完竣吧。不过，以中国幅员之广大，仅靠文建协会各地分会一二人的力量，一定是不够的，我们希望本刊的读者们，各地出版界的同志们，共同的来完成这早应该完成的工作吧。

第四是新书周报。这新书介绍的工作，在以前也已经开始了的，不过我们深深感到这一部分工作是不容易做得完善的，最大的原因，就是因为中国出版界向来只有各个的奋斗而无横的联合，因此在一年间的中国究竟出版了多少新书，这确数恐怕谁也不会知道吧！这遗憾是一般中国文化界同人都感到的，本刊现在诚挚地向全国的出版界要求，请大家信赖我们确实能负起这部分工作而很能干得圆满的，就是每一周间所出版的新书，把这书名、著者、定价等，都详尽地开示给本刊编辑部，倘能检赠一册，更是万分渴望。因为我们正在着手创办流通图书馆，我们当每周把全国各地所出版的新书，分类于本刊发表，这不是奢望，只须全国出版界真能帮我们忙的说话。

本刊每周只有一期，而每期只有五千字左右的容量，量的贫乏已可决定质的前途了，我们不敢再有其他的希望，就以上述的四点作为我们今后努力的目标吧！

过去的一年和无尽的将来，都承申报馆当局允许我们每周发行这《出版界》的附刊，在这里，应再志［致］诚挚的敬意和感谢！

（载《申报·出版界》第四十五期 1936 年 3 月 5 日）

出版界与识字运动

则　夫

“普及教育”的呼声已经有数十年了，然而直到现在为止，中国教育之不普及也依然如故。唯其高唱普及教育而教育仍不普及，于是一般聪明太过度的人们，便怀疑到中国文字之太艰深，于是始有简体字之提倡，继有拉丁化之宣传。在表面上讲，提倡简体字或拉丁化的人们，也许有其一部分理由，而且目前少数的定期刊物上，已有在应用这简体字了，但是以作者个人而论，说也惭愧，简体字竟认识不了几个，阅读时反而发生了相当的障碍。因此我常常发生这样的感想：在受过高等教育的人们，当然并不困难，只须把简体字表看过几遍就可以记得了。不过，一个字而必须懂得两种写法，也不无“庸人自扰”之感。在初识字的人们，那就要发生许多的问题：第一，倘仅读简体字，那么连简体字的字典也没有，要查一个字，岂非难如登天？第二，粗识字的人，假定要多读几种书报，只识简体字势必是不够的，那么还是要懂得原来的字体。第三，中国文字之构造，原有其一定的法则，稍涉文字学之藩篱者，莫不深悉，简体字则不然，它是各地商界方面的俗写，唯其字体构造之凌乱而无一定的标准，那么学者也就难于记忆。所以简体字的提倡，在表面上，似可便利于普及教育，而实际上，反增加一层困难罢了。至于汉字拉丁化那更不必说了，要知道以中国地域之大，人口之众，言语之庞杂，而所以能在同一文化带内孕育者，就靠了这文字的统一。现在提倡拉丁化，先要把数千年来辛苦经营的文字工作全部摧毁，而单靠拼音的拉丁文，要使全中国的人民都会写，都能懂，这不是做梦了吗？譬如说，一位苏州人拼成的拉丁文，常州人便不能懂，不要说杭州或南京人了。这种与其说是帮助中国普及教育，不如说是企图灭绝中国的文化，所以作者认为中国教育之所以没有普及，并不在文字工具之有问题，而在于普及教育工作之没有努力推进。无论怎样一件简单轻易的事情，不加一点心血，而希望不费吹毛之力能够成功，天下决没有如此传奇式的事理。扫除文盲运动亦然，喊了数十年“普及教育”的口号，可是只是喊，不去干，于是在杂志上、报章上、刊物上，尽管发了数十年的牢骚，中国的文盲还是不会扫除一个的。此次上海市识字运动委员会自从去年起，发动了识字运动以后，只不过半年的时光，虽然还没有看到正式的工作报告，但据该会内部工作人员说，已经有十二万左右的文盲扫除了。这就可以证明，普及教育的工作不在说而在做。推进了这工作，总有办法，总有效果，总有希望；不推进这工作，而偷乖取巧的提倡什么简体字、拉丁化，那么这普及教育的工作，是永远没有希望的。

我们既了解这识字运动的关键不在说而在干，然而只是负责识字运动的人们去干还是不够的。要知道读了二三个月书，识了一二千个字，在学的时候，也许可以出人意料，成绩斐然，但是一旦离校，隔了半载一年以后，恐怕还是会全部忘记而依旧变成文盲的。为什么呢？因为应用的机会太少了，读一般的报章刊物，程度还够不上，只靠写信或写账的机会，那是万万不行的，倘使老是读这本识字的课本，也决不会温故而知新。也许有人要说，那么把儿童读物给初识字的人读就可以了。其实，事实上也不可能，因为儿童读物的内容，往往顺应了儿童的心理和生理编造的，给儿童阅读的一集故事，给成年人去读，一定不会发生兴趣。所以作者认为在政府当局努力推进识字运动之今日，出版界方面是应该竭力予以协助的。怎样协助呢？以上海而论，就是给十二万刚扫除的文盲，以一种适宜而良好的读物，出版一种定期刊物也好，出版一套常识丛书也好，总之，拿这刚扫除文盲的成年人为对象，就他们所认识的一二千字，竭力运动，编撰各种论文、故事、小说等，倘是定期刊物，那么当然可以插入许多时事的材料。这种出版物有二种好处，在学的文盲可以当作课外读物和补充读物，刚毕业的可以增加阅读的机会，而不致荒废。

出版界方面倘能低廉其定价，完善其内容，那么一方面可以协助这识字运动，使更能收到切实的效果，同时又可以获得广大的读者。作者深信，上海一隅已扫除的文盲即以十二万人计算，至少也可有一万二千本的销路，倘与上海市识字运动委员会合作，那么经识字学校校长、教员的宣传，其销路之广大，更非数万册已也。

（载《申报·出版界》第四十八期1936年3月26日）

出版界与读书界，也该来一次整饬运动

庄心在

说中国出版界是带有夸大意味的，实在中国有的只是书买。

出版界诚然是以读书界为对象，可是出版界总不能像巴黎的香粉装饰市场，纯然迎合一般摩登趣味。

所谓中国出版界犯着的弊病，便是读书界并不由于出版界的诱引教益而上进，相反地出版界却因投合读书界的趣味而堕落。

中国出版界对读者的怀抱怎样呢？

为着把握了读者一般的低级趣味，“××奇侠传”、“××因缘”之类，荒唐淫秽的小说笔记充满着中国的出版市场，而期刊方面十之七八是以漫画、诙谐小品为骨干，历溯出版界对于读书界的贡献，自然以改头换面、大同小异的各级教科书为营利的中心。此外，七凑八扯翻印编辑一些某某丛书、某某全集、某某选集之类，弄来弄去还是这些换汤不换药的旧东西。五四运动算介绍了一些科学的起码知识，搬来了些近代皮毛。新文艺运动，不加选择，乱杂杂地出了一些花花绿绿的诗歌小说。接着是社会科学运动，所贡献的是生吞活剥一知半解马克斯主义ABC，社会科学大纲类的书本，这还是就光明方面夸说的，至于竞编一些投考试题解答，争着翻印几折几扣的古书，前者既导青年学子以偷假苟且之方，于学术研究不愿再下刻苦功夫为精湛的研究，后者选择既倾向于低级趣味、印刷的恶劣、校雠的舛谬，更是不足多尚了。

出版是文化事业，而并不仅仅是商品的倾销，以量言，近年来中国的出版事业，诚然不能不算发达，但除了移东搬西、改头换面的书籍外，究竟有几多本较有价值？除了掘骸骨、贩洋货的期刊外，究竟有几多种较有意义？譬如说曾国藩先生的遗著吧，凑成清代中兴四大名臣集是一种出版物，曾文正公全集又是一种，拆开来曾文正公家书啊，诗文啊，奏议啊，日记啊，尺牍啊等等又是好几种，截长补短，七拼八凑曾文正公的政治主张、经济政策、评传等等又是好几种，此外曾文正公选集当然又是一种，新式标点曾文正公集又是一种，白话注释曾文正公集又是一种，又可以把曾文正公某一部分的著述编入某一种书籍，例如历代名人日记、清代尺牍类钞之类，再聪明进步些，当然会编成曾国藩与李鸿章比较研究之类的鸿著了，这样便构成了丰富的出版界。再说近代的。文艺作家，谁不是将自己的作品七编八编的弄成某某集、某某全集、某某选集、某某自选集、某某代表作之类的种种花样呢？杂志期刊，当前自以漫画、小品文为最多，但除了抄录古文中的幽默笔记、笑话、联话、书启之类以及翻译东西幽默，甚至翻印外报的讽刺画、照片以外，还是些什么内容呢？出版界的发达，是循着这样可怜的途径。

出版界的对象是读书界，读书界大体分两方面而言：一是启蒙通俗的一般知识，这是出版界的普遍运动；一是特研精究的专门学术，这是出版界精进运动。以前者言，中国已否有一套满意的教科书，有一套善美的通俗读物，除了粗制滥造的教本，以及荒唐污秽的说部画册以外。以后者言，中国出版界不少的是某某学纲要、某某学大意，要找几本专门精深的著述，除了翻译以外，怕是很难的了。中国出版界对于读书界的贡献，也可以说对于文化的贡献，能够叫人满意吗？

我以为出版界也应该来一次严正整饬的运动，不要尽以几折几扣大廉价、大赠品来号召，何妨从生意眼中钻出来，反省反省本身伟大的文化的使命，不要纯以读书界为生意上的顾主，而尽量投向一般低级的嗜好，正该负起纠正读者兴趣、导引学术上进的任务，在一般的读物上严格编制，注入新的健全的意义，抵达国难时期教育的方针，而完成全国读书运动。在专门的读物上有计划地尽量多出有价值、有意义的专著研究集，自然是项出版品在生意眼上，往往为书店老板所厌弃。不过，我以为很可以请求政府的奖掖，政府方面为策进民族文化运动，鼓励学术研究起见，自应该量予济助。至于期刊方面，应该减少玩物丧志的物质精神，而移向于壮志气、长知识的正途。这见解并不是迂腐，当此国难时期，我们是否应该珍惜一分物质一分精神以获取相当的代价，想来不会再有闲神余力来消闲幽默吧！

读书界对着出版界，应当抱着监察者的态度，以只要读有用的书，只要看有裨于救亡兴国的出版品为原则，要是读书界有着这样的需求，站在供给方面的出版界，自然更易于适应。

近年以来明了出版界情形的人们，都晓得除了一家资力较为雄厚的书店以外，一般的书业，除了翻印古籍照出教科书，编行试题解答等等以外，久已入于休止状态，实在谈不到什么出版的意义。为要突破这重危机，我以为读书界与出版界都应该有一番觉悟，相助相成，建立一个中心来共同努力。

（载《申报·出版界》第四十八期、四十九期，1936 年 3 月 26 日、4 月 2 日）

出版奖金：一个建议

章天一

出版界的荒凉是一个事实，近年来不论哲学、科学、文学等没有伟大的著作出现也是一个事实，它的原因固然很多，不过，笔者以为除掉消极的批判和积极的指导以外，政府方面应该有设置“出版奖金”的必要。

无论那一个国家，假定对于文化事业相当注意的，那么对于学术方面的津贴补助等物质的奖励，一定不遗余力，然而在中国，目前尚没有这种办法，这我们不能不认为是一个很大的缺憾！

据笔者的见地，我国政府应该设置“出版奖金”，内分哲学、政治、经济、教育、国际、化学、物理、文学等部门，凡在一年度内，倘有上列各种专门理论上阐扬的书籍，而内容非常优秀，经专家审定合格的，那么除掉著作人得到奖金外，出版机关也应该予以物质上的奖勉。

它的好处，可以使出版机关格外奋勉于自己的事业，著作人格外努力于自己的研究，而全国的学术风气也可以提高而养成。

（载《申报·出版界》第五十三期1936年4月30日）

一本书的自述

清　芬

我是一本书，是一本新被翻印了卖出来的书。从我现在所遭遇的一切，来和我过去的光荣时代对比，处处都使我伤心叹气。我们这一系，是历代儒者抱着教忠教孝的志愿，怀着配享圣庙的希望，把我们敬谨地写下来，以为后世的贤主明君，用作觉世牖民的准则，治国平天下的大法的。任你杀人不眨眼的魔王，穷凶极恶的魁首，当他一旦登上了皇帝的宝座，就会推崇起我们来，让我们去教化他的百民。凭了我们这些先圣先贤的名号，凭了我们这些教忠教孝的道理，不知成全了多少仁孝慈惠、聪明睿智的大皇帝，更不知教化了多少驯良温顺、守己安分的好百姓。我们自以为对于这个几千年来的文明古国，也曾尽过了相当的努力的。

自从闹着什么“五四运动”以后，举国上下的人心，都像变了一个样子。把自古以来的一切过失罪恶，全都加在我们的身上，似乎非把我们压根儿扫除个干净不可。虽然当时还有几位圣子贤孙出来替我们仗义执言，给了我们个“国粹”的名号，想把我们从怒潮狂流中解救了出来。然而有什么用呢，在图书馆的书库里，在收藏家的书架里，来了许多面目新奇、非我族类的后辈，把我们挤在黑暗的角落里。尤其可恶的是那些一向靠我们活命的书店老板，也一变向来对于我们敬谨维护的态度，把我们任意堆积在橱仓的最高层、栈房的角落里，好像见着了就碍眼。“完了！我们的生机完了！”我曾经这样叹息着。

然而天下的事情竟有许多意想不到的。当我们静候着书蠹来侵蚀了去的当儿，书店老板的那双生疏的手又在把我们搬到阳光下来了。“这是一个梦啊？”我的同伴惊呼了起来。“恐怕是否极泰来了，谁知道，我们被挤在黑暗中的这几年，世界会不变个样子呢？”世界准又变了样。被检出来罗列在老板的案上的，原来还有许多我们同系的弟兄和幼辈，他们都在欣慰地望着我。看那些非我族类的家伙，正在哭丧着脸，零落在那些架子上。

老板在数数这个的页数，数数那个的页数，灵活地拨动着算盘子。这在他，准又是什么好生意上手了。你看，香烟屁股在他的嘴唇上，烧焦了他的嘴唇皮，他还满不在乎呢。这时候，进来了一位戴老花眼镜的人，伛偻着身子，叫了声老板。“老吴，你简直欺人啦！你做人家的只四分钱一千，做我的一开口就是六分，这叫我如何卖得出去呢！”“什么？老板，没有那回事！六分钱标点一千字，又不比那些‘的了吗呢’的容易懂，很要费点脑筋。老实说，一天还点不到二万字呢。”“外面很有人说我们的书标点错得很多呢！”“这个……其实都是一样。看得出标点错误的，不加标点也行；非看标点书不可的，不见得看得出错误。天晓得，六分钱一千，那些通人硕士肯来做吗？那样的一折三四扣卖得出去吗？嘻嘻。”我听了他们的话，竟是丈二和尚摸不着头脑，天哟，十年来的黑暗生活，竟连老板们的生意经都变得不能懂了！结果，我和几个同辈弟兄被那个可怜人带到家里去。

那个家，毋宁说是一个工场，几只蹩脚的桌子旁，围坐着三五个鸠形鹄面、腰驼背曲的人儿。各人手中的一支洋红水笔，不住地在我的弟兄们的身上点点划划。原来那个可怜人倒还是工场老板，他从各书坊里兜揽了生意回来，雇着这些标点工人，来把我们标点一番。这使我回忆起旧日的光荣：那些通儒硕学，餍足了皇家的俸禄，在窗明几净的环境中，焚上一炉好香，细细研磨丹铅，不计时日地且点且批，把它当作名山事业看待；不料到了这个末世，竟把我们付给标点工人，作为六分钱一千字的吃饭行业。我正在这样胡思乱想，那个老花眼的可怜人早把我拖了过去，开始在我身上刻划起来。他本来因为没有办法才干这个勾当，他只在想着怎样才能多得六分钱；他本来不管你的支离割裂，只要在你身上踏遍一趟就算完事。"这简直是残酷的伤害，他的红笔是炮烙的刑具，非把我们炮烙得体无完肤不止！"我这样悲叹着。黑夜来了，他们依然在十五支的黄色灯光下，像机器一般地工作着；半夜过了，还不肯停止。看他们苦恼的脸色，也像有什么虐刑在忍受着。

十天之后，我被交还到书店老板手里。他正在和印刷所老板谈生意。"贵局生意很发达，出的货很多，只是好久没有分给我们做了……""生意是有一点，只是你的价钱吃不下！""那里话，我们现在只要有生意做，混得口饭吃就得，谁还想有什么好处？反正天天回头人，让机器躺着叹气，也不是办法！讲到价钱，你老蛮明白，比从前四成里已经减去了三成，四角一千的排工，五角一令的印工，三角一万的钉工，难道还能在你老面前瞎抬！""我们比不得你们，做了生意就好拿钱；我们造好了货，还得想法子卖出去，所以事先总得有个划算。"这个印刷所的人又好好地凑上几句风，才算把我们这些刑余的身体带了回去。

在排字工场里我所看到的苦恼的情形，比在标点工场所见的更要坏些。在四角钱排一千字的价值里，有工场的一切开支，有生财的应得利息在里边，作为排字工友的工资的还有几个铜子？可是这一千字须得密密地排满一面半板子，经过几次的修改，直到校对先生认为"无误"了才算完事。这是何等廉价的劳力！我又忆起从前认识过的刻板工人来，他们的那种细磨细琢的神气，有工夫在板子的角落里刻上自己的姓名，正不知要安闲得多少呢！

我一部分一部分地被排了出来，被送回书店里去校对，于是我又认识了个校对先生。那是一位二十几岁的青年，从他那蓬乱的头发，枯黄的脸色和充满着血丝的眼珠上看去，已完全没有青年人的健旺热烈的气概。他重重地把我向台子上一丢。给我第一个印象是悲愤，悲愤，他好像有无限的悲愤找不到一个发泄的地方。“青年人不应该满怀悲愤的啊!”我想这样劝劝他了，当我没有明了他所以悲愤的原因以前。有一天，账房先生郑乎其重地送给他一笔钱，要他在印着“某月份薪水洋十五元”的纸条上签个字。啊，十五块钱！这是他早晨八点钟来，工作到下午六点钟回去，吃自己的饭，住自己的房子的一个月的代价了。从此我很明白他所以悲愤的道理，他不比标点工场里的那些可怜人更可羡慕呢！可是在这家书店里，他还算是唯一专请的校对先生；大部分的书都是用的五块钱包校十万字的价值，被人抢着去做呢。我被这位校对先生用着悲愤的心绪，胡乱地校过两次，随处留着可笑的错误，带着被虐待、被侮辱的印记，送往印刷工场去。

现在轮到我去看看五角钱印五百张大报纸（即一令）的情形了。被书店里送去的是那种又粗又松、天字第一号的起码报纸。印刷所老板哭丧着脸，把天字第一号的起码油墨添下去；嘴里喃喃地咒骂着：“娘娘，越是印工便宜了，越是纸头来得丑（音秋），吃墨的祖宗，谁还做这鬼生意!”他这愤怒，给予那些伙计们一种“明天我就停起机器来，看你们那里吃饭去”的威胁，一个个振作起疲倦苦恼的精神，在黄黄的灯光下努力地工作着。这样的两昼夜后，我被送到装订工场，去看那三角钱装订一万页的工作。

在这里，手工多于机器，男女工人的手连接成一部连续的机器，经过了折叠、整理、打洞、穿线、糊面子的种种手续，再送上切书机去切光，才成功了一本本的书。要装成一万页（即二万面）的书，才算赚到了三角钱的工钱。这三角钱里边，工场要开支，生财要利息，老板要养家活口，留给一班工友的，还有几多？我可计算不出来了。你说他们的工价比带动机器所用的电费还更多吗！

我终于带着许多伤心的印象，换了一副畸形的面目，被送回到书店老板那里去了。古人常常把印刻我们的一回事称为“灾梨”；不想到了现在，我们竟在转辗地“灾人”，这话真是从那里说起！然而那位打好了算盘的老板，一定是有利可图的，这真不能不使我深深地鄙薄起他来。

我现在被一个青年买在家里，虽然也有了好些日子，可是从不曾和我好好地晤过面。看这种情形，大概只是为便宜，随便买来充塞充塞书橱而已。我深怪那个书店老板，只晓得投机取巧，替自己的利益打算，无端地把我们重新拉扯了出来。这对于我们除出经验一番痛苦的经历外，什么都不会再有。过去了的时代终于是过去了，不会再回来的。我们此后的命运和躺在书店黑暗的角落里，让书蠹来侵蚀了去，又有什么两样呢？

（载《申报·读书俱乐部》第九期1936年5月1日）

一年来的读书运动

贺汉光

我国学术空气之浅薄，为任何人所不能否认。而国内文化团体之致力于这一方面工作的，也如凤毛麟角，渺不可得。过去的一年中间，在奖励读书的一点上稍能下一番功夫的，只有中国文化建设协会所倡导的读书运动。

文建协会在去年间，曾发起全国读书运动大会和全国读书竞进会。读书运动大会的内容：一为联合全国各大出版机关，半价发售本版书籍；二为敦请各学术专家，播送读书指导的演讲词。成效若何，不得而知，不过在大会期间，各书局门庭若市的一点上观察，因读书运动而购书阅书的人，或亦不在少数吧！

不过，这读书运动大会到底比较空泛些，造成读书风气，或具相当力量，但收效若何，究竟难以测度。比较切实而有真实成绩表显的，莫过于读书竞进会。而且由于读书竞进会成绩之是否优良，也可窥测中国一般青年好学之程度是如何了。

在读书竞进会的办法中，有几点值得我们特别注意的，现在摘录如下：

一、报名处：计有二十五处，为沪、苏、京、浙、皖、赣、鄂、湘、豫、平、冀、津、鲁、陕、甘、青、闽、川、滇、热、绥、宁、晋、察、东北等各文建协会之分会。

二、报名手续：填表两张，二寸照相三张；路途遥远者可通信报名；并不纳费；且加入后，向各书局购书，可享受五折之优待。

三、奖励金：大学组之第一名至第三十名，中学组之第一名至第三十名，均有现金或书籍之奖励。

在这办法中间，可谓相当完美，收利甚厚，而义务只有读书。可是举办的成绩如何，在文建协会的统计报告中，可见一斑：

报名会员：大学组三，一二六人，中学组二，六六三人。

应试会员：大学组四六人，中学组七四人。

最优成绩：大学组八八·七一分，中学组九一·五分。

最劣成绩：大学组三八·八五分，中学组九·八三分。

全国报名会员，大中学组共仅五千七百八十九人，已够令人惊异，而应试会员，大中学两组，仅一百二十人，更使我们舌桥不能下。这里面，虽然有种种特殊的原因在内，但好学之士的稀少，我们是不能不加以承认的。而最优成绩与最劣成绩之令人不能满意，也毋容赘言了。

作者认为这次文建协会读书竞进会的工作，虽然成绩不佳，但丝毫没有浪费，而且得到了一个很大的事实教训，就是全国一般青年，对于读书是怎样的漠视。那么我们非但不能因读书竞进会成绩之不佳而停止了我们的工作，更应该深信奖励学术、提倡读书是中国目前唯一的急务！

（载《申报·出版界》第五十七期1936年5月28日）

上海书业公会的争论

君　行

最近上海的出版界，发生了一个关于公会的争论，当事者一为上海书业同业公会，一为正在筹备中的上海书籍文具贩卖业同业公会。前者为争论的发动者，向社会局呈请取缔后者的组织，斥他们为冒名、侵占利益的非法团体。这事虽经上海市商会和社会局的处置，已令后者停止活动，但是，他们却阳奉阴违，继续去进行组织工作，以至于前者不得不再度提出反对和抗议的政策。

我们认为：这种争论，只是该两公会谁合于法律的问题。谁是依照合法的手续而组织成立的，便是可以代表该业的公会，否则不是。上海市书业同业公会，我们都知道，是有十足法律根据的，而且有将近十年的历史。那末，这个公会的利益被他会侵犯时，我们当然同情于前者。希望当局和市商会，依照原案，勒令那伪书业公会即日取消。不过，上海市书业同业公会，尽可以不必和那个伪公会，作名义上的争论。对付这事只有两个适当的步骤，即：积极的，请求当局和市商会依案办理；消极的，劝伪公会的同业，即日加入合法的书业公会。只有这样的办法，才是好的解决途径。

（载《大光图书月报》1936年第1卷第1期）

上海市纸荒之现状

上海现时有纸荒之危险，盖自去年五月亏本之后，若干纸商均大事缩减纸张之储藏，结果市纸渐有纸荒之危险，例如若干种颜色纸张已完全绝迹，复写纸、制盒纸亦呈此种状态，倘不迅速设法使纸张储藏增加，则将来影响市面殊甚。

本市需纸之急固可想见，于是若干投机商人遂利用此种现状，将其旧存堆栈之纸抬价出卖，获利甚厚。上海最需要者为报纸，此不仅为供给报馆业之用，且为包货及糊壁等用，近数年来因报纸市价低廉，其用途亦日广。从前本市报纸系由瑞典、挪威及芬兰等国输入，自日人于北满开设造纸厂以后，欧洲纸张遂被排挤，且有逐渐绝迹之势。后因抵制日货运动兴起，日本纸在本市之地位曾受加拿大纸之打击，近今加拿大纸张之运入本市者，仍占重要地位。

近来因马克汇兑行市之低落，德国纸张亦大批输入，虽日本纸张价格与欧洲纸张价格相等，然仍未能恢复其原有地位。

迩因低价有继续上涨之可能，本市输入商已订购大批纸张，于是纸张业之恢复已达其顶点。

当德国纸张于上海市场竞争之际，加拿大造纸厂代表适在沪，欲与德国竞争，遂力减其售价。据市面调查，其纸张售价已低落百分之三十云。

（载《国际贸易情报》1936 年第 1 卷第 16 期）

关于南京书业

沙 雁

南京书业的历史，是非常短简的，这较之上海书业，真不可以道里计矣。南京之有“书业”，可以说还是近十年的事，在十年前的南京，虽然并不是一个野蛮无文化的城市，但是，这里的文化不已经衰落到几等于无了吗？旧书摊，古书铺，便是十年前南京书业的面型。其外，不错，也还有着一家半家的新式书店，代卖文具之类，而这就能算是南京的书业了吗？所以，有如说那时的南京书业为书业，毋宁说那时的书业为教育用品社。因为，这种教育用品社便是当南京有了所谓真正的南京书业而代了它存在的作用，把它淘汰的。

南京正式的有所谓书店的出现，这还是国民政府奠都南京以后的事。因为南京自建立了首都以来，一方面受过教育的分子日增，另方面即学校的成立，也是日渐发达的。如此一来，文化事业便很自然与时俱进，逐年扩展了。同时与文化极有连带关系的书业，不消说自是应时而起了。

现在我们且看南京书业近十年已竟发展到如何程度：

有人说上海四马路是文化街，如果这一说法可以援例，那么，我叫南京太平路花牌楼为文化街，也不为算过甚其辞了。

南京一共有近百家的书店，大半可说散在太平路，从大行宫起，到夫子庙止，走不远你便可以看见一家两家书店，尤其当你到了太平路淮海口路以南，简直书店挨门皆是了。

在上述的许多书店中，其营业类别分：

1. 出版图书者；2. 不出版图书而只代售者；3. 专售杂志者；4. 专售字帖文具者；5. 专售一折八折版者；6. 专售古书及其他者。

有出版力者计有三家：军用图书社、拔提书店、正中书店。其外虽然仍有出版力者五家：商务印书馆、中华书局、世界书局、开明书局、共和书局。以他们究属没有直接出版能力，而须收到印件转于上海总店的缘故。因此，我所以说南京的书店只有三家有力出版图书者，是不错的。

至于其他无力出版者，他们全靠了代售的“折扣”以维门市的。

本来，这在过去景气的年头，折扣的余润，本是除了维持，还可赚到相当余利的。可是，因了近几年的不景气，钱头到处感到不宽的时候，人们把买书的钱，多买了面包了。难道知识比面包的要求更来得迫切吗？我不敢这么说。

现在，每家书店，几乎全是亏本的。不亏本者，也是能免为支持了。真的说到盈余，这是属于幻想的。

在南京的各家书店，有一个非常普通的现象，这便是杂志的代售。目前南京近百家的书局中有不代售杂志者除商务印书馆、中华书局、共和书局、世界书局而外，即正中、拔提也都卷在以代售杂志而拉顾客的一途了。其实照目下的趋势看，杂志的销路，已呈落日夕山的衰亡之象了。所以，在这种情势下的南京书业，前途非常的阴暗。这尤其在官方各种封锁和压迫之下。

比如说到南京书业的税捐纠纷吧，自民国二十年以迄于今，仍在讨价还价中。这事情是这样的。

本来南京的书业是无组织的，所以，关于官方的各种要素及压抑从来是百听的，直到二十年成立了南京书业同业公会时，才由该会向当局要求援用上海书业营业税则，以资本的多寡，定抽千分之二的办法。不过，当局则以为必实抽千分之四，这一来，于是双方益害冲突，乃一延而再延，到了最近双方还在僵持着。虽然，千分之二的抽税每季均由同业会收缴社会局营业税处，结果，却均遭拒纳。看样当局势必征到千分之四不可。记得在二十四年底（十一月吧）南京书业会曾向行政院请愿，请求援用上海成例，征收千分之二，但至今未得到满意解决，而社会当局仍以千分之四的办法追令缴纳旧欠新税，否则并予停业之处分。前一时闹到满城风雨，三月已去，事过景变，僵局仍在相持，而将来究千分之四欤抑千分之二，或千分之（?），尚待将来事实的答复。这里我们除愿站在客观的立场，对南京社会当局加以请调查市况以后而再加这项税则的处理外，别的我们还好说什么呢？对于这南京不景气的书业，货色滞销，开销难短，图书检查的扣货发售，这一切不够他们受了的吗？

（载《汗血周刊》1936 年第 6 卷第 13 期）

武汉出版界近况

心　生

武汉出版事业向称落后，惟自近数年来，因各方提倡及努力之结果，各种刊物得日见增加。惟因印刷设备之不能完备，与执笔者之缺乏，致常感各刊印刷远欠精美，内容远嫌贫乏。这是各刊的负责人共同所最感痛苦的事。不过这究竟是暂时的，只要大家努力迈进，不难产生出完善的印刷厂，更不难收到有价值的稿件。

在武汉出版的刊物，现在还继续发行的，全是这一二年内创刊的，尤以今年创刊的为最多。各刊的性质亦均属多方面的，这是武汉出版界的良好的现象。

关于各刊物的出版者，除一部分系政府机关外，多数由私人组织的学术团体，虽然这些团体有时不免与政府方面负责人发生关系的。

因为汉口是一所商业区，而武昌又是湖北的省会所在地，所以最近出版的刊物，似乎以关于经济商业及政治行政者居多，关于其他学科及文艺者倒反而见少。这也可说是武汉区出版界的特殊处。

关于经济商业的刊物，在民国十年时，就有银行工会出版的一种《银行杂志》，这是汉口有经济刊物之始。嗣后虽经停刊，然影响于今后经济刊物之发行，甚有关系。现在出版之此项刊物为《汉口商业月刊》，与《经济评论》二种。该二种均已有二年之历史。《汉口商业月刊》由汉口市商会出版，《经济评论》系由私人组织之经济评论社所出版。惟该社负责人颇与日方接近，故该刊所登广告多属日方之公司厂商，以此项广告费之收入为出版之经费，亦云苦矣。

关于政治方面之刊物，比较种类复杂，可惜多出不久，兹就所见，略列于后：《中兴周刊》是中兴周刊社的私有刊物，专刊关于时事评论之文字，发行已久，现仍继续出版中。《尖兵周刊》是与《中兴周刊》相仿佛的，最近似乎已停了。

《前途杂志》编者是刘炳藜，由上海迁来，最近又迁至南京去了。该刊闻为某巨公所创办，内容专载政治时事。

《经理月刊》，由武昌行营经理处创办，编者蒋用宏，内容除政治评论外，很多关于军需方面文字。

学术刊物不多，除武汉大学所出之《文哲季刊》及《社会科学季刊》等数种外，如：《建设评论》，最近由华中图书公司发行，内容专载建设理论及调查，负责编者为欧阳涤尘。《江汉思潮》，湖北省党部创办，内容甚为广泛，论著文艺都有，编者为朱全纪等人。《湖北民教》，内容是关于民众教育的，由湖北民教联合会主办。又有一种《正中月刊》，内容尚属不坏，可惜已于数月前停刊了。更有一种《农村合作》，内容无疑的是讨论农村合作方面，该刊多时未见，近始继续出版。

一般读物，目下所看到的只有《笔锋》一种，内容虽尚属可观，然时出时停，未免令人太扫兴了。记得前些时又有《一般周刊》一种，是大光报社出版的，不久听说因登载某种文字而禁止。

文艺刊物除《西北风》外，有《文艺》，已有一年历史，编者为胡绍轩，执笔者多武汉名作家，出版以来，尚得读者欢迎。最近新出

《习作》一种，看来亦很有生气。

学生刊物有《湖北学生》、《青年》等，儿童刊物有《汉口小学生》、《小国民》、《新儿童月刊》等，读者似皆不多。又有《中等算术月刊》一种，中等学生多喜购之。

单行本近日所出的多为文艺方面，今约举如下：《熊经略》（作者管雪斋，华中图书公司发行）、《大时代》（红石作，《新民报》出版）、《东南》（白流作，《扫荡报》出版）、《战血》（王寒生作，《大光报》出版）、《野火集》（罗荪作，《大光报》出版）、《母亲》（帅约之女史译，自印）、《没落集》（冯腾作，华中图书公司发行）、《斗争》（胡绍轩作，自印）、《号外新闻》（王绍清等作，怒潮剧社出版）。

武汉出版界状况（日报除外），据我所知道的，大约已如上述，然作者调查多有未周，挂一漏万，自知难免，这里很希望读者能够替我多多补正！

十一月六日匆促写成。

（载《西北风》1936年第12期）

出版界与批评

珧　华

有了人类，便有了批评，因为凡是人类都有思考的能力，有了思考的能力，便能判断是非，辨别黑白；是非黑白判别后表明出来，便是批评了。批评在英文中是criticism，源于希腊文的krinein，它的意义，也是分别与判断。

批评既是如此的与人性相终始，那末在出版界上，自然占有了重要的地位，尤其是文艺界上，文艺批评几乎是成了一种专科的学术。但是很不幸地，尽你是成了一种学术，而文艺批评（以及其他批评），却往往出了乱子，因此引起了许多无谓的论争，这究竟应该归咎于那一方面呢？

要举理由，则“公说公有理，婆说婆有理”，大家都有相当的理由。作者的反抗批评家，理由是批评者的学识应当比作者更为广博，并且动笔时能写出更好的作品来，但是事实上并不如此。批评者的批评作品，大都和“看客在戏台下喝倒彩，食客在膳堂里发标”一样，假如“看客开口一唱戏，食客动手一做菜，那就难说了”（鲁迅语）。因此鲁迅的意思是最好批评者不要兼做创作，否则不免写出下面这种东西来：

宇宙之广大呀，我说不出；
父母之恩呀，我说不出；
爱人之爱呀，我说不出；
阿呀阿呀，我说不出！

这也未免太挖苦批评者了，但是若要批评家的知识和才力，一定比创作者更胜一筹，那末恐怕有批评资格的人太少了。而一般的意见，一概抹杀，也非正理。

作者的反抗批评家的第二个理由是因为批评家的见解，不一定是公允。求疵的和捧场的批评，固然是抹杀事实，徒逞私见，就是寻常的批评，也往往因为立场或背景的不同，而有各别的见地。超越一切偏执见解的批评是批评的理想，但是很不容易做到，因此时常引起作家对于批评者的反感。

至于在批评家方面，自有他一方面的见解，当然也是基于某种合理的原则之下的。但是批评家与创作者，往往因为文人相轻的缘故，为了一点小事，引起了很大的争执，这当然大家都失掉了他们应有的态度了。因此我很佩服周作人先生在《自己的园地》的自序中所取的态度：

“我这五十三篇小文，我要申明一句，并不是什么批评。我相信批评是主观的欣赏，不是客观的检察；是抒情的论文，不是盛气的指摘。然而我对于前者实在没有这样自信，对于后者也还要有一点自尊，所以在真假批评两方面都不能比附上去。”

假如大家都能采取这样的态度，一切无谓的论争，岂不都可免掉？本来创作者须要批评者的正直的批评，以改进他的作品；而批评者也须要接受创作者的辩诉，明了创作者在写作时所感受到的情况，而对于批评的正确性，有更深刻的辨别。这样的和衷共济，才能两方面都受到利益，而不致有什么坏的影响。

现在要讲一些批评者批评一篇作品时应有的步骤：第一他得把他所接到的作品，视作是能生出一种特殊快感的印象，他接受了这种印象，再将它细心的解析，然后用自己的笔墨表明出来，批评便完成了。假如只感受而不解析，便只有一个模糊的印象；解析而不感受，便只有零星的批评：都不是公正适当的批评。

批评者在表明他的批评时，应当服从下列几条信条：

（一）不可人云亦云，要经自己细心考查后再决定判语；

（二）注意审辨批评的动机，不要为了一时感情的冲动而随意批评；

（三）批评必须是良知的显现，不可混淆黑白，颠倒是非；

（四）超越一切偏执的见解，保持严正的态度。

在我国正需要文化建设的今日，我们当然需要出版界的努力，但是为防止投机的出版物在市场上扰乱读者的目光起见，我们又需要严正的批评来燃犀烛奸，这才是我写这篇小文的动机。

（载《申报·出版界》第六十期1936年6月18日）

谈　书　评

朱光潜

谈到究竟，文艺方面最重要的东西还是作品。一个人在文艺方面最重要的修养不是记得一些干枯的史实和空洞的理论，而是对于好作品能热烈的爱好，对于低劣作品能彻底地厌恶。能够教学生们懂得怎样才是一首好诗或是一篇好小说，能够使他们培养成对于文学的兴趣和热情，那才是一位好的文学教师；能够使一般读者懂得什样才是一首好诗或是一篇好小说，能够使他们培养对于文学的兴趣和热情，那才是一位好的批评家。真正的批评对象永远是作品，真正的好的批评家永远是书评家，真正的批评的成就永远是对于作品的兴趣和热情的养成。

书评家的职务是很卑恭的。他好比游览名胜风景的向导，引游人注意到一些有趣的林园、泉石、寨堡。不过这种比拟究竟有些不恰当。一个旅行向导对于他所指点的风景不一定是他自己发现出来的，尤其不一定自己感觉到它们有趣。他可以读一部旅行指南，记好一套刻板的解释，遇到有钱的雇主就把话匣子打开，把放过几千次的唱片再放一遍。书评家的职务却没有这么简单。他没有理由向旁人说话，除非他所指点的是他自己的发现，而且是他自己的爱或憎的对象。书评艺术不发达即由于此。在事实上，一个人如果不以书评为职业，就很难有工夫去天天写书评；而书评却不如旅行向导可以成为一种职业，书评所需要的公平、自由、新鲜、超脱诸美德都是与职业不相容的。

常见的书评不外两种，一种是宣传，一种是反宣传。所谓“宣传”者有书店稿费或私人交谊做背景，作品本身价值是第二层事，头一层要推广它的销路，在这种书籍的生存战争中，它不能不有人替它“吹”一下。所谓“反宣传”者有仇恨、妒忌种种心理做背景，甲与乙如不同派，凡甲有所作，乙必须闭着眼睛乱骂一顿，以为不把对方打倒，自己就不易抬头“称霸”。书评失去它的信用，就因为有这种不肖之徒如劣马害群。书评变成贩夫叫卖或是泼妇闹街，这不但是书评末运，也是文艺的末运。

书是读不尽的，自然也评不尽。一个批评家应该是一个探险家，为着发见肥沃的新陆，不惜备尝艰辛险阻，穿过一些荒原、沙漠、冰海；为着发见好书，他不能不读数量超过好书千百倍的坏书。每个人都应该读些坏书，不然，他不能真正地懂得好书的好处。不过在每个时代，每个国家里坏书都“俯拾即是”，用不着一个专门家去把它指点出来。与其浪耗精力去攻击一千部坏书，不如多介绍一部好书。没有看见过小山的人固然不知道大山的伟大；但是你如果引人看过喜马拉亚山，他决不会再相信泰山是天下最高峰。好书有被埋没的可能，而坏书却无永远存在之理，把好书指点出来，读者自然能见出坏书的坏。

攻击唾骂在批评上固然有它的破坏的功用，它究竟是容易流于意气之争，酿成创作与批评中不应有的仇恨，给读者一场空热闹，而且一个作品的最有意义的批评往往不是一篇说是说非的论文，而是题材相仿佛的另一个作品。如果你不满意一部书或是一篇文章，且别费气力去诅骂它，自己去写一部比它较好的作品出来，至少，指点出一部比它较好的作品出来！一部书在没有比它再好的书出来以前，尽管是不圆满，仍旧有它的功用，有它的生存权。

批评的态度要公平，这是老生常谈，不过也容易引起误解。一个人只能在他的学识修养范围之内说公平话。对于甲是公平话，对于乙往往是偏见。孔夫子只见过泰山，便说“登泰山而小天下”，不能算是不公平，至少是就他的学识范围而言。凡是有意义的话都应该是诚实话，凡是诚实话都是站在说话者自己特殊立场，扪心自问所说的话。人人都说荷马或莎斯比亚伟大，而我们扪心自问，并不能见出他们的伟大。我跟人说他们伟大么？这是一般人所谓“公平”。我说我并不觉得他们伟大么？这是我个人学识修养范围之内的“公平”，而一般人所谓“偏见”。批评家所要的“公平”究竟是哪一种呢？“司法式”批评家说是前一种，印象派批评家说是后一种。前一派人永远是朝“稳路”走，可是也永远是自封在旧窠臼里，很难发见打破传统的新作品。后一派人永远是流露“偏见”，可是也永远是说良心话，永远能宽容别人和我自己异趣。这两条路都任人随便走，而我觉得最有趣的是第二条路，虽然我知道它不是一条“稳路”。

佛郎士说得好：“每个人都摆脱不开他自己，这是我们最大的厄运。”这种厄运是不可免的，所以一般人所嚷的“客观的标准”、“普遍的价值”等等终不免是欺人之谈。你提笔来写一篇书评时，你的唯一的理由是你对于那部书有你的特殊的见解。这种见解只要是由你心坎里流露出来的，只要是诚实，虽然是偏，甚至于是离奇，对于作者与读者总是新鲜有趣的。书评是一种艺术，像一切其它艺术一样，它的作者不但有权力，而且有义务，把自己摆进里面去。它应该是主观的，这就是说，它应该有独到见解。叶公超先生所发表的《论书评》一文里仿佛说过，书评是读者与作者的他解和趣味的较量。（原文不在手边，记得见的要旨是如此。）这是一句有见地的话，见解和趣味有不同，才有较量的可能，而这种较量才有意义，有价值。

天赋不同，修养不同，文艺的趣味也因而不同。心理学家所研究的“个别的差异”是创作家、批评家和读者所应该同样地认清而牢记的。文艺界有许多无谓的论战和顽固的成见都起于根本不了解人性中有所谓“个别的差异”。我自己这样感觉，以为旁人也一定这样感觉，旁人如果不是这样感觉，那就是他们荒谬，活该打倒！这是许多固执成见者的逻辑。如果要建立书评艺术，这种逻辑必须放弃。

欣赏一首诗就是再造一首诗；欣赏一部书，如果那部书有文艺的价值，也应该是在心里再造一部书。一篇好的书评也理应是这种“再造”的结果。我特别着重这一点，因为它有关于书评的接受。无论是作者或是读者，对于一篇有价值的书评都只能当做一篇诚实的主观的印象记看待，容许它有个性、有特见，甚至于有偏见。一个书评家如果想把自己的话当做“权威”去压服别人，去范围别人的趣味；一个读者如果把一篇书评当作“权威”，恭顺地任它范围自己的趣味；或是一个创作家如果希望别人对于自己的著作的见解一定和自己的意见相同：那末，他们都是一丘之貉，都应该冠上一个共同的形容词——愚蠢！

如果莎斯比亚再活在世间，如果他肯费工夫把所有讨论、解释和批评他的作品的文章仔细读一遍，他一定会惊讶失笑，发见许多读者比他自己聪明，能在他的作品中发见许多他自己所梦想不到的哲学、艺术技巧的意识以及许多美点和丑点。但是他也一定会觉得这些文章有趣，一律地加以小度宽容。懂得这个道理，我们就应该明了：刘西渭先生有权利用他的特殊的看法去看《鱼目集》，卞之琳先生虽然可以声明，却大可不必埋怨刘西渭先生没有了解他的心事；而我们一般读者哩，尽管各人都自信能了解《鱼目集》，爱好它或是嫌恶它，但是终于是第二个以至于第X个的刘西渭先生，彼此各不相谋。世界有这许多分歧差异，所以它无限，所以它有趣，每篇书评和每部文艺作品一样，都是这“无限”的某一片面的摄影。

（载《大公报（天津版）》1936年8月2日）

书局店员应有的态度

行　安

这事也许不大引起人们的重视，以为是无碍大体的，然而在我看来，这却亦有提出来说一说的必要，因为，至少，它就和书局的生意，有点关联。中国书局的店员，他们对于顾客的态度，大都是傲慢的。凡是上书局买过书的人，都会亲身碰到的吧，当你站在柜台外，向店员要一本书的当儿，书是放在面前了，你要是把它拿来翻了又翻，不合意请他另换一本别的什么，或者决定不买了，店员马上会现出不耐烦的脸孔，把书从你的手里夺了回去，有时还给你一两声恶言。倘然有辰光你自己动手从书橱内取出一本书来看，看定之后，买了便吧，不则你虽然很规矩的把它放进原处，店员往往也要对你表示一种讨厌的样子，这原因是你看了不买，所以他们不高兴，尤以大书局的店员，比小书局的更为神气。

我以为书局店员这种态度是不对的，应该设法改变过来。自然，我并不主张每个店员，都要对顾客恭而敬之的有礼有貌，我是说总须客气一点，因为买书究竟和买别的东西不同，买别的东西，或者可以随便些，买书可就不能这样。一个人要买书，谁不想买一本有价值而且合自己读的？因此，要买的时候，总得把目次先看一看，把序文先读一读，或者翻开把内容检一检，然后决定这书是否为自己所需要。有价值的，买来读就值得，可以增加几分智识；内容坏的，一买到手，花钱不打紧，读起来这要叫人头痛。所以我以为一个书局的店员，他对于这方面，应有相当的了解，一逢顾客进门，书要让他自由检阅，买了最好，不买亦不可稍露愠色。这能引起人的好感，既于买者方便，于书局本身也有利益，因为店员和气待人，顾客就时常会来光顾，否则他们至多碰一次吧，下回便不敢再来问津了。

我们看一看上海几家外国人经营的书局，他们的情形，就和我们两样，所有店员，都非常有涵养，你在他们店里便是白看了一整天，他们也让你自由翻阅。我们在虹口日本书店，每见书架边挤满了一大堆人，翻的翻，看的看，有的索性拣一本坐下读，店员都不敢说什么。听说在日本，有些穷学生无钱买不起书，为要满足智识欲，就天天跑到各书局看书去，他们的书局，仿佛是一个供人自由阅读的图书馆。中国书局就不是这样了。但近来四马路几家杂志公司，颇能做到这一点，这是值得取法的。中国书局要改变并不难，只要各书局对于店员略加训练便成了。我说这事虽小，倒亦不可忽略的。

二四，十二，一四，新闻报茶话。

按：本馆自复业以后，对于服务顾客方面力求周到。文中所云，本所业已办到，关于各界之好评，《同舟》迭有刊登。自去年店堂改装后，全部书籍顾客得以随意翻阅尤承光顾诸君许为便利，兹篇所谓大书局当非指本馆而言。但我们亦正未敢以现有服务精神为满足——也许还有不周到的地方吗？正是我们时刻不忘的座右铭——那么行安君之言更可引为勉励，是以特为转载。

（载《同舟》1936年第4卷第5期）

怎样当书店店员？

继　常

在从前，所谓“书贾”，他们是以毕生的经验，日与书籍为伍。所以他们的智识每每较某些读书人为驳杂，为广泛。他们知道古籍的版本，或为宋版，或为明版；他们知道那些书是“珍本”，是“孤本”，是“秘本”。因之古籍的价值、古书的内容以及其校订之善否，其篇章之完缺，都清清楚楚地知道。还有，他们颇通“目录”之学，知道某些书应属于某部类，一方面是以便于供给购求者之选择索取，另一方面也可应购求者之邀请，而代为搜集寻觅。所以“书贾”一事虽是粗浅的一种职业，但如真地要做得好，却也并不是一件容易的事。

现在，西学东渐，科学代兴。不但从前的古籍如经史子集之类，你做书店生意的人要相当知其梗概，而且新出的杂志报章你更要充分熟习。所以要为书店服务，真地说来，其困难或更甚于从前吧。所以要从事于书业之经营的人，不管你做书店的总经理也好，管“出版”也好，做“营业部”、“发行部”也好，甚至做店员也好，对于一般必须知道的知识，你也非明白一个大概不可的。

至于做经理的，做主任的，我们这里用不着说他。因为他们起码是具有一般知识，有相当的经验，能明了书业市场一般的需要，以定其提供的方针，能视时势之转移而定其出书之性质，或专以营利为目的，或间以“文化任务”为己任，总之他们大概都有“目的意识性”，用不着我们告诉他们一些甚么的。我们的对象是一般书店的店员。自然，因书店之大小，而店员也有许多种类，如“跑街”，如“坐柜”，有由“小工”而升作店员的，也有由店员而升作“先生”的，总之我们是以做技术工作的人员为对象。

为了容易说明而且要说得有条理起见，我们不妨假定一种书店为说明的对象。我们所取的标本，并不是“商务”、“中华”那样大的、组织完备、分工精细的书店，而是那些中小书店。因为，如果我们要做大书局的“从业员”，我们的程度是要经过考试的，对于该项职业的应有知识，在被取录后，有一时期的训练教育和指导的。但是中小书店的店员就要全靠自己的学习了。而且大书店的事务，因为分门别类，工作甚为单纯，容易纯熟；但中小书店，则有一人而身兼数职的，有些人而由初步工作渐次升到高级工作的，所以其变化甚大，工作内容很复杂，我们在这儿不能不一一加以指示。

如上所述的书店，看来似乎只要识字而粗知书理的人，普通就可以做店员了。但是，不管该书店所营的业务是怎样的单纯，如只是办发行，而不设门市部，或只是一家独卖，而不代人批发或代售。但是，一个书店，如要图营业的发展，那你决不是闭关自守所能成功的，你必须要去穿插寻觅许许多多的关系，去尽一些目前不一定马上可以获得报酬的义务。如代读者寻找书目，如答复读者关于出版界的消息，不获酬报而受读者之托，代他订购书报。因为由这些工作，你可以给某些同你有“来往”的主顾以好的印象，他可以作你永久的顾客。并且他可以为你多“拉关系”，“介绍生意”。一个书店，最怕的是没有读者过问，因为书店与书店的关系尚是找“售路”的间接道路，而书店和读者间的关系才是“售路”的直接方法。这是“千钧一发”不可放过的机会，书店决不能孤立的。还有，你须得多方找“代售处”，因为你总店的目标太小，你所及的范围太近，即使你有分店，但在穷乡僻壤，你总需要有个小的代售处，何况在某些大都市断不是你一家分店所能控制或顾及的，所以需要借人家的关系和信用来做你的生意，正等于你代购别家的书而是根据你的关系和信用一样。所以书店业务之最重要的是在谋书店和读者间之密切的连系，而且要尽量谋其发展增进，其次是在书店和书店间，即同业间之切实的连络和互助。

因为业务之扩张，而书店从业员之知识便要相应地丰富。先就本店说，如有一个读者，单是看了你书店的目录或报上所登的广告，他对于你所出的某书的内容尚嫌知道得不充分，还须更进一步地明了，他写信来问讯，你当然要尽可能地答复他。但是你本人对某些书尚未有大概的了解，即是说是某人著，是那部门的书，有些甚么篇章，如这些你都不知道，你又何从答复人家呢？单就你本书店所出的书，如统要大体知其内容，这也已不是容易的事了，何况要向人代购？固然我们不能说要充分具备选书购书的学识，但是大概的目录学上的常识你是要知道的，而且各同业所进的目录册子与夫各报上所刊载的新书预约和广告等，你都得随时留意和收集，这样你才能餍读者或外埠代售处之望。到了自己出了新书时，你以前的经常读者或本店杂志的“订户”，你都要在平时把他们的通信处登记下来，把新书目或单页广告寄去。出了一种新书，有些公共机关，尤其是各大学的图书馆，你应马上赠送一册，这是顶有效力的广告。总之，你要抓着一切的机会，来做你的职务。

从“批书”的账簿上，你可以看出某些性质的书一般地好销，某些书在某些地方好销。根据这点，不特可以规定自己“添书”的数量，而且将此种情形报告到编辑部，还可以修改规定出版的方针。好销的书无妨多添一些进去，不好销的书当少添一些，而改添旁的。要看某些市场之容纳量如何，要看某些市场所管辖下的读者程度如何，来定新出的书之批发的数量。不然，不是供不应求，便是“久停不售”，都是一种损失。

还有，现在邮购之法大行，某些鄙远地方，没有分店和代售处的地方，你如随时把目录向邮局登记，而同邮局又订有合同，那你的书是能深入各处的。还有邮局也能代你兑款的，自然它要取手续费，不过很少。运书也是一件顶麻烦的事情，如果“装包”不善或所托非人，书籍的损失是很大的。此外还要注意速率，如果有时间性的书报，寄运费时，而途程又远，损失也不小。大概大部分书籍是从邮局寄运，有些则找运输公司。总之要看水路和旱路，要看安全和“运脚”如何而定。

以上是一般的知识，至于要适应特殊情形，也还有许多曲折而狡猾的把戏，这虽不可以之对人，但确也要懂得一点，才免得“上当”。在市场不景气的现在，所谓“回佣”、“折扣”闹得一塌糊涂。在先是各代售处的批发同你讲折扣，六五折呵，七五折呵批出去。但是“现批”是很少的，有保证金的代售处也很少。在鄙远而生意又不多的外埠，不但不能按期“结账”，而且时有“倒闭”、“停业”、“拖欠”等把戏，可是你不能派人去查问。在打折扣之后，每到年终又同你打一个“九五”或“八五”回佣。抑或实际上书已“售罄”，却给你报告说“存货”尚多，你又那能知道？这等等意外之事，商场上的狡计，你是要“稳慎”，要度量情形，方能相当避免的，切不可轻信、浮躁。但是又不可因此就过于拘泥，还是要在慎重中拘着冒险的精神。自然这是以“损失不大”而又能觅取新的市场为目标的。

总之，要作一个精干的书店从业员，除了要懂得上述知识外，是要专心锻炼才能称职成功的，这决不是一件容易的事情。

（载《申报》1936 年 5 月 24 日）

荷包与文化

徐日洪

在现在这个社会里，荷包与文化常常是势不两立的。要提倡文化，便吃亏了荷包；要装满荷包，便委曲了文化。鱼与熊掌二者既不可得兼，老板们自然而然地取了装满荷包这条路了。

最明显的一个例证，便是目前报纸副刊的堕落和广告的侵入新闻范围，所谓丫头压倒夫人。《申报》和《新闻报》上有什么医药附刊的，原先总以为是堂堂正正的副刊，值得一看。孰知里面尽是些卖春药、性病特效药等等的广告来充数，再加上许多无耻医生自吹自唱的包医淋病宣言和瞎七搭八、真假莫辨的疾病问答。广告，干脆就称它广告得啦，何必挂羊头卖狗肉，挂上一块副刊附刊的招牌？滑头广告，只有意志薄弱的家伙才相信，上当的人倒还少，且系“愿者上钩”，罪有应得；如今挂上了副刊的招牌，却连那些意志并不十分薄弱的人也得要上当一二回了。再说如果由不负责任的滑头药品介绍，闯出人命案子来，又由谁去负责？对于这个现象，我非常愤慨，我今正式向报馆老板提出抗议。

中国书馆的定价也是贵得够骇人的，穷小子只有“望书兴叹”的份儿。普通二百面左右的书，少有不卖八毛一块的。不错，书店老板的荷包装得饱饱，但据说中国的作家仍旧是穷愁潦倒的多，这是一个不应有的矛盾。深得此中三昧者亦有以为此非全是书店老板之故，中间书商的代销剥削要负大部分的责任。因此，做书者穷，买书者费，书店老板苦，而中间书商却不劳而获地大赚纯利。今日中国新小说的势力所以不及《七侠五义》、《济公传》、《姨太太风流史》者，便因为前者贵而后者便宜。后者何以能便宜？则因揩油翻印者多且有一折八扣书，称斤两抛卖之故也。今日大部分识字中国人所读之书便是《七侠五义》、《济公传》、《姨太太风流史》。此为荷包主义下文化的必然结果。

但我亦仔细想过，书店老板岂真懂得经济学乎？经济学上的独占价格并不是最高价格，却是最有利益的价格。故这部书如定价一元，买者只有一千人，不如定价八毛，而得买者二千人，假定该书成本五毛，则书店老板如减一元定价为八毛，反可多赚一百元矣。其算式如下：

$$(0.8-0.5)\times2000-(1.0-0.5)\times1000=100$$

此即所谓薄利多卖主义，惜一般书店老板都因欠读经济学，未能懂得。只有翻印一折八扣书的老板似乎略知一二。

如我上论能成立，则荷包与文化相冲突之说其实可不致发生。即老板们愈不为自己荷包着想，其荷包愈能充满；反之，愈要装满荷包，愈不得装满荷包矣。此理甚明：

要想装满荷包——书价甚贵——购书者少——荷包不能装满。

论者有谓欲打破此种“荷包主义文化”，惟有把出版事业来国营。我意国家亦不妨开一爿书店，在万千书店中聊备一格，与民争利。此书店之性质当如学校、民众教育馆一样，专为赔钱才来开的。（当然，最好能不赔钱。）今日凡有关纯粹学术文化，而不为书店老板欢迎之著作，如莎士比亚研究、上古史研究……皆可由此书店津贴出版之。且书价定得十分便宜，预备和各书店竞争一下，使得他们也不好意思不减价售书，并在书的质地方面讲究讲究。闻《大公报》出上海版后，《申报》、《新闻报》大起恐慌，力谋在报纸质量方面改良，以示颉颃，我想社会进步的原动力，当不外乎是。

我之所以不赞成一切出版事业均来官办，乃是因为目下世界各国都有一套特殊的“官哲学”、“官文学”……如果出版事业全由官办，则不合乎此套“官哲学”、“官文学”……之著作将无由与世人见面，而遏止社会进化之源泉。故我只能赞成有条件的，一部分的出版事业国营论，以打破目前文化界之铜臭的荷包主义。

除上述几点意见外，我愿再具体地申说几种沟通荷包与文化的方法，以结束此文：

一、买书看的可组织购书合作社，著书者可组织出版合作社，如亢德先生举办之人间书屋，便是一例。此外，更可组织种种书籍运销合作社。总之，大家如都能杭育杭育，合作起来，则便宜书可看矣。

二、一折八扣书可多多翻印，或干脆书价定它一毛，五分，而不称一折八扣，倒也爽快。

三、一个铜板二个铜板一张的小型报纸可以提倡，但此与上海租界桃色、黄色小报又不同。前者为大题小做的正经报纸，后者则不过造谣生事，匪夷所思也。

亚丹·斯密尝谓：“如果他要与旁人作买卖，他首先便要这样提议：请给我以我所要的东西吧，同时，你也可以获得你所要的东西。……我们每天所需的食料、饮料，不是出自屠户、酿酒家、烙面师的恩惠，那仅出自他们自利的打算。我们不要对他们的爱他心说话，只对他们的自爱心说话。我们不要说自己必需，只说这对他们有利。”对老板们讲发发慈悲心的话是没有用的，因作荷包与文化论。

二四，四，二九，于水心室。

（载《宇宙风》1936年第20期）

读《荷包与文化》

无　似

读过第六期《申报周刊》上鲁斋先生的《论一折书》及本刊第九期上清芬先生的《一本书的自述》以后，知道标点书折扣低落，价钱便宜得出人意想，除出定价提高得可怕这一点玄虚外，也还有那些凄惨的故事存在着。接着冉人先生的《一种不合理的事实》，在本刊第十期上见到，以一个书店从业员的见地，从正规的出版家的立场，说明书店老板在“文化”与“荷包”这两个矛盾冲突之间挣扎着的情形。近来，在第二十期《宇宙风》的“姑妄言之”栏内，读到徐日洪先生的《荷包与文化》，也讲的这个问题，我想写出一些读后感。

徐先生恐怕也和我一样，不是一位懂得出版界内容的人。他说：“普通二百面左右的书，少有不卖八毛一块的。”因此知道书店老板的荷包装得饱饱。“但据说中国的作家仍旧是穷愁潦倒的多，这是一个不应有的矛盾”，其实这个矛盾是不会有的。如果书店老板的荷包确是装得饱饱的话，作家的生活也就不至于穷愁潦倒了。如果书店老板因为“中间书商的代销剥削”太厉害，去做违法的欺骗作家的偷税（版税）行为，那么作家虽然因为中间书商的“大赚纯利”而弄得穷愁潦倒，可是书总该可以多卖出去了。从文化的立场上讲，究竟还是好现象。可惜事实并不如此。徐先生接着说：“今日中国新小说的势力所以不及《七侠五义》、《济公传》、《姨太太风流史》者，因为前者贵而后者便宜。后者何以能便宜？则因揩油翻印者多，且有一折八扣书，称斤两抛卖之故也。”可知新小说的确卖不出去，所以作家的穷愁潦倒是活该，书店老板印了第一批新小说积存在栈房里，不敢再印第二批新书，也是事实。徐先生把这种不合理的事实，完全归罪到书店老板的不肯拿新小说去和揩油翻印的或一折八扣的书竞争卖价，也着实有点冤枉。书店老板要顾全“文化”的面子，顾全作家的生活，不得不用比较优厚的稿费或版税率，购求较有文化价值的作品，更不得不审慎地编校，精美地印制。在这种种条件之下，二百面左右的书虽不一定要卖八毛一块，也就不能不卖它个四毛六角。要想去和揩油翻印或一折八扣的东西竞争，还是非失败不可的。

“薄利多卖主义”固然因为“一般书店老板都因久读经济学，未能懂得”，可是薄了利不一定能够多卖，多卖的不一定合于文化水平。即使有那么一位不怕穷愁潦倒的学者，竭毕生精力写成一部《莎士比亚研究》，情愿无代价地送给书店老板去出版，也把它粗制滥造了起来，定着一折八扣的书价，放在《七侠五义》、《济公传》、《姨太太风流史》的队伍里去发卖，不见得会比后者多卖了多少。这是因为莎士比亚的影像，在中国一般民众的脑膜上，没有七侠五义那样活跃，济公那样神奇，姨太太那样风流的缘故！所以从文化的立场讲，固然希望书店老板的荷包问题要从经济学的见地上去求饱满，最先还得希望什么一种人，或者什么一种团体，或者什么一种机关（我不大说得明白），起来教训这一大群民众，使他们对于文化的面目，先有一个正确的认识。

徐先生把“打破此种荷包主义文化”的办法，想到“惟有把出版事业来国营”这上头去，真是一个极经济、极有效的办法！即使把“有关纯粹学术研究，而不为书房老板欢迎之著作，如莎士比亚研究、上古史研究……”者，都变成“官哲学”、“官文学”，我们终究可以有便宜的官书读了！让我们耐着心儿等着吧。

（载《申报·读书俱乐部》第十六号 1936 年 8 月 16 日）

论一折书

鲁 斋

一折书礼赞的文字，常常从各种刊物上看到。其所以受礼赞的缘故，就是因为太便宜了。从袋里摸出一张两张的五元法币，去车回来的书，简直可以使车夫出汗；至于错字、缺文、纸张的粗糙、印刷的模糊，这些都有什么关系！于是有人奇怪，为什么所有的书不都变成一折书，一定要高抬折扣使人买不起，大概总是书店老板要多赚钱吧！

的确，一折书是太便宜了，便宜到几乎使人不能相信，跟那些非一折书比较起来。然而一折书并非起头就一折，却是从七折到六折，六折到五折，五折到四折半……这样逐渐逐渐的跌下来的。为什么会这样逐步下跌？还不是因为赚头太好了，同业间竞争的利害！做这种书，一不须出稿费，二不须付版税，三不须雇用编辑和校对先生，只要旧书一本，报纸一捆，不上一礼拜，立刻可以变成现货出卖。这样便当的生意，谁不眼红，自然要互相抢夺，结果变成一折书不到一折。照目前上海的市价，起码是一折八扣，天公地道，你倘使精明一点的话，也可以到一折六扣。至于批发价目，据说已经跌到一折四扣半。但我说的是上海，至于内地，却有种种的不同，有的一折，折半，两折；在非常偏僻的地方，也有仍然买七折八折的。其所以受批发同行的欢迎，就在这一点上。总而言之，消息不灵的人，活该吃亏！

折扣一直跌下去，做一折书生意的，不是真要亏本了么？可是，戏法人人会变，各有巧妙不同。这里面的巧妙之一，就是定价随时变动，一本书的定价，昨天是五角，今天可以变成八角；今天是一元，明天可以变成元半。所以折扣虽是逐步逐步的减低，定价却是逐步逐步在提高。买书的人，只问折扣，不问定价，以为昨天一折才能买到的书，今天又打了一个六扣，便宜得多了，不知道你昨天买这部书，定价一元，一折不过一角；今天虽然多了一个六扣，定价却加到一元五角，结果至多便宜了一分，八扣的话，反要吃亏二分。狙公赋芧，的确可以使众狙迷惑的。

他们不但自己这样做，还有一种便利批发同行的方法，便是定价用小数字，普通定价的书，定价的数目，大概都用“壹、贰、叁、肆”等的大写数字，但一折书的定价，每本都用小写数字来标出。这样做的用意，就在便利内地的一般批发同行，可以任意涂改。上海批去定价三角的书，到了内地读者的手里，可以变成五角、二元的书，可以变成三元。这样，便宜的自然是批发家，而吃亏的还是买主。可是一折书商的推销手段，也就在这里显现出来了！

有些书呆子，还在奇怪，这些书定要定了这样高的价，再打下这许多折扣来，为什么不定最低的实价。这原是书呆子的意见罢了！

可是无论怎样，一折书究竟是低廉的。它为什么这样低廉，别种书为什么不能低廉到这样？要说明这，不是用了上面所说不须种种开销可以完事的。最大的原因还是由于市面的不景气。印刷工场和装订工场，纷纷倒闭，工人纷纷失业，于是从前每令纸张（即大报纸五百张）一元七六角的印工，一直跌到五六角；每万页书一元以外的装工，一直跌到三角。诸位试想，每本五十页即一百面的书，从大张的报纸，经过折叠、整理、打洞、穿线、糊面子、切光等七八种的转手，要做到两百本，才可以得三角钱的工钱，不是太悲惨了么？一折书礼赞的先生们，是不会看到这种悲惨的事实的！

然而，究竟不能不说一折书有益于文化呢？是的，假使所谓“文化”是专指“中国本位的文化”。因了一折书的盛行，的确使不少人看到许多章回体、笔记体的旧小说以及诗词、尺牍、游记之类。倘使从另一面来看，从一折书盛行以后，新书出版的数量，却骤然减少，新书店的倒闭，便日有所闻。从表面看来，这不过是一般不景气的结果，据书业里面的人说，最直接的原因，却在一折书。因为一折书对于批发家特别有利，所以一律须现款交易，批发家的现款被一折书商店吸收去了。而其他的书商，便都成了欠账，于是乎使多数的新书店不能立足，靠版税为生的著作家，也不能不受到影响，这也是很可玩味的！可惜，现在一折书的末路也快到了！第一，内地的批发家，一折书都快吃饱，不再有现款来批发；第二，内地的购买者，也都知道一折书之为一折或不到一折，不会再像从前的上当，使批发家无钱可赚；第三，法币政策确立以后，外国纸价日渐增高，制造者的利益减低。民国二十五年或者就是一折书的最后一年吧！

（载《申报·每周增刊》1936年第1卷第6期）

出版界的大变革：划一全国书价

独　秀

出版界一方面是为了维持一部分人的生计，同时更担负起了文化上的重大的使命。在这分工合作的社会里，无论那一个部门，本来都可以“我为人人，人人为我”的八个字去解释，不过，在比较性上，的确有其缓急轻重之别。譬如以出版界而论，不独负有将前人的才智学识传授给现代和将来的义务，而且还可以推动这时代的前进，发扬这文化的向上！

同时在这现社会的无论那一部门，都有着不合理的现象存在，这不合理的现象，对于某一部门的少数人也许有一点小小的利益，但对于大众却是一种毒害。这种情形，普遍于这世界的每一个地方，每一个职业线上，出版界当然不能例外。

唯其出版界之影响于人民太深刻，唯其出版界所负的使命太重大，因此，我们要求出版界之革除其不合理的现象，也愈迫切。教育部之命令全国出版界划一书价的意义，恐怕在此，而上海市书业同业公会首先奉令照办，恐怕也在此。

过去的出版业者，往往将书的定价很高，而折扣也很大，于是在最近市面不景气的时候，一折八扣的书籍，也就层出而不穷。在营书业者，可谓有亏商业道德；在购书者，当然很多上当之人。因此而呆滞了图书的销路、文化的纽带，也是意料中事。

现定于本年七月一日起，各书一律印明实价，廉价预约，也有一定的规定。从此以后，各书局既可减除许多无谓的竞争，提高商业的道德，切实地为文化而服务，而一般读者也不致有上当之虞。

这一个出版界空前的大变革，作者深信这是整个中国文化界开始大放异彩的前奏曲！

（载《申报·出版界》第五十八期 1936 年 6 月 4 日）

图书实价运动的成功

章锡琛

民国二十五年，是书业界的革命年。这革命年的意义，就在教育部颁布划一图书售价办法，规定全国图书，一律须照定价十足发卖，不许折扣。

同年七月十九日，上海市书业同业公会，在市商会开会员大会，有会员当场提出，主张由公会呈请教育部改变划一图书办法。当时多数会员群起反对。最后大会主席王云五先生起立，激昂慷慨地说道：

“图书发卖的高抬定价，低减折扣，借此欺骗顾客，是我们书业界的耻辱！我们书业同业公会自己不能纠正这种恶习，要上劳教育部替我们规定了办法来纠正，是我们书业同业公会的耻辱！我们那里还有面目向教育部请求改变这办法，永远在这种耻辱中生活下去！所以，在我个人，人可以不做，书却不能不卖实价！”

这激昂慷慨的演说，博得了雷声一般的欢呼鼓掌。于是全场一致拥护教育部划一图书售价办法，并且当场决定制定业规，以谋这办法实施的有效！

书业界的革命，经过了这一次大会，才确实奠定了基础。距离大会后二十天，便是开明书店创业十周年纪念日。

十年以前，我曾草有《开明书店始业宣言》，登载当时的上海各报。这宣言虽然由我个人执笔，却是汇集了许多友人的意见而草成的。其中有一条，就是主张开明书店出版的书，一律照实价发卖，没有折扣。十年之中，开明书店始终坚持这主张，不曾变更，除了中小学教科图书为了同业的连带关系而不能不有折扣之外。

为什么我们在当初就有这种主张？就因为我们一向都是买书的人而不是卖书的人，为了书籍的没有定价，出书贩任意低昂和有了定价而七折八扣，由他们上下其手，曾经吃过不少次的亏。所以从买书人转成了卖书人的时候，竭力想矫正这种恶习，替一般和我们同属买书者的人谋便利。这主张发表之后，有不少书业的老前辈，都讥笑我们为外行，以为永远行不通。我们也知道自己是外行，却不愿意改变这主张；不但不愿意改变，并且运动新起的同业，共同实行这主张。然而每一种习惯，在他的社会里面，到了根深蒂固，自然有着极大的势力，虽然像卖书不打折扣的这样一件小事情，也会遭着不少的困难。我们出版的书，虽然在本店都是照定价发卖，而一经转手，到了贩卖同业手里，却常常替我们打了折扣卖出，有时卖出的折扣，甚至比我们所给的批发折扣还要来得大。这在起初自然要引起我们的诧异，但一经考察，就觉得毫不足怪。因为有许多同业，对于贩卖同业的折扣，常常会比我们增多到一倍。这些贩卖同业，为了贪图多卖别家的书，不得不把我们的书价也贬低。从这里，可以知道社会连带说的重要，用少数人的力量，来改变社会多年的习惯，决不是容易的事情。

可是，到了现在，图书实价运动，终于成功了！在这运动中，开明书店虽然尽过不少的力量，但是一等的功臣，却应该让给那一群发卖一折六扣书的先辈同业。因为他们实实在在是图书实价运动的唯一促成者。受了这一点余荫，十年前《开明始业宣言》中所主张的实价一点，终于行通了，真是意外的幸运！

十年以来，开明书店所遭受的艰难困苦，当然不少；而这一点困难的战胜，却是使我觉得非常欣喜的。所以趁这十周年纪念日，写出来告诉开明书店的读者诸位。

（载《申报·开明书店创业十周年纪念特刊》1936 年 8 月 1 日）

要求书籍售价的减低

群　桥

上海四马路是中国出版界的中心，但近年来却被不景气的浪潮所淹没。书店的关门已经是一件极普通的事，而书籍的贬价倾销，更越来越不成样子。一折六扣书的流行，大廉价大赠品的滥售，简直形成了中国出版界有史以来的怪现象。在这种情形下面，许多范围较大的书店，当然大吃其亏，而廉价书的错误百出，也是不可免的事。不过，没有钱买书的读者，却可得到一点廉价的读物。在一般人购买力缩小的时候，这未尝不可说是读者的一种幸事。

最近上海书业公会拟定了划一图书售价实施办法，规定书籍一定要照实价在门市发售，廉价时亦不得在七折以下。在维护中国出版界之正当发展上，我们对这办法当然赞同。

不过，我们觉得：像一折六扣书之流行，主要的是因为他价廉，在许多大书店定价昂贵中，他最适合于这个不景气的时代。所以，倘若书业公会诸公不减低自己书籍的定价，则要禁止他们在读者中发展，也是很困难的。

为了维护文化的发展，除了划一售价以外，我们同时要求书籍售价的减低。

（载《大公报（上海版）》1936 年 6 月 5 日）

杂志图书划一出售办法及其他

陈忠颐

自从本年四月七日教育部颁布了《教科图书及其他图书划一出售

办法》以后，出版界上似乎受了一些影响。本刊第五十八期，独秀先生特地做了一篇报喜信的文章，认为“这是一个出版界空前的大变革”，“整个中国文化界开始大放异彩的前奏曲”。不错，这真是一个完美而且又彻底的方法！六月二日，于是执着全国出版界的枢纽的上海市书业同业公会，根据了部颁大纲，又重行订定了十五章六十四条的实施办法。而隔不了些时，接着新生命书局和开明书店，又在核减售价，公布书目。这样的澎湃汹涌，个人私心窃喜，以为前途真是有莫大的希望了。然而，再翻开了六月三十日的书业公会的公告，不幸得很，这十五章的大办法，竟因“手续繁重”、“筹备不及”，而展缓半年实行，虽然教部所颁的大纲，仍然是功令所在，依然存在着。

然而，我们毕竟不能因为教部办法的反响小，或者因为展缓半年，而忽视这部颁的大纲和公会所订的办法。何况这正是一个出版界大的改革呢！所以个人极愿趁现在，把这两个条文，择要的谈一下。

这部颁十条的要点：（一）是书籍须标明定价；（二）教科书应减低售价；（三）书籍不准有折扣；（四）已出版书籍，须减低售价；（五）预约特价最低七折；（六）规定同业图书馆学校出版者批发购单之折扣；（七）不准举行廉价或赠书券；（八）滞销污损书，得设廉价部发售；（九）外埠得酌加汇水运费；（十）违反条例者，予以制裁。

书籍之不标明定价，这在古书（线装书）为最多。元刻本，孤本影印，这给出版者很多赚钱的机会。同时，读者往往因为不谙个中底细，常常花了高价而得不到好书。再有，因为不标明定价，遂使各书店常看他们的资本，定所要获利率的高下，而定书价之贵贱。于是，读者因此而无所适从，同业因此而互相竞争。所以教部现在规定了这一点，确是根本的解决方法。

但，古书毕竟不像新书之源源不绝的出版的，何况有了定价以后，仍可以七折对折乃至一折七扣的出售呢？所以教部第三条就规定了不准减折或抬高价格。这样，不仅是购者感觉到莫大的便利，就是出版者，也正如上海同业公会所说：“或抬高定价，大打折扣；或巧立名目，标榜廉价，引起同业间不正竞争，酿成无谓之纠纷与损失。”这种毛病，也可同时免掉。

然而，为了顾全事实，教部又特订了第五、第八两条，来便利新书的出版和旧书之脱售，这不能不算是顾虑商艰的周到，同时，也是出版业方面应有的补救办法。所以上海同业公会所定的实施办法里，特地在七、八、九三章，把办法详细的规定。如每年次数的限制和书籍种数的限制，以及地点、时间等等，都极其周到。

此外，关于同业批发这一点，是颇值得注意的。笔者以前，往往有这种经验，譬如说商务出的一本什么书吧，在总馆里，是照定价出售，而在其他的小书店里，常有卖到七折或八折的。总馆之不折不扣，其目的在保持其信誉和牌子的坚老，毋庸多说；然而从小店之卖七八折，即可推测他们同行间折扣之大，非五折即六扣可知。再看上海公会所公布的办法吧。第二章，同行批发酬劳：小学教科书和无著作权之出版物，八折至七五折；中学教科书、杂志及其他书籍，八五折至八折；预约书、特价书、预定杂志，九折至八五折。从这一点上，我们晓得他们同行间的折扣，现在是来得小了；换句话说，就是以前可以拿七八折在小书店里所能买到的商务等大书馆的书，现在是必须涨价了。同时我们再看教部第四条规定："已出版书籍，因原有折扣而定价较高者，应即由各该出版者核减，另定实价……"不幸得很，遵部而响应自动核减书价者，仅有开明和新生命两家而已。商务之类大书店，从前可以七八折买得之书（在小书店），而现在因部颁办法以后（当然这类大书店是不会核减售价的），倒反使我们一般购买者，增加了负担，而书价反无形的增加。这一点，不能不使我们怀疑，教部第二条规定："教科图书定价，应以编辑印刷之成本为准，酌量订定，务求低廉。"那末，素以出版教科图书著名的商务、中华、世界，乃至大东、北新，也似乎应当稍减售价；否则，若仍照以前五折六折的出售，是不遵部令可知；再不然，就是想先闯过了这一个暑假，先赚一个现再说。在此地，我们不能不说六月三十日上海书业公会公告所云"但教育部令颁划一图书出售办法十条，凡我同业，均应即日切实遵照办理，实为至要"，是多事！是白话！是议而不行！

教部也知道这种办法是不容易实施的，所以在第十条上，就规定了若违反规则，地方官厅可以有相当的有效的制裁。只可惜，这属于地方官厅的制裁办法，没看到公布出来。虽然上海同业公会，特地立了第十四章，订定了四项具体的惩罚办法，然而又因故展缓施行。

现在，亡羊补牢，犹未为晚，希望教部不妨三令五申，以底于成；同时更希望上海公会，不要半年以后，又再展期；而各地书业，都一致起来，打破这多年来出版界的积弊，而达到独秀先生的“大放异彩”目的。那不仅是出版界的幸事，中国文化事业前途，也敢担保是有发扬光大的希望的。

（载《申报·出版界》第六十九期 1936 年 8 月 20 日）

出版业与宣传

戴孝侯

出版业的职志，原在宣传文化，推进教育，其本身不啻即为宣传事业。故其借助于宣传之处正多，而其运用宣传，亦较占优势。就本国日报广告数量言，药物占首位，烟草占次位，再次即为出版业。若并入他项宣传品，如目录、小册、传单、函件等等估计，纵无确实统计，其首位殆为出版界所占，可无多疑。出版业的宣传事业，何以在本国能有特殊的发展，不外下述几种理由：

第一，宣传品之利用文字符号者，实占绝对的大多数。他如公开讲演与无线电播音，常受地域与设备的限制，究不及文字符号之普遍。凡是识字的人都可取作文字宣传的对象，也都是出版业的可能的顾客。出版业与烟草业同样的重视日报广告，日报读者人人有买书的可能，未必人人买烟草；有意买书的人，尽能看懂日报广告，而有意买烟草的人势不可能。因此，出版业得到广大的识字群，其便于着手宣传，与其宣传之易生效力，自非他业所可比。

第二，近代广告术之得有长足的进步，借助于印刷术之处极多。多数的出版家，同时就是印刷家，至少亦能得到印刷上的最大方便。因此出版家在宣传品的供应上，又占有特殊的优势，为他业所不及。

第三，本馆创办于四十年前（光绪二十三年——一八九七年——正月），在组织及经营上，随时斟酌采用世界各国的新制新法，逐渐缔成今日完善的机构。当创办之初，国内工商业尚未能认识广告的功效，本馆即知尽量利用广告及各种宣传方法。光绪三十年（一九〇四年）一月创刊《东方杂志》，利用余幅，附登本馆广告，光绪三十二年（一九〇六年）开始参加（天津）劝业展览会。宣统二年（一九一〇年）七月，创编体制完整的店报——《图书汇报》。在五四运动后，首先采用语体文到商用宣传品里。这些随手举来的实例，所以示本馆在宣传事业上常能开风气之先，而流风所被，首及于同业。直至今日，同业无不重视宣传，而其风格习尚，亦惟本馆“马首是瞻”，其由来不为无因。这是本馆同人所可引以自豪的，更应随时惕励，勿落人后。

出版业的宣传事业，因上述三个主要原因，发达甚速，但其事业之本身，亦尚有一二障碍之点，未足以尽宣传的能事。第一，出版业品目太繁，动辄千百种，如本馆则多至万种，非若他业之能集中精力于少数出品之宣传。第二，广告方式，不避纤巧，出版业在文化教育的旗帜下，每易为严肃的气氛所笼罩，而减削活跃宣传的能力。我们姑置此等障碍于不顾，试问出版业对于可能做到的宣传事业是否已经做到呢？不，现在所做的宣传工作，距饱和状态，尚不及其半。我们所可做的工作，比已做的还要多，我们所应负的责任，比已负的还要大。（节录《应用广告学大纲》原稿第一章第二节）

（载《同舟》1936年第5卷第1期）

论出版业与广告经济

不　敏

谁都知道，出版事业是推进人类文明的巨轮，特别是在这个高度的工业社会中，它已成为人类精神食粮的主要来源，简直不可一日缺的了。我们且随便看一下吧，人类知识的传布和保存，都必须利用书报；

商品的买卖和新闻的传达，也无不依赖书报，假使我们一切缺少了它们，那不是立即要回到简单的古代生活中去了吗？

出版业对于人生的各方面，都有密切的关系，尤其是对于人类的经济生活方面。人类的经济生活，已由渔猎而游牧业，而农业，而商业，进而至于高度的工业时代了。人与人之间的关系，也随着经济的演进，而日益密切。最后竟达到不可分离的情态。但人与人之间的连锁，依恃什么东西呢？固然海、陆、空的交通，是人类连系的主要工具，但这种工具并不是普遍而深入的。在这时，书报便发挥了伟大的功用。

我们知道，现在这一种经济制度的真正基础，是广大的市场。换句话说，就是广大的销路。如果没有广大的销路，就企业本身讲，立即就要失败。就整个经济制度讲，也就不免要陷于崩溃。但广大的销路，从那儿去获得呢？获得广大销路的方法，自然不只一道，如售价减低、货品改良等，都是推销品的要素，但这只是主观的条件。在客观上，还有许多必须解答的问题呢！

在客观上，最重要的条件，是使得每一个人都知道你的货品，并进而认识它的优点，借以引起他的购买的欲望。要想达到这一目的，就必须利用宣传了。宣传的方式，是很多的，如口头的宣讲、传单、招贴、户外广告牌等等，但其中最能普及、最能深入大众的，自然要推日报上的广告了。

现在经济制度的基础，既是建设在销路方面，而销路又要依恃书报的广告。那末，广告在现代人类经济生活中的重要性，自然是不言而喻的了。这里预备把出版业和广告经济的关连，以及广告经济的要点，作一个概括的分析。

对于广告的效力问题，很有一些怀疑的地方。每天我们打开中外报章，都可以看到大幅的全面广告，全面广告的费用，是相当巨大的，究竟它们能否收回相当的代价呢？这一个问题，是一般人亟待解答的，关于这一个问题，我们可以有两个看法：第一是就商人本身利益看；第二是就社会全体利益看。这两个看法的意义，是有很大的差别。

就是第一个看法说，那全要看广告的内涵和它刊登的环境。比方说，某处只有一所殡仪馆，那就是它不登广告，也能吸收全部主顾的。

反之，就是大登其广告，也未必能招揽更多的顾主，假如另外有一所新的殡仪馆开幕，那两者之间就不免发生竞争。在这时候，就感觉到刊登广告的必要了。但社会对于殡仪馆的需要，是有一定限制的。所以，这一家夺得一笔收入，便是那一家陡增一笔损失。

就表面看来，广告似乎只是商业竞争的产物，但事实上并不全然如此。比如我们这地方只有一家电影院，虽然没有同业的竞争，但广告却依旧感觉必要的。这是因为社会上对电影的需要不比对殡仪馆那么有定量的缘故。用经济的术语说来，社会对殡仪馆的需要，是无弹性的，对电影的需要，则是有弹性的。关于有弹性的一种，即使当地没有同业竞争，在某种情形下，仍有刊登广告的必要。但关于无弹性的一种，广告就大可不必登了。

引用电影业来说明广告的合理与否，是很恰当的，电影院的一切开支，租片、发电等等，都是一定的，绝不受看客多少的影响；但电影院为每个看客所费的成本，那就必须由看客的数量来决定了。至于制造工业的情形，却与此完全不同。在制造工业中，无论如何，二千件商品的成本，总比一千件来得多些。但在近代的生产过程中，生产的加速，便是成本的降低。企业机械化的程度愈高，这种现象也就愈加明显。近代企业组织的目的，是在最经济的条件下，作大量的生产。因为现代的企业需要拥有大量的固定的流动资本，倘如不能以全力生产，则成本必然地提高，甚至会超过旧式的制造工业。所以，企业家总是处处想法扩大销路，俾使工厂各物质及人事设备，得以发挥它的最高效用。这种全力生产的来到，便引起了广告事业的勃兴。

工业的机械化，无疑地是促成广告事业发达的一个主要因素。世界上机械化程度最高的美国，便是广告事业最发达的一个国家。

上面我们仅对广告与出版业及经济的关连，作了一个鸟瞰，现在我们进一步研究广告经济的原则和其实际的引用。

所谓广告的效力问题，也就是广告的经济问题。如果广告的内涵能适应客观的条件，广告自然会发生效力；否则，广告便是浪费，便是虚掷了。这是我们对广告的前提认识。

怎样叫做适应客观的条件呢？那就是说，第一，要看广告的货品，对于社会的需要，是否富于弹性；第二，要看刊登广告报纸的读者是否就是货品的购买对象；第三，要注意货品与时令变动的关系。在这三项中，以第二项为最重要。因为出版物的行销范围，都有它固定的界限的，比如我国的《大公报》和《申报》，是盛销于文化界的。像《新闻报》和《时报》，则多为商界所爱好。所以，《申报》以出版业的广告为重心，而《新闻报》则以香烟以及其他各种同业广告为主的。在外国，报纸读者层的限制，比我国还要严格得多。假使有一个出版商在《每日邮报》为宣传济慈的诗集，而刊登全幅广告，那他一定会被目为疯狂。但如果在行销于读者界人士的《旁观者》或《新政治家》杂志上刊登大幅广告，那一定可以得到预期的代价。在英国，销数比较最广的日报，要算《每日邮报》、《约翰牛报》（John Bull）、《回声报》；在美国，行销最广的，则为《纽约太阳》、《芝加哥讲坛》等。这一些日报都是普及于大众的报纸，它的广告内容，自然也都是日常生活的必需用品及较低的消耗品为主。至于行销于富裕阶层的英国《泰晤士》、《旁观者》、《观察者》和美国的《纽约泰晤士》等，则以贵重品的广告为多。

报纸的广告价目，自然也因之而有很大的差异了。一般新闻家都承认广告面积的价值与销数成正比的定则。这在一定的界限内，原是正确的。但在某种特殊情形下，就不完全适用了。英国《泰晤士报》，或《旁观者》的销数，比《邮报》和《快报》为少，但前者的广告价目，却要比后者的大得多。这是什么原因呢？就是上面所提及的，《泰晤士报》和《旁观者》都以富裕分子为对象的缘故。在《泰晤士报》和《旁观者》上登载广告，不但都是行销于富裕分子之间的贵重奢侈品，如汽车、雪茄、化妆品、饮料等，而且在定价上，也要比平常同样的物品来得贵。因为这些报纸是具有特别的号召能力的啊！

报纸是现代报告术中利用最广的一种东西，但它的效力的发生，是有各种条件的限制的。在某种情形下，报纸广告的效力，甚至可以不及传单或口头的游说。这一切，完全要看利用的方法如何了。这里就几种不同的条件，对广告的利用，下几种不同的定则，如能依此善自活用，当然可以发生一定的功效的。

第一，在销数广大的日报上刊登广告。只有在出售的货物对于广大的购者群具有号召的能力，而社会对货品的需要又是具有弹性或在竞争剧烈时，方能取得圆满的收获。

第二，在以中产阶层以上为对象的销数较少的报纸上刊登广告，如果所出售的为奢侈品，其需求又有具弹性或在竞争剧烈时，也能得到极高的代价。

第三，在具有特殊销路及行销于特殊读者群的日报上刊登广告，实为推销特种性质货品的最有效的方法。如果这些货品具有弹性，而又在剧烈竞争时，自然可以得到更大的报酬。

第四，在同性质而地位较低的日报上刊广告，除非价格特低或具有特别原因，是很少价值得的。

第五，需求极广的货品，不宜采用传单广告的方式。

第六，登门游说，系根据不健全的佣金制而成立的，也不宜采用。

在上列定则的运用之下，广告是可以得到一定的效果的。但这只是就登广告人的本身而言，就社会全体说，广告是否有利呢？这是我们要求解答的第二个问题。

广告的动机，自然是增加销数，增加的方法，或则加增社会对该货的总需求，或则夺取他人的生意。有的两者兼而用之。倘如社会的需求缺少弹性，那这一家商店多做一笔买卖，就是那一家少做一笔买卖。由于这原因我们可知一家商店增加广告，别家商店也就要被迫增加广告。这么一来，增加销数未能做到，而商店的商品成本和商店的支出却是增加了。从个人和社会的立场看来，这是一种常见的广告浪费。

倘如社会对该种货品的需求，是有弹性的话，那情形就完全不同了。因为从一业的观点上看来，广告的利用，并不是同业间互相夺取生意，而是企图增加总的销售量。但是，如果同行业的每个厂家都从事于自己的广告宣传，依旧难免浪费。因为增加总销售量和夺取生意的业务，是绝难分辨的。对于这一个弊病，采用联合广告的方式，或能予以消除。无论在什么情形下，如果广告的主要目的是在扩张销路，而不在夺取同等的生意时，联合广告的方法，是最值采用的。但它也有一部分缺点，那就是容易失却商店单独广告的号召力。假如商店之间能够协商限制广告而不采纯粹的联合方式，那自然可以保持个别商店的特点了。

综言之，从纯粹的个人观点上看来，以夺取他人生意为目的的广告，是完全浪费的。这一种情形，同业之间就当协商加以严格的限制。不然全业的成本，都要提高。结果是大家一无所获。如果说，同业全体所刊登的广告，都有同样的效力，那也就是说，他们所支付的广告费用，是全部虚掷的了。固然他们可一致提高物价，把广告的损失转嫁到消费者身上，但对于他们全业仍然是无可补偿的损失。

倘使总需求是具有弹性的话，那从各个人的立场看，当然不能一切广告归入浪费了。但在互相竞争之下，无限制的广告，常常超出合理的范围以外。需求固然可以有相当的增加，但成本却未免抬得过高了，这也是不合算的。所以从目前的环境看来，最应努力推行联合广告的方策。否则，也应当订立同业的协定，限制全体广告的数量和种类，使之适应社会实际需要的程度。

这里再从社会的观点来检视一下。倘使甲商因广告而夺得乙商一部分的生意，这于甲商是利，于乙商却是一笔损失。如果甲乙和其他香烟商人，联合努力于香烟的抵销，其结果他们一定能多做一点生意，都得一点利益。在消费者方面，也可以因生产者成本的减低而得到廉价的实惠。这样看来，似乎在商品的需求有弹性时，广告一定能有相当的成绩。但这只是现象的一面，而不是整个的事实。我们必须知道，消费者在香烟上多费了金钱，那个他在别的方面，必然要减少消费。这例子正和上面的一样，就是香烟商人所多赚的钱，就是其他商人的损失。这理由是异常明显的。

站在社会的观点上说，对于生产成本因增加销售而减少的一类货品，应增加其需要；对于生产成本固定不变或因消费增加而行提高的一类货品应减少其需要。只要广告能帮助达到这种目的，大体上便是有利的，反之便是一种浪费了。

假如是在集产社会制度下，所有的生产手段都在群众手里的话，那为要增加某种商品的消费借以降低其成本而刊登广告，对于国家自然是极为有利的。此外，对于整个社会多少没有什么益处可言。由此，我们可以认识，广告对于社会的真正价值，乃是它可以增加因需求加多而成本减低物品的消费以及减少与此条件相反的物品的消费。

如果拿这种标准，来测量现代的广告，我们可以发现绝大比例的浪费。但在现在经济制度下，广告差不多都已成为它的第二基础。事实上，是很难设法改进的。但局部的改善，还不是完全不可能的。在现阶段中，各个商业组织之间，应当赶快扩大缔结限制广告范围及种类的协定，借以减少竞争的费用，并使之限于社会需要的数量以内，这样，才能去除现经济制度的一个重要恶征——浪费——而谋取经济的正常发展。

（载《工读半月刊》1936年第1卷第4期）

出版法之修正

立

新出版法于去年七月十二日经立法院三读通过后，全国新闻界认为窒碍难行，群起呼吁，请求修正。中政会俯顺舆情，重订原则，交付主管机关修正，迄今已逾半年。日昨该项重行修正之草案，始在行政院会议提出讨论，将俟下次中政会审核后，交立法院复议。至修正内容，已见报端，次要各点，虽略有增删之处，而与新闻界之所望，则似相去尚远。盖新闻界在原案中认为窒碍难行诸端，即其较重要者，在今次修正案中，亦尚未予删去。是则此次修正，殊无多大意义可言。兹请择要指出未删各点述之：

一、现行出版法规定，审核出版物之权力在内政部，而出版物之有涉党义者，尚须经中宣部之审核。新出版法原案，则除保留中央原有之权力外，又规定县市政府得有直接干涉出版事业与先行扣押出版物之权力。新闻界以县市政府之现在组织与人才，对此似难胜任愉快，且原案行政处分一章，不予出版界以抗告之权，倘遇地方长官曲解法意，滥用职权，则出版界之受其摧残，必不堪设想，故曾吁请中央删除此项规定。即使中央以为必须保留者，亦宜予出版界以抗告之权，或另行规定地方长官对于施行该法时之限制。今修正案对于原案此点，仍予保存。我人所觖望者，此其一。

二、在禁止新闻登载之事项中，新出版法原案列举禁止公开诉讼事件之辩论，未经判决诉讼事件之评论及在战时或遇有变乱与其他特殊必要时之有关政治及地方治安事项。按诉讼事件，在原则上皆应公开辩论，惟有妨害善良风俗及安宁秩序之虞者，依法律或法院之决议，可停止公开。故诉讼事件之应否停止公开，其认定权专属于事件受诉之法院。法院以外之人，纵令以为该案不应秘密，要亦不足以左右其事件禁止公开辩论之效力。而既经停止公开辩论，则不得揭载该案辩论内容，诚为当然之事；至禁止登载未经判决之诉讼事件，则我人认为实非必要，盖此项立法用意，虽在尊重司法裁判之独立。要知裁判独立之诠释，乃为不受行政军事权力之横加干涉，至舆论清议之发挥，正足以扶助法官耳目之未周，而参众议于法例，亦符英美陪审制度之精神也。至若“政治及地方治安”字样，范围殊嫌宽泛，易被滥用，在新闻界尤有难以适从之感。曾于去年呈文中郑重提出，深望中央加以修正，今次修正案中对于以上两点，依然维持原案。我人所觖望者，此其二。

以上所述，乃我人对于该修正案之消极感想，深望中政会于审议该案时有所补救者。至于我人进一步之理想，则以出版法不应专着眼于新闻记事之取缔，尚应进而谋新闻事业之积极提倡，如新闻记者之权利保障，报章文字之版权认许等，均应在出版法上予以规定。政府当局倘能注意及此，则出版法之精神当可益彰矣。

（载《申报·时评》1936年3月6日）

出版法三读通过

立　人

新出版法，自前年经立法院公布后，全国新闻界人士以事实上窒碍难行，纷请暂缓施行，中枢为博采舆情，经去冬提请五全大会审议，又由中政会拟定修正原则，交立法院修正条文，已经三读通过于立法院。而于立法院讨论时，修正的两主要点，尤足证立法当局对于舆论的关心与尊重。

出版法第廿一条所禁止记载的项目，为意图违反三民主义，损害中国利益，破坏公共治安三项，足使报人有动辄得罪的危险，经改“记载”为“言论及宣传之记载”；廿一条第二项“关于诉讼事件，非俟判决不得批评”，也经删除，都确有助于全国报业。

我们报人立场，于出版法再度修正以后还有不能已于言者：（一）我们希望在新出版法施行之后，报人除遵守出版法规定以外，不再受其他行政法规的限制，免政出多门，有无所适从之苦。人民既守法律的限制，也应受法律的保障。（二）保障舆论，中央曾三申五令，可见中枢诸公未尝不重视民隐，但事实上所表现的，则中央通令的效果，仅通都大邑对报纸不轻予处分，而偏僻之处，地方当局动辄封报馆捕记者，希望能迅速纠正。此外，我们认为舆论范围，不仅限于报馆，对负责团体或人民所发表的意见，应尽量允许披露；除非负责发表者（团体或个人）已受处分，或所发表的内容，为危害民族国家的利益，自无禁止的理由。

（载《大光图书月报》1936 年第 1 卷第 4 期）

评修正出版法

星

去年七月间，立法院通过了新出版法，对于出版界的限制，加重了许多，经过全国报界的请愿，这个法律，由立法院再度修改，直到十一月二十七日，立法院覆议完毕，即送国府公布。修改后的出版法，在一方面，是比去年公布的要开明一些；在另一方面，政府对于新闻事业，加上了许多新的限制。在言论自由与国家纪律二原则之下，要有一个尽善尽美的法律，是十分困难的，在立法当局认此已为“中正和平”，在言论界或者认为干涉太大，只有消极的限制，没有积极的扶掖领导，则政府欲收齐一舆论促进报业之效，怕是很不容易的。

这五十九条新出版法，所规定的不外两件事：第一是新闻纸杂志等出版，要向政府履行登记的手续。第二是出版以后对于有妨党国利益、社会秩序与良善风化者，不许记载。新出版法与去年所公布的只有几点不同，在有利于言论界方面的：第一，刊物的主管机关，本为县政府或市社会局，新法则以执法之权付于市政府及省政府，县政府等仅负转呈及暂时处分之责。省会的报纸，直接归省政府管理。第二，关于个人家庭阴私，旧法禁止登载，新法把这一点并到良善风俗一项里面去，处分也轻微些。第三，登记时应填具的事项，比旧法也减少一些，如编辑及发行计划及经费来源，不必报告，只声明资本数目及经济状况便可。第四，关于更正方法，旧法要报纸登载与原文同样大小的更正书，新法把“同”字取消了，恢复到现行出版法的相“当”字样。最后新法规定新闻纸因受行政处分而起诉，官署方面在十天以内对于诉愿要加决定，这也是旧案中没有的。

新法中对于新闻界限制，添了几项：第一，是对于广告的限制。登广告的人如果有违反党国利益、社会秩序、善良风化的启事或广告，也要受处分。第二，是对于通讯社的限制。凡是通讯社在必要时，得由地方主管官署派员检查其社务及发行状况。第三，是对于新闻从业员的限制。如果是犯过出版法的或因贪污欺诈行为而受过刑事处分的，都丧失了发行报纸或编辑报纸的资格。更如刊物出版时，除照现行办法要送内政部与宣传部数份外，还要送“国立图书馆”、地方主管官署同立法院图书馆，这都是给出版界的新负担、新加的限制，在原则上是可以同情的，因为广告的内容、通讯社的内容，都有改进的必要。关于从业员的限制，也有提高新闻记者职业地位的作用，不过有害有益，还要看执法如何，方可判断。

我们政府接受了报界的请求，把出版法再度修改，对于报界提出的几点，有相当的容纳，这当然是可以同情的。然而我们如果以为这样一个很消极的简单法律，会发挥很大的成效，未免奢望过甚。中国新闻事业方在萌芽时期，遇到的困难是很多的，政府应该抱有扶掖奖励的态度，解决报业的各种困难，舆论界自然会积极向上，走上轨道的。许多不满人意的报纸，因为经济基础不稳固，人才缺乏，环境困难，被迫的去登载伤风败俗的新闻、无益社会的广告。目前白纸油墨这样昂贵，广告来源又这样微薄，可登载的硬性新闻这样缺乏，发行又这样受着限制，民智这样低微，社会对于新闻记者不重视，政府对于新闻记者无保障，诸如此类，政府都应该设法求其解决，使优良的报纸，有欣欣向荣之可能。但凭官样的登记与局部的检查，反使不来登记、不受检查的外国报纸与外国通讯社横行中国。出版法的结果，反有背于出版法的本意了。这一点是我们希望政府当局加以注意的。

（载《申报·时评》1936年12月3日）

有感于修正出版法

房　尧

政府接受了新闻界的要求，把出版法再度修改，并相当的容纳了所提的几点意见，这当然是值得称颂的。

但，当前有个最严重的问题，即登记与检查只限于国人经营的新闻机关，若外人在中国设立的报馆或通讯社，则既不来登记，又不受检查，亦照样出版，照样行销寄递。又未免显得厚于人，而薄于己了。

近日常从某种报纸上可以看到丧心病狂的论调、荒谬绝伦的主张，官厅对之却装聋作哑，不加过问，而国人刊物言论或稍激烈，即令动机纯洁，也不免因言贾祸。是岂止待遇上的不平等，实不啻奖励邪说谬论。此点政府尤应加以注意。

我们原在言论自由与国家纪律二原则下，遵守国家法律。同时希望政府切实执行所订的法律，最低限度，也要将以上所举两点设法解决。

（载《实报半月刊》1936年第2卷第5期）

关于言论和出版的自由

唐 弢

由于过去的事实和眼前的情形所昭示，我常常想到：中国的人民，那些没有权势者，是被罩压在一个看不见的，然而却又非常阔大的网里——这也许是一张蜘蛛网，但在这张蜘蛛网的下面，人们却只准蜷伏、吞声、忍受，倘使动一动，那就碰在丝上，胶住两脚，给那蜘蛛网的统治者所擒住，甚而至于吃掉。

这虽然好像幻想，但其实还是事实。

民元革命以后，因为恶势力的继续存在、滋长，有许多改革者、先驱者、思想家、著作家就都碰在这张网上，失去活力，送掉性命了。至于封锁刊物、检查书报，那更是常见的事情，去年以来，被勒令禁止的，多到一百几十种。罪状呢，或曰“革命”，或曰“‘左’倾”，或曰“忘祖”，后者是专指提倡新文字的那几种，但自然，“忘祖”也还是不安分的表示，存心捣乱，理合封锁的。不过倘使真如那罪状所说，这一百几十种刊物，种种都是不能安分，存心捣乱，那末，我可不免要替眼前的统治阶级捏一把冷汗，觉得情形实在有点不妙了。

这不妙，也并非完全因为捣乱的分子太多。善于猜忌的人物，到了只知压迫小民、排斥异己的时候，往往也正是他已经预感到自己的命运将要没落的时候。

俄罗斯的尼古拉一世，是一个有名的独断者，但却也多疑。在他那个时代里，发表讲演、出版书籍，件件都得经过官方的许可，他禁止全国人民讨论关于俄罗斯政治和社会的问题，文章里不准用“进步”、“争斗”、“革命”、“自然力”等等的字面，连农奴制也得叫做“义务的税”。这种严密的防范，愈益扩大了革命的风潮。尼古拉一世的末期，实在是一个光明和黑暗的斗争的时期，那局面，是非常混乱的。

但奇怪的是，这种防范的方法，后来竟被许多国度里的统治者所袭用，而我们也正是袭用得“青出于蓝”的一个。记得有一个时期，大家不准提到苏联，高尔基不必说了，连托尔斯泰也变成反动派；一篇内容完全相同的文章，题目是《一个俄国青年的情书》，不能发表，改成了《一个意大利青年的情书》，却又可以发表了。“新生案件”发生以后，大家不准谈皇帝，即使那所谈的是我们自己的皇帝吧，也不许。为什么呢？就因为我们原不过是奴才的缘故。

然而中国的人民，毕竟也并非个个都是安于做奴才的角色，所以也还有抗争——对于言论和出版的自由的抗争。

明、清两朝的卧碑，到现在是看不见什么血迹了，但在那时候，却的确是钳制言论的利器。它规定生员们不得建议军民的利病，不得刊刻所作的文字，那气焰，并不在尼古拉一世之下，不过明、清的士子，还是一样地要反动。正人君子们的天下，总是无法统一起来的。

然而一时之效，却也偶尔还可以有。大概是去年吧。大家闭紧嘴巴，也真的沉默了好些时，这现象竟使胡适之博士高兴得直跳起来，称之曰“伟大的沉默”。然而曾几何时，中国的人民又不能安分了，这并非生性好乱，倒是因为民族已经到了危亡的关头，帝国主义的侵略，使人民大众感到了忍无可忍。

在这样的时候，统治阶级如果不再解除人民的愤怒，给予人民以言论和出版上的自由，那就只有自速其灭亡。我们不忘记法律上应得的权利，我们要冲破那张蜘蛛网，法国大革命后《人权宣言》的第一句说：“人民是生来和活来就自由而平等的。”我们是人，我们要求自由，由争取言论和出版的自由，一直到争取得全民族的解放和自由。

一九三六，六，九。

（载《现实文学》1936年第1卷第1期）

禁书流行

龙　象

我国是一个文化先进的国家，古今载籍，浩如烟海，毕生也难尽读，但前人尽有很好的著作，因受专制政体的束缚，而致成为禁书的，自从珍本秘籍流行之后，一般好奇之士，凡是从前不易寓目的书籍，这时费着少数的代价，竟能一饱眼福，当然很是合算，同时书贾方面，也看准了读者的心理，接二连三地从这些珍本秘籍上努力，于是什么香艳肉感的鸿篇巨制，便陆续付梓印行，这虽属也是一种生意眼，但毕竟总觉得有些那个罢。

平心而论，在此国难极度严重的状况之下，拿有益身心的书籍，来从事唤醒民众、鼓励民众，还恐怕无济于事，如果再把这种隳颓民气的著作，驱广大的读者，入于魔道而不自觉，其于民智方面的影响已不在小，其于民族方面的影响，尤其重大。

珍本秘籍，能于弛禁印行，表面上原也是一种良好的现象，可是运用不得其法，或是选择不得其道，还是少出几部，比较可以少害些人，因为当那国家承平之世，似乎尚不感觉着什么，倘是民气已经消沉到了极点，还把这种玩物丧志的读物来诱惑读者，未免丧心病狂，而且人家天天拿“武士道”、“大和魂”来唤醒国民，我们却适得其反，这种现象，也够令人感叹不尽了。顾亭林说：“国家兴亡，匹夫有责。”书贾也照样是国民一分子，且负着推动文化前进的重大使命，如果只顾本身谋利，此外一切不关，岂非变成无心肝的叔宝了吗。

近年来无线电台播音，靡靡的歌调，已经令人感到头痛，现在再添上这般书贾，利用《金瓶梅词话》一类的东西，来麻醉有志的青年，真是令人痛心，“商女不知亡国恨，隔江犹唱后庭花”，亡国的象征，似乎已临到眼前，我也不忍望下再谈下去了。唉！

（载《中国出版月刊》1936年第6卷第1期）

谈翻版书

灵　凤

这两天报上有人提到《新文艺》的翻版书，说是在售价的便宜上，对于青年读者至少是一件有益的事。但因为有些作品竟“张冠李戴”，未免太不负责任。其实，向翻版书贾要求负责任，未免与虎谋皮，因为他们根本就不负责任。他将翻版书的售价减低，并不是为了读者，其实是为了自己的利益。所以在读者热烈的需要鲁迅著作的时候，他们不仅将鲁迅的全部著作改头换面的重复翻印了，而且还为他“创作”了一些“创作”。

所以，翻版书的流行，不仅欺骗了读者，而且还损害了“新文艺”的生命，至于作者和书店所受的损失还在其次。

翻版书所以能流行，而且能公然流行的原因，“售价低廉”固然是他们的武器，但被侵蚀的作者和书店始终容忍着，放弃了抗议甚或追究的权利，实是促成翻版书猖獗的最大原因。

翻版书并不始于今日。三四年前，北方就流行着翻版书，但那时出版界还未遭遇不景气，书店和作者组织了“著作人出版人联合会”派人到北方专门调查翻版书，随时加以搜查和追究，所以一时很有成效。但那时北方的翻版书是真正的“翻版”居多，冒用店号，一切装帧和排印也刻意“鱼目混珠”，所以很容易构成法律上的罪名。但后来书贾聪明了，他们不但自己开店，而且还自己编辑，利用着出版法上的弱点，有时竟躲过法律责任。同时，又因了出版界的不景气，书店本身尚自顾不暇，作家又大都“管他妈的”，于是便从北到南，成了目前反客为主的现象了。

目前翻版书猖獗的情形，可说到了极点。许多平素并不经营出版事业的商人，也因有利可图，凑了一点资年来从事翻印书籍。作家作品的水准日渐低落，书店的营业日渐狭隘，独是翻印和改编的书籍倒是层出不穷。作品被翻印的作者不过问，商品被侵蚀的书店也不过问，这实是一个稀有的怪现象。

我不责怪作家。中国有许多作家一直到今天还抱有一种成见，以为文人是“清高”的，不该斤斤于“钱”的问题，所以急急要稿费的投稿人时常要受到编辑先生的瞧不起，而到期催讨版税的作家也要被书店老板骂一声“穷相”。以致“清高”到自己应享的利益被剥夺尽了还在那里肩着“更光明的更伟大的任务”，为书贾制造翻版的原料。

但被翻版的书店放弃了自己的责任却是不该的。我以为目前正规的出版家应该联合起来，和作家取得联络，一面彻底追究翻版书的来源，一面将所出版的书籍印行一种最廉价的普及本发售，售价更要低过翻版书（这是可能的），而形式和校勘的精密则过之（这更是可能的）。以后有新书出版，一面发售较高价的精装本，满足一部分读者的需要；一面同时则将这种普及版发卖。这样，读者是有眼睛的，翻版的书贾当然是要无所用其技了。

但现在上海的出版家却并不想到这些。他们有的只要顾到自己的出版物不被翻印，就“坐观成败”；有的见翻版书销路好，自己竟批到自己的门市部来卖，甚或也出版一些变相的翻版书，或者暗地里自己也在经营翻版事业。于是，在这情形之下，书店的老板愈瘦，便剥削作家愈厉害，只有翻版书贾拍着大肚皮，将读者践踏在脚下，在市场上迈步了。

（载《大光图书月报》1936年第3期）

关系伪版书

行　安

据上海市书业同业公会的报告，市上近有伪版书多种，或将他人的著作，任意割裂抄袭，混称为某某选集，或将别人的译本，改窜字面，冒为己有，这种出版物，实属侵害著作权，拟加查究云。

中国的出版界，真是糟得很。少数投机分子，每不从正当的途径谋发展，而专以取巧营利为事。粗制滥造的一折书，曾倾销过一时，现在市上又出现各种的集本，如小说、笔记、小品、日记，应有尽有，这一类的书，是大批的出品，内容乃东抄西袭而成者；还有一部分译本，均是世界的名著，不知者必误为书局的丛书。其实这些出版物，据说亦系用巧妙的方法刊行的，即搜集各书的所有中文译本，请人对照改窜者。

市上伪版书的发见，或为今日衰落出版界应有的现象。然而这对于出版界，影响很不良，一方有侵害他人的著作权，一方抄袭改窜的，当不会是好书。而且出版业负有促进文化的责任，若一味以诈巧的手段经营，中国文化，便永无进步的希望，故同业公会欲加查究，实属必要。

不过从读书方面说，也许是有益的。近来一般读者，购买力很薄弱，几元的书，是买不起的，只有数角数分的，才有钱购备，一折书即是应这需要而产生的。目前市上改窜的译本，内容如何，暂且不说，但因为不出稿费，故价格比原有的译本便宜得多，这亦是伪版书风行的由来。

由上述的事实而观，出版业要防止伪书版的刊印，划一售价，应从速施行。这可使折扣书不能立足。再则对于各种出版物，须以最低的成本印刷，装订不妨简陋，纸张不妨劣，惟定价必须低廉。这既于读者有益，于出版业亦有利，而投机分子，也无所施其伎俩。若不此之图，则伪版书仍将受读者的欢迎，奸商暗中发售，恐亦防不胜防。

（载《申报·出版界》第七十期 1936 年 8 月 27 日）

偷版与查禁

黎学濂

据报载，一日北平专电：冀察当局认为“《郭沫若文集》中有涉及古贤孟轲离婚问题，与孔夫子吃饭问题，均有侮慢之处，政委会顷令所属各机关查禁该书在市间销售，以后凡有侮孔孟书籍均一律禁止售卖”。过两天，《申报》也载了一则“书业败类翻印鲁迅遗著”的消息。这两则电讯不期而碰在一起，无疑的是颇值得吾人注目的。鲁迅和郭沫若先生都是最为大众所景仰的文坛巨匠，而今居然有一人的著作被“禁”，一人的著作被“偷”（偷版）。在关心文化事业的我们看来，不能不油然而生了若干愤慨。

郭沫若先生的文集，我们在坊间没有看过，我疑心也是近乎偷版的。郭先生近年亡命海外，被“偷”、“剥”的著作，就不知有过多少，这在郭氏的文章和谈话中，有时也可听到。倘使真的是被偷版，则冀察当局之“禁”，在著作人的利益上说，也未尝没有好处的，至少也可以使“书业败类”遇到一个打击！可惜的是，冀察当局的“禁”，并不是为了维护文化，而是因为他有“侮慢”“孔孟之处”，乃通令禁售。自然，在复古气焰正在高涨的现在，把“侮慢”孔孟认为有罪，正是意中的事。不过，目前的华北形势正是这么紧张，而当局不去管较为严重的国家大事，偏偏在计较“孟轲离婚”和“孔夫子吃饭”问题，似乎颇有点不大合适。何况郭氏的文章，并不是凭捏造，而是有古籍为之根据的。从这次禁售看来，不特使人觉得目前无谓言论自由，且冀察当局颇有点“好管闲事”之慨！

郭氏的文章，据我们所知，是两篇历史小品。近来写历史小品的人很多，鲁迅先生也是其一。倘郭氏文集被“禁”，则鲁氏之《故事新编》，我想无疑的也会遭到这命运的。可巧的是，鲁迅的文集未被查禁前，即已横遭“书业败类”偷版了。“侮慢古贤”，其实不止郭氏如此，鲁氏也是大同小异的。假如当局“爱古人远甚于今人”，则鲁迅之死，可谓得其所矣。然而，在我们却是不胜其哀痛的。

（载《申报·谈言》1936 年 11 月 6 日）

古书多伪之原因

普　暄

中国古书，诚多伪矣。张之洞云：“一分真伪，而古书去其半。”（《辅轩语·语学》）似尚不止此也。故有古学者，董理秘籍，校雠是尚，辨次众本，定异同，理讹乱，至于杀青可写，其义固已发自向，歆矣，洎后学者朋兴，师友相承，柳宗元、宋祁、曾巩、郑樵、宋濂、胡应麟、姚际恒等，咸各卓尔名家。于是考证一学，几成校雠之专业矣。

夫今人每着一书，唯恐他人盗窃，为护名利，制定版权。此非风俗浇薄，实亦人之情也。何以古人瘁心疲神，成一家言，而不出己名，转托诸人！及至为人发露，无名无利，且获讥讪。岂古人迂笨果若斯邪？曰非也。盖环境时代关系，有所不得已也。此不得已之情，即古书所以多伪之由也。胡应麟《笔丛》，曾于此义有所论叙，列事二十，以资征说。但粗略偏俭而未能尽其旨。兹更条别申明之：

（一）因亡佚之致伪——古书简策笨重，每经丧乱，最易亡失。读各史艺之志序，千万巨册，火毁水沉者，每代不免。故检公私目录，多空列其名，书则早已亡佚。（胡应麟《经籍会通》有论述，不赘引。）虽亡书可备于后世（郑樵《校雠略》亡书出于后世，论说虽不精，大意则极是），如汉之曾壁、晋之魏墓，及近时敦煌、殷墟。但拾掇者不过十之一二而已。又在昔帝政时代，忌讳万端。著述偶有不慎，版本即遭毁销。秦皇焚坑，致使六艺残阙，固为显例。其在近时，清帝乾隆，假稽古之名，修四库书，因以销毁明代著述，不下二千余种。（《咫进斋丛书》禁书书目，销毁书目略具其目。章炳麟《哀焚书》直诋为罪，浮始皇，非过言。）其因违碍，抽毁一部，窜改篇章者，尚不计也。总此二者，则中国书籍亡佚之数，盖不可计矣。

夫书之亡，何关于伪书之多？曰不然！二者息息相关，消长之数，正成正比。盖伪书之作，以时间论，有妄拟远古者，有虚伪近代者。拟远古者，必曾有其书，后乃亡佚，校诈者贪名利，故伪作，以迎合世人之希望。如《古文尚书》，因永嘉之乱，原书亡佚，故枚赜伪作。《列子》八篇明见《汉书》，后亦亡佚，故张汤辈伪作，等是。虚拟近代者梅多由攻讪嫁祸之故。如《周秦行纪》之于牛僧孺，《碧云騢》之于梅圣俞等是。二者相较，妄拟远古者，多“经”、“子”名历，虚拟近代者，多杂记小说。量数亦成百一之比。设若历代，无如牛弘所言，书无五厄，典籍尽存。则既无仰慕希求之人，自无逐利景附之辈。即有伪者，亦不过一二嫁祸攻讪之作，杂记小说诸书。何至四部琳琅，按名俱委，循书多伪？故曰：古书亡，而伪书出也。

（二）托古以重其术——古人喜撰伪书，非有心欺世。盖为环境所迫，不得不然。诚以古俗贱近贵远、重古卑今。古人所言，不议是非，莫不奉为神明，不敢违越。后人创作，或因谏古义，尚可附之以行；如自抒所见，鲜不被众攻诋，目为离经叛道。是以苟著一书，肯托古圣，则其书大行，其言尊信，而己身亦蒙其利。如明题己作，则书遭禁绝，言被摒斥，甚者或致杀身之祸。聪颖之士看见及遭，乃不得不暂抑其“占有”本能，而屈从其“创造”本能矣，及所谓托古改制是也。

制作托古，其源极早。《庄子·天下篇》，叙诸子之学，咸谓“古之道术有在于是者……闻其风而欲之”，即其义也。康有为《孔子改制考》，谓六经作于孔子，尧舜禹汤，或无其人。因孔子有“三世”、“三统”之政治思想，不可直陈，故不得不托古以自见。其言虽不无疵累，大旨则尚称正确。盖“祖述”尧舜，宪章文武，实属儒家托古改制之明据。但何止儒家，墨家之美大禹，医家之引黄帝，农家之称神农，小说家之有伊尹，均此意也。韩非子《显学》云：“儒分为八，墨分为三，取舍相反，而皆自谓真孔墨。孔墨不复生，将说使定后世之学乎？孔子、墨子俱道尧舜，而取舍不同，皆自谓真尧舜。尧舜不复生，将谁使定儒墨之诚乎。”实道尽彼时著述之本态矣。嗣后此风更炽。托古之作，时时可见。试检《汉志》，“道家”有《力牧》，班固注云：“六国时所作，托之力牧，力牧黄帝百。”“阴阳家”有黄帝《泰素》，班固云：“六国韩诸公子。”“杂家”有孔甲《盘盂》，固云：“黄帝之史，或曰夏帝孔甲，似皆非。”有《大命》，固云：“传言禹所作，其文似后世语。”“农家”有《神农》，固云：“六国时，诸子疾时怠于农业，道耕农事，托之神农。”“小说家”有《伊尹说》，固云：“其语浅薄，似依托。”有《鬻子说》，固云：“后世所加。”有《师旷》，固云：“见《春秋》，其言浅薄，本与此同，似依托也。”有《务成子》，固云：“称尧问，非古语。”有《天乙》，固云：“天乙谓汤，其言非殷时，皆依托也。”有《黄帝说》，固云：“迂诞依托。”“兵阴阳家”有《封胡》，固云：“黄帝臣，依托也。”有《风后》，固云：“黄帝臣，依托也。”此皆为固所注明，其为伪托，自无可疑。其未为固指出，实为伪托者，更不知有几。大底，《志》中所载，黄帝、封后、力牧、蚩尤、容成子、务成子、神农、天乙、伊尹、盘庚、天老、鬼谷等，不问何家，不论何世，均为伪托。而名愈高，则附之者愈众。如黄帝，除“六艺”、“诗赋”外，咸有其书。噫！黄帝亦过神伟矣！

托古之作，多在秦汉以前。秦汉以后，此类盖少。因自迁，固以还，信史已立。托远古，则年隔千百，一书忽出，传受不明，难以取信。托近古，则有史可稽，妄拟于人，其情易见。是以子夏为《易传》，刘知几判定为伪。（《唐会要》载：开元七年，诏以《子夏易传》，近无习者，令儒官详定。刘知几议曰：《汉志》，《易》有十三家，而无子夏作传者。至梁阮孝绪《七录》，始有子夏《易》六卷，或云韩婴，或云丁宽。然据《汉志》，《韩易》十二篇，《丁易》八篇。求其符合，事殊隳刺，必欲行用，深以为疑。按今本《子夏易传》，更为后人伪造，而非知几所论者。）丰坊《诗说》，伪题申培，毛奇龄发露其妄。明姚士邓造《放陵子》（本孟子所而增益之言）。主舜华造《天禄阁外史》，伪题黄宪，均不旋踵，奸已败露，盖由此。

（三）伪古以售其奸——伪古与托古有别。托古者，作者多学有独得，思抒以见世，特为环境所囿，不能畅所欲言，故将其著述委嫁于人。其迹虽近欺人，其情颇有可恕。而其著述，我抒我见，不必学符所伪。（为黄帝未必于医、农、兵、技一一通晓，但各家著述，可以随情依托之。）书征于志，故其伪迹，亦易察觉。伪古则不然。于学实无所造，只为某一动机，而大伪古书。有心为恶，罪不可逭。而所伪之书，又必古之名著，显征史志。盖非如此，不能取贵。且有心欺世，到造作亦极巧精：篇章文字，思想史事，刻意猜拟，期合其旧，而尔其隙。故其伪迹，亦难发现。此枚赜伪《古文尚书》，能给人二千余年也。

再此类伪书，造作之动机，核之有二：（一）捏作证据。（二）夸耀才捏作证据者，如《家语》今本题王肃注。书有肃序，称："孔子二十二世孙有孔猛者，家有其先人之书据是肃谓为孔氏之著也。"《汉志》有《孔子家语》二十七卷。师古注云："非今所有家语。"则肃所传之《家语》，唐人已知其伪矣。后王柏《家语考》，定为肃所郑造，几成定谳。按肃之所以为伪造是书者，以肃解经，喜与郑玄为敌，作圣证论，讥短郑氏，故伪造《家语》，以为根据。盖以郑氏名重当时，非假圣言，不足以折服之也。至夸耀才华者，除上所述，即属此类。其书颇繁，无劳列举。维有应说明者，夸耀才华，正宜自露其名，何刻意之作，反嫁于人耶？事理似不可通。须知古书有原本非误，而后人误以为伪者（金别有文论此），如李陵《答苏武书》，自刘知几《史通》、苏东坡《答刘沔书》后，咸认为后人伪作矣。但安知非为才士戏拟之作。后因人名刊落，致成李陵之作。复有考订，复辨其伪耶？此如梁邱迟有《与陈伯之书》，清吴汝纶有《拟陈伯之答邱迟书》。设或年代久远，吴集烟灭，独遗此文，而又刊落原著名氏。则此书不几亦为陈伯之所作，又须后人之考订耶孔阎若璩氏对于此义颇能了悟，其《尚书古文疏证》卷五第七十二有云："古伪诗文有二：一是明掩己之姓名，以欺后世。一是拟某文、和某诗，传之既久，忘其所出，以为真某古人矣。如江淹《陶征君田居诗》一篇，东坡和陶，偶并和其韵。后刻陶集者，且窜入以为真陶诗。窃谓白居易有补逸书一篇，幸皆知为白居作耳。若世远言淹，姓名莫得，其摹孔书处，亦几乱真。安知不更以为二十五篇之俦乎！章学诚《文史通义·言公下》亦云："诗人流别，怀抱不同，变韵言兮裁文体，拟古事兮达私衷。旨原诸子寓言，文人沿习而成风。后人不得其所自，因拟作伪而相攻。盖伤心故国，斯传塞外之书，灰志功名，乃托何边喻。"所论均极透澈。总之，伪书之成，由于此者，其数极多。其始不过文士笔墨之游戏，后竟演成真伪之纷争。

（四）罔古以求其利——中国书籍亡佚既多，历代帝王为博稽古佑文之名，常下诏搜求，饵以名利。一二遗籍，固可因以拾获，而伪书亦由此愈多。所谓利之所在，人必趋焉。按伪古牟利之事，明见于史者，如《汉书·儒林传》：无传百两篇者，出东莱张霸，分合二十九篇，以为数十。又采《左氏传》、《书叙》，为作首尾，凡百二篇，篇或数简，文意浅陋。成帝时，求其古文者，羁以能为百两征，巨中书校之非是。《北史·刘炫传》：时牛弘奏购求天下遗逸之书。炫遂伪造书百余卷，题为《连山易》、《鲁史记》等，录上送官求赏而去。此为最显豁者。至若谶纬之兴，由于光武之奖掖。（《隋志》：说者谓孔子既叙六经，以明天人之道。知后与不能稽同其意，故别立纬及谶，以遗来世。其书出于前汉。……其文词浅俗，颠倒舛谬，不类圣人之旨。相传疑无人造伪之起，王莽好符命，光武以图谶兴，盛行于世。）经今古文之争，由于官爵之诱导。（汉今文诸经，成立博士，彼此相援，衍学成阀。嫉愤之者，创立古文以相抗争，名辨道统，实则争博士耳。）则佑古而害古，岂提倡之者始料所及耶！

（五）伪作以嫁祸——古时文禁极严。故士夫每假之以诬陷人。此风盖盛于唐代。唐有牛李党，相互排轧。方法用尽，至伪文字以相诬。牛僧孺喜为笔记小说（如传今之《玄怪录》），事为李德裕党所知，韦瓘即伪《周秦行纪》，以期陷牛于罪。宋魏泰恶梅尧臣，伪《碧云騢》，横诋范仲淹，以树其敌等是。此类伪书，其造作动机，只在借以害人。故撰著道德，最为卑下。但其所拟，限于近代，不托于古，故其伪迹，每易发露；而其质量，亦仅说部杂家，未若旁者，竟及经子名著。《史通·曲笔篇》云："其有舞词弄墨，饰非文过，若王隐、虞预毁辱相凌，子野、休文释纷相谢。用舍由乎臆说，威福行乎笔端。斯乃作者之丑行，人伦所用疾也。亦有事每凭虚，词多乌有；或假人之美，借为私惠；或诬人之恶，持报己仇：若王沈《魏录》，滥述贬甄之诏。陆机《晋史》，虚张拒葛之锋。班固受金而始书，陈寿借米而方传。此又记言之奸贼，载笔之凶人。"是史家曲笔诬人者极多，故魏收《魏书》有秽史之称。而元明戏曲小说，亦染此风（如《琵琶记》、《中山狼》等）。但此乃伪事以诬人，而非伪书以诬人，与此不类，不可同视也。

（载《女师学院期刊》1936年第4卷第1—2期）

论翻印古书

文汉生

近几年来，翻印古书之风甚盛，算是"国学遗产的发掘"，为文化工作而努力！这也是救国工作哟，正是"救国不肯后人，成功岂必是我"。于是你影印《四库全书珍本》，我仿宋印《图书集成》；你印《廿五史》，我印《廿六史》。定价一百元，预约对折，只收五十元，算是减低读者负担，使"天下寒士"有欣赏古书的机会！

印行的缘起是很堂皇的，先是说中国国家大，文学典籍极富有不得不翻印之势。这种古色古香的近人的古文，也有多抄几节以广流传的必要。看吧，“中国文学浩如烟海，即传统的所认为文学者，已有四库之富，而又益之以近世文学观念扩张，词曲小说都已不再被视为小道，于是中国文学典籍益夥矣”，“中国自昔以文学立国，以文章取士，故作者如林，载籍极博，诸子百家之书，九流三教之著，浩如烟海，充栋汗牛”，像这样“浩如烟海”的古籍，以“有涯之生”去读，怎能读得完呢？所以不得不选几部奇书珍本读读，可是，可惜得很——这里还是照样的抄几节——“天下名山，多半被秃驴占尽；天下奇书，多半被书贾坐拥。书贾，商之至奸者也。将文人遗产——心血、绝世奇文妙文，居奇埋没，不许措大一窥，更不肯广布流传，可胜浩叹，苟作者白骨未朽，亦当切齿”，“中国文学典籍既极富，而学者所可得而习之者，仍不过最常见之数十百种。盖藏书家珍其秘笈，不愿示人，出版家辄好影印，定价既昂，贫士无力购致，以此之故，中国古文之研究与欣赏，遂成为一部分特殊阶级之特权。若非达官贵人，教授学者，几无染指之可能也”，“夫天下之书亦多矣，而藏身于富贵之家，或浸蚀于庸人之手，其他如书贾之居奇，天灾人祸之磨折，而奇书之流传至难”。天下奇书珍本都被达官贵人书贾占去，一般寒士是没有眼福的了。可是，现在可好了，有英雄者流出矣，“尝以寒士不能多谈天下书为恨”，“报昔日书贾居奇白眼之仇”，乃“鼓着勇气，杀开一条血路”，“把一向被目为私人的藏珍，现在来公之于大众面前，供给大家来欣赏”，“使人人有购阅之良机”，于是“以重金购取书贾善本珍本多种”，“精印断句”“择尤付梓”了。

这种为天下一般寒士打算的主意，真可谓尽美尽善，并且还告诉人读这种奇书珍本的法子，诚功德无量矣。你看，“在明窗净几之下时加批读，古趣盎然”，“清夜读奇书岂非人生之快事”。“明窗净几”，“清茶一壶”读“珍本奇书”，真天下第一快事。最好，我说，身边再坐个西施之类的美人，因为既有才子则必有佳人也。

可是，我不得不叫声可惜了，这种为“天下寒士”的打算却落了空！“天下寒士”所寒的并不是没有“珍本奇书”的欣赏，而是没有饭吃，没有衣穿呵！饿着肚子，抖着身体，就在“明窗净几”之下“批读”。“珍本奇书”能够使肚子饱起来，使身体不抖的么？现在是个什么时候呀？允许你有捧着“珍本奇书”的机会么？允许你有“明窗净几”的享受么？难道天下寒士除了珍本奇书之外，就没书可读了吗？天下寒士现在所需要的是否是这种古代的“珍本奇书”呢，或是一般普通的社会科学的常识？在“明窗净几”之下读“珍本奇书”，兴赏之余，肚子饿了，有人会端着饭给你吃的么？“寒士”就会变成了“富士”的么？国家也就会跟着富强起来的么？或是帝国主义侵略我们的时候，可以用“珍本奇书”去塞住他的炮口么？——这一切的一切，“珍本奇书”是百分之一百的不能解决的。

真是可惜得很，想救“天下寒士”的“寒”的英雄的丈八蛇矛却指错了方向，落个空，连人带马都掉到泥潭里去了。打开窗户说句亮话：“为文化工作而努力”，“使天下寒士有欣赏古书的机会”，却完全为来为去是为着钱，骗去一大批预约款项，标点乱点，印刷乱印，“天下寒士”是大上其当了。

（载《明天》1936 年第 6 期）

再论翻印古书

源

我们在本刊上曾写过一篇《标点古书与提倡旧文学》，主张“在其间选取若干，作为样本似的，使我们得以很少的时间，明了旧的过去的文坛及许多伟大作品的概况，那也不是什么无益的事。若只是不分良莠，不识好歹的一味的标点着、提倡着、鼓吹着、宣传着，则非迎头给以痛击不可！”

“真实的伟大的名著，当然是具有永久的生命的，像六朝新乐府、唐宋诗的一部分，元明曲、明清散文的一部分，像比较完美的《红楼梦》、《水浒传》诸小说，加以标点，‘以广流传’，使一部分读者得以廉价得到比较可读的本子，那也不是坏事——但绝对的不该鱼目混珠，挂羊头卖狗肉！”

这些话说得已够明白。自从《世界文库》的出版，在翻印“真实的伟大的名著”，“加以标点，以广流传，使一部分读者得以廉价得到比较可读的本子”的工作上是尽了相当的力量的。有一部分被埋没了的“名著”，有一部分久被忽视了的“名著”，以及有一部分可以显示出“时代精神”的作品，都曾被整理了翻印出来。那些整理的工作，确曾费了好些人的不少的时与力——其所耗费的时与力是不在《世界文库》里的翻译部分的许多“名著”的写译之下的。

为什么不肯苟且塞责，照样翻印便了事呢？为什么必须广搜异本，仔细校勘整理呢？有许多人便也已发过这样的疑问了。给一般读者们阅读的书何必加以如此的详尽的校勘记呢？这些校勘记对于他们有什么用处呢？

这是不肯盲目的翻印古书的一种表现，这是要使一部分读者“得以廉价得到比较可读的本子”——整理过的本子的一种努力。同时，这也是要节省无数“读者”的耗费在“校勘”这个传统的工作之上的时与力的——比《四部丛刊》、《四部备要》那样的照式翻印不知道要节省了多少认真的读者们的时与力的！虽然耗费了很多的力量，这整理却并不是无意义的！

在这整理的过程里曾经发现了古本的不少的脱漏与错误，发现了清版的古书的许多不必要的擅删擅改的地方——这是异族统治中国的可痛心的结果之一！这些，都已借着这番整理而为之清算一下。对于真实的伟大的名著，这番整理的工作，岂可算得是白费的！对于一般读者们，这番整理的工作岂是完全无用的？

有一部分的作品，在其本身也许不能算作真实的不朽的“名著”，却充分的足以表现“时代的精神”，足以表现“民间”的——非官僚的供奉的文学的——最好作品的例子，或足以表现其在文学史上有着巨大的影响的，且其本身也不是有毒的东西，则其翻印与整理也不会成为一种浪费的工作。

如果一概的把将中国文字写成的古书都作为有毒的东西看待，把一切翻印与整理的工作都当作是反动的行为，则未免有些“幼稚”与“扭曲”事实了。

对于过去文化的绝对的绝缘是办不到的事，真实的伟大的名著是在任何时代里都不会消失其真实的价值的。如果觉得《吉诃德先生传》和《死魂灵》是值得翻译，而《金瓶梅词话》和《指南录》之类则绝对的不值得翻印，则未免太藐视了在中国所产生的一切真实的伟大的名著了。名著何不幸而以中国文字写出之呢？

像《金瓶梅词话》那样的赤裸裸的暴露了流氓阶级的生活与心理的——这种流氓的生活与心理至今还活泼泼的存在着——如何可以绝对的加以蔑视而排斥之呢？像《指南录》那样的一部描写在异族的侵略下的亡国之际的士大夫之愤激的心理和颠沛流离始终不屈的生活的书，如何可以因其为古书而遂不屑一顾呢？

这样的不分好歹，绝对排斥古书者的心理，和那些提倡读经而绝对排斥“禽兽能言”的白话文教科书者的心理是恰好相映成趣——虽然对于前者我们是原谅而且敬重其热烈的情感的。

翻印古书正像介绍西洋文学一样，必须有所选择于其间，如因为西洋文学里有荷马，有莎士比亚，有杜思退益夫斯基，有高尔基，便应该不分好歹一概介绍过来，说得通么？同样的，如因为用德国文字写的书有了一部《希特拉自传》，便不分好歹一概不介绍德国名著，有此理么？

所可憾的是利用了翻印古书的名义，不知道有多少的书贾们是在经营着不可告人的翻印淫书和消闲书的事业的。大批的有毒的书，会被他们翻印出来而流通于市面。这诚然难怪一般前进的青年们的痛心与愤慨了！——我们早已是痛心与愤慨的了！

然而遂因噎而废食，却也是我们所期期以为不可的！

（载《文学》1936年第6卷第3期）

杂谈翻印古书

阿　英

一九三五年过去了。若果有人问：“这一年出版界主要的现象是什么?”那将谁也会回答，是“翻印古书”。把那些价值高昂，以及不经见的旧书重行排印，使穷困的学人能以少数的经济，获得许多在研究上必要的书，未始不是一件有利的事。但使此种事实，成为出版界的主要现象时，则无论如何解释，总是一种反常的行为。

友人中颇有以此责难出版家的。我曾亲聆到一位出版家对于这一问题的答复。他说：“若说思想，我也未敢后人。在某一个时期，我倾全力以赴，印过四十几册新书，出版后一半不给卖，而给卖的，又都是些不好销的书。商人是经不起这样亏蚀的，倒不如翻印点古书，有相当的出路，而又没有风险。”在这里，存在着出版家所以要翻印古书的心。

自然，这一理由是不够解释这种现象的。就一九三五年书业市场的情形看，最易于销售的有两种书，一是价值在十元以上至数百元的丛书，一是五角以下的小书和一折书。这种情形够说明什么呢?富翁、暴发户、银行家、公共图书机关，以余钱来买书，还是不大成问题的，只有图书馆是由于它的必要。小资产阶级是更破产了，连一元钱的书都买不起，降而去买小书、一折书。穷人，自是根本上谈不到买书。

为着要使书籍的成本变轻，书价减低，而纸张印刷的价格，是无可再减的，这只有在原稿的成本上打算了。这造成除掉极少数有大资本的出版家还有钱可以买稿外，中小出版家简直是没有办法。再为着发行的安全，风波的较少，要收薄利倾销的实效，遂自然而然的归于这一途。“能销的不能印，能印的不能销”，出版家的苦衷，也真是难言的。

话虽如此，出版家与校点人究不能卸却“助长此风”的责任，即使是不愿“出卖灵魂”，“为着生活”，被逼的不得不如此。我是从事此种校点工作人之一，自然并不算是例外，尤其是匆忙间所造成的许多不经意的错误，常用心疚。好在出所藏重印，其目的除生活外，只是要供给“当行”无书的“通人”，以及古文学的研究者，错误之处想是看得出。而况即是所谓古本，字句点逗的错误，亦时时有之?

至于明末文学书在此时期所以特殊销行的原因，除开学人是为着古文学的研究外，不能说是基于某一些人的提倡。没有社会的条件作为根柢，谁也没有这样大的力量。这是只有寻觅明末山林文学急剧发展的背景，可以从那上面意会的。一九三五年过去了，今年出版界趋向将如何呢？如果环境没有什么变异，大概“翻印古书”的现象还会发展下去吧，至多在选书上换一个方向而已。

（载《书报展望》1936 年第 1 卷第 3 期）

古书翻印的探讨

邢 仪

今年的出版界，又出现一个新的姿态，“杂志年”刚过去，“翻印古书年”紧接着又来了。这个形象的好坏，颇值得我们的注意，因为它是关系一代的思想和风尚的。

这种翻印古书热，可说是由于下列三种原因造成的：

一、金融的紧迫。处在现在经济恐慌的时候，出版家不能拿出大宗的金钱来买现代人的作品，所以只好找出些古书来，没有版税，定很高的价，用“一折八扣”的名目出卖，也可得点微利。

二、学者的提倡。像林语堂的高抬袁中郎，施蛰存教青年读《庄子》，郑振铎发行《世界文库》。一般书店老板见到这种情形，便都仿效起来，你出一部《中国文学珍本丛书》，他就出《国学名著》，我也出《四库备要》。

三、言论不自由。现在的时势，著书立说，一有不慎，就有身受其祸的危险，所以一般文人也只能说说幽默，谈谈小品，“公安”、“竟陵”就此应运而生。

我们再进一步来检讨这种形象有无意义和价值。

去年闹了一次接受文学遗产的问题，提出来古书有无从新搬出来的必要。可是这问题不是简单的，所以当时讨论的结果，也没有得出一个正确的结论。但就我个人的意见，以为中国过去的古书，的确是有些应该必须接受的，有些必须淘汰的。至于怎样的选择，那是很不容易的问题，这处不再深说，希望全国的专家共同定出一个去留的表格，为我们做一个标准。这个标准至少要包含下列三种原素：

一、各时代的作品结晶，像唐诗、宋词、元曲、明小说等是。

二、有真实的价值和独特的风格，像唐宋八家、明末小品等是。

三、为后世研究学术必需的，像《史记》、孔老等是。

但现在的翻印古书，离我们的希望太远，我是不敢赞同的，至少它要有下列三种的毒素：

一、专门化。像商务的《四部丛刊》、中华的《四部备要》，不是一般人所需要的。

二、低级趣味太浓厚。我们走在书摊上，满见的是什么侠、什么案、什么义等，这也不是一般人所需要的。

三、错字太多。现在的书贾因为省钱起见，多是不请一个校对员，拉一个小学的学生或学徒就来乱抄，这是古人的罪人，现代人的欺骗者。

所以我认为现在的翻印古书，意义却有，价值毫无。虽不能一概而论，但大多数是这样的。

（载《民德月刊》1936年第4—5期）

翻印旧书之风

无　忌

张香涛《书目答问》中《劝刻书说》说：凡有力好事之人，若自揣德业学问不足过人，而欲求不朽者，莫如刊布古书一法。但刻书必须不惜重费，延聘通人甄择秘籍，详校精雕。（刻书不择佳恶，书佳而不雠校，犹糜费也。）其书终古不废，则刻书之人终古不泯，如歙之鲍、吴之黄、南海之伍、金山之钱，可决其五百年中必不泯灭，岂不胜于自著书自刻集者乎，且刻书者传先哲之精蕴，启后学之困蒙，亦利济之先务，积善之雅谈也。

叶德辉《书林清话》开篇第一条以为他这话在当时曾发生很大的影响，晚清刻书之盛几倍于乾嘉时代。可是他的话如今不适用了。现在

“刻”已经不通行，叫做“印”，如今人却不是因为“自揣德业学问不足过人”，也不因为“欲求不朽”，才来翻印古书。现在的古书已经成为不受酬、不要稿费的无代价的商品了，一切意义都可在这“商品”二字中去求。这里就从商品的意义说罢，一个健全的社会或国家里，需用的商品当是健全的，一个不健全的社会或国家里，却随处可以见到不健全的商品。时下翻印旧书的风气，也同别的商品一样，这里不必论其是非，只把我所见到的两种现象写出来，希望一般制造这类商品的人想想。

从民国二十二年六月起，我们就见到一种十六开本的所谓《国学文库》的旧书新印，亦不知其出版处及编者姓名或其他重印缘起，听说从前在东三省印行，有外国人从中擘划，入民国二十五年，书面便有“北平隆福寺文殿阁重印”字样了。我所得到的，自二十二年六月出版的第一编《明郑晓皇明四夷考》，至二十五年三月的第二十八编《站赤上册》，共二十八种，想来以后还将继续出书，在某种意义上这部“文库”算是很有系统的选择，而且有若干种在丛书中，或传本极少，这里权当新书介绍，将其目录依次抄录于后：

1. 郑晓《皇明四夷考》
2. 王寂《辽东行部志》
3. 叶隆礼《契丹国志》
4. 洪皓《松漠纪闻》
5. 《胶澳租借始末电存》（章高元与当道往来电）
6. 《高丽交涉史料》
7. 王仁俊《辽文萃》
8. 《元史外夷传》
9. 《满洲实录》
10. 程德全《庚子交涉偶录》（李逊辑）
11. 高拱《边略五种》
12. 沈云《台湾郑氏始末》
13. 叶向高《四夷考》
14. 万表《皇明经济文录》（九边篇、辽东篇）
15. 《皇明留台奏议·兵防类》

16. 蒙古博明《西斋杂录二种》(《西斋偶得》、《凤城琐录》)
17. 曹履泰《靖海纪略》
18.《粤海关志》(第一册)(皇朝训典、前代事实)
19.《皇明经济文录》(蓟州篇、宣州篇、大同篇)
20. 瞿九思《万历武功录》
21.《粤海关志》(第七册)(贡舶、市舶、行商)
22. 杨儒《中俄会商交收东三省电报汇钞》
23. 赵汝适《诸蕃志》
24. 瞿九思《万历武功录》(东三边、西三边)
25. 王国维《〈蒙鞑备录〉〈黑鞑事略〉笺证》
26. 藤田丰八《岛夷志略校注》
27.《钦定蒙古源流》
28.《站赤》(上册)

这二十八种中，如《高丽交涉史料》是据北平历史博物馆所藏抄本，《钦定蒙古源流》据文津阁《四库全书》本，《站赤》据东洋文库影印《永乐大典》本，选择颇为审慎。虽然这类书大概对于一部分学历史的人比较感觉兴趣，但从方法上说，我以为翻印古书，无论在那方面，似乎都可采取这个途径。清代汇刻丛书之风盛行，但选择极为庞杂，往往一部丛书的几十百种中，一个人所需要的不过二三种，购买既不经济，检查亦极感不便，倘使系统地以类相从，这两种弊病都可避免，近来如《二十五史补编》、《十韵汇编》和这部《文库》等的印行，不能不说是出版界的健全的现象。

另一种现象是文学书籍的翻印，如《世界文库》等的印行，本来是有系统的计划的，但自此以后，我们便随处可见到《金瓶梅词话》和竟陵公安派之类的明人小品充斥于市。这不是说这类旧书现在不该翻印，我们舍学术上的是非不论，只以出版家应守的道德说，校对的错误，已就误人不浅了。我不信中国文学书中，只有《金瓶梅词话》和竟陵公安派的小品才足为青年人文学修养的必读之书。一个人尽可自由享受超等的细腻的生活，谁也管不着，但若硬把这种生活态度向社会倡扬，以为这才是文学的生活，那就大可不必了。有一个朋友说，他先缴了二十元加入某处的“奇书欣赏会”，得到的第一部书又是《金瓶梅词话》（一年之间，此书的翻印，恐怕不止四五处），他因为怕别人看见那前面的插图，偷偷地深藏在橱里，后来打算插入架中，写上《理性大全》的书签，这真是一部地道的理性大全了。一种纯文学的作品，本身虽然不负道德的责任，可是，有人要把它作为宣传之用，便不大妥当了。

陆游跋《花间集》说：“斯时天下岌岌，士大夫乃流宕如此，或者出于无聊。”其实亦可以反过来说，士大夫流宕如此，天下所以岌岌。现在的士大夫对于社会国家的责任，一味推诿于政治，似乎他自己是不在那个社会里的。我们知道一个健康的身体，须得有健全的细胞，一个健全的国家须得有健全的人民，出版界的责任，是在供给社会以健全的精神！

（载《大公报（天津版）》1936 年 4 月 30 日）

为出版业进一言

秉

评论最近一二年之出版界者，往往谓宜仿国货年、儿童年之例，名此一二年为古书年。诚以经史子集纷蒙翻印，易木版而为新装，减繁重而成缩本，一时汇为风气，俨然出版界之主潮，谓之古书年。洵足道其实际，迄于今岁，此风未杀，柜头之所陈列，广告之所宣扬，可以觇知印刷机之运转，大部仍复致力于是，古书年殆将赓续三年、四年，以至九年、十年乎？

翻印古书成为出版界之习尚，亦自有其因由，非适然而至者也。国人普遍贫穷，购书殊少余力，出版家以重价易新稿，出版而后，或不免为留滞栈房之呆货，不若翻印古书，既不需稿费或版税之成本，又自有相当之销数。盖古书在今日，知之而欲得之者，尚不乏其人，且有各地之图书馆为之尾闾焉。复次，政治当局于图书杂志，前曾有设会审查之举，厥后废除，而禁书之讯，仍时有所闻。且也，文字触及一教，一教即起而抗议，诋及某国，某国即提出交涉，出版家刊一新书，固已谨慎再四，尽其审读删芟之能事，而是否能安然流播于社会，被认为纯正无疵之商品，尚在不可知之数，不若翻印古书，缘时代之悬隔，于内于外皆无所违触，其绝对安全，不待龟蓍而可保证也。复次，年来各业咸感资金周转不易，出版界自未能独居例外，翻印成套之古书，以预约为号召，即无异称货于读者，以低价相标榜，即可期脱售之迅速，苟易以他书，集事无如是之易，估价亦无如是之廉。观于以上数端，可知出版家就其自身利害打算，翻印古书实如水之就下，其势最便。而出版家所以作是诸打算，又社会环境有以限制之也。

虽然，出版事业固负有推进文化之责者，非纯粹之工商业所可比拟。彼出版家于其宣言或广告之中，亦罔不郑重以推进文化为言，苟其言出于诚，即当作如下之省察：印刷用之机械与纸张，大多数采自外国，就资财之流出以言，稽诸海关统计，数量不可谓不巨。然综合是类物质供给以言，按诸我国之幅员与人口，印刷能力不可谓不薄。在如是情况之下，宜若何利用此甚薄之印刷能力，以收推进文化最大之功效乎？假定全国之印刷能力为十分，苟耗其五分于不甚急要之途，即于推进文化减却五分之成果，如是，在出版家即为未遂初衷；而就全盘观之，其影响尤非细小。其次宜加省察者，即古书之是否亟待翻印是也。夫生于今之世，而谓对于过去文化可以绝对绝缘，苟非愚妄，任何人不敢主此谬论。然今日所翻印之古书，或则一再重印，版本已多，求诸旧书肆，访诸藏书家，均可立致；或则徒矜罕见，无裨实用，化秘本为恒品，破藏家之炫耀，如是而已。图书馆购之，耗其经常费用，而阅者寥寥，有余财者购之，惟以点缀书斋，而终岁尘封。若此，翻印古书，诚不可以已乎！方今中小学生，有选书惟艰之叹，大学生之课业用书、参考用书，往往求之外籍。一般人处此空前变动之时代，群欲取得新知，以为立身应事之资，古书固非无用，而尤为普遍需要者，实为特行编撰之新书。乃出版家倾其大部之力量，从事翻印古书，甚至招致古书年之品评，一若示人以无须向前瞻瞩，但能返顾古昔，即足以安身立命者，其于推进文化，岂不显相违背耶！

出版界不乏才智之士，我人冀其认定出版事业之专责，不徒以推进文化为口头禅，而务求实践推进文化之诺言。虽曰社会环境之限制不得不顾，出版事业之为一种，企业亦不容忽视。然苟一念及我国薄弱可怜之印刷能力，必当于可能范围之内珍重而善用之，则古书年之不能再令延续，实必至之结论也。

（载《申报·时评》1936年3月26日）

关于《世界文库》底翻印旧书

甘　奴

鲁迅先生十年前在一篇题目叫做《无声的中国》的演词里头说过这样的话：

"发表自己的思想、感情给大家知道的是要用文章的，然而拿文章来达意，现在一般的中国人还做不到。这也怪不得我们，因为那文字先就是我们祖先留给我们可怕的遗产。人们费了多年的工夫，还是难于运用。

"文明人和野蛮人的分别，其一就是文明人有文字，能够把他们的思想、感情，借此传给大众，传给将来。中国虽然有文字，现在却已经和大家不相干，用的是难懂的古文字，讲的陈旧的古意思，所有的声音，都是过去的，等于零的。……"

要恢复多年无声的中国是不容易的，正如命令一个死掉的人道："你活过来！"

为了要恢复这多年"无声的中国"，叫死人活过来的"奇绩"已经开演了一二十年。首先是白话文运动，后来又有什么注音字母，国语罗马字运动，文艺大众化和大众语运动，手头字、通俗文和新文字运动，等等。

前面说的那些运动，有的只得到部分的胜利，像白话文；有的简直惨败，像注音字母、国语罗马字；有的却正在苦难之中，像大众语、新文字。那原因如果不是由于运动本身底错误（像注音字母、国语罗马字），从我底话里头该可以得到相当的说明。

现在的中国正是一个新旧交替的时期，在文化领域也并没有两样。所以一方面有要使无声的中国变成有声的我们，有我们底从白话文到新文字的语文运动。另一方面也有读经尊孔，有在五四时代就反对白话文的汪懋祖先生；有以保存方块字，保存由方块字产生的种种特殊的文体（整个的文言文，尤其是骈文、律诗、词、赋、箴、铭、对联、诗钟等等）为唯一的伟业的存文会；有专印老牌汉奸曾国藩之流的著作，一折几扣地推销到全国去的书业商……一句话，就是整个文化复古运动或整个复古运动。这文化复古运动，用鲁迅先生底话说，就是要使"无声的中国"永久无声。我说过"这一系列的倒行列车，他们底企图，无异是使中华民族自绝于高度文化。必然为广大的觉悟的大众所唾弃，可是也必然会为被中国传统文化所麻痹、蒙混了几千年的无智的大众所接受。它所能发生的影响，那影响里头所潜伏的危机，是每个进步的中国人所不能忽视的"（《一九三五年的中国语文运动》）。

这时候无论什么人用正人心、息邪说的名义也好，用保存国粹、整理国故的名义也好，用整理文学遗产的名义也好，什么名义不用也好，只要他是把中国的陈古董搬运到大众面前，来扩大、加强那些"难懂的古文字"，"陈旧的古意思"底影响，无论他自己是有意的还是无意的，他和他底"同道"们认为是好的还是坏的，他自己或"同道"过去有过怎样光荣的历史，现在正干着怎样伟大的业绩，一切不谈。在搬运古董这一点上，在客观的意义上，都是扰乱新的语文运动底阵容，直接间接为文化复古运动乃至整个复古运动助盛，为存文会、一折几扣的书业商服务的。并且越是他有过光荣的历史之类的东西，他所搬运出来的古董在读者大众当中所能发生的欺骗麻醉的作用越大，对于文化复古运动乃至整个复古运动的帮助也就越大，我们参加新的语文运动的人越是不能不给予一种严厉的批判。这就是我在《一九三五年的中国语文运动》那篇文章里头为什么要强调存文会乃至整个文化复古运动底企图并且"箭在弦上，不得不发"地伤到了我们底"同道"郑振铎先生和他主编的《世界文库》的理由。

可是我底文章却引起了几个人底反感。首先路见不平的是一位立波先生，他在二月间的《大晚报·火炬》上说我不该对"在政治上是很纯正的文学者”郑振铎先生加以“谩骂意气”，对于文学遗产的态度又太轻率。末了，为了表示他底公正，还说《世界文库》虽然也怎么，可是“没有严正的批评态度”和“没有说服人的能力的”我，则不配开口云云。同时，《大晚报》的《星期文谈》和别的小报也有同样的意见发表，并且《文学》三月号有一位“源”底《再谈翻印古书》，似乎在竭力说明《世界文库》底翻印古书和别人怎样不同，曾为那些名著耗费了多少“时与力”，“名著何不幸而以中国文学写出之”呢？——为那些古书呼冤，说我底意见“幼稚”、“扭曲”，是“绝对排斥古书者”等等。——对《世界文库》耗费了“时与力”之类的事都知道得这么清楚，我们可以知道这位“源”先生即使不是郑振铎先生自己，也一定是一位和郑先生很接近的“同道”。

也许真像立波先生所说，我没有那样高贵的“精神”和“能力”，所以郑先生和他底《世界文库》虽然不是“没有值得訾议的地方”，倒是“有值得商量的地方”（立波先生底话），我底文章，也终于引起看起来像是浩浩荡荡，其实不过一两个人在那里虚张声势的反感。可是有“能力”和“精神”的“前进的文学者”立波先生之流，明知道郑先生和他底《世界文库》值得“訾议”或“商量”的地方，而到现在为止，却不肯稍稍地“訾议”或“商量”一下，那末，我们不能不“慰情聊胜无”地暂时以我那篇文章为满足。“如果因为皓月，忽视了微灿的晨星的存在，那只能说是自己观察的轻率”，这不正是立波先生自己底话么？何况立波先生们底“皓月”又始终不肯出来！

立波先生指出我那篇文章底最大的缺点，似乎就是“谩骂意气”。轻轻用“谩骂意气”四个字来抹煞全文底意旨，我用不着问：是不是有“私见的存心”（立波先生底话）。我感觉得“遗憾”的是我底文章为什么是“谩骂意气”，立波先生并未交代清楚。我说郑先生底《世界文库》为什么人服务，那不过恰如其分地说了一句真情实话而已……虽然我们不能说《世界文库》底计划是受了什么人底唆使，可是《世界文库》把一半的篇幅献给了中国的旧古董……却是事实。关于这以后还有机会提到，这里不过举出一个最显明的例子罢了。

立波先生说郑先生是“在政治上是个很纯正的文学者”，我一点儿也不想反对。不过如果“纯正”底意义是没有任何色彩、任何其它作用而又不偏不倚、不左不右的话，我就很为立波先生担心。杜衡先生之流会来向“前进的文学者”立波先生握手道谢，不错，时间是已经很迟了，可是立波先生总算给他们证明了“第三种人”底存在，最好的范例就是郑先生。鲁迅先生在《无声的中国》里曾描出过一张“纯正的文学者”底尊容，让我们在这里借重借重吧：

“……待到满洲人以异族侵入中国，讲历史的，尤其是讲宋末的事情的人被杀害了，讲时事的自然也被杀害了。……所谓读书人便只好躲起来读经，校刊古书，做些……和当时毫无关系的文章。”

现在让我们来谈谈立波先生所说的“文学遗产”，也就是“源”先生所“再论”的翻印古书的问题。

“文学遗产”这名词底老家是苏联，所以立波先生特为提出：“苏联对于旧文学狂渴的追求的情况，图解了将来中国的文学活动的一面。”这话自然不错，可惜他忘记了苏联的情况，虽然“图解了将来中国的文学活动的一面”，却并不足以图解中国现在的文学活动，因此，不能证明《世界文库》在现在的中国翻印旧书是应该的。我们知道苏联文学界提出“接受遗产”这问题，只是最近几年的事。最近几年的苏联，旧文化的社会基础已经完全摧毁，新的文化已经在一种坚实的基础上面建立起来，为一种从古没有的力量所充塞、支持，它底发展又达到了苏联所独有的高度。苏联的文学正和它底政权一样，已经到了决不是任何旧势力所能侵害、动摇的时期。到了这种时期，把过去文学中有用的东西整理出来，作为遗产而接受，使它有益无损地为新时代的人们所享用，是必需的。至于中国的情形完全两样。旧文化底势力和它底社会基础还占着绝对的优势，大多数无智的大众还被传统文化紧紧地束缚着。有人说过：“中国的文学是整个的，并没有死掉，何来遗产呢？”说这话的人底意思怎样，暂且不管；借这话可以说明现中国还几乎完全是旧文学底势力，所谓新文学只在通都大邑的一部分知识分子中才有他底影响。何况存文会等等正在竭力地要保存那“难懂的古文字，陈旧的古意思”，要用它们来继续地麻醉、扑灭那一点点可怜的新文学底影响，使“无声的中国”变成死灭的中国呢？这时候，明明显显像鲁迅先生所说，我们只有两条路：一条是抱住中国的旧东西而死掉，另一条是抛弃中国底旧东西而生存（参看《无声的中国》）。不用说，对中国的旧古董里面的较好的东西加以整理或批判，我们现在也未尝不需要，可是那要对现中国文化运动有真正的了解，有为未来的文化而奋斗的决心，同时又有真正能够消化那些旧东西的能力的人才谈得到。像《世界文库》那样无批判地翻印，对证几种不同的本子或校勘几个不同的字的办法，是相差十万八千里的。

一九三五年，上海的文化人发表过一篇《我们对于文化运动的意见》，郑振铎先生也是列名者之一。那意见书一开头就提出了反对读经的主张。为什么要反对读经呢？像立波先生、“源”先生或郑先生所理解的一样，那些经书，岂不正是中国的文化或文学的遗产么？像《诗经》岂不是一部古代的民间文学么？《世界文库》上所翻印的《王右丞集》、《花间集》、《南唐二主词》、《王梵志诗》之类，不都是从《诗经》出来的么？无论从什么立场说，《诗经》底价值会低于《王右丞集》那些东西么？《诗经》、《书经》、《易经》不是有人正根据它们来研究中国古代社会么？孔子、孟子不都是当时的思想家政治家么？他们不是有不少的意见，到现在还有着价值么？像《孟子》那样雄辩的文章，作为文艺作品，岂不是也很可宝贵的么？然而一百几十个进步的文化人却一致地反对读它！前不久，有人反对劝青年读《庄子》、《文选》，又为什么要反对呢？《庄子》、《文选》岂不也像立波先生、“源”先生或郑先生所理解的一样，是中国的文化或文学的遗产么？像《庄子》，从那书里头所包含的哲理看来，岂不是一部古代的哲学宝典么？现在岂不是也有人从那书里头找出辩证法或唯物论底影子么？从那书里头所包含的寓言、故事，以及那文章底泼辣奔放看来，岂不又是一部绝好的古代文学书么？从哪一点看来，它会比《世界文库》上所翻印的《集异记》、《艾子杂说》或某人尺牍之类的东西还要没有文学价值呢？然而又有人反对读它！这些人对于“中国文学遗产”的态度，真是疯狂一样的“轻率”呀！

然而我们要说这些反对读经，反对读《庄子》、《文选》的人底意见是对的。因为经书和《庄子》、《文选》都是“难懂的古文字，陈旧的古意思”。因为它们统治了中国几千年，使中国变成“无声的中国”了。因为要使无声的中国变成有声，切需的是用现代的容易懂的新的文字和新的意思写的书籍，决不是经书或《庄子》、《文选》之类的东西。中国的新文化运动，从白话文到新文字的语文运动就是沿着这一直线而展开的。自然，反对读经或反对读《庄子》、《文选》，都不是反对一个思想已经相当成熟了的人读，更不是反对一个专门家底研究，却是反对强迫或栽给一般大众或中小学生们读。疑古玄同、顾颉刚、郭沫若、周予同都读过经，李石岑、施蛰存大概读过《庄子》或《文选》，郑振铎、施蛰存以及立波先生、“源”先生们又都喜欢《金瓶梅》之类，这里头如果还有什么问题，大概也不会有人联名发宣言来表示反对。只有把那些东西翻印出来，用一折几扣的办法或编成期刊的办法，搬运到读者大众的面前，才会有人不能不讲几句话。我反对《世界文库》翻印古书，和别人反对读经，反对读《庄子》、《文选》，没有什么原则上的不同。我不是像“源”先生所说的“绝对排斥古书者”。十几年前，疑古玄同先生就说过：“古书的文字难懂，编制不当，倒还在其次；所可虑者，古书是古人做的，杜撰的事实，荒谬的议论，触目皆是。它从今以后，只适于给头脑清楚的专门学者作为史料看，绝对不适于一般的青年学生作为文化看。”（按：本文题目为《一条很长的狗尾巴》）想不到到了现在，还有立波先生说，我底意见是对于中国文学遗产的态度的“轻率”！

至于“源”先生在《文学》上所说的话，像《世界文库》和别的翻印家不同，耗费了“时与力”“岂是完全无用的”之类，如果作为对于我的回答，可说是完全落了空；我底意见和他所悬拟的论敌底意见，没有丝毫相像的地方。不错，郑先生翻印的书，我们可以相信它和别人翻印的不同：第一，在断句分段上，他该比陶乐勤、许啸天、林语堂、刘大杰之流要有把握一点；第二，他对证的本子多，翻印出来的书就有“X 本作 X”之类，可以使人节省时间或少遇到一些错漏；第三，有的据说还是孤本，不过如果真是孤本，也就无所谓和别人底同不同了；第四、第五，大概还有。不过我说的是那些古书该不该翻印的问题，这样的不同，即使举出一百条来，我也不会重视的。其次，郑先生对那些

“珍本”的搜集、标点、校勘，大概也真耗费了不少的“时与力”，可是我们要问那“时与力”费到什么东西底头上了。如果是《世界文库》上翻印的那些东西，感谢这劳绩的应该是存文会……那方面，“源”先生或郑先生自己都似乎不必来向我们表功。

也许“源”先生或郑先生会辩解说，《世界文库》也翻印得有并非“难懂的古文字”，也不一定是“陈旧的古意思”的作品，例如《金瓶梅》。《金瓶梅》底文学价值和它底毒素究竟怎样，我没有这么多的闲工夫来细心研究；退一万步说，就算《金瓶梅》是一部十全十美的书（我想“源”先生或郑先生和立波先生也没有这勇气承认吧），也仍旧不能驳倒我对于《世界文库》的论点，因为《世界文库》除了《金瓶梅》，古文字、古意思东西绝对地占着多数。我虽说买不起《世界文库》，就我借到的从第一到第五册说，像前面提到过的以及别的许多东西，就都是古文字、古意思。要我举例么？那末，我不加选择地从每册的第一种中抄出第一篇来看看吧：

第一册，第一种是裴铏著的《传奇》，共二十九篇，占篇幅三十页，每篇都有相当长。这里钞的最短的一篇，题为《五台山池》：“五台山北台下，有龙池约二亩有余。佛经云：‘禁五百毒龙之所。’每至亭午，昏雾暂开，比丘及净行居士，方可一观。比丘尼及女子近，即雷电风雨时大作。如近池，必为毒气所吸，逡巡而没。”

第二册，第一种，王维底集子，共占八十二页，第二、第三两册分载。这里抄的第一首题为《白鹦鹉赋》底第一段：“若夫名依西域，族本南海。同朱喙之清音，变绿衣于素彩。惟兹鸟之可贵，谅其美之斯在。……”

第三册，第一种还是王维底诗，不再抄。第二种是《南唐二主词》，占十六页，这里钞的第一首李璟底《应天长》上半阕：“一钩初月临妆镜，蝉鬓凤钗慵不照。重帘静，层楼回，惆怅落花风不定。”

第四册，第一种是薛用弱底《集异记》，共十六篇，占十页。这里节录第一篇《徐佐卿》：“明星天实十三载，重阳日，猎于沙苑。云间有孤鹤回翔事。上亲御孤矢，一发而中。其鹤则……欻然矫翰，西南而逝……益州城距郭十五里有明月观等。……每有自称青城道士徐佐卿者……一岁率三四而至事。……一日忽自外至……谓院中人曰：‘吾行山中，偶为飞矢所加……然此箭非人间所有，吾留之于壁上。’……及玄宗避狄幸蜀……偶至斯观……忽观挂箭，则命侍臣取而玩之，盖御箭也……”

第五册，第一种是《王梵志诗》，现抄第一首：“兄弟须和顺，叔侄莫轻欺。财物同□□，□中莫畜私。”

以上的材料，都是用“难懂的古文字”写的。虽然这样，只要有多少并非“陈旧的古意思”也未尝不可；可惜的是，从那些东西里头，似乎嗅不出一点儿不是“陈旧的古意思”的气味来。

还有，“源”先生底意思好像说，《世界文库》所选择的材料都是名著，只要是名著，虽说也是“难懂的古文字，陈旧的古意思”也就百事大吉了。好的，我们正怕说那些东西不是名著，如果说是名著，那好办极了。《王右丞诗集》、《王梵志诗》之类既是名著，李、杜、元、白底诗自然也是名著，魏晋的曹氏父子、稽、阮、陶、谢底诗大概也是名著，追溯上去，《诗经》不成问题地更是名著。《集异记》、《艾子杂说》、《汤显祖尺牍》之类也是名著，则从经书《庄子》、《文选》到《阅微草堂》、《子不语》、《聊斋志异》、《袁中郎》、《曾文正公》、《小仓山房》、《秋水轩》、《唐注写信必读》也就无一不是名著了。这样一来，决不是“名著何不幸而以中国文字写出之”，倒是文章何幸而以中国文字写出之——一写出就成为名著了。名著既都应该印出来，中国的名著又真是“若汗牛之充栋，”除了当一折几扣的书店老板大规模地把无论什么都翻印，还有别的办法么？既然这样，我倒要问：郑先生是不是在沉默地主张读经，读《庄子》、《文选》呢？是不是在沉默地宣扬旧文化呢？是不是在为存文会……乃至整个复古运动服务呢？记住，关于这一点，立波先生虽然说我不该把郑先生和存文会……“相提并论”，唯一的理由却只是因为郑先生“在政治上是很纯正的文学者”，这理由似乎并不能表现立波先生底“说服的能力”。“源”先生也没有替郑先生加以一个字的申辨。其实我并没有说郑先生存心地为存文会……服过务，也没有说郑先生底一切“作为”都是为存文会……服务，更没有说因为他现在为存文会……服了务，我们就可以抹煞他底过去或限死他底将来。如果“源”先生或立波先生以及还有别的什么先生，了解这一点，他们底反感或者会少一些吧。

以上是我对于《世界文库》翻印古书这件事的意见。绝对没有错，我不能说；在根本的信念上却不能任何的让步。“源”先生、立波先生，还有别的什么先生，如果还有指教，非常欢迎。不过我要请求：严守辩论范围，顾全辩论道德。如果逃避论点，用别的什么大帽子来压人，我只好预先在这里告饶认输。这不是我底过虑，也不是无的放矢，未来的事情我不知道，现在的立波先生和一位鼎先生已经对我祭起“团结”或“联合”的法宝了。听他们口中念念有词，好像在说我批判了郑先生，就是在“国难当前”的现在也不肯“团结”的凉血动物，甚至是破坏“联合”的汉奸或“分化”“前进作家”的“敌人”。法宝一祭起，我就非现出原形不可似的。这手段自然非常值得佩服，可是对于我们所讨论的问题究竟解决了什么呢？

不错，国难当前……应该联合一致，共同奋斗。如果“不求甚解”，也未尝不可像立波先生所说“把不同意见的细节，消融在共有的同胞的热情之中”，或者像鼎先生所说（《文学》三月号《作家们联合起来》）“在这个苦难的时代，在这个存亡危急的关头，有什么个人的嫌隙芥蒂可容存在呢？”于是，“只要还有一分得救的希望的，便都该救他”。“为丛驱雀，驱之于敌人的营幕之中”自然“是最不智的办法”了。可是在专门对我的场合，这些意见却太奇怪。怎么？我说过现在不该团结或联合，倒应该分裂么？我有什么“意见的细节”没有“消融”么？郑先生底《世界文库》翻印古书只是一种“细节”么？我和郑先生有什么“个人的嫌隙芥蒂”么？我曾主张不“救”他，把他“驱”到什么地方去么？这些闪闪烁烁的词句，葫芦里究竟卖的什么药呢？老实说，这种不大磊落的态度，就会是“团结”或“联合”底真正的敌人。

依我底理解：团结或联合是需要的，但那是要集中我们共同的力量，却不是要解消我们各自的工作。因此那团结或联合，就只能统一那可以统一、必须统一的某一点或某几点，譬如“共赴国难”之类。至于根本不能统一之点，是无法“消融”，也不是“消融”所能了事的。

郑振铎先生以名著欣赏之类的理由翻印古书，我从语文运动的立场来批判他，这是我们根本不能统一的地方；我不会因为这就拒绝他共赴国难，他大概也不会因为这而不共赴国难。那末，纵然我们在这一点上闹得势不两立，在共赴国难这件事上还是可以一致的。这就是说，我批评郑先生并不是表示我反对团结或联合，更不足以破坏团结或联合，这里似乎用不着过度的担心。

如果把问题弄得更深入一点，我们可以说，正因为要使团结或联合健全起来，使不能统一的地方也逐渐统一，或接近起来，相互间必须有无情的自我批判，使大家因为团结或联合变得坚强、勇敢，决不能彼此反而娇嫩，崔莺莺似的“开卷怕风吹，掩卷怕纸压”，无缘无故地增加了许多顾忌。不错，“只要有一分得救的希望的，便都该救他”，可是这“救”只有从开诚布公地说出自己要说的话，指出那被救的人底所有的缺点和应该努力的方向开始。需要被救的人也只有坦白地接受批判，用最大的努力克服自己必须克服的缺点，才能得救。否则，救人或被救，就都只是官样文章，里头隐藏的是遮掩、无视、回护或欺骗。于是，团结或联合，里头所有的只是些乌合之众，能发生怎样的力量是很可疑的。

至于“为丛驱雀”，我希望只是成语底滥用，否则对于郑振铎先生和所谓联合都是一种侮辱。因为这是说郑先生只能受人恭维、拥戴，一受批判，就会像小雀儿一样飞到“敌人的营幕中”去。郑先生竟这样容易飞，联合里头竟有这样容易飞到“敌人”那里去的分子，那还成什么话呢？其实，在团结或联合底内部，如果有人对于另外的人加以理论上的检讨，只能问他底理论对不对，不能管那被检讨的人飞不飞。如果对，别人飞了，那责任应该飞的人负。使“敌人的营幕”里多一个工作者固然很糟，在自己底队伍里却少了一个非我族类的害群之马，又未必不好。如果不对，纵然别人不飞，难道就因此而对了么？这种场合，“为丛驱雀”的成语，似乎并不怎么适用。自然，文坛上的一些怪现象是有的。穆木天先生从前因为某文坛大亨曾发过这样的感慨：“打虎还须亲兄弟，上阵还须父子兵”，像那样的家天下主义者，借团体或别的什么来发挥他们父子兄弟底“私见的存心”，造谣生事，诬友为敌，凭空造出“个人的嫌隙芥蒂”，又因为“嫌隙芥蒂”，不惜给人以任何打击。这样事不是没有碰见过。可是似乎不是“为丛驱雀”这个简单的成语所能概括。

总之，团结或联合是一件事，我冒犯了郑振铎先生和他底《世界文库》是另外一件事。说我底文章一定会影响到团结或联合，纵然出于至诚，也只是一种素朴的见解，何况立波先生和鼎先生底那些闪烁的词句，充分地表明他们提出这一意见不过是一种战术。过去的事且不多谈，从现在起，如果我们还要讨论这一问题或别的问题，大家都应该让自己底态度“严正”一点，或者说，坦白一点。

（载《作家》1936 年第 1 卷第 1 期）

一种不合理的事实：一个书店职员的解嘲

冉　人

甲　好久不见，你们的图书馆想来一定有许多新发展了！

乙　难得今天遇见你，我正有许多对于疑问要请教接近书店的朋友。你知道我们的图书馆与一般图书馆是不同的。一般的图书馆不见得有多少固定的读者，我们是一群读者为着自己急切的需求而组设起来的。所以我们对于出版界的要求格外的深切，好像有一种特别的敏感似的。我们感觉到我国出版界与读书界的“图书恐慌”正在一天一天的深刻。我首先问你，你们书店究竟打着什么主意，为什么大家拼命的翻古董，竟不管多数求知青年的需要？

甲　你提出的问题太严重了，我是一个小书店的中级职员，不配代表出版界来答复你这个大问题。但是这问题与我的职业有密切的关系，我很愿意和你讨论一番。我愿意把我所知出版界的消息报告给你，也算是“抛砖引玉”，好多多领教你的高见。现在先要请你解释，方才你说的我国出版界与读书界的“图书恐慌”是什么意思？

乙 “图书恐慌”这名词原是我杜撰的，脱胎于“粮食恐慌”这个名词。适合求知青年需要的良好读物，我们不是称为“智识的食粮”的吗？现在各书店你争我夺的在那儿翻印旧书，我认为这种耗费印刷物力的趋势不把他急速挽救过来，所谓“智识的食粮”大有发生恐慌之可能。近年来很少见关于社会科学、自然科学以及文学艺术的重要著作和译本出版，已是一个很显明的预兆啊！

甲 你对于出版界的不满，我亦有同感。我也认为这个翻印古书的风气不把他改变过来，是我国出版界自就毁灭。但是我并不是因为做了书店伙计就要为书店老板辩护，据我所知，这个翻印古书的风气的造成，也是逼上梁山，是有他的客观的原因的。

乙 书店老板要翻印古书有客观的原因，这是很巧妙的辩护吧！我认为书店老板不应该惟利是图，应该以文化为前提。多出些适合求知青年需要的读物，可以推进文化。推进文化之后就可以推广他的出版物的销路。我要劝书店老板们把眼光放得远一点，不要一眼看准了有闲钱来买他们的什么集成什么备要等大部书者的荷包，替他们挥霍印刷物力，把那些知识欲极强的穷青年们放在一边，睬也不睬。要知道客观的情形是有闲钱买大部书的，买了书并不看的，只是放在旁边做装饰。智识欲极强的穷青年买了几本需要的书简直是当饭吃一般的认真阅读的。漠视了这种很可注意的客观情形，来宣传翻印古书的客观原因，小别经年，想不到老兄已经被养成为一个书店标准店员了，恭喜，恭喜！哈哈，朋友太熟了，见面就抬杠，抱歉，抱歉，请不要见气！

甲 你是有感而言，我早已声明与你同感，只是你的脾气喜欢抢白，老朋友彼此相知，有什么见气，不过没有问清楚有什么原因，就把另外一种客观的事实来发挥，这却是我们讨论问题不应该有的态度。

乙 这是我的不是，对不起，敢问书店老板要翻印古书有什么客观的原因？

甲 什么客观的原因，说来非常简单。只是我方才听你的一番议论，觉得有一个观念不大正确应该放弃，否则你听了我的话又要以我为强辩，再来一回抢白，反而捉不到这个问题的核心。

乙 请教。

甲 岂敢！你说书店老板不应该惟利是图，应该以文化为前提。我觉得你这个观念不大正确。

乙 恕我抢白。你的意思是不是书店老板应该惟利是图，不必以文化为前提？这倒是为书店老板绝好的辩护！

甲 我并不为书店老板辩护，也不须为他们辩护。我的意思是这样：如果希望书店老板不惟利是图，专以文化为前提，那是一种不正确的观念。我并不是说书店老板只要惟利是图，不必顾到文化。但，倘使一味只顾文化，把利不利完全漠视，那也决不是书店，这正和老兄不能饿了肚子去替社会服务一样的道理。

乙 我还不大明白，还要请你说明一下。我总觉得你是在替书店老板辩护。

甲 不错，我在你过分的责备书店老板的一点上，是有些替书店老板辩护的意思的。但是，与其说我在替书店老板辩护，不如说在劝你不要过分的抬高书店老板的身份。书店老板是商人，对着商人教他放弃商业行为，以文化为唯一的目的，这是什么话！

乙 那末，所谓书店老板翻印古书的客观原因究竟是什么呢？

甲 要知道翻印古书的客观的原因，就不可不先知道少印新书的客观的原因。第一，新书的来源，是要靠著作家的供给。现在的中国，只有寥寥可数的几个著作家，靠他们写出来的字数，究属有限。而且，因为书籍的销路不广，定价低廉，书店里出不起高的稿费，略许有点本领的人，情愿去从事政治活动，那个肯去埋头笔砚里面，等着稿费来买米下锅？著作家也便因之愈少。至于旧书，因为几千年来的著作家，替他们写得很多，又用不着出稿费，可以予取予携，倘使你做了书店老板，请想，还是印新书便利，还是印老书便利？

乙 第二呢？

甲 第二么？政府的《出版法》，对新书的出版，束缚得很严，动不动就有禁止发行或处罚的危险。而且，凡是曾经禁止发行或处罚的书，实际上往往是销路比较好，稿费比较大一点的书。书店吃过几次亏，对于新书自然不敢放胆印行，倒不如印行旧书可以自由自在，受不着《出版法》的束缚。

乙　还有第三么？

甲　第三是，中国的著作权法，虽然已经施行了好多年，但实际的效力，好像还是薄弱得很。一部新书出版，倘使销路比较的好，翻印书商就立刻会替你翻印，用极低廉的定价同原版书竞争，买的人只晓得便宜，那里管到什么翻版不翻版。至于销数不好的新书，在书店也许只能赔钱。因此，新书的出版，也便受到极大的打击。

乙　这不能算是一种原因，还只怪书店的贪图厚利。倘使他们的定价，也和翻版书一样的便宜，那个还再要翻印？

甲　老兄究竟还是书生，没有懂得商场的情形。出版商怎能和翻版商去竞争呢？一则翻版商不要出什么稿费、校对费；二则这些人都是小组织，用不到像出版商那样大的开销；所以一个定价一元，刚刚够本，一个定价五角反可赚钱。至于翻印旧书，只要定价低，销路大，一点不用稿费等等的开销，当然可以比新书有利了。

乙　还有第四种原因没有呢？

甲　第四种原因，可以说是最重大的原因。老兄懂得经济学上需要和供给的法则么？倘使社会上没有某种的需要，当然决不会有某种的供给，供给本来是从需要产生的。中国目前的思想界，比起五四运动时候来，好像已经隔世。活动一点的分子，往往遭遇危险。一方面政治当局，提倡读经尊圣；一方面文人学士，又在提倡什么晚明的闲适文学。怕事一点的读书人，乐得钻在故书堆里去寄托心情，远灾避祸，这是需要之一。还有，经济的恐慌，使得要读书的人，买不起书；为了暂充智识的饥饿，廉价的旧书，因此便乘隙而入。这是需要之二。这些都是极严重的问题，决不能完全归罪到书店老板的惟利是图的。

乙　听了你这一番话，我虽不得不承认你有理由，但总觉得让这种不合理的事实存在并且发展下去是不能安心的。难道你们真是没有方法纠正么？

甲　纠正的责任，要全靠在书店老板身上，恐怕是不可能的。思想的鼓动，市面的振兴，那里是一部分的人所能为力？我们就自己力量所及，只有尽可能范围以内，多出新书的时候，竭力来加以严密的选择，仔细的整理，使得可以供现在学术界的取材，不要开时代的倒车，替复古运动的人来推波助澜，那就算尽应尽的责任了。

（载《申报·读书俱乐部》第十号 1936 年 5 月 16 日）

谈　年　画

李　轩

旧习俗中的年画，我现在可要谈的年画，是那特殊环境下，冀省的年画。过去冀省的年画，大概可分作三类。

第一是粉连纸石印，或木板印的，颜色是大红大绿，配色非常浓重，大半印刷得很糟，最初印到纸上黑线轮廓，再复印各种色调，时常不跟那轮廓符合，所以一个人物或其他东西到这张画出版时，即变成一片东扭西歪的模糊影子。这种是手工业，还有一种印刷比上面说的那种较精一点的，是用新闻纸，机器印刷的，大小这两种均一样（一尺半宽，一尺高，长方形），内容也都是取一出武侠、滑稽、忠孝、节烈，或淫秽的旧戏，或几个胖胖的孩子以及天官赐福、宝马驼金，一些受农民热烈欢迎的吉利画。

第二，这是有前面两倍大的横幅，当初不太盛兴，取材也尽是旧小说之一片段一个民间传说，或农事丰收等故事。“九一八”后，又有另一种画出现，例如义勇军跃起抗敌，占沈阳城、轰炸锦州等。至廿二年末，更有傀儡登台的丑剧、马占山雪夜进军，及南方的十九路军英勇沪战、民众便衣大刀队的雄姿、后防的伤兵医院与救护，在北方有二十九军的血守喜峰口、孙殿英的孤军深入与天下第一关的失守等年画出现。……比较意义深刻的有敌军侵略领域中的民众被残害，被蹂躏，却也有遭捉的汉奸吃刀砍一些场面，这些画的作者所取的材料，大都是出于各大埠的报纸书刊上之战时摄影及新闻记事的复写或演义。意识上有部分是含有爱国思想的，另一部分可说是忠实的报道；在表显手法上，都承继着以往的旧形式，因之仅能把事情不甚生动的揭露给农民，却不能感动他们的情感。

第三，是精致而逼真的小四幅书，大半是景致，旧小说之断腰斩背的连环图，或较长的传说故事，以及琴棋书画、松竹梅之类的风雅小摆设的描绘。此外，有种竖或横的大长方画，画工、色调、纸料极精美，上面印的东西，是神像、美人、名马、中国电影明星、伶工戏装及披发裸足少女，因此，这画也带来新的影响。一般乡镇的富裕者家中之少年男女，均极力模仿画中人的衣饰装束，所以土少爷及土小姐现时的衣着，有些不伦不类的半都市化。——这种贵重画的顾主，均为地主、商人、机关职员与小官吏的家属。

第一类是大众受着多少年代之恶思想麻醉，虽现时困苦不堪，也只好把幻想寄托在吉利的画上，或因袭着那传下来的麻醉势力，去“欣赏”那仅有的合毒素的画面，因为在购买力上，这种画也算最合适的。

第三类，那是为娱乐整年精力无处消用的人们的，老一辈的知道自己作恶不少，便买张神像供着，修修来世，或睹画生情的谈论些今不如古的事，顺便玩点清爽的幽雅。少壮者们却爱异地的新奇、大胆的色情，跟想多知道些其他地方有产者的享受。

我们这里要注意的却是第二类，它以商人惟利是图的出发点来干这份投机营业，虽内容上含有替自身说话的成分不少，而却能部分的反映现实，尽着新闻纸力量达不到的穷乡僻壤中的功效，它确拥有广大的群众，虽然有时候是有毒的。然而在没有另一种较好的大众艺术，负起这份职务来的现在，这种年画，自有其意义的。

新时代的艺术家们，请不要忽视这一部门的艺术。

（载《申报·文艺周刊》第十七期 1936 年 3 月 6 日）

出版界与贺年片

田之祺

贺年片是庆祝新年的一种礼物，它的式样文采很多，也和人类一样，有表现儿童时代的，有表现少年时代的，有表现大人时代的。要之它以多样美雅清新的姿态，来传达人类间的友情。

因此每到新年，出版界便有大量贺年片的产生，供给人们的需要。因为人类的心是好新奇的，所以贺年片的花样，一年新似一年，真是千变百化，不可胜数。

目下市场上所发售的贺年片，花样虽多，但是仔细看起来，真正好看的也不甚多。还有一种是从外国贩买过来的贺年片，数量竟居大多数，片子上全是英文字的，自然一个汉字都没有。虽然那种是预备给西洋人用的，但是所占的数量总是太多，同时许多同胞也以用此种式样为荣，所以西文的贺年片盛行于我国，今日已成为普通的现象。实际平心说来，这也是一种自家文化的自侮政策，也就是次殖民地的人民的浓厚色彩。所以我们觉得贺年片虽是小事，但是我们也应该希望它能改造过来，制造出各种新的有意味的样式，能充分的表现情俗风土的意识和国家民族的观念，或是关于个人和团体生活的进修及新事物的认识等等。所以，我以为今后的出版界对于制作贺年片，在文字和图景方面，应该多多注意下列各项：

（一）古今名人的格言——中国历代先哲名贤的格言，对于处世立身之道，待人接物之方，指示极详，很多有语如金石者，可奉为一生修养自进的标准，尤宜选取其精长，印在贺年片上，作为朋友间的互相规导引进，自然有很大的得益。

（二）古今著名人物的画像和摄影——关于这方面的材料很多，如古今著名的贤哲、政治家、文学家、科学家、革命家，以及其他在历史上有德行、有气节、有功绩，为国民所信仰的人物，都可以作为贺年片上制印之用。我们相信，它能给予人们有许多启示和感奋的。

（三）历史上的古迹和文物——我国有数千年悠久的历史，每一个朝代所留存的著名古迹，如长城、天坛、明孝陵、颐和园、滕王阁，或是重要的文物等等，都是绝好的材料。

（四）各省市著名的风景及其特异的产物——这种材料更是多了，中国固不乏名山大川，三峡的星河，蜀道的天险，落日的黄河，片练似的长江，五岳的巍峨，黄山、匡庐、天台、雁荡、峨眉、天目诸山的胜景以及各处之著名产物，如森林、矿物、稻黍、果树、牛羊等等的制影，都是非常有趣味的，而且可于怡情悦神中得到一点常识。

（五）古今有名的书画的制影——我国关于书画的材料，真多到不可胜数，可择其名著如山水、人物、花卉、虫鸟等作及古今人的法书，摄影制印。此外，又如现代的优良的木刻、油画等，亦可选用，要之以能有美感扑人或能动人的姿态，都可印用的。

（六）现代国内伟大的新建筑物的摄影——近年来我国的各项建筑，都很有进步，而伟大的建筑物如钱塘大铁桥、上海之体育场等等，均可摄印片上，使国民都能目睹其缩影。一方面对于国家建筑上有许多钦仰，一方面也可借此以为神往，这自然是非常需要的。

以上随便举出数种，都足为制印贺年片的材料，利用贺年片来宣扬自己国家的文化，在新年快乐的时候，灌输一点优良的智识与观感，这是谁都欢迎的。所以，中国目下的出版尤是要负起这种平常为一般所不注意的使命，这是我关于贺年片所感觉到一点小小的意见。

（载《申报·出版界》第八十九期 1936 年 12 月 31 日）

谈谈买旧书

金 易

只要是喜欢读书的人，一定以走旧书摊为一样乐事。这趣味不在于能消磨若干时间，或是像传说中所说某名士目读十行，可将书店作为自己的图书室。这乐趣只在于能够有新的发见。正像探险家的旅行，在无意中发见一件东西，会比平常的发见更有趣味。在旧书摊上，有在书店中不易遇到的手抄本；有被人毫不经意卖掉的僻书。假使你在旧书摊上发见与自己兴趣颇为相投的书，切不要露出爱不忍释的神气。因为若是这样，书贾会给一个大大的圈套把你套上。虽说兴趣比金钱要宝贵的多，但这只有阔人可以如此说，穷读书人是不能够如此大方的。其实不但是旧书摊上要讨一倍半的谎价钱，他如摆设小摊的，也都是如此。北平人送给他们一个别名，叫作“老虎摊”，就是说他们总在张着口准备吃人的意思。所以一种旧书，你在出了差不多的价钱以后，不妨就走。这也就是暗示给他，我不是非买不可。这样至少可以减低了书贾抬价钱的狡猾。不过，“会买的不如会卖的”，书呆子不比市侩，到底也还有“当”上的时候，这就要看一个人的经验如何了。

（载《北洋画报》1936年第28卷第1365期）

从厂甸买书说到北平的旧书业

蔽　芾

为什么偏偏要从厂甸说起呢，无他，在偌大的北平市里能够把差不多所有的旧书业者都聚合在一起，却只有这短短的十五天的集会而已。

其实，关于闲谈厂甸的文章似乎也大可不必写了。其故约有二端：从废历新正上元节的厂甸停止到现在，屈指算来已是两月有奇，过去的事情早都变做了“明日黄花”，还有什么意思可提！此其一也。再者，现在拿厂甸来做题目，实在不老容易讨好，原因很简单，就是差不多应当说的话都早已经被知堂老人在《厂甸》和《厂甸之二》两篇文章里面先讲去了，并且都讲得那么好。同时自己年纪究竟很轻，博闻卓见的经验自然不行，就是对于书籍的选择和鉴察的普通知识也还是差得很远，其陋也可知矣。举例来讲：在厂甸开始的那天——废历大年初一，无意中在一家冷摊上看见了一本题名叫做《拟禽言》的抄本（也许是稿本），下意识的拿起翻了几页，连其中的诗体是律是绝，是五是七都不曾注意就随手放下——其实我也是颇喜搜集记载风土人情的书籍的。方一转身，便看见知堂老人以大洋三角易之而去，想来大约总是“看了中意，便即盖上图章，算是自己的东西了”罢。这，我并不懊丧，心中反而极觉忻愉，深深的庆幸那薄薄几页的小书的得以贮入苦茶庵中的书橱里。

老人在去年九月写过一篇《关于禽言》的文章，内云“这也是我所留意考察的一件事”。今此书之归老人，岂非“物得其所”。真的，千里马常有而伯乐不常有也。闲话讲得太多了，经济的窘迫也是我买书的致命阻拦，这个似乎不必细谈。总之，知堂老人的“大约十元以内的书总还想设法收买，十元以上便是贵，十五元以上则是很贵了”的最低标准，我都是不敢轻易尝试的。好像刘大杰先生在《春波楼随笔》说过生平计有五恨，其一便是古书价昂，我亦常有此感。往往遇到一部好书，翻阅再四，不忍释手，及至一问价钱，也便只好悻悻去之，但，心中真是痛楚万分的。有时和书肆主人熟识，便请他为我留存，约以时日。于是“背城一战”便开始了，各处告贷求帮，当然不在话下，同时鞋子绽了，由他；袜子穿了，不买；再把八元钱一个月的包饭停止，去到切面铺食用七分钱一餐就可以饱的烩饼。及至抱了那一函线装由书肆踱出了时，衷心实在是怦怦地跳动着的。为了这个，所以此文可以不写，但是终于不得不写的原因也在此处了也。

几年来厂甸的旧书摊还不算少，他们占据的地带是在海王村公园西边的南兴华街的东西两旁便道上，南起琉璃厂中间，北迄国立师范大学，也许还要过去些。合计起来，总会有里许之长的。如果挨次仔细浏览，不遗一摊，那么至少须要破费两天的光阴，若是“走马看花”，当然不在此例了。这些书摊多是宣武门内外的小市，东四牌楼、西单商场、东安市场、隆福寺街等处的小书肆、小书摊的“化零为整”的集合。此外还有那些终日走南闯北，跑山东、下河南，搜求书籍的贾人也把他们平日里积存的残余书籍拿来凑趣（在这里是常常会被我们发现珍贵的册籍的）——平时他们并不做门市的交易。现在稍大的书肆，如琉璃厂的来薰阁，隆福寺街的修绠堂之类，多不到厂甸摆设浮摊了。这个对于我们这些穷读书人是没有多大影响的，他们都印有书目，但我们只能花费五分邮票函索一本当做菜单一类的东西翻翻，“以解饿涎”，或是当做《书目答问》一类的东西读读过瘾而已。当然其中会常有好书，也许恰为我所需要，但往下一阅那令人咋舌的价目，便会使你的购买热诚立刻烟消雾散。譬如说，琉璃厂的一家书肆藏有一册抄本的《张小山小令》，书目上的价目开得是二千元整，真是吓人，也未免有些“岂有此理”。张小山的作品在元人散曲中是不是最足珍贵、最有价值还是问题，这里姑且不谈。但，此书幸好尚未售出，如果有人肯买，那才是“更岂有此理”了呢。又如某书肆最近得到一部《拍案惊奇初集》，大版，精图，大约是“姑苏原本”（?），三四十元还算值得。可是当他们拿到北京大学图书馆去的时候，别人一问价钱，开口便是“一百”，少一个子儿都不行，结果是怎样把书抱了来的又怎样地抱了回去，因为我们能够读着“中国文学珍本丛书”的《拍案惊奇》就很知足了。我也曾以八角钱买过一部《雷峰塔传奇定本》，在大书肆里便非二元五角不可。北大的同学商鸿逵君曾在《人间世》上写过一篇《北平旧书肆》，以为“旧书今后若想发展，还须另觅途径，盖‘私人收藏家的越来越少’和‘一般新出版家的影印旧书’都给予旧书业的打击不少”。此外，大旧书肆的价目不很公道，当然也是其营业不景气的原因之一。可是小书肆却占了这个便宜，同时，他们的购买者的范围又并不像大旧书肆的只限于私人专门收藏家的那样狭窄，他们拥有的购买者是许多的大中学生和普通士人。近来私人收藏家和大学教授们也多走到这条路上来了。在厂甸集会的上午，东四大街的傍晚，西单商场的黄昏，宣外小市的清晨，你常会遇到“道貌岸然”的斯文老人，或是臂上夹着皮包的教授先生伫立在书摊旁翻检那一堆一堆的陈旧古董。

自己颇有购买旧书的偏嗜，“爱屋及乌”于是也很喜爱古旧的书肆。当你踱进一家湫暗低陋的书肆门限时，穿着土布制成的长袍宽袖旧式服装，手里拿着白铜的水烟袋的老主人陪着笑容，打着呵欠迎你出来。也许那笑容是造作的，也许你会讨厌那打呵欠面孔的神色，但在那种静穆的空气笼罩之下，四围尽是些“满目琳琅”的函册，伸手从架上抽出一部经书翻翻，放下再找一套说部读读，看完篇论文的，又寻段话诗的。真是但觉宇宙之大，也不过包综于这几万卷线装里面而已，便不会不使你忘了一切身边的琐事，而感觉到一种莫可言传的趣味。这里竟想不出一个适当的名词来说明这种趣味，姑且叫他做“诗意”罢。至如新式书店则觉市侩气味太大，那是“不足为训”的。最好是一面翻检书籍，一面和书肆主人倾谈，不必忌讳——当然更不必摆架子了。更无须限制题目，天南海北，苍蝇宇宙，东拉西扯，无所不谈。那么，有意无意，间接直接，你一定会听到不少新闻，获得很多益处，至于多见好书，增长见识，是更不必说的了。对于书籍的内容虽然他们不一定完全明了，可是关于版本的真伪新陈、校勘的精致粗劣却知之最详，这是我们读书人所不及的。记得有一天晚间和一个旧书肆的掌柜的谈了起来，谈到北大的教授钱宾泗（穆）先生，他说钱先生怎样从小学教员一直变做驰名全国的专门学者，又忽然拿起笔来写了一张钱先生的住址，很诚恳的劝我去访问，他愿意做介绍人。那天当我和这位掌柜的告辞的时候已是十一点钟多了，市场里的摊贩都早上板，出口只剩北门一处还半开着一扇，我心中满怀忻悦“踏月归去”。又有一次在厂甸，那书摊的经理人告诉我周岂明先生是如何喜爱明清的小品文籍，又怎样在《论语》上用了向来不曾用过的笔名写《缢女图赞》；郑西谛收集杂剧传奇，郭绍虞性嗜诗话，马衡、容庚、唐兰诸先生则是研究金石文字的专家；还有谁有什么著作，谁嗜酒，谁怕太太，谁走起路来是一晃一晃的……。当时真能使我“侧耳倾听”甚至“为之愕然”的，这大概就是商鸿逵先生所说的“横通工夫”了。

胡适之先生曾对北大同学这样讲过：“这儿距离隆福寺街很近，你们应当常常去跑跑，那里书店的老掌柜的并不见得比大学生懂得的少呢！”此言虽似幽默，却大有道理。

（载《宇宙风》1936年第20期）

卖旧书的人

陈忱石

每天走出行门，总得看见那家伙，一个年轻的、阴郁的青年。一个旧书摊的老板呀，五点钟，二箱子收来的破书，一根破坏的竹扁担儿，挑到了我们的门口。因为我们是在四时休息了，所以他在五时就来，风雨无阻的。来了，也是那么老调，把一些破坏的书，一本本的陈列起来，排成整齐的一行，这样就开始等候他的主顾了。

我跟他的相识，真是件偶然的事。有一天，我走出门，他刚在排列书堆，见了我从里边出来的人，似乎有些恐惶之态。我过去看了看，见是书堆，那倒是我胃口啦，我要看很多的书，但是哪里有这许多的钱来买呢？书贾们拼命把价值提高，贫穷的学习者，那里有这力量去购买？旧书摊是也有不少很好的书，公子少爷把它看了一次就弃之，于是成了旧货商的俘虏，载流到旧书堆上来。我顺手拿了几本在手里看，他才改变了颜色，跑过来殷勤地说："先生，可是这公司里的先生？帮个忙儿，让我这里设个摊，卖几本书。"我听了倒有些不安起来了。顺势点了点头，最后又买了本俄国虚无主义的典型作《沙宁》。这就是我一次的相识，他是第一天在这里设摊。

以后，我袋有了钱，就跑到他书摊上去检几本我心爱的书。大家就熟悉了，就闲谈起来。他时时叹气，一个年轻的青年，心底里不知埋藏了几许悲哀，在生的圈子里他时时表示他的疲乏。有一天，我照例在他摊上翻的玩，检了两本茅盾的《子夜》与《蚀》。他说："送了给你吧。承你先生帮忙，我很感激呢。""那里，我帮了什么忙呢？"最后我一定给了他一块钱。又是一天，不知怎的闲谈起他的家事来，那家庭里一件大悲剧，他无私的告诉了我。他告诉我说，在三年前，他也不是个有钱人家的富户，在这里虬江路那边给他老人家经营一爿米行，生意挺发达的。家里人口虽多，但是靠了这爿小小米行的经营，是已是够主持的了。但是不幸，"一·二八"战事开始，他们一爿依生的米行，在战争里被打光了。一家庭里的人也弄得七零八落，父亲被狗养的鬼子打死了，孩子在惊惶声中也去世了，只剩他夫妻两个人逃了出去。但是战事停了回到老家的时候，家只是一片的瓦砾。父亲、儿子的尸体，多也找不到。他们太悲伤，他们不是悲痛没有了家，他们是太孤独了。父亲、孩子，多给鬼子害了。妈的，鬼子是我们最大的敌人哪！

他从前在一个中学校里边念过两年书的，他是个进步的人，绝不留恋什么家产，所以恳然的现在干起这个职业来。一有了空，他自己拿起书来看，有了主顾，招呼他们。家是在海宁路吧，一片小房子，也得要三块钱一月呢。呀！帝国主义者的私欲，不知牺牲了多少美好的家庭，因为要满足他们的欲望，牺牲弱小者那当然是件平凡的事。弱小者愈不加于反抗，他们越肆无所忌的发狂起来。野心的帝国主义者，他们的兽欲是无限制的，任情地放纵，在弱小民族的领土上收括滋膏，满足他们的欲望。弱小的被侵略者哪！赶快起来，认清你们的敌人，忍痛地作一次更大的牺牲吧！假使我们不加手反抗，帝国主义更会扩张他们的私欲的。

黯武主义者是疯狂的战士，他们是没有理性，他们是没有知觉，因为他们是受了野心家们充分的熏染，“王道”的思想灌溉了他们的心田，天皇的迷药麻醉了他们的头脑。他们真可怜，受了侵略者的利用、牺牲，为了国家而牺牲，其实不如说为了满足野心家而牺牲来得好一点。

卖书的，真是个进步的青年。他懂得世界、社会，他不依赖人家。据他说，他也有亲戚、朋友，但他是不愿乞怜于他们。他愿干下流的职业，自食其力，更不高兴向盗本主义者去献媚。

三天没有见卖书的了，大概是病了吧，我倒记挂着。今天，忽的早晨有人送了本书来，报纸的面上写着几个不大相熟的字：“忱石先生留存，王致勤敬呈”。打开了一看，是一本《俄国文学史》，更写着一张条子，说他是恐怕无望的人了。现在，在未死的时候，知道我这本爱而无钱购买的书送了我。哦，王致勤，致勤，一个旧书摊的主人，一个帝国主义压迫的弱小民族中的一个牺牲者，一个沉毅而勇敢的青年，死了。在一般人看来是一件渺小的事，其实倒是个老大的损失呢！

没有再见希望的了，卖旧书的人，他逝去了，世界上又少了一个前进的人。

（载《民智月报》1936年第5卷第2期）

武昌的旧书店

洲　九

住在武汉读了这一两年的书，都市的繁华，什么我也不曾领略过。一切的什么社会相——戏园、茶馆、烟窟、妓院……我都不了了。然而，我也尽有余暇，而且，一有了余暇，也是必得要去消遣的。可是我所去消遣的地方，唯一的只是逛旧书铺而已，间或也许走到专卖杂志的地方去。这就是我的闲暇的生活。

逛旧书铺，自然为的是想能够买到一点合意的便宜书，所以，一有了闲暇我便去逛逛，但往往总是空手而回的多。因为在这种地方逛的回数太多了，便对于此地的旧书事业，不知不觉的知道得了些许。于是，也就想以这为题来谈谈，这里只仅就自己所知道的写一写。

便宜与吃亏

武昌的旧书铺，密集于察院坡、横街头这一带，尤其在横街头非常之多。夸张一点说，我们无妨称之曰“林立”——因为这一带地方——除了旧书铺以外，别的却没有什么惹人注目的买卖。

横街头、察院坡这些街名，竟因了有旧书铺而著称，这里旧书售价的便宜，实闻名于省会以外的各偏远小县。每年当寒暑假的时候，由外县来省升学的学生，差不多无不到那里去观光观光的。

的确，这里旧书的卖价实在便宜，一种书的出售，尝比出版家要便宜十分之六七乃至八九，有时候在那里出售的，并有些是新书，其索值尚不及原价之半。但买主也仅多有吃亏的时候，因为一般老板的讨虚价的本领太辣了，每回讲价他们总是要故意特别多说。那么，你于成交时究竟是吃亏与否？则就全在乎你个人的善于还价了。和书铺老板讨价还价，实在是讨厌的事情，然而这毕竟是他们的牢不可破的习惯。

他们还有一种会看风色的本领，比方说，每当二月或九月，学期开始的时候，他们也能应销一点旧课本子，如果某种书问津的人一多，那就是他们高抬价格的机会到了！虽然，他们的售价仍是要比出版家便宜一点，但这时的便宜，却是微乎其微了！

货色与主顾

一般旧书铺的资本，大抵都不雄厚，只看他们的门面，十之五六都是那么破败不堪的，里面堆的多是些污烂无用的残书！局面好的实在不多，有几家坏得几乎全架所陈，连半本可买的书也没有！

说起他们的“旧”来，真是旧得可以，有一家铺子，所有的存书总共难有两千册，而那些书呢？至少都是五六十年以前的新出版物，尽是些早已过了时代的关于法律、政治、社会或算术、医学之类的老古董，陈旧而且无用！再有，也无非是些颜、柳、米、王的碑帖了。如此旧得十足的旧书铺，也竟还能年复一年的支持着，不见倒账，这究竟是奇迹！

大概资本雄厚的旧书店，或者还是在北平的琉璃厂一带，那里，我虽然不曾去过，但从北平的文人写的文章当中，可以领略得到一点。那里的旧书铺，大半是出卖古版或孤本等贵重书的多，常以学者、藏书家或大学教授们做主顾的；而武昌这里的旧书肆，本来就是“小巫之尤”，自然不配谈这个。多半都不过只能卖一点大中学课本，各种参考用书、原版书及旧杂志而已。

旧书的价钱，当然是便宜。然有时并有好多出版不久的新书，也当作旧书贱价出卖。所以这里的主顾，学者、教授们来的少，来的都无非是些图便宜的学生们。

商业家庭化

开旧书铺的似乎都不肯启用店员，一切的一切，都由老板亲自照料，如果老板有儿子或有兄弟的，便是由他的儿子或兄弟来给做副手；还有些，竟是以内老板来帮忙做副手的——这大概是叫做商业家庭化吧？

一般旧书铺的老板，尽是市侩，他们的内老板，所有都是些初等教育也不曾受过的女人，然而，有些却是生意经，能够做买卖。假若她的老板出去了，或为别的事务忙着的时候，这时，她便来负责照管一切。她一面抚抱孩子，一面扎着鞋底；但一遇有顾客临门，她便来和你折冲樽俎！并且，她对于她店里的存书及价格，都知道得非常清楚。她们本来都不大识字，可是，只要你所想买的书是她店里有的，无论是日文书、英文书或法文书，大概检出来给你，总还不致有什么大差误，这真可谓是训练有素也。

我所知道的横街头还有一家，似乎早已没有了老板样的，两年来，每天就只看见那家只有一个中年妇人，和一个十四五岁的孩子，两个人孤苦伶仃的在那里支持着书铺的残局！这样的女人，总可以算得是巾帼的须眉了！

收售旧书

人人都知道，旧书铺是卖旧书的，但在他们铺面的门前，大都贴有“收售旧书”的字样。这是表示他除了出售旧书以外，也还收买旧书。然而，惭愧得很！笔者对于他们收买旧书的情形，实在是太不熟悉了，但却有另一种经验，知道他们除了收买以外，尚另有一种增加旧书来源的法门。

下面是一个忠实的报告：

那一年——当我初到武昌来读书的第一个学期，因为生疏于省垣学校的情形，曾经吃过一次大亏！那正是开学上课已经三四个礼拜了的时候，刚刚才把各科课本及日常应用的参考书配套购齐全，自然是全把它锁在自习室的抽屉里，过了不几天，居然统通给失掉了！同时，我的同学波君，比我失窃的书还要多。把两个人的损失合计起来，至少在三十余元以上。当时自然明白，这不分明是给人家偷走了是什么？想到：这是决不容易会弄回来的，所以，只有自认倒楣，也不愿去找它，惟一面设法另在旧书铺里去从容配补而已。

后来，我和波君，天天午后便到横街及察院坡一带去东买西补。有一天，恰恰我们又把所失的书买转来了一册。这样一来，使我们大为兴奋。于是，乃又追踪去找，结果，竟然在另一家发现了我们所失的书的大部分，当时我们便指着据证去找警察，请为我们设法追赃，谁料警察先生的答复，是出乎意外的！他说：

“……本来，旧书铺也是收旧书的，你们不看见，他们不都是挂着‘收售旧书’的招牌么？

“像你们这样的事实，从前也曾发生过的，及正式去向他们交涉的时候，他们总一味推说是在门上收买的人家的，不肯负其他的责任，这叫我们警察能如他们何？难道你不准人家收买旧书么？

“这件事，假若你们一定要去找他们，当然是‘未尝不可’，不过，恐怕也还只能得到这种类似的结果。”

警察先生的一席忠告如此，你还能另有什么高明呢？

（载《西北风》1936年第8期）

杂志界的畸形发展

周　斐

从读书界购买力的薄弱影响到单行本在书业市场上地位的衰落，一二年来上海（也可以代表全国）杂志的勃兴乃是一个必然的趋势。我们相信，杂志的本质是代替得了单行本的，而事实上，使我们失望得很，目前的杂志界却跨进了畸形发展的途径上去了！

在《论语》全盛时期，已分明暴现了中国杂志界危险的前途，干脆地说，也就是暴现了中国知识青年危险的前途。无论大学生、中学生，差不多一见了面，就是一个“你这期《论语》买了没有？”安闲、俏皮的气息毒害了他们，这些杂志的效果仅仅给予青年群众躺在卧床上或是蹲在厕所里作一度的消闲而已。

自从开辟了这一条歪曲的道路以后，中国杂志界遂展开了一个更可怕的场面。踏进杂志公司的门限，昭示在我们眼前的：封面无一不女人，内容无一不低级趣味。与其说所看到的是杂志，毋宁说是参观照片展览。一个求知的青年要是想在杂志丛里搜寻一些正当的食粮，那委实只有失望的份儿。

我们痛恨着这种不良的畸形发展现象，同时希望出版家会觉悟，这种是杀害青年的刽子手的行为！

（载《申报·出版界》第七十五期1936年10月1日）

谈谈杂志

——并有两个要求

胡行之

书籍为人生求知的食粮，凡是近代的人都没有不需要它的。不要说成人是需要，即儿童也是需要，所以一国的文化程度如何，只要看这一国的出版物之质与量就可以为断。

惟书籍范围太广，有专门的研究书，有学校的教科书，也有消闲的小说等等，非一时所能尽谈，现在我所要说的，为杂志一项。

所谓杂志，其实也包罗万象。因其性质不同，也有专门的，也有一般的，也有专重文艺的，也有专重经济或政治以至于世界大势的，甚至专以漫画或曲线美为号召者，形形色色，五花八门，真是尽世界之大观。

但不管形式是如何多，种类是如何复杂，大别之，则可分为三类，即软性的，硬性的，及硬软兼收的是。

一般以研究学术为主者，通常谓为硬性的，以消闲为主的，则谓为软性的，而一半供给知识，一半含有消遣性质的，则谓之硬软兼收的刊物。不过绝对硬性的少，以绝对软性或硬软兼备的，较占多数。

就发刊的时期上说，有定期刊物和不定期刊物二种。定期的有年刊、季刊、两月刊、月刊、半月刊、周刊等，不定期的大半为学社的集团刊物，研究性的居多。

以前的杂志，尤其在革命潮流澎湃的时候，动辄谈论政治，大半含有鼓吹性与宣传性的。近时政治稍形安定，研究学术之风较盛，所以专门研究性的刊物，已稍抬头，这不能说不是一可喜的现象。其实，也是必然的现象。

不过世界形势，正在澎湃的波动，国际变化，瞬息万变，以是研究国际情形的刊物，尚是极为发达，这也是时代所促成的。

学术智识，虽是人人需要，但资本主义下的教育制度，穷人是没法享受读书的权利，以是应这需要而起，有所谓种种帮助自学的杂志，《读书青年》、《读书月刊》等就是。

世界经济不景气，农村破产，社会上失业的人，日益增加，于是想谋一种副业，以为自生之道，于是就有所谓《农村副业月刊》、《养鸡杂志》等等的出现了。

青年彷徨歧途，多是喜读文艺作品，以为精神上的安慰，从前创造社出版的种种小说和杂志，博得了许多青年的欢迎，就是明证。所以文艺刊物到现在还是在盛旺发展之路，《作家》、《文学家》、《中流》、《译文》，以及《文学》、《文艺季刊》等等，好像是层出不穷的。

也有刊物是以人为对象，如专对中学生的，有开明的《中学生》、北新的《青年界》、正中的《青年月刊》等等；专对教育界为对象的，有《教育杂志》、《教育界》、《初等教育》等等；至以小学生为对象的，则是更不胜枚举了，不过大多是图文并重的。

最近又有所谓幽默杂志的出现了。这种幽默性的杂志，平心说来，也自有可取之处，不过不应以幽默为正经。《宇宙风》、《论语》，便是此派杂志的代表。

由幽默的分支，兼采革命掌故，而以谈文史为号召者，有《逸经》，销路亦称不恶。

人不向上即向下，但向上如逆水行舟，不是极有把握者不能，于是便都容易向下了。肉欲性感，是最易引诱人的；嬉笑谩骂，是最易博人欢喜的，于是为投时人所好，便有种种无聊的刊物出现。满篇曲线肉感，女人裸像，《王先生别传》、《漫画界》、《漫画世界》等，不一而足。这也是想在无聊中求慰安的心理而出发的。其与此合拍者，有海上之一元五票的跳舞场，少女歌舞团，以至按摩室及不堪形容的玩意儿等等。

硬性刊物专供学术上的研究的，或者是给人当一种知识的锁钥。阅之有益，但可惜现在这种有价值的刊物太少了。

就性质上分，虽有软性与硬性之不同，但最好是要硬性者亦把它软性化。“历史小品”、“科学小品”，即是这种手法之创制。其实何尝以“历史”、“科学”如是呢？“政治”、“经济”及其他，也未尝不可如是。

既名杂志，当求其杂。但杂者不是全无系统，即要新鲜活泼之意。材料当适应环境时令，编排当力求活泼，封面插画，应时时变换，不要使人一见如故，毫不能引起兴趣。

软性的刊物，虽是在讨人喜欢，但千篇一律，久而亦要生厌。我以为软中略可硬化，换言之，即应具有知识性的文字和图画。

定期刊物，初多月刊，近则最流行的为半月刊，次之为周刊。时期太长，犹如典籍，时期太短，其篇幅自薄，一览无余，亦无意义。故较软性的自以半月刊为宜，较硬性的，则以月刊为适当。

我国杂志，十年前是大多不能按期出版的。现在各杂志总算都能准时出版了。有几家也有早出。但有几家尚不能如期，总应力求准确为是。

杂志之最讨厌的，为腰斩。出了创刊号，或者是出了五期十期便停版了，这是使一般读者多么怅惘啊。

中国近时杂志虽多，尚无内容十分充实的杂志。如日本的《中央公论》、《改造》、《新潮》等，质量俱佳，洵属难得。我在这里，很希望集中人材及资力，办一个最理想的杂志。

我还有一个最后的要求，即是希望大家合力，来办一个最通俗的杂志，务使人人能懂，个个有味，在极浅近、极有趣的文字里，来促成教育的普及，提高文化的水平。

不知这么一点愿望，何时能够实现？

（载《申报·出版界》第七十九期 1936 年 10 月 29 日）

几种周刊

灵　光

说到目前上海的出版界，那是不能不承认周刊的蓬勃。这现象，我们可以说跟读者购买力的衰落，是不无微妙关系的。不错，周刊是介于日报、半月刊、月刊之间的刊物，近年来由于国内所造成的局势，日报上种种滑稽而又不尽确的新闻，这使谁都感苦闷的。半月刊与月刊啦？那是尽多通篇大论，不是自己所专于研究的，谁都感到头痛吧。周刊正介于这两者的中间，内容力趋于通俗化、一般性；此外，对于时事作简明的解释，论文则短小精悍，其为一般小市民所欢迎，自无疑义。

周刊之出现于出版界，那是远在十余年前《礼拜六》开其端的，不过这个刊物，虽然到现在还是继续出版，然鲜少有人注意，笔者在这里也不愿加以论列，聪敏的读者自能判别它的是非的。不过周刊之能给出版界一个冲动，那是《生活周刊》之出现，编者邹韬奋君好像一个兴奋剂医师那样，拼命对于小市民打吗啡针，因此能找着近七八万读者，现在且把上海新近出版的几种周刊来谈谈吧：

《申报周刊》。这是随《申报》所附送的周刊，它的前身是《申报月刊》，它的内容是于偏重时事系统解释和各地方民情风俗的介绍，也可以说在许多周刊当中比较地知识化一点。它是没有麻醉性的评论，有的是警辟的“小言”。“时事一周”，把一周来的时事，做了一种分析工作，这自然较日报上的单是记载来得详尽一点，虽然也有人说，唯其是《申报周刊》，因为补日报之不足，所以才会有分析时事的文章。其实，因为是周刊，很应该多登些时间性的东西，这种分析时事，我说倒是每一个周刊所应有的任务。此外，它们每期有国际、政治、经济，以及小说、散文、随笔之类的文章，虽在编辑上欠活泼了一点，但究不失为一高级的读物。

《新人周刊》。《新人周刊》出版到现在，已经有二年光景吧，从第二卷起，是由周寒梅君所编辑，一周论坛里的文章，那是很能引起读者大众的共鸣的。不过笔者引以为憾的，那就是关于国际、政治、经济方面文章的缺少，这是该刊应该加以注意的。近几期来，对于日本方面的风俗、人物、政治等等，介绍殊多，这确能引起一般时下青年所注意。此外，它们还有《国内外大小事》、《文化报道》、《人物评传》、《生活实感》、《文艺创作》等，每期统有值得一读的文章。最近每期销行已达三四万之多，这的确是它的内容保证它的发展的。末了，我觉得《新人》的书报应该力求时间性一点，虽然这是一般刊物的通病，但我们不得不厚责于《新人》的主持者的。

《中国学生》。看到它的名字，我们就知道它的对象是学生方面。不错，这确是一般学生所应该一读的，它每期有《评论》，有《时事讲话》，有关于学生方面的通讯、大事记，有《海外纪闻》与《文艺》等，不但内容可观，就是文字也很充实的。在编排方面也很美观，这是值得提出来的。在这里，笔者特为推荐于全中国学生前。

《人言周刊》。好像形式决定了内容似地。在现在还用老五号字排印，究竟太笨重了一点。对于这本周刊，无论是内容以及形式，笔者实在是不敢恭维，就是很漂亮的影写版画报，它的照片是失去了时间性的。

《汗血周刊》。这是一本印得很美观的周刊，从书报以至于里边文字，无一不表示其富丽的样子，不过遗憾的里边几篇文字太欠高明了，这是应该请他们的主持人注意的。

《永生》。这是一本继承《大众生活》而来的周刊，这是谁都知道的，正因为《大众生活》之被禁，所以《永生》的内容也略略改变了一点，然而大体上，还是一仍其旧。这里应该提到的，就是时事图表，那的确值得一读的。最近又增加了分析时事的“每周的中国和世界”，这也是很好的。

这里总算把上海发行的几种周刊，加了点简单的批评，同时笔者还得声明的，这里所谓的批评，实际上不过是作者的印象而已。我唯有诚恳地祷祝全上海乃至全国所有周刊的编辑，竭力检讨自己的内容，充分地担负起教育大众的使命来。

（载《申报·出版界》第五十五期 1936 年 5 月 14 日）

定期刊物在国难时期的任务

独 秀

在本刊第四十六期上，我们读到了《国难时期的出版方针》一文，在这篇文章中，该文作者指出了国难时期的出版方针有三大原则：一为非常时的，而不是平时的；二为一元的，而不是多元的；三为大众的，而不是贵族的。笔者认为这三大原则，都可绝无问题，而且应竭力求其实现的。现在这问题的发展，似可到了不是原则上的商讨，而是具体方案的提供，该文作者，谓将另文专论，那么关于这一点，笔者暂且不加讨论，现在即就联想到的一点，加以阐述。

谁都感觉到的，国难期间最重要的工作，莫过于教育大众的工作，即所谓训练工作，这教育大众的工作，确实"可以增长整个民族求生存的力量，也可消蚀整个民族求生存的力量"。关键所在，第一有没有推进这工作？第二推进这工作的方法是否正确？我们现在所要讨论的就是推进的方法问题。

据笔者的愚见所及，这国难期间教育大众的材料之供给，除掉各书局出版各种适合非常时需要的一切出版物以外，定期刊物是应该负起很重要的责任来的。为什么原因呢？第一，定期刊物不外乎月刊、半月刊、周刊、三日刊等，以时间而论，既不若日报之供给断断续续、零零星星的材料，又不若一部洋洋洒洒二十万言的国际政治概观的那样容易失掉时间性，因其一月出版一次，或一周出版一次，对于国内外时事的评述，既可有系统，又能把握时间性，读者于每月每周浏览一过以后，即可根据这观点，观察下一月或下一周时事的发展，国际的动态，等到一月或一周过去了，读者一方面可以根据自己的观察下一个判断，同时又可将下一周或一月出版的周刊或月刊上的言论，与自己的观察互相对照加以研究。假定这一本周刊或月刊的内容，确实能负起教育大众之使命而无愧的，那么这刊物的内容，即可成为训练大众的材料，而收到了很大的效果。以目前国际情势之瞬息万变，远东局面之日趋紧张，人民的政治苦闷，已达焦点，"怎样才能获得民族的出路？""应怎样贡献自己的能力？""应怎样训练自己？"这种种问题，都是大众亟待解决的，那么最富于时间性的定期刊物，便可以适应这一个迫切的需要了。第二，出版界供给的书籍，每一本书有每一本书的专门性质，谈国际的当然不会谈到经济学原理，谈经济学原理的更不会谈到远东政局，在作某一项问题专门性的研究上，此项书籍，唯恐其不丰富，但在教育大众的训练材料之供给上，希望每一个民众都能购买一本关于非常时的出版物，既非一般人民的经济力量所可能，又非一般忙于衣食的读者们的时间所许可。然而在定期刊物方面，却是绝无问题的，目前的一般定期刊物，往往都是“炒十景”，有《时事述评》，有《国际讲话》，有《学术专论》，有《书报介绍》，有《生活纪录》，有《军事常识》，有《文艺诗歌》，那么只须定期刊物的编辑人员，能把握住时代的需要、国民的要求，不难把这刊物全部内容，以非常时训练材料之供给为对象，更不难能名副其实的担负起这任务来的。读者只须每月或一周购置一册，他所需要的东西，这刊物都能全部的供给了，不必购置大批的书籍，而发生时间上和财力上的困难。第三，每一本书籍的价格，最便宜的仅少要两角，贵的要四五元，而其平均数算它在五角左右吧，以目前一般人民购买力之薄弱，希望他们能多买一点非常时的读物，一定是不可能的。但定期刊物则不然，不论月刊、半月刊或周刊，全年定价至多二块钱——国外例外——而每月供给的字数，却在十万字左右，多者甚且达十五万字，其所出的代价与所得的权利，和一般出版物相较，其相差之巨，实堪惊人。所以从经济的观点而言，定期刊物更是非常时期的最适宜的刊物了。

定期刊物之适宜于担负起非常时期的教育大众的责任，既如上述，现在我们不妨进一步的讨论，定期刊物在非常时期内，究应供给那几种材料？现在试拟定如此，敬请读者指正。

第一，革命的哲学与革命的理论之阐述；

第二，组织民众与训练民众方法上的论述；

第三，国内外时事系统的评述；

第四，社会科学与自然科学原理的和应用的说明；

第五，军事常识的灌输。

假定一本定期刊物，以上述五大类为目标，供给这五大类中一切扼要的知识，那么至少能比较地接迎于我们理想中的刊物了。

定期刊物虽然可负起这非常的教育大众的工作，不过，仅一部分而已，决不是全部，因为定期刊物所供给的材料，往往是一般的、概要的。倘使我们要给一般民众以比较高深的详尽的训练材料，那么决不是定期刊物所担负得了，而有待于各书局出版的专籍了。

（载《申报·出版界》第四十七期1936年3月19日）

从《谈风》说到幽默

哲　人

不久之前，在有些报上看到一点消息，说又将有一个幽默杂志快要出版了，名字叫《谈风》，并说他们发刊旨趣是鉴于林语堂先生之主张“幽默”，三四年来苦心孤诣地而犹未得到成功，《谈风》是要完成林语堂先生未竟之志的。不错，我们读者总是欢迎的，至少，荒芜的出版里也算多一种刊物了。

《谈风》是二十五日出版的，但我们二十二日就看到了，这现象多少是好的。可是内容呢？封面上是印着林语堂先生的原稿，翻开来卷首的插图是“欢迎”林先生去国的照片，背面又是林先生的手迹。文字呢？是有林先生的《与友人书》，另外《缘起》里也有说不完的林先生。自然，末了的《编余赘语》里更非提到林先生不可，伟矣哉！语堂先生也！

对于这样一种刊物，主张清闲，满腔士大夫气，一派风雅气象，我们是不能给它一个较高的评价的。可是在这里我们不能不提到他们所不喊的幽默了。我说“幽默”是不能单独存立的一种文学作品，我们所能承认“幽默”是文学中的一种风格，假使严正地说起来，那是文学中的一个小丑而已。不过，我们承认“幽默”是天才，是先天的遗传，而不是后天的学习，更不是勉强的模仿就可以。假使“幽默”是受不了苦闷的现实而由内心所发出的慨叹，那末，对于目前悲惨的境遇未免看得太小了，太轻了。

至于那批提倡“幽默”者推崇晚明的袁中郎、袁小修等，那更是笑话，这不啻他们自认“幽默”为士大夫文学的借尸还魂的铁证了！

（载《申报·出版界》第七十九期1936年10月29日）

从《论语》到《逸经》

——幽默小品渐有没落之势

宜　夫

自林语堂先生提倡幽默小品，出版《论语》半月刊以来，近数年间，幽默的空气，弥漫周遭，好像把整个的中国，都笼罩于幽默及晚明小品的雰氛围中。

《论语》以标榜幽默而起，提倡晚明小品为宗，于是这个幽默，那个幽默，作文幽默，谈话幽默，甚至电影院以及各种商店的广告，也无不奉幽默为正宗，标幽默为摩登，幽默的红运，真交到极点了。

尔时书店出版家，也趋向这条路走，于是袁中郎又突然抬头，你标点，我校印，甚至有以此而成名的。

由林语堂提倡幽默，连带晚明小品文交了红运，更连带一折八扣书风涌而起，有许多书店老板及设站脚的海派文人且靠此吃饭，这恐怕也是提倡幽默正宗的巨子林语堂先生有所想不到吧。

幽默作品之有无价值，这自有公论，我以为“高度的严肃”的作品，“甜蜜的刺”的嬉笑，使世人看了这样的幽默，会觉得欲哭不能，欲笑不得神情，这乃是文学的别调，太史公《滑稽列传》中，所谓“谈言微中，亦可以解纷”原不可厚非，我们也欢迎之不暇。

但谈何容易？要像这样的幽默恰到好处的作品，实是一件极不容易的事。因之画虎不成，反而类狗，遂产生了无聊的低级的趣味的作品，使一般人都趋向不负责任，以打诨取笑为能事，一唱百效，以宝贵的光阴，用之于无意义的工作，“清淡”、“消闲”，恐怕随之而亡国。

但我们要追究其幽默由何而起，由何而风涌一时？这也正有其时代环境的关系在。晋人非生而好为清谈，生而喜欢出世，以环境之无出路，故不得不借风月诗酒以消闲。现时中国，固一极危殆的时代，生为中国人，并不是个个无血气的男儿，有血气而不能正当发泄，因而一部分无克服环境勇气的人，便走入幽默嬉笑的途中，这也是难怪的。徐訏先生答朱光潜先生的一封公开信中，我觉得有几句话还说得公道，不妨抄录如下：

> 我也是以为最健全的理想是多方面的发展，但我也不反对一个人的私好，同时在文化史上，我们也常常知道有时是有些时髦有些风行的东西，用一点物观的态度来观察，这种现象也是有必然的背景的。冷眼说来，这种波浪的周期性也是很有趣的事情。袁中郎之流在清朝受过压迫，到现在抬抬头也是平常事，不久自然也会平静到一个适当的标价的。我不知道这种现象，用什么来解释好，或者是一种物性吧？或者是辩证法的正反合的演进。总之，这种事情是有必然的消长的，自然人力能够促成其早生，也能促成其早死。……

幽默之起来和袁中郎的抬头，原是平常的事，但要他成为风气，实是不必的。而且因模仿而俗滥，其弊便不在少，朱光潜先生对此说得很透澈，他对徐讦君的公开信中是有下列一段的说明的：

> 我对于晚明小品文也有同样的感觉，它自身是本很新鲜，经许多人一模仿，就成为一种滥调了。我始终相信在艺术方面，一个人有个人的独到，如果自己没有独到，专去模仿别人的一种独到的风格，这在学童时代做练习，固无不可，如果把它当作一种正经事业做，则似乎大可不必。

我以为最恳切而指出幽默派的无谓，提倡晚明小品文之不必，要算是朱光潜先生的这封公开信了。

自《论语》刊后接续而起来的，尚有《人间世》和《宇宙风》。《人间世》和《宇宙风》可以说都是《论语》的姊妹刊物。《论语》已出到八十三期，已有三年半的历史了，幽默的风气，绵延到这般长，不能不算是语堂先生们的努力。《论语》最初是由林语堂和陶亢德编辑的，后来因另开拓了《人间世》，遂由语堂而转交给他的帮手亢德编辑了。

《人间世》是由林语堂任总编，徐讦和陶亢德任编辑的。可是到了四十二期，与良友图书公司不知为了什么，终于不继续出版了。

《论语》自第八十三期起，陶亢德却退了手，由郁达夫和邵洵美编辑，现在正宗的嫡派，却只存了《宇宙风》。

可是在三月份里，却另出了两种兄弟行的刊物，即《天地人》和《逸经》是。《天地人》是由徐讦、孙成编辑的，《逸经》的社长为简又文，编辑为谢兴尧，而徐讦和简又文都和《人间世》发生关系过的，所以表面上仍可视为《论语》派的姊妹，不，或者认为兄弟，是较为适切的。

但是细查该二刊物的内容，则和《论语》派有显然的不同。《天地人》的编者徐讦君，则明明表示自己并不是幽默派或提倡晚明小品者，他说：

> 我前后也写点零碎的诗文，但不外乎是自己的内感，或者是对环境的感触，……我不很知道小品，晚明的小品尤其读得太少，……我自从幼少时背过四书五经以外，后来只看过《古文辞类纂》以及《十八家诗钞》等等，再以后我随意看看的总是子书之类，晚明小品一点没有读着。

这是他的自白，就是表明自己并没有受到晚明小品的熏染。他办《天地人》，是想要成为一个“比较少年”的刊物，说的是自己的话，内容是包括实际的智识，想随时互助，随时规劝，不怀疑妒忌，成了一个“大我”亲切的空气，与现代青年相接近的。那末这态度的恳切和严肃，自然和幽默的论调不相同了。

至于《逸经》呢？他的分类虽和《人间世》相仿佛，我且把第四十一期的《人间世》目录和《逸经》所定的十二类对照，便知道了。

《人间世》的目录为：《思想》、《山水》、《人物》、《文库》、《特写》、《随笔》、《诗》、《西洋杂志文》、《书评》。而《逸经》的门类，则为：《图象》、《史实》、《人志》、《游记》、《特写》、《纪事》、《秘闻》、《考古》、《诗歌》、《小说》、《书评》、《杂俎》。其中《逸经》的《人志》，即为《人间世》的《人物》，《游记》即为《山水》，《诗歌》原即是《诗》，《小说》类乎《文章》，《杂俎》可等《随笔》，且同有《特写》及《书评》二项，而《人间世》虽不标明《图象》，但也时有的。所不同的，《人间世》有《西洋杂志文》，而《逸经》则多了《史实》、《秘闻》、《考古》等项，于是《人间世》标明为小品文刊物，而《逸经》则标明为文史半月刊罢了。

所以从表面看，实在可说《逸经》是接踵于《人间世》的，但就实质方面考察起来，则各有其分野在。简又文君在《〈逸经〉的故事》中说：

> 我们并不想夸诞自大而假冒“提倡风雅”或“振兴文化”的佳名。不过，我们有许多位对于历史掌故是有特殊兴趣的，所以我们想借本刊以作研究和考求史实的地方。……在“无为”的主观条件之下，我们很希望这种文章发生几种效能。第一，一般教员和专门学者们可应用此刊为资料之源。其次，一般学生们可应用此刊为课外补助的□品。其三，在各种职业中的士士们可由此刊而多得有益的历史知识。

由此，我们便可知道它，虽是名为文史半月刊，实则是史料为重，而和《天地人》之较为注重文艺又稍不同了。与《人间世》之专提倡风雅小品者又是大相区别了。

不过，《逸经》末附《阴阳风》，而还想编辑第四集的《东南风》，不能不说是尚留《论语》派消闲的痕迹，但只排在末页，聊作点心水果，其非以幽默为正宗也可知。

从上叙述，即可知由《论语》而到《逸经》，是有脉络的发展，但其倾向，已明明表示幽默小品有渐向没落之势。《论语》虽还存在，但编辑已易了人，至少可说幽默的气氛当将减少；《人间世》已停歇，仅存的《宇宙风》，也恐更谈不出什么新花样来了。

新出的《天地人》，则已显然倾向于实际的文艺，将为青年的代言人，而不肯再为不较少年的帮闲；《逸经》呢，注重于史实，虽略附幽默的尾巴，但总不是晚明小品的宣传者。

幽默，幽默，不是从此将衰颓了吗？

即如语堂先生自己所说："愚见以为西文所谓谈话（娓语）笔调可以发展，而未发展之前途甚为远大，并且相信，将来总有一天中国文体必比今日通行文较近谈话意味，以此笔调可以写传记，述轶事，撰社论，作自传，此则专在当代散文家有此眼光者之努力。"但须注意的，这已不是先前所提倡的幽默与晚明的小品了。不过是西文所谓谈话的笔调。虽然此笔调间未必不可包括幽默，但总与"梦想不到幽默也可于茶余酒后之外，别有启迪灵知、润饰文章、助长思想之用途"不同的。

各人有各人的个性，文章是不能抹杀自由的，这自然是天经地义，我们一些也不能否认。不过流腔滑调的幽默，不能比出其余特别可取的晚明小品，似乎无十足提倡的必要，这是真的。

所以幽默与晚明小品派，果将从此而没落了吧？

末了，很惭愧，我又做了一次"义务检查"了。

一九三六，三，六，于杭州。

注："义务检查"与上林语堂先生所说的话，均见他《与又文先生论〈逸经〉》一文，载《逸经》创刊号。

（载《申报·出版界》第七十四期至七十六期 1936 年 9 月 24 日、10 月 1 日、10 月 8 日）

疑古派与社会史派

宜　夫

中国近年来的学术界，有一极可喜的现象，即是对于古代历史肯下一番切实研究的功夫，对于古代学术思想，肯作一番切实整理的功夫。一派是疑古，一派是社会史家，他们的立场虽有不同，但对于古史古书，不肯作盲目的信仰，把它重新估价，用科学实证的方法，扫除一切从前陈旧的见解，以开辟出一条新路来，这是完全相同的。

疑古的一派，可由钱玄同氏起，因他本人废了姓而自称疑古玄同，即可概见。最埋头苦干，而近时最得成绩者，实以顾颉刚氏为首。

在北平有禹贡学会、考古学社等等之组织，其精神与实际，都是可以致无限的敬佩的。

社会史家的一派，当推郭沫若氏为首，他的《中国古代社会研究》一书，是一部有名的巨著。其后如读书杂志派，虽和郭氏意见不同，但也可归入此类。而陶希圣之创办《食货》，切实地做整理工作，也是卓绝的社会史家的研究精神。

不管是顾颉刚们的疑古派，郭沫若们的社会史派，这两派同为中国学者之进步的研究精神是无疑的。为了打倒旧国学而站在共同战线上，在客观上看来，也是必然的趋势。

疑古派将已成的经书古籍的年代，由作者的决定，而摇动旧国学的殿堂；社会史派是对于中国文化作各种的研究，想强调的推翻没根据的臆说。

但这两派虽得看为站在共同战线之上，而因信仰之不同，研究方法之不同，往往引起了牴牾和扞格。

前者为旧学的学者之集合，而后者却受了新兴的社会科学之陶冶。同时社会史派以他们中间立场之不同，屡起热烈的论战；疑古派则只是埋头工作，虽也说有意见上之不同，而互起争执，不过无理论的目标，只以自己学术上的成果为依归。这是两者不同的地方。

当然咯，学术以讨论而愈发皇，因两派之立场不同，每有牴牾，最近顾氏之论文，即是疑古派对于社会史派攻击的表现。其题目乃是国立北平研究院《史学集刊》第一期所发表的《禅让传说由墨家所起论》。

所谓禅让，不用说是指尧传舜，舜传禹这种不传子而让贤的话，这为读儒者之书的常识，为什么到近时成了大问题呢？

第一，以为儒家所言之最伟大的尧舜帝位的传说，全是和儒者相对立的墨子一派的创作。

第二，郭沫若在《古代社会研究》，以为唐虞之禅让，不过是母系制度时代族长选举制的误会。

以上两者都对旧国学下新的批判，予以特别见解，想推翻过去空洞的夸诞的传说是相同的。顾氏之言，对批判旧国学为当然之事，自无问题；但对批判郭氏之说，便含着极复杂的问题了。

郭氏之《古代社会研究》，为社会史派发生时代的著作，故每为后进学者所集中批判。取如同属社会史派者，为二□年前《读书杂志》的同人所反对者，已是很多。关于母系氏族社会、婚姻制等诸问题，由中日之古代史学者，订正郭氏之说续出，郭氏自身也曾改正了几点。

可是顾氏的攻击，并不在于郭氏个人，实可说是对于社会史派全体。

原来禅让传说，是否为古代社会制度所传的一种史料呢？

顾氏以为这是墨子的尚贤主义，即为平等主义宣传的文化工作，不过是起自儒家，而为法家歪曲，道家所变形的一种物语。把这物语而当做为古代史的史料，他是完全非难着的。其禅让传说为由墨子所起的论据，大略如下：

在世袭制度俨然存在的时代，是不能产生天子让位于匹夫的事实的。在这时代，如诗书或铜鼎的铭辞所表现的，多是世袭制度的礼赞。但到孔子的时代，世袭制度的崩坏，业已开始，孔子自身，也正是在古制度与新倾向之间恼着矛盾的过渡时代。而孟子之反对世官与荀子《公羊传》之反对世袭，则更为明白。这个世袭制之反对，成为尚贤主义的导火线的是墨家。他们看渔夫厨工和百姓同有能力，对高官以及天子为一样的称号，墨家之理想为一集团，选巨子为首领而实施民主的方针，其唱禅让说者，即是想实行于自己的集团内的。墨家之说一经流行，战国时代的君主们，也有想自己实行禅让的表现。孟子荀子皆为儒家们，而亦采取墨家的尊贤主义。可是对君主地位受动摇之禅让说，还是被一般所歪曲而又否定的。如法家对行禅让的尧舜，排斥为有背于君臣之义；而道家则极崇拜不受禅让的野人而轻蔑尧舜。惟在汉代，官学统一，这禅让说就在温和的正统化汉人所作的《尧典》里，成为历史所书的事实了。

在结论里，顾氏曾申说主张，谓：社会史派之活泼的态度，我在称颂的。我不参加社会史的论战，是能力不足，唯以资料的检讨为自己的工作而已。我这论文特提供于社会史派，但望不可以先秦诸子的宣传文书，作为古代社会的史料，应注意于如沙漠上筑楼阁的研究的危险。……

顾氏虽对社会史派放一天，但是好意的，且依然是信赖社会史派。唯在这论文后记所书的到于禹贡学会的杨向奎，明显地对社会史派抱不信，掺入了固守社会史派旧说的人们。这是疑古派与一部分的社会史派离反的表示。

果是疑古派无目的的以疑古为终止，欲与社会史派相离而孤立的吗？

又热衷形式理论之一部的性急的社会史学者，在将反省当更活跃于坚固的基础之上吧？

若社会史派与疑古派打破共同战线，这是中国学术界的大不幸的事。惟我相信在学术上之相互讨论、相互争执，是应有的现象，而对于古的重新鉴定，总觉得是万分的重要，还应该向同一目的之分工研究，原是无不可的吧！

（载《申报·出版界》第七十七、七十八期 1936 年 10 月 15 日、22 日）

出版物新语

——谈谈上海最近文艺出版界

沈锡金

也许最近来对于出版事业略略发生了一点关系的缘故，对于新书市场这些问题，都不得不比较的关心起来，我是欢喜研究文学的人，所以对于文学方面的出版，格外的注意。

最近的出版界，对于翻印古书的空气，是乎渐渐的冷淡而成为过去了。单行本的文艺出版物，仍是寥寥，比较活跃而能引起一般人注意的，那么要算良友公司的“良友文学丛书”和生活书店的“文学社丛书”，其次是文化生活社的“文学丛刊”。因为主编者是巴金，所以亦颇能号召一时，还有创设不久的新钟书局，出版“新钟创作丛刊”，因为有郭沫若等作台柱，故声势颇大。其余商务、开明等书局，虽然也有文艺书籍出版，可是因为产量的过少，不能引起一般人的注意。

纯文艺刊物，最近出得如雨后春笋，特别的多，真令人目不暇接。现在据本人所知道的各种文艺刊物，分别作简单的叙述，介绍在下面：

《夜莺》：方之中主编，新钟书局出版，有王任叔、周文等的文章，内容看来很有朝气。

《文学青年》：周楞伽主编，群众杂志公司出版，作稿者多为青年，内容注重报告文学，实在是一九三六年文坛上的一支生力军，文学青年，颇可一读。

《东方文艺》：侯枫主编，新钟书局出版，执笔者亦都为青年，内容也还不错，尤以列躬射的中篇创作《阿弓》，叙述一个战士，意识颇正确。

《文学周报》：内容空乏平常，精彩绝少，恐怕仍旧是文学研究会办的。

《文学丛报》：主编者马子华，内容有许杰、白薇、鲁迅、郭沫若等的作品，本质与形式都好，也是值得一读的。

《作家》：主编者孟十还，上海杂志公司出版，内容有茅盾的短文、鲁迅的自传，其中巴金的《雨》写得的确很好，还有萧红女士的《手》是描写一个同学的故事，也很动人。听说八千份创刊号已告售罄，其内容亦不言而知了。

除了上述的几种以外，还有将要出版的有上海杂志公司的《文艺生活》，主编者是施蛰存、戴望舒，读书生活社的习作主编者是张天翼、吴组缃等。国内各地，亦均有各种纯文艺刊物及诗歌刊物，风起云涌的出现着，点缀在那一九三六年的文坛上，使得这一九三六年的文坛更形热闹起来。料想许多所谓伟大的作品，恐怕在不久的将来也就要应时而产生了。

（载《晨光周刊》1936年第5卷第20期）

儿童读物问题

束　洁

一个人所借以维系生命的，除了物质的米麦以外，更有一种精神的粮食。有一种人在物质方面尽管丰衣足食，享用不尽，但若精神上缺少了可供疗饥的东西，这个人的生活将永远空虚，永远痛苦，以至不能维系他肉体的生命而趋向自杀，这种现象，在智识分子的身上更表现出明显的痕迹。而孩子，除了糖果玩具之外，他得需要另一种非物质的东西，那就是“无限量的知识”。于是我们常说：儿童读物是儿童精神的粮食。

但做父母的，做教师的，负保障儿童幸福之责的，他们几曾为了这个而注意过他们的粮食品质的优劣？

粗劣的粮食，不卫生的粮食，无选择的给孩子们吃了，因此不知伤了多少孩子的脆弱的脾胃。

看着孩子们整天沉浸在连环图画、神怪小说里面，我的心，受到了莫名的痛苦。

在提倡儿童幸福的所谓儿童年中，我们除了看见轰轰烈烈的开幕典礼之外，似乎“儿童幸福”又遁入空漠的太空中去了。孩子在某些角落里还没有争取到做人的权利，就是在中上层的人群里生活着的孩子，揭开了他们生活的内层，还不是依然是父母的附属，家长的附属，师长的附属，以至于社会的附属？就是从儿童读物上讲，在这空前的儿童年中，有过什么和非儿童年时不同的好成绩？孩子们依然沉浸在连环图画里，孩子们的脑海里依然充满了神怪小说的毒素，孩子们永远吞服着粗劣的粮食——精神的粮食！

儿童年快要到尾声，全国儿童读物展览会居然在新春里应市了，这不能不说是差强人意的事！会中搜集全国历来的儿童读物于一堂，兼及于历来各书坊出版的小学教科书，而尤注意于不良读物的陈列，使参观的人可对我国现下儿童读物的状况得到一个概括的印象。从兹努力将来，为未来的儿童们留一点生机，其意义的确很高。

但我个人尚有不能已于言者数事：

第一，记得有一时大家都感到“猫姐”、“牛哥”等等物语的无聊，主张另用一种方式去撰述故事，又记得有人鉴于今日是科学的世界，应使儿童多得到一些科学知识，所以后来，如《科学小把戏》之类的读物便如雨后春笋般的兴起了。但所谓另一方式的撰述技术如何，则始终未见得到公正的评价。灌输科学知识的原则诚然是不错的，但如已见出版的《科学小把戏》之类，似乎尚未能使儿童如对于神怪小说一样的热衷研读，这读书的“兴趣问题”，读物的“糖衣问题”，似乎太少人注意及此。

第二，儿童读物之需要普遍传布，犹如饮食之需要普遍获得，同为天经地义，可是一看现实的情形，却又不能不使我们觉得前途非常悲观。一方面学生家长普遍的贫穷化，学生的课外阅读于是成为“奢侈”品；一方面儿童读物的价格依然是过于高昂，使中等家庭的儿童也减少不少阅读的机会。关于儿童读物利润之过厚，据书业中人说：曾有几家书局确因此起家。本来以中国人口之众多，书局之营儿童读物的又仅此数家，若一旦普教卓有成效，其营业之兴旺自可预卜，若能减低利润，使普遍地给儿童们享用，其所得还是一样的。

第三，营儿童读物业的过于商业化，凡利之所在，群趋向之，群模仿之，而能独辟蹊径，使儿童获得另一方向的优益者则绝鲜。事实是很显明的，在某一时期，书贾们见大中学生应用书籍的销路渐狭隘了，不知如何转念及于黄口小儿头上来了。于是这一家“小朋友丛书”，那一家“小学生丛书”，又一家“新儿童丛书”，比较内容还是千篇一律，甚至“后来居下”者亦不少。为了儿童着想，希望书贾们从此把脑袋清醒一下，不必再抄人家的文章，就是为书贾们自己血本着想，也大有悬崖勒马的必要！

（载《申报·业余漫谈》1936年2月23日）

儿童读物的选择

味 之

我们要选择儿童读物，须得定下几个标准。如果没有标准，“拉在篮里就是菜”，随便给儿童一些读物，那未必对儿童定有好处，也许比不给他们什么读物还要坏呢。

第一，意思要正当。这并不是说鸟言兽语之类的东西不能给他们读。鸟言兽语只是形式上的事情，我们要特别留意的是读物的内容。凡写一篇东西，无论好的坏的，必然有作者所认为中心的内容，这个我们叫它做意思。意思正当的，就是采用鸟言兽语的形式的也不妨读。否则就是完全人言人语也不可读。正当不正当又从什么地方去辨别呢？只须想：读者是中国的儿童，是现代中国的儿童，合乎现代中国儿童的需要的就是正当的；反过来，就是不正当的。据例来说：合乎物理原则的是正当的，含有迷信思想的是不正当的；发挥集团精神的是正当的，鼓吹封建遗毒的是不正当的。——依此类推，可以举出许多，这里不必细说。

第二，文字要通顺。这个标准有点奇怪，写成了儿童读物，印上了纸面，文字还有不通顺的吗？依理想来，当然不会有的了。可是现在流行的儿童读物，无论是编撰的或是翻译的，往往有不干不净、前不搭后、生硬难读的文句。这些毛病总包括说就是不通顺。既然事实上确然有不通顺的儿童读物，我们选择的时候就得注意，要把它们排除开去。儿童阅读儿童读物，同时就在锻炼他的语言习惯。若是把这种不通顺的文字作为语言的模范，将使他不能够好好地说一番话，渐渐地将使他不能够有条有理地转一个念头。这个影响并不是轻微的呵。

第三，如果是诗歌，必须像个诗歌。油腔滑调不是诗歌，随口趁韵也不是诗歌。如果有图画，必须像张图画。画什么不像什么当然不是图画。像了什么而死板没有生气也还算不得图画。凡把不像样的东西给儿童看，足以阻遏儿童对于那一类东西的兴趣，实在是一种虐待。诗歌和图画最为儿童所喜爱，对于儿童的启发也最有帮助。所以选择的时候必须特别留意，要排斥那些不像样的，留下那些像样的。

（载《申报·读书俱乐部》第五号1936年3月1日）

儿童读物的商榷

周寒梅

中国儿童是最缺少教养的，我想这句话大概没有十分过火吧？都市中的孩子，“人马牛羊”没有识得几个，“中发白”的麻雀牌却朗朗上口；乡村中的孩子，一天到晚生活在淤泥沟中，一点教养也谈不到，这是从地域而言。至于贫富之间呢？那么贫苦人家的孩子根本没有受教养的机会，富贵人家的子弟却在父母溺爱的怀抱中葬送了一生。说中国儿童是缺少教养的话，也许还是十二分让步的呢。

比较地谈得上受到些教养的，当然是知识分子的家庭了。在贤明的家长指导之下，总是要选择些有益的儿童读物给他们去阅读。中国出版界方面的儿童读物，据笔者看来，还是建筑在这一般家庭上面的。

如何可以使中国的儿童都得到正当的教养？这问题虽与儿童读物有相当的联系，不过并不在本文讨论之列，现在想把现有的儿童读物，加以一点批评和贡献。

时代是不允许我们按部就班的行进了，一切的一切，都需要飞跃的前进，儿童读物又何能例外？倘使一般的儿童读物在这非常时期之下，还是讲一点神仙的故事，牛哥哥马弟弟的对话，这未免创造了一个儿童的乐园在天堂上，而不是在这现时现地的中华民国的人间。因此，编制现代的儿童读物的原则，据笔者的见地，第一，应该是顺应儿童的心理和生理，编制各种非常时期的读物给儿童们去阅读。譬如《飞机的故事》、《战争时的孩子》、《爸爸穿上军装了》等，这都是绝好的儿童读物的题材。我们要把战争时的常识编制成各种有趣的故事，我相信在儿童的兴味上，也许比神仙月亮姊姊的题材要高明得多了吧！要知道儿童们的好奇性固然很丰富，但故事的现实性更重要，难道我们还以为仙人的故事比天空上翱翔的飞机更能博得孩子们的喝彩吗？同时有一部分儿童读物最好与玩具联系起来，譬如飞机的制造法等，一定能使儿童们更感到兴趣。第二，编制儿童读物时应顾及地方性，现在的儿童读物和小学校的教科书都犯有同样的毛病，就是编辑先生是生活在都市里的，他看到的是都市里的一切，因此编制的题材也讯之于都市中的各事各物，于是这读物在都市中尚可适用，在乡村里的孩子们却莫名其妙了。以中国幅员之广，文化程度之相差甚巨，各地的需要当然也绝不一致，那么编制一种儿童读物希望全国的孩子们都能读能懂，喜欢读，当然是一件办不到的事，所以编制儿童读物之第二个原则，应顾到各地的地方性的不同。第三，那就是价格问题了。我觉得儿童读物之所以不能普遍，中国的孩子们所以缺少教养，读物定价太昂也是一个很大的原因，一本儿童书报往往要大洋一角，这在购买力薄弱的中国儿童家长们，只得忍痛割爱了。所以目前的儿童读物，大多销售于全国各小学的图书馆里，儿童们是很少直接订阅的。这对于中国的出版界与中国的儿童们，同样受到了一个很重大的打击。所以笔者认为出版儿童读物的第三个原则，是尽量减低定价，抱薄利多卖主义。

中国这一代的孩子们是在苦难的命运中挣扎，我们负有教养儿童天职的大人们，应该多多创造些福利给他们啊！

（载《申报·出版界》第五十期1936年4月9日）

儿童读物与整个的儿童教育问题

全国儿童读物展览会将于今日起在南京开会七日，以后尚拟将征集之品运往各地，巡回展览。此事在中国为创举，吾人极表赞同，除为发行特刊外，兹更略述所感，且就整个的儿童教育问题，披陈其门外汉的些许意见，或足供关系方面万一之参考欤？

查儿童读物展览会为所谓“全国儿童年”中应办事业之一。缘去年二月十八日教育内政两部曾经会呈行政院于三月五日议决，准自去年八月一日至本年七月三十一日规定为“全国儿童年”。为唤起全国民众注意儿童教养、保障儿童身心健康及图谋儿童福利，使完成儿童之肉体精神及社会能力起见，当时并经通过实施大纲数十条，纲举目张，范围甚广。去年七月三十一日“全国儿童年”开始之前夕，国民政府特发明令，通饬全国。切实施行儿童幸福事项，语极诚恳，而于义务教育之推进、灾区儿童之救济两点，尤所注意。越日，自首都以次全国各大都市举行儿童年开幕典礼，热烈盛大，备见各报。惟一会之后，迄将半载，除许多地方对义务教育进行尚在努力外，其他预定之实施办法，殊鲜成绩可指，此吾人所由对于今日在京开幕之儿童读物展览会特感兴趣，抑更望中央地方各级当局能于今日检查此半年中所谓“全国儿童年”之整个工作为何如，则庶乎无负于去年七月三十一日之煌煌明令也。

夫儿童为中国第二代之主人翁，其应重视，毋庸申说，而儿童福利问题，牵涉广阔，又勿待论。今日就事论事，儿童读物问题，实于青年幼年之身心健康，关系綦巨。大抵少年兴趣，寄托于课外读物者较课本为多，故读物内容是否健全，直为教育界一大问题。各国尽有硕学大师、文坛巨子，卑以自牧，甘愿从事于儿童读物之著述，乐与龀龄后辈永结良朋，而通俗科学之讲话，探险惊奇之故事，又能以日常生活之体验，寓科学历史之知识，由浅显有趣之文章，作修身爱国之启示，此其功在国家民族，盖不在任何伟人杰士之下。中国一般教育家，向不重视中小学，其文学技术人才，更不愿以宝贵之精神，为青年幼年之基本教育，加以协助，以致普通社会之儿童读物，上焉者不出中国有名的数种小说，其次则神怪剑侠采药修道之迷信刊物，始终在儿童脑海中，拥有精神的支配力。易言之，“小人书”之势力，在数量上，至今犹超越一切新旧儿童读物之上。现象如此，基本教育，何从树立？科学信仰，何由奠造？吾人甚愿今日以后，全国文艺家、科学家，为儿童幸福、国家基础，稍分心力，或以生花之笔，阐明群己关系，或用文学技术，演为通俗故事，或就日常生活，解说科学现象，务使青年幼年，开卷有益，能于不知不觉中，铸镕人格观念，增进文学素养，认识科学神秘，不特足以植其立身治学成己成物之本根，抑更可以启其格物致知利用厚生之志愿，宁非国家民族之至幸。是则今日之会，关系顾不重大也哉？

虽然，儿童读物之改良，特儿童幸福之一端耳。以之比较整个的儿童教育问题，轻重程度，殆不可以相提并论。自来教育家多偏重大学而于中小学往往忽视，结果中小学办理不善，大学成绩，当然恶劣。年来形势稍变，小学则仍受冷遇，在学儿童，匪但不能受幸福，甚且重被牺牲，其间如课程之复杂，罚则之严苛，教科书之不合理，在在足以戕贼学生性灵。吾人以为，行政院规定之儿童福利事项，诚难一一举办，独此小学教育之整顿，亟应雷厉风行，不容须臾或缓。其方法：（一）提高小学教员待遇，使有志儿童教育者安心职务，终身以之；（二）使小学课程简单化，改良教本，就地取材，随事解说，禁用书贾营利迎合时尚之教科书；（三）德育、智育、体育、群育四者并重，重启发不重强制，重训练不重注入；（四）提倡团体训练，同时不妨碍个性发展。春秋佳日，多令师生在附近地方旅行，由各交通机关特予优待，所至观览史迹，说明地理，用实物启发儿童爱国家爱乡土之情绪，使身心概臻健康之域。以上种种，只须教育当局令出必行，注意不懈，假以时日，必有成绩。此外与儿童生活关系最大者厥为家庭，而家庭中父兄之于子弟，亲切程度，尚不如母姊，故就广义的儿童教育言之，一方须净化家庭，改造儿童日常生活环境，使不致得之于学校者，失之于家庭；一方更须改进女子教育，增加女子对于儿童教育之知识与理解，使凡为母为姊者，对于子弟之在家庭，时时可胜师保之任，能如是则第二代主人翁身心之健全发达，自可不成问题，是又吾人今日所愿进一步唤起政府与社会各方面之注意者也。

（载《大公报（天津版）》1936年1月30日）

儿童读物展览会

秉

自上月三十日起至本月五日止，“全国儿童年实施委员会”举行“儿童读物展览会”于南京，会期以后，且将以征集所得，巡回展览于全国各重要地方。委员会宣告举行该会之旨趣，凡有三点：（一）供国人概览，以正国人对于儿童读物的观感；（二）供专家研究，以为改进并选择儿童读物之一助；（三）供文坛参考，以期新旧文学家多多致力于儿童读物之编著。溯自去年八月初儿童年开幕以来，迄今已及半载，而于当时所预定之实施办法，似尚鲜具体之成绩。今此之会办法切实，旨趣扼要，苟能由此唤起国人之正当认识，改进儿童读物之内容与形式，则仅斯一举，已足为儿童年并非虚设之确证矣。

我人于去年八月间，曾刊布评论曰《儿童年与儿童读物》，大意谓儿童读物为儿童精神上之粮食，而现有之儿童读物，殊未能尽满人意，结论则致望于出版家与著作家，“速汰其尤劣者，而暂存其较可者，一方从头做起，别制佳品，此自非仓卒间事，他日佳品渐多，则并今之较可者而亦汰之，庶几儿童有品质纯良之精神粮食”。今仍持此义，愿观会者予以采纳，汇为舆论，出版家与著作家受广大之属望，因循者不复因循，迟疑者转为奋发，既有所需，自有所供，儿童读物之园地殆将有丰富之良获乎！

该会所征集之儿童读物，计二千四百五十种、一万二千四百九十八册，自数量上观之，不可谓不多，于此巨量之儿童读物，该会聘定专家，组织评判委员会，将逐一予以研究与评判。据日前电讯，各专家会议结果，已将评判标准确定。我人所望于评判委员会者：第一，宜认定现代中国儿童之立场。夫儿童之非缩小的成人，言教育者罔不知之，故成人之教养与观感，虽未必全不适于儿童，要不可挹此注彼，必须自儿童之立场出发，方得谓之纯良之儿童读物。而现代中国方受空前之困厄，中国大众咸负有争求民族解放之重责，此重责决不止于一代，必且父死而子继之。故现代中国儿童之读物，又必须于此点切实顾到，方得谓之适应时代之读物也。第二，宜持明澈之眼光与公正之态度。夫批评之事，至不易为，其在文坛，往往以为批评者，非骂即捧耳。其实此观念殊属错误，纯正之批评，乃以尺度衡量作品，其间无恩怨之可言，复奚有所谓骂与捧耶？今之评判儿童读物，其事正与文学批评相类，各专家皆具有素养，当不至阿其所好，保守成见，苟乃心倾注于儿童，萦系于民族国家，自能根据其智慧，发为切当之评判。凡优良之读物，必郑重表彰之，俾普及于全国儿童；而劣陋不堪之读物，尤必特别揭出之，俾全国儿童勿再受其毒害。盖出版家之营业其事小，而儿童精神上之粮食适当与否，其事弥大也。

又有一事，方今有主张删改现有教科书，以迁就一地方之特殊情形者，评判委员会于研究教科书一类之后，宜郑重宣告此举是否可以承认，抑为有妨我国教育精神之举？据我人之意见，删改亦属必要。惟于彼辈所认为应行删改之部分，则非特主张绝对不可删改，且须增加其分量，充实其内容也。

（载《申报·时评》1936年2月4日）

儿童读物绘画展览会的意义与期望

张益珊

假如我们对于我们民族的后生并没失望，而且还期望他们能比我们更振奋、更健壮、更有生气的来负担这伟大的历史使命的话，我们便不能不把儿童精神的食粮——儿童读物——和解放他们的自由艺术——自由画——的天才，如儿童物质的食粮和他们的身心发展一样的去重视。

儿童亦是组织社会的一分子，他对于现社会虽然没有什么建树，但是不久的将来，所赖以肩担重任的，正复不少。今日的儿童，转瞬之间，谁敢说不是他日的思想先导，革命的巨子，执握世界牛耳的伟人呢？所以儿童时期，我们不应当轻视如矮人小子，任意残害，杀食而奴使之！

我们北平儿童读物绘画研究会的同人，为了这个缘故，很重视这才被发现的儿童，愿意同共尽一点能力内的力量，帮助他们搜集一些富有养料的精神食粮和建立一个较为合法的生活环境，使他们将来的教养上每个人都有一个健全的人格、光明愉快的心境与一副结实的体魄，来继承我们这个进化很慢的历史工作。

十年来因为白话文的畅行，艺术的发展，国人对儿童读物与儿童自由画似已不像当年的那么漠视了，但今后的推进和提倡还需要大家共同携手负责努力吓！记得民国二十二年杭州浙江私立流动图书馆主办了中国第一次的儿童图书展览会之后，国内儿童教育研究者就有几册极有分量的儿读研究专著出版，给了儿童读物的编选上颇大的一个帮助。接着，这个杭州儿童图书展览会，便是本会去年儿童年开幕时，日在北平举行的儿童读物绘画展览会（这会的详情，参读赵君儿童读绘研究会的产生、经过）。再后，才是这次南京全国儿童年实施委员会主办的南京全国儿童读物展览会。这会虽有些不能尽满人意的地方，但是以我国教育最高行政当局，居然也真正着实正式的负起责任，我们同人实觉应代全国儿童称庆！

关于给以儿童灵魂自由展舒的形艺教育——自由画，一年来的提倡也颇可观！昔者（民十八年）广东中太教育研究院，在他们的实验小学，曾举行过一次儿童自由画展览之后，在北平，由本会同人王青芳君前后以孔德艺文小学儿童的成绩，也大规模举行三四次。由此可见，儿童艺术随于儿童读物之后，也非太落后也！近闻全国儿童年实施委员会已拟于上海举行一次全国儿童画展。现正征稿中，本会同人闻听之下，颇为心慰，同时很期望全国儿童教育者，均能有以使儿童们的精神得有充分发展的途径。

本会今年仍继去年旧志，于本月儿童佳节至五日两天，征集各儿童读物出版家及师大附小与育英两小学儿童图书馆的近五年（由民二十年至二十四年）的儿童课外读物，及北平十二岁以下的儿童自由创造而无临摹钳制思想的自由画，公开展览，陈列于北平艺文中学。兹在开幕日谨将举行第二届儿童读物绘画展览会的旨趣与期望，揭录如下：

一、供给关心儿童读物和艺术者概览以作研究批判改良介绍选择的参考——近来的儿童读物，虽仍不免被社会一般人视为“薄物小篇”卑不足道的东西。然而，究竟因为儿童之被发现，和他们客观的需要已在继续不断的源源供应出版下去了。这些读物是否健全，幼稚浅肤，有无滋养分，都需给关心儿童读物的师长和父兄们一个检视研究批判改良于选择的参考。所以就举行这个展览会，关于儿童艺术创作——自由画，亦复如是：盼众位研究提倡与批评。

二、供给写作者与出版家及艺术家的参考——近十年来，儿童读物出版界的无政府状态下，已有四千余册了。其中颇有些值得消毁的读物(实则为毒物)，或者修改的，也有些颇经过作家费尽苦心编作出来的，而未转到儿童手中的，这些问题都待互相观摩参考而加以改进或淘汰。所以很需要这样一个展览会，自由画亦复如是。

三、供给小朋友一个认识自己的读物与艺术机会——昔者的教育方法都是被动的，近来已被自动教学法取而代之了。在自动的教学中，儿童必须对其学习的对象与自己的创作都要认识而进取其需要的。那么，这样丰富的五年内出版的儿童读物和全北平儿童自己的创作展览出来以供其需，不是没有意义的。

此外，我们期望在北平这第二次的读绘展后，确能按步实现我们第一次展览会留下的奢望（?），真能激起社会上热心儿童读物的出版家、编者和研究儿读专家、艺术家及关心儿读同志们，真正的合作，来实观我们北平中外近代儿童读物展及北平公共儿童图书馆，儿童读物研究室和国内外的儿童读物交换会，那么，本会前后两次的举办儿童读物绘画展览会就不算白白的展览了。

（载《大公报（天津版）》1936年4月5日）

举行儿童读物展览会的旨趣

全国儿童年实施委员会宣告：本委员会认为儿童读物，是儿童的

“精神的食粮”，影响于儿童教育，极其重大，所以乘这儿童年实施的期间，征集全国儿童读物二千多种，一万几千册，自二十五年一月三十日起，至二月五日止，公开展览于首都，并且在首都展览之后，预备运送出去，巡回展览于全国各重要地方。在开会的开始，谨将举行儿童读物展览会的旨趣，揭橥如下：

（一）供国人概览以正国人对于儿童读物的观感

国人对于儿童读物，大概都很忽略，有的以为无足重轻，置之不闻不问、不议不论一列；有的只看到一部分，觉得和自己的主观不相合，便大声疾呼，斥为谬妄……这些态度，都足以摧毁儿童读物改进的新苗而有余。此次，我们把各种儿童读物集中一处，公开展览，请国人概览一番。我们以为，至少可以使国人知道：（1）我国的儿童读物，居然有这么许多，差不多也是“皇皇巨著”，在出版界上占有重要的地位。（2）这些书，也都是花了许多著作家的心思，许多出版家的财力……编印成的，并不是偶然的无聊。（3）“供以应求”，这是一定的道理，儿童们需要这些书，所以出版界才出版这些书。儿童们何故需要这样的书，而不需要旧式的《三字经》以及《圣经贤传》，这里面也一定“自有道理”。（4）这些书和十多年二十多年前的儿童书，面目已经大大改变了，为什么要改变，其中也一定有一个重要的原因。（5）这些书自然有好有坏，可取可去，在只见一鳞半爪，未窥全豹，未加仔细研究以前，不能轻下断语，一笔抹杀。

（二）供专家研究以为改进，并选择儿童读物之一助

我国的儿童读物，有好有坏，如果不加研究，不予批评，那末，不但著作人和出版界无所准绳，不知所以改进之道，就是学校家庭，也无所准绳，无从选择取去。此次，我们把儿童读物，集中一处，并且把外国的儿童读物做参考资料，聘定几十位研究有素的专家，组织评判委员会，加以研究，予以评判，并且希望未被聘的专家，也把好的意思，尽

量写出来，送交评判委员会或者本委员会参考。我们以为研究的结果，一定会有一个系统分明的报告书编印出来，指点儿童读物的一般优点和共同缺点，贡献给著作界、出版界以及学校家庭，为改进儿童读物或选择儿童读物之标准。自然，评判委员会等的研究结果，未必就可以算是最精确的标准，但是有助于儿童读物的改进和选择，那是可以断言的。

（三）供文坛参考，以期新旧文学家多多致力于儿童读物之编著

我国新旧文学家，大多不注意于儿童读物，尤不屑编著儿童读物，以为儿童读物是“薄物小篇”，是“卑卑不足道”的东西，用不到自己去注意或努力。因此，出品瑕瑜互见，较伟大的作品，也无从产生。既往的新旧文学家，也因兴之所至，偶然翻译或著作过一两本儿童读物，例如《爱的教育》、《托尔斯泰童话集》、《小坡的生日》之类。但是，又因未用“大众语”和“儿童语”编著的缘故，往往文字艰深，非多数儿童所能了解。此次，我们把各种儿童读物和各国优良儿童读物，集中一处，请新旧文学家多多注意。我们希望大家鉴于儿童读物的重要，鉴于外国文学家研究儿童文学的趋势（各国多有儿童文学研究会，苏联大文豪高尔基也正研究提倡儿童文学，一九三四年，捷克京城，曾开儿童文学作品展览会，我国也选送优良读物前往陈列……），不再鄙视儿童读物，急起研究著作，多多产生精纯而伟大的作品，以使儿童读物，大大地改观。

此外，因这次的展览，出版界或者也能因观感所及，一变向来的态度，多多征求善本，并改善印刷装订，以使儿童读物精益求精，那末，本委员会的举行这一次读展，就更有意义了。会已开幕，希望国人专家、文学家、出版界……联袂来看，多多注意，多多用力……以求造福于儿童，幸甚幸甚！

（载《申报·全国儿童读物展览会特刊》1936 年 1 月 30 日）

全国儿童读物展览会筹备经过

薛天汉

全国儿童年实施委员会依照实施办法大纲二十七条的规定，举行全国儿童读物展览会。原定开会期间，在二十四年十二月，后来因为向外国及边远各省市征集的读物，不能够如期寄到，所以延期到一月三十日才开幕。这个会的筹备，从二十四年六月到现在，足有七个月的时间，现在把筹备经过分述如下：

（一）征集读物

（1）本国各书坊出版的现行小学教科图书和各种别的儿童读物，由委员会径向各书坊征集。（2）本国各书坊历届出版已失时效的小学教科图书和各种别的儿童读物，由委员会向国立编译馆及中央图书馆筹备处借用。（3）私人出版的现行或已失时效的各种小学教科书及各种别的儿童读物，由委员会向藏有是项读物的私人征集。（4）本国各教育机关自编的儿童读物和对于儿童读物的研究结果，由委员会向各地教育行政机关征集。（5）外国优良儿童读物，由委员会呈请教育部转咨外交部，令饬驻外各使馆向驻在国教育机关征集约各十种。（6）社会流行的不良儿童读物由委员会向各小书摊征集。

（二）筹备会组织及工作

依照《全国儿童读物展览筹备会组织章程》的规定，由全国儿童年实施委员会、教育部、国立编译馆、南京市社会局、南京市儿童年实施委员会等各机关派员共同组织筹备会，于十月三十一日成立。该会为办事便利起见，分设总务、征编、布置、交际、审核、纠察等六股，由委员会担任总务股及征编股，社会局布置股及纠察股，南京市儿童年实施委员会担任交际股，国立编译馆担任审核股，并推薛天汉、钱用和、杨瑞虹三人为常务委员，负责主持筹备事宜。该会筹备期间，共三个月，计先后开过筹备会六次，凡关于展览目的、展览地点、评判会的组织、评判委员的人选、读物分类方法、编目方法、会场布置、招待办法、各报馆刊印特刊办法等，都由该会决定。

（三）评判委员会组织经过

根据第二次筹备会议决，聘请对于小学教育有经验及研究儿童读物有素的人员担任评判，当即拟具名单，呈请教育部聘请刘英士等三十四人为评判委员，组织评判委员会，并推王味辛为召集人。十一月二十九日，召集第一次会议，决定关于补助读物一类，由该会加以评判。又按照补助读物的性质，分全体评判委员为文艺、社会、自然、丛刊及期刊，凡四组。以王万锺为文艺组召集人，王味辛为社会组召集人，潘平之为自然组召集人，薛天汉为丛刊期刊组召集人。该会先后已举行三次会议，关于评判用表、评判标准及评判表用法说明等，均由该会订定。

（四）读物分类

所收到的全部儿童读物，分教科书、补助读物、参考书、社会流行的儿童读物四类。教科书类分公民、卫生、体育、国语、社会、自然、算术、劳作、美术、音乐等十组，补助读物类分文艺、社会、自然、丛刊及期刊四组，参考书类分外国读物及儿童读物研究二组，社会流行的儿童读物类只有属于连环图一类的不良读物，不再分组。

（五）读物约计

这次我们征集到的读物，就来源而言，外国有英、意、德、日、美、法、奥、荷、苏俄、波兰、丹麦等十一国。本国的出品，教育行政机关有江苏、浙江、山东、河南、河北、甘肃、山西、陕西、察哈尔、湖南、江西、福建、湖北、广西、南京、青岛、北平、天津、汉口、上海等二十省市；书坊有商务、中华、世界、大东、开明、儿童、新中国、大众、正中、春秋等十家。就数量而言，我国现行教科书计二百九十七种，共一千九百三十五册；补助读物计一千五百零八种，共五千六百三十册；参考书计研究组一百九十九种，共二百二十二册；外国读物组二百十七种，共二百八十八册；社会流行读物计二百二十九种，共四千四百十三册，总计为二千四百五十种，共一万二千四百九十八册。此外，还有我国已失时效的教科书百余种约二千册，尚不在内。关于全部读物都编有详细目录，开会以后，当可付印。

（载《申报·全国儿童读物展览会特刊》1936年1月30日）

怎样选择故事书?

茉　英

现在坊间所流行的故事书，大致总不外下述的三种：神怪故事、名人故事、科学故事。

神怪故事之中，分着二种：一种是正式的书坊中所发行的，都是风老人、雪姑娘、猴子哥哥、白兔妹妹，以及月宫仙境、海岛神山等故事。还有一种是不正式的书铺所印行，而由门板书摊发售的剑仙、侠客、狐精、妖怪等故事。

名人故事之中，包含着中外古今的名人，如政治家、科学家、探险家、忠臣、孝子、烈女等等。但同时，也有很多是以中国传统的封建思想为中心而编成的。

科学故事，因为是儿童的读物，所以也有很多是为引起儿童的阅读兴趣起见，故意把科学原理，说得过分的神奇。但自然也有是很合理的。

最近，据一位在书业中服务的朋友告诉我："神怪故事的销路最好，名人故事，次之，但只及神怪故事的百分之十五，科学故事，除了说得过于神奇，近乎魔术的，偶然还能销掉几本之外，合理的科学故事，简直的没人问鼎，出版之后，永无再版的可能。"

接着，我又遇到一位当小学校长的朋友，和他谈起小学生阅读故事的问题，他说：“初年级的小学生，专爱读风老人、雪姑娘一类的故事。高年级的，爱读剑仙侠客。这几乎是小学生界的普遍现象。名人故事和科学故事是强迫着高年级的小学生阅读的，但瞧着他们似乎是毫无兴趣的，总没有读神怪故事的那么有味。”

为甚么毫无意义的神怪故事，大家偏那么爱读，越有价值的故事，如名人故事、科学故事，偏不受小朋友们的欢迎呢？

这虽然是一个小问题，但我觉得这对于小朋友的前途，是有相当的严重性的，所以特地提出来，求教育家们，设法纠正呀。

（载《申报·儿童专刊》1936年4月4日）

消闲的书与有用的书

陈诗蓑

中国的读书人，向来是抱着“清净无为”、“游戏三昧”、“吟风弄月”、“今日有酒今日醉”这种人生观的，像“不作无益之事，奚遣有涯之生”这种句子，是久经被文人墨客们作名言，而大为欣赏传诵的。

所谓读书人，就是知识分子，历来处于社会中坚的地位，领导着社会的思想，左右着民族的文化，转移着人群的生活。试想历来领导中国文化思想的人，既多是那样一批消极颓废的知识分子，则对于民族社会影响之恶劣，当然是不消说的了，因此之故，大家多不肯把时间好好的使用，却借品茗、吸烟、弈棋、打牌、看闲书，以为消遣，把所有的大事、正事，却成为“茶余酒后”化，而以轻描淡写了之。所谓“商女不知亡国恨，隔江犹唱后庭花”，这正是中国一般士大夫以至老百姓的通常态度，而被那些颓废文化所熏陶出来的。

中国的许多颓废文人，产生了许多颓废作品，这些颓废作品之中，包括着色情文学、武侠小说、游戏文章之类，因为都是消闲性质的，书房中人统称之为“闲书”，在国际资本主义加于中国的打击还未课刻，农业社会的气味还颇浓厚时，看闲书的风气是很盛的。书坊的营业，也以闲书为大宗，就是在经济危机日见严重的近年，虽然有许多有闲阶级，已被提入机械的漩涡，不得不离开躺椅，放下闲书，去作生活的挣扎，但一有闲暇，仍然是以闲书为消遣。尤其是店员工人，不看书便罢，一看书总离不了闲书，虽然也有人看《写信必读》、《酬世锦囊》这类陈旧的较合实用的书，但总不及看闲书那样起劲。同时，闲书也以旧骨干而披上新衣，幻出新姿态与新名目，出现于书业市场。报纸与杂志的一部分，载着闲书性质的东西，其中有的为青年学生所欢迎，有的为职业群众所爱读，而武侠小说尤有它们盛大的读者，靡靡小曲更为青年男女所爱哼。在这种低级趣味文化下熏陶出的群众，必然地成为一大批耽于幻想、逸乐，如醉如梦、如痴如狂的人，惟图苟安旦夕，缺少振作精神，不能正视现实，剖析现实，改造现实，所以什么事情都干不好，什么事情都带着儿戏，到了敌军压境，国家半亡，还是不减狂欢，依然沉醉。对于极严重的事情，也像丝毫不关痛痒，将至耻巨辱的压迫，都幻作闲书化的笔调，等闲写之，等闲看之，等闲听之，好像仍然是太平无事一样。其所以至此，虽然原因有点复杂，但这里边确有"闲书"作怪，被闲书的消极意识，颓废思想，虚幻观念，玩世态度，逸乐主义所麻痹，致一役人民蔽于幻想，堕于苟安，陷于醉梦，老于痴狂，因而也就不能负重致远，不能实干苦干了。

所以我们要了解"闲书"——一切消闲性质的读物之为害，而予以摒除，看消闲性质的读物，正像吃鸦片烟一样，暂时虽然觉得兴奋有趣，但受了长期的麻醉之后，到底会使一个人的意识模糊，态度歪曲，而断送了前进的意志及实干的精神。因了剑侠小说的流行，曾使小学生结伴出走，想到峨嵋山去寻师学道，还是颇不鲜见的事，报上曾经迭有记载。因了荒谬思想的传布，遂使人们受其诱惑，产生了荒谬的行为，这是无可否认的，人们的意志是没有定型的，"近朱者赤，近墨者黑"，年长者的意志也不见得比儿童会高超多少，梦想着到峨嵋山去学道，憧憬着虚无缥缈的生活，漠视了现实，抛却了大路，这在成人中也是常有的。在世界危机日益严重的现在，我们必须具备着现代人的条件，以实事求是的精神来克服困难，开拓新的合理的境界，对于带着人们到虚幻若安中去的消闲性的读物，唯有暂且束置高阁为妙。

同时我们所需要的，是有用的书，我们当从有用的书中，去获得最现实的新知识、新技能，去充实最前进的新道德、新见解。所谓有用的书，是科学化、实际化的书，不是玄虚粉饰、晏安鸩毒的书。

我们当从社会、政治、法律、经济、教育、伦理诸书中，去探求社会改造、制度施设的原理，以推演新社会，创造新制度，使我们的生活环境能够改善，人群关系能够合理。

我们当从历史中，去探求纵的演变，由认识过去，以适应未来，并阅读古今名人传记，取法其长，审核其短，以砥砺气节。我们当从地理中，去明了横的位置，并阅读记载国际现状的书，以期推测国际的变端，从事自己的准备。

我们当从天文、物理、化学、生物诸书中，去探求宇宙的秘密、物质的变化，以期了解自然，更进而管理自然，利用自然。我们在具备着基础知识并随时吸收新知外，更须于农业、工业等诸般应用技术书中，专择一项来研究学习，以期实施建设，增进生产。

总之，知识技能是无涯的，生命是有涯的，我们必须善用有涯的生命，才更显得出人生的意义。因此，我们须得做到老，学到老，日日新又日新，从多读有用的书，以时时补充知识，增进技能，使成为社会中的健全分子。

（载《小学与社会》1936年第2卷第3期）

谈本市儿童课余时几个有弊害的消遣

——学校当局与现代父母应该矫善的一点

梦　塘

这次笔者个人所要谈的儿童问题，是只限于本市的，在大体上说，好像波圈是过狭一些。如果其他的地方也有着这不幸的同样事态的时候，亦未尝不可来以本文做一借镜，同时个人这篇有地方观念的东西，也可以勉强地原肴了。

实亦地说：我们不能坐等现在这种歪曲事态逐日地蔓延滋长，所以动手写这文字，以诚挚热忱的态度献给现代父母与学校当局，希望能以迅速严厉的手段来制止这个不幸的问题展开，使之完全地消敛灭迹。

当然，我们不主张，儿童整天地埋首在书堆里。应该在课后有相当时间的消遣，以期使他们的身心恢复疲劳，趣味上不感着枯燥单调，不过消遣得不正当的时候，是的，弊害是极大的，也许会毁掉他们光明的前途，葬送了他们的一生。所以消遣对于儿童也是极扼要的一件事。

可是，在这都市文化高潮，教育将臻极峰的津市里，而多数的儿童竟深深地贪恋着有弊害的消遣，这是确是使人觉得悲惨的事。

（一）留连游艺场

真的，个人很奇怪，天真烂漫、诚挚纯洁的儿童竟会浸淫到放浪形骸的游艺场中去。也许有人要以为个人说得过甚，在事实上，凡是到过中原游艺场的人，都能看到这种情形的：剔透活泼的孩子，穿着白雪一般短的衬衣、黄色的短裤，他们微笑地把两手攀在红色的木栏上。是的，那娇媚的歌姬就站在这些小天使的眼前，高亢地唱着惹人饥渴的哩曲，一个醉人的微笑，一个轻俏的眼风，台下的男人都疯狂似地喊着，在这淫荡、嘈杂的氛围中，渐渐地使孩子们感觉着新鲜，刺激得快意，于是使儿童的下意识底模仿性，强烈的发生出来。时候过得稍久，他们也逐渐地懂得歌曲、媚笑、眼风的趣味了。慢慢地，他们尝试着色情的狂叫，虽然他们不能懂得更多一些事，可是至少他们觉得这是新奇的快意。所以在歌姬觉得这群小天使的狂叫声调可笑的时候，那末嫣然一笑的时候，是的，孩子觉得这反应更有趣，吵得更狂了。

谁使他们如此？我想这个咎责是属于父母的。父母应当给孩子们适当的消遣场所，同时，更不该把他们带到这种淫荡繁杂的地方去。这样，不仅是耗费精神、金钱，牺牲了时间，就是学识上、功课上也有绝大的荒废。在远一些说：这是在创造一个未来的色情疯狂者呵。还有，当这沌腻淫靡的气氛把儿童熏染得够相当时间的时候，是的，这个有无限前途、有辽远前程的孩子，是完了，是被毁灭了。所以，现代父母的确不能再忽视这种不幸的、有极大危害的事态。

（二）赌博式的购买

现在的商业，是充满着浓厚的赌博气氛，例如赠彩一类的事。不过在这竞争、□援的社会里，我们还可以原有这种欺骗式的商业存在。可是在一群天真无知的孩子们中间，贩卖者为了牟利，也实施着赌博式的买卖，的确这是极不当的事。这种“流寇式”的小贩，常流动地在学校门前做他的买卖，在午后上课以先，课余以后，嘈杂地围上了他，孩子们把零钱倾囊地拿出来和贩者赌博，企图护得胜利，虽然每个人都不需要食物了，可是赌博的心情还在火炽，于是构成了金钱上的输赢。固说孩子是精明，但小贩较他们更伶俐，渐渐地，钱都从孩子的口袋里迁移到一只油腻肮脏的口袋中去。失意的人走了，可是在明天又从父母那里要来零钱等待着决胜哩。当然，这种坏事态的滋长，是极危险的，所以现代父母，与学校当局方面都该切实地对这现实制止一下，免得他们逐日地步入歧途。

（三）连环图画的麻醉

记得在春季的时候，本市社会局曾明令发表，取缔内容荒诞的连环图画。虽然一时气焰消敛，但事过景迁，现在租赁连环画的贩者，依然活跃于街头，像什么飞侠、大侠、奇侠一类无稽的东西，雪片般地飞到孩子们的手里。有的把未曾读熟的课本抛在一旁，而极有兴味地看着那种有无限毒害性的图书。同时更有一些画得异常笨拙的图书，还能使儿童渐渐失却审美的观念。所以我们在各点上看，连环图画都是不适宜儿童的事。

以上列举的三点，都是本市儿童们最显著、最有弊害的消遣。所以我们应以极严厉的手段来遏止。妥善的矫改方法是：一、父母为儿童觅适当的娱乐场所来消遣，对身心有害的地方该禁止他们前去。二、学校当局对赌博式的贩者应呈请社会局缔禁。同时在校中该设消费合作社，使孩子得到便宜适当的购物处所。三、学校方面亦当添设储蓄部，强制儿童储蓄，以杜绝种种弊害。四、学校方面多添设图书，同时家庭方面亦应多量购买合理有教诲性的图书，以期儿童得到好的消遣物。

最后个人相信，这几个条件准备好，实施以后，结果绝不会使人失望，就是儿童各方面也会得到很大的补助的。

（载《大公报（上海版）》1936 年 9 月 17 日）

怎样制止儿童阅不正当的小人书

光　涛

最近各报均载有三学生因看小人书入迷，而赴峨嵋山修道，后幸因缺少川资而回。由于这段消息，我们知道小人书的确害人不浅，至于小人书都有什么害处，过去已有许多人讨论了，笔者不复赘，仅将如何制止儿童阅不正当小人书的方法写在下面：

小人书的内容，大抵以神怪武侠为主，可以说荒谬之至，然而一般无知识的儿童（甚至于成年人也喜欢看小人书），以父母所给的点心钱，就做租小人书用了。每逢上课时，正课不顾，而偷看小人书。结果，功课的成绩，一定低劣！

据心理学家言：普通儿童的模仿性很大，所以儿童无论何时何地皆应予一好的环境与好的印象，务使儿童不要染上了不良的习惯。根据这几句话，可以明了儿童所以看小人书入迷的原因，大半是由于模仿性而来。

一般父母对于制止儿童看小人书一事，尚未顾及到，以为儿童太淘气、太顽皮，无法制止，便与他租来些小人书。果然儿童们便因而很安静地看下去。但是当父母的却未曾想到儿童淘气顽皮是儿童的天性，欲强制止其天性，而以小人书作利器，岂不是慢性的摧残儿童吗？

制止儿童看小人书的最好方法，可以分社会及家庭两方面来讲：

社会方面根本解决的方法，就是将一切凡涉及神怪武侠或其他的小人书，完全彻底查禁（为了儿童本身的利害计，顾不得以此项业务为生活的人了!)，使儿童没有租阅的机会，这个工作，似乎很难，设如当局及人民常常顾到，也并不是一件很难的事，此法如行不通，即可再另想别的办法。如非经审查合格的小人书，不得租阅，或请专家另绘关于有益于教育的小人书，来灌输新的思想，使儿童不致走上不正当的路。

家庭方面负责制止的，便是父母了。此时为父母的务要明白小人书的害处，严厉地禁止儿童看小人书（有关教育者例外），最好将各项的害处与儿童详细说明，如儿童还偷看，就使威吓的态度，来应付儿童。另外可再向各杂志社定些有益的浅明文字的杂志，例如《小朋友》、《小学生》、《儿童周刊》，俱是很好的杂志，可以介绍给他们，并且加以解释，儿童自能不看小人书，而对于杂志发生兴趣的。

末了，笔者可以介绍几种关于教育的小人书与读者。例如《爱迪生》、《渔光曲》、《母爱》、《花会之害》、《欢喜冤家》、《都市风光》、《三女性》、《胖太太》、《王先生》、《毛三爷》、《卓别林》、《陆克》等，都是对于儿童很有益的小人书。尤其是《爱迪生》，更是启发儿童智识最优良的一部，当父母的很可以叫他们常看此类的小人书，未尝不能以其利用作儿童发展思想的工具。

（载《大公报（天津版）》1936年10月25日）

取缔小人书以后用甚么可代替？儿童读物的指导

——怎样避免阅读无益的 怎样才是合理的阅读

冯　江

一、非常的责任

因为小人书的流毒过深，社会便开始对于儿童读物的注意。

在目前，我国对于儿童书报的出版还不能普遍于每个儿童间，无益于儿童身心的小人书是在那里满天飞，这实在是一个极严重的问题。但是儿童喜欢什么？应该叫他们阅读什么呢？

每个儿童，到了相当年龄，便喜欢看图画，看闲书，这正是儿童读者求知现象，作父母和导师的，正应该予以实际的帮助和指导，一方面来培植他们的兴味，还可以使他们不入歧途。而怎样避免阅读无益的呢？什么是合理的阅读呢？

叫儿童不看无益的书报，但什么是有益的书报呢？对于我们的成年者，指导儿童读课外阅读，实在也是有兴趣的事情和非常的责任。

二、倾向的考察

教育家杜威曾说过："教育者对于儿童的兴味，不应放纵也不要抑制，应该加以继续和同情的观察，以审知儿童的发展程序，而为教育的根据。"

首先，当我们考察儿童阅读问题时候，应该先注意到他们的兴趣是什么，了解了他们的兴趣后，嗣能"对症下药"供给他们书报。

我个人因为考察儿童阅读的倾向，曾调查过他们的读物，并且还亲到小人书摊去调查，知道成人喜欢的谈情说爱，多不是他们所喜好，十个小孩中，有八九个喜好武侠和侦探一类的口味。

分析儿童的读物销畅，若以小学程度来说，一二年级程度的儿童极少，多看图画一类，比较上是在三四年级起，多是中高年级所需要。

三、儿童读物的分类

我们获得上面那个结论后，不妨把儿童读物分类如下：

A. 故事类：英雄的，名人传记，自然故事，家庭生活故事，冒险故事，侦探的，学校生活的。

B. 自然科学类：天文，地文，物理，化学，动物，植物，矿物。

C. 应用技术类：农业，工艺，工程，生理卫生。

D. 艺术类：劳作，美术，游戏，音乐，童子军。

E. 社会类：历史，地理，公民，时事，法律，政治，实业。

F. 其他：公民训练，卫生，体育，国语，社会，自然，算术，劳作，美术，音乐。

G. 文学类：童话，传说，寓言，笑话，故事，日记，游记，儿歌，民歌，谜语，诗歌，剧本，书信，长篇小说，短篇小说。

四、怎样鉴别他们的兴趣

如果根据上面儿童读物的分类而言，按着儿童的生活经验和知识程度，根据袁湘槐先生的《课外阅读兴趣的调查》（见《教育杂志》）分析的结果是：

①文学类使儿童最发生兴趣的是故事，除三年级外，都占第一位。②故事项最喜欢看英雄故事。③自然科学三年级对于物理最感兴趣，四年级以上，对于天文最有兴趣。④应用技术类，三年级喜欢看工业和生理卫生的图书，四、六年级喜欢工业，五年级喜欢工程。⑤艺术类，三、四、五、六年级最高兴研究童子军，六年级对于音乐最感兴趣。⑥社会类，六年级喜欢公民，三年级喜欢时事，五、六年级喜欢看地理书。⑦其他类，五、六年级多喜欢看体育方面图书，四、五年级最喜欢看国语方面的图书。

五、按年龄来比较

现在我们以儿童的年龄来和他们所要求的书报对比，可以得到下面一个结论。我们知道故事类的书画可以使儿童孜孜不倦，津津有味。特别是英雄侠义一类在七八岁到十岁的儿童间，他们英雄崇拜的心理很强烈的。并且，在生产教育的原则下，我们应该对儿童应用技术书画喜好时，更予以特别的供给。

八岁——多喜欢看故事、听笑话、说故事，而对于自然界亦有莫大的兴趣。学科方面，对于国语算术方面的补充读物，均能够引起了浓厚的兴趣来！

九岁——虽然对故事笑话可以同样发生兴趣，但是因为知识的进步对于学校生活和谜语等思维，这个时候也用他们的思考了。而对于他们周身接触的社会时候，也都感到兴味。学科方面的儿童读物顶好是看国语科类。

十岁——这时候的儿童，更喜欢英雄伟人故事以及天文地文也开始增强。学科方面，体育也能引起他们的莫大兴味来。

十一岁——通常这个年岁，儿童已到了高小程度，因为喜欢故事，使他们更爱看长篇以及章回的小说，此外因为好奇心，自然科学书便合乎他们的口胃。各处读物他们也均想涉猎了。

十二岁——这时候，读书和知识狂热是到达了顶点，当然书画的涉猎更由单调而趋于复杂化了。

十三岁——十三岁时候的儿童，已经到了初中前的程度，阅读兴趣是不但更加浓厚，即是特殊的癖好，也都在这个时候更有专门的兴趣。

六、男女儿童的差异

上面所提供的纪录，都是我国浙江省慈溪乡师附小学校的儿童课外阅读的试验，已经被国内教育家公认为我国儿童的共同情形了。我们知道儿童逐年长成的生理和知识要求如斯，他们的课外阅读的兴趣如斯，不过因为男女儿童因性别的差异，其阅读兴趣也有不同。

英国教育家阿丽斯·格莱氏曾研究过男女儿童的不同，并有专书，兹由笔者作简单的对比如下：

男孩的年龄兴趣

六——七：动物自然和神仙的故事；

九：富想象的神仙故事和日常生活类；

十：日常生活的事情；

十一：战争冒险，伟人英雄旅行和神秘故事；

十二：战争英雄；

十三：日常生活时事，社会旅行和英雄故事；

十四：时事社会和游艺运动以及职业活动。

女孩的年龄兴趣

六——七：她们除了有相当的喜好并还喜好韵语；

九：也偏重想象，但对实际尤为注意；

十：家庭学校故事之外，她们对宗教注意；

十一：对于动物自然故事和男女恋爱、慈幼等；

十二：女伟人和家庭道德箴言；

十三：恋爱和生理，以及家庭男女日常生活音乐；

十四：人道主义和男女关系以及家庭生活等等。

因为男孩和女孩的生活情形，在我国今日情形有一个显著的差异，于是，表现在他们所要求的读书上也是不同的。这个不同，是因了他们和她们的小环境而分别，中外皆同。

七、怎样的原则

目前我们都承认大量无益儿童的书报愈多之今日，亟需要解决用有益的书报，导之正轨，如使他们增加课外阅读的兴趣，和养成他们的能力起见，应当从七八岁（三年级）后便有指导和鼓励的必要。但该有怎样的原则呢？

故事小说对于儿童都有新鲜的魔力，但是我们最高的目标，却希望课外读物扩展他们的经验世界，发达他们的知识。合理的儿童教育，应依了他们的内外生活需要，适如其分的供给他们，使他们生活丰富满足。儿童有阅读的兴趣，我们应当供给他需要。婴儿不吃饭，只能给他乳吃，不会走路，只好抱他。在他们受够了无益的书报的毒害时候，我们应该针对了他们的需要而供给，在小人书对儿童有害，我们用什么来代替小人书呢？在全国取缔小人书的今日，我们应该选择适合于他们理解和兴趣的读物，是目前最迫切的问题！——有益的书报不但帮助儿童得着好生活，而且是一种教育！而鼓励和帮助是最迫切的！

儿童是下一代我们的主人公，我们民族的继承者，我国苦难的前途正是应该开拓这一代的斗士！儿童阅读的分量，在目前民族危机的时代，尤应多贯输以救亡的教育，最低限度，应该使他们不但要欣赏，而且有实用，还要随时供给他们参考。

八、指导的方法

现代的父母和导师，知道儿童读物的重要，应该负指导的责任。指导的方法，分三种进行：（一）提高兴趣；（二）供给机会；（三）引起注意。

照这种方面情形，在小人书与无益书报充斥的今日，儿童读物方面一定很大的发展，而我国儿童的阅读课外书报上一定开一新纪元。

指导方面可以经过选择和考察，询问他们的兴趣，尽量由他们质疑，并且对他们的理解和记忆等等尤应注意。而且对于他们的读书习惯尤要注意。鼓励的方法很多，如布置儿童读书环境、组织竞赛、测验、讲述、奖励等等都很有效。

上面我们已提到指导的工作，对于儿童书报出版也极重要，应目下急需。若是只就目前的现有书画，我国由各书店出版者已约有万把种之多，搜集起来，暂时也很够代替小人书的了。

（载《大公报（天津版）》1936年11月8日、11月10日）

青年读物的商榷

李希实

在国内学术界闹饥荒的今日，青年的知识食量，也同样地感到缺乏。在目前畸形的出版界里，我们平心而论，的确找不出几本有益于青年的读物来。最可怜的，在这样缺乏的读物里，我们竟会发现不少的戕害青年心性、麻醉青年思想的东西，这是青年求知作人很大的一个阻力。

人类的习性，最恶劳好逸，避硬就软，这个事实反映到青年读物生活上，就是“软性读物有凌驾硬性读物之势”。每个人都喜欢读此风花雪月、诙谐滑稽、惊奇神怪的东西，而不愿与理论的书籍去接近，于是张资平的三角恋爱小说，郁达夫的颓丧作品，林语堂、陶亢德所主编的《宇宙风》，郁达夫等所编的《论语》，以及其他的低级趣味的读物，便都变做青年爱好的读物。我们不否认文学的独立性，我们也不漠视幽默之调剂人生，然而我们对于玩物丧志的幽默，感伤颓废的作品，只重趣味而无内容的东西，却不能不使我们有所念及。这些读物只能引导青年走入放辟邪侈之途，对于他们知识的追求，人格的修养，是毫无裨益的。

青年养成喜欢阅读软性书籍的习惯，同时也造成他脑子里的迟钝，心思的粗疏，他看理论的读物和稍要用思想才能理解的书籍，就会头痛起来。在这样的情形之下，他们的知识，也许永不会有什么进步，他们的思想，也许永远不会运思入微。

从科学的见地来说，所谓“难易”，只是相对的名词，我们看一册难读的书，其理论尽管艰深，我们如有用工夫，不惮思索，终有豁然领悟的一天。假如我们遇着艰难就向后退，那么，我们将永远没有解决难题的机会。我们的寻求知识，正如农民之耕耘田地，他们若不经过胼手胝足、披星戴月的劳作，决不会得到圆满的收获。同样，我们不肯下苦工夫、多用思想，我们也不会消化这知识的食粮。我们应当明了，脑筋愈运用，才愈灵敏，思想愈运思，才愈缜密。我们肯思索，肯用脑筋，那么，“硬性”的也就变为“软性”的了。

当然，我们谈到青年的喜欢软而厌恶硬，不能只归咎于青年本身就够。在这高度商业化的社会里，许多作家，为了金钱，出卖了人格，也是一个原因。他们的著作，不是投青年的所好，大施麻醉，就是粗制滥造，贻害人群。最近的几年以来，关于新兴科学的译作，字句生硬，使人读之如入五里雾中。于是，青年因不懂而失望，而他求，于是乎戕害青年求知上的生机。

所以我们为青年求知上着想，希望国内著作家，多作些有益于青年敦品砺学的读物，激发爱国爱民的思想之灌输。同时，希望青年诸君有以注意，硬软是相对的问题。

（载《晨光周刊》1936 年第 5 卷第 34—35 期）

国难时期的青年读物

坚

中华民族现在是当着一个空前的国难时期，一切政治、经济、军事、教育等，都应当适应这个时期的需要。最近几个月中在政治、经济、军事等方面的改革，假如细心地分析一下，我们就可知道其意义的严重与伟大。过去教育当局召集专家讨论国难教育方案，也无非要和政治等发生联系，确立非常时教育的中心目标。

我们的出版界，也应当在这时确立一个中心的方针，俾合于国难时期的需要，这非特出版界应当有这种觉悟，我想一般读者也是迫切地期待着的吧！

一切出版物中，青年是最大的主顾，这一方面有许多青年尚在求学时期，时期和经济都允许他们读书。同时，青年的求知欲比较旺盛，因此青年读物就充斥在现在的出版市场了。

我们知道，青年是民族的灵魂，国家的中坚，尤其当此国家民族危急存亡之秋，复兴民族的重任是放在青年的肩上。因此，青年所负责任之巨大，也就可想而知。

青年的使命既如此重大，那么，作为青年精神的粮食的青年读物，其重要当然也是不待言的。

但是我们看一看现在市上所流行的青年读物是怎样的情形呢？甲书局出了一本《青年书信》，乙书局也就来一本《青年的几封信》；这个书局出了一本《青年的修养》，那个书局又来一本《青年的训练》。内容都是千篇一律，说来说去无非那几句话。有些书还把不良的观念灌输到青年的脑子里去，使青年走向错误的道道，读了这种书，自然更是有害无益了！

因此，在国难的现阶段，我们对于过去的青年读物应该清算一下，作一番严正的检讨。对于现在青年读物的编著，应该确立一个目标。清算过去，且待以后有机会时再谈。现在且来谈谈在这空前的国难时期，我们需要怎样的青年读物。

第一，应当确立中心的意识，过去的许多青年读物所以不能收到很大的效果，主要的是没有一种中心思想的支配。在此国难时期，我们需要统一的思想，统一的步伐，这样，对外才有力量，才有胜利的把握。我们除了作政治、经济、军事等的准备外，更需要意识的总动员！因此，统一青年的思想，使集合于同一的目标之下，这是现阶段中最迫切而需要的工作。至于什么才是国难时期青年的中心意识，这是有待于专家的讨论，定出一个纲领来。

第二，应当灌输国难的知识。我们的民族当此空前的国难时期，青年们随时都要作动员的准备，那么，一切国防知识、军事知识，自然需要有明确的认识。比如说，我们的国防线是在什么地方，什么是国防的危机，我国的资源、人口，以及各种战时知识、防空常识，都是现在的青年所急于需要明了的。

中心意识的确立，是一种精神建设运动；国难知识的灌输，是属于科学技术方面的。有了统一的精神，才能有效地应用知识技术，作持久的战争！

（载《申报·出版界》第六十二期1936年7月2日）

救救中学生的问题在那里

——出版界应该努力的一点

李先荷

自从陈衡哲女士在《独立评论》上提出了救救中学生的问题以后，非英先生又在《新人周刊》上提出了《中学生的问题在那里》一文，作者拜读了他们两位的大文以后，发生了许多感想，现在试述管见如次：

陈女士和非英先生以为中学生之问题在于康健受摧残，而所以受到摧残的原因，一为课业太繁重，二为会考制度之八股化，三为高中数理太艰深。据笔者观察，这三点都没有触及中学生健康问题的核心。

目前中学校之科目，常常受到一般学生以及学生家长的责难，认为科目太繁多。其实学校中课目之繁简，是社会生活和文化程度的反映，我们试把教育部颁布的中学课程标准加以查阅，究竟有什么学科，可以删削的呢？至于钟点的多寡，那么照教育部规定的也没有多大可增减，所以课业的繁重问题，似乎并不成为问题。会考制度之八股化，而有改良会考的必要，这笔者完全同意，因为以目前各中学教材之不相同，教学进程之不相同，而希望以统一的试题测验各中学生的程度，似乎反成为故意和中学生为难了。所以笔者认为会考的办法须加改善，即各校之教材必须一致，教学的进度必须一致，会考的试题更必须针对各中学生课业而不涉于苛细。不过这会考问题，笔者认为并不是摧残一般中学生健康的主要因素。高中数理之太艰深而对于没有数理天才的青年是一种伤害，关于这点，笔者认为的确是今日教育制度上的大问题。因为研究高深的学问，决不是可以强求的，而且勉强求之，非但不会有尺寸之进步，并且可使没有数理天才的中学生脑筋反变成麻木而愚蠢。不过假定以这一点为中学生健康受摧残的主要因素，似乎也没有触及问题的中心。

笔者认为今日中学生健康受摧残的主要原因，决不是课业之繁重，会考制度之八股化，及高中数理之太艰深，而是中学生的性教育问题。目前戕贼青年最深刻而严重者，莫过于性的摧残问题。

有多多少少的男女青年，他们在自己的青春发育期中，已很早的懂得性的关系了。在中国的家庭里、学校里、社会上，向来把性的问题视为神秘而不应公开讨论的，于是这一般男女青年不幸地陷入了歧途，偷偷摸摸地看各种淫书淫画，偷偷摸摸地干各种不道德的行为，整日整夜地戕贼自己的身心。假定我们秘密加以察查，不论男子中学或女子中学，这种可怕的现象是怎样深刻而普遍呵！家长们是没有注意到，师长们是没有注意到，社会上是没有注意到，于是青年们深入歧途而不自知。戕贼了自己的身心，妨碍了自己的健康，造成了这一代青年儿女健康衰弱的普遍情形，形成了一个民族绝大的危机！

假定我们不触及这影响青年康健的核心原因，而以为课业繁重、数理艰深、会考八股化等为摧残青年康健的因子，那么救救中学生的问题，还是得不到解决，而且白白地忙乱了一阵。

讲到这里，笔者认为出版界是应该尽一部分责任的，因为性教育的问题在事实上最难由学校中的师长们口讲指划的，最好由出版界方面专以大中学生之青年为对象，出版几种性教育的专籍，除将男女的生理详加解剖外，并且将各种不道德行为之弊害，详为解释，予以科学的说明。青年们阅读之余，自必惊惕而不敢胡为，再加以家长们和师长的严加训导，也许摧残中学生的康健的主要因素，可得而解决吧！

（载《申报·出版界》第五十一期 1936 年 4 月 16 日）

民众读物的研究

朱佐廷

（一）民众读物的重要

我国关于民众语文教育的设施，大都偏重于文盲的扫除，设立民众学校，直接施教，对于一般稍识文字的人们，仅办几处阅报处或图书馆等，别无设施，以致整个的民众教育力量，不能充分的运用起来。最近有人倡议改良民众读物，实在就是要弥补上述的缺陷。实际民众读物，在社会上占有的势力，有过于民众学校，如能切实的改良起来，其效率说不定要超过民众学校的收获。因为民众对于民众读物的兴趣，比入民众学校热烈，阅读时间，比进民众学校便利，而民众读物流传的范围，亦较民众学校广阔，因此民众读物的内容，无论其为善为恶，影响于民众生活，亦远在民众学校之上。那末要谋语文教育的推行，如果仅靠少数固定的民众学校，效能实属有限，倒不如予人民以年龄上、时间上、性别上、资产上无限制的便利，随意阅读自己所愿意的读物，效力来得伟大。所以改良民众读物，至少具有下列两种功用：

1. 辅助学校式的定型教育之不足。

2. 使民众从阅读中获得日常生活应用的智识，不致发生极度的苦闷与愚昧。

（二）民众读物的分野

民众读物是构成民间文学的要素，领域很大，以体裁言，可分：散文、韵文、剧本等；以内容言，可分：鼓词、小曲、滩簧、童话、传说、寓言、笑话、游记、尺牍、杂字、儿语等。兹将各类性质，分述如下：

甲、关于散文的，有下列几种：

1. 神话：以神仙鬼怪为主，描写虽多变化，但荒唐无稽之谈，足以影响民众思想的错误。

2. 史话：是一种历史的记载，所述都是过去的事实。

3. 童话：超自然的假设故事。

4. 物话：以物的特殊属性为根据，叙述种种事实。

5. 寓言：含有道德观念的简短史实。

6. 笑话：记载滑稽可笑的事实，关于滑稽的意味，或表现在文字上，或寄托在事实里。

7. 传说：是民间一种传说，而为正史所不载的。

8. 图画故事：是一种由欣赏而探求事实的读本，文字与图画，互相为用。

9. 杂字：就人事应用单字或实物名称，分门别类。

乙、关于韵文的，有下列几种：

1. 宝卷：是一方面需要唱，一方面需要说白，所以都是韵文合说白而成，分七言韵语一种，七言和十言韵语合组一种，七言韵语合说白一种，合七言、十言韵语再加说白一种。

2. 唱本：和宝卷体裁相似，不过，没有说白夹杂在内罢了。

3. 山歌：是一种表情，可供吟咏的东西，可以说是纯粹韵文，有七言、三七言及字数不等的体裁。

4. 滩簧：是七言韵语，可以依调吟唱。

5. 鼓词：是应用乐器的唱调，分为十言韵文，十言韵文加说白，七言韵文加说白三种。

6. 弹词：是一种盲人用来谱到弦乐歌唱的脚本，分七言韵文和说白两种。

7. 儿歌：合于儿童心理的趁韵歌辞。

8. 民歌：民间流传的歌谣。

9. 杂歌：一切写景抒情、叙述故事等的歌辞。

10. 谜语：包含拟作。

丙、关于剧本的，有下列几种：

1. 话剧：是一种纯粹对白的戏剧。

2. 歌剧：可以按谱歌唱。

（三）现行民众读物之批判

民众读物的重要，已如上述，但考查现在坊间所出版的，内容形式，多半不能适合我们的期望，最显著的是：

1. 思想腐旧，违背时代精神。社会的情形，人类的生活无时无刻不在变迁推移，那末适应民众需要的读本，应当也要具有这个条件，但现行的民众读物，许多违反现实社会的思潮，如重男轻女，迷信神权，升官发财等等。

2. 文字艰深，减杀阅读兴趣。现行民众读物里的文字，大都呆板乏味，少有生动，以致不合一般人民口味。

3. 事实离奇，超出现实生活。有些事实，在现实社会里绝无的事情，但在民众读物里硬行烘托做出来，如神仙鬼怪等。

4. 材料枯涩。没有变化凡因果或情节类似的事实，大都用同一的意思和文字，如说到孝，多半是割股治病，说到节，多半是殉夫吊孝等。

5. 印刷不良，笔画模糊，字体大小不合，纸张不洁白，有伤视官。

6. 插图不良，物像画得不确，印刷不美观，不能引起阅读兴趣。

7. 装订不良，容易散失。

（四）改良民众读物的途径

现行民众读物，既发现如许缺陷，那末要想它发生教育作用，非加以一番改良工夫不可。究应如何改良，尚待研究，个人以为最低限度要从下列几方面着手：

第一，教育行政机关要会同政府，通令实行，使教育界对于民众读物都采取一致的态度。并设法征集，从事审查，审查后，即定去取，凡审查认为不合用的，要严厉禁止，永远不须印行。审查时要须注意三个条件，以定去取。

1. 看他有没有引导人动作的力量，看他有没有引导人干了一个动作又要干一个动作的力量。

2. 看它有没有引导人思想的力量，看它有没有引导人想了又想的力量。

3. 看它有没有引导人产生新价值的力量，看它有没有引导人产生新益求新的新价值的力量。

第二，聘请专家，专任编选的事项，最好每一种读物，请一种专家，须要改良的，即予改良，须要新编的，即予新编。但无论是新编，是改作，总须确定一个共同原则，所谓原则，就是所悬的标准。究竟民众读物，要具有什么标准？列举如下：

甲、关于内容的：

1. 要有教育意味。

2. 是现代社会生活所必需的。

3. 是一般人现实生活所必需的。

4. 有改造经验的功用，可以增加适应生活的能力的。

5. 要能增进智慧与想象。

6. 要能增加研究兴趣的。

7. 要使一般人能领会能享乐的。

8. 要以生活范围内的经验和环境做根据的。

9. 要多变化。

10. 要长短适宜。

11. 要生动的有趣的不违反自然现象的。

12. 要能指示进化的趋势，鼓舞奋发的。

13. 要能供应语文的训练的。

14. 不要有宗教或迷信色彩的。

15. 不要有残酷的意味。

16. 不要有嘲骂的意味。

乙、关于形式的：

1. 用字要通俗，最好要能：

A. 变迁字形使易于学习：如“礮”用“炮”，“國”作“国”等；

B. 减少笔画使易于学习：如“蠶”用“蚕”，“雲”作“云”等；

C. 用符号替代使易于学习：如圈用“。”代，点用“、”代等；

D. 统一字形使易学习：“秋”、“烁”，“群”、“羣”，“裡”、“裏”等确定一字；

E. 减少同义的字使易于学习：如吾余予我，只取一字，余皆不用；

F. 参用外国字母使易于学习：如“洋”用“$”，“和、同”用“&”，“号数”用“NO.”等；

G. 变简原有形声字使易于学习：如“遠”作“远”，“猶”作“犹”，“機”作“机”等。

2. 印刷要清楚。

3. 纸张要洁白。

4. 字体要大。

5. 每列的字不可过多。

6. 字和字，行和行间，要有适当的距离。

7. 插图要多，物像要画得确切。

8. 要用标点。

9. 装订要牢，要美观。

（五）改良民众读物以后的问题

民众读物已如我们期望改良完善了，政府已能允许我们通令推行了。但如何推行到民间？怎样引起民众阅读兴趣？实是改良以后的重要问题，不然纵有琳琅满目的典籍，也丝毫不生教育效能。所以民众读物改良以后，要注意下列几个问题的解决：

1. 怎样养成民众阅读的习惯和兴趣？兴趣和习惯，是作事的基本条件，凡事有了热烈的兴趣和正当的习惯，进行的时候，必较便利，容易有效。不然漫无规律，强迫动作，必要发生阻力。尤其平日为民众所不重视的读书事业，更须先要养成他们的习惯和兴趣。养成民众阅读的习惯和兴趣，可用下列方法：

A. 利用本能的兴味；

B. 供给适当的刺激；

C. 要决定读者目的；

D. 要先介绍内容；

E. 要详为解释疑难；

F. 要提示要点；

G. 要指导方法。

2. 怎样设置适宜的环境？环境是教育的策源地，有了良好环境的刺激，即可引起内心的反应。所以要想民众对于阅读能有兴趣，能养成习惯，必须注意于适宜环境的设置。使民众耳濡目染，时时受着感化，不期然而然的发生自愿的倾向。民众阅读环境的设置，要用下列方法：

A. 组织民众读书会；

B. 广设阅书报处；

C. 张贴图画标语；

D. 举行阅读宣传或读书中心运动；

E. 设置巡回书库及流动书车。

民众读物，是推行语文教育一种工具，只要用之得当，自能产出大量的收获。主持社会教育的人，既已注意到这里，将来的成效，敢可预卜，本篇所述，尚多笼统空泛之处，务希关心这个问题的先生们，予以教政！

（载《中国出版月刊》1936 年第 6 卷第 5—6 期）

提倡民众读物的意义

盛文浩

我们常会感觉到，社会上一般民众的生活方式异常简陋，除掉追求衣食住方面的物质享受外，简直没有再为高大一些的思想。他们的宇宙，仅仅只是耳目所及的数里数十里之内，不知有国家，更不知有世界。一般民众的生活，为什么会停陷于这样的境地，而不能把生活的意义提高起来呢？为什么不能跟随着时代的文化，而使他们生活的内容逐渐丰富起来呢？其中的原因，实在是他们缺少吸收智识的途径，他们简直接触不到过去人类所积累的经验，享受不着社会文化的资产，好像一种建筑物的毫无基础一样，必须一一打头做起来的缘故。

从一般的看来，总以为现代的教育是很发达的了，学校的数量也着实不少了。可是当我们拿全国人口总数衡量时，就觉得失学者的比率仍是很高。社会上研究学术的空气也异常淡薄，可说是等于零。那些在学校里受教育的人，一出校门，就同失学一样，因为他们所受的微薄的教育，敌不过社会上宏大的反教育势力的摧残。例如一株富有生气的苗木，移植于沙漠中，吸收不到养分，不久将枯萎夭死。一般民众处于这样的社会环境中，熙往攘来，接触不到那些可以开发思想的机会，眼睛所看到的，耳朵所听得的，都是些浅陋庸俗的东西，因之一般人都形成庸庸碌碌得过且过的混日子，苟安于老式的生活中。

如欲补救以上所说的缺陷，唯有多多造作些教育的环境，使个个人耳濡目染，常常接触那些伟大的思想言论和优良的学术。怎样去实现这种思想呢？我们可以采用的方法固然很多，例如请名人作公开演讲，利用无线电播音，举行各种展览会，等等。但欲求一个方法比较方便而传播得比较能普遍悠久的，还只有多多的供给各种民众读物。

近年来，国人很多认识民众需要教育是如何的迫切，因为对于读物的通俗化也逐渐引起深切的注意。自从五四新文化运动以来，白话文以及注音符号终于立下了一个基础。这并不是因为白话文与注音符号的本质上超过于旧有文言文与汉字，而是由于时代环境的要求总会产生这种转变的。到了现在，我们对于白话文和音符仍觉不能满足，又发生大众文及拼音字的呼声了。无疑的，将来这大众文和拼音字的建设工程一定可以完成的。

今后理想的民众读物，除形式的改良而外，内容方面也有值得注意的。已往流行于民间的读物，内容大都是些俗调小曲小说等，供作无聊的消遣；或是些术数符咒、神仙灵异记等，引人入魔，荼毒社会实非浅鲜。书商们唯以营利为目的，迎合愚昧读者的低级趣味，毫不顾教育上的效用。在已往说是没有民众读物也不为过。现在民众读物的需要，既然是日见其迫切，如何供给这种需要，乃是我们教育界同人所应负的职责。形式方面固要力求其通俗化，同时内容方面也要竭力把他充实起来。

良好民众读物，应灌输现代生活的知识，培养积极的前进思想。其内容约可分为下列五类（参照赵宗预编著之《服务与修养》）：

1. 修养的：启发品德的修养和身体心智的锻炼。

2. 职业的：对于各个人职业上有关的材料。

3. 常识的：这种学识，虽与一己的职业没有直接关系，但间接的关系很多，随时随地碰得着。有了这种学识，工作可以顺利，效率可以提高。

4. 时事的：时事的变迁，往往与我们生活的各方面发生直接的影响。

5. 休暇的：如美术、音乐等，可以恢复工作疲劳、调剂身心的。

我们所以要提倡民众读物，为的是想改变一般人对于民众读物陈旧浅薄的见解，而重行获得一个较新的认识。

（载《中国出版月刊》1936 年第 6 卷第 5—6 期）

民众读物的编辑法

周静远

（一）前言

本来一切的图书、报章、杂志等，都可叫做民众读物，但是民众的本身，因了知识学识的不同，早就把它分成一等一等的等级，这种等级的造成，有因智力的关系，有因社会经济的关系，有因个人境遇的关系，所以他的学识的立脚点也就不同了。在立脚点不同的状态中，人力是不容易使他平等的，并且无从使他平等，尤其在中国残余封建的遗毒中，民众不识字的及粗通文字的格外来得多，若以数目字来统计一下，真是惊人。据社会教育司司长陈礼江先生说，中国最近年长不识字的人，有一万万八千二百万，精通文字的不过寥寥几个，那么除去精通文字的和完全不识字的人以外，就是粗通文字的人了。我们要这许多粗通文字的人，来读这些图书、报章、杂志等读物，实是难能，在这种情形之下，编辑低级程度的民众读物，真是有万分的需要。所以这里要讨论的，是低级程度的民众读物，不是供给知识程度高深民众所阅读的，简略地说，是狭义的，不是广义的。

我国因了教育的不普及，一般稍具有文字知识的人，从来就不能阅读高深的书籍，但他们为求知欲的驱使，以及个人消闲的需要，他们自然而然地会去找寻他们所能了解而有兴趣的书籍。社会上有许多人为迎合他们的心理，适应他们的需求，而有许多小说、戏剧、歌曲、鼓词等类的读物产生。这许多读物，是多出之大书贾和无聊文人之手，一向不为学术界所注意。这班无聊文人和大书贾，既以适应民众需要、迎合民众心理为目的，当然是专心一致的在那里编撰。他们既没有什么理想，也没有什么立场，而仅是为投民众之所好，用流传的方式，所编撰的东西，当然谈不到什么编辑方法。至于在学术界方面，也是抱着忽视的心理，认它为不登大雅、无关宏旨的东西，而不去理会它。所以民众读物的编辑问题，就无人过问了。近来民众教育倡兴，觉得民众读物，影响于民众生活，关系至大，街市上流行的小册子，内容恶劣，为害尤深，所以民众读物在过去，虽被学术界忽视，但在民众教育倡兴的现在，尤其在国家民族生死存亡的紧要关头中的中国现在，是不得不注意的。民众读物，既有如此重要，那末除教育行政机关应尽量取缔或改编市上流行的不良民众读物外，尚待从事或关切民众教育的人们，努力编辑适当的民众读物来补充。

（二）编辑原则

民众读物的意义和重要，上面已简略说过，但是民众读物怎样去编辑，才有价值，才能满足民众的需要？这是在编辑时，须注意的，兹列举几个原则如下：

1. 要有教育意义。过去民众读物之所以应取缔，类多无教育意义，如男女秘密合欢、捉鬼等等，不是荒淫无度，就是鬼怪离奇，甚而至于有反革命及迷信方面的众物出现，危害一般民众的思想，所以今后辑的民众读物，最重要的，就是它的内容要有教育意义。中华民国的教育宗旨是“根据三民主义，以充实人民生活，扶植社会生存，发展国民生计，延续民族生命为目的，务期民族独立，民权普遍，民生发展，以促进世界大同”。社会教育实施方针是“社会教育必须使人民具备近代都市及农村生活之常识，家庭经济改善之技能，公民自治必备之资格，保护公共事业及森林园地之习惯，养老恤贫、防灾互助之美德”。这就是编辑民众读物时，所必须注意的，换一句话说，民众读物给民众读了，要能“充实人民生活，扶植社会生存……”达到“民族独立，民权普遍，民生发展……”的目的，要能够增长“现代都市及农村生活的常识，家庭经济改善之技能……养老恤贫、防灾互助之美德”等，才算有民众读物之意义与价值。

2. 要适合民众的心理。民众读物是给一般粗通文字的民众读的，要是这一本民众读物不适合民众心理的话，即使内容最丰富、最有意义，也是不会发生效用的，甚而至于会影响他以后的阅读问题，其中心理的得失，至关重要。在过去的民众读物，虽大部分没有教育价值，但它能引起一般民众的兴趣，就是它能注意民众的心理问题。所以今后民众读物的编辑，固然不能采取神怪离奇的材料，但方式方面，不妨变头换目，或注意读物之装潢，以迎合民众的心理，引起民众阅读的兴趣，养成民众阅读的习惯，以达到民众读物的效用与价值。

3. 要认清民众的需要。民众两字，在表面上很简单，在实际上却非常复杂，因为他年龄的不同，性别的不同，职业的不同，却形成他需要的不同，所以民众读物的编辑，也就成了很重大的问题。据此，民众读物的编辑，自不可坐在编辑室里，凭着自己的思想来编辑，是要分别调查他们的需要，然后再确定读物的编辑材料。譬如对象是农民，他们日常生活上所需要的，就是农业常识，工人方面是工业常识，商人方面是商业常识，妇女方面是家庭及育儿常识；此外切合实际的应用文，坊间流行的杂字及通俗尺牍和调剂生活的鼓词唱本等，都是民众所需要的。所以真正的民众读物，是决不可离开民众生活上的现实。

4. 要顾及民众的购买力。民众读物当然是内容丰富、装订优美、纸张结实的好，但是实质上要具备这些条件时，则它的价格势必因而提高。我们再看粗具识字能力的民众，他们的生活是否宽裕，在我国现社会状态下，恐怕在生命线上的占其大部，要叫这些民众来买昂贵的读物，事实不可能。所以我们要增加读物效率，必先顾及到民众的购买力。就是要将民众读物的价格定低，和旧式的读物一样，三四个铜元即可买一本，这样，民众阅读才能便利。这个问题，本来不属编辑的范围，但是读物价格低廉，适合民众购买力的原则，是要在编辑时，篇幅应该缩短，以减少成本。

5. 要适合民众的程度。民众读物是给大多数粗通文字的民众阅读的，所以编辑方面，要注意到民众阅读的能力，在文字组织方面，应力求浅显，最好是用纯粹的白话，或是有韵的通俗文字，使民众明了，易于上口。此外如“之、乎、也、者、矣、焉、哉”等字，或是古语古典，不合民情的欧化文句，和冗长太复的文句，都应该竭力避免。

（三）编辑方法

此处所谈的民众读物，是一种浅显的读物，本来用不着高深的大学问家来编辑，但是考查过去的民众读物，除去《三国志》、《水浒传》、《老残游记》等几部有名的读物外，其他简直不易找到一部较好的来，所有者也不过出之于一般书贾学究等一知半解的人手。似通不通，人云亦云，可见，民众读物的编辑，绝不是随便一个人可能作到的，近代虽也有不少的民众读物出现，但也犯着欧化太深，或是太主观太复杂的毛病。民众读物的编辑，现在已都注意到旧读物的选择、淘汰和改编，或是完全新创，所以黎锦熙先生对于民众读物的编辑，主张有下列三个方式，一是旧瓶旧酒俱去其毒——民众识字之后，必当馈以资料，而旧有之粮食，合其脾胃者，则以不妨卫生为限，施以“利导”、“整齐”之术。二是旧瓶换新酒，全不改换其固有的形式，但换以新的内容。明末清初文士们的制曲，已有了这种旨趣，清代如夏伦、余治等，都是想把戏剧中“诲淫诲盗”的材料，换成“褒忠劝孝”的。近则如前教育部通俗教育研究会，以培养国民道德为主旨而编的皮簧新剧本，最近则如北平通俗读物编刊社，以痛心国难，提倡民族精神为主旨而编的各种曲本，这都是想借着旧瓶的掩护，叫“大众”能喝上几杯新酒的。三是新瓶装新酒——连形式带内容满换新的。如平民教育促进会平民文学部所出民众读物及剧本等约三百余种，除少数仍有“旧瓶”外，大体都换有新瓶。

民众读物的编辑方式已如上述，编辑时候，仍须注意以下各点：

第一点要注意的，就是编辑民众读物取材的范围，因为民众读物是用做达到民教目的的工具，他的内容，是有教育意义，所以他取材的范围，虽然很宽泛，但亦有限制，如江苏教育学院所编的《科学小丛书》、《注音农民小丛书》，南京民教馆所编的《怎样做市民》，平教会所编的《平民读物》等，都是如此。兹将编辑民众读物取材的范围，依各项教育的性质，略列数条于次：

1. 语文教育方面的，如各种游记、民间传说、小说、鼓词、故事、读书法、识字法等。

2. 生计教育方面的，各种生产故事、商业经营、农业经营、工业经营、储蓄方法、合作方法、造林方法等。

3. 政治教育方面的，各种政体、党派，怎样做公民、怎样自卫、怎样自治、怎样筑路，法律常识、政治常识等。

4. 健康教育方面的，各种运动常识、保健常识、治疗常识、拒毒常识、医药常识等。

5. 休闲教育方面的，各种娱乐常识，歌曲、谜语、戏词、民众画、不良娱乐之害等。

6. 家事教育方面的，模范家庭，家庭管理常识，怎样做好家长、怎样做好主妇、怎样训练儿童等。

7. 科学教育方面的，自然现象、生物常识、矿物常识、理化常识、社会科学常识等。

8. 社交教育方面的，普遍礼节、应酬和交际等常识、互助合作常识、民众相互关系的常识等。

以上各项编辑民众读物的取材范围，不过举其梗概，有这样一个门别，比较容易认清取材的目标罢了。

第二点要注意的，就是材料的搜寻，关于这一点，我们知道在大自然界中，材料的来源，到处都有，兹略述如下：

1. 从小书画摊、小报摊上搜罗——各大城市的小书摊、小报摊上，他们有不少流行，鼓词、连环图画、歌曲、小说、戏曲等册子，如加以审查整理，采取合用的材料，就可改编成良好的民众读物。

2. 各教育机关和书局征集——现在各地的民教机关，都在努力编辑民众读物，各地的书局也有不少的民众读物出版，我们可尽量的搜集，以作编辑民众读物的参考。

3. 是到深奥的书本中去找——各种专门的深奥理论的书籍很多，如政治、经济、农工商业等，随处都是很好材料，我们只要把他剪短，或摘要改用通俗的文字，大众化的语句，编成民众读物，这也是很好的资料。

4. 是到民众队伍里去采访——民众队伍里是各色各样的材料都有，

而且这种材料都是真实的，如故事传说、秧歌小曲等，真是取之不尽，用之不穷，倘若把它搜集起来，改编一下，或是用其他材料仿编，这都是很好的民众读物。

第三点要注意的，就是用字。民众读物中，生字不可过多，尤其在字体方面，要用俗写，不要用笔画复杂或奇特之字。此外如注音符号，亦可采用，以助民众阅读的便利。又如民国二十四年教部颁布之简体字表，现在虽暂停推行，但其中确有不少可用之处。

第四点要注意的，就是语句要浅俗，合于粗通文字民众程度，如此，才能受他们的欢迎。此外文字组织结构方面的紧凑，也很重要。

第五点要注意的，就是民众读物的体裁，应多用有韵的，如歌谣、谚语、唱词、戏曲、鼓词、滩簧、莲花落、道情等是。我们编辑时，可看材料的性质，分别仿编。此外无韵的，如童话、小说等虽也很好，不过民众的兴趣方面，总不及有韵的文字。

(四) 结论

中国的衰弱，谁都知道是国民自身的不健全所致，现在大家所喊的复兴民族，这个责任大部分是在民众教育的身上，举如要提倡民众的知识程度，就可实施语文教育；要解决民众的生活问题，充实国民经济，就可实施生计教育；要民众明了世界大势、民族兴亡的关系，使成为健全公民，就可实施政治教育；要民众体魄强健，造成优秀之民族，洗雪“东亚病夫”之耻辱，就可实施健康教育；要改善社会基本组织，那就要实施家事教育；要调剂民众身心，免除民众不良嗜好，就可实施休闲教育……。以上种种教育实现了，那不用说，民族自然复兴，但是这种种教育的实施，都缺少一件工具，这一件工具就是民众读物，也就是民众的食粮，本篇为着民众食粮的缺少，所以讨论制造食粮的问题，但是因为时间的关系，只是谈了个概略，实是抱歉，幸希读者原谅！

（载《民教学报》1936 年第 2 期）

民众识字课本的编辑问题

詹　铙

普及识字教育，为目下的当务之急，这是谁也承认的。然识字教育的普及，必须赖有适当的识字课本作工具，那工具有效与否，原是识字教育中一个最重要不过的问题，所谓工欲善其事，必先利其器，有了适当的识字课本，识字教育的推行，自能收事半功倍之效，否则，必然事倍而功半。吾国自推行识字教育以来，迄未见有若何显著的成绩表现。一般民众学校毕业生，依然不会记账、写信，更看不懂报纸，读不来浅近的书。虽说是识了字，实际上却依然不能处理日常应用文件，对于实生活依然没有些许好处，像这样的识字教育，无疑是失败了的。这原因自然很多，但没有适当的识字课本，则是其中重要的一个。是则民众识字课本的编辑，不消说是一件颇为重要的工作。现时国内几个较大的书局和那些普及教育机关，都在那儿致力于此种课本的编辑，而事实上已经出版的亦不下数十种，这究竟是一个好现象。虽然那些课本尽多缺点，还离去理想甚远，个人在过去一年中，因了职务上的关系，对民众识字课本的编辑问题，也曾破费了一些功夫。只是深觉编辑一部真正适用的民众课本是难乎其难的。它不像普通小学教科书那么容易着笔，因为民众的个别差异很大，由于职业、环境和生活经验的不同，其学习能力和学习兴趣大相歧异。编辑课本时必须想法适应各种不同的能力跟兴趣，而且还得顾到课文的难易和趣味化，使民众于谋生之余，自发地感到识字的需要，而能在短短的四个月之中认识最实用的最低限度的汉字，确是颇不容易的。基于这种困难情形，编辑识字课本必须相当地注意到下列的原则。

第一，课文意义须十分浅显明白，文字组织亦宜格外单纯，只要照文读去，便能完全了解，这才能使民众乐意学习；反之，课文太深了，教师既不容易讲解清楚，民众更是不能领悟，于是感觉学习的困难，识字的兴趣，因以锐减，甚而至于不愿继续识字，也是常有的事。所以课文须极度通俗化、浅易化，最好能用民众口语来写，使民众念得出，听得懂，不必怎样费力即可识字并了解意义。在可能范围内，课文须多用有韵的文字，例如各地流行的成语和民歌，都属有韵的民间文艺，亦是民众最喜欢而最适当的读品，应该多予采用。

第二，课文要有意义和趣味化。编辑民众课本，一方面在使民众识得应识的字，一方面尽量灌输时代知识，把各种知识编成具体化的故事，使民众在阅读故事之中，不知不觉得到了许多知识，以提高他们的公民程度，培养强烈的民族意识和爱国观念。现下有好些民众读本，只是注意生字的如何分配，如何反练练习，却忽略了材料的内容，以致课文没有丝毫的意义，无异乎一些字的堆砌。但又不可偏重于知识的介绍，同时现下还有好些民众读本，往往因为要介绍某种知识，便不得不采用许多不实用、不常用的字，这又是绝大的错误。真正适用的课本，除含有正当的意义外，材料要适合民众口味，还得充分使之趣味化，并使兴趣胜过正经。因为要使民众愿意识字，必须用兴趣去维持。课文的意义要接近民众的经验，使之易于了解；同时材料还须十分新奇，以增进民众的阅读兴趣。又因兴趣是时时变换的，故课本的内容和形式，应多变化。并须使内容多自动意味，竭力减少教训色彩；绝对避免消极的暗示，多方注意积极的启导。总之，应尽可能地使课文充满意义和趣味化。

第三，教材要适合读者心理，教材的适当与否，关系读者兴趣綦密。所谓适当的教材，就是能够适应读者的心理，而使觉兴趣。因为心理的不同，教材自也各异。成人有成人的心理，儿童有儿童的心理，成人阅读的课本与儿童阅读的内容截然两样。所以我们必须编成两种不同的课文，去适应两种不同心理的反应，然后才合他们的脾胃。假如用儿童的教材去编成人的课本，成人读了，自觉索然乏味，甚至于莫名其妙。比如捉迷藏、放风筝、拍皮球、骑竹马一类材料，对于儿童固属适宜，但于成人则是风马牛不相及，既无意义，又乏兴味。是故在编辑课本时，首先得考察读者的心理，而后选择适当的教材，编写课文，才能引起并持续读者的学习兴趣。

第四，须选最实用的最低限度的字。中国字数甚多，康熙字典上共有四万二千一百七十四个，就是最简单的平民字典，也有四千四百三十五字，要将这末许多字统统认识，自属不可能，而且事实上也没有必要。特别是一般民众，朝夕忙于谋生，根本没有较多的闲暇，去认识很多的字，因此只能去认日常必须的字，求其足以应付生活需要也就够了。但究应识什么字，识多少，则须赖科学的实验作最终之决定。这便是汉字的基本字问题，这个问题解决了，就可免掉许多不实用的文字的学习，省却不少精力和时间的浪费。近来国内许多教育者的研究，民众日常生活上须用的字数并不多，大家公认一千字是比较适当的一个数目，这也就是人人都应认识的最低限度的基本字数。但因民众职业的不同，其所需用的字自也各异，譬如农人有农人特殊需要的字，工人、商人等亦然，甚而至于乡下人和城里人，男子和女子，也各有各的特殊需要的文字范围。因之，我们自然不能用同样的一千字，去教他们，必须用科学方法，根据各人的职业、环境和过去经验，选出各种不同职业的民众所需要的字，再根据"课文须迁就生字"的原则，去编各种不同的课本以适应各种不同的需要。据傅葆琛先生的意见以为：有了基本字，再根据民众的职业和各地最普通的方言，挑选一部分最需用的字，称为补充字，基本字加上补充字，便是某地某种职业的民众应当认识的字。这确是比较科学的原则。

第五，生字须有适当的重复。为要免去生字的遗忘，故须依照学习心理，将学过的生字生词作适当的重复，并须在不同的语式下重复，使读者脑中，多得印象，帮助记忆和了解。假如生字、生词一经介绍以后，便没有再见的机会，不去看它，不去写它，结果必渐遗忘。所以必须使之多多反复练习，例如第一课中所介绍的生字，在以后各课里应有重现的机会，次数的分配亦应力求均匀，不可集中在一二课重现，也不可从头到脚每课都有。据一般学者的研究，认为重现次数应该先密后疏，而逐课减少。最适当的次数分配是含有如下的两个条件：

（一）每次重现时的量数宜逐渐减少；

（二）重现间的时间距离宜逐渐延长。

第六，生字的分配次序问题。汉字中有许多字笔划繁多，组织复杂，意义又很深奥抽象，实属难认、难懂、难记之至。编辑课本时，对于生字必须有一个适当的分配次序。据一般的研究，大抵要先介绍笔划少而意义浅显易于明白的字，然后再介绍笔划多而意义深奥不易了解的字。依生字的性质，如名字等实字较易学习，应先介绍，动字和形容字等虚字学习较难，应在后介绍。还有，在介绍一个复杂的字以前，最好先介绍该字的各部分，例如在介绍“鸭”字以前，先介绍甲字或鸟字，较合科学。艾伟教授对于汉字心理曾有很好的研究，据他研究的结果，得了一个结论：“在教本之最初五课至十课中所用的汉字，其笔划应简单，不得在十划以上。”这个原则，我以为编辑课本时应该尽量参用。还有生字的分配，应逐渐增加，由少而渐多，但每课生字最多以十个为限，因为依据各地实验的结果，民众每日至多只能认识十个生字，再多就要遗忘，难免得不偿失。现下有好些课本，都不曾顾到生字的分配次序，往往在第一册的第一课中，就发现笔划繁多、意义深奥、难认、难懂、难记的字，这不但教学时间不经济，而且要减少甚至会消灭民众的识字兴趣，这于学习原则正大相违背。而同时那些课本对于生字的分配也绝无标准，在第一册中，每课生字有多至十余个的，而在第三、四册中却竟有少至六七个的，这更是荒谬绝伦。真正适用的民众识字课本，自应竭力祛除这些毛病。

第七，取材须切合民众实际需要。课本的题材应取之于民众的日常生活，课文的内容，就是民众生活上所需要的知识，这样才能引起民众的阅读兴趣，而使百读不厌。譬如我们编纂供给农民阅读的课本，必须多多采取关于农业方面的材料，将专门的科学知识作为具体化故事表现出来，并要用农民的口气，描写农民生活的真相，说出农民的心事，既具体，又切合。此外编纂供给工人、商人、兵士、市民以及妇女阅读的亦然。因此，对于取材，必先经过深切的体认，凡是民众日常生活上所需要的，都属课本中不可少的资料。用着文艺的手腕，加以真切有味的描写，一方表扬民众生活上的优点，同时暴露其缺点，并指示着改进的途径，把理想的事情作为现实的故事，使民众读了心领神会，觉得许多美满的生活都可在实际上得到，而不知不觉地趋向合理生活之途，达到“教育与生活打成一片”的目的。

上述七点，不过举其荦荦大者。此外，课文的长短，亦应依据学习心理合学习能力，逐课增加，不可忽多忽少，大致总宜一课比一课长，一课比一课的字数多，至于十个字左右的出入，自然没甚关系。词句宜力求简短，至多不得超过十字，并须平易顺口，不生硬难读。斟酌采取插画，以增加课文的兴趣。还有字体的大小种类，单元的排列、装订的式样、纸张和印刷等等，都宜注意其切实合适才是。

假如编辑课本时，能于上述诸原则加以相当的注意，则所编成的课本，虽然不能说绝对的理想，但总也比较的适用了。现在事实上正缺乏而同时又正需要这一种课本。因之，我就不揣谫陋地凭着个人在过去一年中的工作经验与夫参考所得或讨论所及的写成是篇，以供民教同仁编辑识字课本时的一个参考，这也许不是十分多事的吧。

二十五年六月，在海宁民教馆。

（载《浙江民众教育》1936年第4卷第5期）

编辑民众读物的必要及其方法

千　藻

一、什么叫做民众读物

什么叫做民众读物？要回答这个问题，先要明了民众的意义。民是人民，众是众数，民众是人民中的众数，换句话说，就是大多数的人民。民众读物就是大多数人民所阅读的东西。

民众二字的意义很含混，有解作人民的，全体民众即解作全体人民，民众教育，有人说是全民教育。可是，民众读物，不能说是全体人民的读物。如学术思想的专著，只供给小数人阅读，也只有这小数人能够读得懂，又如滩簧小调等，为农工大众所欢迎，而为一部分人所不屑读。在这畸形的社会中，我们要根据现实性，认民众为大多数的人民，民众读物为大多数人民的读物。这班民众，为着从事生产劳动而失学，或者读过二三年书而中断，有的尚未识字，有的能够看浅近通俗的书。

民众读物的对象，就是这班大多数人民。

二、为什么要编辑民众读物

编辑民众读物，不是因为民众没有读物，旧有的民众读物多得很。浙江省立民众教育实验学校，曾经做过搜集旧有民众读物的工作，搜集到八百一十四种，一千九百二十三册。这许多民众读物，可分为十类。就是：1. 宝卷；2. 唱本；3. 山歌；4. 小说；5. 滩簧；6. 戏剧；7. 弹词；8. 鼓词；9. 图画故事；10. 杂类。这许多民众读物，经分析的结果，内容甚劣，举其荦荦大者：如男女肉欲的描写，神仙迷信的叙述，封建思想的宣传。形式亦不好：如字太小，行距太密，纸张不良，插图恶劣。因为旧的民众读物不好，所以要编辑新的民众读物，这是第一个理由。

我国人民知识幼稚，技能拙劣，与各别强相较，不但自觉落后，并且岌岌日危。在这农村崩溃、国本飘摇的今日，若不充实大多数人民的知识，增进大多数人民的技能，在动荡的世界中，恐难延续我民族的生命。充实人民的知识与能力，除各种教育设施外，编供关于科学知识与技能的民众读物，也是急不容缓的事。

现在，世界空气一天紧张一天，我国的国难也一天严重一天，而我国的民众，似还在睡乡之中，若不从速唤起民族意识，振兴民气，同心同德，一致对外，则无以应付国难而谋自卫。而民族意识的唤起与民族精神的培养，亦须赖民众读物的编供。

为唤起民族意识以谋自卫，为增进人民知识与能力以谋自存，而旧有的民众读物，不能负此重任，故须急待重新编辑。这是要编辑民众读物的第二个理由。

三、怎样编辑民众读物

编辑民众读物的第一个步骤是选取材料，选取材料时应注意几个条件：

（一）须适合民众的实际生活；

（二）须适合社会环境；

（三）须适合民众的兴趣；

（四）须有教育的价值。

材料不与民众的实际生活适合，则民众无阅读的需要；与实际生活超越的材料，民众因无旧经验以为联络，则不能理解，或不感兴趣。所以第一要适合民众的实际生活。在乡村社会中，宜编关于农艺的读物；在都市中，宜编关于工商业的读物，这是社会环境的适应。欲适合民众的兴趣，则材料须合民众口味，民众看得上眼，合乎口味，则兴趣自生，手不释卷。但编辑民众读物，其目的不在民众兴趣之满足，而在教育效果之获得，故取材又须注意教育的价值。

选得适当的材料，就须用文字表达出来，故接着说体裁和文字。

关于体裁，可尽量沿用旧式民众读物的体裁，如宝卷、弹词、鼓词、民歌等。因为旧式体裁，是很适合民众的口胃的。用旧式体裁写的读物，民众眼熟耳顺，看到都想去翻翻看，念念看。这种旧样翻新的民众读物，才适合民众阅读的习惯而增长其阅读的兴趣。

篇幅可以短些，短篇的读物，兴味容易维持。若材料很多而繁复，则长篇亦可。长篇的读物，采用普通白话文或小说、戏剧等体裁亦可。

词句方面，可多用韵语，尤其是诗歌之类，能引人入胜。民众说话，句语是短促的；写民众读物，句语亦须短些，不宜过长。文字是代表语言的符号，民众读的文字，应适合民家的口吻，宜力求大众化。文言式的白话文，欧化的白话文，民众看不懂，宜极力避免。多成语和名词的白话，民众也不易理解。

用字可以教育部千字课本的常用字为标准，不够时，再取用基本字汇所有的字。如陈鹤琴先生的语体文应用字汇，杜佐周、蒋成堃二先生的儿童与成人的常用字汇，庄泽宣先生的基本字汇，陈哲人先生的大众实用字汇等。生僻的文词，若能于篇末加以注释更佳。

图画可以补文字的不足，看图读字，尤有兴趣。坊间所出版的连环图画，甚得民众的欢迎，销路非常可观。编辑民众读物时，最好多插几张图画，但须描写真确，以符实际。图画位置，亦须安置妥当。

版本形式方面，亦宜注意。书面的字体，不宜过小，致伤目力。行距不宜过密，以醒眉目。纸张不可过劣，但亦不必求好，用好纸印的书价高贵，民众买不起。除日报外，版本可以小些，本子小的民众携带方便。书面形式，可仿用旧式民众读物，如在书面上画一个图画，或印一张照片，很能吸引民众的注意。但封面不必用美术字，因为美术字民众看不惯，或者看不懂。

其他编辑民众读物应注意之事项甚多，容有机会时再谈。

（载《浙江省民众教育辅导半月刊》1936 年第 2 卷第 16 期）

通俗读物的时代使命与创作方法

顾颉刚

中国从民国八年的五四运动以来，先提倡“白话文学”，又提倡“普罗文学”，又提倡“民族文学”，又提倡“大众文学”，最近又有人提倡“救亡文学”。提倡的人，观点虽有不同，可是却有一个共同的趋势，这就是文字通俗化。

我们仔细检点一下，过去所出的杂志和书籍总不算十分少了。其中究竟有几种是下层民众能懂的呢？我敢说是没有的。通都大邑的大众化的书报，尽管力求简明易读，而乡村的旧知识分子、半新知识分子、半知识分子的人们，依然看不懂，看不惯，拿起来念不成句。所以直到现在，中国的新文化运动还停止在都市上，只能在受过相当新式教育的人们中间找到读者，和乡村民众是完全绝缘的。

这些乡村的各种知识分子，除一部分土豪劣绅之外，大多数都是民众日常生活上的导师，他们的思想和言论足以影响并支配下层民众，他们的行为足以为下层民众的表率，他们的生活和一般民众同样感受着不安与压迫，同样正在要求出路，所以他们客观上是传达新文化思想给大众的桥梁。杂志和书籍，不经过他们的理解，便不能使下层民众信仰，也就不能提高下层民众的知识与能力。新文化运动和他们隔绝，就是新文化运动的失败或根本的缺陷。

过去的新文化运动，不能深入下层民众的原因，不在内容不适当，而在于作品的形式和大众隔离太远，更在于提倡者没有根据教育原理替乡村民众创作出特殊的作品来。

凡是会读书的人，都想从书上找到自己所需要的知识、教训、安慰和鼓励，这一点，不论在都市或在乡村，不论是专门家或是三家村的“牛角圣人”，都是一样的。乡村的知识分子，虽然看不懂新文化运动的书报，可是他们总是在庙前柳下牛房豆腐店中，不断的读着自己的书籍。而且往往是一面读一面讲，既表演又唱歌，使周围的人们理解、信仰，甚至发出情不自禁的赞叹与反对的呼号，或对佞人奸党咬牙切齿，或对仁人志士感激涕零。乡村人们的知识原理，对宇宙人生的见解和态度，完全在这些地方发芽生根，而形成乡村人的本色。他们每天所读的是什么书呢？是《三国演义》、《说岳传》、《宣讲拾遗》、《封神》、《西游记》、《今古奇观》、《济公传》、《包公案》、《施公案》、《彭公案》、《七侠五义》、《水浒》、《儒林外史》、《说唐》、《隋唐演义》、《金瓶梅》、《红楼梦》等等一类时代落伍的书籍。这些书籍，有的在文字上虽有可取，但其思想内容则不外是因果报应、神仙鬼怪、封建意识、诲淫诲盗等毫无价值，阻碍社会进化，违反科学精神的东西。此种读物的存在，就是阻碍新文化运动深入大众中的劲敌，同时也是民族解放运动中的绊脚石，我们非除去它们不可。

但是，废除流传已久的读物，决不是一件容易的事情。第一，此等读物所以能够流行不息，是因民众的落后意识仍然存在，故非先改造民众的思想不可。第二，通俗读物是民众的精神上的粮食，好像不能绝粮一样，人既不能不吃饭，也就不能没有通俗读物。所以想废除旧读物，先应创出新读物，依据新陈代谢的原理，才能达到目的。

因此，通俗读物应该是“继续五四以来新文化运动的启蒙主义精神，用通俗的口调，把革命的科学思想，贯彻到下层民众的心中，代替《宣讲拾遗》、《济公传》一类陈腐读物，来教育国民的杂志和书籍”的总名称。

这样的读物外观上要尽量通俗，使每个能看旧剧本、旧小说的人都能看得懂，看得惯，体裁与用语可以仿效章回小说，也可仿效鼓儿词和弹词，甚至俚词、土调、歌谣、谚语。但内容上则必须是革命的，科学的和旧读物不两立的。例如根据民族主义，作一部《太平天国演义》，以对抗现在流行的《洪秀全演义》；搜集革命故事，编一部《新水浒传》、《新儿女英雄传》；本着新社会观的恋爱理论与生理学、心理学的原理，作一部《新红楼梦》；罗列科学发明家的故事与革命家的传记，作一部《新儒林外史》、《新今古奇观》、《新宣讲拾遗》；根据反对军阀内战的和平思想，作一部《新民国史演义》；站在民族立场，作《新精忠说岳》、《新杨家将》；其他如《宋朝亡国史演义》、《明朝亡国史演义》、《历代忠烈言行录》；以及搜集歌谣，编一部《新诗经》，逐章逐句，予以解释阐发。其有革命性质者，加以提倡，其系迷信有害者，予以批评。此外将各国地理作一部《新山海经》，将各国风俗人情作一部《新镜花缘》；搜集各地因迷信被害的故事，作一部《新笑林广记》。总之，凡足以激发民众向上意志而提高民族知识能力的一切事实和理论，都是通俗读物创作的积极对象。

只创作新读物，还是不够的，对于旧读物，也应该批评。如《三国志》上的借东风、造木牛流马、七擒孟获、祭灯各处，都可以作破除迷信，灌输科学知识的简单论文，此外如旧剧中的铁公鸡等等，也有根据民族革命立场予以批评的必要。像这样一面的批评旧读物，一面创造新读物，所批评的都是民众熟知的对象，所创造的都是民众现生活上所关心的问题，自然就容易在大众中间找到读者，而一天一天地风行起来。在三年五年以后，也许会完全代替了《七侠五义》、《聊斋志异》一类的旧通俗读物吧。

这样的读物，明明合乎社会的客观需要，然而这样的读物，直到现在，不但没有产生，甚至也还没有人提倡。我相信：这样的通俗读物，在中国文化运动史上，算是一种独创的作风，它在内容上是十数年来新文化运动的承继与发展，在方法上是过去文化运动失败中的教训所产生的新形态，在效力上是直接教育民众、唤醒民众的进步的新工具，在价值上可为中国文学史留下“别树一帜”的新派别，在意义上可成中国民族解放运动中的一个新动力。

说到这里，也许会引起“旧瓶装新酒”的争执问题，重新复活起来。关于这个问题，我是站在肯定方面的。但我肯定“旧瓶装新酒”的理由，却别有所在。拟下期另文专论，现在且不说及了。

（载《辅导月刊》1936年第1卷第1期）

社会教育在行政上的研究

荷　生

一、社会教育的重要性

家庭教育、学校教育和社会教育，是人类生活过程上的三大阶段。在这三大阶段中，对于人生关系之重大，我们决难分别出它的轩轾来的。家庭教育固可影响到人的一生，但学校教育的良善与否，社会教育的善良与否，也同样可以影响到人的一生。而且就时间来说，家庭教育和学校教育都只占到一个人生的六分之一和四分之一的时间。那么每一个人除掉了家庭教育六分之一和学校教育的四分之一的时间外，其余都在社会教育的环境中熏陶着、磨炼着。所以就时间方面来说，社会教育似乎比家庭教育和学校教育格外重要些。同时，家庭教育实施的主脑是父母，无论其父母如何荒唐，对他子女希望其发奋向上，可谓人同此心，心同此理，所以不管家长的家庭教育方法是否良善，至少他们教育的目标是一致的、纯洁的。学校教育亦然，不论幼稚教育、初等教育、中等教育或高等教育，更不论中外古今，公立或私立，主持教育者总是孜孜兀兀，为学生之品学而着想，所以学校教育也是不成大问题的。唯有这社会教育，虽然上有政府机关之监督，下有民众舆论之制裁，但是每一个经营社会教育事业的人们，除掉政府设置者外，没有一个不为获利而努力。唯其目的在赚钱，于是不择手段，罔顾目标。更不管其利害得失，只须获利，全力以起。虽然政府机关之法令森严，社会舆论之严加督责，仍会不顾一切，勇往直前。以最近上海市社会局取缔向导社一端而言，禁止报纸刊载广告，则改称为伴舞社、导游社。禁刊这变相组织的广告以后，则仅刊社名与电话，以为侥幸脱法纲之一术，如此狡诈，一般社会教育的现象，也就可见一斑了。所以就社会教育之现状而论，当然比学校教育、家庭教育严重得多，亟待我们的注意，商榷与研究，也不待烦言而解了。

二、中国的社会教育

社会教育在中国的现象，笔者记得上期本刊正之先生曾有一篇大作，他说中国的社会教育，有资本主义性的，有社会主义性的，也有封建社会性的，笔者对于这个观察，完全同意，确实是如此。而正之先生分析中国社会教育的特性，所谓色情的、神怪的、宿命论的，笔者也完全同意，于此可见中国社会教育问题之严重，实不言而可以知矣。

现在有许多学者，都注意到人类的“生活文化”这一个问题，不错，这研究人类的文化问题已把握到核心的症结所在了，不过这人类的生活文化是什么东西可以左右的呢？是什么力量可以支配的呢？是社会教育。

中国是一个地大物博、历史悠久的国家，唯其时间如此悠久，地域如是广大，所以社会教育发展成的各种形式，也特别复杂，在这复杂的内容中，值得研究、讨论的地方，当然也更多了，此其一。笔者在前面已经说过，纠正监督各种社会教育的机关只有政府和民间舆论，以我国区域之广大，政府机关当然有耳目不周之苦，而民众自治能力之薄弱，更不能产生坚强的舆情力量来巨细不遗地注意纠正。数千年来是在这状态之下绵延着、发展着，听让一般社会教育的工具自生自灭着，中国社会教育的问题当然更形严重了，此其二。有此二者，因此笔者感觉到我们不仅应认中国社会教育现状之严重，更应进一步地注视到如何运用政治的力量来纠正改善这内容复杂的中国社会教育，本文之作，即鉴于此种认识、此种基点。

三、中国社会教育的形式

社会教育在行政上研究之前，我们首先应该分析中国社会教育的各种形式和内容，这当然是基本工作，不容我们忽略的。同时笔者现在所要申述的中国社会教育的形式，是以现有者为对象，不论其中国固有的或欧美输入的，只要在现在中国社会中发生力量的，都在笔者罗致之列。

第一，电影。目前电影这一个工具，已不仅在我国的大都市间流行，已深入了全国的内地。尤其是国产电影，流行得更普遍、更深刻。以目前国产电影的实质而论，不能说是全部要不得，但也不能说已可担负起教育上的使命。至少以已有的国产电影而论，并没有产生过像苏联建设性、国防性的影片那样有力。至于神怪片在过去曾一度风行，不过现已绝迹，我们当然也不必再把它提起了。我们不妨进一步的研究，为什么中国不能产生像苏联那般有力量的影片呢？据笔者的观察，并不是公司的问题，也不是观众的问题，而是剧本的问题。因为照目前各公司的现象看，固然没有一家不为“生意经”着眼，也没有一个观众是到影戏院里去追求教训，但，为什么苏联的影片在中国会轰动一时呢？为什么大家都能留下这样一个深刻的印象呢？于此可见，不是公司的问题，观众的问题，而是剧本的问题。

第二，平剧。这平剧在中国历史上流行之悠久与广大，是不待辞费的事。不过这平剧也并不是“国剧”，而是地方剧。实质上其实也和四明文戏、扬州文戏，一般的含有地方性的东西。不过有了三个原因，使这平剧不能和四明文戏、扬州文戏一般的比较了。第一是它流行的区域比较广大，中国北部的民众都可以接受的，家喻户晓的，并不像扬州文戏只限于扬州局部人的口味，四明文戏只限于浙宁一带人的口味。第二是它的内容和形式都比较地在艺术上占到较高级的地位，并不像申曲、苏滩、四明文戏等那样浅薄。第三是中国的首都在北平的历史比较悠久，因平剧也为皇帝所爱好。于是更使平剧推行得到很大的帮助了。有了这三个原因，平剧当然是不同凡响了，流行之广且久远，绝非他种戏剧所可比拟。平剧的内容，大多以忠孝节义为骨干，而且颇多悲壮激昂，启发民族意识的好剧本。这中间纵然也有淫荡的剧本，不过占到极小的一部分而已。不过，平剧发展到了华中、华东、华南一带，就有很大的危险性了，而且有改头换面、易心变质的趋势。作者早就说过，平剧是地方剧，并不是“国剧”，因此平剧在华北固可家喻户晓，妇孺咸知，但到了南部，因口音之不同，平剧之唱词当然格格不入听众之耳。于是聪明的戏院老板们，便把它改造了，就上海而论，竟形成专为讲神怪，专卖机关布景的《西游记》、《封神榜》或《火烧红莲寺》了。这一下，把平剧固有的内容与形式，完全变换，却造成了社会教育前途很大的敌人。所以就今日的平剧现状而论，真正的平剧问题还小，只须把唱词说白，略加修改，音乐、道具、服装等，予以改良，就可以成为很好的社会教育的工具。唯有这变质的平剧，其内容既如此恶劣，其趋势大有方兴未艾之象。这一点，我们研究社会教育的人们，不能不加以注意的。

第三，各种杂艺。这里所谓杂艺，是指说书、苏滩、评话、弹词、故事、独角戏、四明文戏、扬州文戏等而言。这种杂艺在中国社会中力量之伟大与普通，笔者敢肯定地说，比较电影、平剧等大得多了！不仅流行与大都市间的一般人民，而且在内地方面更有难以想象的力量。这许多杂艺，它的对象当然不是一般高等的知识分子，而是一般大众，所以我们更有注意的必要。它们的内容我们当然不能一笔抹煞，说不登大雅之堂，中间也确实有许多有价值的作品。不过，这许多杂艺在社会间的力量固未消杀，而它的本身却有两种危险：第一是剧本的贫乏，因为他们传授的口式大多是口授与笔授兼顾的，而且限于教育，往往一师相承，鲜有创作。第二为适合大众的口味，当然是日趋于低级趣味化之途。这两大危险到了现在，我们更应该严重地注意到，因为无线电播音流行以来，这种杂艺的传播较前更为广大而深入了！

第四，无线电。自从无线电播音流行以来，在社会教育的领域然已一出而为重要的地位。我曾试看今日中国各大都市间以及几个比较临近都市的乡村，无论商店的大门口，或家庭间的休息室及卧房中，大多有一架收音机在播送着各种游艺的音调。不论在清晨或黄昏，那靡靡之音是不断的放送着。这种力量，这种影响，当然不是什么电影或舞台剧可比了。在欧美日本各国，对于无线电的统制是很严酷的，决不能自由设立播音台，就是设立了播音台以后，播音的节目也是有一定的限制。在中国则不然，虽然管理播音台也有一定的规则，然而事实上，我们至少不能承认各播音台的节目是可以当作社会教育的工具。同时，有许多国家，对于收音机之收听节目，也有一定的限制，决不能无统制的自由收听，但在中国，这拟议也没有听见过。这样的自由，这样的放任，无线电中的歌唱，当然充满了各种靡靡之音。无线电中的游艺，当然也布满了淫浪色情的氛围。影响所及，可以使家庭教育日趋败坏，学校教育大受损害，而一般店员、商人、工人的思想，当然为这恶劣的社会教育的工具所毒害了、麻醉了！

第五，图画刊物。图画刊物可分两大主流：一为旧的，如连环图画等；一为新的，如各种色情的裸体女子照片等。这旧的连环图画，在小学生以及未受教育的店员工人群中，力量非常伟大。其主要的毒害，就是神怪。一般十六七岁的小孩子，所以发生入山访道的思想，就受了这连环图画的影响。而这种连环图书发行路线之广大，以及推销数量之众多，绝非我们意料所及，这种事实，我们是万万不能忽视了的。其次即为色情的裸体画，这种裸体女子的照片图画刊物，在最近的几年间，风起云涌，层出不穷。印刷精美，售价亦贵，一般青年竞趋之若鹜。要知道，这种刊物在读者群中所以受欢迎，其原因，就是读者等于阅览春宫画。春宫画是禁销的，为社会所不能容忍的，而这种所谓曲线美的裸体照片却已为艺术家们所保障认为是艺术的最高峰了。于是俯卧而摄者有之，仰视而立者亦有之，既为法所不禁，复为社会所容许，一纸风行，纸贵洛阳，亦其宜矣。要知道这种色情的裸体画，其毒害等于春宫照片而无以异。

第六，新旧小说。新旧小说在社会间的毒害亦不亚于图画刊物，而其毒害情形也很仿佛旧小说之毒害在神怪，新小说之毒害在色情，其遗害青年，也不必笔者多所辞费了。

四、过去政府管理的方针

中国的政治，我们应该划分两个阶段去考察，在民国十六年以前军阀政府时代是一个阶段，民国十六年以后，国民政府时代又是一个阶段。在军阀政府时代，他们对于社会教育管理方针，是消极的制裁，而没有积极的辅导，是听其自生自灭的，而不加人为的努力。因为是消极的制裁，所以只有“取缔”、“禁止”等政令出现，而没有指导辅助等积极的工作表现；因为是听其自然的，所以有时简直连消极的工作也没有，听让一般游艺界、电影界的人们自生自灭。

讲到这里，我们不能不把游艺界和电影界的人们检讨一下。电影界服务的人员，教育程度虽比较高一点，但是我们不能忘记经营电影事业人们的目的是为了赚钱。固然，他们也知过这是社会教育的工具，应该担负起教育社会的使命来，但是一旦教育的价值与赚钱的方法互相冲突的时候，他们会放弃教育的价值而专为赚钱摄制电影的。这我们可以拿实例来证明。过去国产电影不是流行着神怪片吗？飞剑杀人、腾云驾雾，摄制这种电影的公司当局，以及演员职员，他们何尝不知道这是要杀害人的，但是，为了赚钱，他们竟这样做了。受教育的程度纵然比较高，但是有什么用呢？还有游艺界方面，不论平剧、话剧、说书、滩簧以及一切地方剧的从业员，例如扬州文戏、四明文戏、粤剧、川剧等，他们受教育的程度，一般的统计起来，那更差得多了。他们固然也知道这是社会教育的工具，而且他们也很愿意为社会教育而努力，但是，他们所不能放弃的当然也是赚钱。要赚钱，不得不博取观众的欢心，要博得观众的欢心，那么以低级趣味来迎合大众的胃口，当然是势所必至、理有固然的了。所以不论电影界或游艺界，总之予以消极的制裁，固然不能尽行政上的能事，但倘听让其自生自灭，不加闻问，那么其流风日下，以至不可收拾，更是意料中事。

到了民国十六年以后，国民政府奠都南京了。各省市负责当局注意到社会教育之不可不加以整饬，因此我们在各省市政府的行政报告上，可以看到许多关于整饬社会教育的工作报告。但是，据笔者加以检阅的结果，总不外乎下列几种方法。

第一，审查。在审查中间，又分了两种，一为剧本审查，二为演出的审查。例如电影事业，先送电影剧本审查，通过以后，拍摄电影，再将胶皮送请审查，通过以后，然后公演。戏剧方面，则先将稿本审查，通过以后，正式排演，再由审查员实地前往观剧审查。

第二，取缔。在不良的电影戏剧或图画小说，则采取取缔的方式。或全部的，或局部的。

第三，改良。在各省市行政报告中，也有改良这一项，但是有实际的效果却很少，原因当然在财力和人力的不够。

由听其自然的趋势而转向于消极的干涉，由消极的干涉而含积极改良的意向，这我们不能不认为是一个良好的现象。不过，以中国各种社会教育工具的积弊之深，历史之悠久，仅有这样微弱的努力，当然是不够的啊。

五、彻底改良的困难

甲、客观环境上的困难

要在积极方面改良这客观环境的困难点，我们是不能不顾虑到的。电影界、播音界尚无问题，游艺界以及连环图画方面，却有很大的难关。第一，就是他们教育程度的不够。要知道有许多平剧、说书、滩簧、话剧以及演说地方剧的人员，他们并没有受过高深的教育，甚至识字也有问题。他们当初学习这技艺，并不是从书本上得来，而是由老师们口授的。口授得来的技艺本领，一旦要改良，势必减少他原有本领二分之一。那么政府机关即使编就新的歌词唱本给他演唱，也是力不从心，望洋兴叹。假定牺牲这一部分从业员，试问他们除演唱为生以外，尚有何路可走呢？这是第一个难题。就是说政府机关不惜工本，开办训练班，使这般不识字的成为识字，不懂得社会教育的成为个个能为社会教育而努力。但是这训练班开办以后，这般卖艺为生的游艺人员，也断不能绝无经济的压迫而可以安心来受训练的。而且其卖艺的地点，流动不定，又复散处各方，训练班既不能如学校之林立，其劳而无功，亦可以知矣。这是第二个难题。经营连环图画的商人，其资本至薄；绘制连环图画的人们，修养亦不深。要绝灭一切旧的连环图画，商人的经济上就要大受打击，甚至关门大吉。要绘制新的连环图画，这旧有的人员根本还没有这种修养，这是第三个难题。总之，客观环境上最大的难点，一要经济，二是教育。这两大难题，决不是在短期间可以突破得了的。

乙、主观条件上的缺憾

客观环境上固有困难，主观条件上也未尝没有缺憾，而且这缺憾是缺于同样境地的。第一，政府要彻底改革社会教育，推动社会教育，势必需要大批经费，以中国今日各行政机关经济之支绌，事业费之有限，有什么可能性划出大批的预算为社会教育而消耗呢？经济的力量不够，其改良的程度也可想而知了。第二，要彻底改良，必须有办理行政方面富具经验学力的人员去统盘筹划，更须有各种游艺方面的专家去设计创造。这种人才，尤其是后一种专家，在中国真是凤毛麟角，不可多得。财力既不够，人力又不够，岂非与客观上的环境陷于同样的窘境。不独此也，即使有了财力，又有人力，还必须有十二分坚毅的决心和艰苦的奋斗，始克有济。因为中国的社会，是布满了各种恶势力，这种恶势力既不准你为善，亦不准你为恶，你要改良，他可反对；你要放任，他可诘责。所以办理社会教育行政的人们，莫不焦头烂额，劳而无功。中国社会教育至有今日之状况者，其来也有自矣。

六、一个新原则

读了上述的各点以后，笔者相信读者们对于中国社会教育一般的情况，总该有一个轮廓的了解了吧？作者不敏，谨提供一个改良社会教育的行政方面的新的原则，希望关心社教前途的人们，多多指教！

甲、关于思想方面

（一）一元性。中国民族已到了危急存亡之秋，国内虽告统一，但伏莽未清；而外侮之日急，已到了岌岌不可终日之势。所以在这存亡绝续的关头，我们的信仰应该统一，步骤应该一致，力量应该集中，以整个的国力与民力，与敌人奋斗，国事始有希望之可言。社会教育在这非常时期中，如何唤起一般民众的民族意识，如何提高一般人民的民族精神，如何充实一般人民自救救国的自卫力量，当然是它工作的主要目标。而提倡民族精神与发扬民族道德，更是今日社会教育应该认为主要的工作的。所以，今后社会教育在思想上，应该以三民主义为最高的原则，绝对是一元性的出发，而不是茫无主宰的。

（二）科学性。过去各种社会教育表现的内容中，充满了迷信、封建、宿命论的思想，这种思想足以使这垂危的民族趋于死灭之境。所以今后的社会教育，应该以科学性破除迷信，应该以革命性打倒封建，应该以“人力万能论”破灭宿命论。

（三）革命性。过去各种的游艺，大多以恋爱为唯一题材，色情为唯一吸引观众的工具。这种迷醉观众思想的游艺，当然是要不得的。所以题材方面，应该绝对摒弃这种恋爱的、家庭的、妇女的、阶级的问题，而以民族革命的伟大思想，充分渗入社会教育的各部门里去。

乙、关于形式方面

（一）艺术的。一切游艺，图画刊物、新旧小说以及播音等，表现的形式应该绝对艺术化。唯有以艺术的形式，始可博得观众或读者们深切的同情，唯有以精美的演出，始可护得观众无限量的赞美。所以应避免一切硬性的注入和粗制滥造的表现。

（二）科学的。无论任何社会教育的部分，其管理或印制的方法，应尽量科学化。各种游艺的道具、布景、灯光、服装是如此，即剧场之布置，观众座位之席次等，也应该绝对科学化。图画小说等印制，当然也需要科学化。

丙、关于实施的步骤方面

（一）从根本着眼，从近处入手。一切社会教育各部门之改革，应从根本上着眼，决不可敷衍门面，塞责了事。应穷其源流，以图根本上的改革。但是在实施上，应从近处、易处入手，万不可好高骛远，纸上谈兵。例如苏滩说书的改良，我们一方面编制新的歌词唱本，同时应使从业人员组织研究会，将各种游艺人员均有集团的组织，然后将这新的唱本交给研究会去共同学习演唱，倘一味在取缔禁止上入手，那么怨声载道，事功毫无，又何苦来呢。不仅如此而已也，我们必要注意到苏滩说书的传授问题，如何使学习苏滩说书的人们得到根本上的改良，这我们更应该孜孜不倦地加以研究的。

（二）多一分取缔，不如多一分扶助。贤明的政府决不愿老是在消极工作上下功夫，因为消极取缔的结果，只是减少坏处，而不能增加效果。只是形成隔膜，而不能携手共进。所以与其在消极上做工作，不如在积极上扶助。为游艺人员组织团体，共同研究，其一也；为游艺人员谋利益，求保障，其二也；编制新唱词、新剧本，增加其演唱的材料，其三也；积极的扶助，不断的指导，在事功上，不知增加了多少效果，同时也增加了不少的政府与人民间人格上的、道德上的认识与感化。

（三）有过必惩，有功必奖。上了轨道的政治，必然是非清而功过明。为什么要求其是非清而功过明呢？就是善者知所勉，而恶者知所儆。社会教育在行政管理方面，我们万万不能忽略这原则，凡有过者，必须惩戒，毋枉亦毋纵，凡有功者，必须奖励，毋过亦毋不及，功过分明，奖惩得当，社会教育当然容易上轨道了。

（载《大公报（上海版）》1936 年 11 月 21 日）

中医书出版的检阅和期望

朱　松

中国出版界，首先发明纸及活字版（北宋），在一八五〇年时，中国书籍出版的数量，尚占世界第一位，此足以自豪者。但自工业革命后，印刷逐渐机械化，致印刷机和印刷纸，多采购于外洋；而书籍出版的数量，据王云五氏之推测，在民国二十三年度，全国出版物总数，当有二千五百六十余种，与日德两国在二十一年度的出版物，各在二万一二千以上相比，我国仅及其任何一国的八九分之一。二十三年度日本新出版物的总数有二万六千三百余种，我国只及日本十分之一。如以人口作比例，还不及日本五十分之一。据舒新城先生的估计，我国每二一九，二三〇人方占新出版物一册，实在比任何国家为少。

中国书籍的出版，从量的方面说，固然比不上人家，从质的方面说，仍以社会科学、文学占大部分。据一平先生民国二十三年之分类统计如下：

类别	种数	价值	百分比（%）
总类	四六	三六·六五	○·九五
哲学宗教类	一○七	八七·一六	二·二七
社会科学类	六○二	六三○·一四	一六·四○
语文学	一三三	一一五·一一	二·九九
自然科学	一七○	一六八·九九	四·三九
应用技术	二七三	三八六·五七	一○·○六
艺术	一四六	一五八·二四	四·一二
文学	三六四	二九一·八四	七·五九
史地	二八二	二六九·七二	六·九七
儿童读物	一二一	三七·六三	○·九八
大部古书	一七	一，六六三·三○	四三·二八
总计	二，二六一	三，八四三·三五	一○○·○○

从上表可知哲学、科学的著作很少，而应用技术一类，包含农艺、工程、制造工艺、测量、会计、军事、医学卫生以及各项技艺等，惜该表未详为区分，而医学卫生又有中西的区别。如以纯然的中医新出版物来说，据平日的见闻，真是寥寥可数，微乎其微了（惜无人做确实统计，尚无法用数字来表示）。

中国过去出版的中医书，据日本“丹波元胤绍翁”所著之《医籍考》，其卷数如下表（原书中未列卷数者，作一卷计）：

存	六，○七○卷
缺	一三五卷
未见	三，一五五卷
佚	九，五一一卷
总计	一八，八七一卷

如将现存而缺者，并入现存类，未见者以半数入现存类，半数入佚类；如此则一八，八七一卷之中医书，现存者只七，七八三卷，而佚者

有一一，〇八八卷，可见已佚之书，约占总数58.7%，换言之，约有十分之六的书籍已亡佚了。中医素注重运气，以运气类书籍而论，据《医籍考》所载共只有一一七卷，而存者只二四卷，可见中医书籍散佚的众多了。

本年世界书局发刊裘吉生先生主编之《珍本医书集成》及陈存仁先生主编之《皇汉医学丛书》，大东书局继起编印《中国医学大成》，由曹炳章先生主编。读书中凡例，均注重于实用。但前代所著中医书籍，以今日眼光读之，每多问题，例如珍本医书集成中的"太素脉"、"鼠疫约论"等，是否适合于现代的实用，尚有问题。所以中医书只能作参考用，不宜视为现代最完备实用的医学书。因为供参考研究用，应尽量将前人所著之医书，不必论其学说之派别，凡属版本名贵，书坊中不易购到者，如《玄珠密语》、《子午流注经》、《绀珠经》、《素女经》等，应从速翻印。即外科、伤科、金疮、针灸、运气等书，已日见散佚，亦亟应从事搜集翻版。松因好读书，每见有书坊不易购到的书籍，不惜节衣缩食，重价罗致，积有二千余种，尤多针灸、金疮、伤科、外科之钞本、孤本、家传秘本，前因家寓沪北，"一·二八"悉遭烽火，尽毁无遗。所存者只一《洗冤录》，因"一·二八"前友人洪颂炯借去参考，幸而留存。当此国难日迫，我国随时随地均有遭受敌机轰炸毁灭的危险，如再不设法将名贵版本翻印流通，恐不旋踵，所存七千余卷的医书，又将亡佚其大部分了！后之学者，即欲从事研究中医学说的全部，恐一鳞一爪，亦将有无从着手之苦，那时中医不亡而自亡了！

世界书局出版的《珍本医书集成》、《皇汉医学丛书》，松均购阅。两书之纸张，系用卷筒报纸，布面穿线装订，书式二六开，外加木道纸、腊纸包面，正文字体用仿宋四号字。印刷精良美观，研究中医者，均宜购置参考。大东尚未出书，暂不置论。所惜珍本医书集成收录者，多属内科方书医案，已刊于《三三医书》中者，亦有四种。外科、伤科、运气等数量极少，针灸、金疮等竟没有，未免美中不足。一般人只知中医擅长于伤寒、温病等内科，殊未悉中医对于金疮、外科、伤科等，均有特种的技术方法，尤以针灸一科，更登峰造极，即以现代治疗学上，尚占一特殊地位。少数中医，只知墨守一二家言，不知从实验入手，遂形成刘河间、李东垣、张景岳、薛立齐、赵献可、李士材等种种学派，致温热寒凉之争，闹个不休，此实为中医学术退步的现象。今日中医学院所授之课程，仍侧重于内科，而以眼科、伤科、针灸置之于选科之列，仍属中医擅长内科治疗的习惯。

我希望各藏书家，将珍本、孤本、秘本、精钞本、家藏本、未刊本之中医书，能集中交付于某一学会，集资印行，使研究中医者，不致单单看到占据正统派之《素问》、《灵枢》、《金匮》等几部书，因为如此必不能观看中医内容的全貌。医案，多如账目式的记录，既未能详载其病状的经过，又未细记其治验的状况，可不必再为印行，此点吴去疾先生亦言之。至于吴先生主张择善本影印，固然古色古香，弥觉可贵，但在此不景气时代，影印书籍，非吾辈穷儒所能购买，且卷页繁多，亦无法贮藏，影印种数，恐非不能多。吾人今日所需要者，须求医书种量之多，借此可彼此比较，用科学方法整理出一条系统来，否则只死读一二内难经，必不能窥中医学说的全貌；且影印书错误处亦甚多，即以恽铁樵影印之宋版《内经》而论，原本亦有三四字差误。用玛拿机（Monotype）、利拿机（Linotype）排字印刷，均少差误，惟汉字因字数众多，不得不用活字排印，如校对精确，错误亦可减少至极限度，商务、开明等出版的新书，均少错误。吾人印行医书，只须付托办事认真的书坊印行，定可令人满意，固无需于影印者，未悉吴先生以为然否？我人希望大东出版之《中国医学大成》校对更能精确。其余如书价求低廉，大部书分类零售，均为吾人所希望实现者。

总之，吾人期望中医书籍，除将名贵版本，尽量印行外，尚希望有用科学方法整理之新中医书籍。整理和阐明是一物的两端，均不可缺者。

廿五，九，八，写于上海中华路天福里寓所。

（载《医界春秋》1936年第118期）

我国的小学教科书

吴研因

我国的小学教科书，大体上确实时时刻刻在改良进步之中。据从欧美考查教育回国的某君说：“我国小学教科书，较之欧洲各国，殊无逊色。”这虽然是大体的估量，仔细的分析起来，未必尽然。可是几十年来，我国小学教科书，确实有惊人的进步，这是稍注意教科书的人都知道的。

不过，我国小学教科书和欧美各国最进步的教科书仔细地比较，还有许多“望尘莫及”的地方。例如：

（一）欧美最进步的小学国语教科书，生字复习次数很多；我国的国语教科书，生字复习次数较少，这是由于我国的文字形体复杂，取用为难的缘故。在我国文字没有改用“新文字”以前，实在是无从和欧美最进步的小学教科书比较的。

（二）欧美小学教科书的教材分量多，插图彩色图也多而精美；我国小学教科书的教材分量少，插图也比较地少而草率。在欧美各国经济情形，比我国好，教科书的定价不妨高昂（美国一本小学教科书，有定价高到将近美金一元以上的），所以教材分量也不妨增加，插图彩色图也不妨加多。我国经济情形太坏，教科书的定价不能过高（我国一本小学教科书定价大概只法币一角，实价抵不到一本美国教科书定价的三四十分之一），所以教材分量也不能过于增加，插图也只得少些，彩色图更不能增加。至于插图精美与否，是于技术很有关系的，自然我们的技术比较差些，毋庸讳言。

（三）欧美的小学教科书，印刷精良，装订坚固；我国的小学教科书，印刷装订都比较草率得多。这是于经济以及技术都有关系的。技术还可改进，经济很少办法。

（四）欧美的小学教科书，各科都能平均发展；我国的小学教科书，只有国语科用书进步得最多，其余各科用书，进步很少。各国的社会习惯，各科并重；我国的社会习惯，只重视国文国语；所以各书坊也往往只把国文国语改进，做自己的门面，其余各科用书，就不急急地改进了。

此外，我国的小学教科书，现在还有一个奇怪的现象，就是差不多各科都有教科书。不但国语、算数、常识（或社会自然）有教科书，连卫生、美术、劳作也有教科书，因此，儿童读的书，种类很多。小学教员的教学方法又不很好，只是死读记忆，逼得儿童一天到晚读书背书，忙不过来，造成了许多麻木成神经衰弱的小国民。照我的意思：小学低年级只消国语用教科书，算数不必用教科书，只用练习簿，常识也不必用教科书，只用工作簿，其余各科，重在“即学即做”，更用不到教科书；中年级，国语、常识两科用教科书，其余如低年级一样，只用工作簿或参考书；高年级，只有国语、社会、自然、卫生用教科书，其余都用参考书或工作簿等。最理想的办法，其实中高年级，都可以只有国语一科用教科书，常识或社会自然等，也都用参考书。各小学喜欢多用教科书，大概因为看见各书店多出版各种教科书的缘故：各书店喜欢多出各种教科书，大概因为营业的关系，所谓“有生意总得做”的缘故。因为营业多出版教科书，因为多出版教科书，学校就多用教科书，这实在不是一个好办法。我希望将来各书店多编各科参考书工作簿，以供各小学采用。

最后，我还有两层意思：

（一）小学教科书固不免有粗制滥造的。但是有些人带着颜色眼镜或者存着破坏的心思，批评小学教科书，说它这样不好，那样不对，甚至把最进步的教科书，也批评得“体无完肤”。这不是一个好现象。我以为小学教科书批评易而编辑难，与其空空地批评别人的作品，倒不如自己拿些货色出来给别人看看。至少也要用建设的态度真正客观的科学方法把如何改进的意见向编辑者诚恳说，没有一点“歪曲”，没有一点的作用，以使别人心服。

（二）我国小学教科书还没有十分进步，比较进步的教科书，也不见得被小学教育界争先采用。所以某商人说：“小学教科书无所谓好坏。讲销路，只在乎手段。即使编了好的小学教科书，小学教员也未必识货，也未必会用。”这些话，固然骂得太凶，但是小学教员不会选择教科书，或者因为被营业手段所笼罩，对于教科书竟不加选择，这也确是事实。我希望小学教员们以后对于教科书的选择，十分注意，别再盲目。

（节录《中央日报·儿童读物展览会特刊》吴研因《清末以来我国小学教科书概观》）

（载《公教学校》1936年第2卷第19期）

关于教科书问题

周寒梅

现在的各大中小学校关于教科书的问题，确实已到了很严重的地步，不论文科或理科，当学校当局或任课教员在选择他某一学科的教科书的时候，总觉得万分困难而不易得到圆满的结果。同时勉强选择到了一种比较适用的教科书，在事实上，不独教者仍感到痛苦，就是学者也觉得有种种毛病而提不起学习的兴趣来，因此而影响到一般大中小学校学生的程度，也就可想而知了。

关于中小学校的教科书，在编制的时候虽然有教育部颁布的课程标准可资遵循，但这课程标准仅有原则上的指示，一切材料之选择取舍之权，还是在于编制者的自身。同时，每一种教科书固然都须送呈教育部审查，但审查的主要点，还是在消极方面着眼，例如有否违反课程标准等。所以教科书之优良与否，其关键完全在编制者的身上。

现在，姑且以中等学校的国文教科书而言，其内容之贫乏与枯燥，实在出人意料之外。关于白话文方面的，那么不是一二十年以前的启蒙时代的作品，便是佶屈聱牙的译文。关于文言文方面的，那么《古文观止》、《战国策》、《离骚》、《史记》上的文章，便大量采入。至于最近十年内的文献，简直百不得一，于是中学生的作文便大感困难了。初中学生多读白话文的，写出来的文章也学了那佶屈聱牙的译文，形容月光会从水银一直写到霓虹灯，形容走路会从柳枝的摇摆一直写到烧香老婆了。高中学生多读文言文的，既追不上唐宋八大家的文气于千万分之一，更谈不到《离骚》与《史记》的笔法，简直一篇通顺的报章体的文言文也不可得。说到这里，笔者不得不郑重声明，并不是说现在国文教科书上的文章一概要不得，只是说为什么不把现代的文献多多采入以为中学生吟诵的文章呢？为什么全部采用了离开现代思想少则二十年，多则数千年的文章给中学生精读呢？同时，编制的体裁也滑稽万分，编辑教科书的先生们不知为了方便教员们呢，还是取悦于学生？往往把难字难句，一一注音释义，于是教员既不必准备，学生们的字典也就可以省买一部，我不知道这种办法于中学生究竟有益还是有害？再以中学校的地理教科书而言，关于物产部分，总是“煤铁甚富”，“锑、铅等矿甚为富饶”，统计的数字是百不可得一的，难道在中国真的一点统计数字都找不到吗？其他如历史教科书，关于古代社会的叙述，不着眼于科学上的说明，还是说什么开天辟地；朝代的变革，不从社会经济制度上着眼，还是记了一篇帝皇家的流水账，诸如此类，何可胜言！这种教科书，不谓为误人子弟，胡可得耶？这是从中学教科书的内容而言，其他若大学小学的教科书，假定稍加检阅，问题当然也很多，亟待缜密的研究和改正。至于教科书定价之昂贵，也值得我们严重注意，现在一本一百页左右的教科书，定价少则五六角，多则七八角，上下两册，往往就需要一元四五角左右，这对于一般中人阶级的子弟，都是一层很大的困难。

大中小学的教科书所以如是糟，我觉得也有一定的原因。出版机关为了商业上的竞争或经济上的打算起见，不是因时间关系而粗制滥造，便是报酬关系而不克敦聘学识经验俱富之士，于是造成了今日的现象。在大中小学校担任教科的优良的教师，往往为了生活的鞭策而无暇及此，于是教者既不能有相当的贡献，而出版界方面也不能有美满的成绩表现。

关于教科书问题，笔者常常有一个梦想，现在不妨写在这里，以供教育行政当局的参考：我觉得要希望大中小学校的教科书优良，最高教育行政机关应该负起一种责任来的，就是编制教科书的工作由政府负责，划全国各省市为几个教育区（区的划分以文化程度之异同为原则），在每一个教育区中设立一只国立的大学、国立的中学和国立的小学，教员的待遇尽量的抬高，授课的钟点尽量的减少，并且要给他职业上的保障，把编制大中小学校教科书的责任完全交给他们，在一年或二年的光阴中，把大中小学的教科书编制完成以后，一方面交给中国的大出版机关发行，一方面请全国的大中小学校里的教师们严格的批评。这几套教科书当然并不是一成不变，以为各教育区的定本，而是每年要修改，每年要补充。笔者深信，只须办法缜密，而选才谨严，严重的教科书问题一定可以解决，而且可以达到我们理想的境界。

（载《申报·出版界》第五十三期 1936 年 4 月 30 日）

教科书使用问题商榷

毕瑞吾

甲　要不要用?

一谈到买教科书，就发生无限的感想，因为走遍了书坊，看遍各种教科书，虽是名人的编校，教育部的审定，究竟能不能合我们采用，发生一个绝大的疑问。

真的，现在的教科书，的确比以前高明得多了。但是总脱不了编辑室里先生们的杜撰，也或者是几个大规模学校中几份杂七杂八的讲义，汇集起来，付印成册，能否合我们施教，是否合儿童需要，确是一个重大的问题。

要知道我们的课程——儿童需要的课程——是随学校、地方、时令、季节而异的，很活动的，很差异不能一律的。然而教科书确是很呆板的。要拿呆板的，来凑合活动，差异的，那里还能适合，谈得上什么儿童的需要。

所以我敢武断的说，现行的教科书竟不能通用，竟不需要用。但是教师没有了教科书，就怕失了依靠，茫何所之，要自己编辑，经济、能力、时间都成问题，因此在不得已的时候，还是采用教科书。只是我们知道应该要怎样用就完了。

乙　要怎样用?

一、不要完全依照教科书的次序教。教科书编得第一、二、三课……循序渐进，似乎可以依次教去，但是这不很妥当，因为各校的环境与儿童的际遇不同，也决不能和教科书的编制相符合。假设我们只顾了教科书的次序，而不顾儿童的环境与际遇，决不是儿童所愿意的，需要的，所以我们不要完全依照教科书的次序教，仅可应时采用，提前或移后，决不要给第一、第二……的次序拘束着。

二、要不要教完一本书？现在的编辑先生们，虽极力想接近学校，谋教科书适合于学校，但一方面要顾到“希望一书出版，风行全国”，因此所取的材料，未免失之空乏，而不能适应地方。如社会课本中讲到陆海分布的状况，古今中外的历史，而对于一地方的乡土情形，绝对没有。如是儿童即便知道了陆海分布，古今中外，假若问他你那县的位置怎样？政治情形怎样？他倒目瞪口呆，无从说起，这太笑话了。所以我们绝对不要死守教科书，不切合的要尽量删去，教科与儿童有密切关系的，当尽量增加。

三、教科书与学期的关系。现行的教科书，大约都依秋季始业编制，教科书的应用，自以秋季始业的学级为宜。如第一学年上学期用第一册，下学期用第二册。设春季始业的学级，也采择应用，就发现“秋季中学习春季的材料，反之春季学习秋季的材料”（这样于社会、自然两科最有关系)，于教材支配上，既不相当，儿童学习，更非所宜。所以我们应用教科书，对于学期的支配也应当顾到，设遇此种情形，上两项方法的施行，更为重要。

四、教科书外要不要补充材料？教科书上的材料又简单，又缺少。如社会课本中有一课《孙中山先生》，仅寥寥几个字，教者若把这几个字，像国语读本一样的教孩子们认识了就算完事，这绝对不可的。我们应当尽量插入材料，如《孙中山先生》的一课，当搜集关于孙先生的种种材料加以补充，如此在儿童方面兴趣勃勃，社会教学的目的亦可达到。又如算术是练习的功课，但课本上的练习题为数不多，以之应用，殊觉不够。当随时增加，以收实效。故教材之补充，亦为应用教科书的一件重要事情。

五、采用教科书应否拣定价低廉的？一般的教师们选用教科书，不讲内容怎样，而第一要求定价低廉，在书店里也有只求得利而不顾内容的。这虽是替一般贫民着想，非常适宜，但为儿童学习计，教育实效计，当以内容为前提。切勿贪定价低廉而不顾其他一切，如纸张、装订、字体等等以妨碍儿童的前途、教育的前途。

教科书的问题，约述如上。但这也不过是空泛的说话。详细说来，各科的性质不同，不能相提并论，详细分论，以后再谈。

二十五年国庆前一日，于济南。

（载《教育短波》1936 年第 80 期）

儿童教科书的检讨

金　朴

我不知道中国最早的一部儿童教科书是什么，但是坊间流行的《百家姓》、《三字经》、《千字文》、《神童诗》都可以说是发蒙的儿童教科书。《幼学琼林》、《大学》、《中庸》、《论语》、《孟子》是开笔的儿童教科书。虽然所谓新教育洋学堂办了四十年，所谓最新小学教科书印行了三十年，但是《百家姓》以至《幼学琼林》在儿童教科书中依然占着重要地位。读者倘若不相信，只要问一问书籍贩卖商，或者看一看小学与塾馆，就会发现中国古代式的儿童教科书的势力。

批评古代式儿童教科书的文字很多，“不合儿童心理”、“句子深奥”、“封建思想太浓”、“不合时尚”、“形式不合儿童好尚”、“没有科学根据”、“缺乏新知识”等等评语，虽然只敷陈表面理由，但是毕竟引起一般人的注意，同时也就出现一大批新式的教科书，最新式的教科书是新××的教科书。

《教育杂志》二十五卷七号，郑鹤声的《三十年中央政府对于编审教科图书之检讨》一文里，有一节教科书目的清帐，同时这篇文字很可以代表一般名流学者对于教科书的意见，该文篇末引了柳诒徵、汪懋祖、戴季陶三氏的话作结论，很以今日的教科书不用文言文、不读经、不保存国粹为憾事。郑君又主张完成模范教科图书，统合各科教科图书。倘若这两件事真的实行起来，那末，今后的儿童教科书最低限度又会回到《幼学琼林》、《千字文》一条路上去。书局出版的新的儿童教科书虽然同样有"剿割龙杂，陈腐因循"，但是比起《千字文》、《幼学琼林》来，至少一个是半斤，一个是七两吧！

这个暂且不谈，因为我不是印行教科书的书局的辩护人。不过我们有几个问题必得问清楚：

一、儿童教科书给谁读的？这个问题已经有一部分回答出来了，就是"儿童教科书给儿童读的"。这个答案给了一般自由竞争的书局一个大宝钥，同时也是教育部审查教科书的大根据。所以一切语句、体裁、图画、印刷、装订，甚至打算博得儿童低级兴趣的材料都一改再改，改到书局财力上快要难以胜任。所以中国最近出版的儿童教科书内容与形式各方面，都可以说千方百计迎合儿童的兴趣。但是，这只是一部分，还有大部分没有回答呢！

（1）给那样的儿童读的？倘若小学是为着大多数的儿童而设的，那末儿童教科书应该要以大多数的儿童为对象。中国大多数的儿童是终年没鞋子穿的乡村孩子，都市的拾垃圾的孩子，工场旁没工做的童工，卖报孩子以及其他没有父母或有父母而没饭吃的流浪孩子。那末今日的儿童教科书适合于这些孩子吗？幸而这些孩子到今日还没有机会读今日的儿童教科书，不然他们真像读《镜花缘》，谁能梦想得到放学回来有爸爸妈妈给他糖果吃？晚上独自一人睡在铁床上？早上还有闹钟催他起来？起来以后还有牛奶饼干吃？还有穿上皮鞋披上大氅去上学？学校还有精美的教室？还有留刘海发的同伴？还有娇滴滴的女教师？还有……？一般缙绅先生们反对现行小学教科书有神怪不经的材料，其实不合乎小读者生活的材料就是神怪不经，这种材料，确有全部删去的必要。

（2）今日的儿童教科书真的给儿童读的吗？倘若真的是给儿童读的，那末便应该问清楚儿童学习能力。我们就以国语为例吧。儿童读有兴趣的文字，一天读三次，每次以三十分至六十分钟为限，每天可以读几多？那末今日的国语教科书是否能够满足儿童的需要？少呢，多呢，还是材料不适合？我们可以说，既少而又不甚适合。我只以多少为例吧。陈鹤琴编的《儿童国语教科书》（儿童书局）比起一般国语教科书来，可说多出一倍以上，儿童读起来，每册不到八星期可以读完，那末，一般国语教科书的分量只够几天用呢？至多也不会满两个月。就是说，至多不到三分之一。为什么这样少呢？这个关键在印刷成本的，不在编辑者了。教科书的印行者是营业性质，无论怎样大量生产，合理化管理，但是在购买外国纸张，以及推销时种种耗费，请求审查的公开耗费，都要加在印刷成本上。各种费用加起来，数目确是不小。因此售价低了要亏本，高了营业竞争要失败。于是，不如转而在书的厚薄上着想，不问儿童学习能力怎样，每册总是这几页，这几课。超过此数虽有最好的材料也不采入。

在自由竞争原则之下，用资产阶级的生活为背景，既不能顾到一般儿童学习的能力，更不能给大多数儿童阅读，这是今日儿童教科书的第一个特征。

二、儿童教科书采用什么材料？小学各科中不是每科有教科书的，其中最通用的是国语、算术、常识、自然、社会、历史、地理、卫生、党义、修身、公民诸科。其他如图画、音乐、手工三科虽有教科书而很不通用。体育和谈话是没有教科书的。还有幼稚园教科书也只限于识字读法一种。这些教科书的材料，除出国语教科书因为销路特别好，所以特别引起许多人假惺惺的争论，例如文言与白话的争辩，鸟言兽语的争辩，神怪小说与童话的争辩等，都是扳起正经面孔来说一场，但骨子里是为着个人或某店东的利益的话，对于教科书的实质几乎没有人提到。我来提出几点，看看是否老生常谈，还是可以不管的小问题：

（1）要有确定的立场吗？中国儿童教科书的实质确实是没有明显立场，演变到模糊的凑合。清末的教科书尽是尊皇尊孔的气骨，毫不知耻的做奴才。民国成立以后，“尊皇”二字不能赤裸裸地拿出来，“尊孔”当然还可以，但是骨子里依然是尊皇尊帝，这点可以翻开当时商务中华出版的历史教科书与教授书，那一册不是叙述帝王与亡史，不唾骂帝王的叛逆，甚至有民族革命意味的洪杨也在冷讥之列。五四运动之后，接着来一套学制的改变，于是来一套新的教科书。这套新教科书大部分是模仿美国的，虽然在国语与自然二科中改变了许多内容，但是社会科的内容依然不变，尤其是历史科竟是一分也不变，甚至有人提倡引用美国教育界主张的发明史来编历史教科书的软性主张，到现在还没人采取。十七年以后，三民主义教科书，党义教科书，确是抽象，给七八岁的孩子读，多是莫明其妙。抽象的文学不但在党义书里有，在国语教科书中也有出现的。这样的教科书比清末的修身教科书还要抽象。近来有人主张读经了，尊师崇道的空气也浓厚起来了，一方面又恰巧遇到这样严重的国难，在这样混沌的局面之下，又来一个华北改编教科书的运动。难道中国的儿童教科书真的会像中国整个的社会，从次殖民地干脆地变为殖民地吗？为什么最可怜、最起码的“国难”二字的立场也不敢采用呢？（不但华北如此。）编辑先生故意装痴呢？还是故意要从这样模糊的立场上来麻醉儿童呢？

（2）要采取最新发明的知识吗？这点决不会有人反对，例如从前是八大行星，最近发现冥王星，所以各书都改为九大行星（但不改版的自然教科书而通行者例外），又例如无线电的说明，在十年前的教科书里没有的，现在也都采取了。事情这样简单吗？我们只教孩子歌咏这样发明就算够了吗？机器是一天一天地在发明着，但是机器的使用者——工人——与机器的所有者——厂主——也正在那里一天一天的斗争着，这是日新月异的新知识，各书绝对不会看到的。科学一天一天的发明着，但是杀人的利器，以及侵略弱小民族的方术，也一天一天的发明着。我们只歌咏科学发明，而不给儿童一个正确的方向，算是尽了教育的责任吗？我们给儿童最新的知识，必须给他整个的，不可只给他片面的眩惑。这点在自然教科书里应该特别注意的。

（3）是否已经采取最近发现的事实呢？失去时效的日历谁也不要它，但是失去时代性的儿童教科书正在社会上大时髦呢！失去了四年的东四省，独立了十年的外蒙古，在地理教科书里照旧写着，而没有新注解。用集团训练孩子比单独训练来得有效，这是已经公认的发现，但是教科书的编辑是怎样呢？就以算术教科书为例吧，都是张三买梨几斤，每斤三百文，共几百文的材料。为什么不把集团的工作材料放进去呢？又如算术中的“〇”是极难教的，小学生写十五常常写一〇五，因此大家迷信着凡是“〇”必难教，于是把有“〇”的材料极力避免，于是应该要和帝国主义算清帐的材料，因为是有“〇”的材料，所以也都避免了去。要知道教小学生最难教的是第一个“〇”，第二个“〇”以上就很容易教了。这是各种教科书普遍的错误。为着这样小小的错误，就把许多新发现的事实都抛弃，这是何等可惜呢！

乍看这个题目，以为是一篇极长的文字。真的，如果我在提出的几个问题里，来引证现成的材料（各种教科书都可引证），真可写一篇数万乃至数十万字的长文。不过这是本刊所不允许的。我只希望读者（尤其是小学教师）拿着这几个问题，当一把量尺，遇到一部要采用的儿童教科书，用它来量一下，看看它究竟合格吗？

（载《生活教育》1936 年第 3 卷第 4 期）

关于教科书编订和专卖问题

独　秀

最近作者得到了一个比较可靠的传说，就是教科书之编订，将一律由教育部负责办理，不准各书局自由编订；教科书之发行，由教育部交给某一个书局发卖。因此现在各书局，正在争夺这一个专卖权问题。

这消息是否属实，作者不得而知。就是说确实，那么究竟实施的办法如何，作者也没有知道。因为这事件之性质太重大，因此不揣愚陋聊贡刍荛之见，以为教育最高当局以及社会人士的参考。

编订教科书之权，亟应统一，是作者平素坚持的主张，不过编订权之统一较易，统一以后而能内容完美则难。因此，这问题就在于如何编制，假定不详审国情之需要、地方之情形、儿童之环境，那么编制出来的教科书，一定不能实现我们的理想，此其一；同时编订教科书原则方面的确定，固有赖于专家的审慎商讨，而实际编制的工作，还需要种种教学方面实际的经验，如何在编订时能双方兼顾，此其二；以我国疆域之广，文化程度之不统一，希望以一种教科书来适应全国的需要，一定是不可能，那么如何可使各地方不感觉到困难，此其三。这三大问题，是编订教科书时三个先决条件，这三个先决条件没有妥善的决定，我们决不能想象统一以后的教科书会有完善的结果，这是关于编订方面而言。

教科书编定以后，就是一个发卖问题。作者认为假定交由某一书局专卖，其弊无穷，而且一定可以引起种种无谓的误会。最好的办法，教育部对于任何一种教科书，所有纸张、排印、封面、字体等，都有一个规定，而且定价若干，也由教育部订定，任何书局，经教育部认可后，均可出版发卖，以其销数之多寡，抽版税若干；抽下的版税，以为编辑教科书者的报酬。这一种办法，一可以免除各书局专卖后的居奇；二可以免除各书局的竞争；三可以免除种种无谓的误会；四可以使一般学生家长减轻一点负担。

教科书之统一编订，与统一编订后的发卖问题，的确事关重大，而且应该亟求其实现的，不过这实施的办法，实有加以万分审慎考虑的必要。

（载《申报·出版界》第五十九期1936年6月11日）

非常时期小学应用教材

黎泽敏

沈子善先生之《小学不能实施国防教育吗》一文，见《教与学月刊》第一卷第七期国防教育专号。沈先生将坊间通行的小学教科书及一切读物中与国防教育有关材料，择要列表，颇能供给一般小学实施非常时期教育教学的参考。兹特录出，以飨读者。

教材要目	教材参考	备注
庆祝国家过生日	复兴社会教学法（第一册）	商务
这是党旗和国旗	新中华社会教学法（第三册）	中华
中山先生的生日	新生活社会教学法（第一册）	大东
中山先生小时候的故事	中山故事	商务
本地的名胜古迹	小学社会（第二册）	中华
五九的故事	小学社会（第二册）	中华
中国人用中国货	新中华国语（第六册）	中华
我国的地形	复兴社会（第四册）	商务
我国的气候	同上	同上
黄花岗七十二烈士	新生活社会（第四册）	大东
忠孝的岳飞	小学社会（第四册）	中华
仁慈的救护队	同上	同上
九一八是怎样一回事	九一八纪念册	良友
我们的政府	小学社会（第五册）	中华
节俭和储蓄	新生活社会（第五册）	大东
统一中国的秦始皇	新时代常识教学法（第七册）	商务
欧洲的几个强国	新时代高级地理（第四册）	商务
五九国耻	新主义常识（第六册）	中华
剿灭倭寇的戚继光	卫国健儿丛书	儿童
五卅惨案	新时代常识（第六册）	商务
我们民族的地位	小学社会（第六册）	中华
怎样可以自强	复兴社会（第六册）	商务
太平天国	初级常识（第八册）	世界
义和团	初级常识教学法（第八册）	商务
鸦片和国耻	小学社会（第七册）	中华

续表

教材要目	教材参考	备注
中日战争	新中华常识（第七册）	中华
租界和租借地	新时代常识（第七册）	商务
不忘一·二八	时事日报	二十一年三月起
大战后的世界	复兴社会（第八册）	商务
我国的农产物	小学常识（第五册）	中华
我国著名的工业	新主义社会（第七册）	世界
我国的航业与铁路	复兴社会（第八册）	商务
飞机与国防	新生活社会（第七册）	大东
怎样研究时事	复兴社会（第八册）	商务
汉代的武功	小学历史（第二册）	中华
不平等条约研究	新高小三民主义（第四册）	商务
东三省的富源	小学地理教学法（第三册）	中华
我国的西南失地	新主义地理教学法（第一册）	世界
近百年来革命运动	同上	同上
清代中国版图	小学历史（第三册）	中华
东邻的日本	高小时代历史（第三册）	商务
西南诸省与国防	新主义地理教学法（第一册）	世界
东北失地与边防	新主义地理教学法（第二册）	世界
家族和国旗	三民主义	同上
西北国防	小学地理教学法（第二册）	中华
中国贫穷问题	三民主义教学法（第五册）	民智
饭是怎样来的	儿童理科丛书	儿童
面粉是什么磨成的	同上	同上
菜园里的菜	同上	同上
怎样预防火灾	同上	同上
怎样打电话	同上	同上
怎样打电报	同上	同上
合群的小蚁	少年自然丛书（第十一编）	商务

续表

教材要目	教材参考	备注
豆腐	日用百科全书（第三十一编）	商务
无线电	实用物理学	商务
飞艇和飞机	百科小丛书	商务
中华好国民	歌表演	商务
用国货	救国豪歌四十曲	儿童
上前线去	同上	同上
前进	同上	同上
同胞快醒	同上	同上
积下钱来	前进	大东
看我们驾飞机	基本音乐教科书	商务
奋斗	小学音乐课本	中华
分工合作	基本音乐教科书	商务
和衷共济	小朋友歌曲	北新
互助	小学音乐课本	中华
出军歌	基本音乐教科书	商务
尽力中华	小学校唱歌集	商务
双手万能	小学音乐课本	中华
提倡国货	救国豪歌四十曲	儿童
问同胞	同上	同上
战	小学音乐课本	同上
向前进攻	爱国歌曲	文明
齐上战场	同上	同上
尚武	基本音乐教科书	商务
奋勇杀敌	爱国歌曲	文明
国难	行政院印发	
预祝胜利	爱国歌曲	文明
打倒公敌	同上	同上
求正义	基本音乐教科书	商务
收回租界	同上	同上

续表

教材要目	教材参考	备注
从军	同上	同上
努力	同上	同上
国耻	同上	同上
忠勇的将士们	前进	大东
万众一心	救国豪歌四十曲	儿童
祖国等着我们挽救	前进	大东
木兰从军歌	复兴音乐教科书	商务
勇士凯旋	百代公司唱片	同上
中华民国成立纪念	小学应用歌曲	儿童
国民革命	行政院印发	
五三国耻	同上	
革命先烈纪念	小学纪念仪式歌集	南京

（载《杭州市政府教育周刊》1936年第265—266期）

添增民族精神教材

力　行

最近教育部修正中学课程，对公民、国文、史地等科，特增关于民族精神之教材，而定之为标准。此举诚为现在急切之需要。中国受异族征服与压迫，而致丧失其民族精神，已百数十年；国势因以衰弱，民气因以萎靡，而日就沉沦。辛亥光复，虽为之一振，然久受羁绊，积重难返，奋勉之气，终不胜颓唐之心。近者强邻肆虐，压迫愈甚，蚕食鲸吞，得寸进尺，民族地位，益加削弱，民族精神，更荡然无存。故欲挽危亡，实非急从教育根本整顿不可。今教部在课程上增加民族精神教材，岂特适应环境之需要，抑且为民族存亡之关键也。

（载《民间旬报》1936年第14期）

国难时期中我们所需要的——小学社会教科书

马　真

小学教科书的问题现在已经渐渐地给人们注意起来了。成千成万的儿童每天在学校里所读的是教科书，小学教师们每天所教的是教科书，教育行政当局所考查的也是儿童读了教科书以后的成绩。在目前，学校教育——尤其是小学教育——的内容，似乎除了教科书以外，找不到别的什么。教科书既然这样百分之百地支配了我们的学校教育，无怪乎我们的“友邦”要向我们提出修改教科书的要求；而且，事实上在东北和“冀东”，小学教科书已经依照“友邦”的意旨编印了分发给天真烂漫的儿童，向他们“宣扬东方文化”了！

当我们的小学教科书给“友邦”这样注意的时候，我们自己对于自己的小学教科书做一个总的检讨，想来是非常必要的吧。然而我国各书局目前所出版的小学教科书，不但在科目方面异常繁复，就是同一科目，种类也很多，决不是我这篇短文所能尽言。因此，我只想把小学社会教科书拿来谈一谈。

现在坊间出版的小学社会教科书，老实说，不是我们理想中的小学社会教科书。它们的缺点可以分内容和形式两方面来说。

内容方面的缺点如下：

1. 观点不正确。我曾经教过好几种社会教科书，觉得这许多书中间的观点，正确的很少。大半都是以模糊儿童的意识，无形中灌输了一种毒质给儿童。例如关于中国历史和地理的材料，这许多教科书的编者，都充分地表示了他们的阿 Q 精神：明明是异族征服了汉族，而偏偏说是汉族同化了异族；明明是中国的工人以工人奴隶的形式到南洋去出卖劳动力，而某书局的地理教科书上却夸张地指南洋群岛是“中国的海外殖民地”！对于中国的发明家，则赞扬备至，丝毫没有说明发明家只是社会进化过程中必然的产物；哥伦布发现新大陆后，欧洲先进国家对于美洲土人残酷的掠杀和剥削，这些书上从来没有说到，结果儿童就不期而然地崇拜了这位资本主义的功臣——哥伦布。这些书中的观点为什么不正确呢？这都是因为编者受了传统思想的束缚，没有接受进步的思想，更没有认清目前中国的现状。因此，各书对于中国现状的叙述，不是有意地在歪曲事实，就是盲目地在暗中摸索，使儿童读了这些书，不但无益，而且有害。

2. 材料庞杂。一般编辑小学社会教科书的人大半不知道儿童的需要，单凭成人的主观，把有关社会科的材料尽量编在教科书里，填鸭似地向儿童的脑子里塞进去。所以当我们小学教师拿起书来教小孩子的时候，孩子们没有一个不觉得头痛，原来他们实在不需要这些东西！譬如三皇五帝、唐尧虞舜的传说，假使当做故事讲给儿童听，儿童也许还喜欢听；假使作为历史来研究，那就离开儿童现实的环境太远了。又如外国地理，孩子们只要知道几个重要的国家就够了，然而许多地理教科书却像记流水账似地一国国编进去，使儿童不知从那里认起！就是中国地理的材料，也因为太相信游记体裁的编法，把许多地名零乱地排在各册书中，叫儿童无从得到一个系统的概念。

这些书中的材料不但庞杂，而且往往错误。例如某书局的地理教科书在叙述苏联时，竟说列宁格勒“现已荒落”（该书原文），这显然是和事实不符。列宁格勒在十月革命后不但没有“荒落”，而且一天天走上社会主义建设的道路，凡是看过这次苏联版画展览会的人都可以知道。又如某书局的历史教科书在叙述产业革命时说：“……第一个是哈格里夫发明纺纱机，纺纱的速度就增加了；后来约翰开发明飞梭，布匹的产量也大增……”这也是和事实不符的。据许多历史书的记载，约翰开发明飞梭在一七三八年，而哈格里夫发明纺纱机在一七六七年，这一段课文把它颠倒了。这一类的错误，虽属很小，然而为了明白事实起见，我们似乎有指出的必要。

形式方面的缺点如下：

1. 文字艰深难懂。各家书局的小学社会教科书有一个共通的缺点，那就是文字太深，不容易使儿童了解。现在举几个例子在下面：

“孔子的学说，以忠孝仁义为本，诲人不倦，所以后世都很尊敬他。和他同时的还有一位老子，他的学说，主张清静无为、恬淡寡欲，信仰他的人也不少。”——某书局初小社会教科书第七册（四年级上期儿童用）

“诗歌发源于骚赋，在东汉末年，古诗乐府，已极盛行。南北朝时，印度音韵学传入，中国便有切韵和四声的发明；唐时又以诗赋取士，于是诗歌的研究益精，创作益多，李白杜甫最为出名。”——某书局高小历史教科书第二册（五年级下期儿童用）

“朱熹学说，以居敬为主，以格物致知、穷理实践为用。流弊所及，个人的聪明才智，都被束缚，反不如陆九渊重视个性，出于其门的，往往以功名气节目自见。”——同上

这几个例子里的材料，固然不合儿童的需要，就是单以文字论，也太不儿童化，太不大众化了。

2. 各课篇幅太短。坊间的小学教科书，都是书局生命线寄托的所在，因此，各书局都想使它成本轻而获利多，结果教科书的篇幅不得不受严格的限制。尽管所研究的问题很复杂，为了篇幅的限制，编者必须在几百个或几十个字里把它叙述完毕。因此，儿童阅读起来，索然无味。例如某书局初小社会教科书第五册里有这样一课：

“上古的人不知道穿衣服，完全裸体。他们不穿衣服，并不觉得甚么可耻。但是他们很注重身体的装饰。他们用脂油涂在身上，用颜料在身上绘画花纹。有时为美观起见，忍受痛苦把身体毁伤，或压扁头颅，或在耳上、舌上、鼻上穿洞。

这课的目的是在叙述古代人的装饰，文字很简洁，可惜为篇幅所限，不能详把古代人的装饰用有趣的文字写出来给儿童阅读。像这一类的例子在各书局的社会教科书里，随时可以找到。

那么，我们所需要的小学社会教科书是那一种教科书呢？现在把我个人的意见写出来，请读者诸君加以批评。

从内容方面说来：

第一，新的小学社会教科书应该具有正确的进步的观点。凡是传统

的思想，如个人主义、英雄主义以及中国人特有的阿Q精神，都应该彻底地加以清算，不能灌输给儿童。我们在说明社会进化的过程时，我们应该把新的历史观介绍给儿童（当然不是公式地介绍），使他们明白我们人类的社会由原始社会进化到目前的资本主义社会，中间有那几个阶段；同样，也要用这种方法简单地说明全部中国的历史，千万不能再依据传流的朝代观念，向儿童讲述帝王的故事。我们在说明世界的现状时，应该把帝国主义发展的经过，帝国主义内在的矛盾以及帝国主义的前途详细向儿童说明；同时，更应该把社会主义的苏联是怎样产生的，现状怎样，以及和帝国主义的对立怎样向儿童说明；最后，还应该把全世界劳苦大众和弱小民族的解放运动详细说明。我们在说明中国的现状时，我们应该说明目前的中国社会是一个半殖民地半封建性的社会，再依据这个观点来说明目前中国的一切。

第二，新的小学社会教科书应该是中国民族解放运动的重要工具之一。中国现在在国际帝国主义的侵略和压迫之下，尤其在某帝国主义的加紧进攻之下，民族的危机是一天天加深，民族解放运动的怒潮也跟着兴起。这个运动的主力军虽然不是小学校里的儿童，然而小学校里的儿童，也是中国的大众，我们绝对没有理由阻止他们参加这个民族解放运动。所以我认为小学社会教科书，应该把国难教材尽量地编进去，使儿童认识目前中国民族的危机，并唤起儿童热烈的救亡情绪。国难教材的要目如下：

1.“九一八”以前日本侵略中国的历史（包括中日甲午之战、“二十一条”无理的要求等）；

2.“九一八”事变（包括伪国的成立、义勇军的抗战等）；

3.“一·二八”事变(包括全国的抗×运动、《上海停战协定》的签订等)；

4. 华北事件（包括热河的失陷、《塘沽协定》的签订、通车通邮设关的实行、《何梅协定》的签订等)；

5. 华北伪自治运动（包括殷逆汝耕的独立、冀察政委会的成立、全国的救亡运动等)；

6. 目前的国难（包括“××三原则”、中×关系的“调整”、“华南国”的阴谋等）。

从形式方面说来：

第一，新的小学社会教科书应该尽量减少文字的障碍，凡是文言化的句子和字眼，成人的术语都要避免。假使必须引用术语或其他名词时应详加解释，使儿童易懂。最好能够用拼音的新文字编印小学教科书，因为汉字本身就是一个难懂难学的东西。不过在新文字还没有普遍推行的时候，我以为汉字和新文字不妨并用。

第二，篇幅要加长，使儿童有兴趣。坊间小学社会教科书中文所以艰深的缘故，大半都因教科书篇幅有限，而材料却异常复杂，以有限的篇幅容纳复杂的材料，势必采用文言化简洁老当的句子了。所以我们必须把相同的材料合并成一个单元，使儿童容易学习；同时把每一个单元的课文尽可能地加长，用生动的笔调写述各种问题，我想这样一来，儿童一定会感到浓厚的兴趣。然而要想办到这一层，非得把教科书从书贾手中解放出来不可。

最后，我想简单地说一说小学教师应该怎样使用教科书的问题。无论那一种教科书，教师决不能呆板地应用，这是稍有教学经验的人都知道的。小学社会教科书尤其不能呆板地应用。为什么呢？社会是活的，我们应该随时随地想法去认识他。当我们用教科书教小孩子的时候，只能把它当做参考材料看待，绝对不能和尚念经似地一课课教下去。在某一种环境里，需要某一种材料，全靠教师自己去斟酌。不过，单单活用教科书而不去指导儿童走上实践的道路，也是徒然。教育最大的任务不仅在使儿童认识现实，而在使儿童变革现实。从认识现实到变革现实，必要的步骤就是实践。实践的范围，我以为不能专限于学校之内，而必须扩大到学校以外去。至于指导儿童实践的方法，以后再谈吧！

一九三六，二，二七。

（载《生活教育》1936年第3卷第12期）

关于神话教材的意见

陈荣卿

前　言

无容解释的，教材是从民族经验中，拣取精华，就最适合儿童心理和当时社会需要的，加以整理，加以组织，用以扩展并改造受教育者之经验的东西。因此教材便成了教材的工具，没有教材，便无从扩展更无从改造民族经验。当然工欲善其事，必先利其器，教材的好坏，非但足以左右教育的成败，且能影响国家的盛衰，所以一般教育者，对于小学采用神话教材问题，引起了极大的注意。有的说神话教材是适合儿童的，有的说不适合的，有的说只适合年龄较小的儿童，有的说只适合年龄较大的儿童，各具理由，莫衷一是。

但是所谓神话，不过是神或“超自然的存在”的行为之说明，企图在说明人类与宇宙的关系。

同时谢六逸在神话学自序里说：“对于原始民族的神话、传说与习俗的了解，是后代人的一种义务。现代有许多哲学家与科学家，他们不断的发现宇宙的秘密，获了很大的成功，实间接的有赖于先民对于自然现象与人间生活的惊异与怀疑。”由此可知神话实在有助于科学的进展。

从前南京高等师范教育研究会，开过一次神话教材雄辩大会，最后有一位专家评判神话的价值说：“今日科学，未必非他日的神话。”这样更明白的告诉我们，科学的渊源还是神话。

我当然不敢跟人家说，神话有价值，也就说神话有价值，不过我们可先来把神话教材估量一下，也许可截长补短，有被采为教材的可能。

一、神话教材的价值

神话教材可以弥补儿童的想象力。

谁都知道科学的发端由于先人对于事物的惊异和怀疑，由惊异怀疑的结果，而生种种想象，想象而不能圆满，必设法假借事物以求解决，真理因以发现，科学因以发明，我想凡是读过瓦特发明蒸汽机，牛顿发现万有引力的历史的人，谁都会知道他们是经过这几个阶段，才获得最后的成功的。

因为年幼的儿童，想象力非常薄弱，对于事物更不知抱怀疑的态度，而神话教材却恰能弥补儿童想象的不足。例如密勒（Miller）所说的："太阳乘着一只船，自西往东，绕圆平地面之周以行。"这极神话，便可以把儿童对于太阳东升西没之想象的缺陷，弥补起来。

神话教材可以满足儿童的兴趣。

没有一个儿童对于神话不感到十二分的兴趣的。我在小学一二年级的时候，很欢喜听先生讲神话，我的同伴们也和我同样地有兴趣，从未见有一个同伴，不用心的去听先生讲。由此，我可深信儿童们对于神话是很有兴趣的。

从儿童兴趣方面着想，神话本身便有用作教材的价值，因为神话是优美的、高尚的、纯洁的，具有文学与艺术上的价值的结晶品。

我们再根据桑代克学习律中的准备律来说，我们准备去做的动作，给我们有机会做出来，我们便觉得圆满。儿童既然对神话很有兴趣，我们当然要给与儿童满足兴趣的一个机会，所以神话教材也是必不可少的材料。

神话具有形式美的特质。

所谓形式美，就是表现的方法，适合美的定则的意思。神话表现的形式在于谈话，虽是一种语句的堆砌，但并非是平铺直叙，乃是像音乐含有节奏、有韵律、有旋律的谈话。谈话有它的曲折与整然的调子，若无调子便不易记忆，也不足以感动儿童，儿童所以喜欢神话的原因，无非就是神话具有形式美的缘故。

神话可以补科学的不足。

人类的生活，不仅是要求知识的物质的满足，感情的精神的需求也是不可少的。所以单独的有科学决不能满足人类的一切欲求。神话，它是具有宗教的、美术的、文学的、哲学的特质，含有情感的、精神的作用，可供作人类调剂生活。如果一个人仅知知识的、物质的享受，而没有情感的调剂，生活必感到枯燥乏味。因此，神话在人类的生活上，也是不可少的东西。所以从儿童性情上和神话本身的价值上看来，神话是可以做小学教材的。

二、神话教材的评价

神话教材可以弥补儿童的想象，因为神话教材能引起儿童奇异之想象，而佐其想象的发达。这是神话教材值得采用的第一点。

神话教材可以使儿童得到兴趣的满足，有助儿童身心的健康，这是神话可用作教材的第二点。

神话教材具有形式美的特征，可以佐儿童审美观念的发达和欣赏态度的养成，这是神话教材可采用的第三点。

儿童天性活泼，情的感化力最大，例如教师对儿童说："有一天，有一只白鹅对许多灰色的鸭子说：我是顶爱清洁，愿我亲爱的鸭子们，和我一样……"儿童听了，必定很爱鹅的清洁，而愿做一个清洁的儿童。所以神话教材可以改善儿童生活，这是可用作教材的第四点。

三、怎样采用神话教材

神话教材固然有很多的长处，但也并非就没有短处。教育儿童者，只要不因噎废食，多多利用长处，尽量抹杀短处，那末神话在教育上就获益匪浅了。现在特写几个选择神话教材的注意点如下：

（一）凡可以发达儿童的创造力及冒险精神等等的，都可以加入教材里面。

（二）能引起儿童奇异之想象，而能佐其想象之发达的材料，亦可选为教材。

（三）短篇的——内容不过复杂者。

（四）字句简单的。

（五）有动作可以表示的。

（六）兴趣浓厚的。

（七）过于虚幻的或易养成儿童恐惧心的不能选入。

（载《学生会刊》1936年12月卷）

谈谈搜集乡土教材的方法

吴敬森

小学教材最要注意："由近及远"、"由具体到抽象"、"由已知及未知"、"由单纯至复杂"、"由部分至全体"、"由特殊的至一般的" 等原则，乡土教材一一都巧妙地吻合着。用乡土教材来教学，不但可使教师教学便利，儿童学习的兴趣特别浓厚，并且还能激发儿童爱护乡土及改造乡土的情绪，扩而充之，可以造成坚强的精神上的国防，所以乡土教材是最切近儿童生活、最利于教学、最合于实用的教材。

不过，乡土教材怎样去搜集呢？这是一个值得讨论的问题。现在据我管见，把这个问题的解答分做搜集乡土教材的范围、搜集乡土教材的标准、搜集乡土教材的途径三部分，述在下面，和各位小教同志讨论吧！

1. 搜集乡土教材的范围。它的范围有纵的和横的两方面。纵的方面，我以为一年级应该注重本乡，二、三年级注重本县，四年级注重本省。（刘百川氏等的乡土教材大纲，只分本乡和本县两方面；俞子夷氏的乡土科大纲，定为：一年级注重本地，二年级加些本县的材料，三年级加些本省的材料及原始人生活与异方人生活，四、五年级教本国历史、本国地理、本国理科，六年级教世界史及世界地理。）至于横的方面，我以为应注重：

A. 乡土文化：包括民间传说、地方沿革、故事、童谣、歌曲、农谚等。

B. 乡土自然：包括形势、山川、动物、植物、矿物等。

C. 乡土胜迹：包括山川名胜、古迹、建筑物等。

D. 乡土交通：包括水陆道路、汽车路、铁路、邮电、舟车、轿、桥梁等。

E. 乡土政治：包括保甲、警察及一切政治设施和地方建设等。

F. 乡土物产：包括农产、矿产、水产、特产等。

G. 乡土实业：包括工厂、公司、农场、畜场、林场以及农工商业和其副业等。

H. 乡土人物：包括古今为民谋利除害的贤人及开拓生产事业的劳工劳力等。

I. 乡土经济：包括社会经济变迁情形、社会经济状况。

J. 乡土娱乐：包括戏剧、赛会、迎灯等。

K. 乡土民情民俗：包括民风、习惯、嫁娶、丧葬等。

2. 搜集乡土教材的标准。实施乡土教育的目的是：（1）引起乐乡爱乡的观念，乐为本乡服务；（2）发展乡土生产及工业，并谋一切事业之改进，由乐乡爱乡进而为改乡造乡；（3）引起民族意识，提高民族自信力，振作民族精神，由改乡造乡进而为改国造国。所以搜集乡土教材，应确定一个标准，才不致背道而驰，或事倍功半。下面是我所拟的一个标准：

A. 要适合儿童生理和心理的发展的。

B. 要能激发儿童爱护劳工、尊重劳工的情绪的。

C. 要有改良生产、发展生产的效能的。

D. 要能发展个人生活、增进社会效能的。

E. 要含有改进社会现状的。

F. 要是积极的、革命的、创造的。

G. 要是具体化、实际化的。

H. 要能和乡土政治切实联络的。

I. 要能激发儿童爱护家乡、爱护祖国的观念的。

3. 搜集乡土教材的途径。每个乡村，都有优美的传说、故事、童谣、农谚等以言语代代传授下来，这种没有文字记载的传说故事等，一定是奇特的，趣味浓厚的，应用准确的（否则不会流传下来）。这种材料，我们要特别注意，时时留心记载，如有差异的地方，可去访问各长老，比较正误优污（语句中有些过于卑鄙的，应酌量修改）。其他如乡土文化、乡土胜迹、乡土自然等，可参考县志，或特别的刊物；至于乡土物产、乡土实业、乡土政治，则非去参观或调查不可。

十二，二，于玉山七都水口殿。

（载《江西地方教育》1936 年第 65 期）

1937 年

一九三六年中国出版事业之回顾

郁望尧　洪偿训

近年以来，中国之出版界颇有蓬勃前进之现象。虽出版业在经营方面，不能如五四运动后约十年间之顺利，然出版物质量之相对的进步，专深图书与专门刊物之增加，工具参考书之编行，西洋名著之译述，乃至印刷技术形式之改进，皆有足以称述者。即就数量言之，则合翻印古籍之册数计之，其总量亦远超于前数年之统计。然一国之出版物，为其国民教育学术程度之主要表现。中国教育距普及之目标尚远，而专门学术研究虽亦视前渐进，视西洋各国犹甚不逮，故其所表见于出版事业者，自亦不易与欧美名邦相比伦。据粗略之估计，则现今世界各国出版图书，每年统计远十万种以上，其中苏俄以革命后扫除文盲之努力，由教育普及影响于书籍要求之大，最近每年出版物达三万种，居世界第一位；德国每年约二万五千种，其次则为英美意各国，即东方之日本，去年一年中之出版物亦近二万种。吾国版图人口远过德日，顾出版事业虽因教育与一般事业之进步，渐见推进，而近五年来每年出版图书，估计不过三千种左右。（在民国元年尚不满一千种，据《英文中国年鉴》所载出版物之册数，则民国廿三年中为六，二四七册，廿四年份为九，二二三册，廿五年份尚无具体之统计。）以较并世文化发达之强国，犹瞠乎其后，此固吾人所不能引为愧励者也。

兹者一九三六年之消逝，至今已历五阅月，吾人回顾过去一年中中国出版界之情形，宜有一综合之检讨，借为彰往策来之一助。顾遍访全国各大报章杂志，虽偶有综述近年出版界情形之文字，要多概言不详，即一年来之比较准确的出版统计，亦杳不易得。作者服务图书馆，居常征访图书，与各处出版物接触较频，爰就见闻所及，于一九三六年，即民国二十五年一年中吾国之重要出版物，分旧籍与新著两项，作一简要之叙述。其中于巨编图书、工具参考书，以及学术机关出版物，或则以其有一般的应用，或则以其学术的意义较高，举述稍多，至于普通读物，各书局出版者，不易偻计。既未遍征专家之论评，又乏有权威书评可依据，守宁缺毋滥之义，姑从阙略。其间采查类列，虽亦薄尽绵力，然以出版物包涵之广，作者见闻之简陋，深知重要图书之遗陋，与取舍之失当，当不在鲜。至于此一年中出版界之趋势，以及作者对于出版事业之评衡与期望，亦未遑有所申论。苟得就此略观一年来吾国出版事业之进展，兼供图书馆与一般读者之采访，以尽本刊使命之百一，则作者之所愿也。

一、旧籍

一年来古书之印行，约而言之，可纳为四端。一为各类丛书之印行，二为古史与史料之整理与印行，三为文集笔记之汇刊，四为医籍珍本之综编。或求诸四库，或访闻私家所藏，兹均一一撮要加以综述如次。

A．丛书

《丛书集成（初编）》：我国丛书之辑刊，迄今不下数千种，其间珍瑕互见，各有短长，而一书之重出覆刊者，更所在多有。商务印书馆乃选集百部，六千余种，其一书分见数丛书者，则汰其重复，实存约四千一百种，用中外图书统一分类法排列。此外复有书名索引及各书编撰者索引二种，借便检阅。以二十四年十二月开始出版，定两年内完成，去年出版者共二百十种，五六八册。

《四部丛刊（三编）》：此书亦为商务印书馆印行，系继续正、续两编而刊，全书共七十种五百册，去年出版者计有第二期八种一百五十册，第三期二二种一百五十册，第四期三十二种一百五十册（第一期于二十四年终出版），至是全数始告出齐。

《四部备要》：中国四部旧籍，浩如烟海，学者虽尽毕生之力，殆难便阅，中华书局为择其最重要，选其优胜者，辑为《四部备要》，于民国八年间发行，不久即告绝版，爰于民国廿四年加以重印，以期广为流播，去年共出书四次，计九百六十余册。

《四明丛书（第四集）》：四明张约园先生近年于息影之后，即致力于教育学术事业，而尤拳拳于乡邦文献，乃汇辑四明先贤著述，颜曰《四明丛书》，斥资印行，其第一、二、三集已于民国二十三、四年间先后梓行，去年继续出版第四集，共八十册。

《中国水利珍本丛书》：中国水利工程学会选辑吾国古代河工水利书籍，足以供后人观摩者，汇编为丛书一种，去年出版有《河防通义》、《至正河防记合刻》、《问水集》、《河防一览》、《河渠纪闻四种》，本能仍将继续刊行。

《黔南丛书》：贵州文献征辑馆编印之《黔南丛书》，共四集，四十册，为去年出版郡邑丛书之巨著。

《崇雅堂丛书》：黄严、杨晨先后纂次《诗考补订》、《三国会要》、《三国志札记》等著，不下十余种，均于去年由其文孙绍翰整理付铅椠行世。

B. 古史及史料

《百衲本二十四史》：我国正史汇刻之存于今者，有汲古阁之《十七史》，南北监之《二十一史》，武英殿之《二十四史》，南监本及汲古阁本今皆不易致，北监本校监未精，且多不知妄改，久为学者所诟病。武英殿本校刊虽精审，而禄琳琅之珍秘，内阁大库之丛残，史部美不胜收，当日均未及搜讨。仅仅两汉、三国、晋、隋五史，依据宋元旧刻，余则惟有两监之是赖。长沙叶焕彬吏部，当概然于有清一代，提倡朴学，未能汇集善本，重刻二十四史，引为一大憾事。商务印书馆张菊生先生，积年累月，从事于正史之征访，或求之坊肆，得之藏家，近走南京，远驰域外，每有初刻及佳本，辄影存之，复据所得影行《百衲本二十四史》，洵足以补殿本之据漏，全书先后络续影行，去年出版者则有《南北史》、《隋史》、《元史》、《新唐书》四种。

《廿五史补编》：开明书店于刊行《廿五史》之次，即从事于历代表谱志之访求。凡增补、注释、考订、校勘之作，不问往哲遗籍，时贤近作，以年次为序，辑为补编。于民国廿四年出版二册，去年复本目录所定，续刊三册，其中多未刊之稿，如姚振宗《快阁师石山房丛书》，为近代目录学巨著，亦经采入，并复另印单册发行。

《宋会要》：赵宋一代，会要之辑，前后共历十次，成书凡二千二百余卷，开历代会要体史书之记录。惟以原书从未付梓，而所录副本，又大多残毁；明初纂修《永乐大典》将《宋会要》分隶于各韵，清嘉庆十四年大兴徐星伯（松）入唐文馆，七任提调兼总纂官，时《永乐大典》已佚去一千余册，徐氏笺注《大典》时，遇有《宋会要》，即另纸标以"全唐文"三字，授写官录副，亡虑五六百卷，徐氏以未及整理而卒，其稿展转流落，数易主顾，后归吴兴、刘翰怡，刘氏以部类不明，先后杂厕，乃延仪征刘富曾、吴兴、费有容氏重加厘订，刘富曾氏将徐氏原稿全部散并，成初编凡二百九十一卷，续编七十五卷，而原稿面目遂不可复见。国立北平图书馆从刘翰怡先生购归徐氏原稿，委托大东书局印行，全书共二百册，去年先印成一百〇五册。

《明清史料（乙、丙编）》："中央研究历史语言研究所"于民国十九年创始编，刊其所藏清内阁大库残余档案，题曰《明清史料》。由研究院刊行，凡十册。至民国廿五年改由商务印书馆出版，仍以十本为一编，其所收以明稿之范围较宽，而凡既刊入清代官书之文件，亦均多编入。

《太平天国丛书（第一辑）》：此书为萧一山先生摄录英伦博物院所藏与萧氏所收之《旨准颁行诏书总目》内之图书凡二十部，又三部则为太平天国末年刊行者，由商务印书馆出版，共十册。

《东西汉书姓名韵》：太原傅青主为明末大儒，是书即傅氏著作之一而未刊者。凡两汉书中人名，不论有传无传，均按韵罗列，而注史文出处于下，不啻一两汉书名总索引也。全书始于去年，由太原山西书局印行。

《中国内乱外祸历史丛书》：此书为中国历史研究社就历代野乘私志传略笔记之有关于中国内乱外祸者，选辑而成，都三百余种。交神州国光社印行。

《求实斋边事丛著》：钱侗著，内容述及蒙古、新疆及西藏。

C. 文集笔记

《崔东壁遗书》：大名崔述，尽四十余年之力，共著书三十四种，八十八卷。稿成，曾由其弟子陈履和刻成十九种，五十四卷。行世以后，并未风行，至近年始得顾颉刚等诸氏之倡导，而知者始众。本书即由顾氏标点编订而成，不但在崔氏三十四种中陈履和所未及付刻之《知非集》、《二余集》、《荍田剩笔》，均被寻得。即崔氏之弟崔迈及其妹崔幼兰之所著亦一一收罗无遗。且书前附有传状、年谱、崔东璧先生故里访问记，书末附有遗书引得、佚文、亲友事文汇辑、评论续辑等，尤为他本所不及。

《饮冰室合集》：本集以编年为主，搜罗任公一生已印、未印著作，分两大类，甲类文集，附诗、词、题、跋、寿序、祭文、墓志等。乙类专著，附门人笔记若干种，以时代先后为次。专著中又各自为类。

《清名家词》：有清一代，词学蔚盛，词人数以千计，词集亦称是。顾单卷孤帙，并无合刊之者。海宁陈乃干君，汇刊清名家词，先印百家，交开明书店印行，于去年出版。

《越缦堂日记补编》：李莼客先生《越缦堂日记》，前由商务印书馆出版者，起同治二年癸亥，讫光绪十四年戊子。先生别有日记甲集至壬集凡十四册，今存十三册，藏国立北平图书馆，计自甲寅春（咸丰四年先生二十六岁）至癸亥三月三十日，正与《孟学斋日记》相衔接，去年由商务印书馆影印发行。

《清代笔记丛刊》：上海文明书局刊行。全书包括清代撰人凡四十一家，共一百六十册。

D. 医学

《中国医学大成》：曹炳章编，大东书局出版，合自汉迄今之医学书籍，加以厘订，选为三百六十五种，批校圈注而成。别为十三［二］类，即医经、药物、诊断、方剂、通治、外感、内科、外科、妇科、儿科、针灸、医案是。殿以杂著，名曰《外集》。每类凡十余种至数十种不等，共二千余卷，分订一千册。每书各举提要，每类以作者时代为序。

《珍本医书集成》：裘吉生编，世界书局出版，十四巨册。内容凡辑入医经类五种、本草类五种、脉学类三种、伤寒类四种、通治类八种、内科类十二种、外科类三种、妇科类四种、儿科类二种、方书类十七种、医案类十五种、杂著类十二种。

《皇汉医学集成》①：陈存仁编，世界书局出版，汇集日本人所著中国医药名著而成。凡收总额九种、内科十九种、外科一种、女科三种、儿科三种、眼科一种、花柳科一种、针灸四种、治疗诊断各一种、方剂十种、医药医话十一种、药物八种、诊文卅二篇。

《医籍考》：日本多纪元胤，荟集我国千百年来医药之府库，仿朱彝曾《经籍考》体例，每书先揭其书名、卷数及存佚，盖中国医家目录学之巨著。书在中土绝稀藏本，去年由中西医药研究社影印流传。

E. 方志

《志乘之学》：在吾国已具悠久之历史，其进展亦与时代俱进。民国以来，流风未泯，县市志之次第刊布者，踵接相寻，本刊一卷四期，张慕骞先生撰有《最近三年来之方志学界》一文，详举全国各地出版志书于一编。而于民国廿五年之出版方志，尚未之及。爰为追踵前作，就见闻所及，于一年来出版志书，区为新纂与重印二项，为之胪举焉。

1. 新纂志书

甲、省志

《安徽通志》：《安徽通志》分为艺文、列传、财政、交通等若干门，各门均可独立出书，无互相牵制之弊，民国二十四年已出版六十余册，去年出版有《方言考》三册，《艺文考》十六册。

乙、府志（府制已废，此系承旧志而仍府志之名者）

《台州府志》：《台州府志》自康熙辛未纂修以来，至今垂二百十五

① 《皇汉医学集成》，疑为《皇汉医学丛书》。后同。

年，迄未续作，本志由喻长霖主修，章一山等协纂而成。凡一百四十卷，三十五册。

丙、县市志

《浙江鄞县通志》：陈屺怀主纂，为近年纂修县志中之巨著，分舆地、政教、博物、文献、食货、工程六门，其内容表居十九，共三十八册。已出版者《舆地志》八册、《食货志》四册、《博物志》一册。

《江苏续修盐城县志》：胡应纂，四册。

《广东龙门县志》：招念慈邬庆时纂修，三十卷，一册。

《河南正阳县志》：刘月泉等纂修，八卷首末各一卷，八册。

《山东寿光县志》：邹允中纂修，十六卷，十二册。

《山东德平县续志》：严绥之等续修，十二卷，四册。

《山东陵县续志》：刘荫歧总纂，四册（与重印光绪本合刊）。

《山东德县续志》：纂修者未详，十六册。

《重修山东莒志》：卢少泉修，庄陔兰辑，七十七卷，二十册。

《山东续修平原县志》：赵祥俊总纂（与重印乾隆本合刊）。

《山东商河县志》：王锡恩等纂修，十五卷，十六册。

《河北琢县志》：宋大章等修，周存培等纂，八册（查此志于民国二十一年纂修，至二十五年刊印）。

《河北南宫县志》：贾恩绂等纂修，二十六卷，六册。

《河北冀县志》：卷册及纂修者均未详。

《河北香河县志》：纂修者未详，四册。

《四川兴文县志》：江亦显等纂修，六卷，四册。

《安徽涡阳志略》：朱国衡纂修，一册。

《亳县志略》：刘治堂纂修，一册。

《泗县志略》：鲁佩璋纂修，一册。

《盱眙县志略》：王汾纂修，一册。

《凤阳县志略》：易季和纂修，一册。

丁、州志

《陕西德绥州志》：高维岳等纂修，六册。

戊、镇志

《乌青镇志》：乌青镇为浙江桐乡之巨镇，本志系合清董世宁原修，民国卢学溥续修本，凡四十四卷，十二册。

己、山水志

《澉水志》：澉水者盖《水经》所载谷水流出为澉浦者是也。（据前志罗叔韶序）今隶海盐县。本志系合梓常棠之《澉水志》、董穀之《续志》、方溶之《澉水新志》（未刊稿）及民国廿四年续修之《澉志补录》四种而成。

《峨山图志》：清黄绶芙、谭钟岳著，美国费尔朴译，华西大学哈弗燕京学社，铅印，一册。

除上述外，其属本年间纂成，而尚未出版者，则有江苏《川沙县志》（黄炎培总纂）及安徽《宁国县志》、安徽《歙县志》等数种。

2. 重印志书

《河北深泽县志》（重印同治本）：二册。

《山东凌县续志》（重印光绪本与新志合印）：八册。

《山东平原县志》（重印乾隆本与新志合印）。

《康熙会稽县志》（绍兴县修志委员会重印董清德吕化龙纂修本）：四册。

《道光会稽县志》（绍兴县修志委员会重印王藩沈元泰纂修本）：三册。

《嘉庆山阴县志》（绍兴县修志委员会重印）：三十卷，七册。

《射洪县志》：清黄允钦修，罗锦城纂，重印清光绪十一年刊本，十册。

《浙江金华县志》（重印邓钟玉等纂修本）：十六卷，四册。

《龙胜厅志》（餐秀籍影印道丙午周诚之纂修本）：一册。

二、新籍

间考近年中国学术界趋势，厥为研究途径之分工化。其反映于出版界者，乃有各项专门著作之创著与移译。学者责任既专，从事著译，征考自周。其承先启后之功，又足为近年出版界放一异彩。二为参考书及工具书之编纂，如年鉴之出版，每年均有进无减，全国各官家及工商团体之注重统计，亦复与年俱进。此种倾向，可于去年出版国府主计处统计局集各项公共事业统计之大成而编印之《中华民国统计提要》觇之。他如年代方面之工具书，如大事表年表以及先贤年谱之属，更多至不可胜收。三为通俗图书之编印，一般国民鉴于各项基本智识之需要，不期而促成通俗图书之撰述。如自然科学、应用科学以及各类小丛书，亦以近年出版最为踊跃，此后进展，无可限量。而由于国家前途之杌桯，去年一般书店，以史地国防及非常时期为号召，出版该类图书，跻跻沧沧，颇极一时之盛。四为政府机关学术团体之研究报告，该类出版物，或尽粹于学术之贡献，或有助于施政布教之用，皆于推进文化有莫大之裨益，蔚然为全国出版界之精髓。其出版物最多者，当以中山文化教育馆国立编译馆为最。其他如国立北平研究院、国立中央研究院以及经济较为充足之中华教育文化基金会、中法文化合作协会、全国公私立各大学，均有图书之编印，惟多数均委托商务印书馆出版。其零星由各机关自行出版，散见于各处者，亦多至不可缕计。综合以上四端，于近年全国出版物演进之现象，当不难于此中推见之。惟各项著译，门类既繁，遍举不易。本文除参考书之年鉴及各项统计材料，为多方调查之结果，足资归纳而备异日之比较；以及一部分有代表性质之通俗书，借供异日编纂之借镜，均为择要胪举外，其余因篇幅所限慨从省略焉。

A. 参考书

1. 辞典

名别	著者	出版处	册数
清代人名大辞典	杨家骆	中国图书大辞典编辑馆	
丛书大辞典	同上	同上	二册
民国名人图鉴	同上	同上	已出二册
世界人民大辞典	潘念之　金溟若	世界	一册
辞海	舒新城等	中华	二册
古今同姓名大辞典	彭作祯	好望书店	一册
英华合解建筑辞典	杜彦耿	上海市建筑协会	一册
法政辞典	张崇恩	天津河北三马路永丰里四号	二册
法律大辞书（附补编）	郑竞毅　彭时	商务	三册

2. 年鉴

书名	编者	出版处	册数
中国经济年鉴（第三编）	实业部中国经济年鉴编纂委员会	商务	二册
铁道年鉴（第三卷）	铁道部秘书厅	又	一册
上海市年鉴	上海市通志馆	中华	二册
保险年鉴	中国保险年鉴社	该社	一册
全国银行年鉴	中国银行经济研究室	该室	一册
航业年鉴	上海市轮船业同业公会	该会	一册
中国外交年鉴	薛代强等	正中	一册
内政年鉴	内政部年鉴编纂委员会	商务	四册
申报年鉴	申报馆申报年鉴社	申报馆	一册
国际劳动年鉴	国际劳工局中国分局	商务代售	
国际劳工年鉴	国际劳工局中国分局	商务代售	
国际劳工统计年鉴	同上	商务代售	
中华年鉴（英文）	H.G.W.Woodhead	上海字林西报馆	一册
英文中国年鉴	桂中枢等	商务	一册
山西省统计年鉴（民国二十二年）	山西省政府秘书处		二册
广西年鉴（第二回）（民国二十四年）	广西省政府统计局		一册
江西年鉴（第一回）	江西省政府统计室	该室	一册
安徽统计年鉴	安徽省政府统计委员会	该府	一册

3. 统计、索引及表志

书名	编者	出版处	出版册数
司法统计	司法行政部统计室	该部	一册
中华民国统计提要	国民政府主计处	商务	一册
上海物价指数年刊	国定税则委员会	该会	一册
民国二十四年南开物价指数年刊	南开大学经济研究所	该所	一册

续表

书名	编者	出版处	出版册数
海关中外贸易统计年刊	海关总税务司署	该署	一册
中国对外贸易	何炳贤	商务	一册
中国各通商口岸对各国进出口贸易统计	蔡谦　郑友揆	商务	一册
经济统计提要	王毓霖	私人出版	一册
统一公债市价合息表	中国银行总管理处	该处	一册
清华大学读书子目索引	施定镛	清华大学图书馆	一册
中国地学论文索引续编	王庸　毛乃文	国立北平图书馆	二册
近世中西史日对照表	郑鹤声	商务	一册
历代经籍志	杨家骆	中国图书大辞典编辑馆	二册
江苏省立国学图书馆图书目录	该馆	该馆	二十四册
中国文学百科全书	杨家骆	中国图书大辞典编辑馆	三册

B. 通俗书

《星期标准书》　商务印书馆每星期请名家鉴定标准读物一种，特价发行。内容各类兼收，去年所发行者，如《读书指导（第一辑）》、《法兰西短篇小说集》、《托尔斯泰传》、《太平洋各国经济概况》等书，皆辅助自修之应用。惟取选标准向嫌太高，门类亦苦太偏，殊不能普遍之于一般读者也。

《世界知识丛书》　世界知识社编，生活书店出版，去年出版如《动荡中的欧洲》、《中日问题讲话》、《战争与间谍》、《国际问题研究法》等不下八九种，此为研究世界现势之初部读物，其编制与行文之体裁，皆期一般读者均获赏览而无困难，但同时仍不失为雅俗共赏之作耳。

《战时经济丛书》　文化生活出版社编印，去年出版《战时捐税》等数种，其旨趣皆在研究战时经济之理论与方法，以为后方民众辅助前线长期作战之准备。

《青年自学丛书》　全书由平心等三十六人分别执笔，以介绍社会科学国际问题之基本智识，并指导青年阅读为目标，月出二册，取材能迎合一般读者之需要，去年已出版十余种。

《国民说部》　民国廿五年正中书局特约专家多人分编一部通俗读物，名曰《国民说部》，共一百册，内容分为十集：历史集、革命集、地理集、名人传记集、健康集、生产经济集、政治集、防卫集、科学集、生活集。均以章回小说之笔法，叙述与国民有肤切相关之基础知识。凡稍识文字，或读书一二年之民众，即能阅读。其特点在具章回小说体裁叙事首尾相贯之妙，而无旧小说过分铺张之弊。

《历朝通俗演义》　演义小说，怪诞不经，然其深入民众，要为既成之事实。《历朝通俗演义》系蔡东藩先生所作，共八十册，自两汉以迄民国，作一贯之叙述。全书虽不规规于正史，但稍涉不经之处，则多标明出处，视近时风行之武侠神怪小说，专以眩惑视听，其相差当有间矣。

结　语

以上所述，于去年出版之旧书籍与新著，既已备陈其大略，按此加以综括之观察，并就管见所及，抒其所期，望于今后之出版界者，以为本文之殿焉。

一，古书翻印之整理与选择。翻印古书，贵乎有目标，惟一般书局，随波逐流，盲目翻印，其风尤以民国二十四年为最盛，几于弥漫全国，令人目不暇接，陷整个出版界于无生气之中，其弊遂不可遏。至于去年，古书之盲目翻印，已稍敛迹。大部古书如商务印书馆之编印《四部丛刊》，中华书局之《图书集成》等，去年均续有出版，皆本既定之方针印行。其他试观本文所举者，均非漫无抉择，固不容吾人再作苛评，惟以今日国难之严重，新智识之需要倍殷，出版界应努力之方面正多，宜如何善用其精华，而致力于更积极之文化建设也。

二，优良通俗读物之纂编。通俗读物之编印，足以辅助教育，启迪文化，灌输一般民众智识，其适合目前社会之需要，固不待识者而后知。且通俗读物之对象为一般民众，销数既众，在出版界亦能打定其巩固不拔之基础；虽然，欲期民智之普及，有望于政府之推行普及教育，而出版界本身所应协力以助政府者，当以推行通俗读物始。然回顾国内优秀通俗读物之缺乏，实为不可掩息之事实，出版界又何能辞其咎？窃以为今后应致力编印通俗读物之方针，既不在说书唱教式之陈腐资料之演穀，亦不在演义说部旧题材之重演以为推广之张本；乃在于一切无论基本科学以及史地国防之各项专门智识之解放，以民众为对象，力免艰辛晦涩之学术用辞，一变以深入浅出之旨趣，轻快流利之笔调，通俗化、趣味化，使受民众之欢迎，针砭时代，而合目前社会之需要，然后于文化之推进，始有实际之铺盖。如房龙之《世界地理》、《人类的故事》，梅茜之《世界文学史话》以及西格里斯之《人与医学》等（国内均有译本）备受全世界读者之欢迎，此项著作盖均以浅显之文字讨论专门之学问，然其功效并不在高深著作之下。凡此种种，皆足为编印通俗读物之借镜也。

三，著作与译述。《文化建设》月刊三卷三期，罗列去年全国新书于一编，得一千三百余种。除政府及学术机关以及私人出版物，均未经列入，全国各大书局出版物，除十二月份亦均未列入外，其余大多均经归纳分类于一编，虽未能得去年全国出版物之准确总数，差亦足以窥见纯学术出版物之大概趋势。循是排比，除语文与辞书五十一种，全无译文；法律八十二种，译品仅四种；艺术八十七种，译品仅六种；工艺与农业五十三种，译品仅九种；以及医药卫生商业交通暨儿童书，亦皆以译品占少数外，其他哲学、社会、经济、史地译品几与著作数量相伯仲；而数理科举全年译品，达七十种；文学译品达一百十种，且驾乎著作之上，此就数量上而言，已可见著作之不能远过于译述而上。虽然，他山之石，可以攻错。介绍新智，有赖翻译。吾国译书之努力，尤远不逮日本，今后于国外之名著佳作，固深愿多所推进。惟学术赖琢磨而光大，创造为进步之基因。著作者，人类研究创造力量之表现，尤不可不力求其发挥，诚以中国各项专门著作，不能得广大群众之接受，因果相循，实为著作不能跃进之基本原因。今后全国著作界鉴于各项著作之不能跃进，有贻学术文化之羞，应如何知所以策励以谋挽救之道。而系出版业中心各大书局，亦当于营业之中，于推进教育文化之著作，多加筹划与编撰。关于优秀及有负学术重任之著作，有望于政府之积极奖励与补助，而尤望政府机关、学校团体更多分头致力于学术著作之编撰。合全国多方面之努力共进，期为我出版界生色，而无忝驰骋于文化前驱之重荷焉。

（载《图书展望》1937 年第 2 卷第 8 期）

一年来出版界的巡视

李磐若

一九三六年的出版界，诚然是划时代的一个重要阶级，较之以前，确乎有很显然的转变。最明显的有下列几点：

第一，翻印古书的消沉——在前几年地里，翻印古书，可以说是出版界最大的一种主潮。这种原因，是提倡恢复固有文化与施行某种文化政策的一种必然的结果。一般的书局，因为受这两种的影响，既然不能刊行新出版物，只有随合附流去翻印古书，以维持营业。于是有很多大书店，都翻印着古色古香的国粹，用一折四扣的廉价，在市场上踊跃的出卖了。同时，在读者一方面觉着，与其去看宣传书籍，反不如去读读古色古香的国粹好些，是以在社会上，又逐渐的形成了读古书的一种风气。这更加是促成翻印古书的一种便利条件。因为在这些条件之下，便产生了翻印古书的一种特殊的现象。然而，现时社会环境是在剧烈的演变着。因为现实的迫切需要，使着一般的读者，都清醒的了解到，所谓古色古香的国粹，并不能解决中国民族沦亡，与社会危机的各种现实问题。因此，翻印古书的现象，便随着社会的演变，以至逐渐消沉而殁落下去了。

第二，幽默文学的没落——幽默文学的产生，是由于一种特殊环境的反映。在这种环境之下，凡是激进的言论，自然是销声匿迹了。而能存在的，就是所谓“和平”的论调。可是，有的人们既不肯阿从“和平”论调，又不甘于缄默，那末，他们只好去幽默幽默，发声冷笑，以泄胸中不平之气。而读者在饭后茶余，也很乐意读读幽默的东西，来开心开心，以为谈笑的资料。于是林语堂大师所提倡“自我中心”、“个人笔调”、“灵性”、“风韵”的幽默文学，便普遍的流行起来。而幽默文学的圣经《袁中郎全集》、《明代十八家小品文》，也相继出版了。刊载幽默文学的杂志，如《论语》、《人间世》、《宇宙风》、《逸经》、《谈风》、《西风》、《西北风》，好似风起云涌的在市场上出现。不过这种特殊现象，也只能是暂时的。现在因着敌人的进迫，飞机炮弹的轰炸，使着一般读者，再也没有读幽默文学的闲情逸致。所以近来对幽默文学的刊物，在市场上很少有人问津。以前风行一时的《人间世》，现在已寿终正寝，变作历史上的陈迹了。

第三，社会科学的复兴与通俗化——社会科学在中国的传布，以十八九两年为最兴盛，后来因某种的特殊关系，逐渐消沉了。近来因为社会的剧烈转变，使一般人都迫切的感觉到，有深刻认识现实社会的必要。而能够正确的说明现实社会，与解决社会问题的，只有社会科学。所以最近研究社会科学，又成为一般的趋势了。当前两年看不到的名著——《辩证法唯物论教程》，在市场上又发现了。新刊行的有沈志远的《新经济学大纲》，陶达翻译的第八版《政治经济学》，艾思奇译的《新哲学大纲》。最近出版的又有译本《大众政治经济学》与《资本论》第一卷译本，这些著作，先前都是不容易出版的，现时都可以公然在市场上出卖了。不过，这几种名著，都是讲述高深学理的。最近有些小册子，把社会科学的理论通俗化了，凡是受过相当教育的，都可以看得明白。例如艾思奇的《大众哲学》与《思想方法论》，平心的《社会科学研究法》，沈志远的《现代哲学的基本问题》，陈唯实的《通俗唯物论辩证法》与《通俗唯物论》、《通俗经济学讲话》等，由一点足以证明社会科学理论通俗化，已竟有相当的成绩了。

第四，进步刊物的活跃——有人说去年是杂志年，这是确切不错的，去年刊行的杂志，真是打破以往的记录了。据统计不下一二百种，比较进步正确的，计有《时论》、《中流》、《光明大家看》、《大众话》、《新认识》、《现世界》、《新世纪》、《大众论坛》、《世界文化》、《少年知识》、《青年文化》、《生活星期刊》、《时代文化》等。这些刊物，却有一致的特点，都是以探讨现实问题与宣扬抗敌救亡理论为中心的，充分的反映着目前中国社会的需要。这也正是进步刊物之所以活跃的真实原因。

第五，新通俗读物的出现——因为国难的严重，一般人都认为提高大众的民族意识与唤起民众积极参加抗敌运动，是目前最迫切的一种基本工作。于是有不少的团体！如通俗读物编刊社与南京国民读物编刊，都曾经努力通俗文化运动了，他们为便于大众接收起见，尽量的利用旧形式来表现新的内容。已出版的有章回小说、大鼓词、剧本、故事、连环图画、教育年画多种。这种现象，已竟成为出版界的一种新动向了。就是在许多进步的刊物上，都可以看到以旧形式来表现新内容的创作，如《读书生活》上的《五四演义》、《生活星期刊》上的《走私弹词》、《大家看》上的《陈桂荣弹词》，发行出版的有童振华的《国难记》、钱亦石用故事写成的《中国怎样降到半殖民地》、施瑛的《国难的故事》，都是这一类很显明的例子。

以上所指示出来的几点，都是一九三六年出版界的新动向。这几种动向的发生与中国目前整个社会的演变，是密切的联络着。现在中国的国家和民族，遭遇到空前的浩劫，已竟演进到生死存亡的最后关头。所以在现实社会上的需要与一般群众的迫切要求，是正确的去了解民族危机的真实根源与如何去获得抗敌救亡的具体政论，以及如何去形成扩大抗敌的集体力量。然而，所谓恢复固有文化的复古运动与趣味注意的幽默文学，是绝对不能担负以上的几种任务，能为大众解决任何的现实问题的。是以，由于现实社会的演变，已竟把复古运动与幽默文学，送上殁落的途程了。同时，这种社会的演变，又为一九三六年的出版界，树立下转变的客观条件。

根据现实社会的演变，可以推断，一九三六年后出版界的总动向了。现在因为敌人不断的进攻，已逼迫着大众醒觉了。在一般的人都能了解到，只有用扩大的群众力量，去抗敌救亡，方是中国的一条活路。所以，今后的出版界的动向，将要转变到以抗敌救亡理论的讨探与宣扬为中心的。这种新动向的预示，于目前的出版界，已竟显露出来了。在文艺方面，有国防文学理论的建立，如《国防文学论战》，哲学方面有艾思奇的《民族解放和哲学》，国际戏剧集有张庚的《打回老家去》，国防歌曲有李公朴编的《中国呼声集》。此外还有《战时的中国经济问题》、《抗战的军事常识》等等。其他的如《大众防空讲座》与《大众防毒常识》，都充满着各杂志的篇幅。

抗战救亡的理论，将成为未来出版界的中心，是不成问题的。不过，目前因为社会上的种种障碍，使着出版界尚不能顺利的向着这种方向来迈进。

（载《民众周报》1937年第2卷第1期）

两年来之出版界

舒新城

某日有新从海外归来的老友来访，谈及近两年来出版界情形，录之以为《中国新论》两周年纪念刊之补白。

客：去国几年，日前归来看得社会各方面都很有生气，贵局为文化界的重镇，想来是更有长足进步的。

主：这几年因为国内政治逐渐走上轨道，各种建设确有进步。至于敝局近年来虽能支持下去，但进步则很难说，更说不到长足进步了。

客：不必客气罢！我听说出版业近来特别发展，两年来出版的书籍特别多，在数量上据说两年的数目要抵过前五年的总数而有余。出版界能这样地大量生产，贵局的业务有一日千里的进展自不待言的。

主：你这话自然不能说不对，也不能说全对。你要明白近两年来出版界的情形吗？我不妨和你畅谈一会。

客：好极了！我在国外，对于工具学科很用了一点功夫，打算回国后专心于译著工作。今日走访的目的，就是要叨教一些关于最近出版的情形。老兄服务出版界有年，能以出版界的现状见告，真不胜感谢之至！

主：不必客气。我所能知道的总尽量奉告。不过只是我个人之见，并不足以代表出版业，还请原谅！要讲近两年出版界的情形，我不客气要提出两年前我在《文化建设》月刊上一篇文章里所讲过的老问题来再讲。那篇文章的题目是《一年来之我国出版事业》，我曾经提出五种特征，三个问题，说明民国二十三年出版界的现象。我想你或者已经见过那篇文章的！

客：大作似曾过目，但现在记不大清楚了！好像是讲翻印古书及“杂志年”等问题罢！

主：我所提出的五种特征是：（一）翻印珍贵书籍；（二）编印年鉴；（三）“杂志年”；（四）图书检查；（五）“大廉价”。三个问题是：（一）教育问题；（二）经济问题；（三）历史问题。现在虽然经过两年的时间，这些特征与问题，不会像两年前一般地丝毫不变，可是也不至绝尘而奔，变得绝无痕迹，所以讲近两年出版界的现状，我还得旧事重提呢。不过为便利计，次序却不一定要照上面所说的。

客：那没有关系，我只要对于近两年的出版界有一个概括的概念就行了。

主：先说年鉴罢！二十三年的年鉴只有《教育》、《外交》、《银行》、《申报》、《经济》、《劳动》、《电影》、《军备》、《世界各国国势》等；二十四年除《申报》、《银行》、《经济》、《外交》等续刊外，并新出有《上海市》、《保险》、《财政》、《交通》、《英文中国年鉴》等；二十五年《申报》、《上海市》、《银行》、《经济》、《英文中国年鉴》等续刊外，新刊的有《内政》、《铁道》、《航业》、《儿童》、《中国文艺》、《世界知识》等。二十四、五两年编印年鉴的情形，还不是和二十三年相同，而且有进步吗！

杂志呢？内政部的登记统计，因为时间迫促，不曾函索，姑且就《人文月刊》近三年的数目比较罢，二十三年该刊全年所收的杂志三百九十五种，日报副刊十一种，共计四千一百一十八册；二十四年收杂志四百七十五种，日报副刊十二种，共计五千三百九十三册；二十五年收杂志四百四十二种，日报副刊九种，共计四千五百四十三册。近三年杂志之种数册数，均为弧线形，而以二十四年之数目为最大。由此可见二十三年之所谓“杂志年”，不过是个开端，二十四年而大进，二十五年则渐降而或入安定状态亦未可知。这种弧线，很有几分与“大廉价”的情形相仿佛，这就是说：“大廉价”在二十三年开始，二十四年则所谓大书店者互相竞争，有若干家对于书籍以对折以下之折扣发售，所谓小书店者，有若干家以一折几扣相号召。于是定价日高。有明明只值一角之书而定价二元以便于一折五扣。教育部看不过去，于二十五年四月七日令书业公会规定所有书籍均须照实价出售（特价不得低于七折），七月以后，售价渐有定数，而十月以后，一面因为纸价飞涨再要一折几扣也无办法，一面因业规经社会局批准不能乱改。所谓“大廉价”的花样，受着事实与法律的限制，也渐渐地玩不起来而渐入正轨了！

讲到图书检查，我想你大概还记得二十四年的所谓“新生事件”罢！检查规程是二十三年七月公布的，其主要目的在检查文艺及社会科学之书籍及杂志，由中央宣传委员会之图书杂志审查委员会驻沪负责办理。当时主持审查的确实很好，很能“体恤商艰”，不过我们“生商定商”，总觉得有点麻烦。可是因为“新生事件”发生之后，这审查会无形取消，我们反觉得若有所失。这事件，在我看来，其在我国出版史上之重要，恐怕比它的设立还要过之。所以我们不能忘记它。

至于我二十三年所说的第一种特征——翻印珍贵旧籍，这两年来，还是仍旧保持着。不过珍贵的东西有限，绝不会每年都有《四库珍本》、《古今图书集成》、《碛砂藏经》可翻印，便只好将不珍的普通旧籍或已经印行过的旧籍再来花样翻新一下，如商务的缩本《四部丛刊》、中华的洋装《四部备要》、世界的《国学名著》等等均是实例。

客：谢谢你的“五种特征”，但我还想再问一句话：这两年来我国出版界到底是进步还是退步？

主：这实在是一个看似容易而实在很难的问题。所谓容易，只要将近三年来的出版数量一比较，立刻就能断定是“进步”；但在质的方面，我不能将几年来所有的出版物一一读过，便不敢下十分肯定的断语。

客：就说量罢！

主：量的数字是有的：据二十五年出版之《英文中国年鉴》所载，

二十三年的出版总数为六，一九七册，二十四年为九，二二三册，二十五年据我所统计为九，四六九册。不过因为政府不能严厉执行出版物登记，书业公会又不举行全国出版界的调查，所以没有正确的全国统计。《年鉴》中王云五先生的统计和我的统计，都以各报纸或杂志广告所发表的刊物为基础材料，两人所根据的基础材料稍有不同，结果也就不得不异，所以就数量讲，也只能说个大概！

客：这个大概已经表示这两年出版界进步的情形了。

主：是的，不过新书太少，古书太多，数量纵多，也未必就可乐观。

客：这怎么说？

主：要说明新旧出版物的比例，最好是以二者之售价为单位，我且以二十四年为例罢，二十五年元旦，开明书店在《申报》上发刊一种《读书俱乐部》的广告，第一篇文章是一平先生的《民国二十四年出版界的回顾》。据他的统计，二十四年一年中全国出版物的总价是三，八四三·三五元，而大部古书的预约价为一，六六三·三〇元，古书预约价已占总价百分之四三·二八。前年大部古书的预约价大概在对折以下，即以对折计，如照定价计已是三，三二六·六〇元，以此价与其他新书之二，一八〇·〇一相加，得五，五〇六·六一元，古书售价已占百分之六十强；而照成本计算，古书的售价，因为没有稿费，至少比新书的低一半以至三分之二。即以古书之售价较新书低一半计算，则古书之总售价应为六，六五三·二〇元，已占百分之七十五强。这虽然是二十四年的一例，但二十五年的情形也大体相似。我们虽不能说古书不当出，但百分比这样的大，却有点出人意料之外！

客：这真是我不曾想到的事，不过我得问你们出版界，为什么这样欢喜印古书，独不想在文化上作点事业呢？

主：你对于出版界的疑问和责备都很对，就是我也常常如此想。可是这不合理的事实，总无法消灭。我还是举去年五月十六日《申报》“读书俱乐部”广告中再人先生的话来答复你罢！

他以为翻印古书之所以盛行于出版界，有四种客观的原因：第一是新书来源要靠作家，而中国的著作家太少；且因新书销数太少，著作家靠稿费难于维持生活，出版家也有亏本之虞，于是尽量翻印无版权的旧书。第二是出版法对于新出版物束缚很严，常有禁止发行或处罚的事，而旧书可以受不着出版法的束缚。第三是著作权法不能严格执行，奸商对于能销的新书，往往翻版廉售，致正当的出版家受损。第四是供求关系——他认为是最基本的原因，就是近年来因为政治上、社会上的种种关系，怕事一点的读书人，都钻在故纸堆里以求免祸，而一般经济恐慌，使得要读书的人，买不起书，为了暂充知识的饥饿，只好买廉的旧书。

至于责备出版家不该唯利是图，应该以文化为前提，他则以为这观念不正确。因为出版家是商人，虽然所经营的是文化事业，但是他们的股本非租税，不能自由耗用，且得付利息，而他们的伙友更得靠营业的余利维持生活。他们固然要顾到文化，但同时也不能不顾到他们所赖以生存的利益。所以以维护文化的责任完全加到出版家的身上，实是太看重了出版界。不知你以为如何？

客：你这话自然是经验之谈，我的理想，也只好屈服在这事实之下。不过这种事实总得设法改正才好！

主：我也常常这样想。不过出版家虽当努力，但这种事实的改正，却绝不是出版家单独努力所能收效的。倘若我前年所说的教育问题，即识字的人太少；经济问题，即国人太穷；历史问题，即历代以农立国，一般人对于新出版物不甚感需要，而交通不便，新书又不易传播——能因各方面之努力而得着适当的解决，这不合理的事实，也自然而然会消灭。好在这几年来国内政治渐上轨道，社会渐趋安定，各种建设均有进步，目前的出版家，虽然遇着纸价飞涨问题而发生许多困难，但他们的前途总是很有希望的！

客：你的话很对，你的乐观态度尤对。我想中国的一切都是很有希望的。我还是要从事译著，替国家效一点劳。我们分途努力罢！再会！

主：谢谢你的厚意！再会！

二十六年二月十八日。

（载《中国新论》1937 年第 3 卷第 4—5 期合刊）

十年来的中国出版事业

王云五

一

要使人对于中国出版事业有相当的认识，必须从出版物的统计着手。但是中国的出版统计，无论公私机关至今还没有做过工夫。内政部虽然在注册图书方面做过简单的统计，可是中国出版物的全数量和注册图书的数量比较，相差至远，断不能作为依据。作者近三年来，因受英文中国年鉴社的嘱托，担任该年鉴中国出版界一篇，每次都费了不少工夫，一方面向较大的出版家直接调查，他方面从京、沪、平、津几家主要日报全年登载的新书广告归纳起来，编成最近三年的中国出版统计。这种统计虽未能十分正确，事实上当不致相差太远。不过这种统计，只限于民国二十三至二十五年，如果要将十年来的出版统计补编完成，所费的时间固很惊人，而且据以统计的资料也不容易搜集。经过了一番考虑，作者才决定一个半靠搜集半靠推算的方法。具体说起来，就是一面商请较大的出版家把最近十年中前七年的新出版物数量，分年开示；一面把这几个大出版家最近三年间的出版物数量和全国出版物总数量的比例，按着从已知而求未知的原则，推算此时期中前七年全国出版物的数量。现在把推算的过程和结果说明于后。

据直接调查的结果，我国最大规模的出版家商务印书馆、中华书局和世界书局三家，在过去十年间，即民国十六年一月至二十五年十二月底，各家逐年的新出版册数如下表：

年份	商务	中华	世界	总计
民国十六年	八四二	一五九	三二二	一，三二三
民国十七年	八五四	三五六	三五九	一，五六九
民国十八年	一，〇四〇	五四一	四八三	二，〇六四

续表

年份	商务	中华	世界	总计
民国十九年	九五七	五二七	三三九	一，八二三
民国二十年	七八七	四四〇	三五四	一，五八一
民国二十一年	六一	六〇八	三一七	九八六
民国二十二年	一，四三〇	二六二	五七一	二，二六三
民国二十三年	二，七九三	四八二	五一一	三，七八六
民国二十四年	四，二九三	一，〇六八	三九一	五，七五二
民国二十五年	四，九三八	一，五四八	二三一	六，七一七

又最近三年，即民国二十三至二十五年的全国新出版物册数，经作者调查计算的结果如下：

民国二十三年　　六，一九七

民国二十四年　　九，二二三

民国二十五年　　九，四三八

如果把商务、中华、世界三家在这三年中各该年的新出版物册数和上述全国各该年的新出版物总册数比较一下，则三家的出版物册数在民国二十三年度占全国出版物总册数百分之六十一；在民国二十四年度占全国百分之六十二；在民国二十五年度占全国百分之七十一，三年间三家出版物的平均数则占同期间全国出版物的平均数百分之六十五。

又如果把商务一家在这三年中各该年的新出版册数和全国各该年的新出版物总册数比较，则商务一家的出版物册数，在民国二十三年度，占全国出版物总册数百分之四十五；在民国二十四年度，占全国百分之四十六；而在民国二十五年度，占全国百分之五十二；又三年间商务一家出版物的平均数占同期间全国出版物的平均数百分之四十八。

根据上开任一种比例，都可以把民国十六年至二十二年间每年全国新出版物的总册数推算出来。但如把商务一家作比例，则一方面没有平均的机会，他方面又因民国二十一年商务适遭“一·二八”之劫，停业半年，后来复业之初，也因设备和力量的欠缺，出版新书尚少。这一年在商务既系特例，自不能据以推算他家或全国的出版物。因此，比较正确的推算，还是以三家的联合比例为根据才好。

查三家在最近三年间的新出版物册数既如上述，平均占全国最近三年间新出版物册数百分的六十五；而三家在前七年间的新出版物册数，均经直接查明，由这些已知的条件，便可推算而得民国十六年至二十二年间每年全国新出版物的总册数如下：

年份	三家已知数	全国推算数
民国十六年	一，三二三	二，〇三五
民国十七年	一，五六九	二，四一四
民国十八年	二，〇六四	三，一七五
民国十九年	一，八二三	二，八〇六
民国二十年	一，五八一	二，四三二
民国二十一年	九八六	一，五一七
民国二十二年	二，二六三	三，四八一

二

对于出版物的数量已有大概的认识后，第二件便须研究出版物的种类。根据作者为《英文中国年鉴》所搜集的资料和统计的结果，最近三年间全国新出版物的种类是有数字可考的。不过二十三年度的分类表中，没有把教科书列入，而民国二十四、五两年的分类表，却把一切新出版物都括入其中，因此在比较上，标准不能划一。现在为便利计，姑将二十三年度删除，仅记二十四、二十五两年全国新出版物的种类及其百分比如下：

类别	民国二十四年	民国二十五年	平均
总类	四三强	三九强	四一

续表

类别	民国二十四年	民国二十五年	平均
哲学	二弱	二弱	二弱
宗教	二弱	〇·五	一强
社会科学	二八强	二七强	二八
语文	二弱	二强	二
自然科学	三弱	二强	三弱
应用科学	四弱	五强	四强
艺术	三强	四弱	四弱
文学	五强	一一弱	八
史地	六强	六强	六强

至于民国十六年至二十三年的全国新出版物种类，如从实际上分析，既苦时间和资料的困难，如从间接上推算，则种类的变迁不能和数量的增减并论，因为数量和教育的普及与出版家的资力甚有密切关系，其增减有相当比例可据，而种类的变迁情形颇为复杂，断不能就几个出版家或是几年间的实例，推求而得一般出版家和其他几年间的近似结果。所以要想约略表现十年来的前八年全国新出版物种类，只有参看内政部注册图书的种类。查国民政府内政部对于出版物的注册系从民国十七年七月份开始，现从这时期起一直统计至民国二十三年底止，把每年注册图书的种类，作成百分比如下：

类别	民一七	民一八	民一九	民二〇	民二一	民二二	民二三	平均
总类	六七	一一弱	六七	一七强	三一弱	一七强	一一弱	三一强
哲学	〇	三弱	一弱	三弱	三弱	五强	五弱	三强
宗教	〇	〇	〇	〇·五	〇·二	一弱	一弱	〇·五弱
社会科学	四弱	一四强	七弱	二五弱	二五强	二三强	二八强	一八强

续表

类别	民一七	民一八	民一九	民二〇	民二一	民二二	民二三	平均
语文	一六强	六弱	〇	七弱	三强	三强	八弱	六强
自然科学	一强	一弱	二弱	八弱	七弱	八弱	九强	五强
应用科学	〇	三强	二弱	六强	五弱	一一弱	七强	五弱
艺术	三弱	二弱	一弱	六弱	三弱	三强	六强	三·五弱
文学	三弱	四三强	六弱	二〇强	一五强	二〇强	一六强	一八弱
史地	六强	一七强	一四强	八强	八强	八强	九弱	一〇

查民国二十四和二十五年新出版物种类的平均百分比系根据实际出版物册数,而民国十七至二十三年的平均百分比，却根据内政部注册的出版物种数。两者的标准不同，原不能作为适当的比较，可是两表均以总类的图书占第一位，社会科学占第二位，文学占第三位，史地占第四位，哲学占第九位，宗教占第十位，这六类的位次完全相同。其彼此不同的只有语文、自然科学、应用科学和艺术四类。

现在再将各类的位次略为说明一下。作者以为总类图书之占第一位，系由大部丛书之故。因为一部丛书里面包括许多种和许多册书，所以无论以册数或以种数为标准，总类都占第一位。不过按册数计算的，自然还要多一点。民十七至二十二年系按种数计算，结果总类占平均数百分之三十一；而民二十四、五两年系按册数计算，总类竟占平均百分之四十一。这理由很为显明。社会科学之得占第二位，固由于教育图书小学教科书和儿童读物都括入其中，但国人能注重社会种种问题，却是主要理由。而社会科学之研究，不像自然科学或应用科学，须先有数理的根底，因此入门较易，也是其中之一理由。文学之得占第三位，则因文学书除供研究外，尚可备消遣，故无论在那一个国家，文学书总占重要的地位。史地之得占第四位，其理由与文学书近似，故位次也次于文学书。至于哲学书籍，任何国中，大都只供少数人的阅读，我国当然不在例外。宗教书籍，则各国情形差别颇大。有占较要地位的，也有极不重要的。而且宗教书的效用较长，一本流行，经千百年而不变，因此新出版物究不能多。间有集教典的大成，从事大规模出版者，也不过偶一为之，断不能长久继续。因此，某一年中，宗教书籍虽出版特多，其他各年必不能维持记录。例如商务印书馆十几年前曾经一度辑印《续藏经》和《道藏》，在这一二年间，宗教书之出版数量必高起突飞，可是以后十数年间，便难为继了。此外语文、自然科学、应用科学和艺术四类，大都位于总类、社会、文学、史地之下，驾乎哲学、宗教之上，而其消长升降，则与读书界的程度和国人的趋向有关系。查语文一类所包括者，大半为学校教科之补充读物，读书界如仅限于学校范围以内，则语文类出版物必占较重要的地位；反之，如果校外或离校以后读书的人渐多，则语文类出版物的地位，必渐渐退让于其他各类的出版物。近两年中应用科学出版物的地位益加重要，可为国人注意实学的明证。艺术出版物较前有进，也就是艺术学校和艺术教育日渐推广的原因。但自然科学还不见有起色，那就不能不视为教育界和读书界的缺憾了。

三

现在进一步，略述这十年来国内重要的或特殊的出版物。为便利说明起见，把这些出版物分为大部丛书、分科丛书、大学用书、职业学校用书、儿童用书、缩印便览书、年鉴、统计、名词表、索引十项。

一、大部丛书——这一项以商务印书馆的《四部丛刊》为其前驱。《四部丛刊初编》，虽在这时期以前印行，但其第二次发售预约与其《续编》、《三编》的发行，均在此时期内。此书初编多至二千册，《续编》、《三编》各五百册，搜罗善本，精工校印，廉价流通，其保存国粹与阐扬文化之功，有足多者。其后中华书局有《四部备要》之辑，所收之书，注重实用，而以聚珍仿宋版排印，分订二千二百余册，盖与《四部丛刊》殊途同归者。近年商务印书馆又有《四库珍本》和《丛书集成》之印行。前者就文渊阁所藏《四库全书》中选印二百三十一种，分装一千九百余册。其中辑自《永乐大典》而别无他本可代者达九十余种，余亦出于宋、元善本，或其书虽时代未远，而至今已极罕见者，盖借此保存珍本，俾迭遭变故之《四库全书》得因流通而永久也。后者选辑最实用最名贵的丛书百部，汰其重复，实存约四千一百种，依新法分类为五百四十余，我国历代学术专著咸备于此。全书四千册，都二万万字。以种类言，多于《四库全书》著录者十之二；以字数言，约当《四库全书》著录者二之一，而售价特廉，不及原值二十一之一。

以上各种大部丛书，虽各有特色，然皆属于旧学范围。其能包罗中外新旧之学术，并为整个图书馆计画者，实以《万有文库》为首创。此书第一、二集正书各二千册，另附大部参考书若干册。主旨在以整个的普通图书馆用书贡献于社会，其内容于中外各科要籍与治学门径之书无不包罗，支配适当，系统分明，版式一律，书脊编号，并附卡片，尤便管理。国内各地借本书而成立的图书馆多至千余所，其影响于读书界颇大。

二、分科丛书——此项丛书种类极多，兹择其规模较大者若干种分科叙述如下：

（一）关于教育者——商务印书馆有“现代教育名著丛书”、“师范丛书”及现正开始出版之“比较教育丛书”、“公民教育丛书”等。“现代教育名著”系选译各国关于教育之基本著作，先后出版者不下二十种。“师范丛书”专供中小学教师参考之用，已出版者六十余种。“比较教育丛书”，每国一种，共十二种。“公民教育丛书”，亦每国一种，共八种，两书均自本年五月起，月出一种，同为该馆近年定期出版丛书之一。此外中华书局亦有“教育丛书”四十余种，正中书局有“国防教育丛书”约十种。

（二）关于法律者——法学编译社出有法学丛书四十种；商务印书馆出有“新时代法学丛书”二十三种，“实用法律丛书”二十种。后者编制注重实用，且以浅显文字及详明举例，为一般人说明繁复的法律学，与讲义式或释义式的法律书籍迥不相同。

（三）关于现代问题者——商务印书馆有“现代问题丛书”五十种，就国内及世界当前的各重要问题，以客观的资料及各家的意见，提要钩玄，使研究某一问题者于短时期内得一鸟瞰的印象，并可借其导引，渐进于本问题的全领域。正中书局有“时代丛书”，新生命书局亦有“中国问题丛书”各二十余种，可供研究现代问题者的参考。

（四）关于自然科学者——商务印书馆有“自然科学小丛书”二百种，分为科学总论、天文气象、物理学、化学、生物学、动物及人类学、植物学、地质矿物及地理学、科学名人传及其他，共十类。于自然科学的全范围，殆已具备。取材扼要，叙述浅明，可供一般人的阅读。其专供中等学生研究者，该馆尚有“中学生自然研究丛书”三十种。其足备科学家之参考者，该馆尚有“科学丛书”二十余种。

（五）关于工学者——商务印书馆有“工学小丛书”及“化学工业大全”两项。前者先后已出版百种以上，各科目大致具备。后者共十五巨册，于化学工业之范围，亦已粗备，且取材适合实用，每题均有详尽的叙述。

（六）关于医学者——新医方面除商务印书馆出有“医学小丛书”七八十种外，尚无大规模之出版物。旧医方面，则近年大东书局有《中国医学集成》千册；世界书局有《珍本医书集成》九十种、《皇汉医学丛书》七十三种，各装订十四巨册。对于旧医学的要籍，可谓粗备。

（七）关于文学者——创作方面，商务印书馆有“现代文艺丛书”、“文学研究会丛书”等，已出六十余种；生活书店有“创作文库”，已出二十余种；北新书局有“创作新刊”，已出十余种；开明书店有“文学新刊”，已出十余种；良友图书公司有“良友文学丛书”，已出四十种。翻译方面，商务印书馆有汉译“世界文学名著”，已出一百二十余种，黎明书局有“西洋文学名著译丛”，已出十余种。以上皆指有丛书名义者而言，其单行之创作和译本，则因文学一类读者最为普遍，所以各出版家，除完全印行旧书者外，几乎家家都有出版。

（八）关于史学者——商务印书馆的《百衲本二十四史》，采访善本正史，汇为一编，殿本讹误之处，借资补正者不可胜计，有功于史学至巨。开明书店的《二十五史补编》，搜罗各史的补志、补表、考证等约共三百种，以便利检查的版式印行，对于研究史学者，甚为方便。商务印书馆新近发行的“中国文化史丛书”，就我国文化的全范围，区为八十科目，分请专家担任编纂，为有系统而详尽的叙述，分之为各科的专史，合之则为文化的全史。为我国史学前此未有的著作。

三、大学用书——我国在五六年前，出版家编印的教科书，以中小学校为限。民国二十一年十月，商务印书馆始发表其大学丛书计画，邀集国内各大学及学术机关代表，组织大学丛书委员会，在整个计画之下，分请专家编撰各院各系用书。其主旨在贡献整个的大学用书，借以促进我国学术的独立。第一期四百余种，于民国二十二年四月开始出版，期于五年内完成，迄今已出版者不下三百种，多为精深之作。

四、职业学校用书——职业教育的重要，与日俱进。但因科目复杂繁多，所以教育部至今还没有把职业学校的课程订定。近年教育部委托若干教育机关草拟职业学校课程大纲，并向全国著名职业学校征集编成之讲义。于二十五年春间委托商务印书馆审查，选其优良者印行。即由该馆邀集全国职业教育专家组织职业教科书委员会，就所征集之讲义详加审查，分别去取修正，俟认为满意，始通过为职业学校教科书。一面参考教育部印发之职业学校课程大纲，并根据各专家的经验，暂行订定职业学校科目，分科征集或编撰适当稿本，陆续印行，期于三年内全部完成，本年秋季开学，第一批的职业学校教科书五六十种便可通过印行。

五、儿童用书——最近几年，尤其是民国二十三至二十五年间，儿童用书的出版最为热闹。商务印书馆有"小学生文库"五百册，"幼童文库"二百册，"小学分年补充读本"六百册；中华书局有"小朋友文库"四百五十册，小学各科副读本三百册；世界书局有"儿童文库"二百册。此外儿童书局、北新书局等也都有类此的出版物。

六、缩印便览书——自从石印书输入我国以来，缩印的书已经不少，但是缩印而又便览的书，却是这十年来，尤其是最近三四年来的产物。商务印书馆之景印《六省通志》和《十通》；开明书店之景印《二十五史》和世界书局之景印《十三经注疏》，便都属于这一类。各省通志动辄百数十册，商务印书馆的景印本《六省通志》，每种不过几厚册。通行的木版《九通》不下千册，再加上刘氏的《清朝续文献通考》百册，总册数在千以上，商务印书馆却把这千册以上的书缩成二十厚册。《二十五史》流行的版本，平均五六百册，开明版的《二十五史》

竟缩成九厚册。《十三经注疏》通行本，平均也有几十册，世界版的《十三经注疏》却缩成两厚册。这几种缩印本，还有一样特长，就是字体都不致过小，阅读时比诸从前供场屋应用的石印书清朗得多，不致有伤目力。

七、年鉴——自民国十七年商务印书馆开始编印《第一回中国年鉴》以来，大东书局复于民国二十年印行《世界年鉴》，惜仅各印行一次，不再继续。其后申报馆印行《申报年鉴》，接连三回；商务印书馆印行《英文中国年鉴》，亦已接连两回，第三回亦正在排印，体例渐臻完备。以上为普通性质的年鉴。至于专门性质的年鉴，在近几年来，发展尤为迅速。流行最广而继续印至四回的，首推商务印书馆印行的《中国经济年鉴》，这是实业部编辑的。此外财政部有《财政年鉴》，内政部有《内政年鉴》，铁道部有《铁道年鉴》，教育部有《教育年鉴》，外交部有《外交年鉴》。其中除《外交年鉴》及第一回的《教育年鉴》外，都由商务印书馆印行。

八、统计——我国向来没有统计，最近两三年来才开始编制印行。其中规模最大、包罗最广的，当推国民政府主计处统计局编辑的《中华民国统计提要》，由商务印书馆印刷发行。又教育部先后编有二十一、二、三年《全国高等教育统计》，二十一、二年《全国中等教育统计》，二十二年《全国初等教育统计》，二十二及二十五年《全国社会教育统计》，二十二、三年《全国教育经费统计》，均归商务印书馆印行。此外又有一种私人著作名为《中日贸易统计》的，系由中华书局印行。

九、名词表——《科学译名表》，是研究科学与推行科学教育的必要工具。从前虽有私人或学术团体的编订，但往往限于局部，而且未经政府正式颁布，其效用自难普遍。自从国民政府成立以来，先由大学院组织译名统一委员会，担任编订译名的工作。后来这项工作移归教育部，再发交国立编译馆主持。几年以来已经编定发布的计有《化学命名原则》、《药学名词》、《物理学名词》、《矿物学名词》、《细菌学免疫学名词》、《天文学名词》、《发生学名词》、《精神病理学名词》、《数学名词》各种。其中除《化学命名原则》及《药学名词》两种，由科学仪器出版公司印行外，其余各种均由商务印书馆印行。

十、索引——索引是治学的重要工具，我国前此多不注意。近十年来图书附编索引的风气渐盛，尤其是大部图书索引的需要更切，编制也特多。商务印书馆自民国十七年以来，即首先将已出版的工具书如《辞源》、《中国人名大辞典》、《中国古今地名大辞典》等，按四角号码检字法编制索引，读者称便。其后新出版的工具书和教科书、参考书也多照此办理。其中《佩文韵府》一书原系齐脚排列的，也由该馆按四角号码，把六七十万条的辞语齐头排列，使这书仿佛变成一种文学大辞典，其效用尤著。又燕京大学引得编纂处，近年先后编成引得（即索引的别称）约二十种，按其原拟计画，尚须续编数十种。至其他出版家，对于索引的编制很为热心的，还有开明书店和申报特种出版部、生活书店等。开明书店先后编印《十三经索引》和《二十五史人名索引》，其中《二十五史人名索引》系按四角号码排列。又该店新近出版之重要工具书如《中国植物图鉴》等，也附有四角号码索引。申报特种出版部对其所印行的《中华民国新地图》、《中国分省地图》等，也一一附有四角号码索引。生活书店出版的《全国总书目》附有主题索引，也按四角号码编制。以上所述仅限于比较重要的出版物，其他附有索引，或是四角号码索引的更是不胜枚举。

四

从上面这些事实观察一下，最近十年可算是中国出版事业很重要的时期。以出版物的数量论，这十年中的第一年全国新出版物只有一，三二三册，其第十年则进至九，四三八册，约七倍于第一年。中间各年度逐渐增加；只有民国二十一年，因上海遭“一·二八”的事变，而我国出版家十之八九在上海，直接或间接都受其打击，因此，这一年的新出版物较以前特别减少；此外总是有增无减的。尤其是后五年间新出版物的增加最速，统计前五年全国新出版物共一二，八六二册，而后五年的新出版物却有二九，八五六册。其一般的原因，固由于教育日益发达，社会日益进步，但出版家的努力出版新书，尤为重大的原因。

“一·二八”劫后的商务印书馆自然也是其中最努力的一分子。查该馆成立迄今恰满四十年，前三十年的出版物约共五，七〇〇种，一三，三二〇册，后十年的出版物约共九，六五四种，一八，〇〇三册。以最近十年而论，前五年（即民国十六至二十年）的出版物为二，六一四种，四，四八〇册；后五年（即民国二十一至二十五年）的出版物为七，〇四〇种，一三，五二三册。换言之，即该馆“一·二八”劫后复兴五年间之新出版物，种数约当“一·二八”以前三十五年全部出版物百分之八十五，册数约当“一·二八”以前三十五年全部出版物百分之七十六。该馆于“一·二八”创深痛巨之后，复业甫二三月，即先后宣布日出新书及大学丛书之计画，近年又有星期标准书与系统化之丛书不断的发行。而大部丛书除一二种系“一·二八”以前发行者外，大多数均系复兴后之新出版物。据最近统计，该馆每年之新出版物已占全国半数以上。我国出版界既由商务印书馆率先努力，于是其他出版家，亦多当仁不让，努力追踪。即如中华书局之新出版书数量亦较以前大有进步。该局在民国十六年至二十五年间，前八年之每年新出版物，无有超过七百册者。民国二十四年之新出版物骤增至一，〇六八册，民国二十五年更增至一，五四八册。而后起之正中书局，在民国二十四年之新出版物为一三九册，民国二十五年骤增至三九二册；其急起直追，均有足多者。又以出版物之性质而论，除年鉴、统计、名词、索引四项，几全为近十年之新产物外，其范围最广之出版物如《万有文库》一、二集等，程度较深而规模最大之出版物如大学丛书等，亦完全产生于此时期。作者于五年前计画大学丛书科目之时，觉商务印书馆已出版各书，堪充大学工学院、理学院之用者，几无一本。今则经大学丛书委员会通过，已出版而可供工学院、理学院之用者，多至五十余种，其征得稿本，尚在排印或审查中者又不下三十种。其他各学院用书亦大致如是。商务印书馆对于专门著作，既已率先提倡，于是其他出版家亦渐有印行专门著作者。此种正当竞争的精神，于国家文化前途，实在是很有益的。

以上所述，皆关于我国出版界光明的过去事实，但是前途黯淡是不能免的。当前的一大难题，就是由于纸价的骤涨与奇涨。一个出版家，除受有政府或财团的补助力外，必须先能自立，才能对于社会有贡献。过去几年间新出版物之增加很速，除种种理由外，也因为最大的出版家能够整饬工作，节省成本，一方面可以自立，他方面才能出其余力，多印行有用的书，甚至挹彼注兹，还编印一部分明知不免亏本，却是有益于文化的书。今后纸价大涨，成本加重，增加书价，既恐加重读书界的负担，不加书价，便无以维持出版家自身的生存。但如出版家自身的生存尚不能维持，则对于文化的贡献，纵怀有很热烈的愿望，将等于一场幻梦。当此过渡的关头，悬想十年后的中国出版界，后之视今，能否如今之视昔，这不独是出版界自身的问题，实在是值得全国人士注意的。

——转载中国文化建设协会总辑《十年来的中国》（本馆出版）

（载《商务印书馆出版周刊》1937 年新第 241、242 期）

论目前出版界底新趋势

宗　珏

在我们这个万花缭乱的出版界里，前些年因为杂志特别出得多，因之就有人把这种现象名之为“杂志年”，据说今年又变了个“花样”，是“丛书年”了。对于这种现象，有人说是出版家的投机，也有人说是一种必然的趋势，因为读者的需要，所以才会有这种现象的发生。其实两方面的说法都有道理。出版家到底是一个商人，既是商人，营利心自然是比较切的。他们看准了出那一类的书能够赚点钱，他们就拼命出那一类的书，这是毫无疑问的事。问题的关键是在：出版家是否粗制滥造，或者出一些无益而有毒的书来祸害读者？所以茅盾先生在《知识饥荒》一文里就说：“……虽然印行自修自学书籍的出版业者也有时制造大量的‘色情文化’的（这，是否为了想安慰青年的失恋呢?），而且自修自学书之竞出，本意亦在薄利而多卖，但他们肯在失学问题上投机，也就足见可与为之。”（《黎明》页八六）

自然，目前各书局所出的丛书很多，并不尽是这些自修自学的书籍的。不过这一类的书籍总占着极大的多数，能够出这些正当而有用的书，就是再多些，也还不要紧，总比之出“眼睛吃冰淇淋”底“色情文化”胜过千万倍的。不过，书业一竞争，就容易出了两种毛病：第一，为了“薄利而多卖”，并且又得顾全自己的成本，势利一点的出版家还得顾虑到要赚钱。那末，怎么办呢？只好“粗制滥造”，随便弄一点“货色”来应市。第二，是大家都不愿做一些比较着实一点或者比较繁重的工作，只是避重就轻地因循在这一个狭窄的范围里。杂志销流的时候，大家竞出杂志，丛书销流的时候，大家又竞出丛书，这结果，不但使读者感觉到万花缭乱，无法去抉择他自己的需要，而且在出版家的本身，也往往是徒劳而无功的。这自然只是指一般专以营利为目的的出版家而言，比较有远大的胸怀的出版家是不在包涵之列的。

比如生活书店所出版的“青年自学丛书”，和一般书店所出版的“新青年百科丛书”，两者之间的企图和任务就有着很明显的分别。前者既标明是自学丛书，则其重心无疑的是偏重于提供一般知识给自学的青年，在程度上说，是比较容易看得懂的，如果不怪我划分得有点过分，则这套丛书是颇近乎初步的入门书。所以分量就不能不稍微轻些，而门类也比较广阔些。大抵只是使一般青年获得一些基本的知识就成。……后者是百科丛书，则他的企图自然就有点两样，所以照他目前所公布的书目（第一辑）看来，他只每一门类提供一本，就颇有点近乎专门。自然也可以作为一般的基本知识底初步来学习的，换言之，也就是专门知识的大众化，这种编制也是很好的。从他每册所附有的问题看来，无疑的编者还预备给中上学校采为教本之用。集起来是一套现代知识的百科全书，分开来又是一部小册子，可以当作参考书，也可以当作基本的学习，这种知识的活用，不用说在目前的确有很大的需要。

目前的中国之所以充满了文盲，文化水平的低落，自然有其主观和客观的原因。而出版事业之不长进，不能说不是一个重要的因素。近半世纪来的中国出版物，差不多总是停滞在知识阶层，不特一般劳苦的农民工人和书籍不发生缘分，就是一般小市民也很少和新兴的出版物相接触，封建时代的传奇小说以及连环图书之类，一直到现在也还占着很大的势力。五四运动兴起之后，在我国的文化史上，有过科学和玄学之争，而且也从这一论争起，开始了新思想的启蒙运动，这时期在出版界上的反映，是新文学书籍和科学书籍之大量的生产。但是这次的范围并不很大，它的对象大抵只是如茅盾先生所说："是大多数的青年学生和青年知识分子"。到现在，则这范围已经扩大到一般"失学青年，店员和小职员乃至小学教员和一部分的青年工人"以外了。这可说是一个很大的进步。

读者的范围既已扩大，对象也大有不同，出版业自然就不免容易趋于一致——同样找寻这些读者来作对象。大家之所以竞出丛书，竞出杂志，也无非因为这些读者层的需要而形成的。

目前有好些中国的青年大众已不甘于做文盲，他们的求知欲很强，有些进步的青年，不仅是获得一些一知半解的学识就完事，他们已经懂得把知识活用在日常的实际问题上，而且，眼光也扩大了，知道必懂得一些直接或间接和自己的日常生活有关的哲学、政治、经济、科学、文学、艺术乃至社会问题和国际问题了。

这末一来，自学丛书或者百科丛书之类，无疑的对于他们是非常切要的。有人把目前的新思想文化运动，名之曰"新启蒙运动"就是这个道理。而这运动，也就是以这些青年为对象的。同时，在这里，也说明了出版界之必然的现象：是走向出基本知识的丛书这条路。

不过目前中国读者的购买力大抵总是很薄弱的。同时，有好些青年的读者底辨别力也很低，丛书既出得多，大家就会觉得五花八门，无从买起，也无法选择。这自然也就隐蔽着一种危机。在另一方面，出版家，对于自己所出版的书籍，也容易马虎。有些投机的出版家就索性偷版或乱出、乱编、乱印，有些作家也因为应出版家之要求，应时交卷，而不能使自己的著作的内容充实起来：有的是乱凑，有的则是匆忙中的错失。这样，另一个危机也就潜伏着，而出版家的投机风气，也就有意无意地被助长着。所以，有良心的作家不是跟着出版家跑，而是督促着出版家跟从自己走的。

我以为使目前出版界澄清底最完美的法子，第一，进步的出版家所出版的书籍，至少应该是一个专门家的著作。一部百科丛书，如果只由一些没有专门学问的人来乱凑，遗害于读者是不浅的！"新青年百科丛书”在这一点上大体还符合这个宗旨。可是目前市上的各种各样的怪现象还是很多，我们不能不注意到这一事实。

第二，是应该有书评家来给读者做个忠实的媒介。有了诚实的书评，首先可以避免读者感到五花八门，无从选择。其次，使投机的出版家也不得不为之敛迹。自然，在目前中国的书评刚只是萌了芽，还没有杰出的书评家来为读者服务，不过书评的起来，是应该要大家培植、耕耘，然后才有良好的果实的。目前的书评大抵都是“应酬”的文字，不然，就是骂人的文章，因之，“读后感”式的书评就常常在刊物上出现了。这种书评，我觉得不是我们心目中的需要。公正的书评是不论作者与评者的友谊如何，而是论作品本身底实在的价值的：一方面既不是“捧”，另一方面又不是“骂”，同时也不是不“捧”不“骂”，介乎二者之间的油滑文章。有当书评家，不但可以判别同样性质的两部著作的立论，内容……使读者的抉择有了分寸，而且可以使著作家更慎重的去从事著作。书评家不特有权指出著作的全般价值，同时也可以指出著作中任何一处乖误之点。但是这些指摘应该是出乎善意的，否则就不能使作者心服。每一个著作家决不会是一个绝对正确的人，因之在著作中即使如何谨慎，有时也还不可避免地有些缺点。如果没有书评家，读者们就只好永远承受了这些错失。

所以，我认为目前出版界底竞争的现象，特别是出同类的书籍，并不足惧（自然，能分头合作，各自造成自己的特色自然更好），可怕的却是这种现象没有法子来澄清。因此，目前出版界的新趋向，无论如何总是好的。就让它成为一个“丛书年”，恐怕也没有什么不可以的吧？

（载《国闻周报》1937年第14卷第29期）

“丛书年”

群 桥

据说，“杂志年”已经过去，今年应该是公认的“丛书年”了。

从四马路的文化街走过，可以在书架上看见一套一套的丛书，翻开每天的报纸，也可以发现各种丛书出版的预告。大家之把一九三七年的出版界称为“丛书年”，大概总算是“名不虚传”的罢。

为什么大家会如此的热衷于丛书的出版呢？据我看来，一方面固然因为办杂志的人感到杂志的难办，另一方面，也是因为近年来杂志赔本赔得太利害的缘故，凡熟习出版界情形的人，大概都知道，在上海滩上，除很少的几个杂志外，大多数的杂志都是要赔本的。

于是，丛书来了，以一本杂志的成本，可以卖上高出杂志二三倍的价钱，所以，最近以来，各家都努力向着丛书这条路上发展。在某一方面说来，也是出版界不景气年头一个必然的现象。

然而，正因为丛书出得太多的关系，于是内容也就成问题了。只要你去翻翻这些丛书，便可以发现内容既差不多，作者也还是那些人，说来说去，大半都是那么“通俗”的一套，所以，虽然说是“丛书年”罢，但内容却终嫌贫弱。

我们并不是说出丛书不好，只是希望，大家把内容充实一点，不要过分的使精力浪费，不要使工作重复，更明白一点说，必须要注意到读者各方面的需要才好。

（载《大公报（上海版）》1937年3月26日）

所谓“出版界”

孔远之

中国出版事业之落后，是无可讳言的，近来更给几位先生用统计数字和美国、苏联——甚至于日本一比较，便觉得更是贫弱的惊人。

出版事业的贫弱是落后国的一种罪状，而这种罪状必有所专归，于是有许多论客便归责于从事出版事业的书店，如商务、中华等，这话也不差，如商务这样大的书店，有垄断全国书籍权威的书店，不能以

“数”见胜还可以归责于读者之少，而在质的方面，实也不能令人无言，甚至于商务方面认为 Best Sale 的《星期标准书》中，也发现了几本荒谬得不通的译文。但另一方面，这几家书店，究竟是私人的经营，没有拿到一个子的“官股”，我们倘然要商人们负这种责任，实是不该的。

偶然看到一张包东西的旧《申报》，内有中国文化建设协会、出版事业委员会主办的《出版界》，看注明的期数，已是一百十一期了。“中国文化建设协会”既以“中国文化建设”为己任，想是一个了不得的文化机关，更何况下面还有一个“出版事业委员会”的附属机关，既称委员会，想见委员甚多之谓，以偌大的文化机关，人才济济的委员会，主办的刊物，必以为是精彩万状了，近来实在有闲得很，因将该一百十一期介绍于下，以见一斑。计开：

《出版界》第一一一期，附《申报》出版，中国文化建设协会、出版事业委员会主办，占篇幅二百又十方寸，连头花、标点、空白在内，可排五号铅字一千四百三十五个，本期所刊名作共二篇：(一)《听园西疆什述诗》(中)，陈天泽作，连标点、空白，共计洋洋四百字正。(二)《读救荒活民书》(下)，宜民作，这一篇较长些，连标点、空白计五百八十字正。

对于这两篇大作的内容，恕我没有什么批评，因为我虽常看《申报》，却难得注意到比“美丽牌”广告篇幅还小的副刊，而今天所看到的，一篇是(中)，另一篇是(下)，看了没头没脑，委实不知其说些什么，倘使一位中国文化的忠实读者，要看完这些名作，决不能“一口气”这样爽利，必得耐心恭候三星期，才每星期供给你建设中国文化的养料一千数百字，因为《出版界》是一张周刊。

《出版界》的使命是推动中国出版界的，但是每星期用一千多字抄些古已有之的诗文来完成这样的大业，恐怕是不易事吧！

(载《谈风》1937年第19期)

出版界动员问题

毅　纯

最近有人加某种出版业主以“文化商人”的称号，倒颇为新颖，言其平时借文化二字牟利，等到炮声一响，便赶快将大门关上。不应停办的刊物也停办了，契约也撕毁了。走去问他，他说：“这是抗战时期呀！”你如果再问他为什么把一切都停顿起来，他可以滔滔不绝的举出许多理由。比如没有现款，印刷所不肯接受印件；邮寄不通，外埠不能够推销之类。在他的口中，总是言之有故，持之成理。这时编著人有什么办法呢？编著人是时时刻刻都想动员的，但在出版业主看来，你们编著人无非是为了几文稿费或编辑费。他呢，只知道“在商言商”。既然抗敌，社会秩序与平时的情形不同，在营业上很有亏折的可能，倒不如紧闭大门，保全了银行里的存款，才是上策。

在抗战未实现之前，文化商人口口声声以提高文化为职志，也不知道著作人是向他乞讨呢，抑或他是在调剂文人的生活，总之，做得像煞有介事。抗战开始以后，出版界忽然烟消火灭。把前后的情形比较一下，不啻有上天下地的差别。坐令一般需要精神食粮的人发生饥荒，这是谁的过？尤其是若干救亡团体需要宣传材料、演讲资料，中小学生需要战时特殊读物的时候，出版业主坐在一旁袖手旁观，这是合理的吗？

自然，出版业主的困难，我们不应该抹煞。可是一切困难是可以想法子来克服的。如果说出版业有困难就可以将各种刊物停顿起来，则出版业以外的各种事业，也许困难更多，势必也将停顿，这事对于抗战的前途将发生如何的影响呢？

在抗战时期，出版业以为最感困难的莫过于推销外埠的问题，但这层困难已经有《抵抗》三日刊克服了，就是在上海打好纸版，寄到汉口去印刷，同时也在上海出版。如果一切刊物书籍都采用这种办法，只要经理得人，我想是轻而易举的。

目前出版业不能放弃上海的原因，还有一个纸张的问题。听说汉口的纸张已经用完了，内地各埠平时就未积存大量纸张，这时当然也感恐慌。外商轮船到上海还不至于有什么问题，用纸的输入不至于中断，所以出版业可以不必完全放弃上海也成的。

如能一方面保留在上海的基础，一方面再向内地发展，出版业的困难就可以减少。此时就应该负起战时出版事业的责任，编印各种适应战时需要的书籍和刊物。

有人主张此时必须借重官方的力量来促进上海出版界动员，用意未始不善，但我却相信“官督商办”远不及“商办”好。如果文化商人还稍具天良，不做守财奴，我看还是自己动员的好。我敢担保这时动员起来，是有钱可赚的！

不知上海的文化商人，能够采纳我这下愚之见否？

（载《文化战线》1937年第4期）

抗战中出版界的任务

张健甫

民族对外抗战，非动员全面民众，不足以获得最后胜利的保障的，出版界是民众的喉舌，负有指导民众、动员民众的义务，所以战时出版界的地位，是值得异常的重视的。

战时出版界的任务是什么？简括地说，它要利用各种可能，改良出版品的质量，增加出版品的数量，使合于一般战时民众的实际需要，发扬民族神圣抗战的精神，推进民族抗战的伟大威力。具体言之，约有以下数项要点：

第一，吾国过去的出版界，大都没有整个的计划，大小书店，各自为了营业关系，钩心斗角，自立门户。有利可图，则无论古书新书以及定期刊物，不惜架床叠屋，改头换面，争相出版以为竞争；无利可图，虽然世界珍贵的名著，国人切要的知识，也不略予介绍，以致出版图书的数量虽多，而真正足以唤起民族精神，提高民族文化的书籍，反不多见。目前出版界定要决心扫除唯利是视的目光，集中所有出版界的一切力量于救亡抗战的艰巨工作，大家以救亡抗战为前提，共同拟定一个适合于抗战时期的全国出版界的伟大计划。

第二，目前出版界最紧要的工作为修改各级学校的教科书，使成为战时一般学生最需要的读物，换句话说，即战时的教科书，应与当前抗战的艰巨工作、实际联系起来。过去敌人占领东四省，马上修改东四省境里的教科书，现在占领平津，又马上修改平津境里的教科书，而我们直到今日，犹无修改教科书的动议，以使其适合于民族抗战的需要，不能不说是吾国出版界最大的污点，希望出版界和国家教育当局，马上商量一个修改教科书的计划，提高全国学生抗战的情绪和抗战的知识，促成全面抗战的胜利。

第三，目前国内许多期刊，都无形停止，这在抗战时期，实在是极不好的现象，亟应设法恢复出版。但在出版以前，出版界务要予以系统的整理，其无助于抗战的开展的，不妨让其死去；其有帮助于抗战的，应尽量设法复刊。刊物的性质内容，务以扩大民族抗战，争取民族独立自由生存为唯一的目标，定价最要低廉，以便普及于一般士兵及劳动生产抗战大众。

第四，一般单行本及丛书之类，无论属于社会科学或自然科学，也得以开展民族抗战为大前提，尤其自然科学要和社会科学取得密切的联系，使国内科学以及各种生产，不因抗战而停顿，恰恰相反，以抗战而获得长足的进步。社会科学和自然科学，本身原是有联系性的，可是过去国人有意把它分开出来，以致学社会科学的不懂得自然科学，而学自然科学的又不知社会科学为何物，这是近年国内科学不进步的大原因。只有利用现时的民族大抗战，把这两种科学沟通起来，这于提高民族的文化，是非常有效的工作。

总之，目前出版界的任务，不是各出花样，各自为着书店的老板利益打算，而是大家努力抗战救亡，完成中华民族自由独立生存的神圣事业。出版界的书，应该和前线士兵们的子弹一样，每一颗都打在敌人的胸膛，击中敌人的要害。

未知国内出版界注意及此否？

七月五日。

（载《文化战线》1937 年第 2 期）

抗战以来的文化街头

槐　青

自“八一三”战事爆发后，上海的出版界，正和整个的市面一样，全都陷于停止状态中。直接间接所受到的损失，都非常的重大。后来，人心逐渐稳定，市面渐见恢复，文化街上除了一二种点缀在沉寂的街头的抗战刊物外，也慢慢的振作起来了。可是除了应运而生的抗战画报、杂志和各式各种的小册子外，以整个的出版界而论，自然都只是勉力支持，以应付这非常时期！现在姑就管见所及，把抗战以来文化街上的情形，概述如下：

一、书局动态

全国出版界“托辣斯”的商务印书馆，当“一·二八”的时候，损失最大，宝山路的印刷总厂和东方图书馆，全部毁灭于炮火中，因是停业半年。复业后，实施科学管理，锐意革新，业务乃逐渐繁荣，去年一年，营业尤为发达，显然已超过战前状况。即以今年一月至八月十四而论，除出版大量的教科书和大部丛书之外，单以日出新书一项而论，已达七百四十五种，计一千零五册，去年全年亦只八百余种。

商务书馆自第一次炮火所得的经验和战后所生的劳资纠纷所得的教训，使他们在行政组织上，格外的缜密了。除在香港设立总厂外，上海方面的工场，也分散设立，所以这次战事的发生，上海直接所受的损失，若与“一·二八”比较一下，真是微乎其微。八月下半月及整个的九月，虽然停止出书，可是十月份起，就继续印行新书和各种杂志，不过质量稍微紧缩了一些。

本年宣布的每周特价书，现仍继续发售，但折扣已由七折改为八折，星期标准书则已停止，每日新书自十月一日起，暂定日出一种。杂志方面，十月份恢复者为《东方杂志》、《教育杂志》、《儿童世界》和

《英语周刊》四种，不过以纸张和人力关系，暂时规定以两期一次合刊。并悉《少年画报》和《儿童画报》也将于本月内复刊。

新近出版，以承继《小说月报》的《文学杂志》，是一个大型的文艺刊物。它具有一副新鲜的面目，抱持着一种独特的主张，门类繁多，制作严谨，与时下流行的一些文艺刊物，迥乎不同，是值得叫人凝眸注视的一个奇迹！可惜只出到四期，便给残酷的炮火，一阵子连其他的杂志都一命呜呼了！

中华书局，他们很早的出版了一部《非常时期丛书》，在战事发生后，很受读者的欢迎，门市部还相当的热闹，可是三个月来没见他们出过一册新书，即如发行的七种杂志，也直到本月初头才见到复刊的消息。而复刊者还只是《少年周报》、《小朋友周刊》和《中华英文周报》三种，且还是两期合并一期出版的。

听说不久以前，中华书局有大批书籍，载运外埠，分装民船五艘，不幸在中途遭遇到敌机的轰炸，全部损毁，这真是一件很痛心的事！

开明与世界两书局，整个的印刷工场，都陷于敌人的战区里，损失都很重大。开明书店的《中学生》和《新少年》等杂志，至今不能复刊，即与《文摘》分庭抗礼而最受读者欢迎的《月报》，也只得暂时停刊了。

当各书局正在纷乱的局面下部署整顿的时候，生活书店却乘此机会，大大的活跃起来，很快底在霞飞路康健书局内分设门市部，十几种“世界知识丛书”，都是把握着当前时代的作品，生意着实不差。

二、街头书摊

以画报起家，转为专刊文学作品的良友图书公司，发行部和栈房等等，都在北四川路，陷于敌人炮火中，虽曾搬出一些，大部分都牺牲了。嗣后又被小偷冒险潜入书栈，窃取大批的书籍，贱价贬卖。有一时期各处马路上，尽是些书摊子，而书摊上又尽是花花绿绿簇新的《良友文学丛书》和《良友文库》等，一般文学青年如获宝藏，无不争相购买，到处搜求，法币一二元，可以满载而归，书贩亦利市三倍，顾客卖主，两得其便，而良友公司却暗暗吃苦不小。

这些书摊的大本营有两处，一在爱文义路卡德路口，一在霞飞路吕班路一带。最初的一星期内，各书不论新旧与价值，一律售两折，后来知道的人多了，生意突然兴盛起来，售价也随之增至二折半至三折。且有时竟不论书的定价多少，而以书的厚薄论值，如《文学丛书》照原定价是不论厚薄一律每本九角，书摊上最初一律售每本两角，后增至二角半，最后并有售至三角者。而比较厚些的如冰莹的《一个女兵的自传》，张天翼的长篇《一年》等等，价值往往更要提高些。

有几家小书店内，也曾有发现这些“后门货”，可是售价要对折，塌便宜货的朋友是决不会上当的。

全部书籍以《文学丛书》和《中国新文学大系》的销路最好。而《中国新文学大系》里的两册散文集，更为读者所欢迎。每本取值三角，很快的就被争购一空。其次是《新文学大系》三部小说集，销路也相当的好。《建设理论集》、《文学论争集》、《史料与索引》、《诗》、《戏剧集》等，顾客就比较的少了，可见群众的文学趣味，胃口都是相同的。

现在书摊已经渐渐减少了，良友的书籍，大去都已安置在每个读者的案头了。我有一次和书摊上的伙计闲谈，问他这些书怎么偷出来的，他说是由“瘪三”乔装小贩，挑着箩担，上面铺着水果或花生米等，里面便装满着书，就这样一次次逐渐偷出来的。最初偷的人不知这些书的价值，称着斤两当作旧货卖的，后来知道这些书很有销路，于是论本数或照定价一折发售。我想“瘪三”和小偷决不会搬出这许多书，这里面或者有其他原因的，但总之这是一件冒险的勾当。

书摊上的良友文学书的风头，已经过去，以前泰东书局出版的许多社会主义的“被禁书”，乃又充塞于途。这些书的纸张都已陈旧不堪，可是售价却并不便宜，如陶伯（即已枪毙的彭怵之）所译布哈林著的《唯物史观》和《马克思传》，每部原定价三元，现在仍得要卖六折或对折。这也是时势所趋，这些书显然也有很好的销路。

三、定期刊物

在战事最初的两星期里，经河南路到四马路的大小书店，都紧闭着铁门，有的也仅“半开门”而已，顾客显然是没有的了，刊物杂志也都停顿着，报摊上简直找不到一本新鲜的读物。当然，在突然爆发的动乱时代，暂时的纷扰无序，是免不了的。但不久以后，出版界又渐渐挣扎起来了。

《国闻周报》的战时特刊和韬奋主编的《抗战》，最先出现于街头，内容也都相当丰富，平素欢喜看看杂志的人们，一时如获至宝。以后新的刊物陆续产生，原有的各杂志，也都联合发生战时特刊。什么《战事画报》、《抗战画刊》等等大同小异的画刊，就至少出版了五六种之多。这些刊物，无疑的都是抗战时期民众最好的精神食粮。

在各种杂志的临时特刊中，《世界知识》、《中华公论》、《国民周刊》和《妇女生活》的联合旬刊，印刷和内容，比较的优良，可惜每次脱期，销数远不及《国闻周报》。《文化战线》最初二三期，很受人欢迎，后来已不大为人注意。《抗战》现已改为《抵抗》，大概预备长期刊行，内容略见空虚了些，和以前的《大众生活》、《生活星期刊》等的风头差得远了。

软性刊物显然是处于没落的地位。《文学》、《光明》、《译文》和《中流》，虽联合刊行一种周刊（初名《呐喊》，后改为《烽火》），一张对开报纸，折成书本式，这么一个小小刊物，纵有精彩的制作，似乎也很难引人的注目。此外另有一种同一类型的《光明》，内容更不如《烽火》了。现在《文学》已单独改出一本小小特刊，质量较《烽火》充实了许多，销路应该相当的好罢。过去文艺界大家高喊着“国防文学”等口号，现在已到了实际应用的时候了，作家们似乎应该联合起来，把握当前的伟大的非常时期，多多制作些货真价实的抗战文学出来！我相信中国如其要产生伟大的作品，那末这正是作家们应该实实在在努力创作伟大作品的时期了！

这里应该特别提出来的，《宇宙风》、《西风》、《逸经》的《非常时期联合特刊》，在软性刊物里确是佼佼者，维持他们“言之有物”的特写风格，而且“孤崖一枝花”的《宇宙风》，不久就复刊了，并改半月刊为十日刊，质量一仍其旧。最近又增添《冯玉祥自传》和陈独秀的《实庵自传》两部巨著，无疑的又将增加许多新的读者。每期更有几篇关于抗战的绝好散文，都很值得一读的。现在《西风》也已复刊了，并由月刊改为半月刊，这是一册最好的西洋杂志译文。《逸经》不久也将恢复。总之，《宇宙风》一系的精神，凡办杂志者都应该钦佩的。他们确实实现了“认真做去”的约言。而他们的“生意眼”也特别高明。有位朋友说“办杂志当如《宇宙风》”，的确不是过誉之说。

《文摘》缩小篇幅，改出旬刊，仍继续出版，内容依旧很精彩。《月报》停刊了，接着产生了一种《抗战半月刊》，一秉《月报》的风格。听说主编的人就是月报编辑的一分子。

现在生活书店的《世界知识》、《国民旬刊》、《妇女生活》等也都恢复原状了。中山文化教育馆的《时事类编》，也发行一种《战时特刊》，可见正宗的政治外交刊物，慢慢的复兴了。正中书局的《文艺月报》，也继续出版了。这是纯文艺刊物复兴的第一个。文化街头又呈现着一股活跃气象！

四、抗战册子

同时关于抗战的小册子，真如雨后春笋，滋出不已。在抗战时期，这些册子，使民众获得精美的点心，自然是很好的现象。可是草率浅陋的占着大部分，而聪明的书商，更决不会错过投机的机会，东抄西袭，便也印出来发卖，毕竟售价只一二毛钱，读者是决不会吝惜这区区之数的。

关于介绍红军的读物，自然更为时代所欢迎，风行一时。更自然会有巨量的读者去光顾。什么《第八路军》、《抗日的第八路军》、《游击战术》等等，很早就陈列在书肆或街头了。而且单是《毛泽东自传》，就有汪衡和黄峰的两种译本，此外更有什么《毛泽东印象记》、《毛泽东访问记》等译作，因为急于出版，印刷校对，实在玩忽得极。

在全面抗战期中，一切都应体惜并节省物力、财力和人力，可是看到目前的文化街头，似乎太浪费了。在这些五花八门的小册子中，有许多固然很有价值，很快的就销到二版、三版，可是一部分不能不说是粗造滥制，销路也就很滞，可见喜欢看书的人，决不全都是盲从的。为什么上海的文化界不联合起来，组织起来，有计划的出版各种小册子呢？既可以节省物力、财力和人力，读者方面也受惠不浅！更以现在的许多刊物，都着重在知识青年。知识青年固然需要更多量的知识，但是大批汉奸却都是劳苦大众，他们是亟亟地嗷嗷待哺！虽然有些劳苦大众已稍稍感觉到东洋鬼子为什么要欺侮我们，我们所以要起来抵抗的肤浅的知识，可是这些脆弱的知识的嫩芽，是很容易被摧折的，到利欲熏心的时候，还得要做汉奸。这种责任，文化界应该立刻担负起来，指挥他们，教训他们，大众的抗战读物，自然是最轻而易举的事。可惜，这种通俗刊物，竟没有人注意。

我觉得商务印书馆新出的《战时常识》儿童补充读本，和大众书局的《全面抗战——通俗连环图画》，确是最有价值的刊物。

附记：兹据调查所得，中华书局自“八一三”抗战发生以还，初版新书，仍照常出版，从未间断，且仍照向例一律发售特价七折四个月，计八月份初版新书六种，九月份初版新书十二种，十月份上半月初版新书已达十三种，总计三个月来，共出新书计四十二种，发售时价七折，现在尚未截止。

（载《申报》1937年11月11日、12日）

战时的读物问题

郑振铎

战时所需要的读物是否和平常时期的读物不同呢？战时所最迫切需要的是什么样的读物呢？

在民族抗战的时期，一切的人力财力都应以有利于抗战的前途为最高的鹄的。抗战高于一切！每个人都应该为这个生死存亡的民族抗战而贡献其所有——生命以及一切。著作家和出版家当然不能自居例外。

所以，著作家和出版家必须要大量的供给最适合于战时需要的读物。一切直接或间接没有关系的读物只好暂时停止进行，以节省人力和财力。

当抗战刚开始的时候，上海的出版界一切陷于停顿。但不久，许多小型的刊物，许多有关抗战的小册子便纷纷的活跃于街头。为了适应战时的迫切的需要，大多数的期刊和小册子都是篇幅很少，定价很低廉（自一二分至一角而止），而期刊尤利于刊行的时间的缩短。以三日期、周刊为最普通，刊期最长的为“旬刊”。从前的许多月刊、半月刊全都改出战时特刊，或完全停顿下来。

最近，期刊又渐渐恢复原状了。《东方》、《教育》诸杂志已复刊，《国闻周报》等也已结束战时特刊而回复本来刊期。《文学》、《世界知识》等不久也都将重行出版了。我们可以说，战时的出版界已超拔出迷惘、彷徨的境地而到了新的经常的状态。因之，战时读物的问题便益为严重。

在战时，著作家和出版家应该供给些什么样的有利于抗战前途的读物呢？

检讨这战时五周的读物，我们可以发现，至少有三点是值得讨论，且也亟需改弦重张的。

第一，同性质的刊物太多：《抗战画报》一类的期刊至少在六七种以上；二分钱的小型三日刊也不下七八种；小册子也多性质雷同者。为什么不能分工合作呢？为什么在战时仍不能避免“一窝风”的赶热闹的上海老癖气呢？

第二，篇幅往往过少，不能容纳比较硬性的长文章：多半是些议论，多半是最浅近的常识文字。连短篇小说也都没有发表的可能，只有街头短剧、报告文学、杂感、一二千字的论文而已。

第三，战时迫切需要的许多读物，例如适合于士兵们阅读的书报，反倒没有一二种出版。

著作家和出版家应该深切的反省！

在战时，后方民众和士兵们的教育问题，愈显得重要。特别是我们在平时对这些方面从不曾下过功夫，这时却非加紧工作不可。为什么北方一般的军队战斗力比较薄弱呢？为什么某某地方的民众对于这次民族抗战的重要认识不足呢？还不都是因为训练和教育的缺乏么？

战时的读物可分为三大类：（一）一般的读物；（二）特殊的读物；（三）专门的读物。

一般的读物，包括日报、期刊、通俗读物、文艺刊物等等。关于日报及期刊，现在所有的，已足够供给战时的需要，且也大部分能够尽其为战时服务的责任。惟内地交通不便，尚未能大量运输，未免失掉应有的功效，通俗读物在上海出版者不多。《申报》出版的通俗刊物十余种，颇受欢迎，《救亡日报》也已出版了四种，这一部分的工作，希望一般著作家能够尽量的努力的做。惟必须为一般民众所能消化，不能过于新，也不能过于“从俗”，以至和从前的旧读物没有什么区别。至文艺作品，出版的实在太少。伟大的文艺作品，对于抗战能发挥极大的作用，在酝酿写作的恐怕不会少吧。

特殊的读物，是适应各部分特殊的需要的读物，例如士兵读物、农民读物、工人读物等等。一方面灌输抗战的正确意识，一方面就他们的本身环境，指导他们的生活方式，提高他们的知识的平准。我们可以在这时候用最迅快的方法，补救了向来被忽视了未曾进行的成人教育，这和抗战的前途关系极大。全民抗战，全在于民众的觉醒和观念的正确。在后方组织及训练民众与士兵的人，对于这一类的读物，必定是感觉到十二分需要的。我们必须立刻适应这个迫切的需要，迅快的供给这些特殊的读物给他们。苏联曾出版了不少士兵读本、工人读本等等，那些材料及编制的方法很可以作为我们的参考。

至于专门的读物是供给专门家，专门以上学校的学生，以及从事于政治工作与民众训练人员等等的需要的读物，是比较高级、比较硬性的读物。这一类的出版物，我们也最为缺乏。讨论战时的许多专门问题的专书，必须多量的出版。单是小册子，绝对不能适应专门工作者的需要的。

总之，在战时，著作家和出版家应该更奋发、更苦干的发挥其文化的工作。这些文化的工作必须以适应战时的需要为第一义。

抗战高于一切!

(载《申报》1937年10月6日)

战时读物问题与政治问题

施复亮

郑振铎先生在十月六日《申报》上发表一篇《战时的读物问题》,指出“这战时五周的读物”有三个缺点,其中一个是“同性质的刊物太多,《抗战画报》一类的期刊至少在六七种以上,二分钱的小型三日刊也不下七八种,小册子也多性质雷同者。为什么不能分工合作呢?为什么在战时仍不能避免‘一窝风’的赶热闹的上海老癖气呢?”对于这个问题,郑先生虽然提出两个“为什么”,但他自己并没有加以解答,他只是劝告“著作家和出版家应该深切的反省”,“为什么”要“反省”?就是“同性质的刊物太多”。但是为什么有这许多“同性质的刊物呢”?这岂不是更重要的问题吗?不究明“同性质的刊物太多”底原因,决不能提出切实有效的解决办法。

首先,我们要问:现在这许多“同性质的刊物”是些什么人办的?谁都看得出,办这些刊物的有两种人,一种是书店老板(即所谓“出版家”),一种是救亡团体或热心救亡的个人。前一种人办这些刊物,目的多半在营利赚钱或者维持他自己底招牌,使读者不要忘记了它。后一种人办这些刊物,目的在尽一点宣传责任,或者在无事可做的环境找一点事做,以免自己良心底谴责。

我们要知道:在这一切商品化资本主义化的营利社会里,出版事业也是营利事业(即所谓“企业”)底一种,出版家(即“文化商人”,借“文化”名义来营利的商人)也只有在有利可图的时候(除了极少的例外)才会出版我们所需要的读物。要他们赔本来出版销路不好的有价值的读物或大众所急需的读物,是做不到的。市场上需要什么,他们就“一窝风”抢起来出版什么。需要一过去，他们也就停止供给。某一时期社会科学的书销路好，大家就争出社会科学书籍。另一时期文学书籍销路好，大家就争出文学书籍。教科书生意好，大家就争出教科书。古书生意好，他们就抢起来翻印古书。听说某几个大出版机关，至今在东北四省还有他们底分局分馆，专门出版专供伪国使用的读物。文化商人底目的在于赚钱，与武化商人（即军火商人）及其他一切商人底目的在于赚钱，在本质上是一样的。在这营利的社会里，一切商人底赚钱都是正当的、合法的，文化商人底赚钱当然也是如此。只有我们这些“书呆子”及“希望过奢”的读者，才会常常责备他们为什么只晓得营利赚钱，不多替文化努点力。这是我们自己的“不识相”，并不是他们底错误。我们只要看最近的情形便可以明白。当“八一三”抗战爆发后的初期，我们怎样希望他们把那些因战争而停止的刊物恢复起来或联合出版，他们总是拿稳自己底“算盘”，对于我们底提议淡然置之不理。现在看看战事有延长下去的可能，对于战时读物的需要一天一天地增加，那些文化商人也就部分地改变方针，陆续地出版战时特刊或把原有的刊物复刊，有些甚至决定出版战时丛书的计划了。需要决定了供给。我敢断言：以后“同性质的刊物”还要陆续增加，还要更大规模地浪费人力和物力。这不是一个简单的应该“反省”与否的问题，而是一个严重的政治问题。

还有一些刊物是文化救亡团体所创办的，如文化界救亡协会所主办的《救亡日报》，编辑人协会所主办的《文化战线》等是。这些刊物，目的在于宣传抗敌救国，根本没有赚钱企图，甚至还要赔钱。这种刊物，如果还没有更好的“同性质的刊物”出来代替，我以为是应当设法继续下去的。我们文化人替团体的刊物（以宣传抗敌救国为目的的）写文章，也只有比起替营利刊物（文化商人所创办的）写文章更积极些更热心些才对。我们做无报酬的救国工作，应当比做有报酬的工作更负责任。这就是文化人对读者对一般群众最好的宣传和教育。我们天天宣传别人“牺牲一切”，难道我们自己连这一点都不能牺牲？就大体来说，最近文化人在这一点上是能够牺牲的，不但牺牲了气力，而且牺牲了金钱。不但各救亡团体的刊物不会感着稿件恐慌，而且最近还纷纷出版了许多“同性质的刊物”，这在目前不能不说是一件较好的现象。自然，另一方面说，是一种人力和物力底浪费。但是造成这种浪费的责任，决不在于那些文化人或者作家，因而不是他们底“深切的反省”所能解决的。最近有好些朋友甚至不相识的青年创办刊物，找我写点稿子，我每次想到现在“同性质的刊物太多”，总想劝他们停办或不办。但我每次听到他们诉说找不到工作做的苦闷，莫奈何只得办一刊物尽一点宣传责任的话语之后，我实在再没有勇气劝他们停刊不办。甚至有时不能拒绝他们索稿的要求。（因为我近来深深地感觉到现在写文章是一件痛苦的事，一则好多暴露现实的话语都只能半吞半吐地说，尚且不免要得罪各方面；二则宣传与组织底分离，建议与执行底分离，使我们无法对自己所说的话在行动上负责。）这种现象，也是一个严重的政治问题，决不是少数文化人欢喜浪费人力物力的问题。

郑先生不赞成“同性质的刊物太多”，我是完全同感的。现在不但同性质的抗战画报、小型三日刊、小册子等太多，就是日报、晚报又何尝不是太多！在上海要这么许多大同小异的日报、晚报做什么用！这不是人力和物力底浪费是什么？明知道是人力和物力底浪费，为什么“不能分工合作”？这决不是“‘一窝风’的赶热闹的上海老癖气”，也不是著作家和出版家底“深切的反省”所能改正的，只要在无组织、无统制的商业社会和资本主义社会里，都会发生这样的现象。

在现今的营利社会里，著作家要著作什么，完全不能由他自己来决定（除非他另外有职业可以维持生活），要由出版家要不要他底著作来决定。出版家要出版什么，也不能由他自己来决定，完全由市场上的需要来决定。（在市场上所需要的许多种读物中，自然可以由他选定一种或几种来出版，但是需要最多的某一种或几种，出版的也一定最多。）这是现在中国社会所流行的经济法则，不仅出版界如此。不改变（至少是修正）这种经济法则，“一定不能分工合作”，一定“不能避免‘一窝风’的赶热闹的上海老癖气”，一定还要发现更多的“同性质的刊物”。著作家“深切的反省”固然没用，出版家“深切的反省”也没有多大用处，因为他不能放弃营利的原则。真正要改正这种毛病，第一，一切经济活动在抗战时期要放弃营利的原则；第二，要扩大民众运动。

我总觉得：在这全民族争生存的抗战时期，我们底经济原则再不能维持营利、赚钱、发财的原则了。我们现在决不能，亦不应妄想“一面救国、一面发财”，更不应拿这种错误万分的观念去向别人宣传（如像一部分劝募公债的人那样）。我们应当赶快抛弃一切自私自利的投机取巧的“名利双收”的错误观念，应当认定“抗战高于一切”，“应该为这个生死存亡的民族抗战而贡献其所有——生命以及一切”（借用郑先生底话）。因此，我不赞成救国公债由无利息改为有利息，由二厘息改为四厘息的办法，我也不赞成对于某些工业采用保息制度的办法。这些办法在平常时期是可以适用的，在战争时期实在不能适用；在外国战时是可以适用的，在中国战时绝不能适用。我们底抗战是一种民族求生存的战争，根本与帝国主义的侵略战争不同。我们要使战争得到胜利，必须运用全民族底一切力量（一切人力物力）来支持战争。所以我们现在所应当采用的经济原则是“支持战争”，不是营利赚钱。如果企业家们在这时还只晓得营利赚钱，试问何以对得起那前线牺牲的忠勇将士？国家是我们大家底国家，我们决不能让一部分人牺牲，一部分人享乐！牺牲要大家牺牲！只有大家一致地牺牲，方能挽救中华民族底危亡。并且我们要使我们的牺牲发挥出最大的效果，我们要把我们的一切人力和物力都用在抗战上面去，不许有一丝一毫的浪费。因此，我们主张在战时实行统制经济，一切经济活动都在整个统一的计划之下统制起来，使一切人力和物力都得到适当的分配和有效的使用。在这个意义上说，出版业也应当做有计划的合理的统制，与整个抗战的需要配合起来。这样，便能够“分工合作”，满足各方面的需要，避免重复的多余的“同性质的刊物”了。但要实行这样的统制，决不是旧式的官僚主义的“官督商办”的办法所能奏效，只有真正建筑在广大民众的基础上的民主政府才能做得到。所以这是一个严重的政治问题。

现在有许多人明知道“同性质的刊物”太多，依然不能不办，还有一个原因，就是没有别的工作可做。有许多指导者怪那些人自己不会找工作，把责任完全推在个人身上，我以为是很冤枉的。我们一方面应当看看客观的环境，同时也应当替别人设身处地地想一想，不要冒昧地随便责备人。我也承认：我们自己应当努力去找工作做，不应当等工作来找人。但是现今阻碍重重的客观环境，我们也决不能闭着眼睛装作没有看见。我们不能过分地责备那些喊着要工作做的青年或文化人。自然，有些青年或文化人自己是有许多缺点的，但那些缺点也许有一部分不是个人底力量所能克服的。即使青年要想在救亡工作中解决自己的吃饭问题，也不能算错。饿着肚子决不能做什么工作，自己吃饱的时候也应当想到别人饿的时候。我们对于那些在抗战时期尚且以升官发财为目的的人，不敢去责备，试问我们还有什么理由和勇气去责备那些热情的青年要在救亡工作中找一碗饭吃？至于他们因为找不到工作，只得用自己的金钱和气力办一个与我们“同性质的刊物”来尽一点宣传责任，我们更怎能忍心去责备他们“赶热闹”，浪费人力和物力呢？我相信办这些刊物的青年，都是些纯洁热情的有为的青年，能够组织民众的青年。中国有四万万五千万民众，全部要组织起来，至少也需要几十万组织者，基本的干部至少也需要几万人。如果民众运动发展起来，我相信上海这几百几千拿笔杆子的所谓文化人绝不会没有工作做，绝不会死守在上海来办这许多“同性质的刊物”。那时大家只会感着工作太忙，决不会感着没有工作做。所以许多热情的青年或文化人纷纷创办许多“同性质的刊物”，也是一个严重的政治问题，完全是现在救国运动没有走上轨道的结果。

根据以上所说的种种理由看来，很明显的可以知道：在这不应当浪费人力物力的抗战时期竟有这许多“同性质的刊物”出现，根本的原因，由于当前的政治不能与抗战的需要配合起来，不能依照抗战的需要而加以彻底的改造。因此，“战时读物问题”或“出版界动员问题”，也是一个政治问题，不能离开政治问题而独立。固然，在某一范围（很小的范围）内可以有少数“热心救国”的著作家和出版家底努力，相当地避免人力物力底浪费。但要使出版界完全避免人力物力的浪费，第一必须实行与整个战时统制经济相联系的统制出版（以推动抗战到底为目的）；第二必须使一切文化人都能够得到适当的救国工作（如民众运动及政治工作等）。要做到这两点，必须改革现存的政治结构，使政府建立在广大的民众身上，得到广大民众底拥护，能够以民众底力量做基础，进行关于政治、军事、经济、文化等一切方面的改革，简单说，必须实行民主集权的政治。第一步，政府应当允许民众有救国言论、救国组织、救国活动底完全自由。民众也必须向政府要求这种救国自由。只有把全体民众动员起来，才能巩固抗战底基础，才能推动政府改革政治，才能合理地解决战时读物问题，才能运用一切人力物力支持抗战到底，以争取最后的胜利。

（关于战时读物问题，我还有些积极的意见，待有机会时再说。——复亮）

（载《文化战线》1937 年第 6 期）

战时读物问题

元　生

读九月卅日《辛报》慧□君写的一段插话“过时照片”，我就联想起了战时青年选读刊物报章的重要了。

插话中说：“《良友》的号外——《战时画刊》的第三期《我军江防》页中的几帧相片，是‘一·二八’时的，第四期《壮志凌云》页中和第五期封面的我军飞机相片，都是‘剿匪’时代的，尤其是第五期封面那张中三架飞机的号数（三〇五、三一一、三〇九）和二十三年二月二十八日航空署情报出版的第十五期《航空露布》里面的完全一样。”

这些，假定确是事实的话，那这个刊物，至少是负了“欺骗读者”的罪名。

自沪战爆发后，新出版的杂志报章，正多如雨后春笋，其中有“货真价实”、“值得赞美”的，但也有“一塌糊涂”、“不知所云”的。

在战时的青年，对于选读这种刊物与报章，的确是非常重要。我们知道杂志报章，是负有鼓吹抗敌情绪的伟大的使命的，假定某种刊物，或某种报章，失去了他的信誉，那在宣传上，至少是减少了一部分力量。

战时青年，应怎样选读杂志报章，这个问题，我不敢解答，还得留待读者们仔细的去检讨和研究。

（载《申报》1937年10月7日）

前方的精神粮食

李　蕾

在数千里长的前线，有着我们无数的英勇的战士，浴血与敌寇抗战，他们担当起国家存亡重大的责任，后方的大众对于战士们物质的接济，已有了相当的注意，但于精神粮食方面，还未得大众有力的供给。

从前线归来的勇士们及在战地服务过的青年们，曾报告过：战区中所有的文化机关，早被日寇洗劫摧残完尽了，战士们因精神粮食的饥荒感到极大的痛苦。不但士兵们得不到一点普通的读物，就是军官也从没有得到一些书报杂志过。他们时常把家信或朋友的信，当作刊物读，极盼望在这些书信里面，得到一些后方抗战工作的实况。

最近方振武先生提倡参照欧战时美国所推动之战时图书馆事业的情形，发动战时图书馆服务，以应前方精神粮食之迫切需要。方先生并且提出推动文化的具体办法，我们希望这个重要的意见，能唤起全国文化界的注意，来做有力的推动这伟大的文化服务工作，使保卫祖国的勇士们得到精神上的接济与鼓励，增加他们抗战的勇气与安慰，因而增强抗战的力量，取得光荣的凯旋。

（载《民意周刊》1937年第25期）

对于目前出版界的意见：避免磨擦

周寒梅

我想对目前中国出版界说的第一句话，就是经营出版事业者应有一个有系统的出版计划。这计划不必好高骛远，应该按照自己的财力和人力，定下一个切切实实的三年或五年计划，决不可绝无方针，一味随波逐流。

这一点意见，我们只须在过去中国出版界的陈迹上，可以找出它是含有很重大的意义的。中国出版界在已往的数十年中，无论在中国固有文化遗产的整理上，外国文化的理论或介绍上，试问究竟获得了什么美满的成绩没有？不论是哲学、社会科学或文艺方面。已经出版的图书既不能满足读者的要求，不能在文化上尽以更重大的责任，同时这漫无方针的努力，这中国出版界仅有的微薄的力量，势必互相磨擦，互相抵销，终至于浪费了出版界自身的财力和人力，浪费了读者们购书的金钱。

我常常说：目前中国出版界经营的方针简直像时装公司里的老板，专门在跳舞场里、大公司里研究一般摩登女郎们的时髦的服装，一家创造，百家仿效，并且创造者少，效仿者多，这样下去，不独中国出版界将陷于万丈的深渊，而且中国的文化当然也有陷于停滞倒退的危险。

所以笔者以为出版界自今日始，应该大彻大悟，大家按照自己的环境，确立一个独特的出版方针，可以在经济学方面专事努力，也可以在哲学、政治、文艺、社会等任何方面作深入的努力，万不可随波逐流，人云亦云。要知道出版界自身力量的磨擦，就是自身力量的抵销，也就是中国文化的日趋没落。

我想对中国目前出版界的第二句话，就是经营出版事业者应该虚心地接受人家的批评，万不可以为人家至诚的批评都是恶意的攻讦，声誉上的打击。

谁都知道，成功是历尽艰苦和错误后的结果。而错误的发觉，一方面在自我批判，同时也在接受人家的批评。须知批评愈严酷，其获益也愈厚，假定自己摆出老出版家的架子，永远不愿接受人家善意的批评，我相信，他的架子存在的开始，也就是他没落的起点。

要说的话很多，但是时间和篇幅都不允许我再噜嗦，就以这二点就正于中国的出版界和读书界！

（载《读书》1937年第1卷第1期）

对于目前出版界的意见：不要浪费纸张

邵力子

书籍是精神上的粮食。教育愈发达，书籍的供需也愈扩大。近年来，我国的教育日有进展，因之主持印行书籍的出版界，也现出蓬勃的气象：有的翻印旧籍，有的编制新书，全国一日之间，有几十种几百种的书籍生产出来。这是一个好现象。可是印刷书籍的纸张，我国还不能够自给自足，大都仰给于外国纸厂。在这纸张不能自给自足的时期内，我国主持出版界的人，便应得比纸张能自给自足的欧美出版界要格外注意到纸张的消费问题。一般书商对于印书用纸是素来极其精明的，例如向外洋订购纸张，特嘱厂家，放大尺寸等等，照理可以不必再多说的了。可是书商只在营业利害上计算纸张，在纸张消费的价值上却不计算，就是对于所印书籍的内容倒并不十分注意。书商只要生意好，能赚钱，不管书籍的内容如何，便拼命的印行，像一折六扣书籍，印行大批诲淫诲盗的旧小说，就是一个显明的例子。这种消费纸张，就书商个人着想，诚然是利用纸张了，因为他赚了钱；若从整个民族国家的利害看来，那简直是纸张的莫大浪费，因为印行那样无益的书，对于民族国家只有害而无利的。要使每一张纸用得其当，绝不浪费，要使每一页书真能成为精神上的粮食，那么书商的计算赚钱，第一应当是十二分注意书籍的内容究竟有益于民族国家与否的问题。如其书籍的原稿内容，即使不是有毒的，而于民族国家并无利害的，也就可以不必印行，因为印行了，就是浪费纸张。

一般旧式目光如豆的书商，常以为诲淫诲盗的书可以赚钱，言论狂妄的书可以赚钱，而内容极佳研究学艺的书反而难销。这种变态的情形，在国家混乱时代是可以有的。但是现在国家已到了统一的时代，每个国民都兴奋着要建设国家，况又逢着非常的国难，每个国民都热情地要匡救国家，读书界的倾向便严肃起来，政治、经济书籍非常流行，甚至哲学书销路也好，就是明证。此后读书界严肃的倾向当愈益加深，可以断言的。所以书籍内容的十分注意，书商也应当觉悟的了。更进一步说，内容愈是充实的书籍，销行的时间也必愈持久，销行愈持久，就是赚钱也愈多。所以只就赚钱方面着想，书籍印行之前，对于内容应当十分审慎，也是理所应当的。

总之，纸张还不能自给自足的时期，我国出版界应当十分爱惜纸张。要爱惜纸张，第一要在印行书籍之先，须十分注意于书籍原稿的内容，凡是内容有利益于民族国家的才可印行，纸张才算用得其当，否则便是纸张的浪费。

（载《读书》1937 年第 1 卷第 1 期）

对于目前出版界的意见：从数字估计出来的文化水准

陆费逵

文化事业，范围甚广，出版事业却为其中一重要部分。换言之，出版界之发达与否，即可以估得一大部分文化水准之高低。

中国以历史言，已有四千余年之久，以人口言，亦有四万五千万之众。与中国同时开国者，如巴比伦、埃及，皆已过去，惟中国犹巍然独存。积四千余年之历史，占全世界四分之一之人口，地大物博，生生不息，照理文化水准，不高而自高。但就出版界现状言之，事有出于意料者：据最近数年统计，中国三大出版业——商务、中华、世界，其全年营业，总计不过二千万元；其他如大东、开明、正中、生活、北新、大众、儿童、亚东、良友、上海杂志、广益、会文、扫叶、千顷、校经，等等，总计不过一千万元。统计全国出版界之营业，全年不过三千万元，且其中尚包括文具印刷等营业约五百万元，实际不过二千五百万元，犹不及纽约或伦敦一城之营业。倘以全国人口平均，则每人每年不过买五分五厘之图书。此犹包括教科书而言，教科书每年约有一千五百万元，倘除去计算，则每人每年平均不过购买二分二厘之图书而已。

中国素以文化之邦见称于世，而读书者却如此其少，吾人真觉愧赧。吾出版业将如何提高此水准，实有赖于共同努力者矣。

（载《读书》1937年第1卷第1期）

对于目前出版界的意见：代替“意见”

黄　峰

《读书月报》发起征求“对于目前出版界的意见”，这事是极有意思的。但我不是出版人，所以对于出版界似乎谈不到有什么“意见”，纵或有，也未必能完全符合出版人的脾胃，果真如此，那么我的意见，岂不就等于废话了吗？因此我愿站在一个读书人——是英文Bookman或Reader的解释，并不是“万般皆下品，惟有读书高”那种见解上的读书人——的地位，谨陈三大愿望：

1. 希望绝对不出包庇全部封建意识的或贩运帝国主义文化的有毒的书。

2. 希望进一步出系统地、深入地介绍世界文化的书，例如古典的、近代的和当代的各科名著。

3. 希望继续多出通俗化的小册子、小丛书和小刊物，多一本，好一本，因为大众的社会意识非常复杂，各阶层的需要是迥不相同的，但是现今出版的所谓通俗著作，最多只能供稍有进步意识的人阅读，而真正的大众还是享受不到。应该多出大众自己的书。这正是克服“文化落后性”和“文坛差不多现象”的良药，决不会在“落后”上面再加上“落后”，也不会在“差不多”上面再加“差不多”的。

此外，如果还要我说出我的愿望的话，那就是出版界对于翻译的东西要力求其精确，出版物的定价尤其要力求其低廉。这就成为五大愿望了，为了避免啰唆之嫌，就说到这里为止。

（载《读书》1937年第1卷第1期）

对于目前出版界的意见：发扬民族文化，树立三民主义的文化基础

方 治

我对于目前的中国出版界，有两个意见：

第一希望出版界努力发扬民族文化，以充实中国的精神上的国防。在此严重的非常时期中，除巩固以科学和军备为主力的物质的国防以外，更要充实精神上的国防，以培养人民的爱国心与自信力。因为现在的战争，决不是单赖少数英勇战士在前方杀敌，或仅恃锐利的武器就可完成其使命的，同时须有赖于全国人民意志的总动员。换句话说：今后的战争，是甲国人民爱国心的总和和乙国人民爱国心的总和的战争。这种爱国心的培养，无疑的是有待于文化界和出版界的努力。

申言之，我们要人民爱国，首先要使人民知道国家的可爱。如果大家能够知道自己祖先开拓国运的精神，自己文化崇高伟大的价值，自己国家秀丽河山的富庶，则一种自尊自信的心理自会油然而生。由于这种自尊自信心理的激励，乃产生一种沛然不可抵御的民族精神。这种民族精神，便是一个民族复兴图强的原动力。所以借历史来发挥祖先的美德懿行，阐述我们的立国精神，乃是唤起民族自尊心的最好法门。只要出版界认清当前的责任，将民族文化的遗产，用时代的眼光，加以披拣与整理，就很能激发国人的爱国精神了。我希望我们出版界能对于这一点特别的加以注意。

第二希望学术界与出版界树立三民主义的文化基础。中国为三民主义共和国，三民主义乃是救国的唯一大道，也是一切学问的根本原则，可是我们试一检阅目前中国的出版物，有几部是真能阐扬三民主义的？

又有几部真能代表中华民国的立国精神与民族文化的？综观现在出版界流行的一般书刊，似不免犯了两种通病：不是贩卖与崇拜舶来思想，就是抱颓废的消极的态度，以性感或幽默的作品来迎合青年的低级趣味，使青年走向慢性自杀之路。这是当前中国出版界极危险的现象。

我们要挽救这个危机，必先积极地把三民主义的文化基础树立起来。从今日起，我们要在三民主义的熔炉中铸造特殊的新文化；更在三民主义的熏陶中造成现代的新中华民族。必须如此，中国才是真正以三民主义立国的新国家。

同时我们必须要站在三民主义的立场上，去分析批判一切的思想学说，凡是合乎我们立国精神的，就取其所长，补我之短；不合国情的，便须在排斥之列。不抄袭，不盲从，这也是我们出版界应有的态度。

以上两个意见，看起来好像过于高远，其实只要我们出版界人士，能认清中国的立国精神与复兴过程中的需要，切切实实的做去，不投机，不取巧，最后一定能达到我们出版界预期的目的。

（载《读书》1937年第1卷第1期）

对于目前出版界的意见：反“沙漠化”的愿望

胡　风

想到被派定了得说一点对于出版界的希望（征文启事不在手头，记不清是“希望”还是“意见”了）的时候，忽然记起了萧伯纳底话来。他在上海停留时对去探问意见的记者说：“我有什么意见，与你们都不相干。假如我是个武人，杀死过十万条人命，你们才会尊重我的意见。”

但在出版界，就是不能“杀死过十万条人命”也可以被人尊重自己底意见的人也有，那就是挟有巨款的出版家和这样的出版家底编辑。

我不能杀死十万分之一的“十万条人命”，和“服务文化”的事业又毫无关系，对于这样的征文其实是没有插嘴的必要。但我想，关于这，记者先生应该比我更清楚。比我更清楚而还要我做答案，也许是不甘落寞，想看一看大家底梦想罢。那么，老实说，我这个文字劳动的小工是觉得出版界底现状离“天皇圣明”的境地还有一点点距离的。

现在的出版界——不，思想界底最大的苦恼是出版底不自由——禁书问题。在现在的社会里禁书是不能免的事情，然而却禁得那么多，禁得那么毫无标准。据最高的行政负责人蒋介石先生底谈话，除了“一、宣传赤化，与危害国家，扰乱地方治安之言论与记载；二、漏露军事外交之机密；三、有意颠倒是非捏造毫无事实根据之谣言”这三种情形以外，言论是应该自由的。据中央宣传部长邵力子先生底表示，言论应该有“相当的自由”。那么，用蒋先生所说的三种情形来解释邵先生底“相当”，当无大错罢。然而，事实又如何？一批一批的被禁的书籍杂志里面，多数（也许是绝对的大多数）没有碰到上面所说的三种犯禁的情形。举一个例子罢：良友图书公司出版的《文季月刊》被禁止了，没有一个人猜测得到这刊物有什么犯禁的地方。后来这刊物底编辑者另编叫做《文丛》的月刊，今年出版了，但马上又被禁止，依然没有一个人猜测得出它被禁的原因。我为什么单单举这个例子呢？因为，大体上说，这两个刊物在思想上是自由主义，在文学上是素朴的现实主义以至个人心境底抒写，在题材上不但和上面所说的三种情形不相干，就是对于现实的不平罢，也用的是温和的调子，然而却成了禁书。从这不难想象到禁书底范围是怎样的广泛。再举一个例子：叫做《工作与学习丛刊》的小丛刊，第二本《原野》出版时，马上被禁止了。但二三天后，同一机关又有公事到代售的书店，说看见报纸上有《原野》的广告，不晓得内容反动与否，着缴呈若干本云。禁止了还不晓得内容反动与否，或者说，还不晓得内容反动与否就禁止，这是怎样随便的办法！政府禁书用不着根据，出版者和著作者当然就毫无保障了。

从上面，我不仅想指明政府对我们所表明的方针和执行机关底做法有很大的距离，而且我还怀疑政府里面有一部分人抱有统制思想的倾向。这个倾向使得政府对于书籍杂志的出版取了那么不问青红皂白的态度，由这造成了目下的思想界底苦恼。“统制思想”政策是“民可使由之，不可使知之”的“愚民政策”底继续，这个政策胜利的时候就是中国的“沙漠化”底完成。

我以为，目前的思想界出版界不先诚恳地广泛地讨议出对于这种情形的公意，求得解除困难的办法，其他的一切都是难于着手的。

（载《读书》1937年第1卷第1期）

对于目前出版界的意见：顾到读者的需要与便利

洪 深

美国有许多大学，把全校所授的课目，按程度分为三级：第一级是属于介绍性质的，所授的是各科的原理，必要的基本知识；第二级是相当地高深的，即名为高级课程；第三级是专门研究。举个例，“英国文学史”为第一级，“莎士比亚剧本精读”为第二级，“莎士比亚戏剧材料来源与十六世纪以前南欧传说与故事的比较研究”为第三级。

同时，各课并有“前修课程”（prerequisite）的规定：学生未修某几种初级课程之前，不得选修某一高级课程；未修某几种高级课程之前，不得修读某一专门课程。例如，没有修习过英国文学史的人，不许他读莎士比亚，而没有读过莎士比亚剧本的人，不许他去研究莎士比亚材料的来源。

我觉得这个读书的方法是合理的。循序而进，由基本知识而高深学识而专门研究，可免去误解、混乱、轻重倒置、想当然耳等等的流弊。

我希望以后的出版界，更能顾到读者的需要与便利。以后也分级出书，并且也不妨规定“前修课程”（注明一下，在读某书之前，最好能先读某某数书）。把出版书籍的目录，编成和大学的选课指导一样。

（载《读书》1937年第1卷第1期）

对于目前出版界的意见：关于文艺书

叶灵凤

在最近一期《莫斯科日报》上，我看见苏联作家亚历克舍·托尔斯泰关于苏联读书运动的演说辞。他说，在一九三六年，苏联国家文艺出版部所发行的文艺书籍，包括俄文及其他外国语排印的，共有二千四百万册。但今年，一九三七年，他们还预备增加至二千九百万册。苏联的文艺书读者，据十万所图书馆的统计，大约有五千万人，儿童文艺的读者并不包括在内。这五千万人所读的作品，除苏联本国的文艺作品以外，从荷马、但丁以至现代欧美作家都有。

苏联是这样，其他一些文化更发达的国家，若用人口作比例来统计，文艺书的读者也许更可惊。但仅是苏联的这种字数，已经够我们的出版家和文艺作家所羡慕了。

我们的出版界呢？我们文艺书的销数呢？我们的文艺读者呢？

我们出版界的贫弱和文艺书销数的狭隘固然不是一个简单问题，但出版家和作家本身对于这问题却该负最大的责任。不用说别的，就拿最近一两年市场上翻版书和变相翻版书的流行来说，这责任不就是应该由我们自己负的吗？

固然，有些出版家也在咒诅翻版书商，有些作家也在斥责出版界的不道德，但说这话的人往往同时在印刷所里翻印别家的出版物，而道貌岸然的“作家”也在贪图一点小得可怜的编辑费为书贾剪辑他人的选集。这情形，于是使得贫弱的出版界只有在几部旧书中翻跟斗，而文艺书的销路也愈来愈狭了。

要挽救这情形，一方面该从法律上去求救济，一方面清白的出版家和作家该有一种团结和信任，从正当的途径上争取自己的利益。青年读者对于精神食粮的需要正日见增加，这样，即使整个的市场依旧陷在不景气中，文艺书的出版家至少可以保持他的最低限度的基本读者。

（载《读书》1937年第1卷第1期）

对于目前出版界的意见：三点意见

张一渠

这确实有一种力量，出版事业推动着文化巨轮走向时代前面去。所以出版事业是前进的，一时代便有一时代的出版物。现在国难走入严重时期，民族已到了存亡的关头，那么我们中国的出版物，将从那几点着眼呢？据我个人意见，当不出以下的几点：

一、时代性的适合。民族国家到了存亡关头，救亡的呼声，已普遍全国上下，出版界在这个非常的时期中，就应该特别负起时代前驱者的责任：介绍国防和建设必需的知识和技能，宣扬举国一致的精神，团结御侮，使帮闲的变为国防的，使消极的变为积极的。而大套骨董式的古文学出版物更有暂停翻印的必要。

二、软硬性的中和。目前我们中国的普及教育，还没有达到一般人所希望的水准。国民教育程度的悬殊，是出版前进途中的一个大障碍，虽则文化是国民人人乐意接受的，可是为了程度不齐，兴趣不同，硬性的出版物难于普遍接受，软性的又过于欠缺积极性，所以软硬性中和的出版物，最是适宜，例如软性的小说穿插些硬性的科学，硬性的时事穿插些软性的趣妙比喻。苏联的民众读物和少年读物，都能做到这点，而日本也正在提倡“中间读物”，在我国目前的情势看来，更是必需了。

三、要重质量而不重数量。国民经济没有达到相当富裕的时期，对于一切的购买力是不会增强的。在这时期，出版界就不能只以数量的方面增多，而争胜竞卖，应该特别注意质量的增加。因为读者所需要的是丰富的内容，而不是便宜的价格和多种同样的书名。更进一步说，我们中国出版物的大部分原料是外国供给的，在这国家经济贫乏，物价高涨的现在，物质上能多省一分钱，也就是替国家多存一分力量。

以上三点，目前我国从事出版事业的多数已注意到，但还是各自为政，没有一个合理的通盘计划。我很希望全国的出版界，来一个应付非常的大集会，把出版事业各方面的问题，作一个共通的彻底解决。这样，为民族的文化，为国家的生存，为国民的经济，为本身的义务，才有一个完满的交代。

（载《读书》1937年第1卷第1期）

对于目前出版界的意见：希望分工合作

茅　盾

对于目前中国出版界，我不愿说什么话。意见，自然是有一点点：例如希望出版业者分工合作，不必一窝蜂地追逐于几乎每年有一次的“流行性感冒”。但我也知道出版家在读者购买力薄弱之际困难也实在多，开了书店不能不求利。做亏本生意是会关门的。有些生意或许不亏本，但又不能或不许做，路实在太仄了，因此，凡有对于出版界的什么意见，倘使是针对目前缺点的意见，总好像是大而无当的高调，而唱高调，我就不喜。这是我不应征发表意见的缘故。

（载《读书》1937年第1卷第1期）

对于目前出版界的意见：写作·出版·读书——三位一体

陆礼华

出版事业，是一个整个国家文化进度，互为因果的宝物，因此我们不得不重视。

出版界既是有偌大的使命，当然不是件平常的商业身份，我们要希望它对大众有贡献，更不得不使出版界本身之坚固。

出版界以往受种种客观的限制，不能得到理想上的发展，它的限制是双重的：一方面是作家，一方面是读者，它简直是两家的媒介人，一个不好，双方夹攻，物质精神，俱受损失，这是出版界一件暗痛的事。

现在我们研究中国写读两方面，又好像两穷家来成亲家，目的都是先要顾到自己的利益。大多数的作家，因为生活的关系，写文章，做稿子，是为着稿费的迫切，所谓思想结晶品，实在不易产生，以这种作品来出版，当然不能得到读者欢迎。而读者方面，又是大多数本身的知识程度欠缺，及购买能力薄弱，也是处处先顾到一种便宜的收获，这种种就可以使出版界造成自顾不周的限制，所以要对大众来贡献，太困难了。

出版界的困难还不止此，如各种本身，印刷装制上一切手续成本大，而成就少，这都是小本经营的苦处，在逼迫得无可如何之下，欲图目前维持，就放弃出版界为大众谋利益的使命，或竟取拾不十分正当的材料，以迎合一般青年的低级心理，这是出版界的不幸，也就是一国文化事业之损失。所以说中国出版事业之落后，并不是出版界本身之不努力，我人除原谅之外，还应该予以一种助力。

现在我对出版界拟贡献一点意见，就是希望作者与读者互相吻合起来，不要各居一方，各自为谋，各图其利。用一种探讨的精神，合作的态度，如何你需求，如何我供给。好像以前办教育一样，先生只管教，学生只管学，但是结果一无所知，各不相关。现在就要注意教学要相应，要吻合，这是同一的原理。同时我还希望出版界用前进的力量，来征服一切困难，凡事必须要在困难中打出生路，想出法子，才是奋斗，才是出息。事业竞争到此时代，决不能再以商业界旧有的故技，可以维持得了。今后的路途要求广阔，要求正当，要用科学知识来分析、计划及推进，才是求发展的正道。

写作—出版—读者三家串成一串，这倒不易能勉强的拉拢，是要从心理上的掌握，要多联络感情，要使之乐从。譬如选择材料，我以为要征得一种思想作品，就是大众作品，不必专求于名人名士。名人名士太忙，他们常有一种不是内心的发挥，文字章法，并没有特色，这是我们常在印刷品中见到的。所谓名人作品，全部显露敷衍性质，使读者发生失望，关于买书读书，反存有戒心。这种情形，好似我们去看电影一样，如果看了几部没有意味的影片，以后连真好的也就不相信了。同时，真正的思想物，反而埋没不彰，何等可惜，这是希望出版界之一。

出版种类不必求量之多，而在精彩及切要，这是读者的经验。我们常常接到外界一种刊物，不论个人作品或学校纪念刊、团体印刷品，门类繁杂，篇幅众多，实实足足一厚册，印刷费之贵，当然不必说，然事实上阅者那里会去按章按行的细看。因为书的式样已很呆笨，内容当然不高兴去细察，出版界如欲掌握读者，在书的式样上、质量上都要有一番功夫研究。

再次出版事业完全要有时代的责任。全世界的物质都随时代巨轮旋转，印刷物是时代的代表物，并且是大众的教师，有指示青年、领导青年的力量，一丝一毫不能离开时代，出版书籍宜适合时代的一切需要，如科学、体育、国防等小丛书，文字生动，字少图多，定价宜低，合于大众购买力，否则必为前进者所唾弃。我有一件事来证明，认识时代的必要，前几年世界博览会在芝加哥举行，中国组织筹备会，刚巧国联调查团在中国，他们问起我们的筹备主要人，这次世界博览会贵国参加些什么？当时我们的负责人答以有名贵字画、精细的雕刻、瓷器等等，他们听了：噢！又是这一套，但这些在以前博览会中已经大家知道了，现在博览会是要时代物、实用品，科学上的新发明，不是一个美术展览会。我们当道者听了这个教训之后，是免不了要耳红面赤的，何况负有升降文化水准的出版物呢。

总之，出版界是好像一个大众的厨子，他不但是要选择滋养丰富的材料，还要合大众的口味，使大家要发生好感，又要保障大家吃了之后不生病，不伤命，这真是件八面周到的工作，当然是全在写、出版、读合作起来，说得好听一点，就是精神团结。

（载《读书》1937 年第 1 卷第 1 期）

对于目前出版界的意见：须有远大的眼光与坚决的抱负

王任叔

目前中国的出版界，是非常可悲观的，在我以为。

有生意上的竞争，而没有事业上分工合作的精神。这现象，诚如吴稚晖所说“黑漆一团”，但还极其乱糟糟的。

杂志年一来，什么书店都改为杂志公司。翻印旧书的风气一开，什么书店都翻印旧书起来，甚至将私人著作，胡乱的挑选一下，也给翻印出来了。于是，又有了丛书年，这家一套，那家一套，作者相同，内容相同，相互征引，互相抬杠。终于弄得读者“黑漆一团”，莫名其妙。

我以为，把生意经放在第二位，目前出版家，须有远大的眼光与坚决的抱负，保持自己独特的个性发展下去。

有些书店，是以文艺书籍起家的，那就不必眼红，看别人从社会科学书籍上捞回一大注钱，而改弦更辙。有些书店是以社会科学书籍而起家，那也不必三心两意，来出些什么教科书之类。

这还是就一般的情形来说，至于有一种书店，专门弄些极低廉的报酬，叫一批无聊的文人，抄节别人的文章，出几册什么应时的论文集或报告文学选集之类，那简直是“文化强盗”，连出版家的资格也没有的。

听说，又有些出版家要出名著了。这是可欣慰的，但在竞争之下，名著又将成为乱著。

（载《读书》1937 年第 1 卷第 1 期）

对于目前出版界的意见：一点可喜的现象

黄 源

这二三年来，可算为出版界中可喜的现象之一的，乃是外国文学的介绍，受到了进步的读者与书业界之重视。

我是深深的体会到，造成这一点可喜的现象，是费了先进的文艺工作者们的几多心血的。

介绍外国文学，无论是古代的名著，最近的杰作，以及各宗各派的代表作，或名家的全集，只要译品忠实可靠，对我国的新文学都有助益。但是就目前说，对于陷于水深火热中的我国，我以为尤其需要急迫介绍的，应该是能引起大众抗敌情绪的作品，能给人清楚认识的刻划现实的作品，而各国的当代杰出的文豪，其言论足以牵动世界舆论的，我们也应当追随着，作逐步的介绍，假如罗曼·罗兰，我们对他的粗略介绍只止于一个人道主义者，一个天勇主义者，一个反对战争者，对于他在一九一九年以后的战斗的历程，则茫然无所知。

就我国出版界的现象而论，介绍一本外国名著（当然须译品精确），对文化既有益，于营业也不致有所损失。当这出版界陷于苦闷之际，这一块未开辟的园地，或甚至可以说天地，是值得留意的。

但对于外国文学的介绍，要收最大的成效，无论从文化或营业方面说，一是需要书店与编辑者有计划，二是需要介绍者能凭良心的负责任的干。

（载《读书》1937 年第 1 卷第 1 期）

对于目前出版界的意见：最低限度的希望

陈立夫

在目前民族复兴的进程中，我们中国的出版界乃至整个文化界，正负荷着历史上空前伟大的使命——为中华民族继往开来、存亡绝续的使命。因此，我敢向今后的出版界，贡献一点“卑之无甚高论”的意见。

第一，在积极方面，我们的出版界要认清国家民族所处的环境，把握住我们所要共同努力的总目标，就是一切文化工作都要为求民族的生存而奋斗。分别言之，我们要从三方面同时并进：一面充分地介绍并吸收洋文化的优点——“科学化”与“工业化”的精神。一面要发扬中华民族固有文化的特长，开掘历史所遗留的无尽的宝藏，以养成民族的自信力，而实践固有的道德信念。一面——最根本的一点，尤当明了三民主义是救国的最高原则，任何学术的探讨，都要在三民主义的立场上，重新加以合理的评述与取舍。前述的两项工作，亦当以三民主义为其出发点及归宿点。这样才能负起学术救国的使命，而产生新中国所需要的特殊文化！

现在全国人心所热烈祈求的政治统一，已告完成，国防建设工作，已在开始。但我们要想彻底解除当前的国难，除注意物质上的国防外，同时更要充实文化上的国防。我们不再需要救国的高调，只需要脚踏实地来埋头苦干！因此，我恳切地盼望今后的著作界与出版界，能把握住这一点，多从积极方面致力于学术和理论的探讨和介绍。同时在此复兴建设工作发轫之初，我们的学问家和技术家，也要将全部的心思才力，引导全中国的现代青年走到苦干、服务、创造的道路上去，必须把这些材料尽量搜集，尽量灌输，这才是对现代青年的贡献，亦就是对民族国家的贡献。

第二，在消极方面，我们试依据上面的总原则，把近年的出版界检阅一下。除了专门学术的著作以外，一般的书籍杂志，似不免犯了“群言庞杂”的毛病。大家还没有注意到怎样的去端正青年思想的趋向，或怎样的指示他们以正当的出路。同时因对环境认识之不一致，更造成了思想界的混乱状态，而尤以一般关于社会科学和时事的出版物为甚。这固然是国难期中所难免的现象；所可痛心者，乃是少数知识分子，想利用这空前的国难和青年愤懑激昂的情绪，乃发为种种别有用心的言论。一部分的出版界，亦遂为此种空气所侵入，例如所谓“人民阵线”、“国防政府”、“大众文学”等等，去年均曾猖獗一时。自经过了西安事变以后，真是创巨痛深，大家总已经惕然憬悟了吧？从今以后，出版界应即抱定态度：对于任何主张或言论，凡足以毒害青年思想、分散民族力量和戕贼国家元气者，都要摒出于出版界之外。还有近年风行的色情书报及享乐主义的刊物，在无形中已使青年的思想、道德、体力上受到很坏的影响。这虽然只是少数失意的文人及纯以牟利为目标的书贾的罪恶，但是，如果出版界的觉悟分子能联合一致，予以有效的批评和防范，则这些无聊的刊物，总不致有今日之猖獗吧？这种种消极的防御工作，都尚有待于出版界自身的注意和努力呢！

上述两点原是“老生常谈”，此外我所要向出版界贡献的意见尚多，现在只是表示一些最低限度的希望而已。

（载《读书》1937 年第 1 卷第 1 期）

对于目前出版界的意见：出版界必须为自由奋斗

鲁　烨

和要求集会、结社、言论自由的潮流一致，中国出版界的出版自由也是等待着实现的。从《新生》案件的发生，以及表现于刊物停刊，书籍被禁的种种事件上面，中国出版界的不自由，是不可掩饰的事实。

出版界的自由无疑的必须有组织、有实力的民众为后盾，但是就出版界本身而言，出版界必须联合争取那种应有的自由，努力检讨本身的缺陷，加强自己的力量，这在目前的出版界，无疑是一个很紧要的课题。

我们知道一件武器所以能利用击退敌人，他本身必须具有武器的功用。同样出版界要获得他的自由和解放，他也必须使自己的本身成为有力的，能为大众拥护，而冲破黑暗的工具，具有十足的战斗的功能。这里就存在了本身检讨的必要。究竟出版界本身已经做到了什么呢？

就中国目前的出版物观察，显然出版界已经随着现实的进展，有了和以前不同的内容了。应着大众的要求，新的思想和新的学说成为出版界目前的特色，从刊物销数的对比上，那能为大众接受的必定是有着进步的意识，阐述着新的学说的东西，已经是很明白的事情。

但是另一方面，出版界为反动的思潮占据住也是无可掩饰的。从赞成读经，提倡读《庄子》、《文选》以及到目下的翻印《四库全书》等等的复古思潮，几乎在中国的思想界散布了很大的危害，同时市面上流行着的神怪武侠小说、肉感的色情漫画，各色各样不正确的内容，这除出毒害青年，加紧自己灭亡的危机之外还有什么呢？出版界如果仅仅需要刊印这些书的自由，能够为时代的大众所不摒弃么？

同时为了唯利是图的书店老板操纵，出版界的漫无方针，唯知剥削作者，翻印、转载，留下了出版界的莫大污点。

出版界必须筑在群众的基础上，出版界如果离开了群众，必然会遭遇到覆灭，目前出版界的不能获得读者的信任，正是他危险的所在。我以为今后的出版界必须：（一）联合制止那种剥削作者、窃盗文字的不良行为，建筑起出版界本身清高的人格，以达到读者、作者、出版者共同的合作；（二）出版界必须自觉地减少印行毒害青年的书籍，介绍进步的学说，培养青年的力量；（三）出版界应联合争取自身的自由，为自由而奋斗。

出版界不单是该为他们的营业前途打算，他们的肩上还负有很大的使命和责任，配合着目前救亡运动的步调，他们还应该负起民族解放的重任。固然出版界有着客观环境的限制，他却可以从培养基础理论着手，青年是国家的主人，培养青年即是强化救亡的力量，促起青年对现实自觉地认识，至少目前的客观环境这还是被允许的吧。

这样，出版界必然能为大众热烈地拥护，热烈地爱戴，是有他光明的前途的。

（载《读书》1937 年第 1 卷第 2 期）

对于目前出版界的意见：出版界的一点好现象

狂　循

现在的出版界确比从前进步得多。无聊的出版物比较一天天的减少，像什么《皇后游欧记》及某某出国记之类，没有从前的猖狂。一切比较有价值的书籍，一天多胜一天，尤其是社会科学的书籍，很多外国的哲学、经济、政治等名著都被我们翻译出来。关于国际时事的，很多书局，出了很多的丛书。这是读者们所需要的，也是出版界的好现象，使读者获得了相当的利益。特别是在今日的中国，帝国主义不断地向我们进攻，出版界不在 A+B 上去努力，而指示出了中国人应走的路。明了自己的处境，应当如何去打破目前的难关，得到了正确的观念。这是我们出版界的进步，望不断地努力下去。

（载《读书》1937 年第 1 卷第 2 期）

对于目前出版界的意见：多多出版有益社会的读物

陈训慈

近五年来，因为在公共图书馆里服务，努力为广大的社会供给读书的机会，自信于推进益智进业的风气不无成效。而同时因要征备许多深浅新旧的书籍，对于出版界也更多一层接触。图书的供给与社会的需要都时刻陈现于我们的眼前，不免随时引起了好些感想。因此，静庐先生为创刊的《读书月报》征文相及时，也愿意抽冗略抒一二，以与出版界相商榷。

（一）开始我愿表示一句乐观的话——一句有事实证明而并非浮夸门面的话，就是说：三四年来中国出版界和中国社会读书风气都已有了显著的进步。就出版界情形说，虽然也有不少遗憾（我们在后文想提到一二），而其与学术界的联络，出版方面之推广，数量之渐增，专门著作与国学巨编之流通，乃至印订技术形式之进步，都有可称。其间如工具参考书之大批出世，一部分多由各种政府机关、学术团体编行以辅书铺所不逮，尤有裨实用，有助于研究和事业的。尤其是专门年鉴与专门辞书，数年来出版很多：如教育部、财政部、实业部、铁道部、内政部，皆编订各种专门年鉴，书坊多乐助其出版。一九三六年一年中出版的又有经济年鉴三编，外交年鉴，岁计、内政、财政、保险等年鉴，省市年鉴亦有数种。至于国学方面巨籍丛书辑印、影印或缩印之多，虽也有人持为不满，然对于便利旧籍供给，扶助本国文化之整理，亦自有其价值。总而言之，书业的不景气虽还未能昭苏，然而目前中国的出版界确已大见生动活跃了。

（二）由于教育之进步与各方面环境的推动，近年来社会读书的风气，也确然有进步的表示。虽则因积习和经济的关系，购书之风仍不发达，但就公家图书的供给看来，已可见到社会程度的进步。就浙江图书馆而论，阅借应用科学和国际政治经济等图书的人，日见增多，而一部分无聊的小说、小品之顾客，则颇见减少。在数年前，书库中所备《啼笑因缘》和《绿野仙踪》等书，简直像马不停蹄般在馆外流通；现在则在这类书颇有歇息书库中的机会，代之而不断流通的，有无线电、化学工艺品制造法以及世界经济问题，太平洋风云一类书，尤其是无线电一门的书，借阅频繁，大有供不应求之势。社会的教育程度与取舍眼光之比前增进，即此可见一斑了。

（三）可是对于这种进步中的社会需要，出版界是否真能有健全的适应而与之俱进呢？这不免使我们办理图书馆的人们踌躇焦急而不安。如上所述，我们并不会抹煞出版界的好现象，可是我们翻遍国内各家的出版书目，可以适应这些需要有价值的书，毕竟是很有限的，他们正在费很多的精力与金钱，去翻印古书或制造浅薄的小品说部。翻印古书多与旧藏重复，小品说部多是消闲作用，抱着增益民智的愿望，我们能买到多少有价值而合于一般需要的图书呢？

认识社会读书风气的进步，多多出版前进的、科学的、切实有益社会的读物，以代替无聊的糟粕，而适应读者的需要——我以为这是目今出版界应加深切反省而急起直追的事情。

（四）一般社会科学文学的图书，现今各书局出版的亦不为少。可是我好似有一个概略的观念，觉得这类书以适应高中以上的程度为多，而可供初中学生应用的太少（包括杂志而言）。在自然科学方面，学校课本以外，各书局出版尤不多见。由于大学教授和各科学专家们过信西文原本，很少提倡"民众科学"的读物，而各科学者又往往绌于深入浅出的笔调，以致编撰之来源较非自然科的书更少应是主要的原因。我们以为在全国学校统计中，初中占着极大的比例，而社会执业分子又是多数够不上高中的标准，而相当于初中的程度。这样程度的书，对于一般社会是一宗极大的需要。而且此段程度的自学，正是踏上成熟的智识阶梯的初步。似现在出版界多来适应高中以上和大学的需要，而忽视这中级程度的广大需要，无论于推进广大的民智之职责有所未尽，就是出版物本身销数也大受影响。在一般出版界因近年儿童幸福的提倡，而争来粗制滥造儿童读物；或者跟随了一二家大书坊好古崇旧的余波，而从影印古书中来求分利润，我以为如果把眼光放得远些，还不是亟应与有识的各科学者相联络，以编制近乎初中程度的各类图书，以为普及民众科学提高一般程度效力么？

（五）提起了多数民众的需要，我不免联想到今日出版界所常应用的"大众化"一词的真实性。沪上有许多提倡大众化而自以为在出版适应"大众"需要的读物，我们分析其内容性质，往往是很有主见，用偏颇艰深的材料，实际上是很不"大众"的。还不如北平通俗读物编刊社所出版的说书《大鼓小册》，应用有意义的故事时事，来刺激民众的急公为国之心，倒真能流传于洋车夫、小贩、失学儿童、老妇之间。所谓“大众化”的读物，主要顾客却是意志未成熟的西装青年。在这些文字中（一部分常见于自命为前进的杂志中），大抵采用片面的不可靠的统计，征引辗转传译的近代学者的理论，稍事粉饰，遽下断语。我们读了，几乎怀疑那作者究是在写述一篇科学性的论文，抑在演述其主义或幻想。这类杂志论文或小册，对于学殖薄弱的青年，将发生怎样不幸的影响，对于真实的学理研究，将予以如何严重的打击，或者是出版家所事前未曾考虑罢。这并不是就在替政府取缔反动读物来张目。我们深切同情于言论出版的自由与不可统制性，健全的切实的社会主义的读物，我们是同样的欢迎接受。只是近乎骗人的非大众的自命大众化的读物，我们以为出版家有不应推波助焰的义务。相反的，对于一般社会之幼稚的非科学的无系统的头脑与智识饥荒，出版家应切实负起供给救济的神圣使命。

几年来图书馆生活，接近书籍既频且多，可是喜好之中，却常无暇利用，正像是银行出纳员成千成万的钞币过手，而不能动用一元，同样的会发生惆怅妒恨的心情。在这些心情之断片中，就埋藏着对于制造图书之出版界的感想与期望，就借《读书月报》征文的机会，拉杂诉述一二如此。直率开罪之处，要请出版界诸君原谅。

（载《读书》1937年第1卷第2期）

对于目前出版界的意见：负起伟大的使命

何　之

我国一向是散乱的国家，现在因外族的压迫，才都感到了民族的危机，放弃了过去的偏见，开始站在统一的阵线上，喊出了救国抗敌的口号。出版界也是国家的机构之一，同时更负有发扬文化的重大使命，在团结救国的阵线之下，尤是一个重要的分子。

一、出版界是文化的传播者

传播文化，是出版界唯一的任务。所以一个国家文化水准的高低，是出版界努力如何的评价。文化的高低，对一个国家的兴亡是很有关系的。文化落后的国家一定是衰弱，这个不用举例，我们一看世界上各弱小的民族，被压迫的民族，莫不是如此。

由此我们可以看到，负有传播文化使命的出版界是如何的重要，尤其在复兴中华民族之际，出版界的责任更为重大。现在该做些什么工作才是对我们的民族有利的呢？我希望出版界应有一定的方针，认准了我们国家民族的需要，做一个整个有系统的计划。

二、要提倡通俗文化

中国的人民，普遍的知识都低，这是公认的事实。我们如要力谋补救，最好的方法莫如提倡通俗的文化，通俗文化的水准，要降到适合于一般的民众。

三、要启发爱国的思想

国家的观念，中国人从前是很少的。近年来因受外族的压迫，大部分的人，才感觉到国家的危亡，才有国家的观念。但是知识低的民众还是不知国家为何物。所以出版界应该在此国难严重的时期，用通俗文来启发民众的爱国思想，多出版富于爱国色彩的作品。尤应多创刊描写失地内人民苦痛的文艺。

现在所提倡的国防文学，在我们尤为切要。出版界应该与国防文学的作家合作，多出版适应现在需要的作品。

四、对国际动态的报导

现在国际风云紧张之际，国人对于国际间的大势，各国的动向，都要随时知道。所以出版界应该停止出版一切享乐的文学作品。要在介绍各国政治、经济、军事的现状上面努力。

五、注意读者的购买力

现在一般读者，经济力都很薄弱。购买书籍，都是要求得到新知识。绝少像从前人的收藏版本可比。所以我希望出版界要将书籍的成本极力的设法减低，务须达到价廉物美的程度。出版界是以传播文化为义务的，不应以谋利为主。

现在的出版界的使命实在重大，我们迫切地希望它负起它伟大的使命来！

（载《读书》1937 年第 1 卷第 2 期）

对于目前出版界的意见：消极的和积极的意见

马骥君

我对于目前出版界的意见可分消极的与积极的两方面来讲。

先说消极的。

第一句话，我要告诉出版界请你们把《万有文库》式的书少出点吧。什么“万有”、“全书”我们当真是上当够了！怀着一副热烈的求知的心在成百册的差不多厚薄的书中找我们所要的，往往是“一无所有”！即使有的也是不够满足我们的。七拼八凑，勉勉强强配成的“百宝饭”，我们已经见之摇头了。

第二句话，珍本、孤本且让它珍下去、孤下去吧，我们现在还不需要尝这种“古味”，时代的知识我们都不够呢！出版界，你们把精力“浪费”，是对不起时代的。

“纲要”、“概论”、“讲话”……这种书是我第三点所要反对的。

出版界，你们真太看不起人了，仅是叫我们“入门”，是否以为我们只配在门口徘徊的？

还有一点，我要讲的，目下出版界“模仿”的能力太强了。甲书局一部《××文章》销路不差，于是乙书局也来个名称类似的“文章”抢生意。大概是开明的《新少年》有销路吧，现在各书局就竞着出“少男少女”的杂志。表面上看来，似乎会做生意，其实读者有限，生意也不会好的，何不诚心诚意的来办份有个性的独创一格的刊物呢！

其次我要讲积极方面的意见。

说起来一定是大家共同的希望，就是我们要求出版界多多出版翻译书。在这个创作不自由，作家生活忙，无心创作的时代，多出版点翻译作品是我们所最欢迎的了。关于翻译，除了起码的条件——真实、通顺外，我们要求有系统，多译“新”的著作。

创作当然也是我们所欢迎的，作者只要不粗制滥造，读者也决不会辜负作者的。即无力创作，有系统的“整理”、“报告”也是我们需要的。

总括说一句话：现在我们是生活在这个“非常”的时期，出版界既以发扬文化为己任，那末再不该仅以投机取巧做生意为目的，出版书做手段的了。所要出版的东西有没有忘记时代，有没有辜负应该注意的成千成万的读者的希望。

（载《读书》1937 年第 1 卷第 2 期）

对于目前出版界的意见：要求大众的读物

张英卓

目前的出版界颇有点呈畸形的发展，只就读者层面论，任取一本新书目录看，不论是书、报、杂志，似乎它们的对象都是为学生或离学生生活不远的人们，然而更多的一群知识饥饿者却很缺少文化的食粮。我是一个军人，我走遍了大小新旧的书店，找不出一本适合我们一两百万军人的读物，现有的军用书籍都是博士论文似的“大块文章”，弟兄们固不敢问津，就是差劲点的官长及老粗同志们也许要有“望书兴叹”之感。此外店伙、农、工们的读物也一样少见，我也曾想到这畸形的成因，可怜这广大的饥饿群在“找东西填肚皮为第一义”之下，对于“脑的食粮”诚然是无力兼顾的。这一扯似乎变做了整个的社会问题，然其实我的意思是这个需要的供给应由出版界从速承担，使这一群无力的饥饿者也有尝尝读书滋味的幸福。

（载《读书》1937年第1卷第2期）

对于目前出版界的意见：中国出版界的批评

王陆一

一国的出版事业，是一国的社会经济和教育文化的反映。近代中国出版事业的不发达，我们不能完全归咎于出版界和著述界的不努力，而应该从中国的社会经济和教育文化的落后上来说明。关于中国出版事业，在最古的金石竹简时代的不谈，在木刻印版时代的不谈，单从采用科学的石印和铅印说起，也已有数十年的历史。自一八九五年上海强学会成立后，中国便已开始编译近代文化书籍，介绍西洋科学知识，当时在国民党诸先进及当时所谓维新分子领导之下，中国出版界曾一度呈现出非常的活跃。其后经过戊戌变政，五四运动以及最近十年来的新思想的介绍。单从中国本身而论，中国新文化确实有相当进步，我们不能说中国出版事业太不长进，或中国著作家太不努力。但将中国出版界与其他各先进国家比较，却仍然未免过于落后。这落后的根本原因：第一，因为国民经济不发达，国民教育不普及，一般人民的书籍购买力太薄弱；第二，因为交通不便，政局混乱，书籍市场只限定于几个大城市，而且有时各地查封查禁又甚严；第三，多数著述家，都为生活逼迫，粗制滥造，书籍价值根本低落。这几个原因，是中国出版界事业不发达的要因。

关于目前的出版界的情形，我自己不是出版界人，不能十分明了。但在公务之余，我对于各种新书籍、报章、杂志也随时关切，而且自己也往往有一些偶得的观感和意见。现就把我个人对于出版界的一些散漫的意见，简述于下：

（一）翻译问题

大体说来，因中国著作界过于贫弱，我是主张尽量地先把欧美名著翻译过来的。以目前中国的一般的知识水准来说，无论那一部门，要产出伟大的名著，在短时期内都很少希望，然而在世界各国，我们所知道的不朽的名著，确实不少。我们为中国文化造基础，为远大的中国文化前途着想，从事世界第一流著作的翻译，确实是十分必要。不过，翻译也不是容易的事。最近十年来，译成中文的著作并不很少，然而“佳译”却是太少了。我们所需要的翻译，至少要做到“正确”与“流畅”二点，我们不要硬着头皮看不下去的“死译”，也不需要离开原著太远的“意述”。我总以为林琴南先生的翻译小说，失之过于自由；而鲁迅先生译的文艺理论，又未免过于生硬。我们从整个中国文化运动上看，翻译是很必要的，但据最近的情形，翻译似乎是“冷门”。造成这“冷门”的原因，绝对不是中国人不喜欢外著，而实在因为许多译品太难读，或太错误，失了读者的信仰。这在翻译家方面是要负很大的责任的。

（二）古书的翻印和今译问题

最近几年，中国古书的翻印，几乎成了一种风气。翻印古书的人们，自然有一部分的动机是纯正的，是为发扬中国旧文化。但大多数都是动机不良，专为牟利。因为翻印古书，不要一文钱稿费，为书局赚钱的捷径。在原则上，翻印“珍本”或“孤本”我们不能反对，而且可以赞同和提倡。但现在许多专为牟利的印书家，他们只顾赚钱，翻印出来的古本，不是纸张太坏，便是错误百出。这不仅不能发扬文化，简直是对于中国古文化的羞辱和践踏。这种不良风气，实在有严厉纠正的必要。至于古书今译问题，以前郭沫若曾经主张过，原则上我也赞同。那些太难读的而又有学术价值的古书，如《诗经》、《老子》、《庄子》、《墨子》等等无妨把它们译成白话，以便一般大众阅览和参考。但这与翻译外版书籍一样，也必须做到正确和流畅。

（三）著作问题

不朽的著作实在太难。在目前的本国出版界，真正称得上著作的，还是寥若晨星。中国已经出版有价值的专著，当然是有的，但从一般地看来，多半的所谓著作，都还脱不了东抄西录，在学术文化上没有什么价值。

中国出版事业，还在萌芽时期，纷乱、散漫、贫弱、幼稚的情形，自不可免。要有大大的发展，还得要有干练的出版家和精深的著述家来大大的努力。我们从整个中国的国情上来观察，中国有这样多的人口，教育又在一天一天的普及，将来中国的出版事业，一定有伟大的前途。

不过，现在中国出版界，我以为有几件事情特别值得注意：第一，任何书局都要以发展文化为中心，书局和普通商业不同，不能完全以牟利为出发点，应该兼顾到国家的文化的意义；第二，各同业间，绝对要避免互相倾轧，最近某些书局间的营业上的过度竞争，自相摧残，是出版界不幸的现象；第三，各书局间最好能协同经营，通力合作，编译几部系统的伟大的辞书，如《大英百科辞书》、《苏联百科辞书》之类；第四，目前，许多出版物，内容上实在太贫弱或幼稚的，应该自动停止发行。总之，中国出版事业是有伟大前途的，但是还需要改进之点很多，还要努力之处也很多。

（载《读书》1937年第1卷第2期）

出版界要完成它的政治任务

泽

在创刊号的本刊上，有党政领袖及文化界出版界的诸名家，发表了不少可宝贵的对目前出版界的意见，而在这些意见之中，差不多都把出版事业和目前的国难联系起来，指出了这两者之间不可分离的关系。比方邵力子先生说：“书商……第一应当是十二分注意书籍的内容究竟有益于民族国家的利益与否……如其书籍的原稿内容，即使不是有毒的，而于民族国家并无利害的，也就可以不必印行。”陈立夫先生说：“现在全国人心所热烈祈求的政治统一已告完成，国防建设工作已在开始，但我们要想彻底解除当前的国难，除注意物质上的国防外，同时更要充实文化上的国防。”方治先生说：“第一希望出版界努力发扬民族文化，以充实中国精神上的国防。在此严重的非常时期中，除巩固以科学和军备为主力的物质国防以外，更要充实精神上的国防，以培养人民的爱国心与自信力。”这就是说出版界在国防期中，有它特殊的重大使命。这使命虽说是只属于文化上的，但因其有关于民族国家以及国防的原故，所以也就是政治的。

现在政治正趋于统一，奠定立国之基础的国民大会行将召集，而作为基本大法的宪法亦将予以制定。宪法一旦颁布，宪政即将随而开始无疑的。这基本大法的宪法，及为制定宪法而召开的国民大会，都和目前国难有着极重大、极密切的关系，它在抗敌救亡上也必将有其决定的意义。因此出版界应如何配合着政治上的这一重要的步骤，而担负起它所应负的任务，实在是异常迫切的问题，值得出版界深思的。

宪法一旦颁布，宪政一旦开始，我们的国家即将起步向现代的宪政民主国家的道路迈进，那是无疑的。如何唤起全国同胞对这基本大法注意，对制定此基本大法的国民大会注意，如何启发全国民众民主的自觉，如何在文化上辅助宪政的推行，如何铲除宪政道路上的障碍，这些都是目前出版界最最基本的任务之一。出版界必须考虑如何完成这些任务。

（载《读书》1937年第1卷第2期）

唐山见闻录：书局业的末路

及　时

现在唐山市面是普遍的不景气，尤其以书局业为最甚。原来唐山在津东地位适中，所有附近各县的中小学校所用的教科书及教育用品全由唐山的几家书局经售，所以在过去几家书局的生意都很兴隆。但是自从伪“冀东防共自治政府”宣布成立以后，凡在伪组织辖境以内的小学校教科书完全由伪组织自己编辑发售，原来所用教科书一律禁止出售，于是唐山的几家书店最稳定的主顾都丢了。现在唐山的生意大半限于门市部的零碎买卖，外地的主顾所需要的只有儿童玩具和教育用品了。因此现在的几家书局大批经售的都是儿童玩具和教育用品。至于书籍都只限于《三国演义》、《七侠五义》，以及各种哀情和言情的小说而已。

（载《论语》1937 年第 110 期）

新《出版法》

弓

我国《出版法》从去年十一月颁布以来，因为实施细则没有制定，到现在还在实行旧法。最近内政部已订定新《出版法施行细则》二十八条，于是新《出版法》不久即可实行了。

新《出版法》的最初草案内容，很多不妥之处。后经新闻界力争，始稍加修正，现在的内容虽仍有许多地方不能满意，但比最初草案却已进步得多了。

中国的新闻事业正在萌芽时期，政府在消极方面固应负“出莠存良”责任，而在积极方面，更应极力扶助新闻事业的发展。对于《出版法》中所规定之限制各点，尤应从宽予以解释与应用。只有这样，中国的幼稚新闻事业才能发达起来，贫乏的舆论界才能健全建立起来。

（载《国民周刊》1937年第1卷第10期）

出版法施行细则之商榷

张志让

最近行政院例会通过《出版法施行细则》二十八条。论者皆置重于其所定刊行报纸及通讯稿之最低资本数目及报纸发行人之最低教育资格的两点。关于第一点，它把刊行报纸或通讯稿之区域分为人口百万以上之省政府或市政府之所在地，人口未满百万之省政府或市政府之所在地及县政府之所在地，一共三种。而就此三种区域，分别规定刊行报纸或通讯稿之最低资本为一万元与三千元，六千元与一千元及一千元与二百元，并定明在第三种之区域内如向无报纸或通讯社设立者得减至五百元与一百元。关于第二点，它把报纸发行人之资格限于四种：国内外大学或专科学校毕业者，高中毕业并服务新闻事业三年以上者，服务教育事业之主管机关三年以上者，服务新闻事业五年以上者。究竟我国之报纸与通讯社应否有此限制，以及解决此类问题所应根据之原则为何，实在是个急应讨论的问题。

我国教育不普及，内地人民知识水准过低。救济这种状态的方法，第一当然是学校的普设，第二就在报纸的广播。大报销行内地，时间既嫌迟缓，售价亦必太高。欲求报纸的广播，必须各地多设报馆。所以我国现在就提高人民知识程度而论，一面固应提倡学校的广立，一面就要提倡与通讯社的普及。不应该有消极限制的规定，这是一个解决上述问题的根本原则。

我国处于半殖民地的地位，人民普遍贫困。把资本的多少定为设立报馆与通讯社的条件，实在足以构成妨碍报纸普及的一个极大因素。不但如此，无论报纸通讯稿都要求它们的平民化，要能够代表一般人民的意旨。以资本数目为设立条件的结果，将使全国报纸都变成有资产者的事业，只代表它们说话。这不但与提倡报纸普及的原则不合，并且也与为民众谋福利的宗旨相反。所以最低资本数目的限制似乎应该根本免除。出版法关于声请登记时应陈报资本数目之规定，可能为陈报实况之一种，并无确宜最低数目的必要。

报纸发行人固然应该有相当的知识，然现在我国内地大学尚不见多，定大学毕业为发行人教育上行需之资格，未免限制过严，使一般有相当知识与能力之人因此不能投身于这个很神圣的事业里面，未免可惜。况且我国目前之需要在求报纸之普及与平民化，发行之人是否必须具有与大学毕业相当之学力，也还是一个根本上应该讨论的问题。

从上面所说的看来，《出版法施行细则》关于上述的两点，尚有进而研究的必要。这是希望当局在它未经公布施行以前，予以特别的注意！

（载《新闻记者》1937 年第 1 卷第 3 期）

立即开放言论出版集会结社自由

谌小岑

全面的军事抗战，在作战将士英勇的奋斗牺牲之后，北战场已退至黄河南岸，东战场已退出上海、浏河、昆山、嘉善，其势似在节节退却中。军事上之有今日的形势是我们估计得到的。目前在中国开展着的反日本帝国主义的民族革命战争的危机之中心，不在军事上之退却，而在后方民气之销沉，民众运动之未能作有力的发展，致作战壮丁之补充，财力物力之捐输，地方保卫工作与建设事业之建立，农业、工业生产之开发……皆不足以适应前方军事之需要。故当前最重要之工作即应针对着谋此一问题之解答以努力进行。

民众运动之发展，一方面固应由党政当局多方启发而领导之，然最有效的办法厥为开放人民一切言论出版集会结社之自由，使能自动而自发。我在“九一八”事件以后，天津出版的《丰台》旬刊的创刊号即尝发出此种呼声。乃因当时国家未臻统一，官僚政治笼罩全国，民众运动之自发仍被认为“危险”，迄未实行。现在已届中华民族生死存亡的最后关头，那些相信中国一定不会亡的人们该知道中国已经亡了一半了。挽救的办法惟有唤起全国民众，组成强有力的全民族抗战阵线，与日本帝国主义作殊死的搏斗。为此，又惟有开放并保障一切抗战救亡的人民言论出版集会结社之绝对自由！将过去国民党及政府所颁布的人民团体组织程序以及各项法规一律加以修改，使适合此项要求。除掉汉奸以外，都应享有这种权利。

有许多人顾虑到开放人民言论出版、集会结社自由的结果，恰恰给了共产党以活动的最好的机会。不错的，这不仅给了共产党以最好的机会，同时并给与各党各派以最好的机会。我在这里要郑重的提出一个问题：“日本帝国主义与共产党我们只能选择一个！你愿意选择那一个呢?”

我们要知道在共产党领导之下的苏联建设事业是已经成功了的。其所遵循的路线与三民主义是有一致性的。中国共产党在最近一年来所宣布的政治纲领，是站在团结全中国人民一切力量发动全面对日抗战取得最后胜利的要求上发出的，是为了从日本帝国主义铁蹄之下解放中华民族的，是正确的。国民党不也一样这样要求吗?为甚么要怕人家的力量加入作战呢?蒋委员长的伟大精神昭示给我们非常明确，为甚么我们不能够追随着前进呢?对于团结国内国外一切对日抗战力量怀着疑虑畏葸的人们只有两个前途——汉奸和亡国奴！

曾成为中国革命策源地的广东青年们，大家在对日抗战总动员的歌曲合拍下发动全省人民为抗战救亡的集会结社自由而努力，把握着最后胜利的前途！

开放人民言论出版集会结社自由！

全中国人民团结起来！

巩固反侵略阵线！

打倒日本帝国主义！

中华民族解放万岁！

（载《救亡呼声》1937 年第 1 卷第 10 期）

争取言论出版集会结社的自由

谢承平

(一)

人民有言论出版集会结社的自由，这在世界任何文明国家，是早有了的人民基本权利，即在我们中国过去的宪法和约法上也曾屡次规定过。不幸几千年来的专制残余势力依然健在，以致我们所谓民国的老百姓未尝充分享受过这些自由。尤其自从一党专政的反民主制度，在战后的世界出现以来，可怜我们甫经萌芽的民主自由被摧残殆尽。请问今日稍受教育而稍有政治兴趣的国民，谁不感觉到发一言，印一字，开一会，结一社无不荆棘丛生，动辄得咎？所幸年来国民政府鉴于国难日益严重，有团结全国以共赴国难的必要，于是遵照孙中山先生的遗教，要结束训政，施行宪政，并已颁布了《五五宪法草案》和《国民代表大会选举法及组织法》。宪政运动的复活，呈现着一线曙光，“幼稚园的宪政”似在开步走了。在这个进展的前途中，我们一面抱着无穷的希望，一面怀着不少的疑虑，虑的是宪政的幼稚，生怕再遭受中途的夭折，喜的是中华民国也会有走上现代国家大道的一日。究竟我们的前途如何？全要看开步走走得怎样，这正所谓好的开端就成就了一半。在学步之时，政府方面必须放开一条坦途，让“幼稚生”迈步前进，最低要让他们有言论自由、出版自由、集会自由以及结社自由。在学步之时，国民方面必须争得一条新生之路，使“幼稚生”能活跃起来，最低还是要取得言论自由、出版自由、集会自由以及结社自由。

言论出版集会结社的自由为什么如此重要？为什么成为宪政“幼稚生”的基本教材？其中道理非常简单明了，凡是现代国家的国民几无不家喻户晓，尤其是外国的宪法政治的著作上，已经把它们当作无须多所解释的宪政常识。但是，在今日中国宪政运动萌芽之期，人们既称我们国民为宪政的“幼稚生”（其实早有不少成熟的宪政生，惜无操练的机会耳)，那我们只好从“人之初”说起，把言论出版、集会结社的自由之重大意义及其必要浅显地再说一番，促起我们大家一致齐来争取这些自由权。

（二）

人民的言论、出版、集会、结社的自由是基本民权，凡是施行宪政的国家或规定之于宪法，或列举之于民权宣言中。在国民党治下的训政时期约法里也有同样的明文，约法第十五条云：“人民有发表言论及刊行著作之自由，非依法律，不得停止或限制之。”又第十四条云：“人民有结社集会之自由，非依法律不得停止或限制之。”

可是“宪政之母”的英国，关于言论自由或出版自由，一般人民已充分享受权利，法家虽都明知其事，然而自古至今不常见之于法典，甚至因此该国法院也不知有此项用语。英国法律也未曾明定规条来斤斤然以维持言论自由或著作自由为事。他们对于出版事业既不予以特别利益，也不加以限制，甚至于在他们议案文件中也看不到所谓出版法字样。至于结社集会自由，英国也并不把它看作是特殊权利，还不过是人人应有的自由，不过是人身自由与言论自由的结合。

根据上述的情况，我们知道言论出版、结社集会的自由是普通而必然的人民权利；在真正民主政治之下，人人都当有享受这些自由的权利。但是这些法律思想不免是旧日的个人自由主义的产物，也许是单从人民对政府斗争的人权论。现在在我更就社会组织和近代民主政治的进展上把它们来申论一番。

原来社会进化的阶段，从最科学的生物史观看来，是由家族而部族，而民族，而国族。二十世纪的世界是在国族社会生长的阶段中，我们中国虽然落后，可是已从民族革命的血战中挣扎到国族生存斗争的前线上。不仅有强邻的重大压迫使我们不得不加紧国族生存的斗争力，同时社会经济上组织化的程度也日见其高。所以今日国难日趋严重，可是国族的自信心更为坚定，我们深信中华子孙能复兴国族，创造近代的民主国家，也就是能使中华国族列身于世界国族社会——社会进化的最高阶层之中。从这样的基本出发点，我们重新认识了今日中国民主宪政运动的新意义，它的意义不像过去的民主宪政运动，无论是外国的或中国的。不像过去那样人民对政府，或良民对暴君的争自由、争人权，却是为了挽救最严重的国难，复兴负有新历史使命的中华国族，建立现代的民主国家而争取强化政治经济社会组织的自由权，强化对外抗争的斗争力。换句话说，现阶段的中国宪政运动的新意义，不重在对内的矛盾和抗争，而重在对外的矛盾和抗争；不重在国内的对立斗争，而重在国际的对立斗争；不单纯为个人自由的争取，尤着力于国族自由的争取。为争取中华国族的生存与发展必先使我们的人民和政府都得有活力；为使我们的斗争活力和生存权的猛烈向上，而得常轨顺利的前进，自当以宪政大道作为我们的坦途；为开辟宪政大道必先使我们人民取得充分的言论出版、集会结社的自由。

（三）

依照上述现阶段中国宪政运动的新意义，我们来申论目前我们所要争取的言论出版自由和集会结社自由的新意义。

先说言论出版自由。原来民主主义的基础是建筑在民意和公共意见上的。为表现民意自必要许人人有口头或文字的发表之自由。为了个人的权利或社会的利益自必要许人人有所主张，且须将其主张诉诸大众。关于此种自由和权利，英国学者拉斯基有如下的主张：“我之所力持者自国家立点，言之凡为公民，不论其所抱意见如何，或为单独之个人，或为多数人之联合，应准其自由发表，不加裁制。有主张现时社会秩序之不正当者，听之可焉。有主张以武装革命推翻现社会者，听之可焉。有推崇现时政治制度为尽善尽美者，听之可焉。乃至主张己说之独是，其有反之者即处罚之说者，亦听之可焉。其发表之法或为一人之署名，或为多数人之联合，无不可焉。国家应一切听之，不加妨害。至其公表于外，或印书册，或登报章，或讲论于讲演之中，或宣布于会场之上，亦听其自便可焉。国民之无所为而不可，如上云云，而国家又从而保护之，斯则自由之真正基础也。”（见张士林译《政治典范》二之四十四）

言论出版，如此听其自便，这在脆弱无能或不能代表国族利益的政府对之非常恐怖的，所以常有压制之举。殊不知政府所为如能称职，成绩斐然，不特一般人民加以赞扬，即反对党也无法反对，纵然漫肆攻击，亦无伤于政府之权威；反之，如果政府腐恶不堪，纵无人指责，必自倒。所以贤明的政府自必听其自便，何况公共意见好比汽锅，如无出气之孔洞，终必炸裂。所以言论要绝对自由，总能发扬民意，改进社会，强化政权。至于出版自由亦是如此，所谓出版自由有两个涵义：一是不受检查，一是不受特别法律的制裁。如其言论著作是非法的，违害国族生存的，也只能以普通犯罪行为而处置之。

再说集会结社自由。既确定承认国族有机体中，每个国民每个细胞，各有其价值，并且只有让各分子有活力的表现，才能促成更有力的团结，更为较高级的组织，那集会结社自由是必要的，不仅为了分子的生命发展，尤其为了集团的生命发展。集会结社的自由，不过人身自由和言论自由的结合，人民之得能合群，以谋国族集团的进展为目的，而有所聚会、团结，那是当然的权利。不仅如此，要使有机体中每个分子的活力和价值得着有力的表现和成就，势必要在集体的行动、集团的生活中培养之。经过集团的训练，那每个分子单独的乃至个人自利的权利观才被纠正，才会发生牺牲个己，拥护国族利益的真正自由观。要知道今日我们的一切活动，无论是政府的工作，人民的团结，社会的改造，无一不是为了创造近代国家，无一不是为了走上社会最高阶段的国族组织。惟其如此，只有努力增进我们的组织力，让我们有充分的集会结社的自由，让我们在这些组织的生活，养成近代国民的生活条件。我们之所以要求宪政，无非是得一个根本大法，作为我们前进的轨道。在这个轨道之中，政府奉公守法地做事，努力于国利民福，人民积极组织起来，努力于各种的建设。这一切理想的大前提还离不了组织第一，要人民有组织，要整个国族有组织化，自必先使我们有集会结社的自由。所以我们今日的集会结社的自由，不单是人民的基本权利，势在必争取之，尤其为了国族的生存，为了促成强有力的政府，亦非争取这种国族生存权的组织化的先决条件不可。关于这一点，最近李璜先生有一番精透的发挥，他说：“中国今日政治的口号及其理想，无论那一派，都要建立一个近代国家，并且就国际形势的推动、国内经济生活的变迁与乎交通的进步、知识的接近种种方面来看，在趋势上，近代国家的建立也是其势不能不做的。然而二十年来，随着这个趋势所发生的新的社会组织，乃处处受着障碍，使他无法健全的成长起来，一盘散沙的状态因之更甚于旧日家族社会的时代，而政府又欲仿照现代国家的治理办法，于是便非常困难，处处发现‘心有余而力不足’的竭蹶情况。”（见《国论》第二卷第九期《政府·社会·人民》）

从此看出压制人民结社的自由，不仅妨碍人民的自由进展，连政府也自损其行政效率，结果使大家同归于尽。请看近年来人民团体的消亡，结果造成民气消沉，志士沮丧，使中国的组织能力更形低级化，这是何等的危险。即就国民大会的选举而论，职业的或地方的代表产生之难，比民国初年为甚，以致包办、舞弊、冷淡等等黑影，这又从哪里去推进民主宪政？

再就政治结社而论。既称宪政，当然不是专制，不是一党专政，而是多党政治，要实现民主政治必须让人民自由组织政党。目前中国除政府党外不仅有少数有历史的党派事实存在，甚至于政府党实质上也形成失意派和当权派的对立。为防止政府党的腐化，为调整社会进步与政治机构的关系，早已事实存在的，甚至政府也事实承认其存在的党派，固然要公开的取得法律上的平等的地位，未来的新党派也须听其重新组织。

（四）

言论出版集会结社的自由之新意义及其重要性我们认清了，当然要立即争取其实现。求其实现，一方在人民的努力，一方在政府的觉悟。并且我们所争取的自由是为国族生存，政府和人民共同的奋斗，是当然的趋势。

先看政府的觉悟如何。《训政时期约法》中虽规定“人民有发表言论及刊行著作之自由”，可是关于此类法令，如《新闻检查条例》、《出版法》、《宣传品审查条例》等，对于言论自由都加以严重的钳制。这种情况实不适合现代文明国家待遇人民之道。现在政府既有决心推行宪政，应该马上废除上列的压制言论出版自由的非法之法。

至于集会结社的自由，在《训政时期约法》里，也说人民有此种自由。可是如《民众团体组织方案》等，对于民众组织加以严重的统制。甚至于救国团体，因为不曾或请求而不准立案，亦可视同犯罪。孙中山先生有“唤起民众”的主张，汪蒋诸先生最近也一再宣言赞成民主，保障言论结社的自由，足见国民党人在主张上，在应付环境上都愿意人民真正享受种种自由。现在既预备施行宪政，请先切实办到，使我们人民能信任政府的诚意。

(五)

政府当局虽已有施行宪政的表示，他们实行真正宪政的程度如何，最后还要看人民的要求如何，还有看国难的变局如何，国难之日趋严重是明白的事实，政府当局自不能坐视不顾，因而我们要相信政府与人民有共赴国难的真心。但是共赴国难必先使人人有效力的自由，人人有救国的机会，人人有发表主张组织团体的自由。在一般的保守性的政府当局和顾忌多端的执政者情况看来，言论出版集会结社的自由是不轻易给予，更不愿充分放任。因此，如此自由的实现，正有待于我们人民的努力！只是我们的前途如何，一面要看政府是否真让我们公开活动，自由主张，一面要看全国同胞如何来热烈参加，或发起同样的集团来共同奋斗。

总之，现阶段的中国宪政运动有它的新意义：对内争取人民的自由权，对外争取国族的生存权，两者同时并进而促成现代国家的建立，实现民主政治的发展。为完成如此重大的使命，我们全国上下要立即实现民主的宪政；为促成真正的民主政治，我们先要争取言论出版集会结社的自由——它们是宪政运动的开路先锋，它们是民主政治的必备基础。全国拥护民主，爱护国族的人们一致起来：争取言论出版集会结社的自由！

（载《宪政半月刊》1937 年创刊号）

论言论自由

闻三中全会中委提案中颇有涉及言论自由之问题者，吾人兹以言论界一分子之地位，表示意见如下：

第一，言论界本身应注意之点。全国言论出版界不满现状，憧憬自由，此目前之实际现象。然吾人以为此问题之解决，除求诸政府外，并须求诸言论界之本身。何则？自由之另一面为责任，无责任观念之言论不能得自由。夫自由云云，最浅显释之，为不受干涉，其表现为随意发表，是则责任问题重且大矣。国难如此，无论为日刊，定期刊，或单行本，凡有关国家大事之言论，其本身皆负有严重责任。言论界人自身时时须作为负国家实际责任者，倘使我为全军统帅，为外交当局时，我应如何主张，应作何打算，此即所谓责任观念也。夫意见当然不能人人一致，然态度应一致，一致者何？诚意是也。苟尽研究之功，谙利害得失之故，而发为诚心为国之言论，而政府犹干涉之，压迫之，此政府之罪。反之，自身研究不清，或责任不明，政府是，不肯说其是，盖欲免反政府者之相仇故；政府非，自亦不敢鸣其非，而惟诿责于干涉之可怕。是自身不尽其责任矣，自由何从保障哉？是以吾人以为言论自由问题之解决，首视言论界本身之努力如何也。要公要诚要勇，而前提尤要熟筹国家利害，研究问题得失，倘动机公，立意诚，而勇敢出之，而其主张符于国家利益，至少不妨害国家利益，纵意见与政府歧异，政府亦不至压迫与干涉矣。总之，言论自由为立宪国民必需之武器，然不知用或滥用，则不能取得之，即偶得之，亦必仍为人夺去。吾侪欲享英美式之言论自由，则必须如英美言论界处理问题之态度，尤其关于国防利害须加慎重，弱国之言论界在此点之责任更艰巨矣。

第二，政府应注意之点。吾人既自箴言论界，再进而责政府。夫统制言论新闻，非原则的问题，乃程度范围、方法态度的问题。盖统制言论新闻之必要，专限于关系国家大局之重大问题，其外应无其必要。是以取缔之标准应极狭，开放之范围应极宽，故其态度应为但可放则放。而不幸目前情形乃为但可扣则扣，换言之，政府应认检扣新闻或干涉出版为不得已，为不幸，司其事者不可于原则上抹杀人民言论出版自由之权利，而仿佛认为准许出版营业之为恩惠者然，此种态度甚足以误国家大事也。具体言之，吾人认为政府有权禁止者应限于破坏国体、妨碍国防、扰乱公共秩序之宣传，其外概不必禁。而日常施行统制或检查之时，应以充分尊重人民权利之精神行之，但可放则放，切勿但可扣则扣。其表现之方法应依经常之法律，不依临时之命令。除戒严时期外，勿令军事机关管理其事。举例言之，吾人不解何以平日并高级官吏任免更动之预测亦不许登载。即如中央开会，全国注目，何必限制发表如是之严？且既限制采访，则应自己发表，乃开会数日，国民对会议大势亦尚茫然，凡此皆证明目前办法之有缺陷也。吾人愿政府与言论出版界之间，其关系一以出版法为准，而适法与违法之衡量宜宽大，不宜苛刻。今内政部正拟施行细则，须特别注意此点。须知立法之目的重在指导，不重在钳制，若当局抱吹毛求疵之态度，则中国永无言论自由可言矣。

第三，各省当局应注意之点。言论自由问题，不仅关中央，同时关各省。年来地方报纸所受限制更甚于都会报纸，盖不特不能批评省当局省行政，不能纪载或评论与省军事当局意旨好恶有违之事，并且不能批评各县及一般下级之事。数年前，重庆记者因开罪某军官马弁，大受殴辱，几至殒命，其一例也。是以吾人除希望中央直接改进统制言论出版办法之外，并进而希望中央推行此改进办法于各省各地方，使全国地方报纸及他出版品同得受法律之保障，因此亦希望各省当局尤其有军权者，注意各该地之言论自由问题，勿有法律以外之干涉。吾人对中央对各省之一致的愿望为勿干涉对于用人行政之正当的批评纪载。至关系国家大局，尤其涉及国防者，则应服从中央指导，此在目前阶段中为必要之者也。吾人因慨叹年来在地方言论界中，有时貌似甚有自由超过都会报纸，然细察内容，则所得自由者只限于攻击中央，尤其攻击外交问题，观其慷慨激昂，未尝不足称快，然实则封建割据之悲哀，除分裂祖国使政治倒退以外，别无效益。此则痛心之现象，深望其今后绝迹于中国也。

（载《大公报（天津版）》1937 年 2 月 18 日）

中国出版界的狂想曲

——漫谈所谓“西书影印”（西书翻印）

程忆帆

“西书翻印”（时髦说法：“西书影印”）近三两年来居然大放异彩，简直是一种异端，甭说是彩。商人兴奋了，用书人兴奋了。虽然许多人都已经安之若素，几乎认为当然，但是，我看，这实在是一件大可悲痛的事，一件包括许多问题的事！

这一种“事业”，我不想花时候作一篇通考，可是它的演变情形（好听的说：进步情形），我们不妨回顾一番。西书翻印的前前后后，总不下十年，最近三两年的来势凶猛，的是惊人。

最先最先，总是十多年前的事。不知是何种动机所致，商务曾经翻印过几种教科书，我所记得的：麦韩二氏的《化学初步》和 Osborne 的《微积分学》。翻印的书目大概不多，而且是非普遍性质的，所以昙花一现，到现在早被遗忘了。我们尚不能说商务是始作俑的，因为那时候好像仅是排印的，而不是现在的所谓影印。

影印的鼻祖该是天津的“北洋”，时间约摸是十年前。北洋的印刷术，自命为首创的（？），是将原书用化学方法渗在石板上的印法。北洋的生存是寄在北洋大学方面的，当初所印书的只是一些北洋大学及其附中的教本。北洋五年前尚是鼎盛时代，近来因为这事业的“进步”，已经需要生存竞争了。

继北洋而起的独立“企业家”有北平的北京图书公司及其上海分公司、麓山书店、图服务社、上海图书公司、龙门书局、文华印书馆，或许尚有其他；此外小规模的有北平的师大附中的数学丛刊社、北大出版社和大学出版社、南京的钟山书局和武昌的珞珈书社。

各大公司都备有目录，三十页以上及千条书名以上的目录！其实只有一部分是自印的，此外都是他家出品。大略统计一下：社会科学约二百种，数学约二百种，物理学约百五种，化学二百五十种，工程约四百种，生物学及农学约百五十种，语言学百余种——中有少数系文学作品。原书美国最多，英国次之，德法不过少数而已。

四年前的翻印，几乎全是中学及专门学科的通行（外国）教本。但是三四年来企业家因为“应学界之需要”几乎重要的参考书和名著也给吸收尽了（数学物理化学为最，工程尚在其次）。只要稍稍举几个例子，真可以吓退外国出版企业家。理科方面，笔者比较熟悉。古杀的三本数学分析有了已久，连 Whitaker 的近代分析学也来了。Haas 理论物理学来了，Planck 的五本也来了，英国人才从德国译出的 Low 氏理论物理学，我们不出半年也赶上了，Grimshell 的五本物理教本也一样快，剑桥大本蓝皮的 Jeans 电磁学也来了。化学方面更是琳琅满目：Allen 商业有机分析十大本，Mellor 无机及理论化学学大全十三大本，Scott 标准化学分析法二大本……诸如此类，美不胜收！

名著（很有人要买的）几乎打尽了。要生存竞争，企业家不惜花大本钱，印大全啊，印辞书啊！Glazebrook 氏编之五本应用物理学辞典出现了，Thorpe 编的八大本应用化学辞典出现了。哥伦比亚大学赫赫黄皮十五大本的《社会科学大辞典》（Seligman 编）也来了！

天啊，再印些什么？上海某大学教授“撰”定（其实是选定）：印德国的实验物理学大全——包罗万象，专家分述，百卷以上而尚在续出中的实验物理学大全！未闻继报，印不成罢？我替外国出版家嘘一口气！

翻印“事业”的“发达”不仅如此也，“企业家”野心未杀：上海某家去年曾发一小册杂志目录，征求赞助加入影印——计划新杂志一到就按期影印！专门的、普通的、科学的、文学的，一网打尽，不下数百种，上自英国 Proceedings of the Royal Society，下至 Reader's Digest。然而没有下文（终因为没有很多人热心赞助罢?），除了 Chemical Abtracts 的一些旧号（back numbers）。真是出我意料之外！

这种似乎伟大的“事业”已经走到极端——由教科书而专门书，而名著；贵重的巨型参考书，而杂志，而旧号杂志，真可谓猖獗之至了！这是影印专家们勾心斗角，有孔就钻的结果。近来衰象也起来了，有几家站在联合战线上了——书价由九折落至六折。不景气的原因是：

最易销卖的中大学教本，影印虽易，但影者太多，因竞争而跌价至无厚利可图；国文教本近年或编或译，为数大增，再加中学西文程度越来越差，教本销路大减；至于专门书籍因为需要不大，而成本甚高，定价昂贵，因此难以普遍；巨型参考书也是成本最高而需要者少，虽用预约办法，以图稳健，但招徕仍大不易；杂志的问题，企业家不会“成功”，虽有需要，但是第一总不能得到心理上的同情！

笔者在读书时代最爱逛书摊儿，串书铺儿，这些目睹的怪现状留得印象很深，此刻暴露（并无丝毫的同情！）给诸位书的爱好者们，原是希望大家更意识着：这些丑态狂恣是很可痛心的耻辱——文化的耻辱！

这种侵害他人权利的行为，就法律的观点上说，诚然是该受制裁受干涉的。但是假借了“幸而中国未加入国际出版协会”的一个理由，就无天无地了。外国书商也曾局部的提过抗议，但并无有效的结果。政府对于这种“走私”，暂时还完全放任着。在读者的需求，同业的活动，资本的运用三方面的支配之下，这个像样的“企业”虽曾有过一番盛况，不过现在居然也有凄惨的衰象了。

书商只当这是一种赚钱的方法，除了在广告上说一些“播扬文化，为学子省大量之金钱”等等冠冕堂皇的话以外，还考虑点什么。这年头金钱混乱了多少是非？

这种走私的本质就是表示我们多方面的贫乏，学术的贫乏，印刷事业的贫乏。此外，根本的生活程度的低下——更重要的，一个取巧将就的心理！学术界著作的贫乏，是我们最敢怨恨一件事情：二十年来多数大学教授们及其他的文化使者不知何所事事，最起码的教本也不曾预备！他们多半以为国外佳作太多（这是事实），大可不必了——但是其中还有一种低微无耻的心理在！此外，出版界也大可叹。只要钱，其他可以什么都不问不闻的书商站在面包线上，对于销路不能广的书籍（专门书）总不乐意接受——虽然近来情形比较好些。这两件事使我们不得不看重我们的东邻了：日本人专门著作的“广抄”本领的是惊人，但这是一种努力，比“走私”高明得多了。我常常发现许多的日文的著作比许多西文的好：常是采许多专书的精华而有之。所以至少从这一点说，我对于钱稻孙先生所说“外国文化到了日本就成为日本自己的文化”一句话大大同感。日本学术界的努力同印刷界的发达当然是相辅而行的，且看日本各色各种“大系”、“讲座”配本之风行，真使我们又汗颜又敬慕！那些只替翻书公司做广告的教授先生（这自然也是一种“浪人”！）真是何以自堪？

翻译西书所以能风行而“无忌”，我说：一般读书界购买力的薄弱和一般知识界低微的苟且将就心理，都是原因。这是两个大焉者的问题，这里空谈何益？

最后，还说个小故事，作为结束：十年来风行美国的大学物理学教本 Duff：Physics（也是中国风行的！）去年发行第七次改订版序文中有一段话，大意是说：“最奇怪的，我们在中国发现一种版本，内容完全同我们第六版一样，只是没有我们出版家的名字。此书居然在中国用为教本，可见本书流行之广了。”他们并未重视这种走私（可见美国人之慷慨），倒用这一点做了广告。最后的一句话，多少人认为污辱。这种污辱实由于自取！这是一句多么值得我们反省的话！（英国 *Nature* 周刊关于这书的评论里，也用上了这一段幽默的话。）

（载《书人》1937 年第 1 卷第 2 期）

出版界的道德问题

予　且

我国出版界因未参加国际出版同盟会的缘故，对于翻印他国出版书籍向来不受任何限制，顷阅报载伦敦十一日电，英下议院开会时，保守党议员狄却尔，曾就中国境内翻印英国书籍廉价出售事，提出质问案，并要求外相向中国政府提出交涉，请其修订版权法，以维护英国版权所有人之权利云云。这一点，在法律上我们固可以不负任何的责任，但就道义上而言，我们是应该纠正的。然而中国出版界为什么要翻印他国出版的书籍，并以廉价出售，这也是值得研究的问题。一方面因为以金镑或金元为单位的英国书籍，其售价如依中国货币计算，似乎非一般人的购买力所能担负，同时因为各大学及中学有一部分的教科书是采用英美及其他各国出版的原本书，穷苦的学生们又不能不购用，因此中国的出版界为适合中国学生及智识界的需要，不得不翻印，廉价出售，从中取利。所以，我们要维护国家的信誉及中国出版界的道德计，除了政府方面通令各学校在可能的范围内，不得采用外国课本，以减轻中国学生的负担外，并对于翻印他国出版书籍的书局予以限制（除非已得原出版的书局的同意翻印，当然不在限制之列），固无待他人提出抗议而自动加以修正。不仅对外国的出版界态度应如此，即对本国的同业方面，也应尊重他人的权益，不可任意翻印也。

（载《汗血周刊》1937年第8卷第25期）

书评家的限制

常 风

文学批评中的各种思潮，也和各种文艺思潮一样，表面上看来，一个思潮和它的前承者与后继者如何矛盾，不能相容，假若我们能取一个超然的态度，将各种思潮当作一个有起有伏的有机的连续，则我们将发现，它们实际上不惟不矛盾，且是虽似相反而实相成的。后起的一个新思潮往往是前者的补充与改正。一切都是向着“更完美”走的。文学批评中的各种思潮也是如此。经过一阵波浪汹涌，海面终归平静；而这平静之后，不是又酝酿着另一个浪波汹涌吗？

所以，现在，在这前一世纪末在法国文坛上曾经引起过剧烈的争辩的新理论“批评是心灵的探险”之前，我们想起当日它曾经如何毫不留情地攻击当时流行的批评理论，而在今日，它不是也已经遭过同样的命运？我们觉得这是毫不足惊奇的当然之事。在一个未来的伟大的终鹄之前，每一个分子尽了它最大的努力，退休了。

许多文学批评的理论并不是偶然发生的，也不是凭空捏造出的。即以西洋文学批评中的第一部书《诗学》来说，亚里士多德的意思并不是要给文学批评立法，让后人遵守。一个批评者的对象是“作品”，不是“理论”。亚里士多德根据他那个时代的若干篇史诗和一千多种戏剧，更考察作者创作的情形和戏剧上演的情形，于是写了《诗学》。这是用精密的科学方法归纳而成的一部书。他只告我们，史诗家如何写他的史诗，悲剧家如何写他的悲剧，喜剧家又如何写他的喜剧。他还告诉我们，从各种史诗和戏剧的比较研究中，知道一篇诗或一篇剧应如何构造始能在读者或观者产生预期的效果，我们又应该如何根据一篇史或一篇剧的所企求的效果来判断它的优劣。亚里士多德是一个非常开明的人，他没有一点独断。他的《诗学》只是他“神游于杰作之中”之后，谨慎周详而又很客观地写成的一篇报告。从来没有一部文学理论书像《诗学》那样针对着“作品”说话的。他的文学理论是不容攻击的，因为它有那样坚实的根据——荷马的史诗与现在已遗失了大部分的一千余篇悲剧。他的理论就完全建筑在这些材料上。但是，到了文艺复兴时代，一班意大利注疏家都根据了亚里士多德的“归纳”来了许多过分自由的有害的“演绎”。于是后世的人说亚里士多德是独断的，他的理论也就视为死板的条规了。“演绎”在文学批评上留了许多污点。“演绎”的结果令人误会了那被“演绎”的学说，同时也误用了那学说的限度。于是批评者都恭谨地依据他自己想象化了的死的教条（不顾它应用的限制如何），来评骘活泼泼的作品。在这种情形之下，“批评是灵魂的探险”，攻击客观的形式的批评的理论，应运而生自是当然的事。

但是“灵魂的探险”，“神游于杰作之中”便可以解决批评中的问题吗？文学批评能不认“评价”为它的终鹄吗？假若承认文学批评的终鹄是“评价”，或只承认文学批评须涉及“评价”的问题，那末，“评价”的标准应在何处去找？去了解作者，去重新经验作者的经验，以一种同情的态度去赏鉴作品，在读者与作者之间，与作品之间，树立一个亲切的关系，这是好的。然而这还不能解决根本的问题：评价的标准。我们现在且撇过这问题，来看看一个批评家与作品之间的关系，即是印象批评的理论在今日的批评中应用的限制如何。

批评家与作品之中永远保持着一个微妙的关系，一个微妙的距离。

他须经验广博，如是始能接受作品所传达的一切。同时，他须使自己的经验受合理的制约，如是他才不致将自己的经验与作品中所传达的混而为一，不致任自己的情感沉溺在他所许的作品中，因而影响到评价。批评家须能“入”于作品，而又能“出”于作品。能“入”，他才能体验作品中所传达的经验、情感、态度；能“出”，他才能离开作品，和作品保持一个适当的距离，冷静了他的头脑，来客观地分析、综合、比较这作品所与他的印象。照这看来，印象批评应用的限度只在批评的最初一个步骤，尽量去接受作品所传达的经验。但他却不能自拔于他自己过去的经验，他在作品中找那和自己的经验契合的，他恋恋不舍，他回想当年。归根说一句：他过分是“自我中心”。换一句话说，印象的批评家仅能“入”于作品。他只达到这个阶段，不能更进一步。

一直到现在，我们还未搭上题：“书评是心灵的探险吗?”我个人有一个偏见。我总觉得“书评”和“批评”不大一样。“书评”的“品”在我看比“批评”要低一等。同一个批评原理应用到批评及书评上也因之而异。书评可以说是批评的一种，但它不就是批评。批评的视野较书评的广大，假若容许的话，我愿这样说，批评着眼的是作者的整个精神活动，是比较抽象的理论，是从一部作品或一个作家来阐明一种文学批评上的学说。书评却不必这样多，它只是着眼一本书就够了。书评也许要有理论，它也许是根据某一点理论来评骘，但他却不必直接来称引。一个写书评的人当然需要一个批评家所有的基本知识与训练——虽然他不必如后者那样渊博、精深。写书评的人在批评理论中找到触发他心思的一点，他即可以根据这一点来论他所要论的书。他要完全以那本书为中心。我们还可以如此说，在达到评价的问题之前，批评家和写书评者不妨是一样的，他们都需要了解那作品的作者创作的历程。但过了这一步，他们便要分歧了，因为他们的对象不同。批评所注意的是大的，书评者不妨是枝叶和琐细末节。更有一点批评家写他的批评有选择，书评者无选择。批评也许可以任他的心灵去探险，神游于伟大的杰作之中，书评者却没有，而且不该有这种特权。若干新作出版了，这就需要书评者来赶忙看了，将这些新书，不论好坏，告诉给读者，那些书值得他去购来读，那些书不值得他花费精力与财力。那些书有什么可取，那些书有什么可议的地方。说的更简捷一点，书评者的职责与本分只在向读者推荐什么新书该读或不该读。因此，在表面上看来书评者与读者的关系似较密切，也因此，许多书店以书评者作它的活广告，但书评者的工作，在现代的文明中的确是最需要的工作。各类的书籍都在大量地出产，读者需要先有人来代他阅读，代他抉择。这就是要书评者来效劳了。所以，有时，书评者虽欲像批评家那样去仔细玩味一部作品，尽量去神游，然后字斟句酌写出美妙的文章，事实上却是不可能。他没有那样的余暇，而他的工作也没有那样高超。他仅需要很简单明白地告诉他的读者，正如书评的格式所示：某书，某人作，出版家，定价若干，出版年月，以及页数，然后再更进一步告他说，这书如何值得你来读，或竟是一个警告，这书不值得你破钞。当然，我们还期望书评者的工作比这作得少商业化点，少消极点；然而事实所限，恐将只能如此。甚于此者，我们只能期待之于批评家了。我们再补充一句：批评当"文"，书评却当"质"。

就事实说，容我很独断地答复这问题：书评很难说是灵魂的探险。虽然，书评者很想有这样的企求。

二十六年四月十二日。

（载《大公报（天津版）》1937年5月14日）

批评与探险

宗　珏

给书评定下一个范畴，这事颇繁重而不易为。然而书评不能没有一个界限，不然把"读后感"或"读书笔记"之类都算作书评，则书评将成为不伦不类的东西。所以，书评应该是一个书评家对于一部著作所表现的思想或艺术的探讨，而给予它以公允的评价。一个著作家有一个著作家的人生观，在他自己的著作里所反映的虽不一定是他自己的行为，可是在这里却常常隐藏着自己的心境，有的是出乎无心，有的则是意识着要这样做。倘使书评家不能体会出作者和作品的情绪，那末就更读不到给予他以公允的评价，事实上自己对于这部艺术品已经无所谓理解。

萧乾先生说："比创作家感觉迟钝的评者是不配从事批评的。"这话正说中了其中的奥妙。因之，即使批评家与作家处于怎样相异的立场，有着怎末不同的见解，可是一临到这个场合，却不能不从客观的见地去体会作者的意境，捉住了作者所要表现的中心思想或主题。批评家也许有自己的主张，比如怎样处理题材或怎样刻划这个与那个人物等等，意思尽可以提供，然而却不是"教训"。常常有些以批评家自命的人，只执着一些自以为然的成见，就来命令一个作者，不用说他对于作品在孕育和创作的过程，以及作者在这过程中所经历的情境，并没有什么剖析和体会的。自然更不用着说他如何去洞见作者隐蔽在作品深处的灵魂了。托尔斯泰的作品之所以深深地蕴藏着宗教的神秘，高尔基的作品之所以有着流浪汉的气质，正是他们所各自形成的特点，而从这特点之中，也就深深地隐藏着他们自己的灵魂。有了这灵魂，所以才能明哲地分别出这个作家之所以异于那个作家，同一的题材（或相类似的题材）的作品，这一部作品之所以异于那一部作品。

作家与批评家虽然无所谓"天才"，但是有时也许不免有先天的遗传或后天的摄养，这些都足以影响他们的才能。一个伟大的天才的作家，并不因为批评家的诽谤而失去价值。反之，一部伟大的作品，有着见识远大的批评家而倍显出它底鲜明的颜色。自古以来多少天才被黯然无色的社会所埋没，可是却从来没人能阻挠他在后代发出光辉来。庸俗的批评家尽管竭力蔑视好些珍贵的珠玉，然而他却减不了他们的光辉。美好的作品自会有它的读者来体会。如果批评家探不出作者的心灵，批评将变了无的之矢。

自然，倘使把全部的批评都当作心灵的探险，则我觉得也颇不能尽然。心灵的探险这话用于艺术的批评上还无大碍，但是用来说一切的书评都是如此，就未免有些夸张。大抵一些自然科学或社会科学的书籍，不特无险可探，而且简直枯燥得像一口干涸的古井。这里并不像艺术作品那样蕴藏着一颗或冷或热的心灵。批评这一类的书籍，每每总要凭借渊博的学识，因为要从这些书籍之中去发现作者的谬误或正确的理论，或者指出以及分析其中的思想和实践过程……原本就不是一件容易的事。只有艺术批评才能算是心灵的探险。可是这探险常常也只能算是跑上了一个峰巅，居高临下，既把握了一部作品重心，自然不难窥见其全貌。然而这说法也笼统得很，说句实话，完美的批评并不仅捉到这作品的重心而已，对于作品的特征和发展的过程，都应该有明确的分析，有时虽则不必过分细腻，但却不能忽视了任何一点。倘使只看到了树梢而看不到树叶和枝桠，则无论如何，你决不能说得出作者这一部作品之为何异于另一部作品，同时，你将更无法说明他在自己创作过程中如何培养了自己的生命。

四月十六日。

（载《大公报（上海版）》1937 年 5 月 14 日）

我对于书评的感想

沈从文

有一件事说来简单，作来困难；最不讨好，又最容易发生私人恩怨；最宜公平，却又容许相当偏见存在；最需要避免私人爱憎和人事拘牵，却又似乎不能不受私人爱憎和人事拘牵，本身无永久价值，然而间接又最有影响，文学运动少不了它，同时又毫不需要它，就是书评。这个名词看来充满了矛盾，因为它目的有矛盾。它要兼顾好几方面，应当是一个作品的回声，又希望成一群读者的指路石。它恰如俗话所说“一石打三鸟”的那个石头，要打中的是作家、读者和他自己。这里也许只有两只鸟，其一是作家，其一是读者。也许共有四只鸟，另外还有两只无形的大鸟，编辑先生和出版家。也许那鸟儿比我所说的还要多，因为作家是一群，读者是一群。石头只有一个，鸟儿那么多，书评当然不容易作了。书评家工作的反应，不是被人戴上一顶谄谀的帽子，就是被人指为一件攻讦的武器，给人的印象总不大好，那是很自然的。一个稍有自信的作家，似乎照例对书评家和书评都缺少尊敬，看得很轻。这轻视的理由说来可笑，原来恰好是对它希望太大。

我们倘若真的轻视书评，那就到此为止，不用提了。若重视书评，对它一定抱有两种感想：一是觉得它“很”庄严，一是觉得它“容易”堕落。倘若它能尽职，譬如说，它能将一个作品——尤其是被流行的有商业味的观念所抑扬的作品——加以分析和解释，扼要而具体的指出内容的得失，一切能作得恰如其分，见解既深切透辟，态度又诚实坦白，且笔下生动亲切，本身还是一篇好文章。它沟通了作者与读者的间隔，缩短了作者与读者的距离。对作者言它是一个诤友，对读者言它是一个良友。它的意义当然是庄严的。但倘若有人把书评目的当作媚悦友好、侍候编辑、应酬出版家、蒙蔽读者的工作，看作品不过浮光掠影，下断语又只是应景凑趣。随笔写来，敷会成篇。言之不诚，便用“政术”、“战略”等等自饰欺人，它结果当然容易堕落。

理想的书评是大多数人所期待的。可是理想的书评，事实上在过去、目前都不容易见到。一切事倘若我们都希望有一个好的将来，理想的书评也还得留待将来。他失败的原因还不在它想打许多鸟，只是被许多鸟所妨碍，无从打任何一只鸟。我们不能无条件的说所见到的大多数书评都要不得，但必需明白大多数的书评在过去和当前情形中，实在不能十分尽职。不可免受党见、友谊以及一个商业背景所控制，所拘束，去理想距离还远。这些控制或拘束，有些方面也许将永远存在，负责的与其说是书评家的能力薄弱，不如派给作者、刊物编辑者和出版家的共同束缚。一个有见识、知自尊的书评家，感于个人工作的重大，又明白习气之转深，他不甘沉默，依然有所写作，执笔时或者还知道如何努力减少那个牵制或拘束。一个次一等的书评家，成就便难说了。

理想的书评有待于理想的书评家。一篇书评对作者读者同样有意义，当然不容易。但如果一个书评家，对于近二十年来中国新文学的发展长成有一贯的认识，对于一个作品的价值和内容得失能欣赏且能说明，执笔时不敷衍、不苟且，这样子写成的书评，至少对于读者是有意义的。理想的书评家应当是懂得各种作品，且能够极中肯綮的说出那个作品得失的人，这种人产生固有待于从事书评者本身能力的培养，以及责任意识的觉醒，其实另外也还得作者、刊物编辑者和出版家的共同关心，以及对书评价值加以重新的认识，方有希望。

这里我们当前的一点事实。我说的是作家的小气、自私，——尤其是在社会上比较有地位的作家，量小褊窄处说来真令人难于相信。工作粗心的或能力不足，在编译介绍上有了若干错误时，书评家若特为指出，不特不能引起这种粗心浮气的人自惭或感谢，还俨然因此一来即结成一种仇怨。若批评的是创作，则不问这作品如何拙劣平凡，一点公正的批评，照例也以为是评者有意的损害。便是批评他的朋友的作品，批评他的偶像的作品，也不可能。“欢迎莫明其妙的捧场，难忍受斤两相称的忠告”，大部分作家具有这种害神经病不健全的倾向，刊物编辑者是明白的。编辑者欲刊物热闹持久，照例又需要作家的帮忙。因明白作家这种小气自私情感，很容易转而成为不合作的行为，人事上不能不小心，自然多怀着“不得罪于巨室”的可怜心情，支持他那个地位。对于书评者的书评，所给的范围可想而知。一个出版家又另有他的生意经，把书评看得更“物质”一点，或用书评作为广告以外的应酬，略有点缀，所有书评，当然褒多于贬。或也彼此之间略有抑扬，然终不能与商业习惯背道而驰。巧黠者甚至于把变相的广告，以及用一纸书券诱来的读后感，一例当作书评，设法载出。书评消极的被三方面限制于前，积极的又被这种无价值的书评混淆于后，当然越来越不能给人注意，地位越来也越低落了。

涉及出版家的事，为营业起见，当然得印行各种书籍，书籍出版后当然尽力推销，我们对之似不能作何种奢望。补救方法有一个，就是读者此后遇到什么出版月刊、新书、月报以及类似这种刊物，赞美到什么新书时，且作有保留的注意，捏紧荷包，就可以少受一些损失。

对于刊物编辑人呢，必需他能够多负一点责任，多有一点业务上的尊严，爱朋友也爱真理，承认现状之糟糕，且知道如何努力慢慢的来打破现状。

对于作家呢，真需要变一变态度，对书评有种宽容！大多数作家把书评只看成一个人对于某种作品一点反应、一点意见，事情就简单多了。一个作家既有把作品散播于群众的权利，就得承认读者有对于这个作品自由表示感觉的权利。一个作家作品对象是现在、未来无数读者，读者之一近于攻讦的批评，他不会在意，有意阿谀的批评，他也不会在意。要书评能够成为新文学运动一部门，帮助新文学在建设上繁荣，必先来努力解放书评，使它比较多一点自由发展的机会。解放书评最重要的一件事，我以为就是三五有地位的作家的反省，态度坦白一点，光明一点。

年来常有人拈起“中国为什么无伟大作品产生”的问题来讨论，因此有机会拜读了许多名人的名文，明白好些重要事实。可是大家都似乎疏忽或避开了一个小小事实不谈。我们在任何文学刊物上，都可以发见“自由”这个名词，殊不知事实上我们这个文坛就那么不自由，文学口号上最普遍的是“打倒偶像”，殊不知事实上有多少作家编辑就正在那里小心谨慎给我们在重造偶像。结果成为少数作家市场独占而多数作家出路毫无，批评家想欲有所纠正，打倒偶像，书评写来又那么不自由。文坛上的作者集团和编辑集团，惟以巩固当前利益支持当前地位为基础的态度不改变，就无形中在奖励平凡，奖励摹仿，奖励捧场和献媚，且奖励作家放下笔来联亲结友，位置书评家成为一个清客。想从这种情形中产生伟大作品，岂不是痴人妄想？

我们对于作家态度、编辑态度自然的转变，倘若无可希望，又明白社会上某种不好习气，日趋堕落，虽能够产生二三空洞的伟大人物，却实在无从产生具体的伟大作品，书评的自由解放也正是整个文学运动的自由解放，书评家似乎还应当好事一点，来努力共同实现一个专载书评的单独刊物。这刊物不受任何拘束，完全以善意和热诚来注意一切新作品，批评一切新作品，对一切被习气所疏忽、时髦所称颂的作品，都老老实实的来给一个应得的估价。它也许和作家个人都显然离得很远，却将和整个文运的发展关系异常密切。我希望有这种好事者。因为我看看似乎也唯有这样的刊物，书评本身才会从读者中重新建设一个庄严印象。否则书评家就只好沉默，一说话，倒真真像个清客，所有工作的意义，除了维持这个愚而伪的不健全的现实场面以外，别无作为可言！

十一月二十九日，北平。

（载《大公报（天津版）》1937年1月17日）

"集评"更理想些

潘　琳

读者看书评有稍稍不同的两种情境，一种是已经有了书，而后看书评，一种是想买某一本书，而预备看了书评以后再决定买与不买。在理解力较为薄弱的读者，看过一本书后，往往不能得到确切的了解，所以最爱看书评，希望批评家做一个探胜的向导，指点出沿途景物的布置，何处该转弯？何处是全篇的中心点？怎样分析那错综复杂的题材？是成功，还是失败？这样，不但如圣陶先生所说的"……谈来和自己的印象相合，固然有所得印证的乐趣，如果和自己的印象大有径庭，也可以把过去游踪重行回味一下"。积习久之，就能增加读者的理解力。瞎捧和漫骂的批评，是读者最感到头痛的，可是空洞的不着边际的批评，尽管搬出许许多多美丽的字眼和抽象的理论，像煞有介事地胡说，也总骗不了读者的眼睛。简单地说来，读者是要追根究底的，比方说这一篮橘子是不好的，那你必得指出那几个是坏了，那几个是不熟，然后加一个结论说是不好，那没有异议。如果仅说"那篮橘子长得不整齐，所以不好"，那不成，听者还会去请教别人的。

思想和偏嗜的不同，是最难调和的一桩事，往往批评家说某一本书好极了，而读者也许感不到兴趣。或者读者认为很有兴趣的书，批评家认为是坏的产品。所以比较起来最好的办法，是集体批评，像批评《日出》的专辑那样，不过还得扩大，要包括理论立场不同的各种批评文章。虽则也许会引起论战，倒是读者所欢迎的，只要不是乱嚷乱骂，而是平心静气地论辩的话。

在购买力薄弱的读者，费无数的力量积起了书钱，看看那滥竽充数、莫知选择的书籍，对于要买的书自然不能不慎重，于是乎书评就当作问询处。不过嗜爱的不同，毕竟有点困难，所以只有希望书评里叙述点事实的梗概，再看了批评者的意见，就能得到较深的印象来选择去取。

总之，读者对于书评作家的希望，是一个显微镜，是一把锐利的解剖刀，而不是一个善观气色的术士。因为读者对于书评，希望能够获得观察的路径，汲取更深的智慧来训练自己，增进自己的理解力。

（载《大公报（上海版）》1937 年 7 月 7 日）

假如我是

李健吾

什么是批评家？

Balzac 说是从事于文学和艺术而失败了的人。Pope 先曾这样讲过，随后 Disraeli 又这样宣示。不说外国，单从中国举一个例吧，我们批评的祖师爷曹丕，想想他的兄弟，你就得承认这句话或者定义的十足的力量。然而，同样我们必须明白，这样贬斥批评家的，很少是批评家自己，十九多是受他批评的创作家。E.S.Dallas 曾经有趣地描述道："Bin Jonson 把批评家说做补锅的，弄出来的毛病比补的还要多；Samuel Butler 说做处决才智的法官和没有权利陪审的屠户；Richard Steele 说做最蠢的生物，Swift 说做狗、鼠、黄蜂，最好也不过是学术界的雄蜂；Shenstone 说做驴，自己咬够了葡萄，便教人来修剪；Burns 说做名誉之路的打劫的强盗；Walter Scott 幽默地反映着一般的情绪，说做毛毛虫。"

为什么一个创作家那样痛恨一个批评家？为什么把他骂得那样狠毒，为什么？

让我们从头看起。

说到这里，我们必须停住恭维一下曹丕。在他那篇虽说简短然而提出种种重要问题的不朽的论文里面，他开首指出建设批评的必要。为什么他要在《典论》之中加进一篇论"文"？为什么"文人相轻"？为什么一个文人指摘另一个文人，就容易不公不允？他告诉我们一个基本的条件，不是别的，一种心理的现象，"自见"和"不自见"。这种心理的现象，到了物质文明的今日，便成为生存宗派利害冲突的蓝本。我们不得不放下文学和艺术，甚至于道德，专门来干造谣、攻讦，揭发隐私和其他“文人相轻”的勾当。曹丕第一次提醒我们，避免这种恶劣的风气，求得一种公允的评断，我们需要一种超然的心灵。他用他当代的文人来试验自己，这些当代的文人都是他的师友。曹丕的试验是胜利的，他肯定中国批评的基础。如若曹丕诗赋的才分赶不上曹植，至少他批评的才分和他相等。而且，想想他是一国政治的领袖，竟然破除陈见，主张“文章经国之大业，不朽之盛事”，再想想曹植把辞赋看做“小道”，即或后者自有他的隐忿，我们立刻就会把曹丕推为文学功臣，甚至于我们要承认他的影响。在某一意义上，比曹植不知道要大出若干倍。

我们尊重天才，因为天才是一种权利。但是，我们自来的错误，在把天才看做诗人的专利。行行有状元，有的给我们留下一句诗，有的给我们留下一个观念，有的给我们留下一件实用的器皿。从前我们把天才看做一种神意，如今我们予以修正，说天才等于忍耐。如若诗和批评是两件事，我们怎么就好贸然加以高下的区别？曹丕的诗赋不如曹植，然而曹丕自有他永生之道。

于是我们有了批评，一种独立的，自为完成的，犹如其他文学的部门，尊严的存在。

然而一个人不是一架机器。他有多方面的活动。我们必须允许曹丕写诗，犹如我们承认曹植有他的文学见解。说到这里，我们不得不同意于 Oscar Wilde 的是是非非的议论：“没有批评的官能，就没有艺术的创造。……所有良好的想象的作品，全是自觉的，经过思虑的。……因为创造新鲜形式的，正是这种批评的官能。创造的倾向是重复自己。每一新派的跃起，每一艺术应手的型态，我们全得之于批评的本能。……每一新派出现的时候，全都反对批评，殊不知它之得到它的根源，正仗着这种批评的官能，只仗着创造的本能，我们得不到新东西，得的只是重复。”

这就是说，每一个人在某一意义上，全是一个批评家。有的是伟大的创作家，同时也是了不得的批评家，Shakespeare 的同戏子谈论的 Hamlet，Moliere 的指摘情敌的诗的 Alcsate 都是他们批评官能卓越的活动的证明。这也就是为什么 James Huneker 以为："Balzac 是一个优越的批评家，当他把 Stendhal 的 La Chartreuse de Parme 敬重为一部杰作的时候；同样 Emerson 是一个优越的批评家，当他给 Wace Whitman 写信的时候。"正因为每一个创作家具有经验、甘苦、见解，所以遇到一个批评家过分吹毛求疵的时候，犹如 Balzac 恨不能够拿钢笔插进 Sainte-Beuve 的身子。同样，读到沈从文先生最近印行的《废邮存底》，一本发人深省的可爱的小书，我们会遇见这样的话："有时人会做得出动人的书评，把很好的文章说得极坏，把极坏的文章说得很好，但也不能称为懂创作的人。"这话是对的，犹如近代一个伟大的批评家 Sainte-Beuve，几乎把所有同代第一流的大文豪说个玉石不分。然而，沈从文先生在他创作之外，也写过一本《沫沫集》（绝版），批评同代的著述。每一个人都有批评的本能，正如沈从文先生所谓："他（一个创作家）不必会作批评文字，每一作品在他心中却有一个数目。"这里所谓的"数目"，饶恕我的直率，还只是一种批评的官能，或者官能再加上修养。

唯其人人具有批评的官能。犹如每一个年轻人都有一阵子写诗的热狂，批评之所以成为批评也就越发艰难，而批评家的使命也就越发重大，而其成就也就越发可贵。唯其人是人，不是一尘不染铁面无私的神鬼，创作家必须原谅批评家（一个真正的批评家），而且在可能中，帮助他完成的理论。宇宙的美丽正在无物不备，物物相成相长。这个人和他的事业是另一个人的材料，而另一个人和他的制造又将是另一个人的材料。同时一个批评家，明白他的使命不是摧毁，不是和人作战，而是建设，而是和自己作战，犹如我们批评的祖师曹丕，将有良好的收获和永长的纪念。

所以，假如有一天我是一个批评家，我会告诉自己：

第一，我要学着读书；

第二，我要学着领受；

第三，我要学着自由。

同时，假如有一天我是一个创作家，我也要告诉自己：

第一，我要学着读书；

第二，我要学着领受；

第三，我要学着自由。

我没有篇幅来解释我自己，让聪明的人各自给各自一个更好的解释，或者纠正，让我们虚下心，低下头，为了学习勇敢、大方，尤其是，为了学习学习。

三月二十日。

（载《大公报（上海版）》1937年5月9日）

书评和读者

侯金镜

书评的对象是书——或者还有站在它背后的作者本人，而间接的最重要的对象还是多数的读者。作者将感觉由作品直诉给读者，关系虽像是直接的，但由于环境和认识的不同读者却不一定能深入作品的境地。这里书评就是媒介，它站在读者和作品（作者）之间，缩短了“欣赏的距离”，打开蒙在作品之前一层障壁。书评本身就是一种艺术，我也可以说它是更直接地、理智地（比创作本身）领着读者走向作品的核心。

如若评者忽略了这对象，也就等于放弃了他大部分的职责。评一个译本逐页校着误译；拿起一本创作来，从一个错字，或漏掉一个细微的节目瞪起眼睛向作者教训还得学习三年之类，只是评者和作者两个人的事，刊在杂志上或报纸副刊上对读者是没有关系的。

一个译本，读者最切要知道的是该读不该读的问题（虽然没有明确界限），荷马的史诗和美国第三流的电影小说封皮上同样写着杰作，这里评者的职责就是公正贤明的选择，使读者有所适从。继续选择之后，才是翻译的优劣，常常是一部“名著”有两种以上的译本（例如从前出版《西线无战事》和最近中华、商务两个版本的《德伯家的苔丝》），各译本也许各有所长，有时也免不掉删头去尾将一部完整的作品割得七零八裂。单一的译本有小疵当然也不妨指出，可是如果评者写出了“误译比比皆是”的时候，就该想一想这篇书评对读者是不是白费了工夫。再一步就进到作品本身——产生时代背景和那一时期的文艺思潮，作者本人在文学史上的地位、思想、气质以及前时代的影响。

方才说过书评对于读者是比创作本身更直接地、理智地，所以诠释是必要的工作。创作是形象通过思维和情感的化合物，诠释正是二者的还原剂。唯有诠释能直接深入作品的核心，解剖出他的骨骼——主题，也正是使读者深入作者境界的指针。

继诠释之后就该是分析，尽管评者从作品里抽出骨骼，给读者架起走入作品的桥梁，而它——主题总还是干巴巴抽象的东西，近乎社会科学的公式。读者进入了作品，随着斑彩灿烂的一片又迷住了他的眼睛。因为作者写出的终究不是公式，而是通过了生活的艺术品。评者就少不了这一步分析，作者怎样处理他的题材，选取他的人物，又怎样透发他的情感……也就是作者经了怎样的一个创作过程，这一步不但领导读者深入作品而理解它，并且还是给评者自己预备下第三步——批判垫脚的基石。

有的评者扩大了这一步分析，也就停止在这里。他深入作品，分析作品的创造过程，写给读者的却是另一种东西。作品成了触媒，唤起他自己的生活体验，诱导出自己的情感，然后摆在读者面前是另一种境界了，那是属于评者自己的。他并没有和读者共悬的标准，表面上他是带领着读者，其实读者并追不上他的脚步，抛下了读者独自在作品里遨游，在他道出他的经历之后，读者还得自己去摸索，这种被称为“印象的”批评对读者的理解很少有帮助的。

评判也是书评不可缺少的一部。对于作者它是一种世界观的纠正、题材的选取、典型的创造和写作技术是不是能达到作者预期的效果。评者应指出作者的成功、失败的地方，也应指出症结的所在。对于读者则使欣赏水准提高，精神向上。当读者都沉湎在消闲、低级趣味，所谓“小吃”的作品中，作者也迎合着读者堕落的趋向赶制着“商品”的时候，评者就不该同流合污，而应挺身出来与这趋向搏斗，分析出这倾向形成的原因将造成怎样的结果，并且指出一条健康的向上的道路来。

（载《大公报（上海版）》1937年7月7日）

通俗化些

铸 颜

往往见人家批评某人的某篇著作是划时代的杰作，我便问自己：为什么是划时代的杰作呢？茫然得很，往返的看几遍，还是看不出杰出的特点所在。试问在这种情况之下，这大部分的读者将何所适从？当然以我个人的眼光来看是不得不求诸对于文章批评的文字了。总是希望这些“书评”能给予我们点指示，明确地说出文章中的好与坏，指明文章中特点的所在。

恕我大胆地说一句。假使你不看书评的文字，还可以使你运用自己的理解，加以分析，多少可以得一线的曙光。万一你看了一般的书评，担保一定会使你弄得丈二金刚不知如何是好。因为书评的文字大多数是比原来本文还要高深难解，满篇全是美丽的词藻，像春日的花园万紫千红，很难移开锦绣看到内中真实的支干。看完了，得到了什么？在心中多加了一层薄雾而已。

虽然这种书评也有人看得懂，要知道能看得懂的人，仅是少数，已经具有深刻了解的人。换句话说，就是看得懂书评的人根本就看得懂文章，他阅读书评是要多得一点参考，与根本求助于书评的大众是绝对不同的。

书评的作者们，当然不能否认他们所以作书评是为了大众的读者，既是为了大众，为什么又以一种费解或看不懂的文字写作呢？

“通俗”两字在文坛上响彻了半边天，我也以读者的立场大声地对书评作者呼喊：“我们需要通俗坦白的书评，不要那锦绣裹着的草包！”

通俗化的书评不但是帮助读者了解，而且扶助加强了其他文学暴露表现的不足。诗、散文、小说，因为限于体裁与表现的关系，不能不有所衬托与穿插，又限于恶势力环境的不许可，不能不把主题化装一下。然而书评没有顾忌，可以用评判的立场把蕴藏在文中的底细，可以疾呼的对读者说明一切。若能办到，我可以代表千万大众读者向作者致谢。

（载《大公报（上海版）》1937 年 7 月 7 日）

一位良师

王　瑞

书评家应该是与读者打成一片的良师，但这“师”字，决不是我国过去一般人，脑筋中所存在的“天地君亲师”的“师”字，有如偶像般的受人崇拜。

现在的一般书评家，似乎把自己的地位看得太尊严了，板起面孔来，好像对读者们直接这样的说：“这是一本上好的书，你们必需读；这是一本还好的书，你们可以读；那是一本最坏的书，你们不可读呀！”这一种直接指示法，在现在的学校教育中，对小学生用，都已证明无大效果。何况一般的读者，并不尽是小学生的头脑呢？

一个良好的书评者，应该是一位良师，把自己对于作品的意见，用和颜的脸相、客观分析暗示的方法，研究作品、了解作品、欣赏作品。至于结论，书评者并不要一定武断的直接的说出来。因为读者自然会从书评者的暗示中加上自身的经验，得到一个适当的对该作品的意见。

老实说，书评家不应该有意的想在读者心目中建立起权威的地位。因为文艺批评家，虽然有些原理原则可寻，到底不是法律家，并不能如律师有固定的法可以引用，更不能强迫读者一定要服从你的话。

一九三七，五，一三，在首都。

（载《大公报（上海版）》1937 年 7 月 7 日）

不要武断

杨弢亮

书评不但是介绍一些值得读的书给读者，还有指导读者怎样去读那书的责任。譬如对于一个生疏的作者，往往因读者不了解作者的环境和思想，以致读者误解作者的含意，书评者便应更介绍作者的时代背景、个人身世、一生经历与思想的转变等。那些启示可供给读者很多参考资料，减少研究时的艰阻。这样读者便能深切了解作者的立场，较易认识该书，因而可以探讨书中的含意及作者的风格等，不致误入歧途，或彷徨迷津。

当然作书评者，对原书及作者该都有深切的认识，才能有正确的批判。否则非特自己执笔时茫然无绪，不知所云，更将迷惑读者，减少读者对原书的信仰。那还是免作的好！

书评者不能绝对肯定书中的含意，不要把成见输入读者的脑中，应当让读者自己用脑去发掘。这样可以避免自己错误的责任，且不至毁灭读者探讨真意的好奇心。倘是使读者一味盲从，会得到什么益处呢？即使举出含意，也应该存贡献意见的态度才是。

书评者又需有真实的态度，好是好，坏是坏，使读者易取得准确的概念。倘使故意颂扬，隐短饰长，或则信口讥弹，吹毛求疵，便要掩住真是非，失却书评的价值，反使读者无所适从，或不分黑白，非特无益，抑且有害了。

（载《大公报（上海版）》1937 年 7 月 7 日）

我们得到了些什末

戈　矛

我常常是许多作家底作品的一个读者，却不能说是一个书评家底书评的读者。

有人问：这是什末理由呢？反正我自己心里很明白。

现世界是一个庞杂奇丽的万花筒。一个个的人，像是万千的蝼蚁那末渺小的在这广大的世界中间蛹蛹地蠕动着。但人类又都在强烈地要求着生活的向上。人如果是一只蜗牛，然而面前却矗立着一座高大凌人的围墙，他是不愿在墙脚下黑暗低湿的阴影里，过一种地狱似的生活。有一日他总想爬上去，站在墙底顶端晒晒太阳，虽然是那么艰难缓缓地爬着，但是在太阳底雄浑的光芒照耀里，方才体味到了光明的愉快与伟大！转眼向墙底那边，方又觉悟到那就正是人类理想的快乐的国土呀！

然而，我们底现实生活都只是在罩着阴影的围墙脚下啊！

可是，作家们却唤醒了我们底心，他叫我们难过，也叫我们欢喜。读过一个作家底一部作品，往往它能在我们底心灵上给划上一道深的兴奋的印痕，并在我们底眼前撒下一线光明的投影。

然而，如果他是一个书评家呢？

请恕我底坦白直率，现在中国还没有几个够格的书评家，更谈不到有一篇是尽了启发读者、指示读者的任务的书评。中国的批评多是印象式的读后感。老实说，这并算不得什么批评。他们只是凭了个人对某作家的作品的偏嗜与爱憎，给以阿谀、吹捧，或者给以呵斥、毁谤。我们不看这些东西则已，往往看了之后，一不小心必然会上一次大当。倒不如自己独自摸索，或是托了一颗圣洁的心灵到作品的世界里去游走一周，来得干脆呢。

可是，我并不否定批评对我们底需要，不但不否定，而且还正希望有好的真的批评家出现，能够纠正，鼓励我们底作家去从事伟大有力作品的创造，并且还能给我们这些缺乏理解力的读者，开辟一条宽广大道。对现世界底种种复杂错综现象与社会本质底发展蜕变的情势，给以理智的说明，使我们能更深切地来认识这世界，因而对作品我们也多了一层体味。如此我们方能从批评家那里得到一些好处，才不至说上了书评家底大当。

但现在从书评家那里我们可以得到一些什末呢？

如果我不是一个糊涂的读者，那末，我是不会对书评家底书评道声感谢的！

（载《大公报（上海版）》1937 年 7 月 7 日）

书评的内容

李　剑

我自己可以算做一个普通的读者，对于文艺理论没有作过什么系统的钻研，但是关于文艺思潮书籍和短文却也看过一点，已经跳出了为消遣而看小说的圈子。但是对于一部伟大作品的伟大处却又捉摸不牢，外国语的程度可以使我直接阅读一两种原文的外国作品了，然而原作引文用字的妙处却很难懂得透彻。知道诗、剧本，是文艺作品更精纯的创作，但比起小说来，我的鉴赏能力便更加薄弱了——总之，我是一个极其普通的读者。但正因为我这个读者极其普通的缘故，也许我的意见倒是大多数读者的意见吧。

当我刚了解文艺作品的严肃性时，我对于书评并不很注意。但是当我对于写作发生了兴趣时，当我想从作品里学得一些甚么时，我便立刻看重书评起来。我想像我这样的读者很多，他们重视书评的时候不是在“读”作品的时期，而是在“学”作品的时期。我以为这点很值得写书评的人注意。

我总以为一篇书评不该是一本书的介绍或广告，然而，的确有些书评事实上不过是书的介绍或广告而已。自然，为了供给读书界的选择，这类书的介绍也是必要的（我还希望国内“一般读物”全能添开“书报介绍栏”）。但是，书评却不该含着有“介绍”的性质。它的作用不是在向未读过那本书的读者说这本书值得读，或不值得读，它的责任应该是向（假定的）读过那本书的读者贡献写书评的人对于那本书的“批评”。因此，我想书评要超出“批评”范围的多余文字（如牵涉到作者的私事，过分的喻扬或苛责，以及题外的文章，批评者自己的冗长意见）大概都不是读者所欢迎和要求的。

我以为一篇书评要指出一部作品里这几项成就：

一、它的意识是否正确，抑或歪曲？

二、它的技巧如何；

甲、表现的真实性如何，故事的结构是否完整，或感情夸张过火？

乙、人格的发展是否完美，或有前后不谐处？

丙、那几段文字优美、有力？那几段文字是冗赘？

丁、是否可以用另一种体裁或结构把它写得更好些？

再就翻译，创作小说，诗、散文，戏剧四项分述我对于书评的要求。

一、翻译

近年来书报上常见有翻译作品的书评了。但是在这些翻译的书评里，属于指责性质的多过显示优美的译品的。我们捡起一份随便翻译的书评来看，几乎全是在作误译的校对。越是译得荒谬的作品，似乎越能使批评者校对得高兴。至于一部译品里那几处译得俱见匠心，便比较少有人过问了。迄至现今，翻译在中国仍不失为一个重要的输入文化的工作。但是有高深的外国语学力的外洋文学博士之流的学者却不屑于干这种工作，这种工作便自然而然地落在一班也许学力较差的译者手里。因此，只要译品不太糟，译者不是在粗制滥造，那么批评家就应该给以应得的稍多一些的鼓励，而在校正误译的时候，收起教训的面孔。这未始不是干费力不讨好的人们应得的一点安慰。多把译得佳妙的地方指出来，似乎比徒徒校正误译更合读者的胃口吧！

二、创作小说

大凡一个读者心目中有几个偏好的作者。这种偏好使他系统地读着那几个作者的作品，并且进而关心他们的前途。因之，批评创作小说的人，除了对于作品本身要作严正的批评外，最好对于作者创造活动的进步和前瞻，也能有连带的叙述，这样更增加了读者对于那本作品是否有进步的认识。当前期作品和后期作品作比较时，批评底时代的意义便很容易看得出来。

批评创作小说，意识方面应该多加注意。文艺作品之拥有较多的读者的，仍然是小说，而且多数读小说的人仍然只是在欣赏一部小说的情节。一篇普通人认为好的小说，不见得真好，也许只是因为它的“好的”情节捉住了读者的印象。如果批评家的任务是提高创作能力与提高欣赏能力并重的话，那么他所写的书评便应该把小说的内容给以严正的判别。

中国作品进步最早和最快的大概还要算小说。自从新文学运动以来，不但创作的水准年年加高，而且创作的理论也输入了许多，并且那种主义对于中国文坛都有相当的影响。一般的读者，对于这些“主义”是没有什么系统的了解的，但是他却愿意知道他所读的作品到底属于什么派别进而愿意知道一点这个派别的源流和在文学史上的地位。为满足这种要求，书评家对于一本小说便要作一番较之批评作品更进一层的文学上基本观点的检讨了，这点对于书评家虽似过分的要求，但在现时却属紧要。——有些书评家也曾在这方面努过力而且获得了不少的效果。

三、诗、散文

我是不懂诗也不大能欣赏散文的人。中国的新诗，虽然近来进步很快，而且能写好诗的人也产出不少，但是新诗的理论的建设仍然风雨飘摇。长篇大论艰深的谈诗的文字虽然也出现过不少，但是那些全不是给一般读者看的。我以为要使一般的读者懂诗，莫过于写诗的批评的了。然而，诗的批评文字却少见得很！读者太需要诗的批评了。

关于散文，和诗的情形大概一样。我们只听见人说某人写的散文好，然而却没有人说他的散文好在那里，好的散文和坏的散文区别在那里。

总之，我们需要一些诗和散文的批评家，希望他们能用实例道破诗和散文的创作精要，即使他们大胆地建立他们自己的创作法则，也是受读者欢迎的。

四、剧本

剧本的成功不在写得如何，而在演得如何。近年长短剧产生很不少了，而且有些剧团（职业的或业余的）在经常地上演新出的剧本。这时，批评剧本的人，不应该偏重在写作的成绩如何，而还须研究它上演的可能性了。一个剧本好坏的标准似乎应该拿上演的成败来量。它不像小说或诗，它有它特殊的内容。可是现在许多批评剧本的人，还是着重在批评它的意识如何、情节如何、人物如何，而忽略了剧本的上演成分。我的意思是说，批评剧本的人似乎应该先有舞台经理的眼光来审察剧本的“可演性”，然后再讨论它的“作品”部分。

（载《大公报（上海版）》1937年7月4日）

掌管那条绳索的

吕玲心

书评家该是一个作品忠诚的读者，他的任务是替没有多余时间来读无益书本的读者审定那些书值得精读、略读或者简直不必读，从这点职责和意义来说，他该站在客观的立场上，用冷静的头脑去分析，去领悟作者感情的发展及其中心思想，去发现作者埋藏在作品里的感化力，最不可忽略的是不要以为自己是一个书评家，一个权威的存在，因此说些与“书”毫不相关底评语。

我顶不愿意读千篇一律的书评，替作家们担任义务辩护，尤其是对于已经成了名的作家，写书评的人往往忽略他们偶然的错误、错觉，不真实的感情，以及对于某一件事的歪曲，因为成名的作家亦会产生不成功的作品。

那种说教式的直觉的判断，最使我厌恶，这不但妨碍作家的进步，同时在无形中以他们的自作聪明欺骗了热情的读者。这里，包括着生硬地搬弄国外的文艺理论当作经典，发掘过往古典的批评原理当作教条，刚吞下了几条不完全的法则，就机械地把作品掀到那门类的模型里去，说他们是相同的出产。其实，同一个故事，从不同性格、不同人生的作家们笔底下溜出来的创作，它的艺术价值决不相同，有的失败，有的却获得了不朽的成功。

最可怜的，是书评家评述自己毫无经验或者从不想到过发生过兴趣的东西。一个健康的书评，必须经过书评家代替了作家去重新把握经验，搜寻故事发生的客观环境的各种条件，去体会作家当时怎样处理这个题材，有过怎样的感情与希望。譬如《日出》的作者曹禺，在第三幕中布置了一个三四等的低级妓寮，介绍那一群悲惨的所谓人类的渣滓与读者和观众见面，这是他遭受了许多次磨折、伤害，以至于侮辱才亲自找来了这些现实的材料，抓到了安排在这幕戏里面的生活经验。也许，在一个生长于象牙之塔的高贵书评家和读者看来，要认为下流，认为不能登大雅之堂，或者在他们的眼底里，人类的渣滓根本就是命运注定了受人玩弄，生来就是那么副贱骨头，不屑予以同情，要真是这样的话，那是何等地可怜呵！

我想书评家应该同样是一个从现实社会里生长起来的人，呼吸着这个圈子里的空气，晒着人类共有的同一个太阳。他该有丰富的感情，有理解书本内容的能力，有一份善良的心肠。书评是连锁作家、作品与读者的一条绳索，那末，书评家是掌握这条绳索的机匠。

说到那些以作家朋友的资格而登场，或者与书贾们同一裤管的书评家的出产，我只有闭住嘴，睁大眼睛用自己仅有的认识力去发见自己喜欢读的书了。

（载《大公报（上海版）》1937 年 7 月 4 日）

冲出狭窄的风气

冀　南

书评者像是一位裁判官。好的裁判官，案件临头，不宜糊里糊涂地只滥用一套既成的生硬的法律条文，作为判决的依据。他应当利用他的智慧搜索发掘：什么样的条件（客观环境等）把这个人引到犯罪的地步？聪明的法官，他明白应该使犯人受一种心理上的检查的。写书评的人应该就是一位这样的好裁判官，正如叶圣陶先生说的：“希望写书评的人第一要摸着我心情活动的路径。”这是书评者起码要作的事。德国赫伯尔（Hebbel C.F.）曾告诉我们：“不论是谁，当他把一件艺术品完全受用时，他所经过的进程和艺术家创造那作品时所经过的进程相同，——只不过受用者将创造者的次序倒转且增加他的速度而已。”这二者说明了一个书评者应当怎样从作者生活、教养、环境所铸就的气质禀赋中去发现了解一个作者灵魂上独特处（人性的型）及怎样在作品中切实地做一番游历跋涉，考查作者在如何情形下产生了这作品。能窥测作者心情的底蕴，能以自己的丰盈的想象与恢宏的识解来发掘作品的宝藏的书评者，才是作者和读者所喜悦拥戴的书评家。

超越的批评者，他的努力能给作者一种会心的愉快、温暖及一种反省的兴奋的力，书评者与作者的心情能达到交流联系而凝合一片，则更是书评最高的效果。相反的，凡庸拙笨的评者，浮光掠影被某种流行风尚所控制的书评，常会给作者一种恶心愤懑的感觉，使作者哭笑不得，勾起作者嫌恶痛俗的（属评者的）感念，这怪不得会惹起古今许多等大作家的激愤了。这种与作者和作品距离得太远的书评者，其工作不啻是一种多余的浪费，既为作者所唾弃，读者们似乎也并不需要他。老实说，这种庸流倒不如冒险的卤莽的评者有些可爱处。

对某种事物，见仁见智，各不相同，书评自然也是这样。因其如此，书评者往往有所见，同时也有所蔽，太偏爱了作品的艺术成就的，他具有犀利敏锐的眼力同直觉，搜索发现文字，结构和情节铺叙的有声有色的技巧，是他努力的标的，这，他是以艺术的标准来写书评的。想从作品中寻求一个“观念”、“意识”的，总是把文章与政治粘合得极接近，理论批评家平林初之辅曾谓：“马克斯主义者评价文学作品，总是以政治底教育的标准。”显然地，艺术的与政治意识的标准，已作为书评者施用的普遍的尺度了。而尤其后者，更曾在某一时，做了理论界、批评界的权威者疯狂过相当时期，且它的弥漫狂獗竟造成了一种习气公式。

怎样的作品才是好的文章？我应该读那些书呢？——这问题普遍地在读者的脑袋里盘旋回萦，这是事实。但不幸，理论家、批评家们合力所造成的一种固定型范与习气，终于引诱若干读者陷入一种偏激成见，投降到他们各自筑起的门户堡垒里。后起的缺乏击破既成规范的勇气的书评者，自然也不易脱掉这些流行习气的控制，不易踏出庸俗。

书评者走入了一个窄狭的风气中，只运用生硬的已成规绳来衡量作品，远离作者，远离要评论的文章本身，这是书评的死路，要为读者作者所唾弃。

书评者的观点根据，不怕分歧到怎样地步，不怕你是个极端的摆脱了风尚的勇士，假如有异于常人的卓见宏识，自管大胆忠恳地写下去，只不要恶意地毁伤作者——这工作也是值得赞赏的。一般评论者，都道雷马克是诅咒战争的作家，一位不同于别个的毕哈，却大胆地评雷马克的“退路”，“单刀直入地痛斥雷马克的反动意识，认为此书对于此时之恶影响有如战时的毒瓦斯，是反动尖端作品的代表”。

我们需要亲切针针见血、反市侩式的书评，这书评本身也是一篇创作，是一种力——一种不声不响帮助了作者向上的鼓动的力。

（载《大公报（上海版）》1937年7月4日）

一个图书馆员论书评

碧　茵

图书馆——人类精神的仓库，书砖砌成的坟墓。这儿陈列着千千万万的木乃伊，你不把自己的生命放进里面去，它们便永远只是一些骷髅。

我是一个图书馆员，我惯和这些骷髅作伴，这些白纸黑字的干枯脸孔，也常常煽动我的感情，使我忘怀了一切，忘怀了自己。我也学幼年启蒙的塾师批评书画的调调儿，说这是雄浑，那是纤细；在另一个时候，我又听到另一些批评，说《金瓶梅》是诲淫，《水浒》是诲淫！

前一个形式，我们称为鉴赏和欣赏，如果你喜欢也可称为印象的批评。但有人说：“读一千部‘咖啡经’也抵不上啜一口真正的好咖啡。”因为目前的生活现象是看不透的神秘，自我又是那么孤独，人人便各有各的见解，于是觉得要知道咖啡的好歹，还是啜一口好。“咖啡经”是多余的。

后一种批评，它在判断——价值判断。价值判断，不能没有一种客观标准。说某一作品诲淫诲盗，当然是需要有一种卫道的思想——一个集团的最高道德，这和人人机械地运用“正确的人生观”当作作品批评的标准没有两样。这种不张开眼睛看作品的艺术价值，不成为批评，自不待辩。

书评自然需要批评家有独特的见解，但武断而达到“不是十九世纪前半的社会生活创造了巴尔扎克的《人间喜剧》，反转来，《人间喜剧》创造了十九世纪的法兰西，或者说是画家拓娜替英国创造了《雾》”，倒是不需要的。

我以为书评，因为它通过了个人的感受性、观点和见解，所以是主观的。但如果它不能从广泛地接触科学的客观性，那批评家的感受性便不是丰富的观照，便也不是透彻的，见解只是狭隘的，书评不应说《红楼梦》好，《水浒》歹，作品自身各应各的时代及社会而产生，各有各的好处。真正的批评是美学，同时，也是社会学，他对作品作美学价值，同时要发见作品对象之社会的等价。书评该是示唆的，但不是发号施令。

照图书馆阅读人数的统计上看，每月超过一千五百以上不是出奇的事。但稍稍留心一下，真正“阅读”的人究竟是少数，那条覆盖了阴凉的槐荫的长廊下，尽管每天不缺少朗朗的吟哦，而大多都为了像站在马路上听收音机一样来排遣无聊，或在什么专门刊物上寻觅一时需要的参考，在借出过的小说的尾巴上（大半还以恋爱和旧体章回小说居多）横横竖竖注满了个人幽默的感言。我叹服批评之多和观点之博。

批评知识，就是赏鉴文艺作品时应有的知识，自然不是一般读者们都所具备。文艺批评不是法律，我们更不能强迫读者的趣味，但我们不应忽略了大多数的一般观念，甚至有人说批评的标准便是读者的趣味。虽说一种艺术品诉于我们的感觉和想象，会凭了千百个接受他们的心的本能的高低为比例；但时代不仅是属于几个人的，我总希望书评家们今后除开在专门名词上作工夫的工作以外，还能给我们一种正确的了解和赏鉴的知识，而不致使大多数人把读书当作了低级的发泄，或抱着过去的残骸发梦吃。

（载《大公报（上海版）》1937年7月4日）

我们的书评家

王雪茜

现在我们文坛上，并不缺乏所谓书评家，但是我们如果严格地加以考察分析的话，那要使我们感到异样的失望，——因为他们（书评）是那样的浅薄和愚昧。

在这些书评家之中，我们可以把他们分成若干类：一是食而不化的高蹈派的书评家，他们读过洋书，吞过《文学理论》（但并没有消化），并且自以为“前进”，所以批评某一本著作时，最喜欢高谈阔论，作品宁可不顾，而权威理论不可不引。开口是“高尔基”，闭口是“吉尔波丁”，自己鬼语连篇说了一大套，不唯读者被弄得目瞪口呆，就是他自己也是莫名其妙。他们唯一的法宝便是扳弄“术语”，结果“真理”并不曾在他们底笔尖下流出，横遭摧残的是作家底作品，而被欺骗的却是可怜的愚昧的读者。二便是“广告式”的“御用书评家”，他们的目的便是希望从商人底荷包中分取一些利润，至于什么“推进文化”、“指导读者”，他根本就不曾在脑筋中回旋过，他们随便取过一本书来，把它说得天花乱坠，比广告还要令人肉麻。一般意志较薄弱、鉴赏力缺乏的读者，便会上了他底当，读者底时间被浪费了，金钱被虚掷了，而书贾们和“书评家”却在那里庆祝伟大计划底成功呢！三是“门罗主义”的书评，作者完全是为“防御战”的，只要是他这一集团人的著作，那是天下无双，地上难寻，若是异己者底作品，总不会是好的，不是说几句不负责任的游词，便是骂他个狗血喷头，读者不能从书评中得到“东西”不算，而年青的作家却往往因此而停笔——这种书评家可以叫做“宗派主义”的“书评家”。究竟怎样才是我们所要求的理想的书评家呢？我以为必须是：

（一）要有丰富渊博的学识、公正的判断，明了中国当前的趋势，熟悉世界文艺的传统和目前倾向。

（二）要有认真的精神，即他底“批评”是判断的，而不是敷衍的，对于所批评到的作家不要因为他是成名作家而有所偏私和畏惧。

（三）要注意新进作家的作品。一般青年作家必须有贤明的批评家来提拔、辅导，增进他底修养，改善他底技巧，才能有成功的希望；这样对于读者也是一种新的刺激。

（四）不要掉弄“术语袋”，因为有许多书评家借着它以欺骗读者和蒙蔽真理，我们要求用明朗的（并不是浅陋的）言语和文字来批评作品，来寻求真理，将这真理传递给读者。

（五）要避免“宗派主义”和“公式主义”，作家和作品才能不分畛域地被批评到——换言之，伟大作品有被发掘的机会，清除“公式主义”，而书评才能展开新鲜的世界和光荣的前途。

（载《大公报（上海版）》1937 年 7 月 4 日）

救救内地的读者

董文炳

首先我得说：在内地——尤其是在一切落后的山西，书评之对于读者，简直是黑暗里一颗明星，他们选购一本书，估价一篇作品，甚或理解其内容，唯一信赖的便是书评。有时从报纸杂志上，读了一篇批评某某大著的文字，那过分的铺张，肉麻的颂扬，心里便认为这是部了不起的名著，害得睡里梦里，都想着它，呵！真要害起“单相思”来了。好容易东凑西挪，费尽周折地弄来了，喜欢得如获珍宝，可是打开一看，又气又痛：气的是上了“书评家”的当，相思一场空；痛的是血汗金钱，换来本内容那么空虚、那么糟糕的捞什子。读下去，一不小心，便会中毒，至于时间金钱的浪费，还是小事，——自然我不敢一概抹杀地说，凡是“书评家”介绍给读者的都是一律糟糕，其实也尽多内容充实，值得郑重介绍给读者的大著。有一个时期，我曾痛心拒绝阅读批评文字，不买一本书。然而，书籍是文化的宝藏，世间尽有许许多多伟大的著作，正等着我们亲近它、享受它。自己当然不甘抛弃这份权利，仍要硬着头皮摸索下去，我深信全国各地和我同感的读者，不知有多少。为了我自己，为了我们这一群，我要向书评家们呼吁！向他们大胆的提出要求！

我们需要的书评家，是我们的热心的导师，不是替作家吹牛的江湖帮闲汉；我们需要的书评，是显微镜下作品的解剖和说明，不是书店老板令人肉麻的宣传，所以一个书评家消极地要拿出良心来写“书评”，只少应该做到不恭维作者，不受书店老板金钱的奸诱，不欺骗读者。把作品内容忠实地摆在读者面前，让读者自己去选择自己需要的。积极地就要负起指导读者的责任。不但详详细细把作品解剖给读者看，还要指给读者那里全是书的精华，那部分写的好，对写的好的，读者该怎样欣赏、理解、消化；那里是糟粕，甚或含有毒素，警告读者，务须谨慎，以免中毒。缺点在那里，对这些缺点该怎样弥补，指导读者在别的书里寻求满足。使读者不致囿于一隅，养成固步自封的习气，而永远不息地向前钻探。还有，作品产生的时代背景，也该绘给读者看，直接地帮助读者深刻地理解作品，间接地暗示读者怎样把握现实，培养读者的创作能力。也许有人说我这样说法，无异是要书评家把咀嚼过的饭喂给读者。我承认这句话有几句是处。不过，这只是站在少数有高深修养或环境良好的读者方面说的，然而所有的读者，却不尽是有福气坐在教室里的学生，即使都有福气，教师也不尽是有能力，配做导师的人。读者中有工人，有学徒，也有和我这样失学的青年，无疑地要占读者中一个很大的数目。况且目下不也是正喊着什么大众化么？最后，我诚恳把请求书评家们，当你们写出书评时，千万不要只看作家的词色，只认得书店老板的金钱。应该意识到自己的责任重大，自己的一篇“书评”写出来，要影响无数青年读者，他们会由你手里得救，也会由你手里跳入陷阱，同时还该把眼光透视过教室，移到一般在黑暗里摸索的内地读者，他们都是些可怜的孩子。他们穷，没福气享受先生们的耳谕面授，压根儿不配坐在教室里心领神会。但他们不尽是蠢如豕鹿的没出息的家伙。他们同样地迫切地渴望着点精神食粮来填塞饥荒！他们需要指导，需要热心地关切地指导！

（载《大公报（上海版）》1937年7月4日）

佛郎司和布鲁地耶的对话

朱光潜

布　碰得真凑巧，我昨天刚读到你给时报经理厄布拉先生的信，有一肚子的话要和你谈。

佛　好的很。真不料你老先生肯丢下你那个分种类理进化源流的大工作，出来吸一点新鲜空气。咱们来喝一杯咖啡，别提那封胡说八道的信。它列不进什么种类，进化史是更不必谈。

布　你老兄到处都是灵魂冒险者，连和一个朋友谈话，也老是不着边际。

佛　我老早就说，一个人最大的厄运是逃不开他自己。老实说，布鲁地耶先生也永远是布鲁地耶先生。

布　我永远认得清你所说的灵魂冒险是一种危险。你是法郎司先生，你有灵魂，所以你能冒险。想想蒙马街上那班吃笔墨饭的可怜虫，以至于在你我们家里扫地抹桌的婢女，读了一部感伤小说或是侦探故事，胡诌出一篇文章来，叫一声好，放一个屁，也说是灵魂冒险，你看我们的文坛上还能有真是非么？

佛　你的忧虑我也有过。谁敢说谁有特许权配谈文学呢？你和我也许比你所轻视的那般人高一层——这究竟对不对，我却不敢肯定，——但是如果另外有人比我们更高一层，在他们的眼光之下，我们的话能否代表你所说的真是非，不也成为问题么？天知道，在文学地界里说话，谁也有几分是冒险。

布　纵然承认是非是比较的，不是绝对的，它究竟是存在，恐怕连你老兄也不能否认。你不说“灵魂在杰作中的冒险”么？你凭什么标准估定某种作品是“杰作”呢？这杰作的“杰”究竟是一种客观的价值啊！

佛　你老先生真会挑剔字眼。我的标准就是我的好恶。我所顶喜欢的作品就是我眼中的杰作。我从来不相信文学上有什么“客观的价值”。

布　你相信不相信许多人能同时爱好你所爱好的作品呢？

佛　那是常有的事，正犹如许多人能同时爱好我所爱好的咖啡。

布　对呀！天下之口有同嗜。同嗜的条件就是原则，就是法律，就是客观的标准。

佛　你那同嗜的条件或原则也许是存在，但是对于喝咖啡的人有什么用处呢？咖啡的好味道一定要喝才能知道，喝起来每个人有每个人的味道，每个人自己所尝到的味道才最亲切、最真实。读一千部“咖啡经”也抵不上啜一口真正的好咖啡。著“咖啡经”的玩意儿与我无缘。

布　老兄太谦虚了。你那许多部的“文学生活”不全是“咖啡经”？或者用你的另外一部书的名称，“爱庇库尔的花园”？你只管谈趣味，你没有想到你把你的趣味在白纸上写成黑字，你多少已经把它抽绎为原理法则。你说你欢喜或讨厌某一部书，你忠实地记下它给你的印象，在无形之中你不就已经显示你的去取究竟有一个标准了么？

佛　谁否认标准？不过文学上的标准绝对不是外在的。

布　我不明白这话。

佛　比如说，你的标准不能做我的标准；你从读莎斯比亚所得的标准不能应用来测量腊辛。每部作品如果真是艺术的创造，都各有它的特殊的生命，它的内在的原则。用莎斯比亚去测量腊辛，犹如在非洲女子的皮肤上找欧洲女子的颜色，牛头不对马嘴。一个人有一个人的感觉和胃口，你欢喜荷马那老头儿，要我也同样地欢喜他，犹如骂怕辣的人不和你一样吃辣椒，或者不跟你说辣椒好，这只是专横霸道。不幸的很，自己不爱辣椒而跟人说好的人实在太多了。

布　依你这么说，批评就算完事大吉了。

佛　批评的存在理由全在人是一种爱管闲事的动物。自己对于一件事物起爱憎，就很想知道旁人对它怎样感想。所谓“批评”就是吐自己的肚子给人看。要是坦白一点，一个批评家应该说：“诸位，我今天谈我自己对于莎斯比亚，对于腊辛，对于巴斯卡尔或哥德。今天机会正好。”

布　你谈你自己，但是读者要知道的是莎斯比亚。我看过你的许多文章，全是借题发挥。你离开国家戏院那一夜，向哈孟雷特说，“祝你享良宵，可爱的公子”，你说你“在昼夜脑子里都充满着他和他的一切思想”。这些与莎斯比亚的剧本何干？你是在做散文诗，哈孟雷特对于诗只是种“良辰美景奈何天”，触动你做诗的兴致。我很怀疑那算得是批评。

佛　是不是批评且莫管，你究竟爱看我这种文章不？

布　说句良心话，要不是把它当做批评，我倒觉得它们快有趣。不过我们要记得，说话的人是佛郎司先生，此间能有几位佛郎司先生？

佛　只要你觉得有趣，那就够了。

布　那对于我却不够。

佛　我知道，你还要你那珍贵的“客观的价值”、“客观的标准”。那就要你自己去找了。再见吧。

布　你上哪儿去？

佛　我走我的路，各人走各人的路。世界老早就是这样注定的。“祝你享良宵，可爱的批评家！”

（载《大公报（天津版）》1937年4月25日）

关于书评

陈　蓝

一个写书评的人，肩上有着沉重的负荷。我们要求于他，责望于他的事，是太繁多了。先说，对作者，他得是个难遇的知音，一个懂得高山流水的钟子期，甚至于他得由一言一动、一颦一笑中去体会那作者的深心，并得诱发作者创作的泉水，永远喷涌出银亮的水花。对读者，他可又得像是一个细心的植物学教师，详细的分剖出那梗茎中心的维管束，那皮膜下的叶绿质。一壁分剖，一壁还得解说、诠释，找出那微妙，寻出那作用，记那特征，寻出那根源，指明用处，评定价值，义务才算尽到。同时，他还得是热心无匹的向导，指点游人，使他们得领略那园林之趣、丘壑之美。指出那远山、近谷、泉溪、花木。像童话中神仙手中的金钥匙，大开扃门深锁的殿堂，现出万千珍物。一篇文章，靠了他的解说，才得字字生辉，给读者新的愉快，蕴藏在文章中的智慧、思想，以前涓滴未出，却能经他的疏引而淙然奔流了。

独当一面，还许可能，兼容旁顾，便往往困难了。我们说：印象派的书评者，是只看到了对读者的第二种任务，才将艰巨的书评工作，变成舒快轻松的心灵探险。领导读者，发现珍奇，他是有功勋的，但毛病是使书评成为最个人、最自私的了：

他超然如云中白鹤，独来独往，与外界绝少葛藤牵连。悠游自在，毫无束缚。评文论著时，宛如将一颗滚圆明珠置诸掌心，任意旋转，以求符一时的痴念。不管事实，只问自己的好恶、爱憎。（还说：只有拍卖行的商人，才对店中各种货物没有偏心，一视同仁，统通啧啧夸赞呢。）批评的对象：书，只成了他发挥自己的好题目。将心性、幻觉、哀乐、心灵感兴，铺成一天五彩云霞，望去夺目。他也往往倨傲、狂狷，妄自尊大，以为天下书画文物，只是为了他而存在。认为“近情理，不近情理”，只是个俗气问题，漠然无视。

对书评本身，他只认为是个人灵魂的记录，将文章作得有趣、好看，有声音、色泽之美，有灵魂与灵魂亲昵的晤谈。有思想情感的发挥，有幻觉的灵魂，诗文的旨趣。就文章说是可珍贵的、有魔力的个性流露。然而，批评仅只这样，虽则清新可喜，有时却不免成了一种侧面，斜睨的批评，混乱的涂鸦。纯只这样做去，书评只成了良辰美景的赏心乐事了。除了悦己、娱人，再无用处。

我们并不是故意反对这种织美灵魂，消受它感触的快乐，这种欣赏的，浏览态度，能够启迪读者。然而，他的大毛病，是痛心的褊狭。作者，被他冷落得可叹；作品价值，被他漠视得可怜。只制造了些狂欢的自白，空想的闪光片，断片的漫谈，稚驯有诗意的文章，博得读者一时笑逐颜开算得什么呢？书评的工作，不只是个好玩的游戏呵。

书评，不该是情感的活动，也得是理性的活动。一种澄明的见解，建设在清凉的理智石头上，才是可靠的。否则，只如秋日一片落叶，宛转因风，飘泊无定。那种纯印象派的批评，没有基准支持，情态仿佛如之。并且，对作品的价值，完全无睹。批评的保障，是稀薄而不稳的。空具轻薄流漾的词华，妙曼神秘的修辞，有什么用呢？细纱软绡里，裹住的只是一个混沌的灵魂啊。

把书评看成纯粹创造的艺术，就等于放弃目的了，书评的工作，原不是那么单纯的，不只创造一个“创作”，却也得是创造一个“分析”的作品。印象派的书评家，在街头放了一阵“烟火”，叫人无从由他辨别事实真相。纵使读者一时高兴，但事后一定埋怨他，只是个以奇景迷人的魔术师，却不是个使睡人清醒的圣者了。

那么，书评该怎样呢？我们说：该用裁判，来补救印象书评的空疏。这样，才会发现了作品的价值，忽略了价值问题，书评每每沦为无用浪费了。

理想的书评，是用欣赏的态度，用想象发现那作者心灵的秘奥，用理智，去鉴定那作品表现的方式，去评判作品的价值。作品的外形、内涵，各不忽略漠视，各用不同方法去处理对待。

（载《大公报（天津版）》1937 年 5 月 12 日）

我们要“真”的批评家

——不要师婆和符咒

李　蕤

我以为文学作品虽然在手段上只是表现，但在效果上却又就是批评。而批评在表貌上看来虽是针射作品，但实际上决难免又另是一种创作（借来的思想永没用处）。作者是从万华缭乱的现象中汲取他表现的题材，道出他的观感、他的爱憎，用自己的感情来点燃另外人的感情；批评者则是从作者的成品中游走的过来人，自己有所见闻，伸出指点的手指诉说给另外的来者。都是和读者正面相对，这一点上作者与评者两两相同。不同的是作者在创作的时候可以完全忘记批评家，而评者在评释以前却须全然不记得自己是批评家。

在文字尚是写在竹简绸帛上的时代，批评是不大需要的。那不仅仅是因为书籍文字太少，而另外重要的理由是知识根本的当然的属于皇家。十年寒窗，读通经史，然后帮助皇帝看管百姓，是一条直筒大路。那时候还没有“为大众”这一说法，“帮忙”、“帮闲”全不是羞耻的语汇。现在呢？不同了，电线扯在空中，轮船行在海里，四海之内的天地被打开，于是知识也千经万纬，密而且杂。文字跳下木版便已日渐不可收拾，大众又似乎渐有绝不敢再提又非提及不可的样子，于是乎仅仅文学这一个范畴，也成了比八阵图还容易令读者失迷的领域，千年的尘沙扬起来，万年的渣滓翻起来，美丽的名词成了馅子不同的空壳，一切败布都又拆洗煊染重新上市，在这黑白不分而黑白就要分的时代，从一切“似是”中拨出“而非”，在迷离恍惑的“还道”中给青年指出条向前的通路，批评是被迫切的需要着了。夸大些说，目前整个的是批判的时代。

我想无须讳言吧，历史显然带着人类正向一个远景汇流，文学也是支流之一，虽遥遥但却与别一支流互相策应。忠实的作家是献身给这光洁的一段的，忠实的批评家是献身给这光洁的一段的，因为凡忠实生活的人都献身给这一段。除非这远景还没出现在他的明视距离，除非他是个不从现在上说将来的懒汉。一颗公正不阿的心，一腔热爱人类的热情，一双离开自己的身体旷视到全人类的眼睛，是我们向作者和批评家共同要求的。

这样说，恐怕就先得有三分之一的现任批评家受到裁汰。吊在出版家的钱袋上翻舌头的不说，就是替朋友作家敲边锣（目的只为营生）的也得站开去。比广告还令人齿酸的书评我们见多了，我们还见过标着某作家论而内容却全在说他自己是“诗人”是“屈原”的文章，在某种意义上说这一类人只合进南京夫子庙或开封相国寺里展块白布营生，“老的骗罢啦，小的又长大啦!”这是他们的信念。这一类人潜身到批评界来，那便等于江洋大盗把守关隘了。驱逐这一类蚊蚋是丝毫无须留情的。

基本的甄别之后，我们还得叫批评的从事者发一个小小的愿心。沈从文先生说书评是一石打三鸟，读者、作者、出版家。这是如何不易?也就为此，书评家很难再顾到这一石打出关系于自己的了。很显然，在这一切都是买和卖的社会里，书评顶难越过的门限是出版家，次是有权威的作者，终于欺负不了但却又极好欺负的是倾注着全心等挑选食物的海波一般的读者。但，也就为此，三鸟中书评家得撑起腰板颠倒了那个顺序，一石的投出要十分之七八为打中读者，十分之一二为作者，分给出版家的心要少到不能再少的程度。自然所谓打中读者不能是媚悦流俗，冷视作家不能是忽视作品（只是作家的舒不舒服，伤不伤心）。批评一扫住便粉碎的作家，必不是个健硕的作家，读者交给批评者的信心只有三分之一，三分之二是读者和作者直接的交道。批评永无须对作者出格的宽大。足不伤蝼蚁的麒麟只配做一个呈祥治世的符号，当批评家尤其当着现代就全不行了。批评在目前是件“逆水行舟”的工作。

甄别了资格，发下了甘愿“逆水行舟”的愿心，然后，就艰苦的学习吧！一壁忠实的体验生活，一壁精心的来浏览作品，一壁掺练思维的法则和文字的驾驭。任务越艰沉的工作，致力也当然越不太容易。这门学问，热心的探险者不已经出书精研，生踏出一条途径了么?

萧乾先生的书评研究中有这么一段话：“我们需两个批评学者，六个批评家，五十个书评家。”这一条细线如果加以引申，它简直是通着已往批评的症结。过去，作者和批评家结成深仇的，固然有些是因为“准则”不同不可避免的，但却也有些完全无谓。浮躁的论客有时忽然从作家的背后站起，排头砍杀，临了却发现只因为他没有从逗点读到结号便动了肝火。“修养”决不只是绅士伪君子的专利品。“阿 Q 时代早已死去了!”“鲁迅的作品无论如何不是五四时代以后思想，确确实实只能代表清末及义和团暴动时代的思想”，这些批评已经成了遗忘在河岸上的干了的浪沫，长久这样也难怪作者对批评毫无敬意了。批评学者、批评家、书评家，他们固然是基底相连，但在学习上却有着分野甚或不妨选习的。不能混淆的时候绝对不要淆混。

文学怎能不要理论的法则?如果没有精心的科学家综合了几千年的

观察，利用精确的计算给我们画出了幅地球全图，只让我们随着散处的个人用智慧的短触须来感觉的话，地恐怕至今仍难是个球形而天恐也仍旧是个覆盂的。但现在，地球却缩小着蹲在我们的书棹上了，顺着纹路我们可以寻找着各处，这伟大的工程黏联了千万人千万年的智慧成为一个。我们常常想看一看立在天文台上把地球配置到星月群中如一局棋的天文学家的眼睛，同时想知道那些由一撮细土而判断出千年前人类如何生活的地质学家的心情，在他们，地球不过是养子，百年也不过是须臾。文学应该有法则，同时是无可奈何的有着法则。多少人的努力与拖坠塞在文化运动史上只是一个小波，如同几千万人口的大都市在地图上只是个小圈圈一样。作家与作品为法则所支配着，那是“在数难逃”。做批评学者是艰苦寂寞的事业，如果中国文学没有经过几个肯忍着自己头痛，忍着读者冷视搬进来了那些“艺术的地”、“形象的地”的难嚼的法则的话，中国的作者恐怕都还仍在写作之前先学习喝酒，把眼睛瞟到远处先自以为是天才的吧。我们设若不讨厌世界上有天文、地质、生物学家，批评学者也应当受到同样的尊敬。

但是，地球在天文学上小如芥子该怎样呢？百年在地质学家研究中短如须臾该怎样呢？人还是得好好活着，守疆的战士不放弃寸土，勤奋的学生不糟蹋半天光阴，生生不息的进行着生的希望、生的欢悦、生的忧愁。在某一意义上说地舆学者犹不及一个好农夫惹人喜爱。但我们看，有多少书评者师婆下假神般在装着道貌岸然的嘴脸呵，像要枪棒卖膏药的人一般带着些“法则”的破片，以开剥作者残杀作品为自己的营生。生物学家解剖一片叶子还要切成碎片在显微镜下旋转光圈，而他们却动辄便把一个作家像一块烂番薯似的横砍一刀，随手掷过。结果呢，药杀了一部分有营养的作品，欺蒙了一部分太信任批评的读者，气病一部分没耐性的作家。但勇壮的健硕的作品和作家更勇敢的奔流下去了，这些批评却只成为一泓猛流遗下的渣滓。正如一个摆着布摊的相士一般，喷着白沫向人妄谈天机运命，一时倒类似很了不得的样子，但天晚了，人散了，他却仍是卷起地上的脏布。为什么非用那“法则”当“法宝”来装潢自己不可呢，用简单而朴素的语言说出真理岂不更好？在这里我们希望谦和而热烈的批评家，他能走近作品，走进作品，能察看出作品的好处和缺点，还能毫不失迷的走出来，绝不是没有衡量的尺，但这尺却不拈在迎面。如果作品好出望外，还能为自己的一声惊呼招引来蜂拥似的读者，如果这作品确切太不成样，还能把他拆卸开来，使读者掉头而去，使作者俯首无言。为什么对作者不该谦和呢，除非你真认清了他确是毒瓦斯的制造者。

至于带着热情，凭着直觉，完全为欣赏而来的书评，自然也该存在，专重诠释的书评家尽了风土志的责任，他是读者的向导，但单论感兴的书评家给我们许多醉人的照片，这照片几乎可以成为单独存在的，与原作品并美的艺术。一篇生动的游记十有八九美于原来的景色，所以人说看景不如听景。一部《咀华集》便是现成的例证，这书评不引你去看原作品也不阻碍你不要你去看原作品，但却都使你倦于再翻原著，觉得他咀嚼得已经没有没嚼出的余味。说句不类的比喻，这书评如同红娘，如遇她在原著之先，使张生（读者）觉得不想再见莺莺。但，自然，游记的美永不会倒反害了名胜，张生终于仍是见了莺莺的。

“我们要两个批评学者，六个批评家，五十个书评家”，我愿重复提一遍萧乾先生的这话，做各人所能做的，凡是“真”的，都是我们所喜欢的。我们不要师婆，我们不要符咒。

历史已带着人类向一个光洁的远景汇流，文学也是文流之一，虽遥遥但却相应。真的文化工作者总都有心或无心中做着前进的动力。目前是船行雾晨，书评家的责任正重。

（载《大公报（天津版）》1937年5月12日）

读者·书评·书评家

黄 梅

一、读者不是糊涂虫

话还没有说，最好还是先来解题。我近来看见了许多的书评，有优秀的，也有粗劣的，又看见了许多讨论书评本身的文章，有装模做样贩卖外国名辞以示其博学的，也有很切于实际而说得头头是道的。不管是优秀或粗劣，不管是糊涂搬弄名辞或真正切于实际，在整个中国的文化进展史上，尤其是在需要着一个新的启蒙运动的现在，这总是一个十分可喜的现象。

可是，最先来到的问题就在这儿：究竟谁是读者呢？我觉得一切的知识分子都是读者。作家在不抱着自己的著作苦笑的时候，书评家在不以自己的书评为天下的典范的时候，都算做读者。我们平常总以为读者该比作家或书评家在知识上低一等，而在事实上，作家和书评家却常常露出那比读者更低能、更无聊，甚至更糊涂的面相来。因此，在有些什么家之流觉得被人称为读者而身价随着低落的时候，应该先记住这个：读者不是糊涂虫。

二、三种特殊的书评家

有什么样的作家就有什么样的读者，这是一句永远可以成为真理的格言。同样我们也可以说，有什么样的读者就有什么样的书评家。在现在，中国的一般读者的知识的低当然是无可讳言的事实。但这不能做为书评家掩饰自己的低能的口实。近来据我所见到的，有三等不同的书评家直接或间接地表示了对于他们的读者的怀疑和态度。

第一，有很少的几个书评家拿读者当做显示他们的博学的工具，这类书评家在作书评的时候，本来是批评一本在现在的中国所产生的一本中国人所著的中国书，可是必得引用许多连他们自己都弄不清的与这本书了无相干的外国人名和书名，甚至把一些外国书抄上几段便算完事。我就见到一位书评家在他的书评里讲现在的中国文坛，里面尽是大仲马、小仲马、莫泊桑、左拉一类的名字，没有提到现在中国作家的名字和作品。当时我很感觉到奇怪，但是后来我在报纸的广告上见到这位书评家有一本翻译的法国书出版，我也就恍然大悟了。

第二，有几位书评家似乎因为到过外国而怕别人忘记了他们的资格，除了在报纸上的“文化情报”中造个“××大学教授×××氏……”的发放空气的消息而外，在书评上更洋洋得意地显示出自己的知识的优越。他们恍惚是置身于神仙世界，不吃凡间的东西。从他们的书评里，一方面我们可以看到王尔德、法朗士等等，一方面我们可以看到果戈理、M.高尔基等等，其余是什么都没有。巴金先生的苦笑似乎来得乖张，但是对于这般伟大的书评家还有什么更好的方法呢？

第三，有一些似乎年纪比较青的书评家在上一类的伟大的书评家之下感觉到威胁，结果是失掉了自信，而承认书评是比批评低一级的东西了。这是很严重的错误。书评和批评的差异不是总司令和排连长的差异，而是范围上和时间性上的不同。这一点如果认不清，书评家当然不会忠心于他的工作，将来的结果真是不堪设想的。

三、读者要什么样的书评家

我们在上面所提到的三种特殊型的书评家不是由于忘记了时间地点，就是太过于吹擂或太过于不自信，对于读者可以说绝对没有丝毫好的影响。但这话仍然须交待清楚：我的意思并不是说现在所有的书评家都属于我所举的三种型，属于那三种型的，以人数说，仍然是少数。以势力说，他们占有了一部分的杂志报章，可是并没有征服多少读者。他们的唯一的缺点是不看重读者这面明亮的，能照好人，也能使妖怪现形的镜子。这面镜子，我相信，实是衡量书评家的重量的唯一的天秤。

我首先要奉劝一般的书评家的就是：不要忘了照镜子。其次，要具体点儿来说，我觉得做读者的对于书评家只少有三个小小的希望和请求。第一，我们希望书评家不要忘掉了自己的知识程度和书评的范围。不要评你们看不懂的书，不要评你们刚能了解字义的书；同时要认清作书评只是作书评，不要东西乱扯，不要胡说些与你们所评的书丝毫无关的事情。在说不出来话的时候不要瞎说，瞎说只是欺骗读者。

第二，我们希望书评家们认清你们的工作是有时间性的，一篇多么好的书评也难以和莎士比亚的最坏的一句诗同垂不朽。因此，你们不必在文字上掉花腔、装通达、显热闹，那些都没有用处。你们要认清你们所该供奉的神祇不是维纳斯，也不是法朗士，而是永远的真理。“圣经”用不到华丽和婉转的文字，因为它所要说的乃是真理。书评也是一样，朴实的文体和意义准确的字句是唯一重要的东西。

第三，我们希望书评家们认清书评的意义和书评家所负的责任。别忘了你们是活在现在的中国，你们不是法国人或俄国人，你们的责任就是每个活着的中国人的责任。我们要求书评有尽可能的时间性，尽可能的普遍性，以至于尽可能的客观性。以书评周旋于正人君子的左右的是卑鄙，以书评博得友朋爱侣的欢心的是无聊。

四、书评该是一种科学

我们所要求的书评正如我们所要求的书评家一样，真实和确切是好的书评的标准。没有这两样，你就把文字修饰到如何地美，把外国人名和书名搬来多少车，说句了当话，全没有用处。书评绝不是一种神秘，一种把戏，一种“唬人”的工具。真正好的书评须是求真的，客观的，在现实之中有着相当的好作用的。同情的了解和同情的嘲笑一样地重要，但唯一的起点须是同情。没有同情心的书评家所作的书评一定缺乏着一个灵魂，那种书评对于读者是毫无用处的。

其次，书评一定要和捧骂的文字分得清楚。把一切的批评文字看做非捧即骂的自然是读者的恶习，但这恶习原是由于事实所赐给的。有几个书评家真正地放弃他们的情感上的偏私呢？有几个书评家永远地固执他们的理智上的见解呢？依读者的眼光来判断，说句老实话：实在很少。我们实在需求着一些真挚的，比较冷酷的，不堆砌感情上的辞藻的书评。也只有这样的书评才有用处，才是真正的书评。

太年轻的书评家所以常常失败的原因也就在这儿。他们的年青人的性格是不适于作书评的。书评所需要的态度的冷静，文字的朴素，对于书籍的同情和对于真理的拥护，在他们都是办不到的事情。我们很希望现在的一些作书评的年轻人不要只把自己弄成一个小作家，那却不成。你们应该学习科学，这不但能练习着使你们的头脑冷静，不因害了肺病的是自己的爱人而感觉到美，而告诉读者说肺病是好的，是人人应该害的；应该知道比较、分析、综合等等在书评上是绝对必要的方法，没有使用科学的方法的书评是最低贱的书评，玩弄文字的书评家是最无耻的书评家。

书评家们，请你们快从你们那几本法郎士、梵乐希，以至于现代诗选之类的书籍堆中爬出来吧！书评家评文艺的书是应该的，但书评的本身却应该变成一种科学。爱因斯坦的相对论是因为文字的艰深或文体的艳丽而不被人了解吗？牛顿的为人所知是因为他写了一部东抄西抹外国人名和书名的大著吗？就是以文艺来论，莎士比亚的戏剧是因为堆砌辞藻而被人喜爱吗？荷马的史诗是由于本身的华美而伟大非常吗？我希望书评家们多拿出一点良心来，把书评当成一种“学术”，但不必以“学术”“唬人”。

我相信：真正的好书评家都能成为好的科学家的。因此，我们要求有科学性的书评。现在，书评的文字是渐渐地多起来了，但我们不希望它有一天会遭到一个“丰灾”的危机。

（载《大公报（上海版）》1937年7月4日）

批评家的路

艾　芜

倘若作家只想作一个厨子，做些美味给读者吃，那他就无权利过问那些批评的嘴巴。即使有人舌头上生起厚苔，连奶油菜心之类，也说缺少一点醋，他听见，也仅能皱皱眉头，他不能生气说：“来嘛，你来试试看！”或者对食客低声下气地，表示一点希望。

如果作家还打算做社会的医生，研究中国人的毛病在哪里，要什么药才可以救治，又要怎样才能走到理想的人生。那批评家对于说明病状的单子，以及药方，即作家的作品，就必得不能够信口雌黄，他该具备一个批评家应有的各种条件之外，还要研究人生。

说到研究人生，批评家就不及作家来得仔细。批评家第一注意的，是从政治、经济等等方面，去观察普遍的社会。作家则除此而外，还要个别地去解剖人物。看他是怎样生活着的，时代和阶级，在他日常生活上，打着怎样的烙印。理想和现实，在他内心里，又有着如何的冲突。他的个性怎样，如何造成。然后再根据许多这样的研究，来类型化人物，造出典型。并且，往往一个作家，就比批评家经历丰富，对人生也看得多些。然而，批评家不但只批评他一人，还要批评其他许许多多的作家呢。请问单凭观察社会得来的原理，以及前人留下来的几本理论书，这就够么？何况，大多数批评家，常常过于性急，并不仔细研究，就赶忙设定不成问题的原理，制造衡量文艺的尺度：你的作品里面，什么东西缺少哪，人物为甚那样落后呀，收尾怎么那样不革命哪，喧嚣一就。没有定见的作家，给闹慌了，赶紧尾过去乱，于是作品上会发生怎样的现象呢？——那就是公式主义。有定见的作家呢，便气得肝火上冒。鲁迅先生说中国批评家的话，等于道士乱谈，还是去读外国批评家的文章吧（此是大意，详文见答《北斗》编者的信，载《北斗》上）。但外国批评家，又挨高尔基的骂："批评家无论如何没有影响过我。特别是现代的批评不适于影响人。……'初学的'青年作家，受他的害处，是不轻的。"（见曹靖华译《高尔基的创作经验》）

照前面的情形看来，批评家不是简直该死了么？不，当然批评家是有他的路的，而且还很广大。这就是要批评家观看作品的时候，不应先存成见。比如写农村，作家只就主题表现出封建的黑暗，批评家却摇头喊道："见鬼，到处都闹着不景气，为什么农村破产的影子一点都没有呀！并且就是单看报，也看见饥民成群结队的哄闹的，呸，这简单是歪曲现实！"那么这一来什么作品都被抹煞了。但如果照批评者的话，全部填上，那要求现实的结果，我想反而会得到千篇一律的公式的。因此批评家必得先要承认这篇作品是作家表现出来的某一部分现实，然后由这点出发，讨论里面的人物是不是活的，作者在他们身上所表现的观点，是不是进步的……到这里就用得上作家的主见了。由这样情形产生出来的批评，我想作家是欢迎的吧？

（载《大公报（天津版）》1937年5月9日）

探到那里去呢？

张振亚

如果没有人肯定地承认世界是一块标奇立异、各逞所欲、养性灵、讲趣味的游戏场，恐怕也很少人还把书评看成为灵魂底探险罢。

任凭你在游戏时，把态度弄得多么严肃、庄重，凭你在宣传游戏真谛时，摆出了若干副学者面孔。历史无情，世界变了样，世界不再是个人玩耍的所在，灵魂陶醉的迷乡。除非你成仙为佛，展翅跳上天堂，你底一举一动都得安放在一个原则上，这原则是：人类底活动关系是有机的，联系的，一切活动劝告皆须以发扬集团福利与文化为最高最大的前提。

固然，书评是含有主观成分的，一个人总免不了受那个由种种程度差异的环境、教育、资质、禀性所形成的“自己”底限制。但是，理想的书评绝不能完全是主观的。“自我”在文艺中的地位是未可轻忽的。然而，时至今日，书评，为了完成它底合理指导功用，得在建筑于群众的健康上。我们爱主观的创造性，我们更不能忽视客观的节制。

灵魂探险论者说：文艺田地里永远生长不出一致的标准，书评也就无一定原则可资依遵。无标准，方神秘；无标准，方有趣。我们反对机械、狭窄、琐碎的具有宗派性的法规，因为那是使文艺窒息的枷镣。然而，为促使文艺正当地完成了它对于集团的宏大的任务，我们不能不抓住现实，认清方向，顺着历史进展的巨流，负起批判、向导底重责，与其他推动人间世的大力，调整步伐，谐和地勇敢向前。这具有宽广、普遍特征的祈求，是文艺中的真标准、真原则，是全人类底呼声，是现实的真理。虚玄的神秘和从纯个人出发的有趣，已不应是受人夸奖的美德了，正如巫术不应再受人崇信，玩鸟不应再被人誉为风雅可爱了。

灵魂探险论者说：书评之可贵，在纷杂、综错，在于它有独到见解，珍奇，高妙意境，有以生花之笔诉诸读者情感的表现方式。我们不否认艺术跟“差别”的密切关联性，我们不否认创造性在书评中的优越位置。但是，这里，必须有个限制，即：（一）人性的；（二）有益集团的；（三）向上的。魔鬼式的，只供少数人玩赏的、颓废的东西，从病态观点上看自然有可爱之处，但究竟不是属于我们和我们底世界的。如作品不是艺术地、高雅地麻痹个人神经的工具，不是点缀多数被吃少数享乐的贵族文化的装饰，我们就很难领略这种以畸形为快乐、迷醉为根基的纯正趣味底意义。我们拥护纯正趣味底尊严，倘或它底意见是：在触及关于远大的人类幸运的事件时，所发生的集中的、愉快的感情活动。显然地，这不是灵魂探险论者的解释。

灵魂探险论者说：书是魔术，它使读者——当然评者也在内——沉湎于过去意象及超然阴影中，如吸鸦片烟，如生活在梦里。感不到现实世界，成为幻境底俘虏，忘忧，记喜，书与人打成一片，回到自己灵魂中去遨游，消消万古愁。这是在读书中兴感所至时的最妙境界，然而最妙却不即是最高。莫名其妙的沉湎是精神的自杀，是自我底戕贼，到此境界即止的阔少点烟灯式的书评，是不足取的。评者底最有价值工作是：于清醒后，分析这幻境中的成分，指明其中有若干健康因素，有几何毒质。

灵魂探险论者说：书评不必能影响到批评对象本身。书评是既叙述漫游底经过观感，被评者则自走自路，把书评置之不理，若无其事一般。就事论事，我们知道：这说法是如何忽视了书评底积极意义。如果批评底意义不在能影响到批评底对象，这算什么批评呢？如果一篇批评市政的文章底意义不在能引起市政当局底的反应，试问：这文章的价值在那里呢？如说：批评底意义，就在为批评而批评的精神，就在批评底本身，这种“孤立”、“绝缘”的超现实的态度，实让我们足踏现实的人莫测高深。如说：文艺批评不能与市政批评相比，那么，难道文艺是超越尘世的东西？时代急行，我们再不容文艺女神戴着那副怪异、神奇的面网了。文艺，与文化其他各部门一样，是现实这位平凡婆娘底儿女。

灵魂探险论者说：书评是高度文化发展中的心智活动，它需要绝对自由底权利。仅就此论调看，我们也会察觉出：它是如何近视。在以集团福利为一切活动底着眼点的时代里，事事都需要通盘规画，整个调遣，所谓绝对自由——那既妨碍大家底真正自由，又不能给个人以真正自由的东西——是不许存在的。标准自由须以群体为归依。绝对自由只能产生出病态、魔道的文化的。

灵魂探险论者以上各种主张底基本根据，到底是在那里呢？如因为有历史根据，就推论：灵魂探险论是合理的，那是推理糊涂。我们岂能因为缠足有历史的根据，就赞美缠足？

根据文艺欣赏皆凭感官，人人所得印象各不相同的事实么？所谓印象不同只不过大同小异而已。而且，据此即高唱灵魂探险论，是不对的；我们岂能为世事纷紊，就推翻一切原则、标准？

根据文艺中的标准皆虚伪，不可靠，且时常变易的事实么？我们既不能因为人类社会罪恶丛集，且变易不息的事实，就否认理想社会底降临。我们岂可因为文艺中的标准皆虚伪，不可靠，且时常变易，就否认文艺中的正确标准？虚伪，不可靠，是进化中的段级，变易是宇宙中的常理。

根据美学未立好根基的事实么？现在，美学已是与现实中各文化部门联系地向一伟大标的迈进的东西了：它不再需要飘渺虚无的点缀，它已在现实上这块泥土里生出了芽子。

在集团与现实这两大力量底浸润下，个人的、神秘的灵魂探险式的书评，探到那里去呢？

（载《大公报（天津版）》1937年4月25日）

我如果是一个作者

叶圣陶

我如果是一个作者，我如果写了一本书，希望写书评的人第一要摸着我心情活动的路径。在这条路径里，你考察，你观赏，发见了美好的境界，我安慰地笑了，因为你了解我的甘苦；或者发见了残败的处所，我便不胜感激，因为你检举了我的缺失。

书评是写给作者看的，假如没有摸着作者心情活动的路径，任你说得天花乱坠，与作者的书全不相干。同时书评是写给读者看的，读者读的是这一本书，你就不能不啃住这一本书。假如没有摸着作者心情活动的路径，无论你搬出社会影响的大道理或是文学理论的许多原则来，与这一本书全不相干。

我不欢喜听一味的赞扬，也不欢喜听一味的斥责。一味的赞扬适用于书局的广告，书局的广告常常使读者感到肉麻，尤其使作者看了难过。你，写书评的人，何苦使我难过呢？一味的斥责，父亲对于儿子，教师对于学生，尚且要竭力避免，为的是希望他悔改。你，写书评的人，对于我来这么一味的斥责，是不是说我在写作方面的成功，真是"他生未卜此生休"了吗？我承认这一回的过失，但是我愿意悔改。你为什么不给我开一条悔改的路径呢？

我欢喜听体贴的疏解。假定我有些微的好处，你给我疏解为什么会有这些好处，我就可以在这方面更加努力。假如我有许多的缺失，你给我疏解为什么会有这许多缺失，我就可以在种种方面再来修炼。你同情于我，你看得起我的书，肯提起笔来写书评，这种体贴的美意是不会缺少的。也许你的笔稍稍放纵了一点，写成的批评只是把我的书标榜或是示众，但是，依据你这种美意反省一下，就会觉察这只是阿好者或是仇人的行为，不特无益于我，而且违反你对于我的美意，于是你不由得要"改弦更张"了。

疏解以外，直抒所感也是一种批评的方法。直抒所感往往须利用比喻，如说"仿佛走进了一座庄严的殿堂"，"宛如看见了一个状貌、态度、服装、器用各不相称的人物"，这种批评对于读者比较有意思。读者看过作品，再来看这种批评，好比游历回来听同游者谈说所得的印象，谈来和自己的印象相合，固然有得所印证的乐趣，如果和自己的印象大有径庭，也可以把过去游踪重行回味一下。这种批评对于作者，用处似乎较少。无论说作品仿佛一座庄严的殿堂，或者宛如一个状貌、态度、服装、器用各不相称的人物，总之不过描摹了作品的一种光景罢了，而作者所要从批评者那里听到的不只是自己作品的一种光景。

批评者不能不有一副固定的眼光。这里所谓眼光并不单指眼睛看事物而言，却包括着通常说的人生观和世界观。眼光来自生活，一个人的一生眼光即使有转变，可是在某一段时间以内总是固定的。教他用一副眼光去看这件事物，更用另外一副眼光去看那件事物，事实上很难办到。所以我不希望批评者随时转变他的眼光，只希望批评者不要完全抹杀他人的眼光。万一我的眼光与他的不同，且慢说“要不得”、“不可为训”那些话儿，不妨站在我的地位设想，看看我这种眼光怎么来的，然后说依他的眼光看来，结果完全两样。也许我给他说服了，我的眼光就会来一下转变。这是他的胜利，而我对于他也将感激不尽。

有一些批评者似乎有一种偏嗜，好比吃东西，他们偏嗜着甜的或是辣的，就觉得甜的或是辣的以外都不中吃。不幸我的东西偏偏不是甜的或是辣的，不中吃是当然的事情。但是我也不觉得惭愧，因为本性既已注定，无法为了迁就他人的口味，硬要变做甜的或是辣的。

（载《大公报（天津版）》1937 年 5 月 9 日）

我只有苦笑

巴　金

我看见了你寄来的那位不署名的书评家的文章，我奇怪你为什么要替我生气。我自己读完那文章以后并没有愤怒，我有的只是苦笑；但苦笑之后我仍有所得，我究竟多知道了一点东西，我看清楚了一种人的面目。我计划中的某一部小说里面就会有这样的一位书评家，倘使我那时要告诉读者我那部小说中的人物典型是怎样逐渐发展而形成的，我就得提到这篇书评，这是必需的。因为我读这书评，我研究这书评，我的眼前才慢慢地现出了那位书评家的英勇的姿态。我把这些事写出来，主要的原因是作为一个小说家把我创造一个人物典型的过程向读者说明。我并不是因为怕那位书评家疑心我把他当作模特儿而写给他看的，这是很浅显的道理，连不会使用“艺术”这法宝的也能够明白的。

同样我写“爱情三部曲”总序，主要目的也就在把我创造人物典型的过程告诉读者。只有那位嗅觉特别锐敏的书评家才会在这文章里嗅出别的气味来。他便武断地说我的文章“应当专给他（指我）那些朋友疑心被巴金先生作为创作的模特儿们的先生们看的”。我不知道那位书评家有什么权利，可以代表读者们说话，可以抹煞读者。他自己说过“书评”和“批评”不同，但他却忘了“书评”的对象是读者，不是“作者”。他那篇书评明白地摆在每个读者的眼前。我可以斗胆地断定说：不管“爱情三部曲”写得好或坏，但为了要了解那作品，我的总序却比那书评更有用处。

我自己明白地叙说了我的小说中的人物和真实人物中间的距离，那位书评家却因为我把我创造人物典型的过程详细说明，就教训我不懂得小说和历史或传记的区别。他似乎太聪明了。不过我倒疑心他自己就不懂历史。我也略略研究过历史，这类的书籍我也读过几本，但历史并不就是“将现实悉网罗了，一丝不少的都翻译成文字”，历史也并不单是“在实生活中取材”就尽了他的任务。历史是什么？我们随便找个初中学生来询问，也可以得到满意的答复，而我们书评家最好还是去和初中学生讨论历史和小说的区别罢。

那位书评家的唯一法宝就是艺术。但艺术这东西无论如何是离不了人生的。而且艺术的标准就并非固定的、唯一的。读者能否了解欣赏一个作品，也不能以作品的艺术价值高低而定。生活环境教养甚至可以决定一个人的意识形态，更何况艺术的观点！那位书评家责备我“和托尔斯太犯了同样的错误”，我不知道托尔斯太犯了什么错误。至于我，我不过指出来，在一个作品里面常常有些极平凡极简单的处所，因为真实，也能感动人。书评家拿“安排好适当的气氛，多运用点艺术”的大道理来教训我。书评家的生活、环境、教养决定了他的意识，决定了他的艺术标准。我记起了一件事：从前在俄国当屠格涅夫和格列哥洛维奇的描写农奴生活的小说发表的时候，许多高等俄人甚至惊讶地问道：“他们那种人居然会有感情，居然也知道爱吗？”在书斋里生活惯了的人对于《电》里面的许多处所，自然是不能够了解的。

在半年前我还读过另一位书评家的文章。他告诉我，我的某一篇小说里面的一件事情，是不会有的。但不幸我就亲眼见过那事情，而且我知道现在还常常发生那类的事。做了一位书评家，只因为自己的生活经验太少，就随意抹杀这抹杀那的。对于这样的人我只有苦笑。

还有呢！我有个朋友，写了一篇小说，他决不是拿失业做主题的。他的文章发表不久，就有两位书评家出来把那小说恭维了一遍，说那是以“失业”为题材的佳作。我那朋友读了那些书评，也只有苦笑。

我们只有苦笑，因为在中国就只看见这样的书评家……

（载《大公报（天津版）》1937 年 5 月 9 日）

关于批评

张天翼

凡容：近来我写东西，越写越感到困难。不过我总相信，我们大家都在进步。从这一点说来，我们大家倒是“差不多”的，因为我们大家都认真习作，要学好，要使读者在我们的文章里得到点东西。我们谈天，互相批评、指摘，由是彼此得到了许多益处。

可是不知道怎么一来，你忽然把这个天——聊到朋友圈子以外去了。那次你竟把你所读的刊物上的几篇作品，写了篇把感想文。居然逗起了几个朋友的高兴，正式劝你来干这一行。

我老实警告你：你千万别上当。照目前“书评”的行情看来，又照你写那篇感想文的态度看来，你要靠这门来吃饭——那不够资格。因为：

第一，你竟傻了吧唧——把要论到的作品仔仔细细读过，并且读了好几遍。这就未免离奇。而最糟的是——

第二，你对于要论到的作家——毫无思想可言。你这是干么呀？

你如果要专干这一行，那就得懂点诀窍，首先——是要打定主意：对这作者还是该捧他上三十三天呢，还是该骂他个狗血淋头。主意既定，然后把他的作品略为翻一翻。要是怕费事，不翻也不打紧，叫一个身边的朋友告诉你几句大意就是了。

于是从容执笔。

每到年头，要把去年的创作作一总清算的时候，顶要紧的是开个作家名单：那一位是要论到三千字以上的，那一位可只要谈到三十个字就够。另外的就不必麻烦，干脆不提。假如实在难为情，那就带一句好了："某某、某某等去年亦有文章发表云。"

这就是做带括符的批评家的入门。如今市面上流行的就是这种"批评家"的"批评"。要为了货销得动，就不得不学点这些生意经。举一个例：我看见《热风》上雪苇先生《续论现阶段的写作自由》一文，附记上就说，这篇文章投到一个刊物里，就给退了回来。

然而创作者是有眼睛的，正看着批评者的前途，正像批评者看着创作者的前途一样。现在看得见——有些真正的批评家正在那里长成，在那里发育。

有些人的确在发愁：怎么直到今天，还没有结实的、伟大的理论批评出世呢？

这是急色儿的看法，跟前向时有人要看伟大作品一样。急色儿要找到一个好好的爱人是困难的，所以我们可以干脆回答：为什么没有伟大东西产生呢？就因为有这些急色儿的缘故。

只要想一想：我们这一时代的文艺，出世还不到二十年，已经有了这样的发展，就是个瞎子也得感到中国文化的进步。急色儿呢，自己觉得发育不了，倒怪女人长不肥。

带括符的批评家就是这种干法。在他们自己，则吞下了两三页文学理论书，还不等消化，就做起"书评"来了。

他们永远跟在创作者屁股后面，而俨然以为自己是领导者。看来倒是有点像的，不过仿佛跑万米一样，他们少跑了一圈就是了。有时候他们还揪住了别人嚷着："你的题材不积极！"或者："你干么不写义勇军呀？这不明明是汉奸文学么！"

创作者倒没有给揪住，可是正在长成的、真正的批评家，却给他们抹杀了、踹倒了：他们生怕市场给别人抢去。

近年来批评也真是交了倒头运，一提起来就叫人头痛。这是该由那些所谓"批评家"去负责的。如果就此要把这一部门铲掉，那就是因噎废食，恰好上了他们那“行家”的当。

别人批评到我，我总是不开口。这倒并不是什么“客气”，只是因为读者有眼睛，我自己也有眼睛。哪些指摘得对，哪些不对，大家都看得分明。脉案开得不错，我就下劲来医好我自己犯的毛病。要是谈了好半天抓不着痒处，那我与其写文章来答辩，还不如留点功夫来习作。这就是答复！

你跟我谈到绳祖对《移行》的批评，和胡风的《张天翼论》等等。前者所论及的“幽默”，论及《移行》那篇因“刻意求工”之故反而不讨好，都给了我很大的启示；后者评我处理人物太素朴、浮滑。这几点都论得很对，我自己也感觉到了，我正努力想改正这些。胡风这篇论文，我觉得有点不够的是：他只是作了横的分析，而没有纵的来处置一下。

总之，好的认真的批评，总能使我们得到许多东西的。我出于至诚地感谢他们。

但有些人写的批评文字——不单得不到什么，连看也看不懂。

有一篇评到《洋泾浜奇侠》的，不知你看到没有？这部书是完全失败的东西：油滑，人物没有处理好，时代背景也没充分把握住。可是那篇书评，差不多没触到这些，他倒是写了一大段剑侠思想的由来，说明这是封建社会的产物。

这个我倒还懂得的。有一章特别标题为《八字脚文化之子》，交代他的家世。所以要这么来一手者，就是怕这种书评家还不明白之故。我自己总觉得太笨，而通篇也都表现主人公那种封建劲儿，这人物显得很单纯，正如胡风所说的“素朴”。

照那位书评家的说法，我该怎么办呢？

“读者诸君！我所写的这位英雄，原来是封建社会的产物，而一自帝国主义势力侵入之后……”等等，只好这样。

这种书评家比到我们开头所说的“批评家”倒是有良心的。他倒是认真想评一下，不过太性急罢了，于是也抄着“批评”公式一条路。

至于还有些人——并不专干这个，却样样都来，俨然有“信笔纵横”之势者，也偶然来一下子过的。有时候会根据听来的科学知识批评你：你这一点没有交代到，可见得你不懂，你要是懂，怎么不写进去呢？

是的，怎么不写进去呢？

这些人——大概未必看过科学书，对文艺尤无兴味。不过为了稿费，就这么写篇把就是了。倒是情有可原的。

我们刚才说到的那些带括符的批评家，以及心有余而力不足的性急的书评家，说起来还不能算顶坏的。

他们到底还记住了时代的意义。虽然有些是近视眼，有些是理解力有点别扭，而有些则辨不清这世界到底怎么走，可是他们总还是有个倾向——这就是寻求真理的倾向。

你也许会说：他们之中，有些看来不是这样的。那些人未必有拥抱真理之心，不过为了要垄断“批评”市场，要结个帮口，就嚷几句漂亮话装装幌子罢了。他们是假的。

当然，谁也说不定他们骨子里是怎么一注货。假人也不免有，甚且有一面摆出一副进步得了不得似的脸相，一面暗中却来一手反作用。今日天下商人中，往往有个把干这类买卖的。

可见无论如何——即使是假的吧，也多少收了点效。即使光只在脸孔上摆出进步的样子吧，实际上——凭良心说，倒是能够起点作用的。一个人虚伪不能虚伪到底，假如有一天忽然现了原形，露出了狐狸尾巴，那可怎么办呢？

不要紧。广大的读者群仍旧会向前走，不会因为那几个人而停留下来。要是他们绊着大家的脚，大家就会一脚踢开他。

所以他们多少有点儿的这种功绩，不能一笔抹煞。

他们固然不肯学习，就想要打江山。根据他们似是而非的理解，来发些半通不通的论调。但大家有眼有脑筋，可以纠正它。如还不愿学好，那就成了路上的一块石头，大家也会踢掉它。

这是时代的力量使然。

时代推动着大家怀着光明的心，怀着求真理的心，而挺身向前。

这种力量谁也挡不住，谁也拖不住。有人因为挡不住、拖不住，而又赶不上，于是在后面远远发几句牢骚，那是连睬也不用睬他。

另外还有个把“专家”，就连刚才我们谈到的“批评家”、“理论家”们的那点儿用处——他们都没有。岂但没有，并且还有了负数。好一个不事生产的人，自命清高，一天到晚品茗啜酒，买点骨董玩玩，而欠下了一笔债一样。

幸而还好的是，他们连句子还没有写通，故此目前还没有发生怎样的害处。我们读了这些“专家”的文章，但如丈二和尚——摸不着头脑。说是抒情文吧，也不像。不要是什么谜语吧？——也不像。因为谜语倒还留下个隙处叫人探索，而这是没有的。

他的理论呢？

看那些文章便叫我们入五里雾中，不懂。

不过——好在“专家”们自己也未必明白，我们不妨来猜一猜。

他们仿佛很讲究一种艺术价值，一种绝对的，高高在上而四面不落边际的艺术价值。他们似乎怪时代把这种牌子的艺术搅得有烟火气了，神情之间（我们要不捉摸他的神情，那就连猜也无从猜起）好像嗔怪现在许多的艺术作品都不值价。

那么他那种牌子的艺术——到底值几毛钱一斤呢？

可又不告诉我们。

美，好像他们也认为是绝对的。因此“雄浑”呀，“纤巧”呀，诸如此类的词儿——也就是离开现实世界十万八千里，飘飘然在空中摇荡的绝对的东西了。

可是口吻里面带着了悻悻然的样子，因为一般人对这牌子的艺术不认识。

听说有人向书店老板大声疾呼过，叫老板们不要害怕，尽管印行这牌子的艺术品好了。现在销不掉，将来总销得掉。

这就是说，这种艺术品总有一天可以叫老板赚钱。

唔，好得很，好得很，一点也不错。这叫我们明白：这种高高在上的艺术价值，跟那种满是烟火气的世俗的商品价值，原来是有血统关系的。

闲言少叙，我们还是来猜谜吧。可是它太难捉摸，恐怕费了脑力而仍无所得。只有一点把，是明点出来过的，曰“气质”。山东人气质好，而福建人则不行，所以山东散文往往很“厚”。

他似乎是用自然环境来解释的吧？

也许是，不过看样子，仿佛又不像。因为在许多书评里，又并没有告诉过我们——那位作家是哪省哪县人氏。

好在你我都不是福建人，如提出疑问，倒还没有什么嫌疑。譬如：有位作家祖贯闽侯人氏，而生于济南，则他的气质是厚呢薄呢？本来在上海南市，迁于闸北，变不变质呢？又如——生在马槽里的人，怎么办呢？

这是不是把泰纳方法削下一块皮拿来用，我无从揣测。就是泰纳方法，也是嫌迟了点儿：如果在人类还没有经营社会生活的时代，不，其实是还没有进化成人类的时代，这种地理的解释倒是用得着的。

话又扯开了，带住罢。

总之，虽然我们猜不透那些专家式的文章里写了些什么，可是看得见那副脸相。他们一听说时代，就忿忿不平地咕里咕噜，这是他们不敢正视这时代之故，于是起了这种的达尔文学派所谓返题根源作用。

如果他们把文章写通了，那就要提防一下，这会绊住走向前的人的。

这也许不是他们有意要闹别扭。这里我要忠告他们一下，叫他们知道：实际上他们会招致怎样一个结果。只挡住自己的眼睛，就以为自己已经到云端里，以为这世界动荡不着他，如果不给他一个忠告，他自己都不会明白。

你真的跳开了时代，跳开了这世界了么？

别要这样孩子气罢，先生。就是你不高兴看报纸，也该感得到现在的风向，现在的低气压，也该听得见大家的挣扎的喘息声，大家的怒吼。求解放的战争是无情的，道路是艰苦的，每个中国人都避不开这条路，也不该避的。

我们需要批评家。我们需要——

结实的真的批评家。

谁都热望着现在中国文艺界的畸形“批评”能够匡正，发育不全的能够长好。这些“批评家”并不是没有才能，只是——或则急于要写稿赚钱，或则修养不够，或则无勇气去正视这世界，等等，于是弄出了许多毛病。

不过我们倒也不必悲观，一样东西的长成，总要经过一段幼稚时间，总不免要做错事。我们只要想一想：我们这代的文艺出世还不到二十年呀。

知道了毛病，只要自己下决心改正，没有改不正的。我坚信：中国的文艺批评——有远大的前途。况且如今已经就有真正批评家在生长着了。

现在我热烈地——对批评家们致敬礼。

（载《大公报（天津版）》1937年5月9日）

书评家即读者

施蛰存

上星期我曾写了一篇小文，谈到目下文艺批评家的一个公式主义，如今《大公报》文艺栏编者有来信要我表示一点对于书评的感想，我觉得，关于这方面，恐怕还只有这一点可说，这里一段文字，就算是我对于那篇文章的复述或引申吧。

批评即是判断，判断的标准是真善美，批评家的文艺理论无论变化到怎样，作家们的文艺技巧形式无论变化到怎样，我想，这原则是始终不会变的。但是因为文艺是一种最没有度量的东西，它不是黑色之于白色，除了色盲之外，每一个人看到的人都能够判断是黑抑是白，它又不是酷寒与盛暑，除了病患者之外，每一个人都能感觉得到。一件文艺作品，只有一个人能写出来，换一个人写出来的就另外是一件东西了，所以它对于读者的感召也各各不同了。

因此，文艺批评的原则虽然简单，但因文艺作品有着这种特殊的人性的关系，两个读者对于同一篇作品不会有完全同样的意见。

文艺批评家，纵然他有多大的文艺修养，纵然他有多大的辩才，实际上，他并不超过于一个能够说出他底读后感来的读者的地位。易言之，他即是一部分读者意见的代言人而已。

一切的文艺作品都是诉之于一般读者的，批评家也包括在内。并不是先诉之于批评家，而后由批评家手转呈于一般读者的。因为如此，所以批评家应当以一个读者的立场去批评一本书，不应当超越了读者的立场，而以一个特殊人格去批评一本书。

读者对于文艺作品的要求，无论怎样说法，差不多只是欣赏与消遣。一件文艺作品若能成为大多数读者的好的（即真的、美的、善的）欣赏品或消遣品，它即是一件好的文艺作品。没有一个政治家会把一本以政治为题材的小说当做参考书，也没有一个研究畜牧的学生会把讲到南美洲垦荒的小说作为教本。批评家若不以一个读者的欣赏态度去看一个文艺作品，而以自己所熟谙的一套理论去衡量一个作品，则他的对于一个文艺作品的判断，决不能代表大多数读者的。

我不反对批评家的公式主义，因为这些批评家的理论公式多数是从许多读者经验中去归纳出来的。但若是一个文艺批评家始终只用一种公式去判断各方面的作品，那却是大错误了。我曾经举出“政治意识之检讨”作为近来批评家所持唯一公式之例，其实也不止此，目下的批评家，我觉得似乎很少有全才，每个人似乎只分到了批评家才能之一部分。在他所了解的一部分中，他或许能说出很大的理由来，但在他所不了解的地方，他对于一件作品的感受，似乎反不及一个寻常的读者。而他费了很大的劲对于一件作品所下的准确的判断，却往往在他所不了解的这一部分中显出是谬误了。

除了一部分没有文艺天才，也没有文艺修养，而且还奉批评家为神明的作家之外，没有一个作家在写作之先就顾虑到他的作品将对于读者发生何种影响的。纯粹的文艺作品，其写作的动机，常常是只有一个冲动。这个冲动之具体的表现，即被作者之天才及技巧所决定，文艺作家尽可以是一个爱国的国民，但他的作品不必每篇都以爱国为题材。但当然他不会在作品中赞美汉奸。批评家若不能了解创作家的人性，即不能了解创作的动机，而又不甘以一个读者的欣赏态度去看这作品，他的批评也必然不会被作者所心折的。

以一个读者的心境去看作品，而以一个了解各种文学的艺术的智慧去探索作者的灵魂，从而考察这作者的灵魂在他的作品中是否表现到了至真至善至美的境界，使大多数读者感觉到你已代替他们说了褒贬，使一部分读者觉得你已帮助他们定了褒贬，这就是已尽了批评家的责任。

但是，在中国，这似乎很难。自以为能了解陶渊明的隐逸生活者偏不了解他的《闲情赋》，结果他对于陶渊明还是不了解；自以为能了解欧阳修一生大节者偏不了解他作艳词的心境，结果他又何曾了解得欧阳修，自古如斯，于今为烈，能够从各方面去了解一个作家的著作者，真是太少了。

（载《大公报（天津版）》1937年5月9日）

书评家的趣味

李影心

从来讨论书评的性质时所遭遇的最大纠缠，莫过于书评家个性存在的难于控制。因为，就一个基本的原则说，任何艺术创作皆离不开作者，书评虽是对艺术并无多大野心，它的造诣且说来更较批评为低，但是它的存在却同样得有赖于书评家对创作所达到的特殊理解及见地。所以，如若摒弃了作者，一篇书评本身上便已无所包有与立足，它可以容许作者的自我存在，有个性，有独到的个性。然而它更应当顾及到公平，保持那衡量事物绳准的明允正直，因为书评事业更其需要普遍公正。

书评家原是读者，他不缺少对好书喜爱与对坏书厌恶的情绪，然而临到着手于他的书评，他的位置却是超读者的，我们是说，他应极力避免私人的爱憎。问题在书评家不仅止于读者，他的事业为诸般客观条件所形成，操持了更进一步的服役。他的职分相当于公仆，本着一己的良知，追求所谓公平无愧，造成事业上的尽心为力。所以诚实坦白，大公无私，恐怕要算尽职的最好的美德，而这些美德往往不是可以和私人爱憎相兼容的。自然，有的书评家可以用后者作为衡量作品时的根据，且能成就得相当的良好，然而理想的书评所走的路，我们怕是应该顺沿前者的依趋发展。书评家欲想忠于职责，他便得时刻牢记回避自我的直接参与。由于他的一切尽心为力最终倒不是为了他自己，至少说书评的成就不是发现自己，更很少是表现自己，虽说这样来作倒是一己存在的方便的安绥。

但是我们得赶紧补充一句，私人爱憎是一件事，个性的偏重又另是一件事。这就是为什么，尽自书评不甚需要私人爱憎，用来述说作品的得失，它却能够容许作者个性的存在，支撑己身的特殊的位置。因为，个性的偏重虽有时会成为私人爱憎的基因，然而通常，私人爱憎却不就是由于个性的偏重，也不能够代表个性的偏重。这两者的关系是那样错综，从错综里却可见出分歧，而最终则是这样的区别常会决定书评自身立足的公平与否。我们所以想这样划分，最大的关涉倒是由于除去根基于一己性格或趣味，私人爱憎最多的来源要在一切外在的人事的牵制，这些牵制最足妨害书评家持论的平衡。书评家的存在主要得有一个公平条件的限制，使一切活动皆有所适合分寸，不容个人的任意纵横。然而这样说法亦非绝对，因为一切不似我们所想象那样局促，凡事适可正如一种恰切的限度，书评的公平条件事实上也得承受作者个性存在的种种控制。

不过书评的限制在内而不在外，在作者而不在人事拘束。一如前面所说，书评家的公平无所谓全然绝对，限制它最利害的还要在于书评家自我存在的无法牵拘。然而归根结底，我们禁不住要问，什么决定了书评里面的公平？怎样才能建立书评里面的公平？说到临了，一切还得奠基于作者的存在。自然，不能甩掉自我个性是一种原因，而另外，实际上说，书评家的普遍公正实系指不反乎一己趣味理解的平直而言。书评家对艺术的最大努力应该是置身物外，单凭一己深厚的见解与修养，衡量作品得失。而首要须当注意的，便是他必得全然抛弃成见，然后他才能发觉特见，那怕是偏见，这类智慧的探索都值得为他公平的事业表彰。这里一切都是属于他自己的，他的造诣是对作品达到的一己特殊见解，如我们前面所看重。但是，他的意见未必与原作所欲表现的相同，有时甚至相反，因为就纯粹欣赏而言，创作与批评原宜保持相当距离。理想的书评家由于自身努力的成就，或可把这样距离缩短，造成与原作者的接近，他不只应有无愧于心的诚实，更当特具一份指摘得失的中肯。

甚至自由，书评家讨论作品时亦有所依据的绳准，通常这类绳准的构成概皆出之他一己的全般态度与整个见解的组合。他的态度得自生活认识，见解又复有他性格存在的支持，所以他的衡量如若过偏，至少说他的尽心并不稍背于一己的趣味。然而趣味亦有他学识修养所带来的规范，不纯沿着一己爱憎的任性，它可以代表作者意识感情诸方面的综合呈现，却不是一种随便可以为偶然机遇所转移的单纯流露。趣味可以改变，但必得是秉承两种特定的基因，一则是思想学识，另一则是性格气质。两者的变迁都会直接影响到趣味，所以一般的讲，从趣味中，我们往往能见出书评家的态度见解的差异。

任何人都可有其自己的趣味，书评家则更当独具一种较高的对文学艺术上的兴趣。因为趣味的立异决定了书评的风格。书评家不易避免自我个性的存在，这一层难题的存留对于书评事业的公平往往是一种挠阻。然而书评家倘能提高他一己的趣味，且解放了它，使它有个广大的趋向发展，他的公平或许更恰近他的事业的条件限制。他的努力不是为的打破那个限制，而是完成那个限制，临了不失其自我的存在。因为，为了自由而放弃公平，或是由于公平而失去自由，同都是片面的完成，而未曾恰如其分的通一，理想书评要的是两者兼顾。

四月四日。

（载《大公报（天津版）》1937 年 4 月 25 日）

冒险与裁判

杨　刚

人知道书评是作者，质朴点说，是作品与读者之间的一种东西，正如评者是介在两者之间的一类执笔人。他如一个爱说故事的老人，用他敏感的智慧的手指在昏夜的星光下触摸着隐约而不可见的幽灵，他喜悦地将幽灵放在自己感觉下，拨弄它，翻检它，用明晰的言语解释它。他明白一本可以存在的册页，错非它含有一种精确的，比任何物质的存在都更为真切的事实，一茎信念，一株思想，一片心理的剖析，一段感情的享受与磨练，还有，一种创造的颖辟的天能，错非有这些凡眼所难见的事实，这册页有了书评，无非只遣它飞速的死亡以不痛的留连。但有了这类事实，而书评家不为读者去讲说，他就算遗忘了他的本分。他应该解释综合，他从一本书透视到作者自己，为读者热烈的追求增加一个可以说是朋友的人。

但，书评的作用是否止于一个中间人呢？评者纵有天大的客气与谦逊，他终不能脱离为物质的人，只一个媒婆的意义就可以诱惑了他是不可信的。将行为止于一点纯粹的服务心理上，除了作为口号外，一个执笔人很不能有那么纯洁。有人骂批评家站在别人肩头上显高，这句恶意的话却含有不少的真实在内。意思是，评者本有自己长高的本质与活力，他却不学其他的写作者，笔笔直直单纯的长了上去，他使自己如一缕光钻透别人的肩头，从那里长一棵树，开一朵花。他的理想卓见与作者对照着：合于他，他赏识；不合于他，他判决。评者们若没有这种穿透别人来开放自己花朵的能力和欲望，这评论者的前途上大半有另一项职业等着他，因为书评与一切作品有种相同的引力，是表现自己。无论作者、读者、编者乃至于书店老板用什么眼光去看书评，写评文的人是得凭了一点引力才能动笔。

倘这段话诱引人以为我主张书评是灵魂的冒险，我理宜谢罪。由评者执笔的心理来讲，我以为一切书评或多或少，都是冒险，或真或假，都有判断，除了讲古典规律的人，他手上的是比较明确的千载以上的度量衡，他的柁因此把握得较为稳定。

一个对现实怀有极贴切的感觉的人，他的周身都长有触须。他和一条黑鱼一样，当在时代里面游泳自如时，他神秘的能触知一种流向，一点端倪。这流向使主流伏在泡沫漩涡底下，受着无视与凌压，无声而雄伟的带起整个巨流向它自己的海洋中前进。这种流向有温柔的韧健的力，轻轻的可是深透的染入这人心的纤维里，使他容纳了一种外来的要求，自愿以流向的终极为自己的理想。可是这样的理想观念，任凭它如何普遍，它不能有一行目录的教条与法则，因此当评者容纳了这理想为他自己的心魂，他下笔时就不得不，同时也乐于，使自己冒险了。

可是在那明白被人称为冒险的野心家，判断也不是没有的。他躺在柳荫下，池塘边，让他的眼波游动于青空里面，他看看这是好的。自然，当他打开心门在吸纳景色的时候，他心如太空无渣，他是完全在虚怀受纳，没判断，也难说有思虑。但到他说这是好的时，裁判虽全然出自于他自己的受应，却不能说是没有。所以用冒险与裁判对待来说，我们只可讲评断的文字，冒险较有限际，赏悦的批评裁判较不真实，但这些都难认为是划界的区分，是显然的。

要在这两种书评中间划一条明断的界限，却也非不可能，着重点恐怕就在于"冒险"两字上面。一个写作人有权利听自己的灵魂冒险，至于听他的野心所能引到的地步，同时他也不妨引着读者去寻险探胜，唯有评者在作者的面前，他不可有太无疆的自由。在使他自己的灵魂纵性而外，他不能弄得作者的灵魂冒险，离了他自己的窟窿。批评者无论手中执的是规条，是他自己的理想，抑是作者本人的企图，总之，他要不忘记他是在将自己的观念与作者的成果对照、分析、解释、综合、比较，这是客观的带科学性质的行为，主观的表现只能由客观的剖析透射出去。可是欣赏印象的评者，他的态度与其属于评论家，还不如说是诗人的。他读一篇作品如看一幅图画，也即如赏悦一片景色、一番情致，他可以将自己的观点写一首诗、一篇散文或是一篇书评。在这里，他所经历不是对照的、评断的过程，他是在感发创制的途径中吸取食料。他用着吸纳容受的态度使对象的彩色声音动作囫囵的透过感觉的密度，通过情感的容纳性，不经分析，不经究索，与自己感情的波震意趣的周旋相汇合，成为一个复制的意象。这种写作，临它在纸上时，与一般的批评有极显的目的不同，是属于创作的新鲜，不□。作家的灵魂为评者引出纸外，作了评非自愿的冒险，与评者的灵魂有了不宜有的镕冶。这里判断主要是评者对于自己意境的判断，文章更近乎创作一型。

将书评与散文创作合流，为书评想，为一般的评论想，大约都不适当，对于这一类散文式的书评我们已经有一个非常丰富可是零乱的传统。以重产印象，复生精味为主的诗评、曲话，一贯的在我们的文学批评中传递了许多世纪，它们从来未曾在创作界中引发出一个深沉磅礴、启示真理的文学时代，更不用说在批评界开出一个思想系统的洪流。到如今，人们已经不再将文学逼锁在抒情写景的静室里了。假如书评在一切写作中，能有它自己一个不甚暂时的地位，它也应该使自己的肩头更坚硬更有力一些，它应该有坚实的态度，坚定的感情，将透彻睿敏的智慧判断一种创作之合乎理想与不合理想。判断者不需要在这儿隐藏自己而埋头于死板的规条前面。他活在这个年代，这片地方，它们的需要，容许他为那时间和空间爱留一个信念，同时更要紧的是要他在下笔时，使用刚韧的雄性的思力与有计算的辨别，将鞭策的判断执在手里。

（载《大公报（天津版）》1937 年 4 月 25 日）

怎样选读杂志

杜树雄

不久以前，读过本栏一篇文字，题目是“怎样选读书籍”，该文开场白有这一段意思：“吾人食品之选择，已有很多之记载，现在让我们讨论讨论精神的食粮书籍罢。”吾人之食品既分多少种类，那么精神的食粮呢？不费深思，也是具有很多部门的。书籍如果相当于基本食粮，米、面、鱼、肉，杂志就可比作生动的蔬菜与新鲜的美味。书籍具备深邃理论，以及整个系级的叙述，吾人必须循着次序去读，去熟读。但是关于时事问题的论述，则有的时候本文未能尽皆符合现时局势，以致使读者茫无头绪。因一本书，由编辑而付印，而出版，一直等到送至吾人眼里来，世界时事速度的发展告诉我们，绝不允许这么长的时间。报纸对于时事，消息迅速，社论随时，应该按日阅览自不待言，但也有时，必须佐以杂志，方能将它的前因后果，有系统的了然于胸。各国报纸的杂志化，足可证明之。呵！杂志对于研究时事的帮助，如此其大！现在再容我们继续谈谈精神食粮之部——杂志罢。当于我们踏进某一个书店，书摊上放满各色各样杂志，五光十色，美不胜收，其各样封面之不同，正有如其内容之复杂。单讲封面，出版家、编辑者、目录，潦草一看，不知不觉，足得钟鸣三四次。然而要想完完全全阅读一遍，则所费的时光与金钱，不问可知，这时在千百种杂志中，我们怎样选购呢？实是值得讨论的一个问题。兹即起始简短扼要的列出三项，以作临时选购之参考，自知篇幅简短，挂一漏百之处，在所难免，幸各方有以教正之。

（一）杂志在形式上的区别

大家知道，杂志在形式上可分为四种：一、周刊；二、半月刊；三、月刊；四、季刊。周刊，最近乎报纸，所有一周内国内外大事，反应得非常敏捷，其短小精悍如《国闻周报》一类的简评，极容易给读者一个方便之门。用精炼的笔法、犀利的眼光，映出每一件事的缩影。半月刊，较诸周刊时间性差一点，可是时事的演变，因为中间经过半月之久，所以呈现的情形也比较周刊深刻些。长篇深奥的论文，也在这上面活跃着。月刊、季刊，近乎书籍，一切通讯评论，皆具体化。内中并且包含时事基本文字、专文等等。总而言之，杂志在形式上的界限本不十分清楚，而其价值亦无甚重要。设若选订周刊、半月刊、月刊，各一份连贯起来读。固然对于观察力的培练有不少的帮助，即使有一部分人财力、智力，均感困难的时节，那么我以为宁选一份周刊或半月刊，精细来读，尚比粗读乱读强得多。

（二）立场种种

站在客观地位观察各杂志之立场，立时现出其中立而不倚，两可之间，包罗万象，种种互异之倾向，其活动之多端，与政界上的舞台□□□□□□□，杂志之出处有来自各机关，有来自某党某派的，有商业性质的……机关主办的官样文章，章章均是条条是道，句句均是一字不苟，一种严肃的态度，望去令人敬畏。党派背景的，更是左倾右倾，颠三倒四，只知有己，不知有人。来呀，我是一个最尖锐的奋斗前进者！商业性质的杂志，一张讨人喜欢的笑脸，左顾右盼，竟是一些差不多的文字。我国言论尚未统一的此刻，一般读者最好选购一种立场。比较郑重，范围比较广泛的本子，无党无派，纯粹学者意味，持公持正的报告一切，评论一切，这样高悬标的说来，似乎空洞一点，且看下面实践的办法罢。第一步先认清楚了编辑者是如何的人物。第二，留意各方面的批评。第三，它开首的论坛，是否立言公正。第四，请示学识宏博的师友。以上四项办法既可避免受骗，又可免除受毒，这正是四盏路灯照出我们应走的一条光明大道。

（三）取题及材料方面

末了我们要鉴别是取题及材料方面，取题是否相当，内容是否精确，材料是否充实，文章是否丰美，这些均系所要考虑的问题。比较浅近而广泛的杂志，适于起始注意时事的朋友。十分专门及精深的长篇著作，可以留作后来读。一本好的杂志，除将每一件大事精密的评论一番外，尚列有论文、外论介绍、人物种种、地方描写、各地通讯、编者与读者等等。从论文中可以看到完整而且详尽的论析；从外论介绍中可以读到各国各方面的舆情；借各地之通讯，晓得了各地之实际状况；借人物种种、地方描写，晓得了时事的底细。由于编者与读者互相连络了解的结果，促成了供求共同的协进。

（载《大公报（天津版）》1937 年 5 月 27 日）

我们怎样选择文艺读物

张锦庆

文学是时代的反映，一个时代有一个时代的特殊情形，每一时代都有时代的特殊文艺，唐诗、宋词、元曲、明清小说，都是随着时代演变而进化的。我们不能强现代社会产生古代文艺作品，等于我们不能强现代社会实行古代的风俗习惯，我们要知道社会是不断的进化，文艺也随着社会不断的进化。因此我们选择读物，也要根据自身的需要，国家民族的需要，它才能成为最有价值、最有滋补的食粮。

一、什么是我们需要的文艺？

稍有点文学常识的人，谁都知道文艺不是专供骚人墨客咏风弄月的玩物，也不是专供士大夫阶级歌功颂德的工具，既不是少爷小姐们的“为娱乐而文艺”，更不是“艺术至上主义者”“为文艺而文艺”，乃是“描写社会的进程，暴露社会的罪恶，显示社会的复杂，提高人类生活兴趣的东西”。我们需要读的文艺不是起承转合的古文观止，也不是气充词沛的八家文海，更不是桐城派、阳湖派，各有专长的过渡时期的文学拔萃，乃是如何认识我们的社会，如何喊出我们生活痛苦的真相，如何获取我们的生活资料，如何充实我们的生命、指出生活进程之路的伟大作品。真能代表时代的文艺作家，除去已故文豪鲁迅外，我们要推茅盾、巴金、老舍、沈从文诸人的作品。困为他们都能以深刻的笔将中国社会各阶段划出来，同时以讽刺的笑声，暴露出社会的腐败与黑暗。总之，我们的理想的伟大作品，在文艺贫乏的中国，还不多见，那只有借助于良好的翻译读物了。

二、什么是有害于青年身心的文艺？

许多纯洁的青年，每被不良读物所诱惑，影响于终身，迷途不返，真是精神杀人，可悲可痛！譬如读哀情小说、诗词较多的人，不知不觉也被悲哀所转移，穷愁血泪、盈篇累牍，“呜呼痛哉”、“唉哎”的字眼层出不穷，一般失恋自杀的青年，每每受了不良小说戏剧的刺激，以致壮士心灰，英雄气短。以穷愁为工、悲哀为主的潦倒文人，青年不需要！以钟情自命、护花自任的浪漫作品，青年不需要！我们虽然不能取消，至少也应相戒不读。此外现在市场流行的侠义小说和富有麻醉性的多角恋爱的小说，都不是良好的读物。侠义小说，固然有它的特长，什么“行侠仗义，抱打不平”，“替天行道，寄柬留刀”的。奇闻，无非是一种幻想，因为社会经济破产，政治不上轨道，贪污土劣，到处横行，百姓受苦不过，于是一些无聊文人制造出云来雾去、吞弹吐剑的英雄，来拯救众生。假令此辈一日不出现，则社会一日不能清明，我们处身现在的社会，不要幻想渺茫无际的奇迹，要改造社会还得社会的每个细胞负起来改造的责任，英雄侠客是“莫须有”的。笔者在初中时代，也受了这种思想的麻醉，还有几个志趣相投的朋友，在课余之暇，大家总是津津有味议论此事。记得报纸上常载有幼童失踪，往深山学剑的事实，大概这多半是由于读此种小说，或听此种的结果。至于多角恋爱的小说，是想拿歪曲的事情，来软化人们的心志，来解决人们的痛苦，来阻挠青年改造社会的勇气，无疑的，都是富有毒汁的读物，文艺价值更谈不到了。

三、旧小说的选读

旧小说有无一读的价值？当代名流，早有论述，不须多赘，过去在大学的文学系中，有以《红楼梦》、《水浒》作课本的事实，理由据说是：（一）感到青年的文章，太拙直，字汇太少，从旧小说中可以参悟一点文艺的方法，同时也可以扩大一点字汇。（二）每一个文学者，必须要有借助于上代的文学。（三）旧小说中有许多最好的白话文。（四）文学的内容虽无变化，文学的技巧、描写、结构是可以取法的。我们也承认旧文艺中的好作品，值得研究。但究竟那几种最好，那几种值得选读？据胡适之、沈从文、鲁迅诸先生的选择，认为青年应读的旧小说有：《红楼梦》、《水浒传》、《金瓶梅》、《三国演义》、《西厢记》、《琵琶记》、《西游记》、《儒林外史》、《镜花缘》等书。《红楼梦》为曹雪芹所作，是将当时没落贵族的荒淫生活，错综复杂的表现出来，全书滔滔百余万言，总计以男子二百三十五人，女子二百十三人，错综配合，全篇分章为百二十回，计划规模，非常伟大，结构细密，用意周到，祸福相倚，吉凶互伏，虽千变万化，然如丝之穿珠，不愧为古今中外第一长篇小说。《水浒传》为施耐庵所作，是一部富有民族意识的，被统治阶级反抗统治阶级的小说，书中描写三十六个男子的性格，作者以燃犀的眼光，择如椽的大笔，综合诸种的传闻，以成此惊天动地的快文。施耐庵当著作时，曾以自己的意匠画三十六人之像贴于壁上日日眺视考究，所以其人物活跃之状，有虎啸龙飞之势。结构的雄大，文字的刚健，人物描写的精细，不独为中国小说的翘楚，置诸世界的文坛，也无愧色。《金瓶梅》作者不详，一说为明王世贞所作，谁都知它是古今第一淫书，虽以劝戒为怀，仍被目为禁书，全书百回，取《水浒传》中的艳话西门庆与潘金莲底情事作骨子加以复杂的描写而成的，以西门庆的一家酒色财势、妇女、饮食、言笑为题材，描写市井小人的状态非常逼真，曲尽人情时微细技巧，为一部写实的小说，所以在认识社会的半面上，实为一种倔强的史料，真是中国不朽的杰作啊！其余诸书各有独到之处，为爱好文学的青年们必读之书。

四、打倒低级趣味

何谓低级趣味？低级趣味是属于那一类文字？我们为什么要打倒它？以上问题，需要解答。低级趣味是现社会所流行的歪曲文艺，是区别于高级趣味而言的，如《春明外史》、《笑话大观》、《情书指导》、《性史》以及专门登载“强奸”、“野合”等社会新闻的小报，和小报上的花花絮絮，统统都低级趣味，这种东西的来源是旧小说中鬼神怪异、武侠魔术、佳人才子、蝴蝶鸳鸯一类的文学蜕化而来的。我们要打倒它的原因，为了它是封建社会的结晶，它能束缚青年的“自由”、“向上”，它能阻挠社会的进化，使人们的思想落伍。这种低级趣味的作品，若是青年去读，没有不变成中毒的现象。不但不能使你对于人生的了解更多一些，使思想和情感更纯洁更优美些，反而使你变成错觉，变成色盲，认不清一切事物。同时还能使青年的壮志消沉下去，渐渐走歧途，本来是想种好因，然而收获的为恶果，但是究竟怎样打倒低级趣味的作品？办法不外是社会生活环境的改善，教育程度的普及，文化水准的提高。

一九三六，十二，七日，于崇实。

（载《崇实季刊》1937 年第 22 期）

读书的步骤和选择批评读物的标准

费忆叔

这里不是什么理论，而是直接经验。

这里所论，仅就一般性质书籍而谈，至于高深的，须要作实验的，便不适用了。虽然这是普通的读书方法，然而因了个人的习惯和经验，读书的方法也便随之变动。甚至有人先读最后一章，再到转来读的，这不能不说是一种畸形，正当的读书方法如何，是每一个中学生要晓得，而且应当养成习惯的。

因为从前，不知怎样下手读书，所以把宝贵的光阴，耗费了许多，想起来，实在是很可惜的，所以我常想和青年朋友谈谈读书的几个普通的步骤——这都是一些由实地得到的经验。

读书的第一步，当然要立定志愿，决定我现在要读什么读物，这问题不决定便没法下手去读，决定以后，去找材料。但是，第一个问题便来了，譬如读经济，经济学的书浩如烟海，那里是个头绪呢？那你必须要认定一个题目了。你如果想看概论一类的书籍也好，爱读历史的叙述也好，总之，你先应当认清当前那一小部分是我要研究的问题，然后，我们便可利用工具书籍或材料，如图书馆的卡片、杂志的索引等去找关于你想读的材料，找到后，即可自订一个参考目录，将要读的书籍名称、著作姓名、出版地方等一一记下；杂志的材料可将作者、篇名、杂志卷数、期数、页数一一记下。作好了参考目录后，就可更近一步的分析了。

有人说：搜集的材料，都应阅读，反正是开卷有益的。这话在现在说是不对的，你用时间去读与你益处很少的读物，不是失去你读益处较多的书籍吗？所以，读书的第二个步骤是应将目录里的材料，分别一下轻重，品评一下优劣，然后重者留，轻者去；优者存，劣者丢。但是怎样去选择批评呢？现在，把我个人的意见写出，以供参考。

（1）看看出版者的信用如何，大概大书店出版的书比小书店出版的要好一些，因为大书店要顾及他的信用，是不肯轻易出一些骗人的书籍的。

（2）看一看著者是不是专家，是不是大学教授或得有学位的人，大约专家或大学教授著的书，总比普通人或没有学位的人可靠一点。

（3）看看序、目录、注脚、附表和后面的索引，看看立意和取材能不能相合，注脚或参考书目的援引，假如是很平庸而老旧的书籍，附表的材料又很陈腐，当然没有什么价值了。

（4）看看那出版的日期，大概最近出版的书籍较十年或廿年前的较好。——这自然指一般的而谈，若是有千古价值的书，当然仍不失其学术上的地位的。

我们已经决定材料的优劣，即可分那几种为精读，那几种为略读，那些为不读。与所研究问题最有关系而又属优良的自然要精读，其次则略读或不读。在材料多的时候，为了经济时间和精确起见，可把标准提高，但如要材料少，为了免除遗落，选材自当放宽，这要看读者自己的意思了。

决定精读或略读后，我们即采一种适宜的方法去读。精读的目的是要分析专家有价值的著作，对于作者的个人历史、立场、派别、学理系统，著本书的目的和主张，都要研究明白①。自然，精读是须要工具的，字典和词典，是应当在手边的。

至于略读，与精读正相反，精读贵质的精深，略读贵量的渊博，略读要读得快，精读则要读得慢。略读的方法，只要把书的目录或文章各段的标题，随便翻阅，普通把与所要研究的有关系的看一看便可以了。

精读后的进一步工作是摘要或纪录。假如没有摘要的工夫，难免不会遗忘。但有摘要而不分类，又必弄得十分紊乱，毫无头绪。所以摘要和分类的方法，是应注意的。普通的方法有二，现在介绍大家，可择优而行。

第一种方法是一本书一本书的读下去，有重要的材料即摘录下来，

① 作者作书的目的或主张，大概多在书之序言、绪论、结论等处，读书不宜轻轻放过。——原注

一本一本摘录好了，然后再去分类，再去重组。第二种是随读随分，相似的材料于阅读时便分了类，可省却第一种方法读完再分的麻繁，不过，用第二方法分，有时会不大精确的。

摘录的方法既然决定，便要去开始摘记了。但是应如何去摘呢？我可以贡献一个原则，便是："过场的理论或方法，仅采大意，可用自己的话缩写下来。若是定义、系统、图表、分类以及其他很简单东西，或直接引来的名句，最好将原有字句一一抄下，以备写作时候应用。"

以上，差不多都会认为是"老生常谈"的腐烂话，但是，青年朋友，"老生常谈"里却包括许多真理呢！敬爱的青年朋友，你们且试试看。

一九三七，二，廿六，北平图书馆。

（载《新中学生》1937 年第 1 卷第 4 期）

杂谈各书店已出版的文学丛书

辉　耀

有许多人都在大声喊着说："今年是丛书年！今年是丛书年！"而且已经有人用"丛书年"三个字做标题，写出文章来了。其实呢，所谓丛书，从近两三年来，便出版得不少，并不自今年始，不过今年更显得风起云涌而已。已经出版的丛书，据我所知，商务有文学研究会的"创作丛书"、"翻译丛书"；中华有"新文艺丛书"、"现代文学丛刊"；开明有"文学新刊"；良友有"新文学大系"、"良友文学丛书"、"良友文库"、"中篇小说新刊"、"散文丛刊"（听说最近他们还预备编印世界短篇小说选）；文化生活出版社有"文学丛刊"、"新时代文学丛书"、"译文丛书"、"文化生活丛刊"；生活有《世界文库》、"文学社丛书"、"小型文库"；北新有"创作新刊"、"文艺新刊"；等等。如果把其他规模较小或不大著名的书局都加上，恐怕至少尚有几十种。我们贵国的出版界似乎从来还没有像这样热闹过，尤其是在百业不景气的现代，出版业居然还会这样发达，书籍居然还可以这样大批的刊行，谁能说这不是非常可喜的现象？

现象固然可喜：但是批评家马上就出现了，他们不是口口声声地说“这个丛书没有系统”，便是说“那个丛书没有计划”，至于那几种丛书有计划，有系统，他们却又不提示出来，也不肯对它们加以褒扬，好像这样一做，就有失批评家的身份似的。最妙的是在他们煌煌大文中，只看见旁敲侧击的笔法，并找不到所谓编书的系统是怎样一种系统，计划是怎样一种计划。出版家自然是得不到什么南针的了，连我们读者也会被引到茫雾里去。

在目前出版的许多丛书中，我以为有几家是有着他们的特色和功绩的，不容任何人否定事实或者妄自武断：其一是生活的《世界文库：中国之部》，它供给了我们许多小说戏曲的珍本，便利了无数的穷苦学生。（虽然编者的全盘计划和编选的次第以及标准不无可供讨论的余地。）其二是良友的三十几本“良友文学丛书”和一部“新文学大系”，前者是新文学作品最丰美的食粮，在内容、印刷、装订诸方面无一不精致；后者是新文学运动最珍贵的成绩和史料，如果没有他们这次的整理和收集，将来一定会散佚一无着。其三是文化生活出版社一气出版的四集“文学丛刊”，包含六十四本各种体制的文艺作品，不分作家的新旧，不重视思想的派别，这一点是最值得我们称赞的。其四是开明的“文学新刊”，选择的谨严与装潢的考究，都可以和良友的“文学丛书”比美。此外如生活的“创作文库”、“文学社丛书”和“小型文库”，也很有几种可读。其他的好书还很多，恕我不能一一推荐（也许我的推荐是偏见），不过瑕瑜并见的确也不少，这就完全看读者自己的鉴别力如何了。

最后谈到出丛书的有计划和有系统，这是一个颇为不易解答的问题。但是我认为最低的限度，我们应当注意下列几项：

一、丛书的出版，不应当分别作家的新旧，应完全以作品的优劣为标准。如果书店因为讲生意经，怕新作家的集子推销不动，那不妨请老作家给他们的书写序，尽力介绍推荐。在文学史上，我们往往可以看见欧美有许多青年作者，便是因为这样成了名的。

二、文稿采取兼收并蓄的办法，不以思想的不同为畛域，不分党派，不重“行”、“帮”。

三、出书应力求系统化，例如出版长篇丛书、中篇丛书、散文丛书等，如果各书杂出，那么，每一集内，容纳短篇若干种，长篇若干种，散文若干种，都应妥为分配，设法避免单调重复。

四、翻译，应译作者的全集，如为选译，当选取作者的名著。如果打算选译某一个国家的短篇，也应按照作家年代的先后，依次翻译，不要东涂西抹。

以上仅就我个人想到的，提供出来，是不是可以供我们出版家的参考呢？

千秋出版社也要出版文学丛书，第一部是沈从文著的《懦夫》，不日出版。

（载《春色》1937年第3卷第14期）

谈“活叶文选”

慎　江

活叶文选，在现在中等学校国文教学上确有许多的便利，从选文方面说，活叶文选是曾经一番选择的作用，采用者是从选文再选择出来的，这是以学生的程度和教授的进程为其准则，可自由活动的任意取舍，因有选择伸缩性，给予教学者以许多的便利处。

活叶文选，在其本身是具有上述的优点之外，其流弊是在教授者之一己的好恶为取舍的标准，弊在易流于偏重或致散失了教学上单元的系统的，但这也并不是不可预能注意补救的，便是在选文时所注意的系统和其体裁内容等各方面的检讨及联络，自可免去上述之弊了，这是用活叶文选的人都可能感觉到的。

目下坊间之售印活叶文选的，当以开明书店为是项选文的首创者外，尚有北新书店和最近印行的大众书局二家。开明书店对于活叶文选的取材，是古今各体兼收，其印刷纸张方面也颇有相当的注意，而且另有分类订本，及活叶文选注释本，更给予学者的时间和精神上的经济不少。差不多没有什么缺点，只是在每一篇选文后面，未曾注明本文选自何书，所以对于考查上不无困难之处，这点希望开明书店能补注为佳。

至于北新书局的活叶文选，在取材用纸说，也并不怎样后于开明，而且版式用纸较大，上下和左右空白处较多，也很美观的，而且以备眉注及其他补充的附注等等，都很方便的。北新活叶文选于每篇选文之后都有注解和作者的传略，这也使学生方便不少，但同时正因为有方便，读者便懒得去检查字典及其他参考书了。至于注解的是采取每条并头排列，确是清朗明白，只是所占篇幅似乎较多，往往一篇正文仅有一页的选文，而注解却排印有一二页之多，在购买的经济上似乎增多一些负担，这点以我个人的意思以为，将各条注解连续编排下来，较为节省篇幅，而且已有黑地白字的逐条的次数相间别，眉目仍旧是很清楚的。

以上是对开明和北新二家之活叶文选的一点小小的意见，希望今后二家对于选文的范围更加扩充起来，取材更求丰厚，印刷更求精良！

（载《申报·出版界》第一〇七期1937年5月6日）

谈谈本国地图

陈天泽

地理是研究人类生活与自然环境间相互的关系，而研究地理最重要所必备的工具，便是地图。世界各先进的国家，对于地图的编绘，无不力求精明详密，而其编绘之色彩分划，从前以政区为分界，现在进而以色彩为表示地形学之等高线色层，而由地形之高低，探求其水系、山脉，以及气候、人口、民族、言语、农产、矿产、交通、商埠等等的情状，这确是地图编绘上一大进步，也使研究地理学者得到一种较有进益的工具。

我国近年来对于地图之编绘事业，较往年为盛而且也较多进步者。

例如除了商务印书馆、中华书局、开明书店、世界书局等书局所发行者外，而有“世界舆地学社”、“东方舆地学社”、“上海舆地学社”等专事研究编绘地图的学社，统计其出版关于本国的地图，包括：挂图、各省分图、地方明细地图，以及人口密度图、疆域变迁图、交通图、农林畜产分布图等，亦不过数十种，都是供普通实用，与夫小学中学地理科之工具用书，较之欧美日本各国，其印刷编绘等项，虽远不能及，然而其随地图进步之趋势，渐能采用等高线色层之地形图，可谓合于科学的方法。

现代所需要之本国之地图，固然其编绘要求上列之标准，而吾国人所希望当有注意者，约列数点如下：

第一，过去地图的编绘，过于简陋，色线不清，说明又欠详密，故今后对于地图之编绘，当于地理上之重要诸项，作全国综合的说明指示，收罗力求其多，说明力求其详，如全国之地形、水系、气象、种族、人口、语言、农产、矿产、交通、商埠等，都要分别绘列一幅或二幅至于数幅，使学者对于地理上之各项重要知识，可举其要。

第二，在本国地图的页数之前，即是总图之前，应冠以天文图、全球图、列国现势图等，使学者闻图能得到对于整个宇宙的认识，同时能明了世界的现势。最后更要附加本国历代疆域变迁图，而对国家疆土之日削，领土之日以丧失，尤须详密编绘分划，使国民警惕于国土丧失之危机及其耻辱，而自救图强，同时对于先总理建国方略的遗策，宜如何求其实现，均宜于地图后加以深切详明的记载。

第三，本国地图的编绘，凡各省区之重要都会，繁盛商埠、形胜、江湾、重要矿产、著名古迹等须罗列详明，尤其于边疆如蒙藏青海及东北各省之分图中，更要绘列注明其沿边失地等，并须附以失地之年月原因等事项，而与本国丧地史互相对照参阅，以明列强侵略的政策，与我疆土日削的危机，以求急起图强。

第四，从来一般本国地图，其所取地名，仅及县区为细目，对于市镇村庄之收取罗列，未多注意，而在内地有三等邮局者，有邮局代办处者，以及各省市之重要市镇，都应收罗在内，则其地图可供中等学校之用及研究地理者之参考，乃无遗憾。

第五，因为我国近年来的建设事业，日趋猛进，如铁路的增筑、公路的开辟、名胜古迹的建设复观、铁桥的建造等等，无时无地不在力求进展，所以地面的情状，也无时无地不在改变着，本国地图的编绘，对于这种建设事业及各铁路、公路、名胜、铁桥之完成，如粤汉路、寿嘉路的完成，陇海路之西达于平兴，以及日本人在东北擅自建筑之铁路等，尤须向各省市建设机关或亲历其境，调查观察明晰，并宜参拟《道路月刊》公路图以及中央编审之地图及其他各项书报，以最近之建设事业得以完全罗列在内，不使遗漏为要。

第六，因为地球是转动的，地理上的形状，代有变迁，而历代研究地理者对于地名的误会，或水系的错误，河道的注流，如黄河洛水之入注经迁，均应考证最近最确切者，为之详订，加以阐明之，使发挥地理科学的真精神。

第七，本国地图的幅员宜力求扩大，或增加页数，其印色宜应力求其明显清晰，一目了然。现在一般地图于每图后均附“附注”一篇，总述其概况，以及自然地理、人文地理各项情状，使读者得以深切了解。惟此项附注能力求简要概括，以达到取材新鲜，文字精短，内容丰富为最佳，然此项若非专家，已难能做得到了。

第八，对于附图中的表列，如租界表、人口表、对外贸易表、温度表、农田表、航流表、铁路表、公路表、商埠表、重要物产表等，宜应参阅各项新颖较为可靠之统计，分项罗列以供参考。

以前的所约举的各点，都是现代对于本国地图编绘上应所念切希望的。地图是代表一个国家版土，也就是民族所存生的土地的一种标识，世界列国对于地图，莫不日夜在冀求着扩展，帝国主义者之侵略蚕食，也无非是求土地的掠夺与其本国地图之色线的扩大而已。所以地图毕竟是很重要，在民族的意识上，图存救亡的策略上，都应该是深切的明了才好。

我国人对于地图，不尽注意，就是中等学校学生对于地图也漠不关心。但现代有一部分人已是注意及此了，所以我们希望全国的人民的心目中，大家都有一幅自己本国的地图，大家非很明切记得本国近百年来海外失地，边疆丧土，作为民族自决中一种重要警惕的材料才是。

（载《申报·出版界》第九十九期、第一〇二期 1937 年 3 月 11 日、4 月 1 日）

谈辞典的普及化

陈天择

“辞典”是读书的重要工具，其需要不仅限于学生，就是社会上一般人，也有同样的需要。原来，中国的文字，辞的用法是很多，其种类也很多，但其词性和意义是极易混淆，或深奥不易解，如此对于读文和作文上都应有一读辞典的必要。

世界上文化愈进步的国家，对于字典和辞典的编纂及其推行也愈广，因为新字的孳生，新辞的增益，都有其民族的生活状态和其传统累积的经验为其丰厚的贡献，这点只要看中国的文字各代增减数目，便可想见。中国文字在秦李斯《仓颉篇》仅三千三百字，到汉许慎《说文解字》增至九千三百五十三字，降至魏梁便多至两万余字，明代增至三万二千多字，清陈廷敬《康熙字典》便有四万二千一百七十四字，可见文字的数量代有累增。自然，关于辞类的增益更是多了。同时，因为欧洲文化东渐以来，中国文字上的辞语也添增了不少，那些辞语大多是属于新思想、新术语或译音等等，也都是现代人求适应环境所需要了解的。

辞典的用途的重要性质，早为社会一般人士所知，但是目前中国的辞典较为完善的，一部是商务印书馆早经出版发行的《辞源》，一部是中华书局最近新编纂发行的《辞海》，这两部辞典在中国文化上都有相当的价值。但是，因为售价之昂，非普通一般人所能购备，便就中学生而言，有《辞源》和《辞海》的人真是寥若晨星，他们倒很普遍地各人都有英汉字典，而对辞典则常有望洋兴叹之感。这情景是很明白的证明辞典是未曾普及化，这倒真是中国本位文化上一大问题。

最近商务印书馆对于这问题似乎有一点关注，发起作《辞源》普及本的推行，从价目的比例上看来，确是比原价减轻两倍以上，这是出版界的一点好消息，大家对于这消息自然是所乐闻的。

这里有一点是我们所希望的，就是辞典的普及化，应该不要限定预约或者是所谓特价的时间，换句话，就是在随时随地都要以“普及”二字作文化上的推进工作，这是根本很需要的。其次是辞典之求普及化，自然重在应用，不在收藏，所以对于纸张装订排字各方面，应求如何适合于应用上的便利，携带上的便利。

此外我们对于辞典的普及化还有两个希望，一个是希望全国的文化机关或是各种团体等，对于辞典的购备，应求其多量，同时陈列，广应需要；一个是对于辞典的贱卖和抵押上求其便当，使购备者间或可得轻价收买。对于书籍的典当，日本是很通行的，中国则少所闻，可见中国的典当业者的眼中，对于书籍而视为值不了什么钱，实际为谋读书界的实惠起见，此事倒大可提倡一下，使书籍的供应更较流通起来，而抵押和贱买者各蒙其利，尤其是对于辞典普及化，我们有如此的感想。

（载《申报·出版界》第一〇五期 1937 年 4 月 22 日）

国剧出版物之现况及与国剧本身之关系

学　李

大凡一种学术，就以文学和艺术来说吧，在某一个时代特别的发达，那么在那个时代，一定会有许许多多关于它们的代表作品。也许是精美绝伦的物质建设，也许是奥妙高深的学理著述，也许是琳琅珠玑的诗赋文章。所以希腊文化优长，便有各种雕刻、戏剧、文学和诗画的传留。罗马法典完备，便有《民法全典》及《铜表法典》的遗作。我国的汉赋、唐诗、宋词、元曲，也都各有各的文学价值，留给后代多少文化上的美誉！再进一步的谈到我国的戏剧，戏剧原是艺术中的一大因子，在文学上也占有相当的位置，在现在高呼推行戏剧运动的狂热期中，改革旧剧，整理旧剧的声调，到处可以听得到。但请看一看关于讨论旧剧的出版物，在量的方面是如何的贫弱，在质的方面是如何的空洞！就笔者所知，略微的统计一下。

一、单行本

1.《北平半月剧刊》（即本刊），为沈闻雒君主编，内容完全讨论旧剧。

2.《燕华》，亦本市剧刊之一，惜出刊未久，即行停业。

3.《戏世界月刊》，为韩丹书君最近所创办，创刊号业已出版。

4.《十日戏剧》，上海国剧保存社发行，以前《戏剧旬刊》所改组。

5.《戏剧周报》，上海戏剧周报社发行，内多南方戏剧及海派伶人消息。

6.《戏海》，也是上海的戏剧刊物，陈忠豪氏主编，每月出版一次。

7.《上海剧学月报》，程砚秋与某君所办，内容旧剧只占其半。

8. 齐如山君及梅兰芳最近有一部分著述，如《戏剧组织法》、《游美记》等，惜售价过昂，非大众读物。

9. 各书局印行之剧本，这种剧本大多鲁鱼亥豕，错字满篇，不足作为正式参考。

二、附于日报内者

1.《京报副刊》，为徐凌霄君主编，历史比较悠久，专论旧剧。

2.《全民报戏剧周刊》，为李矜寒君主编，内容比较新颖，并多理论著述。

3.《华北日报戏剧与电影》，为张鸣琦君主编，内多电影及话剧稿件，旧剧几等于零。

4.《北平益世报》之艺府及《全民报》之黄钟，都是每日刊载旧剧论述的专页。

5. 各小报上的游戏文章、剧论剧评等，但这种作品一部分是文人的遣兴，一部分是捧角家的宣传，所以前者缺乏动力，后者无价值可言。

至京沪津汉各大小报，亦多以戏剧列专栏，因未遍阅不赘。

总之，旧剧——或称国剧——在纵的方面有着许多年的悠久历史，在横的方面除布满本国内，并到了欧美两洲，但为什么出版物会这样的贫弱？推其原因，不外下列数点。

一，职业演员只管演剧。一般已成名的职业演员，在闲余的时候，宁愿意画一画，写一写，却不肯拿起一本关于戏剧的书来看一看。未成名的演员，学习犹恐不逮，更谈不到读书了。甚至国内著名的戏剧学府，大概只有南京及山东两剧院设有戏剧文学及舞台概论等学科吧！

二，观剧家只管观剧。假设当一个名伶名剧演出的日期，每一个观众当场发给一张下列形式的测验表，由观众依据自己意见由四项中任选一项，那么任何人都可以想象到选 3、4 两项的不知要多过选 1、2 的多少倍。这虽然是一种想象，但这种想象并不是偶然的。由此可知“国剧”在多数人的脑中仍是“娱乐品”。以观剧为娱乐的人们，是否肯研究国剧，是否能研究国剧，所以更谈不到阅读或写作了。

想象中的测验表：

君今天来此看戏，是为着下列中那一项而来，请在该项下注一记号。

1. 为研究或鉴赏某一剧的剧情、词句、服装、布景。

2. 为研究或鉴赏某演员的技术，唱、做、念、打。

3. 为爱听某演员歌声或爱看某演员的表情。

4. 为爱看某一剧的火炽热闹。

三，智识阶级的读物太多。智识阶级自然可以拿起一本戏剧文学读一读，但他也可以拿起一本小说来读一读，但他也可以拿起一本杂志来读一读，但他也可以拿起一本……就目前出版物这样的逐日增多，足能影响智识阶级读戏剧学的机会减少，但有时要读又感佳本之难得。

四，前三者的影响。因为有着前三个原因，所以各出版业，为营业计，为销路计，对于这种供不合求的东西，也就不大欢迎了。

最后的话，欲谋真正的发扬国剧，必须有大量的理论正确、内容充实的出版物，供给大众阅读，使戏剧、文学、艺术三者打成一片。引发大众对于戏剧的兴趣，增进大众鉴赏戏剧的能力，如此的推行下去，出版物自然会引起社会人士的普遍注意。在现代可以作为推行戏剧运动及提高戏剧本身价值的工具，在未来便是国剧运动史中的成绩代表，何尝不能媲美于汉赋、唐诗、宋词和元曲呢！

（载《北平半月剧刊》1937 年第 16 期）

关于古书种种

曹聚仁

“什么是古书？”

相传有一个笑话：一个吝啬的东家，款待西宾，每天只有青菜萝卜一味菜。年终散馆，东家要试试自己儿子的读书进境。那位馆师事前告诉学生道：“今天席上，你父亲若叫你对对子，我筷子夹什么，你就对什么。”到了席上，东家果然叫自己儿子对对子，先生夹来夹去，都是青菜萝卜，学生对来对去，也只是青菜萝卜。东家问先生：“为什么对来对去，都是青菜萝卜呀？”先生道：“我一年到头，吃的都是青菜萝卜呀！”这笑话，我今天且用作本文的引子。假如有人要研究中国的文学，他去向国学大师请教一些应看应读的书，他就告诉你读五经、诸子、《史》、《汉》等等；又有人研究中国哲学，他又从国学大师知道要读五经、诸子、《史》、《汉》等等。再换一个研究的题目试试看，或是“中国政治”，或是“中国经济”，或是“中国××”，其结果，国学大师依旧叫你读五经、诸子、《二十四史》、《九通》等等，和那先生教学生对对子一样永远是青菜萝卜。我想青年们听了不免废然而返了。前年，有一个女孩子她要在暑假自修国文，叫她的老师开一张自修书目。我看了那书目，不禁失笑，其中不独有《二十四史》、《九通》、群经诸子，还有《全上古三代汉魏六朝文》、《全唐文》之类的总集。我问她：“你的暑假有一千年那么长吗？”她也笑起来了。——假使“什么是古书”这问题要有答案，这便是最正确的答案了。

原来古书的数量虽多，若用“著作”的标准去量度，古书中算得上著作的就很少了。我们受了近代科学精神的洗礼，知道每一种著作必是每一个专题的研究。科学研究的基础在于精密的分类和系统的排列。中国的古书，极大部分是五花八门样样都有的杂志，很少是一种专门研究井然有系统的“著作”，不先加一番鉴别的功夫，运用起来颇有点困难的。

现在先就先秦所保存下来的古书来说。儒家的书，《论语》是一部极凌乱的笔记，《孟子》也并无系统，只有《荀子》自成一家言，可算得著作。(《大学》、《中庸》只是《礼记》中两篇，更谈不上。）道家的书，《庄子》虽有后人掺入的部分，基本部分还是自成一系统的；《老子》也有一贯的精神，都可放在著作之林。墨家的《墨子》，出于弟子的笔述，墨家弟子富有分析和组织的能力，《墨子》一书，本身组织很完密，可称为著作。法家的书，《韩非子》可以比得上《荀子》，《商君书》亦能成一家，《管子》则出于后人的依附凑集，只能当做一种法家的杂记看待。此外残缺的伪托的，且不去说它。

五经之中，没有一种是“著作”。《诗经》是一部诗歌总集，《尚书》除了那二十五篇伪作，也只是古代的档案汇存，《周礼》出于后人的杂凑，《仪礼》也是儒家弟子的杂记，《春秋》是一本鲁国断烂朝报，《周易》是战国前后阴阳家的杂记。这类书既无中心思想，也未加以组织，姑且当作史料看待，和一般人本无干涉的。

西汉以后，学术思想界的空气大变，自由研究的精神既完全丧失，更不必说空所依傍自成一家言了。所谓两汉的经学，不过是腐儒咬文嚼字的玩意儿，今文学多一点怪气（阴阳五行说），古文学为一点腐气。所谓两宋的理学，不过是几个野和尚和野道士望文所生的大义。所谓清代的朴学，不过是纸片上的改订文章。上下二千年，所谓学术思想主潮的内容如此如此，其他可想而知了。所以这二千年间的典籍，一半是三家村老学究的讲义，一半是博学老书生的注释。单就《诗经》一书，就有一千三百多种注解，单文只字，闹得一天星斗，真是不看注释倒还明白，看了注释，越看越不明白了。注释和讲义，既占十分之八九，古书中质和量的比例，差得太远了。

从二千年的长时期中来找有见地有条理的著作，可真太少了。西汉初年，有《淮南子》一书，出于淮南王安的门客之手，以道家哲学为主，因为出于多人之手，杂而不纯。其后扬子作《法言》，比较还有规模。东汉一代，思想较为开展，如王充《论衡》以论事胜，仲长统《昌言》以议政胜，刘劭《人物志》以论人胜。他若荀悦《申鉴》、徐幹《中论》也还不错。魏、晋二代，学者精言名理，善作玄谈，可使流传下来，只有精美的单篇（如王弼《易例》、鲁胜《墨序》、裴頠《崇有论》），没有整部著述。（以上采用章太炎先生的意见）其后刘勰《文心雕龙》为文艺批评的唯一名作，刘知几《史通》、章实斋《文史通义》为史学的名作，再加上章太炎的《国故论衡》，一千五百年间的著作，尽在于此了。

唐宋以后，文人学者的文集很多很多。文集之中，议论既非常复杂，编次也无十分条理。如汪中《述学》，要算第一等好文集。章实斋论之云："其人（汪中）聪明有余而识力不足，恒得其似而不得其是。今观汪氏之书矣，所为《内篇》者，大约杂举经传小学，辨别名诂义训，初无类例，亦无次序。苟使全书果有立言之宗，则此纷然从出者亦当列于杂篇，不但不可为内，亦并不可谓之外也。观其《外篇》，则序记杂文，泛应词章，斯乃与述学标题，如风马牛，列为《外篇》，以拟诸子，可为貌同而心异矣。"

述学尚且如此，其他文集更不必说了。（集部总量，唐宋以后，约占十分之四，究其实则与笔记随笔并无分别。笔记随笔有时还有独到之见，百部文集，难得一两种可看，一两节可取的，徒然汗牛充栋耳。）

或者有人要问我：古书之中，不是有很多的史籍吗？那算不算得著作呢？司马迁作《史记》，把本纪、世家、列传、书、表五项构成一个大系统，拆开来是许多小篇目，合拢来便是一篇大文章。开天辟地，他为史学界立下大规模，当然是一部大著作。不过《二十四史》中够得上著作之称的，《史记》以外，也只有班固《前汉书》、范晔《后汉书》、陈寿《三国志》、李延寿《南北史》、欧阳修《新五代史》那几种，其余也只能当作史料看待。编年史中，《左传》和《资治通鉴》斐然可观，此外也就可称的很少了。杜佑《通典》、郑樵《通志》、马端临《文献通考》和黄宗羲《明儒学案》、《宋元学案》，在学术史典制史中推为杰作。但到了现在，我们也只能用作史料了。

说到这里，我们可以谈谈古书该不该读的问题了。古书中，够得上著作的既如此之少，则分配在各部门供精读之用的，每部门不过一二种。我们无论研究什么学问，都觉得还不够用。至于其他占百分之九十九，可以供学术研究的资料的，在我们的分门研究的基础未完成以前，读了那些古书也没有什么用处的。我所以主张青年暂且不必去读古书，先把社会、自然、语文、史地等科学研究得明白来，再去运用那些资料，并不为迟。

在读古书的时候，要运用一种新的工具，即打散一切古书，用卡片摘取自己所需要的材料，以新的眼光来整理来探求，中国学术思想界或然会有一线曙光呢！

（载《自修大学》1937 年第 1 卷第 4 期）

古书流毒的危险性

沈　汶

上海东方图书馆商务印书馆毁于“一·二八”日军炮火后，国人起了一阵文化损失的大诅咒，恐慌性是普遍地紧张的。不久，商务印书馆恢复了原状，供给文化食粮的书籍仍源源不断地出版了，并且其量加多，大家深为庆幸，原以书籍为传播文化的利器，书籍出版量愈多，可卜文化愈发展也。

然而不尽然。中国近几年来，文化程度进展到怎样地步？我非敢知。可是书籍的出版量，委实比往常增多几倍了，什么《四库全书》、《四部丛刊》、《十三经注疏》、《经史子集》、《国学丛书》、《万有文库》等，大书店均在大量出版；什么《西厢记》、《三国演义》、《水浒传》、《聊斋志异》、《镜花缘》等，小书店均在大量地竞卖，只要你走进书店，触目尽是这类的古书。

各书店还是老样子翻印，来一个一折八扣，那么这类的古书便深入民间，宣传力更大了。没有看过古书的文人，也自炫有读古书的机会，充其量还可冒做一个国学家、考古家，来附和人家“古书救国”的主张。猗欤！盛哉！古书走上鸿运，毒害了我们中国的文化。

这种流毒，贻害青年的危险性最大。谁为厉阶？出版界不能辞其咎。我们以为出版界钩心斗角地出版古书，至少含有一些宣传作用，否则翻印贱售的书籍正多，何以不在新的文化书上着想，而必专注于古书呢？如所谓图利之说，正不过是一种烟幕，而其要旨，还是出版界在提倡“复古运动”。

要知道文化是含有时间性的。宜于古者，未必宜于今日；宜于今者，未必宜于来日。其所以宜于古者，盖适合于当时的环境，而所以不宜于今者，即为环境已非耳。今日的中国，正与世界文化接触，陈腐的精神文化，不适宜于今日科学昌明的环境，其运命已在结束的过程中。无论谁都知道要迎头赶上去学外国的科学，才足以挽救落后的文化、衰弱的民族。中国民族，物质文化的缺乏，无可讳言，自应从精神文化急趋而入于物质文化的阶段。古书只有对于特种专门学家和历史家才有意义，而对于一般国民大众是没有意义的，自无研究以进展至于物质文化之可言，而昧于古今趋势的出版界，提倡“复古运动”，大出其古书，即是从事反物质文化的宣传，而速趋中国民族于灭亡的象征。

十九世纪的德意志民族和二十世纪的俄国民族，都是借了他们的精神文化之突进桥梁而达于伟大的物质文化建设阶段的。他们的精神文化突进，不仅使这两民族达于经常一般水平，而且使这两民族一在十九世纪一在二十世纪短时期内立于世界文化发展的顶点，而超出于一般民族之上，真令人惊服不置！我们中国本是文化落后的民族，而在与文化较高的民族发生接触时，复不知师他人之长，且安于固陋，安于抱残守缺，出版“古书”，宣传“复古运动”，则灭亡的危祸，不难“召而立至”了。

我们感到国难如此的严重，文人学士的科学思想如此的贫乏，极应审查时弊，加以古书流毒的纠正，努力建设起在今日最需要的物质文化来。将古书视为鸦片毒物在于禁止之例，而不容其再行麻醉青年，大量地产生于出版物之间。同时，提倡科学生活，设法多量出版关于科学的书籍，踏着精神文化的桥梁，而达于突进的物质文化，以复兴我们的民族。尤其是现代的出版界，如不专为国利计，能有一些爱护民族的思想者，更应负一部分责任，放去古书的宣传，多出版几种合于今日环境的科学书籍，改革一下出版的方法。

我们认为历史的进化，总是按着真理的彼方消灭之后，即确立此方的真理这原则的。因此，过去之于现在，只有历史的价值，而没有现实的价值。既然过去一切对于现在只有历史的价值，则一切古书只有废去于数十年以前的旧库藏中，而没有贪爱的价值的。青年学者也应有一个明确的辨别，不但不要贪爱古书，而且宜有预防古书蔓延的方法，不再述于古书贱卖的诱惑而将古书流毒深害其身心。同时，多读些合于今日人生需要的科学书籍，努力防止反物质文化者的活动，建立一个新中国才好。

（载《是非公论》1937年第29期）

在目前是否需要读古书

叶　青

书是人类已经获得的知识的记载，所以读书底目的在于获得知识，为什么要获得知识呢？因为我们的行为是根于知识的，凡决定行为的意识或意志，都意味着知识，而生活的本质是行为，所以知识为生活不可少，因此我们可以说读书是为生活。

那末在目前是否需要读古书的问题，就要看看古书是否合于目前的生活了，这是一定的道理。

如果这样，我以为在目前就没读古书的需要，因为目前的生活与产生古书那个时代的生活完全不同。从前以农业为主，现在以工业为主；从前是贵族政治，现在是共和政治（不管形态是否完全，总之与从前不同）；从前打战用戈矛弓矢，现在打战用洋枪洋炮；从前是大家庭，父母主婚，现在是小家庭，自由恋爱；从前是古文八股时代，现在是哲学科学时代……总之，什么都变了，因为这样，所以我们底需要不是古书。

因此我对于主张读古书的人，不能不提出这些问题来要求答复：古书能给我们以机械工业底知识吗？古书能给我们以民主共和的知识吗？古书能给我们以洋枪洋炮底知识吗？……甚么都不能，即使在古书里面找得出一些，然而是枝节的、浅薄的，哪里比得上现代知识底系统和精深？我们生长在今天，为什么不迎头赶上去，而要自甘落后？

假使说，主张读古书并不反对哲学科学等现代知识底研究，那就须知中国今天底现代知识比之先进各国实在差得远，而现代知识又非常复杂而深奥，并且天天都在创造中，我们竭全副力量和时间去学习，还怕弄不好，哪里能够把我们底力量和时间消耗于无益的古书之中呢？

假使说，主张读古书是为培养民族意识、增进民族自信力，那就须知中国在戊戌变法以前是全读古书的。而我们底失败、受压迫实在从鸦片战争开始，这就足见单有民族意识和民族自信力，也无济于事。中国底失败、受压迫，完全是由于我们生产落后、政治紊乱，因而贫下去了，强不起来。所以要解除中国被压迫民族底痛苦，乃是一个政治经济的问题，而民族意识底培养和民族自信力底唤起，在对于世界、中国之科学的理解与物质之力量，正确理论底充实。

假使说，主张读古书是为国民的道德训练，那就必须知道今天有今天底道德，古书上的道德完全不适于今天。譬如君臣之义，在今天怎么可用？就以抽象的教条而论，亦远不及今天的道德之进步。何况单有道德，并不能够把中国从被压迫民族底命运中解放出来呢？的确，东北之义勇军，上海的“一·二八”，其中是不少文天祥其人的，只不过他们没有读过书或读得很少，不能写出《正气歌》来。同时又因为没有社会地位，不为人所注意。但是他们底身躯虽然慷慨地捐了，究竟有补于失败底命运吗？一点也没有。因为子弹落到志士仁人底身上是一样地要钻进去。所以要中国获得自由平等，不是道德问题。

因此在目前没有读古书的必要，教育方针必须是科学教学一类主张，我们要倾全力去研究现代知识。

这自然并不是轻视古书，古书是价值的，但它底价值是历史的，没有现实的作用。所以读古书，只有研究中国底政治历史、社会史、学术思想史的人，才有必要。除此以外的人，不论学生、教员、研究家……均不可读。

我们现代底人，要谋现代的生活，学现代的知识，所以要读现代的书。八九十年来的受侵略，就是不识时务的结果。而戊戌变法、辛亥革命、五四运动、国民运动，是不断觉悟的表示。现在我们万不可开倒车，轻回戊戌变法以前。我们的问题，不论什么，都在继续前进中，只有继续前进，才能获得光明。

（载《读书之友》1937 年第 1 卷第 2 期）

古书存废问题的讨论

——献给不爱好古书的学友们

云　曜

我爱新书，同时我也爱古书；我爱新的文学，同时我也连带的爱旧的文学。

书能尽爱吗，凡是好书都可以爱；书能尽弃吗，凡是坏书都可以弃。所谓好坏，无非是指它合不合我们的要求，合不合我们现实的需要而言。换言之，即是看它有不有值得我们一读的价值。有这种价值的，无论什么书我们都可以读，反之我们都可以废弃。古书固然有好的也有坏的，新书有好的也有坏的。当然这两种书有些可以读，有些可以不读，并且有些必须读，有些必须不读，这其间就靠我们精密的审慎的和忠正锐利的观察来决定去取，决不可固执偏见或故意非誉的。

学术是随时代而变的，并且没有一时一刻不在变——文学是学术中的一部分，当然不能例外——所谓变，并不是它的实质与表面完全更换，产生一种新物与前者相反。而是随着时代、风俗、制度等等的转移而渐渐地演进与变更的。虽然把旧的渣滓淘汰而产新的学术，但旧有的精英未尝不保存着取来利用。所以新学术是由旧学术变蜕而来，并不是凭空造出来的。

由这点看来，旧学术并不是没有意义和价值，并且还有些值得我们利用的地方，但它是若干年以前的出品，现在到那里去了呢？它的代表又在那里呢？所以这古书——旧学术的代表——就不容我们不请它们出来了。

什么叫做“古”呢？这句话我可答不出来，千百年前我们可以称为“古”，几十年或几年以前我们也可以称为“古”，甚至一小时或一秒钟以前我们也可以称为“古”。“古”的界限既这样不清白，而事业又不是现在所得够做到，所谓书至少要经过相当的时间才能成立，然则又还有什么古今之别呢？我们如今分出来的，乃是勉强的在表面上把它们分别出来，其实是没有严密的界限。

从此我得到一个结论，我们不要问书的今古，只看它有不有益于我们。

就照勉强分出来的界限来说吧！我为什么爱新学术？（以后讲到新旧古今的地方，都是比较上的）就因为它是最近以来思想界的动向；我为什么爱新书？也因为它是最近以来某种思想的结晶。但是文学的所以成为今日的文学，书的所以成为今日的书，那我们就不能不知道文学的变迁和起源，不能不知道各种学术的演进。这些都是旧的啊！然而你若要知道它们，古书你又非请出来不可了！

从要用旧学术方面言，我们必须读古书；从要认识新学术方面言，我们必须读古书，然则古书还没有值得我们一读的资格吗？我想我们若是注重理智制断的话，当然会发出“赞同”这么一句。

我不劝你把“君仁臣忠”和“无为”、“兼爱”的思想输入人们的脑筋中而使他们返到太古的社会；我又不劝你读“律诗”、“骈文”和“谈身心性命之学”，而把你沉沦在这些腐败的艺术里去。因为这些都是被淘汰下来的渣滓，不是没有研究的必要，就是没有一读的价值。

我劝你认识关于政治、经济、文学……的更递，于是由井田制到王安石的新法，由部落时代到今日的民主，由游牧到今日的文明，由《三百首》到今日的新文学，这一些都是值得我们多多的追求。

我们是不晓得文学的，可是又要班门弄斧了。试看，屈原、陶渊明、杜甫、白居易和《诗经》。古诗里面一些埋名的诗人，他们都是千百年前的古人，可是他们给我们的印象多么的深刻！给文学界如何大的力量！《离骚》、《三百首》、《十九首》、《石壕吏》、《红楼梦》、《水浒》等与世界同寿的作品，现在有几人能够谈做得上？固然新兴的学者也有些好的作品，但对于前述这些作品却没有一个文学家不五体投地的佩服！

所以六经是古书，《二十四史》是古书，《四库全书》是古书，《战国策》、《国语》及诸子百家是古书，《西厢》、《离骚》、《陶集》、《杜集》、《水浒》、《红楼梦》是古书……然而这些古书我们都认为不古而认为新，（当然这些书有一部分是坏的）书还有今古之别吗？

治学的最忌，是不要把自己的眼光放得太低，不要把自己的思想束缚得太紧，不要把自己的偏见执着得太深。我们要用治学的眼光来治学，用治学的方法来治学，包管可以兴有用的古书联成一气，促进我们学问上的成功。

中国的文化是世界文化的一部分，那么中国的旧文化当然也是世界旧文化的一部分，世界的旧文化我们都应该研究，难道我们的旧文化就不应该研究吗？

我的见解始终是这样的，希望这小小的意思能够得着多方面的指教。

一九三六，十一，十。

（载《章江潮》1937 年第 2 卷第 1 期）

读古书和接受文学遗产问题

——答梁明、黄沙、独白君等

楚　云

古书有没有读的价值？这问题已是陈旧的问题，没有什么谈头的了。然而仍有许多读者迷信着古书，要我们提供意见。同时还有许多复古派的先生们在那里提倡读古书，要将青年埋头在古书堆里做蠹虫，好使他们麻痹现实的感觉。这现象是可怕的！现在梁、黄两君又提出这个问题来问我们，我们只好再来谈它一下。

独白君又来信说："我是反对读古书的，然而我的朋友却说：'现在苏联不是在提倡接受文学遗产吗？我们为什么不要读古书呢？古书难道不是我们的文学遗产吗？'我不能够把他这似是而非的理由驳倒，特来请教你们。"

我们还要在古书堆里讨生活吗？这首先不能不问我们的读书目的在那里？

无疑的，我们的读书目的，不是升官发财求个人的腾达，更也不是为读书而读书的。我们的目的是要了解这纷纭错杂的世界，要了解这光怪陆离的社会，进而了解自己的生活，求得生活斗争的知识。特别在目前民族危机这样紧迫的时候，我们的读书就不能不和当前的民族生存问题联系起来。

那末，浩如烟海的古书里能够满足我们这些要求吗？我们可以很肯定的说不能。为什么呢？第一，古书里所蕴藏的知识大多是死了的知识——因为中国的社会数千年来都是封建制度的社会，建筑在这社会结构上的文学、艺术、哲学等等都是和这社会组织相适应的，和我们现代的社会生活离得太远了。我们不能够在那里获得我们目前所急切需要的东西。例如《周礼》、《仪礼》、《礼记》一类的书，说些什么呢？无非是腐烂的封建社会的政治组织和迂朽的生活规范，于我们丝毫没有帮助。你看，现代中国是在帝国主义的铁蹄压榨之下，我们的国民大众被压榨得透不过气来了，我们的国家将要完全成为殖民地，亡国奴的命运就要降临到我们的身上来了，我们还去学习那些繁文缛节的礼制干吗？

第二，古人的读书态度也不足以供我们仿效的，他们可以说都是为着功荣利禄而读书的，"寒窗十载"或是"皓首穷经"，为的是求得一官半职。他们做的文章，发出来的议论，不是陈陈相因，抄袭过去，便是歌功颂德，献媚当时。要是弄不到一官半职，便叹遭时不遇，发起个人牢骚来了，甚而至于跑到深山里去做什么隐者。他们的人生观多是极端个人主义的。举个例子吧，譬如唐朝的李太白是被后世的人称为诗仙，最清高的了，然而他没有官做的时候，就不能不奔走权贵之门，向韩荆州拍马屁，说什么“生不愿为万户侯，但愿一识韩荆州”之类的话，其实不过是想官做罢了。做了官之后，也不过是过着颓废浪漫的生活，全不是为着老百姓才去做官的。诗人如此，文士如是，凡是古来的读书人大多数都是如此的。真能“拯民于水火之中”的，简直太少了。我们说古人都是坏蛋吗？那也不能这样说，在个人主义的社会里，必然会产生这种个人主义的思想的。时至今日以升官发财为目的的读书人正多着呢！他们的行径比起古人来更不知道要卑鄙得多少？然而生为这个伟大时代的青年，应该有我们新的人生观，我们不能够留下那种旧观念。我们的读书目的既然和古人不同，我们就不应该埋头在古书堆里去与鬼为邻。

然有些主张读古书的人，他们的理由不是学习古人的思想和言行，而是为了增加我们日常使用的字汇，修养文字上的功能。这是似是而实非的。我们不能否认，我们现在所用的文字是不完备的，不能很周密地传达我们的思想。这原因第一是受方块字的限制，第二是我国的文字和语言不能完全统一，补救的惟一办法是根本制造一种和语言完全能适合的新文字，目前的拉丁化运动正是向这方面努力的。

我们要了解，文字不过是传达思想的工具、语言的符号罢了，它负了介绍知识的使命，它本身并不是一种知识。语言和文字虽有分别，然其作用可以说是一样的。人类没有制造文字以前，就有了语言，而文字倒是以后才产生的，所以文字应该和语言一致，否则就不能成为活用的文字。古代的文字亦即是古代语言的符号，时代进化了，语言也变化了，而文字当然也要随着变化，才是合理。古书里佶屈聱牙的文字和我们日常所用的语言完全不能一致，把这些字汇增加起来又有什么用处呢？

至于接受文学遗产这个问题，是苏联社会主义建设获得相当的成功，新兴的文化已经奠下了它的基础之后所提出来的。这是有其历史意义的。因为他们的文化生活跟着他们的经济建设突飞猛进，在文学的领域内，虽然也有其丰富的社会生活作为新兴文学底内容的，然而怎样使得新文学底技巧提高，适当地表现新的内容，便成为新文学运动的主要任务了。于是他们提出接受文学遗产。那些旧时的伟大作家，如托尔斯泰、莎士比亚、屠格涅夫、巴尔扎克、普式庚等都被推举出来了。

不过他们的接受，并不是生吞活剥的接受，而且摘取前人的艺术精髓，消纳前人的创作技巧的。A.新米尔诺夫在《论莎士比亚及其遗产》一文中，说过这样的话："如果莎士比亚真是一个没落阶级的理论家，那末，当然为了他创作中的精妙入微的艺术逻辑学，还是有可能为我们利用的。不过这样的利用当然是很有限，因为我们所利用的作家的阶层性对我们是不能漠然无关的。如果莎士比亚在其所处的时代中是一个落后反动思想的号筒，如果他的视线不是向前而是往后，那末，我们在他那里就没有什么可以学习的了。"由这些话中，我们也就可以看出苏联接受文学遗产的态度了。

然而这个字眼一传到中国来，就有人把它牵强附会到读古书上去，以为苏联可以接受文化遗产，我们为什么不接受我们自己的遗产呢？(独白君的朋友就是这样说的一个人）我们很不客气的说，怀着这成见的人，不是没有常识，就是存心不良另有企图的。

我们虽不能武断的说，古书里完全没有宝贵的遗产值得我们接受，但是在现阶段的中国，我们来谈接受文学遗产，未免言之过早了！冒着接受文学遗产这个美名劝青年读古书的人，更是一种罪恶。我们中国目前的社会能够和苏联比拟吗？新的文化正在萌芽，旧的文化还是根深蒂固的在一般落后群众中作祟。怎样使得新的文化成长，将整个的文化运动和民族解放运动配合起来，这是我们当前的课题，那里还让我们在古书堆里接受文学遗产呢？

虽然新的东西是从旧的怀胎内孕育、成长出来的，没有旧就不会有新，读过西洋文学史的人大概都会知道，西欧文学的发展，是随着历史的演进而发展下来的，什么古典主义啦，自然主义啦，浪漫主义啦，写实主义啦，新写实主义啦，它们之间可以找出一贯的体系。尽管因为时代的不同，而文学的内容甚至形式都有不同，然而在形象化的技巧上，多少总有相似之点，所以许多旧的东西仍是有其新的价值。

然而中国的情形就有不同。中国自五四运动以后的新文学和五四以前的旧文学完全是截然不同的东西。五四以后的新文学，差不多完全受了西洋文学的影响而产生的。它和五四以前的旧文学，不但内容和形式完全不同，甚而至于语言的表现上也有不同了。因此，新与旧之间完全不能衔接。我们的新作家不能在旧骸骨里留恋，是要从新来学习的。我们当然更需要文学遗产供我们学习，但我们所学习的对象已不是与新文学背道而驰的古书，而是世界伟大前进的作家的作品了。那些和现代生活风马牛不相及的古书，我们只能把它作为历史的文献，让那些考古专家或历史家去作专门的研究，我们千万不要上当，花了宝贵的光阴和精力在这上面。这绝不是我们的偏见呀！

答得很不具体，尚望梁、黄、独白诸君以及许多迷信古书的读者们和我们探讨。

（载《生活学校》1937年第1卷第1期）

铅印旧书

杨莲生

诸君莫嗤鄙所谓一折书或一折八扣、一折六扣书，须知这些不过是长江大河的小支，铅印旧书（包括仿宋字、仿古字、楷字等）已经成为国内一般书店的主要业务了。正像火车、火轮之代替骡车、帆船一样，铅印与影印必然的要夺取木版与石印的地位。谁也拦不住，就连悲叹也没有用。我们莫论是非，且说事实。

木版几乎是一千年来中国惟一的印书方法。直到清末，连通行民间的小调小曲、唱本戏词都是用模糊的木板印的。也许本来不甚模糊，因为印的次数过多而然罢。但木板刻字不能过小，所以同时字数较多的旧小说等，则是石印。字迹大抵小得可怕，不知害了多少人成近视眼。现在唱本戏词小说，至少在较大的都会里，已经成为铅印的一统天下了。

说到士大夫的用书罢，则似乎很少用过石印，除却旧式私塾的课本，《三》、《百》、《千》、《四书》、《史鉴节要》、《东莱博议》之类。这些私塾课本有很好的销路，适应新的印刷术较为灵敏，所以在木板铅印之间有石印一个阶段。其他士大夫用书，则直接由木到铅，缺少石器时代。

中国的新史学运动和新国学运动，都较后于新文学运动。因此铅印旧出最初的范围是《红楼梦》、《三国志》、《楚辞》、《笠翁曲话》、《陶庵梦忆》等文学作品。往往是新式标点，再冠以名人的长序或考证。近来明人文集与笔记，亦多加入铅印，也常有名人序跋或签题，但是考证少了。词曲的翻刻，亦极一时之盛，《六十种曲》、《元曲选》、《六十名家词》、《清名家词》、《词综》、《世界文库》的一部分。中国文学的看家宝贝都差不多受到铅印的洗礼了。

应史学、国学等的兴盛，铅印书随即有了转变。经史子集的大规模铅印盖始于中华书局，用铅铸的聚珍仿宋字，印在木板用的中国纸上，大有调和新旧两全其美之意。式样悦目，携带方便，用中国纸比较耐久，也是好处。可惜错字太多——这是现在铅印旧书的通病，误人不浅。

现在，铅印国学书（包括史学书）的事业，正是如日方中。随便说罢，商务的“国学基本丛书”、“万有文库”的一部分，开明的《二十五史补编》，大东的《古今医书集成》，神州国光社的“内忧外患历史丛书”，世界书局的《国学名著》预约，十期八期，续出不已。

铅印旧书确是适应读者需要。这事书店老板最明白，不过专凭他们未必就作得好。铅印旧书纵然不需要统制，也需要指导：印什么，怎样印。

关于印什么，显然有两种趋势，需要多的书与珍本书或违禁书。讲到珍本禁书，清末民初，已有铅印宋末、明末文集，如《国学扶轮社》等是也。当时的意思，不见得是纯学术的，似有宣传民族主义的意味在。这种书现在很少人注意，但颇有好书。好像周作人先生罢，因为花十几块钱买到一部抄本的明人著作而欢喜。其实已见于民初铅印的《龙潭室丛书》，几毛钱便可以买到的。又有专印范围很狭的书的，如北平文殿阁的《国学文库》，内容似限于宋、元、明、清外族边塞的史料。可惜定价贵，而且中国学术界没有很多人注意到这些“冷门货”，听说这《文库》是仗着我们善邻的购买者来维持续出的。需要多的书与可印的珍本禁书，读者最好随时介绍。

关于怎样印，那就有很多琐碎的意见。所根据的原本，错字应该较少。最要紧，校对要精细，标点要负责（最好附带正误表，因为一字不误很难）。册本不要太大太厚（《廿五史补编》即有此病）。不要把许多书合成丛书而不零售，在习惯上虽成套而可以分开的书也不妨单印，如二十四史，有前四史而缺少其他史的很多，这样可以便于采购。纸用好坏两种，以适应不同的购买力。近年书业多困于外国纸贵，中国造纸业未能急起直追，书店们不妨联合起来办个造纸厂试一试。这问题太大，姑且不说。最后，不要定价太贵，贵的结果只是使人少买或不买。而且，你能印，他也能印，旧书并无版权，竞争的结果终会把书价拉下，虽然不至于就一折八扣。

（载《书人》1937 年第 1 卷第 3 期）

跑旧书铺子

烟

程先生到苏州，我伴着他到几家旧书铺子去。我们计划，先走小铺子，想在一般人不注意的书堆里，找寻些冷门书出来，价钱可以便宜些。因此先在玄妙观和牛角浜去乱闯，可是他们也知道这个生意经，冷门书也居为奇货，并且搜求者差不多时常到那里去的，像用筛儿滤东西一般，几种比较好的书，早给一批批的光顾者取去，剩下的都是“书渣”了。后来走到护龙街的南端去，按户擦屋，向北走过来，凡是有旧书的，几乎没有一家不到过。书摊上固然不值一翻，就是书架上，都是看了教人头痛的经史居多，连集子也难得有冷的。一言以蔽之，普通而已矣，当然无可留恋。偶然督掘出几种杂著，他们便悬天讨论，竟当他宋元版本看待了。程先生是喜欢买冷书的，所以只买了六七种，其余的都不值他一顾。

本来我在上海同他谈过：苏州的好书是留不住的，各处都要搜罗的，上海更多，因为交通便利，朝去暮还，可以整天浸在书铺子里的。还有收藏家，也高兴到苏州来，像访山林隐逸般，非但好书才发见，立刻有人拉了去。并且把书价也提高了不少。还有几家铺子的老板，不懂什么冷和热的，在他的眼光里看书是值钱的，就拼命的喝出高价来。苏州的书市面，竟成了鲜鱼桑叶早晚不同了。程先生这回到了苏州以后，走了许多书铺子，觉得我的话是事实，因此他也灰心了，不再前进了。我说索性到大书铺子里去，老板是知道大市面的，编成了书目，标了定价，八折七折，倒容易讲，虽然占不得多大便宜，却也不至吃多大的亏。他同意了，便到几家有“埠际交易”的铺子里，果然有几种还可以看看。据说越是小说、弹词之类，近年销场越大，价钱越卖得起，这一种趋势是值得注意的。并且和最近的文化现象也有关系的。

本来跑旧书铺子，要不怕费工夫的，无目的般背了手闯进去，向书架上从头至尾的看过去，抽出几部来翻翻、问问，尽管没什么中意的书，也得和老板或者伙计们攀谈几句，一天也不能走几家的。有时他们会从阁楼里，或是卧室的箱子里，捧出些好书来的。

就是问价，也有过门。最好多拣几种，还价起来也便当，最要紧是我所看中的书，不给他们看出来，就是看出来，也要使他不肯放我走。还有还价，也得平心静气，不能三言两语不合，转身就走，要徘徊逗留，若即若离、欲擒故纵，使出各种方法来应付。就是双方不能接近，也得留一点余地，好作第二次的访问。

我们的跑旧书铺子，即便一无成交，也增加了不少阅历了。但是上海朋友，难得有这种修养功夫的。

结果程先生费不到二十块钱，买了十多种的书去，似乎已经有点满意了。

（载《读书之友》1937年第1卷第4期）

一点希望

梦　虹

中国的出版界，向来是非常贫乏，而新闻学的读物，更是缺少，现在全国出版新闻学读物，书籍总计不过卅余种，定期刊物只有杭州出版的《新闻杂志》，北平的《新闻学周刊》（《世界日报》副刊），上海的《新闻界》（《商报》）、《报人园地》（《华美晚报》）等数种，诚然是寥寥晨星了。

至于质的方面，更不难设想，书籍大都粗制滥造，或选辑而成，而刊物则多杂乱无章，或转载塞责，就是鼎鼎大名的黄天鹏先生，虽然写有廿余本的巨著，但多内容相同，一文数见，对于读者有什么作用呢？

我希望国内新闻学家，加紧介绍外国的学术，贡献研究的心得，并且应该着手整理旧有的遗产！

（载《新闻杂志》1937年第1卷第1期）

论科学研究刊物

刘　咸

近年以来，吾国出版事业，甚为活跃，杂志之多，有如雨后春笋，不可胜数，然试检讨其内容，求其足以益智慧，助进修者，则十不得一二，而所谓“软性”读物，“幽默”作品，则充斥坊间，此中利弊，吾人不暇深论。即就科学界之刊物言，亦踵事增华，各科各门几乎应有尽有，通俗及介绍一般新知识之科学杂志无论矣，研究机关，大学之理、工、农、医各院，以及各专门学会，无不各有其研究报告、丛刊、汇报、学报、会刊等之发行，气象之盛，前此所无！说者谓中国已踏入科学研究新时代，足与国际科学界并驾齐驱矣。吾人乍闻之下，诚足鼓舞，然略加深究，多数研究刊物，是否尽善尽美，似又不能无疑义也。

吾人诚不杂丝毫成见，平情虚心，以国际科学研究刊物之一般标准，权衡吾国现在各方所有者，将不难发现甚多可商榷之点，爰不揣固陋，提论于此，或亦关心吾国科学前途者之所许欤！

第一，吾国现在所有之各种科学研究刊物，是否均具有创见贡献（original contribution），足当研究论著而无愧，此甚可疑义之问题也。

就吾人观察所及，截至现在止，各方面所发表之研究论文，无论其名称何属，确具创见性者，固所在多有，而不足以语此者，亦不在少数。原科学研究，重在寻求真理，启发新知，凡未成熟之作品，及转述介绍之文字，皆不得视为有创见之价值。倘兼收并蓄，一概刊载，于号称研究之专刊，则未免鱼目混珠。结果非但不足以增高专刊之地位，且启识者轻视之心理，影响所属机关或团体之声誉，盖科学无国界，凡论著一经发表纵国人不加指摘，终难免外人之批评。故吾人以为今后国人发表研究论著，务求在质的方面加以注意，提高标准，宁少毋滥，必如此方能逐渐增高吾国在国际科学界之地位。凡转述，温阅以及介绍文字，尽可由比较普通之科学杂志发表，以清界限。至于研究论著之用国文发表者，须附西文提要，用西文发表者，须附国文提要，本刊前已论之，兹不复赘（参阅本刊第二十一期）。

第二，以吾国科学发达之现代阶段论，吾国现有之科学研究刊物，就数量言，不可谓不多。时下风气，各机关各团体争相创设专门刊物，以为发表“机关”（organ），名目格式，程度高下，极不一致，一若非如此，不足以表现各该机关团体之成绩，其实此种心理，不尽正确，吾人须知一研究机关或团体之有无成绩，固视其有无研究成绩以为断，然论文之发表，并不一定须自创刊物，送往他处发表，而冠以作者所属机关之名称，亦足以表现各该机关之成绩，此种办法，欧美各国固风行之，如此可使少数已有历史及一定标准之专刊，因投稿者众，多得选择佳作之机会，同时投稿者之论著，一经此种标准专刊之发表，当然亦足增高作者之声誉，盖两利也。故吾人希望此后凡研究机关，大学或学会，自度每年所出之研究论著，在质量上、数量上，均不足以言单独发行专刊之先，最好不必自出专刊，盖捉襟见肘，困难正多；且与其刊载不成熟作品，拉凑成卷，出版愆期，曷若投登已有之著名专刊，以广合作，而对于作者及所属机关之名誉，并无减损。至于范围广大，人才济济之研究机关，大学或学会，有自出专刊之能力及需要者，又当别论，不在此例。

第三，科学研究刊物之制作，与普通书报不同，往往须不惜工本，以求印刷之精良，而图版所费尤巨。如中央研究院前年出版之《城子崖考古报告》，印刷所费，达国币三千余元，即其一例，故出版费一项，甚为可观。国内除若干经费充裕之机关，其出版费筹有的款外，若干学术团体，对于出版费往往筹措维艰，因此纵有佳作，因限于经费，遂不免将陋就简，草率出版，结果非纸张恶劣，即插图模糊，不能得读者之重视。故吾人主张凡各机关、团体，倘于出版费无着落时，不必急谋创设专刊，尽可将所有之研究作品，投送别方面发表，具如前论。盖大凡创设一种刊物，开始时即须筹划如何维持其生命之长久，常见国内有若干刊物，作始之时，因少数人之热心维护，得以问世，迨后经人事变迁，或稿件莫继，不幸短命而死者，比比皆是，科学刊物，亦未能例外。故与其不能维持长久，曷若慎之于始。

或谓创办刊物，乃树立一种言论之势力，此在一般政论刊物或然，而科学杂志，尤其研究刊物，重在传播科学知识，发扬宇宙真理，并非普通之言论“机关”，更非一党一派之喉舌。凡持此目的，以创设科学刊物者，乃未识科学刊物之真正价值者也。

以上所述，本属卑无高论，特以目前国内科学界，未免患此幼稚病——多产病，为吾国科学百年大计，故指陈之。希望今后科学出版界，尤其研究刊物，务求所发行之刊物名实相符，人力财力，均足以维持刊物生命于久远。换言之，研究刊物必须具有创见贡献，数量不感贫乏，印刷能求精美，否则宁少毋滥，至于将来实力充足，人财两裕时，创刊多种专门刊物，为国争光，固笔者之所厚望也。

（载《大公报（上海版）》1937 年 6 月 29 日）

小学儿童的读物问题

儿童读物不论是课内或课外的，一方面是儿童获得知识的工具，另一方面又是实现教育目的的工具，所以读物的好与坏，是很有关系的事。现在的教育者，有的还没有脱掉文人相轻的故习，指责他人作品，不免失于过苛。平心而论，现在的儿童读物，不只是量的增加，质的方面也显然有了进步。若最高教育当局，再作有计划的革新，于儿童教育前途是很有助力的。

我们是主张统制教育的，所以对于教科书的印行和采用，反对放任。在公家未能自行编印以前，审定制度要绝对保留。而且内容方面必先予以不可移易的标准，作为编纂的依据。如必须如何才能达到民族生存之目的？如何才能发展儿童身心？如何才能培养道德的基础？如何才能予以生活所必须的知识技能？这是教育宗旨和方针所企求的，有借于适宜的教材以实现之，不能实现这种企求的教材，不配当作课内读物的。

课外读物，以往过于放任，所以市面上不良读物，几乎到处都有，流弊之大，早已为人所共悉。儿童对于课内读物，强制阅读，或有时不感兴趣，独对于课外读物，虽任其自由，每觉兴趣无穷，乐不释卷者，大有人在，这是实际教育者所习见的。因此对课外读物，应有注意的必要，即应以适合教育宗旨而且描写生动的读物，代替不良的读物。

统制读物对于课内的——教科书——尚易，对于课外的实难，最好由热心儿童教育的同仁，根于初等教育的使命，应乎时代和环境的需要，出面为儿童供给精神的食粮，以救儿童饥不择食的危险，这不是不急之务吧？

（载《教鞭》1937年第18期）

儿童的读物问题

我们知道现在中国一般的儿童，不是被父母们溺爱着，便是受着无理的惨酷的欺骗和压迫。目前谈到儿童的教育，只是少数有钱人的子弟能够进学校，大多数贫苦儿童是被摈弃在学校门外的。可是少数能够进学校受教育的儿童，他们所读的教科书以及它们所能求得的一切知识，仍是不甚健康，缺乏滋养料的东西。如果在乡下的私塾里，那就更不同了。有许多塾师还在那里教授儿童去读《三字经》、《百家姓》、《千字文》、《幼学琼林》，或是什末“天子重英豪，文章教尔曹。万般皆下品，惟有读书高”等等一类的《神童诗》。再不然便是“子曰”、“诗云”了。我们想这是多末可怜而又可怕的事呢？

可是我们知道孩子他是富有活泼的天性的，他时时刻刻总要想法活动一下。况且他们更具有一种好奇心理，他们的精神活动，也在时时动荡着。他要知识，他更希望也和大人一样去明白、了解一切的事物。往往在大人的直接教导下，不能满足他们的求知欲时，他便要别求发展了。在这时候“小人书”便成了儿童们的恩物了。然而这种的“小人书”，却多数是含有毒素的。在中国富有滋养料的健康的儿童读物，比起含有毒素的“小人书”来，确是微乎其微的。在多数含有毒素麻醉剂的儿童读物里，我们不妨把坏的一部分剔除，留下好好的一部分让儿童们去批判地读和看。但儿童是没有判断力的，他本分别不出那是有毒或无毒的读物来的。然而我们就应当分开，凡是有毒的读物我们便不叫儿童们去读，反之没有毒素的儿童读物，我们再让他去读。

谈到儿童读物，尤其关于儿童文艺在中国作家群中，注意这方面或努力这方面的，确乎很少，虽然在许多儿童读物里，有时“我们勉强可以发现一些世界儿童文学作品底翻译和极少的创作”（胡风）的。翻译中像《爱的教育》——虽然它却并非是十分健康的作品——流行是颇广的。还有鲁迅译的一些爱罗先珂的童话，另外伊林的《白纸黑字》、《十万个为什么》、《几点钟》的翻译介绍，多少算是给了儿童一点新的补品。尤其载在《译文》上的外国儿童文艺作品：《表》、《远方》、《第四座避弹室》，更是生较健康富有滋养料的读物，我想叫孩子们去读读这些东西，决不至于受害的。创作中据我所知道的“五四”以后有叶绍钧的《稻草人》，在当时这确是一部别开生面的儿童文艺作品，事隔数年最近又出现了张天翼的《大林和小林》、《秃秃大王》、《蜜蜂》，这就更给中国儿童开辟了一个新天地。不过，他们多是偶尔执笔，忽而又把这件工作放下去的。我觉的这是很不应该，而且是很可惜的事。我想原因也并不是作者自己有意忽略了这件事，还是少有人注意及此的缘故。至于王统照先生在《文学》上写的关于儿童文艺的文章，我是没曾看到的，但我相信那也并不只是谈谈而已。只要有作家肯注意到这点，那总是好的。不然人人不注意这个，那是不会有人肯向儿童文艺这方面努力的。（虽然有也是不被人家认识的）所以我们对作家或童话作家，应该给以特别的督促和鼓励！只要他写的东西不是含有毒汁的，我们就不应当向他头上泼冷水。

“救救孩子”这句话，我觉得喊得并不怎样俗气。现在中国儿童并未得救，我们仍要喊：“救救孩子！”

（载《兴华》1937 年第 34 卷第 17 期）

论目下出版界之儿童图画的现象

泽 之

谁都知道儿童时代，由于其游戏的本能，对于图画音乐是特别爱好的，如果把儿童的生活来分析一下，可以说一半是图画，一半是音乐，这是从事于儿童教育的人所感觉到的。

儿童对于图画既有特别的爱好，自然对于其所看的图画和那些图画所给予他们的感觉印象，也自然格外的深刻，不但留着一个永久的印象，而且当时常常就仿作起来，所以儿童画图，在大人们看来虽是一件不值注意的事，但在儿童本身之思想和活动上所受的影响是非常重大，是一件不容忽视的事。

图画之于儿童有如此关切需要，我们可拭目以观，时下出版界对于儿童图画的情状是怎样呢？如在数量上计算起来，确比前几年增加；而在质的方面来看，似乎很少有进步，也许是走入于一种畸形怪诞的路上去，这现象如果静心观察，便会感得这是一个危机和缺憾。

谈到时下一般所流行的儿童图画，在它的形态和意识两方面来说，都应有改良的必要：

第一从形态方面来说，图画本来就是艺术，就是美感，然而目下所出版的儿童图册画报及儿童杂志中的插画之类，大都不注意于此。甚至去摹仿外国之电影上滑稽片的那些奇形怪状，例如画一个人，头小体大或头大足小，或鼻尖突出两手特长等状；或是画着禽兽如燕雀、鹰雁、猫狗、牛羊之类一种变相人形，能作人语对话；或是画种种滑稽的情状，层出无穷，使儿童们看得除了好笑之外，别无一点可取处。

第二在意识方面说来，由于其所感受之形态畸形的印象，对于意识自然多会蒙受毒害的，因为这一种的图画，它所反映的多是社会的黑暗面，或是从那些旧时剑侠神仙小说中的绣像之类而遗承其意识而来，因之与畸形的形态，其对于儿童之思想和态度上，而会发生如下列不良的结果：

（一）使儿童的思想和印象，易入于畸形怪诞的路上去。

（二）使儿童易于染成滑稽好笑所受影响的态度。

（三）使儿童对于事物的实况，不易得到实际的真相。

（四）使儿童易于养成一种粗陋空浮的心情。

（五）使儿童对于图画鉴赏的趣味低级化。

（六）使儿童对于其他学科易会感受不良的转移作用。

（七）使儿童对于其环境和生活上不易领受真美的观觉。

上述各项都是时下不良儿童图画所发生的流弊，也许在事实上不会有如此的严重，然而无论如何，这种怪异的现象之滋长风流，不是儿童教育上一种好的效果，这是可大胆断言的。因此我们可以站在儿童的地位上希望儿童图画今后之形态意识以及取材着色，作者在未下笔之先，先要问自己作此类画图，对于儿童有何印象？有何效果？价值在那里？意识在那里？这些问题都应顾到的。固然，儿童时代的好奇心格外显著，画图是足以启发其兴趣、快感，但这是应导示儿童向真正美感的路上走去，而不应诱惑以怪诞奇离的色状和滑稽不切实况情礼之类的图画。所以今后出版界对于儿童图画，应宜慎重选材，应本以儿童教育的目光，至少须注意下列各点：

（一）图画的形态是真正美观的，正确的。

（二）图中的着色全部是调和的，衬映得体的，没有强烈的色彩或某部分之反常的着色。

（三）图画中的人物、山水、花鸟等可用单形简笔，但不必变易其状态。

（四）图中的事物的演变情节，求其切合实际情理，且以增进启发儿童的思想情绪为主旨。

（五）儿童图书之绘画，当以有时代性而合于儿童之鉴赏程度，且以有科学的知识和艺术的美感为最要。

（六）使儿童由看图的印象而能有纯正精确的摹仿足能改进其心身和日常生活的活动。

（七）使儿童对于图画中情况易于领会鉴赏，而且能不入于低级化的。

（八）使儿童由于图画的熏染暗示，能发挥其本能的活动和亲爱活泼的精神。

上面所说八点，都是目下出版界对于儿童图画所应讲究的，当然关儿童图的之应注意的，不仅只此，那就在于儿童图画的作者和从事儿童教育者的逐渐加以探求改良罢了。

（载《申报·出版界》第一〇四期、第一〇五期 1937 年 4 月15 日、22 日）

连环图画

周　戈

小孩子们看了陈旧的连环图画，往往会入迷，因此“出走”的把戏就闹出来了。出走到哪里去呢！到峨眉山去“求道访仙”。这种把戏的层迭闹出，不外是因孩子们的情感纯正，而对于现社会的不公正又觉得痛恨异常，自己这样渺小，铲除不了这种不公正，因此对于“剑仙武侠”这种专打不平的“超人”起了钦慕之感，如果学得了他们的“武艺”，口吐一道白光，或则一标掷过去，就可一吐自己心中的郁愤，岂不快哉！连环图画之所以深得小学生的爱好，是非为无因的。

最近南京夫子庙小学有学生三人，因平日喜阅连环图画，因此入迷，一日相约出走，竟寻觅无踪，后均函知家属，意欲往五台山修行学道。京社会局查悉彼等那种怪谬行动，原因平时喜阅连环图画所致，因此查禁各书铺印行该项图画，同时通令各学校，注意学生行动，并晓谕该项图画内容之荒谬，以绝后患。

因现在这种连环图画的为害无穷，几年前，艺术家们以及一辈大众文学家们，曾热心倡导新的连环图画过，然而理论家们的高谈一过，所谓新的连环图画还是一本也不见有。我们晓得，人活在世界上除了物质的粮食外，精神粮食亦占一席重要之地位，人如果没有精神粮食以为滋养，生活的可怖是可想而见的，小孩子年纪虽小，他们对于精神粮食的渴饥，却是一样的。所以查禁连环图画是不妥当的，而应代以新的连环图画才是。我们应该动员儿童艺术家、儿童文学家、小学教员们，以及热心于这运动的书铺老板，当然，我们更希望政府在这一方面来热烈帮助这一运动的开展。同时，过去曾高谈阔论过新的连环图画的艺术家、文学家，为了援救我们的后一代，共同来推动这一运动的更飞速的进展。这样，查禁了荒谬的连环图画而代之以新鲜的连环图画，这犹如小叫化本来吃的腐败的隔年食，而一旦供以新鲜的饭食一般，否则，把腐败的隔年食查禁了，说是有碍身体的健康，一面，又不给以新鲜的粮食，这样，不是要饿死了么？

让我再来大声疾呼道："救救孩子！"

（载《申报·谈言》1937年5月6日）

从小学科学教育谈到国内的儿童读物

周　俭

在本刊上期发表了孙雪晓君的《实施乡村小学科学教育的我见》，接着引起了本篇作者周君的《儿童读物》的讨论。我们以为儿童读物和小学的科学教育是连带关系的，其重要正不亚于小学的自然科教科书，因为它的范围，并不限于在学校的小学生读。所以特地把这篇文章提前发表，希望我国办义务教育、社会教育的和出版界注意。倘能因此引起教育界、出版界改善小学科学读物的运动，那真是两篇作者和本刊的荣幸了！

编者附志

这是去年的事，那时，我无意地在一个朋友的书架上看到了一本美国的小学科学教科书，这本书的第一页就告诉我们，这是一本很旧很旧的教科书了，而且，照我的猜想，在美国的小学生手中，决不会拿看这一本书，而是拿着一本最近出版的科学教科书了。但，这使我惊奇了，因为这书上有许多教材，在我们国内，差不多是要到初中二三年级才会读到，在小学的自然教科书上，是永远不会看到的。

譬如说空气受热而膨胀，但国内的小学自然教科书上，有那一本有呢？就是有，恐怕也只是一两句就了的短短几个字，因为这是国内教科书的一个特点。

我国提倡科学教育已经有几十年了，但，得到的成绩在那里，尤其是小学。

不说别的，就小学师资制造所的师范的科学教育说吧，在以前几年（也许现在也是如此），他们的化学教科书，还是用的一本《化学概论》（Mcpherson & Henderson 著）。这本书的原本我没有看过，但在一般师范生的手中，我看过了商务的译本，在最后一页上，很明白的写着“民国十五年一月初版”这几个字。照这本书的内容，当然不能说不好，但，我可以断定的说一句，只要稍有一点科学知识的人，一定要说，这本书太旧了。在上面，非但没有说到原子构造，而且也没说到电子，只说到宇宙间一切物质，都是由原子构成的。

试想，读了这种科学教本的小学科学教师，他们怎样能灌输新的科学智识给儿童呢？

在上面，已说明了两点，一点是小学的自然教科书的太简单，太肤浅；第二点，是小学的科学教师的科学知识有限，要是毕业后不求长进的话。

关于这两点如何改善，问题太大，暂且放开不谈。不过有一种简易的补救办法，那就是改良儿童课外读物了。但是，说也可怜，我们中国的出版家，太把生意眼看重了，往往一本良好的科学读物，因为内容不大时髦，就会有打入冷宫的危险，小学的科学读物，更不用说了。

说到这，话又说回来了，现在我国的出版界所发行的小学的科学读物，似乎是很多的，但在内容上，可以武断的说一句，差不多全是教书式的，不是由爸爸告诉他，便是由妈妈或先生告诉他。像这种儿童读物，照我的拙见，非但使儿童得不到益处，恐怕还要使儿童养成依赖性，因为他们有的是爸爸和妈妈教师。

这种教书式的科学读物的写作技巧，非但使全国的单行本的儿童科学读物清一色化，而且会把一般的儿童刊物上的科学游戏或科学讲话失其功效，因为这不是爸爸和妈妈告诉他的。这我真要为我国的教育当局急出一身大汗。

现在中国的儿童读物的缺点，非但是教书式，并且也太枯燥，因为这，反而会使一般儿童的读科学读物的胃口变弱，也许可以使他们与科学读物绝缘。这事国人并不是不知道，而是在于出版界的门罗思想太浓重。

在外国，他们对于儿童科学读物的注意，在上面我所说的小学自然教科书里，已经可以看见一般了。现在，再来介绍一篇英国出版的儿童科学读物，看了这，也许会使我们的一般儿童科学读物作家，改变一下作风，这是我十二万分希望的！

小狗的巡猎（Puppy's First Hunt）

Byanky 著

小狗在草地上追着小鸡玩。

“啊哈，”它想，“我想到外面去猎些野兽和飞鸟。”于是它就溜出大门，跑到草原上去了。

野兽、飞鸟和昆虫看见了它，还有许多动物就自己在这样想：

鸬鹚鸟想：“我要玩弄它。”

蚊雀鸟想：“我要惊吓它一下。”

啄木鸟想：“我要打倒它。”

蜥蜴想："我要戏玩它。"

毛虫、蚱蜢和蝴蝶想："我们藏起来，等它来搜求着玩。"

"我要赶它出去。"炮手甲虫想。

在事实上，动物们自己都知道用什么方法去保护它们自己。

不一会，小狗走到了一个塘边，它看见鸬鹚鸟在水里用一只脚立在很深的芦苇中间。

"现在我要攻击它了。"小狗想，它蹲了下来，它的目的是要从后面扑上去。不过鸬鹚鸟已经注视着它了，于是就侧着身体走到更远的芦苇中去了。风吹过水面，吹到芦苇，吹得芦苇前后摇动，前后摇动。

小狗张开它的眼睛在惊奇，许多金黄色的和褐色的条纹在摇动得向前向后。鸬鹚鸟在芦苇中间安息着，它自己面对着芦苇，看起来也确像靠芦苇了，因为它也学着芦苇一前一后的摇摆着。

小狗的眼睛睁得大大的，它看了再看，它没有看出一个东西像鸬鹚鸟的在芦苇中间。

"好，"它想，"鸬鹚鸟给我错过了，我不必呆得再跳到空芦苇中间去。"

它便跑到小山上去眺望。

蚊雀鸟在小山脚下的地上玩，卷起或者放开它的项毛。

"我要从小山上直跳下去，把它捉住。"小狗想。

但是蚊雀鸟自己紧紧地贴着地面，使得它的翅膀和尾巴都变平了，它的嘴就像空中的一根小棒。小狗看了又看，它不能够看见一只飞鸟，在它的面前的地上，有许多染色的碎片，再从这许多碎片中间，凸出一根弯曲的松枝。小狗惊讶了，它想不出蚊雀鸟躲到什么地方去了，它不高兴去搜索许多染色的碎片："我得要快些离开这里，我要再去捉别的飞鸟。"

它打猎到树林里，抬头看看树枝里面的东西。一只啄木鸟停留在一根树枝上。小狗直跳上去，可是啄木鸟已经跳到一个洞里去了。

"啊哈，"小狗想，"现在，我可捉到你了。"它用后脚立在地上，它注视到洞里去。在这黑暗的洞里，有一条黑蛇在发出可怕的声音。小狗畏缩了，它浑身的毛都竖了起来。原来啄木鸟在洞里嗞嗞地作蛇叫，它的头颈盘曲着，羽毛上的黑条纹活像蜿蜒着的蛇。

“嗳！吓死我了。我的脚不愿带着我逃，我以后是再也不去打鸟了。”

蜥蜴停在石头上，它把眼睛闭着，在那里洗日光浴。小狗慢慢地、偷偷地站在它身旁，它把它的尾巴抓住。但是蜥蜴脱身逃走了，让它的尾巴留在小狗的牙齿中间动着。蜥蜴躲在石头底下，忙碌地再长起它的新尾巴。小狗吐出断了的尾巴，很不满意。

“好!”它自己对自己说，“如果我不能够捉住蜥蜴，我至少有本领去捉住几种昆虫。”

它向四周围看一看。在草地上有许多甲虫跑，在草里有许多蚱蜢跳，在树枝上有许多毛虫爬行着，并且在空中还有许多蝴蝶很自由的飞着。

小狗跳跃似的跑到它们跟前，可是它们好像有魔术似的，一会儿都不看见了。

青色的蚱蜢藏在青草里，照规则，蚱蜢是把它自己从细枝里伸出来偷看，并且十分安静地留着心，使人家不能够分别出青草和蚱蜢。蝴蝶停在树上，张开了它的翅膀，小狗不能够寻出那个是树皮，那个是树叶，那个是蝴蝶。

一只很小的炮手甲虫在地上跑过它面前，它不想藏起来。小狗看见了，正要想去捉它，这似乎是很容易的，可是狡猾的甲虫就射出墨水似的臭液，很准确的射在小狗的鼻子里。

小狗哭了一回，就慢慢地走回去了。它经过草原，它的尾巴拖在两腿的中间，走进了大门。它隐藏在自己的狗窝里，并且十分怕去碰它的鼻子。

所有的动物，鸟类和许多昆虫，想再有一次机会来给它表演出它们生活的技能。

（载《大公报（天津版）》1937年3月23日）

小朋友们知道么，读小人书有甚么害处？

仿　先

亲爱的小朋友：

我知道你们多半是爱好小人书，而且有的对它十分亲切。这是什么原故呢？因为小人书有它的长处，容易引人入胜。第一它把长篇的故事完全图画化，阅读起来，非常容易明了。同时那些颜色格致的连续画，最能刺激人目，而引起最大的兴趣。第二它专会迎合一般小朋友们的特殊心理，如好奇心啦，崇拜武侠的天性啦，喜欢低级趣味啦……它就依着这种心理去搜集材料，无怪小朋友们多要为它所迷惑。记得我小时也上过这个当，看到高兴的地方，每每把吃饭都会忘掉。就好像那些在大马路上赁小人书看的小朋友们，听不到马路上的一切车马声一样。真是有些可怜。结果闹个近视眼还不算，把宝贵的光阴都白白的度过去了，脑子里满是许多神怪迷信的荒谬印象，至今好像还是没有磨去，真讨厌！我还记得当时因为迷于小人书的缘故，把正课都耽误了，险些没有降班。好在我回头尚早，没有受到更深的毒害，而闹出“出家”的丑事来。

我们在报纸上，不是常常看到这种新闻吗？某姓儿童弃学入山去求仙，某儿失踪了……多半是由于看了那些神仙鬼怪、剑侠妖道等小人书，而中疯了的原故。呀？它是如何的可怕呀！当此小朋友们求知欲最发达的时候，最易受了欺骗误入歧途，重者变为疯狂，甚至有生命的危险，轻者养成一种迷信神怪的病态心理，而耽误了求学的机会，对于你们的前途，真是有最大的危险呀！小朋友们可不觉醒吗？

也许迷于小人书的小朋友们要如此的想：“小人书不下数百种，难道没有一本可看的吗？”是的，可看的太少了。大说起来，小人书不外四大类：

第一类是神怪的，如你们常看的《火烧红莲寺》、《西游记》、《天宝图》、《封神榜》、《峨眉剑侠传》、《昆仑三剑侠》、《红侠传》、《黑侠传》、《白蛇传》、《僧道斗法》等，它竟是描写一些荒乱无稽的神仙鬼怪，让你看了，不由得以假当真，信有其事，而修仙求佛的闹起疯来，结果，把什么事都耽误了，而成为一个可怜的废人，多么可怕？

第二类是色狂的，如你们常看的《黄慧如情史》、《三姨太太艳史》、《交际花》、《蒋老五殉情记》、《梁山伯和祝英台》、《摩登花》、《女招待的艳史》等，都是有伤风化的东西，它能引你入于邪狎之途而不自觉，甚或手淫的恶癖也会染上，而从此堕落下来，多么可惜！

第三类是强盗的，如你们常看的《江湖大盗传》、《三侠剑》、《彭公案》、《施公案》、《三盗九龙杯》等，固然它能提起我们的“见义勇为”、“扶弱济贫”的勇气来，不过它终久是描写强盗的生活、偷盗的技术，所以久而久之就使你思想歪曲，而养成一种霸道或是不道德的行为。你们必须少看。

第四类是描写英雄的，这就是所谓可看的一种了。如市上流行的《岳飞传》、《马占山将军》、《三保太监下西洋》、《年羹尧征西》、《薛仁贵征东》、《甘地传》等，也可以看。不过没有经验的小朋友，辨不出那是可看的，那是不可看的，拿起来一本就看，恐怕就要中其毒计，而至难以自拔。所以甚盼小朋友们，从今以后，要和一切的小人书断绝关系。而用中华出版的《小朋友》啦，商务出版的《儿童画报》啦等等好的读物代替。小朋友们，听我的话吗？

说到这里，或者有的小朋友要说：“我们每天下课后，没有一点事，学校又没有图书馆供我们的消遣，买好的读物又没有钱，除去花几个铜板赁几本小人书看，又有什么办法呢？”是的，你们不要着急，现在你们的师长和父母，都是竭力的替你们打算、替你们着想，将来绝对会使你们满意的。期待着吧，亲爱的小朋友们！

（载《大公报（天津版）》1937 年 5 月 24 日）

关于“少年读书会”

李也止

大家同样迫切的需要鉴赏文艺，又同样的购买力十分贫弱，那么，组合起一个小小的读书会来，共同有计划的进行研究，于人于己，是都能有益的。

这读书会的组合，不外征集会友及会费、选购图书、编造书目、分发阅读和共同研究几个步骤，大概初中的学生都办得来。然而，关于“选读图书”和“共同研究”两点，总得郑重一些，会的真价与精髓也就寄存在这两点上。现在且就这两方面略贡一些鄙见吧。

图书的选办要在物质能力和鉴赏程度两种限制之下去筹划，大概第一期可购备的有下列六类四十三种，书目下面用辑录的方式加上一些概括的说明，但愿对于读者有一些用处。

（甲）理论与批评

1.《文心》（夏丏尊、叶圣陶合著，开明版，价七角）

这书有谈鉴赏的，像《鉴赏座谈会》；有论笔记的，像《读书笔记》；有讲体例的，像关于诗、词和戏剧的专章。并且，对于学校中不大看重的书法和朗诵，也有新颖和精到的见解。就是对于古书和“不用文字写的书”，非但也论到，并且有正确的意见发表。讲到写作的技术呢，题目、内容、组词、描写，都在各章节说得很仔细；并且说到修辞，说到语调，说到推敲，还附上文章削改的实例。

2.《读和写》（沐绍良著，开明版，价三角五分）

这本书能够用二十四个极饶风趣的标题吸住每个读者的心。它把句的读法和写法，单词的理解与应用，语汇的吸收，助词、叹词用法的比较，文章开端和结束的写法之研究，题材的选取，题目与内容的关系，中心思想的把握，抒情、叙事、说明与议论各类文体的一般写法，日记、书信与诗歌的各别写法，标点符号使用法，精读和略读的方法，穿插在孩子们“读写研究会”的故事里扼要地提示出来。因为能运用趣味盎然的丰美想象，又复具有特长的说明能力，所以极能使读者愉快顺利的记在脑中。每章之后，还附有“读后作业”，提供读者以练习材料，这是合于学习原则的。

3.《词和句》(孟起著，开明版，价三角)

中国文字词性的变化实在神妙得令人艰于捉摸，有人曾经这样譬喻过：“西洋文字是‘彩排’，生、旦、净、丑，面目衣冠，各人各样；中国文字是‘清唱’，同一个字可以兼任好几个角色，生、旦、净、丑，在外貌上是看不出来的。”这最能说出中国文字的特性。所以，各种词类必须站在句子当中方可认识它的任务，确定它的词性。于是，便有了“句本位”的新潮，主张踏着句子的自然发展，用修习语法的程途，这是极其合理的。于是孟起先生的这本语法书应运用而生。作者在序里说：“我是以老鸟吐哺般的虔肃的心情写出的。”他以妈妈写给孩子们的书信体裁，把语法上的基本知识——词、词组、子句及句子的意义与功能，在十四封信里，浅显多趣的一一介绍过，并且指示了图解法、标点法和运用上常见的错误；每信之后，还附有习作。从此，把研究语法一工作看作烦琐干燥的现象，将不会继续存在了。

4.《怎样阅读文艺作品》(沈起予著，生活版，价三角)

这本书专门讲述关于阅读文艺作品的各种基本知识，除“导言”及“写后记”外，计分五章。第一章，把一般将文艺作为消遣的目的匡正到探求人生、认识社会的大道上来；第二章，把市上流行的书籍作一个简明的分别，并将五四以来的新文艺加以扼要的叙述，使读者从这中间自知有所选择；第三章，指导选择之后怎样阅读；第四章，指示阅读之后又如何判断好坏；第五章，开列了文艺理论研究大纲和作品研究大纲，指导不愿始终当一个普通的阅读者而还想进一步作一个文艺工作者的人，作双方面并行研究。

5.《读书的艺术》(夏丏尊等著，开明版，价六角)

这书选辑了十九篇《中学生》杂志发表过的文字。十九篇并没有一贯的系统，论及读书与笔记（七篇）、文法（四篇）、诗学（两篇）、小说（四篇）和字辨（两篇）五个方面，都有独到的见解和恳切的指导，所以很能帮助我们增进阅读的效能。

6.《文章例话》（叶绍钧著，开明版，价三角五分）

本书选录现代作家的模范文章廿四篇，抒情、记述、叙述、说明、议论各体和书信、传记、书序、随笔、速写、小说、诗歌、戏剧、旅行记、演说词、报告文学各类都包举了。每篇之后加上一些浅显明白的谈话，在性质上并不一致，有时指出这篇文章的好处，有时说明这类文章的作法，有时就全篇来说，有时只说文章的一部分，犹如听国语教师在按照文章讲解之后，再来一回概要的述说。作者在序里说："我写这本小书的意思，和国语教师所怀的志愿一样，只希望对于读者的阅读和写作方面有一点帮助。"

7.《写作的健康与疾病》（尤墨君等著，开明版，价六角）

集《中学生》杂志各家讨论写作方法的文字而成，计包含十六个短篇讲话。关于选题、用字、造句、构段、成篇、描写、通与不通、好与不好，都分别讲到，并且提示了文病诊断的实例，兼及到书法、字体、翻译和诗的写作各方面，论述精当，文字浅显。

8.《怎样从事文艺修养》（徐懋庸著，三江版，价四角）

这是徐先生用"林矛"的笔名在《大学生活》上发表的关于文艺修养方面的三万字讲话的结集，又另增了六万字，举例通俗，解释详明，很值得一读。

9.《创作的准备》（茅盾著，生活版，价二角五分）

这本书是贡献给有志于文学写作的自学青年的。作者把他丰富的写作经验告诉我们，使我们知道在创作之前应该怎样的做些准备工作。高尔基常常对苏联的文学青年讲述他自己的创作经验，指示各种的创作方法："人物应该怎样刻画?""自然应该怎样描写?"但那些"自然"、那些"人物"，到底还是异国的。这本书却告诉了我们应怎样把中国的"人物"和"环境"活捉到创作中来。全书内容分：学习与模仿，基本练习，收集材料，关于"人物"，从"人物"到"环境"，写大纲，自己检查自己，几个疑问。都是经验之谈。

10.《给青年作家》（高尔基等著，绮雨、靖华等译，生活版，价

三角）

文学并不是才子的特殊行业，然而，也决非读几本文章作法或描写辞典就可以成功的。这本书里执笔的人都是现代世界上有名的作家，他们把自己从艰苦过程中所获得的经验发表出来，对于青年作家指示一条大路。这里每一句话，都是心血的结晶，对于一切青年作家则是最有益的精神的粮食。

11.《中国文字的演变》（童振华著，生活版，价三角）

这本书用新的观点介绍中国文字学的基本知识。第一章至第五章，说明文字进化的一般规律和汉字形、音、义演变的过程，暗示了汉字的前途；第六、第七两章，检讨汉字的特点和语文分离的现象，指明汉字改革运动的不可避免；第八、第九两章，评述汉字改革运动中的各派主张。其中，关于别字、手头字、基本汉字、注音汉字、国语罗马字、拉丁化等等运动的介绍与批判，尤为详尽。青年们读了这书，对于汉字改革的问题，必可大袪胸中的疑惑，有意涉猎文字学的，也取得入门的锁钥了。

12.《文艺思潮小史》（徐懋庸著，生活版，价三角）

这本书从历史的唯物论的见地叙述世界文艺思潮的流变，从古希腊时代起，直到现在止。对于各种文艺思潮的社会基础、主要理论、代表作家，都有简明正确的论断，并指示了今后世界文学的趋势。读了这个本子，再进一步读巨帙的世界文学史，才不致感茫然无头绪之苦，才不致被许多歪曲的意见所误。末篇论《中国文艺思潮的演变》，可以使读者明白中国新文学发展的背景和前途。

13.《我与文学》（傅东华编，生活版，价六角）

这本书里有五十九位作家写出他在文学活动上的经验，如兴趣的发生与见解的转移、读书心得、创作过程等。也可说是各作家文学生活的自传，引言里说："但有两个值得重视的共同点：其一，各人所发表的意见都是自己对于文学亲切体验的结果；又其一，各人之与文学发生因缘或中途转变态度，无不由于某种外在的戟因所促成。我们由这重视体验和自觉戟因两个共同倾向上，就可看出我们的文坛已于冥冥之中差不多一致进入新文学发展的另一阶段了。"这说出了这书的价值。

14.《文学百题》（傅东华编，生活版，价一元五角）

这是全国作家合力撰著的一部理论化、实用化的文学工具书。题目虽实际只有七十四个，但是文学概论、文学批评、文学史各部门中的应有问题，差不多都具备了。有此一书，可获得文学多方面的知识，中国文坛的动向也可因以概见。

（乙）小说（内有童话两种）

15.《十年》（夏丏尊编，开明版，价四角）

16.《十年续集》（夏丏尊编，开明版，价四角）

这两本书里，共包含现在文坛上最活跃的二十六位作家的新作，用他们熟练的手法，揭示出中国这非常时期的社会相，暴露了半殖民地的黑暗面，也暗示了民族解放的曙光。这就算是包罗未全的鸟瞰吧，也称得起一幅从黑暗走向光明的人间的大画卷了。

17.《呐喊》（鲁迅著，北新版，价九角）

18.《彷徨》（鲁迅著，北新版，价九角）

鲁迅先生的这两个短篇小说集，前者共收十五篇，后者共收十一篇，“除几篇例外的，如《不周山》、《兔和猫》、《幸福的家庭》、《伤逝》等，大都描写‘老中国的儿女’的思想和生活。我们读了许多小说，接触了那些思想生活和我们完全不同的人物，而有极亲切的同情。我们跟着单四嫂子悲哀，我们爱那个懒散苟活的孔乙己，我们忘记不了那负着生活的重担而麻木着的闰土，我们的心为祥林嫂而沉重，我们以紧张的心情追随着爱姑的冒险，我们鄙夷然而又怜悯又爱那阿Q……总之，这一切人物思想生活所激起于我们的情绪上的反应，是憎、是爱、是怜，都混成一片，分不明白。……这些‘老中国的儿女’的灵魂上负着几千的传统的重担子，他们的面目是可憎的，他们的生活是可以诅咒的，然而你不能不承认他们存在，并且不能不懔懔地反省自己的灵魂究竟已否完全脱卸了几千年传统的重担。我以为《呐喊》和《彷徨》所以值得并且逼迫我们一遍一遍地翻读而不厌倦，根本原因是在这一点。”（方璧语）

19.《春蚕》(茅盾著，开明版，价四角)

20.《三人行》(茅盾著，开明版，价四角)

《春蚕》是作者一九三二至一九三三年所写的八个短篇的结集，内包《春蚕》、《秋收》、《小巫》、《右第二章》、《喜剧》、《光明到来的时候》、《神的灭亡》等八篇，都十万言。《春蚕》以下四篇描写现代的农村生活，主题是农村经济的破产。作者过去的小说多写都市生活，这转向农村生活描写的第一步，很值得注意的。《三人行》是本中篇小说，是现代青年生活的片影。书中叙述因为对于客观环境认识的程度不同，三个人取着互异的步调。结果，一个是死了，一个发了狂，一个却迈步前进。全书笔调轻盈，通贯着诗的情味。

21.《稻草人》(叶绍钧著，开明版)

22.《古代英雄的石像》(叶绍钧著，开明版，价五·四角)

这里介绍的是两本童话集。作者曾从事小学教育，对孩子原极钟爱，以郑重的态度，带着童心，用明快的文字，写成这两本精粹的书，无论在意义方面，在技巧方面，都是成功的作品。某批评家说："叶绍钧创作的生命力，我们与其他的小说中来寻，是不如从他的童话里去追求的，他的阶级意识，他的思想，在他的童话里是比较鲜明的。"

23.《故事新编》(鲁迅著，文化生活社版，价三角)

24.《豕蹄》(郭沫若著，不二版，价四角)

用历史上的题材来写作，在目前颇多见，这里举出的两本历史小说集，可以说是最完美的，因为两位作者分析事实都有犀利的眼光，剪裁事实都有熟练的技巧。他们有着满肚皮的意思不得不说，觉得用历史小说的体裁写来最适宜，这才提笔。所以他们的每一篇在给我们一个故事而外，还能启发我们的思想。单论写作方法，我们应该注视《故事新编》沉痛的讽喻和《豕蹄》的运用科学方法。《豕蹄》外附自传文一短篇，也有一读的价值。

25.《苏联作家七人集》(曹靖华著，良友版，价七角)

本刊曾有专篇介绍鲁迅译出的《表》，其实鲁迅译出的《竖琴》、《一天的工作》也是很好的读物。《竖琴》和《一天的工作》合称《苏联作家二十人集》，《二十人集》的姊妹篇便是这里举出的《七人集》。

因为曹先生的译笔更见流畅，所选的作品也有更洋溢的趣味，所以我们不妨先读《七人集》。《七人集》表现革命期的社会状况，能够使我们明了文学和实际生活的关系，一些新颖的手法对于我们也是有益的刺激。而且我们必须养成阅读作品的习惯，不然，对于世界文学重要的杰作只能闭着两眼，是多么可憾的事。《七人集》原来分成两本，便是《烟袋》和《第四十一》。

（丙）散文小品

26.《速写与随笔》（茅盾著，开明版，价五角）

27.《未厌居习作》（叶绍钧著，开明版，价五角）

叶先生说过这样的话："我常常想，有志绘画的人无论爱好什么派头，或者预备开创什么派头，他总得从木炭习作入手。有志文艺的人也一样，自由自在写他的经验和意思，就是他的木炭习作。无奈我们从前的国文教师不很留心这一层，所出题目往往教我们向自己的经验和意想以外去寻话说，这使我们在技术修炼上吃了不小的亏。吃了亏只有想法补救，有什么经验就写，有什么意想就写，一方面可以给人家看看，一方面好比学画的描画一个石膏人头。即使没有大家的野心，不预备写什么传世的大作，这样修炼也是有益的。能把自己的经验和意想畅畅快快地写出来，在日常生活上就有不少的便利。真的，这两本集子便是《木炭习作》的范本。前者是作者一九二八至三五年的随笔的选集，计分三部，共四十篇，笔锋犀利，意义深刻；后者也是作者把一九三五年以前所写散文淘汰得干净的一个结集，计共三十六篇，思想朴实，文词恳切，都有反复玩味的价值。

28.《鲁迅杂感选集》（何凝编，北新版，价一元二角）

有人说鲁迅后来一直不写小说是件憾事，其实他的杂感散文是我们更迫切需要的精神食粮！后者的文学价值也决不在前者之下。失去鲁迅，至少在目前我们还找不着供给这一份食粮的替代者，能够像鲁迅一样想到写、敢于写，而且写得好。《杂感选集》去取谨严，虽然没有包含最后的作品，脚印联成的路线已经给我们展布了几乎是全部的鲁迅的战绩。

29.《欧游杂记》（朱自清著，开明版，价七角）

这本小书是作者一九三二年五六两月旅欧时游踪的记录，计凡正篇十，附录二，插图三十三。作者用印象的笔法写作，所用文字无不几经洗练，当作旅行记的范文读，是很适宜的。

30.《花鸟虫鱼》（克士著，开明版，价三角）

31.《科学趣味》（顾均正著，开明版，价四角）

32.《生物素描》（贾祖璋著，开明版，价四角）

这三本集子各有各的风格，各有各的趣味，我们看起来只觉得每一篇都爽口，每一篇都不背于科学的正确性。克士的书有关于各种动植物的特写，也有关于生活的现象方面的通论。均正采取死板的抽象的理化现象来做文学的处理，有故事、有谈话、有速写、有随笔，莫不深入浅出。祖璋以提供一些科学常识为目的，对于各种重要的生物，用轻灵宛妙的笔墨来描写，其中《萤火虫》一篇，曾被选为一九三四年科学小品的代表作。

33.《科学的故事》（法布尔著，宋易译，开明版，价八角）

34.《十万个为什么》（伊林著，董纯才译，开明版，价三角五分）

科学在现代的社会生活中，和血液在人体中有同样的地位。但是在中国，它向来只是有钱人的装饰品。这原因，固然一半由于中国物质设备不足，又一半却应该归罪于科学文字的道貌岸然，又硬又冷，使大众望而却步。倘若给科学添上了文学的温和笑容，必将为大众所欢迎，所以科学小品实是科学迈向大众群里的阶梯。法布尔和伊林，是我们最熟悉的科学的小品的写作者。我们阅读他俩的作品，只觉得是在阅读一本故事书，然而，科学的知识却已经输进我们的脑里。

（丁）诗歌

35.《烙印》（臧克家著，开明版，价二角）

36.《罪恶的黑手》（臧克家著，生活版，二角五分）

初期新诗人对于劳苦人群的实生活知道的太少，只凭着理论发挥，所以不免是概念的，空架子，没力量。近年来才有了有血有肉的以农村为题材的诗，臧先生的作品可为代表。他知道节省文字，运用比喻代替说明，意象十分丰富。茅盾先生批评《烙印》说："全部二十二首诗没有一首描写女人的'酥胸玉腿'，甚至没有一首歌颂恋爱。甚至也没有所谓的'奇妙的哲理'以及什么'珠圆玉润'的词藻。《烙印》的二十二首诗只是用了朴素的字句写出了平凡的老百姓的生活，作者创作的态度是够严肃的。"《罪恶的黑手》也还是这样，不过据作者自序里说："从这本诗里可以看出我的一个倾向来，在外形上想抛开过分的拘谨，渐渐向博大确健处去……内容方面竭力想抛开个人的坚忍主义而向着实际着眼。"这实际上确已做到了。

（戊）戏剧

37.《农村三部曲》（洪深著，上海杂志公司版，价八角）

洪深先生是现代中国剧坛的权威。这一部著作里包含《五奎桥》、《香稻米》和《青龙潭》三个早负盛名的剧本，我们从这三个剧本里不但可以读到熟练的对白、高超的技巧，更可看到作者进步的思想。

38.《汉奸的子孙》（尤兢著，生活版，价六角）

这本书包含《忍受》、《夏夜曲》、《踌下》、《神秘太太》、《回声》及《警号》等八个独幕剧，还有《汉奸的子孙》和《撤退・赵家庄》两个集体创作独幕剧。作者以他无比的热情，最迅速的反映了活的历史；以他深湛的体验，正确的抒写了现实生活的多方面，是国防戏剧运动中最先出世的一部力作。

（己）期刊

39.《写作与阅读》（新知书店发行）

40.《语文》（朱执诚主编，全年十二册，新知书店发行，一元）

这两个期刊的性质类似，不过前者着重在供给更基本、更实在的阅读指导和文字技术上的知识，而后者内容广泛一点，凡属语文方面的一切问题都是研讨的对象。这两个刊物编辑和执笔的人都有严正的服务态度。

41.《文丛》（靳以主编，文季社发行，全年十二册，二元）

42.《光明》（洪深、沈起予合编，光明半月刊社发行，全年二元一角）

43.《中流》（黎烈文主编，中流社发行，全年二十四册，二元七角）

这里一个是新兴的纯创作的月刊，两个是中型的半月刊。目前出版的文艺期刊很多，只须订阅这三种也就足够代表了。（请参阅文章情报栏）

这四十三种书报，代表了文艺的各方面，供给各方面的基本知识，可以说是踏上文艺鉴赏之途第一程必备的行装。假若会友以四十人计，那么每人的经济负担仅达六角左右。这区区的破耗，大概总可以做到吧？下面我们要谈到怎样共同研究的问题。

第一，我们要认清：阅读这些书报并不是因为生活太无聊，想借几个故事来排遣苦闷，我们要从这些书报里获得正确的人生观，认清社会的光明处，因此向光明的途上迈步前进，这才是阅读的正当目的。

既经认清了阅读的目的，便要认真的阅读下去。叶圣陶先生说："文艺鉴赏犹如采矿，你不动手，自然一无所得。只要你动手去采，随时会发现一些晶莹的宝石。这些晶莹的宝石岂但给你一点赏美的兴趣，并将扩大你的眼光，充实你的经验，使你的思想、情感、意志尽往更深更高的方面发展。"那么，我们甘愿做一个懒人从宝山空走一遭吗？认真地一壁排除些无足取的瓦砾，一壁拣选那珍贵的宝石，自己才会格外富有，格外精干。俗所谓"杀强盗主义"的认字（只识偏旁）和"跑马政策"的跳行读法是更不该采用的。

当一个册子拿到手里的时候，最先须看序文、编辑大意、凡例或跋语，因为这些文字大半是说明该书写作的动因和作者所特别注意的各点的。这些对于理解整个的书，都极有帮助。其次要检阅目录，目录是指路牌，检视一遍，全书的组织和轮廓便在心理投射一个影子了。

这才开始读正文。像磨粉一样，至少要两遍以上，才够得细致。第一遍，为着早窥全豹的愉悦，不妨稍稍粗快。第二遍以上，采取积极的研究态度，却不可不精细的缓慢的探讨了。这时，谁都该用到宝贵的双手，分别进行"画线圈"、"记符号"和"标眉题"的三种工作。

日本鹤见祐辅谈到读书的方法，曾劝人预备红蓝两色的铅笔，分别在意义精警和文辞优美的地方画加线圈的记号。我们虽不必定要依样画葫芦用两色铅笔，但总要共同制定一些最合意的线条圈点来应用。这样，能促进你阅读时的细心，使在脑中留下较深的印象。而且，供给你日后翻阅的方便。同时，第二个以后的读者的注意和批判的态度也就被唤起了，共同研究因之就多了许多资料，集体读书的精神这才发挥出来。

“记号符”和“画线圈”并不冲突，使用圆点、方框、括弧、三角形、双重圈等标出特需注意的词语或章节里的小结构，可以帮助我们总结文章的意义，使文章留在我们脑里的影子条理井然，并且自己的分析能力和组织能力也可以因为这种练习于无意中发达起来。

“标眉题”比画线圈和记符号更为醒目，因为既经“提要钩玄”，自然“纲举目张”了。这些习惯养成后，阅读的兴趣必然增加，这根据个人的经验，是敢断然相信的。不过，这三种工作总还算轻松，我们为了理解的更透彻，记忆的更清楚，那便须进一步做更繁重的工作——“读书笔记”了。

读书笔记虽令人感觉繁重，但它的作法却很自由，可以“撮要”，可以“节录”，也可用批判的方式来写，自己的心得和疑问都可在笔记中写出，提供作共同研究的资料，而获得较正确的决定。如能在笔记之上，再标以眉题，或附习题及答案，那更合于学习的运用律，定能收得融会贯通提取精髓的大效。

前面所写的阅读方法，看来似乎是就个人的，其实个人的努力就是集体研究的分工。综合起各分子的努力所得，也就是集体研究的整个成绩了。若就合作方面可能的活动来说，如：举行座谈会，相互报告心得；举行讨论会或辩论会，共同解决疑难；聘请教师指导，敦请名人演讲；开展览会、陈列读书笔记，广求批评；定题征文，然后汇订传观；发布定期壁报，或印行小型刊物……都是可以协力实行而收效必然很大的。

还有卡片的制作也应该列为共同研究的工事之一。卡片制作是现代最科学、最灵活、最流行的一种治学方法。将读过的书报的要义分章别段的摘抄在大小一律的卡片上，以类相别、选精拔萃的安插在一只小小木箱中，一旦需要参考翻阅，检查起来多么灵便。而且，这工作用多数人的力量来做，更易有好的成果。等材料聚集了，到研究某问题或写一篇较庞大的作品时，只要检阅一遍，取根据的资材自然十分丰美，不患偏枯或空蔬的毛病了。

我相信，整个读书会如能这样朝气勃勃的努力下去，一二年后，个人和集体的收获，定都极有可观。只希望有这样努力的读书会在各地少年群中像雨后春笋一般的诞生出来。

（载《写作与阅读》1937年第2卷第1期）

中学生课外读物的商讨

——五月二十日在本处中央电台播讲

叶绍钧

这个题目是教育部出给我的。我以为对于诸同学，这个题目的确很关重要，你们为着自己知识能力的长进起见，本来就应该仔仔细细地想一想，我的话不过表示我对于这个题目想到的一些意思，但是多多少少可以作为你们的参考。如果你们听了我的话，对于课外读物有了更清楚的认识，对于利用课外读物有了更适当方法，就是我的荣幸了。我讲这个题目分为两次，现在是第一次；又分为两个节目，一个是课外读物的必需，一个是课外读物的类别。

课外读物是必需的吗？这是个不成问题的问题，谁都知道是必需的。可是为什么必需呢？这就有给个回答的必要，假如回答不出来，或者只能马马虎虎地回答，都不能认为懂得了课外读物的必需。

和课外读物相对的是课内读物，课内读物是些什么东西呢？无非各科的教科书罢了，也有不用教科书而用讲义的，那讲义也是课内读物。教科书和讲义的编撰，不是由编辑员和教师自作主张的，须得根据着教育部的《课程标准》；在《课程标准》里，详细规定着各科教材的内容纲要，编辑员编撰教科书，教师编撰讲义，都得按照着这些内容纲要，逐一加以叙述或说明，这种叙述或说明不能过分详细繁复，不然的话，每一科的教科书和讲义都将成为很厚的一部书。所以教科书和讲义还只是一个纲要——比较《课程标准》所规定的内容，纲要略为详明的一个纲要，单凭这点点略为详明的纲要来学习是不济事的，所以教师还得给学生讲授。教师的讲授并不重在教科书和讲义上的文字上的解释，而重在根据了教科书和讲义中所提及的，反复阐明，使学生得到深切的了解；万一学生把教师所讲授的忘记了一部分，再去翻开教科书和讲义来看，就可以唤起记忆，追回那些忘记了的。说到这里，你们可以明白教科书和讲义的作用，在学习之前，不过提示纲要，在学习之后不过留着备忘罢了。

课内读物的作用竟然不过如此，这就见得课外读物的必需了。读了历史教科书，再去找一些关于历史的课外读物来看；读了动物讲义，再去找一些关于动物的课外读物来看，其意义等于在教室内听教师的反复阐明的讲授。并且教师的讲授因为限于授课的时间，虽说反复阐明，实际上还是只能扼要的叙说，简单举例，惟有课外读物不受什么限制，叙说尽可详尽、举例尽可繁富。你要知道历史上某一事件的前因后果，你去看专讲这一事件的书；你要知道某种动物的生活详情，你去看专讲这种物的书。看过以后，对于教科书和讲义中所提示的，教师口头所讲授的，你就有了更深广的印证。任何知识都是这样，仅仅在浮面上、概要上涉猎一点，是没有多大的用处的，越是往广的方面去研求，越是可以豁然贯通，化为有用的经验；而课外读物正是引导你往深广的方面去的一条路径。

以上是说你们学习各种科目，为求深切了解起见，不能单读教科书和讲义，必须再去读关于各种科目的课外读物。

除了关于各种科目的书以外，你们还需要其他的课外读物呢。譬如你们修养身心，不但在实际生活上随时留意，还想听听古人今人的说话，以便择善而从，这时候，你们就得看关于修养的书；你们要认识繁复的人生，接近文学家的思想和情感，不但借此领受一点趣味，还想陶冶自己，使自己的人格更为高尚，这时候，你们就得看各种文学作品；你们为着国难严重，深切感觉“知己知彼”的必要，在“知彼”这一个项目之下，自然而然想知道日本的一切情形，这时候，你们就得看关于日本的书。广义的说起来，这些书也和各种科目有关。关于修养的书可以说是公民科的课外读物，各种文学作品可以说是国文科的课外读物，关于日本的书可以说是历史科、地理科的课外读物。可是这些书和前面那些书究竟有分别，因为他们并不限于教科书和讲义的范围之内，又并不被看作教科书和讲义的详细注解，像前面那些书一样。前面那些书普通称为参考书，参考书是各科学习上的辅佐品，现在所说的这些书却直接供应实际生活上的需要，实际生活上需要什么，才取什么书来看。

以上是说你们为充实你们的生活起见，在各科的参考书以外，必需再去读各种性质的课外读物。

再说一个中学学生，当他在学的时候，有两种习惯必须养成。什么两种习惯呢？一是自己学习的习惯，一是随时阅读的习惯。什么东西必需待教师讲授过了，才开始去关心，教师没有讲授过，那东西即使摆在眼前，也只给他一个不理睬，这种纯乎被动的学习态度是万万要不得的。你们大概听说过“举一反三”的话吧，教师的讲授无论如何详尽，总之只是“举一”，学校教育所以能使学生终身受用，全在乎学生能够“反三”。教师决不能把学生所需要的事事物物一股脑儿交给学生，所需要的事事物物却不可数计，如果没有“反三”的能力，就只有随时碰壁而已。所以，纯乎被动的学习态度非打破不可，学生不应该把教师的讲授看作终极的目的，只应该看作发动的端绪，从这发动的端绪上，必需再研求，以便取得更多的东西。就是教师并不曾给过端绪的东西，为着生活上的需要，也必需自开门径，加以研求，以便打破事实上的困难。这是纯乎自动的学习态度，换句话说，就是自己学习的态度。凡是态度，勉强装扮是不行的，勉强装扮只敷衍一时，不能维持永久，必须养成了习惯，行无所事，而自然合拍的，才可以历久不变，终身以之。所以，一个学生单知道应取自己学习的态度是嫌不够，尤其重要的是养成自己学习的习惯，自己学习固然不限于看书，从实务上去历练，从具体的事物上去推求、去观察、去试验，都是自己学习的方法。可是书中积聚着古人今人的各种经验，收藏着一时找不到手的许多材料，对于自己学习的人，书这东西究竟是必需发掘的宝库。因此，阅读课外读物实在有双重的效果，除了随时得到新的收获以外，又可以逐渐养成自己学习的习惯。现在要说到养成随时阅读的习惯了，你们大概听见过熟悉外国情形的人的谈话吧，不然也总该看见过他们的文章，他们常常说欧美人和日本人如何如何爱好读书，学问家是不必说了，就是商店里的店员、工厂里的劳动者，也都嗜书如命，得空就读，成为习惯。回转来看看我们自己，真是相差太远了，你们试从自己的周围想，家里的人有几个经常读书的？亲戚朋友中间有几个经常读书的？你们如果再下一点考察的功夫，就会知道现在的企业家很少有随时读书的，政治家中，嗜书如命的并不多，有一些大学教授，除了他们所教的那本课本以外，不再读什么书，有一些新闻记者，除了他们所编的那张报纸以外，不再读什么书。我国人把一切求学的事情叫做读书，又以为求学只是学生应当做的事情，不当学生就不用求学，就不用读书，这显然是一个错误的观念。由这个错误的观念，造成了普遍地不读书的现象。这个现象表示着国力的不如人家，因为所谓国力，不仅限于有形的经济力、军备力等等，一般民众的精神衰弱、智慧萎缩和经济力、军备力等等的不如人家比较起来，至少有同等的严重性。不爱读书的中年人和老年人是没有办法的了，除非他们忽然觉悟，感到读书的必要，自己去养成读书的习惯。可是青年人为自己的充实也就为国力的充实起见，非在学生时代养成随时阅读的习惯不可。所有的青年都能够注意到这一点，那末，不久的将来，我国就可以成为普遍地爱好读书的国家。你们要知道，仅仅读几本教科书和讲义是养不成这种习惯的，教科书和讲义是由教师所指派，但现在所要养成的这种习惯是不待别人指派，而能够随时去阅读自己所需要所爱读的书。教科书和讲义，像前面说过的，不过是一个比较详明的纲要，但现在所要养成的这种习惯，是不但求知一个纲要，而能够随时去翻阅内容丰富、体裁各异的书，这种习惯惟有多读课外读物才可以养成。

以上是你们为养成自己随时阅读这两种习惯起见，必需去读各种的课外读物。

至于课外读物的类别，依据前面所说的，大概可以分为四类：第一类是关于各种科目的参考书，如学习了动物学、植物学，再去看一种生物学的书；学习了物理学、化学，再去看一些讲到物理学家、化学家怎样发见发明的书，这些书就属于这一类。第二类是关于修养的书，如伟大人物的传记，学问家、事业家的言行录，都属于这一类。第三类是取供欣赏的书，如小说、剧本、文集、诗歌，都属于这一类。第四类是供应临时需要的书，如预备练习游泳的时候，去看一些讲到游泳方法的书；当社会上发生了某种问题的时候，去看一些关于某种问题的书，这些书就属于这一类。以上的分类，并不由于书的本身，而由于读书的人利用它的目标。同样一部分书，只因读书的人利用它的目标不同，可以归到不同的类别里去。譬如一部《史记》，如果作为历史功课中上古史的参考，当然属于第一类；但是读它的目标如果在欣赏它的文笔的雄健、描写的生动，就属于第三类了。一部《论语》，如果作为领受儒家伦理的途径，当然属于第二类；但是读它的目标如果在知道《论语》是怎样的一部书，就属于第四类了。并且读书的目标虽有专注，读过以后，所受的影响却并不限于这个目标，如为着参考而去读《史记》，同时对于《史记》的文笔的雄健和描写的生动，多少也会得到一点欣赏；为着修养而去读《论语》，同时对于《论语》是怎样一部书，自然也会懂得很清楚。我们只能这样认定，为着某种目标而去读某一部书，这某一部书，就属于那一类。

现成的书并不专为中学生编撰，当然有许多不是中学生所能理解、所能消化的，尤其古书除了内容以外还有着文字上的种种障碍，就像前面提起的《史记》和《论语》，虽是高中学生，恐怕也难以通体阅读，毫无疑难。如果各给编一个删节本，把不很重要的部分去掉，中间加上简要精当的新注，前面又加上一个导言，说明书本的来历，指示本书的读法，这样，中学生看起来就绝无问题了。这不过是一个例子罢了，我们并不在这里专谈古书，总之一句话，特地而又认真地编撰的书，要比现成的书好得，因为它适合中学生的理解力和消化力，现在出版界渐渐知道在编辑中学生的课外读物上努力了，这是一个很好的现象。

整本整部的书之外，现在还有各种的杂志，也是课外读物。这些杂志中间的文字，可以归入第三类、第四类的居多，可以归入第一类的似乎很少。像日本那样，按照着科目和年级专编《一年级英文》、《二年级英文》之类的杂志，我国简直没有。这种杂志对于学习上很有帮助，希望出版界也能够办起来。

我的第一次讲演到这里为止，余外的话，留到第二次再谈。（未完）

（载《广播周报》1937 年第 139 期）

中学生课外读物的商讨（续）

——五月二十二日在本处中央电台播讲

叶绍钧

这是我第二次讲演，前天是第一次，说了课外读物的必需和课外读物的类别两个节目，这一次是说怎样阅读课外读物。

在说到阅读课外读物以前，有一个问题要附带地说一说，我知道现在各地的中等学校里，对于学生阅读课外读物，大体是鼓励的，但是同时往往指定某一些读物，加以取缔，不准学生阅读。那些被取缔的读物是什么东西呢？多数是暴露现实的作品，以及关于政治经济的叙述和评论。学校当局做这种措置，我们当然承认他们的善意和苦衷，他们无非要学生思想纯正、感情和平，不为偏激震荡的东西所扰乱。而那些被取缔的读物，正是他们所认为偏激震荡的东西。可是从学生方面说，对于发生在周围的事象和议论，最重要的是具有透彻的识别力，什么事象应该怎么看法，怎样应付，什么议论应该赞同还是应该反对，凭着透彻的识别力，就可以自己决定。专取躲避的态度是不行的，这个事象恐怕会给我坏影响吧，不要和它接触，那个议论恐怕会使我上个当吧，不要和它亲近。这样一味躲避，结果把锻炼识别力的机会都错过了。这时候你所躲避的东西即使真是不对的、要不得的，你可不明白它为什么不对，为什么要不得；你所保守的东西当然是认为对的，要得的，但是你也不明白它为什么对，为什么要得。因为你不曾具有透彻的识别力。并且，躲避的办法，实在是无法彻底做到的，越是不准阅读的东西，越是想弄一本来看看，这是一般学生的常情。在学校里头，为着遵守学校的禁令，固然不去看那些被取缔的读物了，可是在学校之外，只要弄得到手，尽不妨自由阅读，这就是躲避了。再进一步说，即使在学校之外也并不去弄一本来看看，然而一切的现实排列在学生的眼前，各种的议论沸扬在学生的耳旁，学生总得看见听见，这样岂不还是个躲避不来？躲避的办法既然无法彻底做到，无论对的不对的、要得的要不得的东西，既然在生活里都得碰到，惟有用透彻的识别办法应付，才可以立定脚跟，知所取舍。所以，取缔某一些读物的措置，虽然见得学校当局的善意和苦衷，而实际上只是个消极的不很有效的方法，积极的有效的方法，还得在锻炼学生的识别力上着手。假定有这种措置，无论什么读物，都让学生自由阅读，同时却给学生做平正通达的指导，使学生的识别力渐渐地正确起来、坚强起来。这样锻炼的结果，学生将达到能够自动地批判一切读物的境界，纵使遇到了偏激震荡的东西，也不会被它所扰乱。而且这样锻炼得来的识别力，不但在学生时代有用，简直可以终身受用不尽，讲起效果来，这不比漫然取缔某一些读物强得多吗？我希望学校当局为着学生的利益起见，对于这一个问题下一番仔细的考虑。至于学生这方面，应该知道一切读物不是完全可以信赖的，阅读固然要认真，但尤其重要的是能够抱一种批判的态度。不加批判，而只顾“照单全收”，那绝对不是妥当的阅读方法。批判若把“此时”“此地”作标准，大概就不会有什么错儿。凡是和“此时”“此地”不相应的，至多可供谈助而已，决不能够作为行动的方针、生活的目标。

要谈怎样阅读课外读物，第一，不能不谈到时间的问题。中等学校的科目繁多，每科的教科书和讲义，都得在课外温习；又有笔记和练习工作，大部分得在课外动手。要划出充裕的时间来阅读课外读物，事实上是不可能的，但是阅读课外读物原不必在一天里头占着很长的时间。上一次不是说过吗，阅读课外读物的目标之一是养成随时阅读的习惯，只要能够具有恒心，每天阅读，时间少一点，倒也不妨事。各科功课方面的工作，无论如何繁忙，每天划出一点钟的时间来阅读课外读物，是不会做不到的。在一点钟里头，对于并无困难的书，该可以阅读一万字，就是需要费一点心思的书，至少也可以阅读五千字。这样说起来，假定是一本十万字的书，只要每天花上一点钟的时间，至多二十天就读完了。二十天读完一本书，一年里头不是可以读完十八本书吗？从初一到高三的六年里头年年如此，不是可以读完一百零八本书吗？这就很可观了。并且一年里头有两个不短的假期——暑假和寒假，这正是阅读课外读物的最好的机会，在假期中间居然可以多划出一点时间来。假定每天划出三点钟，大概不能算多吧，两个假期合起来做八个星期计算，就有一百六十八点钟的阅读时间，就至少可以读完八本书，六年合计就是四十八本。所以时间并不充裕，只要能够具有恒心，每天阅读，成绩是不会少的。

上一次说过，课外读物大概可以分为四类：第一类是关于各种科目的参考书，第二类是关于修养的书，第三类是取供欣赏的书，第四类是供应临时需要的书。书的类别既然不同，阅读的方法也就因而各异，一般的说起来，读书的人对于第一类和第四类的书只求理解而已，书中所有的内容，读过以后，能够通体理解，这就完事了。譬如，为求物理学的知识更加精深起见，去找一本比较教科书更要详明的物理学书来看；为求懂得游泳方法起见，去找一本指导游泳方法的书来看。只要理解了它的内容，书本就不妨丢开，而且真个理解以后，忘记的事情是难得有的，故而竟可以终身不必再看第二回。至于作者的身世，作者写作这书的志趣，以及这书文笔方面的种种事项，读书的人都可以不用过问，因为不过问与过问没有两样，过问了这一些，对于理解物理学的内容和游泳的方法没有多大关系。所以，阅读这两类书只需在内容方面啃住，每一个用语的涵义都不可含糊，每一句说明的真意都不可放松。“不求甚解”的态度固然要不得，误会和曲解，尤其要绝对避免。对于第二类、第三类书可不同了：阅读第二类书，目的在接受了书中所陈说的自己来躬行实践；阅读第三类书，目的在跟着作者的眼光去观察社会、体会人生。这当儿，理解书中的内容，虽然也许必要，但是不能够即此为止。在理解内容以外，对于作者更需有充分的认识。因为阅读这两类书，其实就是和作者结为朋友，不过不靠面对面的相识，而由文字作媒介，以求心和心的相通而已。文字上所表示是有限的，而隐藏在文字背后的心的活动却是无限的，为求深切地了解朋友的——就是作者的心的活动起见，就有熟悉他的生平的必要。阅读一位哲人的言行录，同时考求他的历史；阅读一位作家的文学作品，同时考求他的整个生活以及时代背景，必然比较仅仅读他的一本书有益处的多。并且，这两类书是需要屡次阅读的，第一回阅读，在这一方面得到了若干解悟，第二回阅读，在那一方面又得到了若干领会，这是善于读这两类书的人所常有的经验。真是了不得的好书，竟可以终身阅读而不感厌倦，因为它好像一个发掘不完的宝藏，你每去发掘一次，总不会空手而回。以上说的，都是阅读第二类、第三类书和阅读第一类、第四类书的不同之点。

无论读那一类书，工具书是必需使用的。所谓工具书，指字典、辞典、图表等等而言。要知道一个字眼的精密的解释、一个用语的正确的涵义，就得去翻查字典和各科辞典；要指认一处地方的位置，就得去翻查地图；要见识各种东西的实相，就得去翻查各种图谱；要知道一个人物的经历，一件事情的概要，就得去翻查年谱和大事表。这些工具书，现在虽然并不怎样齐备，还待著作界和出版界多多努力，但是把现有的尽量使用在阅读上，总可以得到许多帮助。个人自然不能够置备所有的工具书，但是学校图书馆或者公立图书馆置备在那里，可以随时去翻查，你要自己学习，你要随时阅读，这使用工具书的习惯非养成不可。你遇到一些疑难的时候，工具书就是一个不开口的顾问，你查考一些东西的时候，工具书就是一个包罗万象的博物馆。我们要利用工具书，并不是说我们应该抛开了实际上的研求，而专门去做书本上的功夫，乃是因为实际上的研求有所限制，不能不间接地从工具书上得到解决和认识。譬如，我们想知道古人对于一个“仁”字有多少不同的解释，但古人已经过去，不会来亲口告诉我们的了，只有去翻查详细的字典，才可以得到解决。又如我们想看看云冈的佛教艺术，但云冈离开我们很远，一时没法前去，只有去翻查云冈的图片，才可以得到认识。当阅读课外读物的时候，同样的情形常常会遇到，所以使用工具的习惯必需养成。

无论那一类书中，都有不必费多大心思，只消一口气松松快快的读下去就行的，但内容和文字比较艰深的，就没有这么方便。如果只让眼光在书面上跑马一般跑过，其结果往往仅能够得到一些朦胧的印象，甚而至于得到一些错误的观念。故而当读书的时候，第一要集中心思，专门放在书上。一壁在读书，一壁在想着运动场中足球的胜负，或者学校园中什么花开了不曾，那是不行的。第二，一口气直读下去，不如每读了一段一节，停这么一停，回转去把那一段那一节想一想，这一点很关重要。譬之吃东西，这想一想，就是细细的咀嚼，可以辨出食品中的真滋味来。对于修养的书和欣赏的书，这一回功夫尤其必需。第三，为督促自己必需想得切实起见，不妨随时提起笔来写笔记，因为漫然地想一想还可以浮泛而不着边际，但要写上笔记簿去，却非把读书所得，整理得有条有理不可。如果没有条理，不然写不出什么来，写笔记或者取列表的形式，或者取杂记的形式，可依所读的书的性质而定。

讲述读书方法的文章和书籍，以及各类的书的序文和例言，都应该看看。这些对于阅读的技术上都有帮助，懂得一点阅读的技术，比较没有技术，可以事半而功倍，但是要知道，仅仅懂得还嫌不够，必须按照着懂得的去实行，才有实际的效果。

我的话到这里为止，我自己知道所说的话很多杂乱疏漏的地方，请诸位同学代求教师替我修正，完了。

（载《广播周报》1937 年第 140 期）

为课外读物的急需想到杂志与画报

尼　采

人一到六七岁的时候，照例家长要送他入学读书，因为读书可以懂知识，晓得做人之道，同时也是为未来的生活打算，在书本上学习点技能以便将来好赚钱换饭吃。就这样，人们感觉到读书的重要而纷纷的到学校里去了。

要想到学校里的功课，也真是繁乎其繁，有国、英、算，此外还有什么地理、历史、公民等等，以一个有限的脑袋要装上这一大堆东西，实在是一件难能的事，而况，还有许多功课得在家里去练习呢。

曾国藩有过这样一句话："用功譬如掘井，与其多掘数井，而皆不及泉，何若老守一井，力求及泉，而用之不竭乎。"然而在目前的学校里，就不是这样处置的，学校里大都是"多掘数井"，而又往往"皆不及泉"，这就是因为功课太多了。使就学的子弟何从掘起，往往心与愿违，掘到半途而费，结果是一无所成。

然而要是依着曾老头儿的"何若老守一井，力求及泉，而用之不竭”，也是不对的。因为老守一井，假如这一井而是枯泉，那就是终老此井，结果还是涓滴不出，其将奈何！这样说来，难道泉水将终身不能到嘴矣。这倒并不是这末说的，我说掘井而得泉水非难，然于井之周遭先得详细考虑，方不致掘泉井有如掘泥土。

这就要想到课外读物的需要，因为书本上的功课大都是不切实用的，只好留作备而不用。社会的环境是时刻在转变着的，譬如一九三六年有那种新兴事业出现了，也许到了一九三七年就成了过去的陈迹！而急起直追的又有一九三八年的新颖花样，因了时代促使社会的环境倏忽幻变，在学校里读死书也就觉得无多大用处，要合乎时代的需要，应该在课外的读物上面去认识一点世界的大观，才能把住人生的舵手，临机行事。

看到有许多人在学校里锋芒毕露，结果在社会上是很少有能够做大事业的，这就是在学校时一直憧憬于书本，而忽略了时代的转变所致。

课外读物有报章，有画报，有杂志等。报章每日一份，沟通世界电讯，传达国内消息以及文化商情等。使命不可谓不伟大；然其外，画报与杂志更能详细地将各地的风物与人情传达到世界的每一个角落，画报的本身是图画，杂志的使命也就是包括各部门类，而且纸张与印刷又力求美化，这决非是报纸所能比拟于万一的。画报杂志可以将大战情形、各地风俗，以及潮流的趋势等，跟随着一件发生的事端，用摄影或图书或文字来理解缮述，务使看的人好像身历其境那样的自然明了，而得以收到应付世界环境的可贵认识。

同样有一本书，一册是教科书本，另一册是杂志画报，叫一个天真无邪的孩子去选择，那么无嫌地孩子们的心理是趋向于自然的物体，而忽略了空洞的学识的。而看了一册杂志画报感到了余味未尽，回忆欣然，要是捧起了一册国文或算术，包不定会使看的人感到倦意。所以，课外读物是有促于学业的助长，而又能使局处学校的孩子们能明了到社会的大体。

（载《读书之友》1937 年第 1 卷第 2 期）

从青年选择读物说起

亚　庐

随着时代的需要，青年的知识食粮，实在是非常迫切。在目前的出版界中刊行的读物，虽浩如烟海，可是想找几本有益于青年的读物，简直不易多购。我们如果到四马路上的杂志经售处去留心翻阅，觉得软性的读物实有凌驾硬性读物之势。这种戕害青年心性，麻醉青年思想的刊物，竟特别的多，不能不说是当前出版界畸形现象！

一个知识初具雏形的青年，大概总都喜欢风呀月呀，诙谐滑稽、神奇怪诞的东西，对于理论的书籍要费很多时间，埋头苦读，是不愿去接近的。因此，凡是幽默小品、恋爱小说，以及其他低级趣味的刊物，就都变成一般青年目光中的唯一良伴。

我们并不漠视幽默文字以及松散小品，当然它也是帮助消闲的一些资料，能够调剂生活，自有其存在的价值。然而它们之中所流行着的，类多是感伤、颓废、空洞的文学，或是玩物丧志的幽默。这些只重趣味而缺乏内容养料的文字，不但对于青年知识的灌输、意志的修砺毫无裨益，而且反足以引起青年走向邪侈放僻的歧途。

一般青年为什么趋于爱读软性与低级趣味的读物？自然不能否认是由于一般文化水准的低下。但是大多数人好逸恶劳，避重就轻，却是更大的原因。照意义解释，好逸恶劳原是“难”与“易”的分别，一般人对于理论的书籍所以不愿加以研读，无非也是因为怕难的关系。其实凡是想前进的青年，对于研究一切学问，根本不能存怕难的观念。我们看一本正当的书，至少没有害处。至于理论比较深奥的书，苟能抱定决心，下一番苦功，也必能达到领悟的目的。倘使遇到艰深而硬性的书，不加细察，就望而生畏，那末书本里的知识食粮，怎能吸收呢？

我们应得明了，书本不但能够解答我们各种难解决的问题，而且更能逐渐增强我们的生命力。所以青年对于选择读物，必须要用严格的眼光，去找有益的、切合实际的以及与个性相合的书籍来阅读。我们并不反对阅读或学习幽默的文章、松散的小品，实在处在这国步维艰的时代，各种学术科学，都极需要切合实际的应用，不能再拿我们青年宝贵的光阴，去消耗在害多益少的读物上。这是我们负有时代使命的青年应当加以深切的判别的。

最后，我们为青年的利害着想，至诚地希望国内知名的著作家，摒弃那些空洞无谓的作品，多发表些对于青年敦品砺学，尤其是激发爱国爱民的思想的作品，来共同负起抗敌救亡的伟大使命！（《读书月刊》）

（载《周报》1937 年第 1 卷第 3 期）

关于青年修养读物

青云梯

随着国难的日趋严重，随着青年在救亡运动中的日占紧要位置，关于指导青年的修养读物也就风起云涌。近几年来，除开了报纸上、期刊上讨论青年修养问题的单篇文章外，整本的书籍也出版得很多。从表面上看来。这当然是一种好的现象：一方面鼓励青年对于修养问题的注意；一方面显示社会对于青年的关心。可是就这些读物的内容分析起来，却令人很感到失望。在它们当中，有些是歪曲了现实，有些是逃避了现在，有些是灌注了毒汁，有些是说的太不充实，要求一本真令人满意的修养读物，似乎在目前还须等待。

几部流行很广的青年修养读物：如像《励志哲学》（开明版），确是一本极富刺激性的好书，但可惜它整个的基础是放在个人主义之上，它是马尔腾替美国资本主义之下的青年写的，这本书翻译过来自然不合我们的需要。

《现代名人成功之分析》（商务版），也与前书一样，是从美国翻译过来，始终脱不掉那种“金元”的气味，尽拿些“煤油大王”、“钢铁大王”、“银行经理”等等在青年面前鼓励着。它代表了资本主义的典型修养，这当然也不是我们需要的。

一本很使人爱读的修养书——《给青年的十二封信》（开明版），文字是写得很清丽，情感是流露得很浓重，但是，它是关在“象牙之塔”里的，它教青年避开了现实，它教青年“说说笑笑，跑跑跳跳”，它教青年“拍拍网球解除烦恼”，它教青年学习闲情逸致。可惜，我们的环境不容许我们那样。

《怎样训练你自己》（长城版），就其讲求“效率”方面观之，比前面的几本书都还要好，有系统，有组织，精确，明畅。但它也是一本翻译的书，仅仅谈到孤立的个人修养为止，它没有提示怎样透过“群”的关系而获取个人的修养，我们觉得这是不够的。

《服务与修养》（商务版），是针对着中国职业界青年而写的，态度诚恳，叙述周到，比翻译的书似乎要受用些。只是它也只在青年本身上打圈子，没有告诉青年这是怎样的一个时代，它指示了青年努力的方法，而没有提供努力的路向，这是它不可弥补的一个漏洞。

《青年的修养与训练》（生活版），把修养从个人本位抬到了社会本位，但是它便停止了。它没有更进一步的抬到民族本位，把青年的修养与现阶级的民族运动相配合，这是它不适合目前环境的地方。

此外，还有很多读物，我们不能一一检举。那有的是包含了封建思想的残滓，有的是灌输了英雄主义的毒汁，这些，都不单不合“现代”的时间性，而且也不合“中国”的空间性，所以一本优良合用的青年修养读物在目前是迫切的需要。

我们批判那些修养读物，对于作者译者并没有恶意的地方，恰恰相反，在某种程度我们是非常的感谢他们。不过目前这些修养读物我们实在不满足，我们热忱的希望要再有好的修养读物出现。主要地，这理想的书应当抓住现代中国的客观环境，不要虚空的悬挂目标，也不要抽象的论述教条。一切有价值的书籍都在其有实际性，何况是特别注重实行的修养读物。事实很明显，今日中国需要的是民族的统一与独立。中国人，中国青年，最缺乏的是科学的教养同军事的训练。因此一本好的修养读物应当注重：

第一，激发民族意识。他应当详细说明现代以民族为本位而斗争的世界，说明中国民族的危机，说明个人在民族运动中的地位及责任。一切的努力，一切的修养，都应当把民族的解放放在目标的第一位，使每一个青年要从不同的出发点达到民族复兴的最高峰。

第二，训练科学思想。科学思想的特征是精确、有条理、求真理、不苟且，这些都是我们最缺乏的。所以理想中的修养读物应当特别注重科学思想的训练。

第三，培养军事精神。军事精神也是我们最缺少的。在目前民族斗争的洪流中，军事精神是异常的重要，如像负责任、守纪律、牺牲、迅速等等高贵的德性都是只有经过军事训练才能充分发挥的。

以上三点，是今日世界的时代精神，也是今日中国的特殊需要，一本好的青年修养读物应当包含这三方面。我们十分地盼望着，盼望着这一本书能够早日的出现！

（载《青年公论》1937 年第 1 卷第 17 期）

平民读物改进论

好　动

我国近几年来，国势日危，民生日促，农村破产，经济恐慌，其根本问题，实乃全部文化的问题。

几十年来的历史，已经明明白白的告诉给我们，坚甲利兵不足以救中国，政治制度不足以救中国，经济建设不足以救中国，因为这些只是“力量”，而这些“力量”却都不易为中国人所利用。换言之，中国文化与西洋文化之所以不同，并不是在现时所开的花，而是在最初所下的种。两种文化在根本上就早有不同，所以我们要打算适应西洋文化，只去撷花，而不知换种，我敢说是永不会成功的。这不是空话，这是中国的问题，这是中国最基础的问题，所以给中国人换一个新头脑，换一付新精神，换一套新观念，是最迫切的事。中国的教育，现在正多少的往这方面走。但是一般民众却太可怜了，他们都已领教过外人的枪炮，外人的飞机，最后只落了一个怕洋人如天神的心理。我敢说：有这样的民众，现代国家永远不会实现的；有这样的民众，整个社会，永远不会呈露更好的现象的；有这样的民众，上层领导力量永远不会树立起来的。我们外面虽然有障碍，有仇敌，然而那障碍，那仇敌，却没有我们这陈腐的民众更固滞，更顽梗。所以改造这一般民众的头脑，实是迫切的问题。

国内有人在提倡复兴农村，而我以为这旧式的农村是复兴不起的；有人在提倡救济农村，我以为这被时代潮流压倒的农村，是救不胜救的；有人在运动教人民识字，我以为这也是未捉到问题的核心。民众唯一的问题，便是改造头脑。因为只有人民养成新头脑时，改造社会的力量才算养成；改造社会力量养成时，整个的社会的问题，才可以彻底解决。我不是说救济农村的工作，全应该立刻停止，而专去努力改造人民思想。我只在说，改造人民思想，实是更基础更深刻的办法。

依上面的观点，我们立刻可以见到，民间通俗读物是最重要的，它能向人民灌输新意识、新观念、新伦理思想，用具体的故事，很容易指给人民一套新的抽象理想。我们要教他们怎样做二十世纪的人，叫他们知道甚么是国，什么是法律，教他们明白国与个人的关系，教他们知道怎样做公民，怎样在有事时应为国牺牲，于无事时更应为国做坚苦的奋斗。所以借改良通俗读物，不必教更多人识字，却一样可以使人民受新教育，改造旧头脑。

我很赞成平民读物，我更提出下列几条来，贡献给热心举办平民读物社的先生们，和我国教育机关的要人。第一，我希望教育当局，少成立几个空洞的普通中学，以不少的款子来兴办或补助改进平民读物。第二，现在的通俗读物编刊社，可以再向大处扩展。第三，通俗读物社应当搜集各项人才，专为编纂意识正确、技术卓绝的读物。同时招集说书的、算命的、唱戏的，予以短期训练，使习得新编鼓词戏本，然后发给津贴，派往各处——中国北部尤应注意——演唱宣传，务使深入民间。依这样办来，我敢说，十年以后，救国的原动力可以增加百倍，社会改造队中，可以添一批雄勇无敌的生力军。

（载《青年界》1937 年第 11 卷第 2 期）

实施失学民众补习教育后的民众补充读物

顾良杰

一、民众补充读物的需要及现行补充读物的检讨

失学民众的补习教育，已从二十五年度起实施。据预算，本年度内，可扫除文盲一千二百万人，以后逐年增加，到第六年度终了，即民国三十年六月止，可以使国内五十岁以下的失学民众，一律受到补习教育，能识字，能读书。向来失学的人，既骤然能识字读书，他们的求知欲，也必随之增高。他们当中，不一定个个要读书，就是有些人要读书，也不一定就读补充读物，但因为补充读物，多兴味，能吸引，那么，将来阅读补充读物的人，必随失学民众补习教育的进展，而逐年增加，这是可以预料的。

民众补充读物的需要，既是逐年增加，那么，它的内容，不可不检讨一下。以我所知，现在市坊上这类补充读物，种类甚多，流传极广，而其编辑的目的，无非为迎合低级社会的心理，投世俗人所好。所以它的内容，无非是诲盗、诲淫和提倡迷信之类，虽未必每册如此，但大多数如此，是可断定的。那么，将来失学民众补习教育愈普及，识字读书的人愈多，读各种补充读物的人，就随之加多，而中淫盗迷信之毒的人，也就与年俱增。其影响于社会者，如何重大！我认为值得切实研究的，就在这一点。

二、取缔不良民众读物的方法

现在对上述流弊，有一种补救办法，就是把所有在坊间流行的民众补充读物，一齐搜集审查。审查的结果，自然就优良合用的，酌予奖励或补助，就不合用而有流弊的，予以取缔，轻则责令修改，重则禁止发行，甚至勒令销毁，亦所不惜。但以现时流通的情形看来，设竟认真审

查，恐怕大多数的补充读物，都应受严厉的取缔。如果这样实行起来，一道命令，便可把这许多害人的读物，一扫而空，根深蒂固的毒菌，一齐毁灭，也很觉得痛快。但这许多的劳苦大众，他们终日劳动，生活干燥而且辛苦极了，偶有闲暇休息的机会，他们的疲劳必须调节，他们的心灵必须有所寄托，这调节和寄托，无非是倾向娱乐的方面。花几个铜子，就灯前月下，租借几本补充读物，来阅读片刻，总算是他们的暂时消遣，是他们的无上安慰。这样消遣和安慰的方法，在低级社会中，总算是最上乘。若因补充读物的内容，有诲淫诲盗的流弊而查禁，甚至销毁了大部分，试问仅剩的一小部分，如何能供替换的阅读和应大众的需要？所以不良的民众补充读物，固应取缔，但在取缔以前，总应该有一番准备的工作。

取缔前的准备工作，究竟是什么工作呢？扼要说来，就是把应取缔的读物，先行编好替代品。换句话说，就是要拿好的读物来代替不好的读物，而且要把好的读物先行编好，再来取缔那些不好的。免得旧的、不好的取消了，新的、好的还未出版，以致有青黄不接的流弊。

我们既应这样的准备，那么，我们自然看编辑新的补充读物，比取缔旧的还急。尤其在义务教育和民众教育日益普及的情形下，更是需要。可是问题又来了，新的补充读物，既为替代旧的而编，那么，究应怎样编法，才能达到我们的目的？这自然是当前的第一个重要问题。

三、编辑新民众补充读物的计划

我们所编新的补充读物，既要用来代替旧的，那么，至少应备以下的两个条件：第一，消极的无诲淫诲盗及提倡迷信的流弊。第二，积极的增进普通常识，养成善良风俗和激发民族意识，以立复兴民族的基础。

因此编辑目的，应规定为以下三种，就是：（一）发展民族意识；（二）培养国民道德；（三）补充生活常识，以立复兴民族的基础。

复次，关于编辑的原则，亦规定为以下几种：（一）文字必须浅显通俗；（二）选材必须依据民众日常生活及旧有观念为基础；（三）文体宜多变换，例如游记体、歌谣体（五更调、莲花落之类）、旧小说之章回体、鼓书体、戏剧体等，皆可酌量选用；（四）宜多插图；（五）宜采用歌谣；（六）宜注意引起兴趣；（七）宜注意诱起读者奋发向上之心。

再次，要计划的，就是编辑的种类了。照现在补充读物缺乏的情形，总望优良作品，能大量的产生，才能满足需要。但照现在的人力和财力，达到这样目的，谈何容易！所以再三想来，只有分别性质、分期着手。现应最先编辑的，大概是以下几种：

（一）民众文库或民众小丛书。文库和小丛书，是民众知识的源泉。就是编印五六百种到一千种，都不嫌多，但短期内还办不到。现应先编一二百种以应需要。它的内容大致可分社会（包括公民、史地等科的材料）、自然（包括自然界现象，例如空气、水电、煤铁、蚊蝇等）、民族英雄（包含民族光荣史、模范人物史等）及建国史料（包含中华民国之成立、中国国民党之组织及三民主义等）诸类。每类视其性质，各分编若干册，每册自八千字到一万二千字，所用的字都以部编民校课本或短期小学课本的生字为基础，必要时得补充之。

（二）连环图画。连环图画在现时社会上流通最广，需要最多，它的惟一特长，就是趣味浓厚，引人入胜。可惜编辑的人，太无常识，而且故意谈鬼说怪，迎合低级社会的迷信心理，所以毫无价值，并且还有很大的流弊。我们要改善连环图画，只须把原来不良的地方，如诲淫诲盗及提倡迷信的弊病，极力避免；同时，利用它原有的特长，并扩充起来，这便是新的好的有价值的连环图画。至于原有的特长，究竟是那几种呢？最显明的就是：（1）迎合一般人的心理；（2）根据一般人脑筋里固有的印象；（3）文字简明；（4）文字与图画有紧密的联络；（5）趣味浓厚。以上这几种，都很易办到，只要编辑时稍稍注意，便可达到目的。

（三）其他补充读物。其他补充读物，也很合一般民众的胃口，而且势力很大。例如莲花落、鼓儿词等之流行于北方，五更调、十杯酒等小曲之流行于南方，几于家喻户晓。我们也尽可仿照它们的形式，编些新鼓儿词、新五更调等，供给他们。

四、实现编辑计划的方法

前项计划，固然容易实现，但我们必须设法促成它，促成的办法，约为以下几种：

（一）教育部编行。教育部既准备取缔不良的补充读物，在取缔之前，自应编些优良的新补充读物，准备替代，同时也可作为新作品的提倡。但其性质，和教科书不同。教科书如《民众学校课本》、《短期小学课本》，教部只须编辑一部，全国都可仿印应用。至于补充读物，则需要很多，种类也多，非有大批出品不敷供给。若指望全由部编，在短期内实办不到。

（二）著作家编辑，由教育部采用。单靠教育部编辑，既不敷用，那么，救济的办法，只有由国内外文学家和热心补充读物的著者，补助公家之力所不及。其办法，可由主管机关规定需要的种类、数量和编辑的目的，悬奖公开征求，预料重赏之下必有勇夫，吾人的目的自易达到。

（三）督促原著作人改良编辑，由教育部奖励。用第二条办法，固可使作品增加，但究不是源源接济的办法。最好的方法，应仍然责成原著作人，自己改良，由部优予奖励，以示提倡。其手续，就是由部委托补充读物出版最多的地方（如上海、天津、北平、汉口、广东等处）的教育行政机关，召集当地书业公会及各种补充读物编辑人，开一种临时会议，指示他们以下各点，就是：（1）以前的错误；（2）今后编辑的目的；（3）编辑的方法（包括材料文字和图画等）。至于会议的形式，可酌量采用报告、讨论、研究等种种不同的方式，务期吾人预定的目的和标准，完全灌输于一般著者。这些出版者及著者，为取得政府的保护，以维持他们的营业起见，自然踊跃遵办，谁愿再走以前错路，自寻干涉、自惹取缔呢？复次，政府为期贯彻目的计，对于优良的自编本，想当另订奖励办法，以资鼓励，如果办到，更可引起一般著者自谋改良的动机。

总之，改善民众补充读物本是一件重要工作，在现时义务教育和民众教育日益普及的时代，更应特别注意。否则，我们天天高喊着普及义务教育和民众补习教育，使识字读书的人日多，因此，不良读物的销路，必定更广更大，而淫盗迷信的毒菌，也因此传播更易，分布更快。那么，我们高喊着普及教育的人，便是毒害社会的头等罪人。

（载《教育杂志》1937 年第 27 卷第 2 期）

编译教科书的重要

叶公超

从同治元年（一八六二）总理衙门倡议设立京师同文馆到现在，我们已经费了七十五年的光阴“学习方言，翻译西籍”，但是如今中大学里还要采用西文的教科书，不通一种西洋语文的人，尤是不通英文的人，仍然还是不能得着相当的现代教育。谈到学术，本没有国际的界限；研究高深学问的人往往必须通晓几国的语文。大学生应当学习外国语文，借以吸收外国的文化，乃是合理的。但是，世界上没有一个独立国家，在教育的实施上是要完全仰给于外国教科书的。高级的研究尽可以采用外国文的参考书，但至少初步或基本的教科书，是应当用本国文字的。介绍一种新文化，尤其是像近代西洋文化那样复杂的内容，当然不是容易的事。要得着相当的影响，非经过长期积极的努力不可，但介绍的方法应当是，在精通了那种文化的文字之后，逐渐把那种文化的主要元素溶化到本国的语文里，使一般受教育的人可以从他们自己的语文里受到新的影响。

从前京师译署、天津水师学堂、上海制造局、福州船政局，以及西洋各教会医院所译出的书，虽然也有数百种之多，但是或因节译，或因译文本身不精确，或因原书内容陈旧，或因过于偏重一时的需求而忽于理论的基础，现在都已成为历史上的遗迹了。它们代表初期的努力，但是因为目光毕竟短浅，所以努力的结果并没有奠基的价值。至于后来许多由日文转译的格致与法政书籍，也因为以上的种种理由不能供给我们现在的需用了。

民国以来，当局虽屡有设立编译机关之议（民四汤化龙，民十四章士钊掌教育部时，均议由国家设立编译馆），但都没有实行。直到最近，政府总算正式设立了一个国立编译馆，虽则规模并不宏大，而成立以来的影响还没有使人们感到。近来还有些文化机关从事于编译，如中美、中法庚款基金委员会和中山文化教育馆，但是它们都并没有注意到教科书，只是选译若干种名著，对于学生只能供给些参考资料。翻译名著是一件事，翻译教科书又是一件事。

我们的政府应当赶紧设立一个中学和大学教科书的编译馆，分期从事于编译由高中至大学各级所需要的教科书，分为三期进行：一、高中教科书和相关的主要参考书；二、大学概论性质的教科书及其相关的主要参考书；三、专门学科的主要参考书。先由全国各门学术专家会商选定书目，并推选胜任的专家专任编译工作，其报酬最低应与普通大学教授的同等。

这种工作是不能由私人或书贾代办的，私人往往为生计所迫，不肯去冒险翻译篇幅较多而性质较为专门的著作，因这类翻译所需要的心力与时间太多，而通常的报酬太低，以这种工作维持生活是绝对不可能的事。书贾自然是唯利是图，名义上虽说是要提高文化，实际上则无论如何重要的著作，倘若他们觉得没获利的可能，他们还是绝对不肯干这样吃亏的傻事的。结果是，只有新奇的，投合大众脾胃的译品，而绝少关乎学术的译品。教科书不但是学术的，而且是正言厉色的，对于以销路为前提的译家和书贾，当然不会有多少缘分了。假使我们依赖书贾或私人的努力，那就等于甘愿永远用西文，尤其是英文的教科书了。

西洋语文的教学是绝对不可忽略的，不过我们学习西洋语文，是因为要用它做一种工具，并不是想拿它来替代我们自己的语文。说句老实话，我们是中国人，也就只可以根据中国的语文来完成我们国民应有的教育。现在有一种流行的心理，以为用西文的教科书是一种荣誉，是程度高人一等的表征。这种心理，一方面是殖民地意识的表现，另一方面把文字看作一种符咒，把传达的媒介和内容混为一谈。虽然西洋文化的内容最适当的传达工具还是它本来的语文，但是我们既然不能放弃自己的语文，我们只好就我们的能力把人家的宝藏勉强搬到我们自己家里来，依赖时间的力量让它逐渐适合新的环境，终于变为我们自己的所有。有人说，有许多材料根本是不能够翻译的，翻译出来了比原文还难读。我承认文字的困难确然是很大。关于科学的书籍，第一个难关就是翻译名辞的问题。西洋科学的名词，多半是从希腊拉丁文来的，在近代西洋语文里都是不译的，虽然读法各有不同。我们能用意译的当然就是意译，不能的尽可音译或沿用原字。借字本是语言间的礼尚往来，不足为奇。但是，比较困难的，不是单字的名词，而是语词式的名词，遇着这种例子，只好大家共商对策。至于思想方面的困难，那自然是很复杂的问题，不过自从萨本栋先生的《物理》和金岳霖先生的《逻辑》先后出版以来（均系“大学丛书”），我们不能不承认就是极深微的学术和思想，也能用我们的语文来表述出来了。

有许多大学教授，自己在外国看惯了西文的课本，回国之后无形中也把内容和工具混为一谈，似乎要谈学术，就非用文字不可，换句话说，国内倘避免了用西文，就不能有学术的存在了。这些学术人才也许可以在外国杂志上发表文章，甚至于得着外国学院的褒奖，但是我们敢说，他们绝不是建设中国学术的辟荒者。他们的心理倒是值得细细分析的。假使说，因为没有合适的中文教本，那么教授自己至少应当编中文的讲义，或用中国话来讲授。假使有可用的教本而不用，那是他的惰性在作祟。这种惰性，不但是我们学术思想的致命伤，简直也是我们民族生命的致命伤。

（载《申报·星期论坛》1937年5月16日）

教科书在教育上的地位及其编辑问题

赵廷为

一、教科书在教育上的地位

教科书在教育上占重要的地位，我想没有一位教育者加以异议的。

要增进中小学教学的效率，我们都主张先把教科书改进；要培养民族的意识，我们都主张教科书的内容须充满一种复兴民族的精神。这些都是我们重视教科书的例子。

但是教科书在教育上到底占怎样的地位呢？考之实际情形，现今大多数的中学教师都把教科书看作唯一的教学的对象。他们简直是依赖着教科书，离开了教科书便不能够实施教学。正好像农夫离开了犁耙便不能够耕田一样。学生也是依赖教科书的，他们所学的，几乎只限于教科书里面的知识，倘若一个会考题目，在形式上或实质上比较新奇些，而学生不能从以前学过的教科书里面寻找出现成的答案，那末他们就手足不知所措了。这样看来，现今的一般教育者以及学生，未免把教科书在教育上的地位看得太高了。我们对于教科书的重要性，固然不会加以否认，但是我们觉得过分地看高它，也可说是莫大的错误。

在实际上，学生不一定要从教科书里面求得各种的知识。有的时候，他可以直接研究其所处的自然的和社会的环境里获得各种直接的经验。由此种直接的经验里面得来的知识，反而是切实的、明确的、最能运用的。至于教科书正如其他的书本一样，只是撰述者自己的经验的记载，阅读教科书或其他的书本，便是把他人所记载的经验据为己有。这是从他人底经验里面间接地学习，确然可以说是人类所独具的经济的学习方法。然而从这种间接的经验里学来的知识，往往是不切实际的、不明确的、不易运用的。近来有些教育家主张多利用直接的经验，而少利用间接的经验，就是因为这个缘故。对于年级低的小学生，这种主张更见合理。如果趋于极端，因此而把教科书和书本在教育上的地位看得太低，那末我也不敢加以赞同了。在事实上，我们实施教学，对于直接经验和间接经验都要利用，至于这两类经验的比例若何，那是要看学生所处年级的高低而定的。换句话讲，对于年级低的学生，我们要多利用直接的经验，而对于年级高的学生，我们要多利用间接的经验。可是这两种经验是互相补充而不可偏废的。

总结起来说，阅读教科书只是一种间接的经验，只是求知识方法的一种。还有一种求知识的方法，便是获得各种直接的经验，例如：用眼睛去看，用舌头去尝，用鼻子去嗅，用手去动……。至于要求得间接的经验，单靠一部教科书的阅读和研究，也嫌不够，因为教科书只是间接的经验来源之一，除了教科书之外，还有参考书和补充读物，也未尝不是间接经验的来源。从新教育的观点来讲，最优良的教学，一定是除了利用教科书之外，还利用学生直接的经验和其他间接经验的来源，如参考书补充读物等等。在新教育者的眼光中，这是评判教师教学的优劣的主要标准。这并不是贱视教科书，而是肯定教科书非教学的唯一的对象。

二、一般编辑者的谬误的教育观念

明白了教科书在教育上的地位，我们可更进一步来研究教科书编辑的方法。现在有不少的教育者对于流行的教科书表示不满，而觉得有加以改进的必要。但是怎样才能使教科书改进呢？让我先把现今一般流行的编辑教科书的方法说一说。

大多数的编辑者都拿了一部课程标准，根据其所规定的教材大纲，依着规定的次序，逐项的编撰下来，分章分节莫不与所规定的教材大纲的形式相符合。他们所以要采用此种编辑的方法，原来也是有苦衷的。因为照此种方法编出来的书籍，至少在形式上与课程标准的规定完全适合，因此也较易被教育部所审定。然而我觉得大家用这种方法来编辑教科书，非但不能使教科书真正地进步，而且是隐藏着不少谬误的教育观念的。兹说明理由如下：

（一）倘若编辑教科书者不是抄书匠，而确有相当的研究和教育经验，则他们对于所撰述的科目，一定自己有一个系统，自己有一个合于学生学习的组织方式。现在他们迁就课程标准的规定，而牺牲了自己所认为最善良的组织方式。故他们所撰述出来的教科书，大半失掉了许多的特点。换句话讲，倘若他们不受课程标准所束缚，而能够照自己的主张来编辑，他们或许会编出更好的教科书来的。

（二）若相同科目的教科书，其内容组织完全一律，则坊间有一部教科书就够了。何必要编出这么多的教科书呢？揆之情理，同性质的教科书出版愈多，则竞争愈烈；教科书竞争愈烈，则教科书进步愈远。现在各教科书的内容既千篇一律，就不容易由竞争而得到进步了。因为根据“进化的原则”，“齐一”（uniformity）之中，一定要有“变异”（variation）。既然各教科书的内容千篇一律，绝少“变异”，那能希望教科书有长足的进步呢？

（三）教科书的编辑者固应把课程标准作根据，但是教科书的本身，决不就是教程标准的扩大物。我觉得现在有不少的教育者对于教科书与课程标准关系，尚未真正地明了。据我的意见，凡是课程标准中所选定的教材，都是公认为有价值的适合全国需要的教材，一定要使全国的学生去学习，因此编辑教科书者亦不可不加以重视。但是除了所规定的教材大纲之外，教科书编辑者也不妨在其所编的教科书中，增添一些自己所认为重要的教材。这些由编者所增添的教材，不仅是促进课程革新的一种“变异”，而且在教学时也可作为对于优等生的一种个别的适应。所以就教育原则上说，这是非常合宜的。至于课程标准所规定的教材项目，其重要性并不相等，编辑者也可根据其自己的价值评判的结果，斟酌详略，这也是编辑者所应伸缩自由的地方。再讲到教材的排列和组织，据我的意见，更应让编辑者依据其教育的经验和研究，而加以自由决定，绝不宜受到课程标准的束缚，其理由详见下条。

（四）现今有不少的教育者，把各科教材的组织看作是天经地义，而不可改变的。在他们的眼光中，倘若学生能够把教科书里面的现成的教材组织，牢记在心头，老师就尽了教学的能事了。对于这一类的见解，我们站在新教育的立场上，那就不能不加以反对了。有些科目像数学之类，是否有一定不变的组织，那是我不敢在此处妄谈，因为我对于这些科目的内容尚无彻透的研究。至于大多数的科目，例如各种社会的科学，似可有许多种不同的组织方式。就我个人所较有研究的科目作例子，教育心理学的组织迄未一定，没有两部教科书的内容组织，是完全相同的，即历史地理等科也莫不如此。为什么我国出版的教科书一定要采用某种规定的排列和组织方式呢？再从学生的学习方面来讲，一切的知识，一定要经过学生自己思考，自己组织，才算是学生自己的知识。令学生被动地熟记教科书的教材组织，决不是一种适当的学习方法。换句话讲，知识的组织是学生自动的结果，而不是灌输现成的知识的结果。所以依最新的教学方法，教师虽可采用某一部教科书为基本的教本，却又常常令学生参考其他组织不同的教科书，以使他们从不同的知识来源中搜集材料，来解决其所要解决的问题。而最后把解决的结果自己组织一个系统，供作此后解决相同或相类的问题时之应用。若各教科书组织千篇一律，则学生就没有兴趣去参考同类的教科书，结果便不经搜集比较、归纳、批判等手续，就被动地接受教科书中所供给的知识，岂不是与新教学法的趋势背道而驰吗？

看了上述的各种理由，请读者不要误会，以为编辑教科书就可不必根据课程标准，这显然不是我所讲的意思。反过来，我认为课程标准代表公认的国家的需要，必须要为教科书编辑者所遵照。但是课程标准里面的规定，有些是属于强迫性的——便是说非遵照不可的，有些是属于建议性的——便是说不一定要呆板地遵照，只是一种建议而已。编辑者或审查者一定要用自己的判断加以辨别。说的具体一些，凡是代表国家的需要的部分，例如所选定的教材项目和所规定的教育目标等，乃是属于强迫性的规定。至于技术方面的规定，是含有建议性的。因为教育的技术尚属幼稚，课程标准还未能规定那一种才是最优良的教育技术，强迫遵行。至于教材的组织的方式，比不得教材选择的问题，我认为是属于技术方面的。所以呆板地根据课程标准上的规定，似属不必。总之，我们编辑教科书，虽则一定要根据课程标准，却不宜牺牲自己的研究和经验，而盲目地依样画葫芦。一定要如此，我们才能够编出较优良的教科书，供学校的应用。

三、笔者对于教科书编辑方法的积极主张

以上是笔者对于一般流行的教科书编辑方法的消极批评，现在我再来积极提出关于教科书编辑方法的意见。我觉得编辑教科书的方法，最重要的似有两种：一种是供给阅读的资料。教科书编辑者把自己对于某科目的研究结果，用浅近明了的文字加以有系统的讲述。这类供学生阅读的教科书文字一定要流利，叙述一定要正确，用语一定要适合学生的程度，这类教科书的著作者，在实际上就是一个教师。良好教科书的特

征，在许多方面，是与良好教师的特征相同的。因为一个讲述不清楚而人家听了不懂的教师，我们都承认是不良的教师。所以一部叙述欠明了，用字太生涩，而不能为学生所了解的教科书，就不能算是良好的教科书了。现今我国出版的教科书，几全属于此类，合于刚才所说的优良的教科书的特征的，非常稀少。

还有一种是着重自学指导的教科书。这类的教科书在性质上只是像一种“指南”而已。用比方来说，如果我们要游西湖，最好我们购一本《西湖指南》，供作游览时的指导。当我们研究历史、地理等科目时，我们也应该如此，这类的教科书可采用纲要（syllabus）的格式去编辑。这类的教科书在我国出版的，可说是绝无仅有。在英文的教育教科书中佛发儿的《中学教学法》（Waple：*Procedures in High-School Teaching*）可以说是一部着重自学指导的教科书的代表了。用这类教科书来教学时，教师必需引导学生去阅读许多的书籍，以自动解决各所要解决的问题。如果教室的教学不着重在被动的吸收，这类教科书实为最良好的教学工具。

但是大部分的教科书兼有供学生阅读与指导学生自学两种功用的。所以上面的划分，也只可以说着重点有不同而已。换句话讲，有些教科书着重在供学生阅读；有些教科书着重在作自学的指导。依我的意见，凡是学生阅读的教科书，材料要丰富，说明要详尽，组织要完密，使学生读了之后，很快的把握着全书的大意。这类的教科书又应采用大单元的组织，把每一巨大的问题，充分的讨论，充分的发挥，俾使学生读后，得到深刻的印象和浓厚的兴味。关于这类教科书的编辑，最忌像百科全书似的采取纲要的形式，把每一项目的教材，讲得不详尽，不明白，篇幅虽薄，而内容则极艰深。可是请读者想想看，坊间出版的供学生阅读的教科书，到底有多少是合于我所说的标准呢？我觉得选择或编辑教科书者，似乎存着一个错误的观念，他们以为凡是厚的教科书，总是艰深的，薄的教科书，总是浅易而适合中等学生程度的。然在实际上却并不如此，篇幅厚的教科书如果用流利的文字写出，因为举例子较多，解说较详，反而是容易使学生了解。中等学校的学生，既然是获得了良好的阅读能力，若教师的教学又采用自学、辅导的方式，我深信这类教科书的采用，最能增进教学的效率。篇幅薄的教科书，因为所及的范围广，而举例不多，解说不详，所以更加难懂。一定要有教师加以清楚的讲解及适当的补充，才可以使学生真正了解其意义。在优良的教师之手，这类教科书还勉强可用；但是如果教师能力薄弱，讲解不清楚，学生就没有方法去懂得，去理解教科书中的材料了。照现今一般的教学情形讲来，教师的教学工作不外是补充、讲解而已，对于学生的自学指导根本未尝加以注意，所以用纲要的方式来编成的篇幅薄的教科书倒受欢迎，而篇幅较厚的内容充实的教科书反而销行不广，这就暴露出我国中学教学现状的极危险的弱点。

据我看来，最好的编辑教科书的方法，便是每种科目出两本教科书：一本是薄薄的纲要，供教室内的讨论和自学的指导的使用；另一本是厚厚的，供学生阅读的书籍。前者详列各种研究的活动（activety），后者供给活动上所需的教材（material）。如果我们承认课程不仅包括教材，而且包括各种的学生活动。那末，有了两本不同性质的教科书供教室教学之用，似乎最合理的了。像算数、英文等练习科目，当然是例外。但是关于这类的练习科目，我们最好也分编两本教科书，一本是供教室内研究的，另一本是供学生练习的。否则在一部教科书中插入若干练习材料，总嫌分量不够，这也是今后应行改革的地方。

近来有主张教科书由国家编辑者，对于这种主张我不愿妄加批评。但是，如果国家编辑的教科书并不强迫全国采用，而由中小学教师自由选择，其性质与已审定的其他由书坊出版的教科相等，那也是一个很好的办法。不过国家编辑的教科书，我觉得最好要注意到下列各点：第一，应先着手编辑纲要式的教科书，而缓编供学生阅读的教科书；第二，若在事实上，不能把所有各科目的教科书编齐，我又觉得公民、国语、历史、地理这一类的教科书，因为具有统一全国思想的作用，似宜尽先编辑；第三，教科书究竟由国家编辑抑由书坊编辑，乃是无关大体的。最重要的担任编辑者一定要对于所编的科目有彻透的研究和充分的教育经验。此外他们又一定要有优良的写作能力，把想说的话用流利、清醒、浅近、有兴味的文字发表。这可以说是改进教科书的根本条件。

关于教师应用教科书的方法，我虽在本文中向未详细讨论，可是读者如果把上面所讲的话，仔细研究一下，也就不难发现正当的使用方法是怎样了。简单说来，我们反对依赖教科书而把教科书当作唯一的教学的对象。而我们所主张的是：阅读教科书应该要被作为获得间接经验的方法的一种。最优良的教科书不仅供学生阅读，而且供作一种研究的指南，使得学生在研究某科教材时，应用教科书正好像旅行者游览西湖时，应用《西湖指南》一样。

（载《教与学》1937 年第 2 卷第 10 期）

我所见到的教科书编辑问题

赵　演

教科书的编辑问题，内容复杂，不是三言两语所可尽的。现在我想说的，仅就我个人在这方面服务所得的感想，简略地写出，以供教育界诸君的讨论，对于从事教科书编辑工作的人，或不能说没有一点贡献。

三数年来，个人以某一种的机会，得将全国各大书局出版的师范学校用教育及心理类教科书，通通阅读一过，这种机会，对于个人，不能不认一种荣幸。尤其因为服务的关系，对于所阅读的教科书，必须站在一种批评式的立场上，精细地审慎地寻找书中的优点与劣点。所以个人对于此类教科书的了解，自信不能认为如何浅薄，而对于内容的观察，也自觉是很公正的。因为个人对于此类教科书若有任何批评或签注时，必须严密遵守政府所颁布的该科课程标准及其他规程，不能有丝毫的出入。并且一个人对于一种教科书的批评或签注，尚须经另一个人的复核，而第二个人对于前者的意见，仅可表示异议，但第二个人所表示的异议，也必须同样谨守政府所颁布的该科课程标准及其他规程，而第二个人也许在另一地方服务，与第一个人绝未有一面之雅。所以现在有教科书假若获得任何批评，个人觉得那些批评并不能认为如何不公平。我相信教科书的编辑者，对于此点应有正确的了解。

假若教科书编辑者对于上述情形有正确的认识，作者拟提出下列问题，以供诸君的讨论。

三数年来，作者所看过的师范学校用教育类教本，总计不下七八十册。这七八十册教科书，大约可归入下列诸类：（一）教育概论类；（二）小学行政类；（三）教育心理类；（四）教育测验及统计类；（五）小学教材及教学法类；（六）乡村教育类；（七）民众教育类；（八）教育史类；（九）实习类。

上列九类教本，又有师范学校用、乡村师范用、简易师范学校用、简易乡村师范学校用四类之别，所以合计册数甚多。就个人所读过的教本论，教育概论类已有七种，小学行政类已有十二种，教育心理类已有六种，教育测验及统计类已有七种，小学教材及教学法类已有六种。至若上述自六类以下，种数较少，有的不过一二种，有的则有三四种。所以九类合计，现有的师范学校用教育类教本，真所谓洋洋大观了。

不用说，上述的教育类教本，有许多是变得极好的，虽然每一种在编制上、在内容上或在文字上不无小疵，但大体而论，有一部分教本确实可以认为标准教书。这是作者应该声明，并且应向国内教育界推荐的。不过也有一部分教本，不客气说，实不能认为十分完善。对于这句话，假若读者能充分明了前述第二段的情形，应表示相当的接受。就我个人的观察而论，教科书的编者对于下列几点实应加以深切的考虑。

第一点最值得考虑的，就是教科书的编制与课程标准的关系。最先我们应明了政府规定课程标准的意义。须知课程标准的主要作用，乃在指示某一科目应具有的内容。因为一种学科的内容，非常繁多，全部授给学生，当然是不可能的，所以不得不有精粗先后、轻重缓急之别。而课程标准的作用，即在指出各科目最重要、最精粹的材料，俾教者不致茫无头绪的去寻找材料。而在学生方面，亦可在相当时间内获得每一科最精要的知识，同时全国的学生在每一科上可以获得同样的知识。所以政府所颁的课程标准，只是逐项指出应有的材料，至若此等材料的组织及编制，其责任乃在教师及教科书的编辑者。仿佛做菜一样，标准里所有的不过是若干做菜的材料，而如何将此等材料加以配合，使其成为最合口味的菜，则是厨子的责任。所以课程标准虽然胪列若干内容的项目，但此等项目的先后次序，并不即限定教科书应有的组织。试看教育心理课程标准，其教材大纲计分为六类：（一）基础教材；（二）儿童心理；（三）差别心理；（四）心理卫生；（五）学习心理；（六）学科心理。而第一类之下，共有条目七，第二类十三，第三类七，第四类十，第五类二十七，第六类二十。这显然可见教科书的编制，至少不应将第一编或第一章称为“基础材料”，而该编或该章分为七章或七节。同样，第五类的材料也不应分为二十七章或二十七节。将这类材料加以适当的组织或编制，其责任显然在编者肩上。假若编辑者只说照上列的次序写成一本教育心理教本，这种教本显然是不适于教学的。并且假若所有的教育心理的编者，都依照这个系统去编辑，不但教本千篇一律，并且也不能显见作者对于该科内容及教学的特殊立场及见解。同时，同种的教科书，也缺少互相观摩的机会，教科书的改进，恐怕是很难的。然而，就笔者所见到的而论，现在的教育类教本，为课程标准内教材大纲所限制的，实在是太多了。（以上所云教育心理，不过举一例而已。）有许多编者，过分谨守教材大纲的那个系统，不敢有丝毫的重组或编制。所以现在有几类教本，本数虽然不少，但翻阅一看，往往千篇一律，除少数外，并不见有何特点。这不能不认为教本编制上的一个大失败，因为这样不但缺乏互相观摩的机会，对于人力、财力，也似乎是太浪费了。关于这一点，我以为教科书的编辑者应加以切实的考虑。

其次便是增加材料的问题。除课程标准规定的材料外，能不能由编辑者增加材料呢？对于这个问题我可以答复说，假若所增加的材料为该科所必需，同时在教学上及时间分配上又不感觉困难，我以为在相当范围内是可以的。因为材料的增加，足以显见编辑者对于教科书的编制确有相当的立场，而他所编的教科书，必然与众不同，足收互相观摩之效，所以我认为很可以。不过课程标准中，所规定的的教材，有若干科目现在已嫌过多，在教学上往往难于如期授毕，所以材料的增加假若过多，或致妨害正常的教材，恐怕是难于容许了。对于这一点，教科书的编者应该能谅解的。

不过反而言之，材料的缩减，似乎是不应该的。因为课程标准中所规定的教材，已经是最低限度，为每一个学生的应该知道的。所以除非具有最有力的理由，标准内所规定的教材似应尽量保存。

第三，有一部分教科书，还有一种通病，即编辑者似乎已经忘记他是在编教本，仿佛是在做专著。教科书与专著的性质，显然是不同的，而且也应该不同。一般而论，教科书的编制，贵在正确、清晰、简洁、肯定。正确肯定可使学生获得最确实的观念与知识，清晰简洁可使学生的精神集中。教科书假若缺乏此等特征，在教学上必发生困难，学生往往不易获得正确的印象。所以教科书最忌冗长的讨论，也不需要旁征博引，更不需要无主旨的辩论。专著所需要的，才是这些东西。然而我所见到的教育类教本，有许多并不合于教学的使用，编辑者编写时，忘记他在写教本，而以为他在写论文。所以课文中往往有冗长的讨论，究竟主旨何在，学生始终无从明了。有时无关重要的词句，动辄加以冗长的注释，易使学生眼花缭乱，不知要点何在。我们应替学生着想，学生们都是知识浅薄的青年，他现在所最需要的，乃是若干最正确清晰的观念，所以冗长的讨论，繁复的征引，对他们是不适用的。教科书的编辑者，对于这点似不能不加以注意。

与上述问题有关的，便是材料多寡、内容繁简的问题。本来教材大纲既由课程标准规定，内容多寡应该毫无问题。但在事实上，教材大纲尽管规定在标准之中，内容的多寡，往往因编者个人的好恶及素养而大不相同。据个人所知，有许多教育类教本的编者，似乎并未顾及该教本所适用的学校、年级及教学时数，而任意增多内容，结果在教学上容易发生极大的困难。尤其教育这一部门，范围尚未十分确定，材料的取舍没有一定标准，所以这一类教科书，常常有材料过多的趋势，这无论如何不是我们所希望的教科书。作者希望教本的编辑者，编辑某一科教本时，第一应顾及该科的教学时数，第二应顾及学生的程度。

最后作者还想谈谈教科书的文字问题。作者认为教科书无论如何应与一般著作不同，不单在编制上及内容上应有差别，尤其在文字方面，教科书应以审慎态度出之，普通的论著或研究，除文学作品外，阅读者往往仅着重其内容或事实，对于文字方面，除必须通顺清晰外，往往不有任何严格的要求。可是教科书的读者，都是正在学习中的青年学生，照一般的习惯，他们都把教科书当作天经地义，而事实上，他的知识的来源，也以教科书为主。有些学生，甚至能将教科书整篇背诵，这虽然是一种过分的态度，但亦可见学生对于教科书的信仰。我们回忆幼时读教科书的情境，即可明了教科书在青年心目中的地位。因此我们对于教科书的要求，不能不比一般读者要严格一些。关于内容方面已见前述外，其次便是文字的问题。我们在文字方面最低限度的要求，第一便是通达晓畅，使读者阅读之后，能一目了然。第二便是整洁清晰，使读者容易获得正确的印象，假若上述两点能做到足资学生楷模的程度，那更是我们所最希望的。然而现在有一部分教本，不客气说，实在未能满足上述的要求，我们觉得编者在文字方面是太不注意、太随便了。我们并非故意吹毛求疵，实在感觉文字关系的重大，所以不得不加以相当劝告。且有少数教本，文字都写不通畅，或杂以若干佶屈聱牙的句子，即有素养的读者，亦不易了解，这无论如何是难于容许的。编者若能设身处地，自己假定是一个中学程度的读者，我想在文字方面现在一般的缺点，或可以有相当改正。

以上所述，乃是作者个人三数年来亲身经验所得的感想，作者对任何教科书编者绝无丝毫菲薄的意思。不过个人觉得这少数感想，对于今后教科书编辑的改进，或不无相当裨益。所以乘本志征文之便，简单写出，就正于教科书编辑同人之前，务请多多指教。

国立编译馆，二五年十一月。

（载《教育杂志》1937年第27卷第1期）

受教育与受教材

——四月卅日五月一讲播

夏丏尊

我劝中学生诸君破除徒以读书为荣的“士”的封建观念，养成实力。

先试就“实力”二字加以限制。我的谈话的对手是中学生，所谓实力，当然不是什么财力、权力、武力，也并不是什么学士或博士的专门学力，乃是普通一般的身心上的能力。例如健康力、想象力、判断力、记忆力、思考力、忍耐力、鉴赏力、道德力、读书力、发表力、社交力等就是。

这种能力，虽是很空洞，很抽象，却是人生一切事业的基础。犹如数学公式中的 X，诸君学过数学，当然知道 X 的性质。X 本身并无一定价值，却是一切价值的总摄。只要那公式是对的，无论用什么数目，代入 X 中去都会对。上面的各种身心能力，本身原不能换饭吃、成学者，或有功于革命，但如果没有这些能力，究竟吃不成甚么饭，成不了甚么学者，或有甚么贡献于任何革命事业的。

这身心诸能力，原也可从自然环境或职业去部分地获得，例如滨海的住民常善泅水，当兵的自会富于忍耐力。但人为的有组织的养成机关，不得不推学校教育。所谓教育，就是能力给与的设计。学校就是为施行这设计而特造的人为的环境。

专门以上的学校，为欲使学生直接应世，倾向常偏重于专门的知识技术的传授。专门以下的学校，所传授的不是可以直接应世的知识技术，其任务宁偏重于身心诸能力的养成。愈是低级的学校愈如此。所谓课程也者，无非施行教育作用的一种材料而已。专门以上的课程，收得了也许就可应世，就可换饭吃，至于专门以下的学校课程，收得了仍是不能应世，换不来饭吃的。不信，让我举例来说。诸君花了不少的学费，费了不少的光阴，好容易了解了几何中的定理或代数中的公式，记得了蒲公英、鲸鱼的属类与性状。假如初中毕业时成绩第一，试问这西摩松线的定理解答和关于蒲公英、鲸鱼的知识，写出来零拆地卖给谁去？怕连一个大钱也不值吧。又假定诸君每日清晨在早操班上“一二三四”地操，一日都不缺课，操得非常纯熟，教师奖誉，体育成绩优等。试问这“一二三四”的举动，他日应起世来，能够和卖拳头的江湖朋友一样收得若干铜子吗？以上不过随笔举数例，其实诸君所学习着的各科，无不皆然。

诸君读到这里，也许又感到幻灭了，且慢且慢。几何定理代数公式和蒲公英、鲸鱼的知识，虽不能卖钱，但因此而表现的推理力、记忆力等等是终身有用的。又幸而能升学，进而求更高深的科学，这些知识当作基础也是有用的。“一二三四”操得好，虽不能变铜子，但由此锻就的好体格和敏捷、忍耐、有规则等的品性，是将来干任何职业都必要的。“功德不虚”，诸君用几分功，究竟有几分益处在，断不至于落空。

由此可知，中等学校教育的课程，只是一种施行教育的材料，从诸君方面说，是借了这些材料去收得发展身心能力的。诸君在中等学校里，目的应是受教育，不应是受教材。重视书册，求教师多发讲义，囫囵吞枣似地但知受教材，不知受教育，究是“买椟还珠”的愚笨办法。

诸君读了我上面的话，如果以为是对的，那末希望诸君注意二事：

第一，要自觉地从各科目摄取身心上的诸能力。我上面所说的话，原只是普通教育上的老生常谈，并非什么新说，照理，教师们都该知道了的。他们应该注意到此，应该利用新教材替诸君养成实力，不应留声机器似地徒把教本上的事项来一页一页地切卖给诸君。但现在的学校实在太杂乱了，一年之中可换三四个校长，前学期姓张的先生来教诸君的地理，后来归姓胡的教，这学期又换了姓王的。在这样杂乱无序的情形之下，说不定诸君的教师之中没有不胜任的分子。又，教育是教师与学生合作的事，教师虽施着正当的教育，学生如果无接受的热心，也不会有好结果，故诸君须有养成身心诸能力的自觉才好。一个代数方程式，同级的人能解，你如果解不出，这事本身关系原不大。但在一方面说，就是你的记忆力或思考力不及人，不到水平线，这却是大事。冬天早操屡次赶不上，这事本身原不算得甚么有碍，但由此而显现着的你的这惰性，如果不改革，却是足为你终身之累的，无论你将来干甚么。

第二，对各科目要普遍地学习。近来中学生之间，常有因浅薄的实用观念或个人的癖好，把学习的科目来偏重或鄙弃的事。有的想初中毕业后去考邮局、电报局，就专用功英语，有的想成文人，就终日读小说。无论那一校，数学都被认为最干燥无味，大家对了都要皱眉的科目。体育科，则除了几个选手人员外，差不多无人顾问，认为可有可无。图画、音乐等科也被认为无足轻重的东西。这种倾向，由能力养成上看来，真是大大的错误。因了学科的性质，有的须多用些功，有的可以少用些功，原是合理的。又，现制中学的高中已行分科制，学生为了将来所认定的方向，学习要偏重些某方面，也是对的。我所指摘的只是普通一般的中学生的对于科学的偏向，尤其是对于初中部的学生。你想毕业后去考邮局或电报局，并不是坏事，但除了英语的知识以外，多带些知识趣味去，就是说，在记忆力、忍耐力等以外，多养成些别的能力去，不更好吗？你想成文人也好，但多方面的能力修养，将来不会使你的文人资格更完满吗？

中学原只是普通教育，其中的学科，都是些人类文化的大略的纲目。换言之，只是一种常识，在综合地养成身心的能力上看来，不消说是好材料。次之，在有升学希望的人，当作预备知识，也自有其意义。至于要想单独地拿了一种去换职业，究竟是毫无把握的。将来情形变更，也许不能这样断言，至少在现制度是如此。任你怎样地去偏重，结果所偏重的依然无用，而在别的方面却失去了能力养成的普遍的机会，只是自己的损失而已。

一家商店，常有一种东西是值得买，而其余是不值得买的。例如杭州西湖上的菜馆里，醋溜鱼是好的，而挂炉烧鸭就不好。虽然门口也挂着“挂炉烧烤”的牌子。我们如果要吃醋溜鱼，就到杭州西湖边上去。如果要吃烧鸭，那末上北京菜馆去。不然，就会找错了门路。学校犹如商店，在中学校里，所可吸收的是普通的身心能力，不是可以直接应世的教材。如果要买应世实用的教材，那末将来进专门大学去，或是现在就进甲种实业去，急于考邮局、电报局的，还是进英文夜校去。

中学校的性质如此，是借了教材藉与能力的，诸君在中学校里，试自己问问：“我在这里受教育呢？还是在这里受教材？”——学生

（载《广播周报》1937年第133期）

抗战教育下的活教科书

白　桃

一、抗战教育的特质

自从“抗战教育”被提出之后，各地纷纷响应。一般从事实际教

育工作的文化人，立刻就都感到教材缺乏，无法实施。这的确是一个急待解决的实际问题。不过，我们不能太看重教材，教材只不过是抗战教育中的工具之一罢了。

过去，我们一提到教育就联想到书本。所以，有人说，过去的教育是书本教育。书本教育一遇到实际生活便碰壁。它在平时就现出庸碌无能，在民族生死的抗战期内，当然要被人所唾弃，我们要明白目前如何创造新的教材，如何运用这些材料来达到抗战教育的目的，就得明白抗战教育的特质是些什么。

关于抗战教育的特质，本刊前几期已发表过一些。兹择其重要者，列举如下：

第一，抗战教育的目的是单纯的，它的唯一的目的，在求保卫祖国国土主权之完整。第二，它是全民族的，它决不是教育少数人，而是要教育四万五千万同胞，使全民族变成一个整的战斗体来解决民族的生死问题。因此，它不是从前为解决个人生活问题的个人主义教育。第三，它是行动的，它要立刻就用行动来支持抗战，充实抗战。因此，它不是空谈的书本教育，而是把教育和工作打成一片的新教育。第四，它是世界的，课堂里读死书的教育，既不能适合目前的生活需要，又容不下广大的群众。我们只有把整个社会当作学校，弄堂、街头、茶馆、店铺、工厂、乡村、战场、难民收容所、伤兵医院等等，都是我们生活所在的地方，也都是我们的教育场所。第五，它是经常的抗战期内，瞬息千变，今天所教的，也许到了明天就变成陈旧无用，我们既不能根据死的课程，也不能定出毕业年限，只有跟着抗战的开展，不断的教育下去。最后，还有最重要的一点，就是抗战教育是生活的，它出之于生活，它在抗战生活的斗争里，不断的追求真理、发现真理，再把真理运用到生活上来，指示行动。因此，它为抗战的实际生活所需要而能不断的创造新文化。

二、配合着这些特质的活教科书

抗战教育的特质，既如上述。那末，那一种教材，才能和它配合起来呢？我们认为须具备以下几个条件：

第一，必须要能配合着抗战生活的需要；第二，取材必须是抗战生活中的事；第三，必须是随着抗战不断的向前进展的；第四，必须要能引导行动，发展行动；第五，必须要能广泛的拿来运用，而且能迅速的广布开去。

平常的教科书，决不能担负起这个责任。因为它是死的，一成不变的，它不能随着抗战把新的经验、新的知识，很快的反映出来，也不能很快的广布到大部队伍里去。

我个人认为能负起这个责任的，莫过于报纸——壁报、日刊、三日刊、五日刊、周刊，都可以说是活的教科书。因为，它们能随着抗战的进展而进展，而且在战争时期，全国大众，地不分东南西北，人不分男女老幼，个个都担心前线消息和国内外大事。一般识字的人，固然把报纸当做了每天必读的教科书，就是那些识字不多的工农，也热望着想读到一种浅近的报纸。至于不识字的人，如果有人每天读报给他听，把报上的新闻告诉他，那他也是求之不得的。所以，报纸在目前，无形中已经成了大众的活教科书了。

三、如何运用这些活教科书

如何来运用这些活教科书呢？要运用报纸，第一，就得从许多杂乱的消息中，选出主要的几点，把它加以有系统的叙述。目前的报纸，尤其是各种大报，只是像记账那样，把一条条新闻记下来，没有系统，没有分析，没有更进一步指出这些发生的现象和大众的生活有什么关系，这一事件的前因后果怎样，我们从这里得到些什么教训，怎样来改进等等，都没有说出。因此，我们要利用报纸来做教材，必须要加一番提炼的工夫。把某些重要的新闻提出来加以有目的、有方法、有计划的编排。美国纽约最近有一所学校，曾废除课本，用报纸来代替。试验结果，成绩很好。他们采取报纸上的新闻，重新加以编排，编成活的教本。至于可以看得懂大报的学生，便由教师指导他们阅读和他们共同讨论，共同研究。

在目前，我个人认为可以多多利用壁报，从编辑壁报、抄写壁报、出版壁报上，就可以展开我们的教育工作。这些壁报，也就成了我们最好的活教科书。此外，还可以尽量利用大小报、儿童报和大众阅读的刊物，来作为活的教本。我们很希望大报能够改变作风，负起教育民众的责任来，成了大众最好的活教科书。

至于一字不识的人，我们也可以把报纸当作活教科书来进行教育。那就是“活报”或叫做“活动新闻”，用人的嘴来念给他们听。如果组合五六人成一“活报队”，有人报告时事，有人分析时事，有人朗诵诗歌，有人讲抗战故事，有人唱抗战歌曲，甚至于演街头剧，那也是一个最好的教育活动。上面所说的那一套，也都是活的课本。

从读报上，分析时事，研究时事，不但可以提高一般大众的政治水准，而且可以更广泛的展开到社会科学、自然科学、文艺等等部门去。比方从死守山西这一消息上，我们可以展开到这一争夺战，在整个联络上有什么重大意义，在国际形势上有什重大意义，我们可以研究到军事、政治、经济、外交，山西的地理、历史、物产、气候等等。从这些研究上，我们可以明白过去的失败在那里，今后应该怎样改正，我们应该做些什么认清教训，立刻纠正。不但民众的文化水准，越过越提高，新的文化基础，渐渐有了根，就是在民族的战斗力上，也越来越坚强，最后胜利，才有了保证。

运用这些活的教科书，很快的把抗战教育广泛的打到民众里面去，我们不能等待什么教材。我们也只有这样，才能解决教科书的恐慌和节省大批金钱。行动是最好的教育，只读读报，清谈时事，不能抗敌救国，好在报上每一条消息，都是活生生的事实，都是最易打入每一个人心灵里的上好作品，我们有要从这里引起更好的行动来。行动产生思想，思想再产生行动，如此循环不绝，我们的新文化基础，才能越来越牢固，我们民族的战斗力量，也才能越打越坚强。

（载《战时教育》1937 年第 7 期）

谈谈小学教材的内容问题

——贡献给小学教师们的一点意见

寄　洪

因事到个小学校里去访问个朋友，走到他们的办公室，见他们正在热烈地争论着民族问题。有人说中国百分八十是文盲，他们什么都不懂得，那里谈得上复兴民族。所以要恢复民族地位，必须提倡教育，使每个中华国民都识得字，把一般民众的知识水准普遍地提高，我中华民族才有复兴的可能；也有人说中国人太穷，并且样样都落后，我们要学习欧美的科学，提倡工业，使我们富强起来，这样，民族地位才有复兴的可能；更有人说中国民族地位的低落，最大的原因是帝国主义者——尤其是××帝国主义者的侵略与压迫，所以我们要恢复民族地位，必先打倒帝国主义，最要紧的就是我们目前最大的敌人——××帝国主义，首先要打倒它。至于怎样去打倒它们，总理已经指示给我们，要我们唤起民众及联合世界上以平等待我之民族，共同奋斗，待帝国主义者打倒，中华民族真正的独立解放以后，然后才谈得上发展工业、改进民生、普及教育等等。

看他们你一句我一句地争论个不休，既不是开辩论会也不像无聊的闲谈，我觉得有些莫明其妙。便去问我的朋友，原来在五年级下学期的复兴公民课本上有一课，题为《怎样恢复民族地位》的课文上的大意是这样的：

“……要恢复民族地位，除了大家团结起来，结成一个国族团体以外，就要把固有的道德和智能先恢复起来。……然后学欧美人的长处，才可以和欧美人并驾齐驱。……”

那位公民教师感觉有些疑问，便提出讨论，引起了这一场热烈的论战。

看了他们的争论，使我联想到，当我担任小学教员的时候，在那些小学课本上，也常常会发现不少的疑问。例如世界书局出版的高小公民第三册上第十二课题为《都市生活和农村生活》里面讲到农村生活太败坏的原因是：

“（一）经济没有妥善的组织，农产收入，除了租税，就不足以供一家生活的需要。因此有的借债度日，有的卖男鬻女，生活的困苦，真不堪以言语形容。”“（二）农民牢守旧法，不知改良土地，改善生产品，又加以天灾人祸不时发生，农业败坏，达于极点。一般地主只知苛刻农民，农民生机，愈益穷促。”

翻开教授书，更明白地指示农村败坏的四种最大原因：第一是压迫——农民既受地主的剥夺，又受政府的搜刮，弄得农产收入，不够租税。第二是天灾——连年水灾、旱灾，农产毫无收成。第三是人祸——时遭兵匪的洗劫，使得农村十室九空。第四是无知——农民大多数是毫无知识，牢守旧法，不知改良耕种，以致出产每年减少。

我们知道中国农村的破产，地主的剥夺（地租）与政府的收括（田赋及一切苛捐杂税）当然是其主要原因，同时帝国主义者的商品之侵略，直接间接地吸收农民的膏血，以及高利贷者之剥削，也是使农村破产之重大原因。至于天灾和人祸，那还是偶然的比较次要的因素。而天灾人祸之发生，也大半由于政治问题与农村的破产。至于无知，那更不能说是使农村破产的原因，而是在农村破产的情况下，才形成无知的农民，因农村的破产，农民为经济所逼，终日为生活忙碌，那有时间与金钱去受教育，叫他们怎样会有知识？至于“牢守旧法”，“不知改良耕种”，那绝对不能说是由于农民的无知，那是目前的社会经济组织决定了他的，在帝国主义者与封建势力的双重剥削尚未解脱以前，无论怎样有知识的聪明的农民，决不能把半封建生产改进到资本主义或社会主义的生产。事实正相反，帝国主义者与封建残余，为维持他们残余的生命，无限制地剥削农民，尽量的设法维持此封建的与半封建的生产呢！至于出产的多少，与农民亦无多大关系，即使丰收，也只涨饱了地主的肚皮，更因外国农产品之侵入，使农产品价格低落，即农产增加，而售价低廉，农民依然得不到好处的。

至于农村生活的改善，课本上提供的办法："……不外乎援助经济，改良生产，预防灾害，开发交通，改善待遇，提倡教育等。"

前面已经分析过农村破产之主要原因，是地租、赋税、帝国主义者之侵略，与高利贷之剥削，所以我们要改进农村，第一要打倒帝国主义与封建势力。换句话说，在封建势力与帝国主义者之压迫与剥削尚未取销之前，即整个的经济制度尚未改进以前，中国农村生活是难得有改进的希望。所谓援助经济、改进生产、预防灾害等头痛医头、脚痛医脚的办法，那能救济破产的农村？

还有第十五课《交易与分配》，课文里有："生产有劳力、土地、资本、企业四种要素，那末，生产的利益，也应当分配于这四种人享受。"

这不是很明显的承认现社会的剥削制度是应该存在的吗？劳力者生产了商品，应享其应得的利益，而拥有土地的地主与拥有财富的资本家，也是应该坐享其成的吗？假使地主与资本家是应该不劳而过享乐生活的话，中山先生也不必再提倡什么节制资本与平均地权等造成大同世界了。此外如第十七课《贫穷与救济》内述贫穷之原因可分为两种：

"第一种由于环境造成的，如土地瘠薄、气候不良、骤遇灾害，以及经济组织不当、教育不良、政治腐败，都可以造成贫穷的原因。""第二种由于个人自己造成的，如生下来就有身心上的缺陷，或懒惰不肯工作，或染有恶习，不事生产，以及犯罪等，都可以使人贫穷。"

至于救济贫穷的办法，分普通救济，如设养老院、育婴堂、孤儿院、盲哑院、精神病院等；失业救济，如设栖流所、贫民工厂、职业介绍所；灾害救济，如设慈善机关，募集财物发放，更或给以生活必需的物品，教以工作技能，使学习成功，得借一技之长，以谋生活。

我们知道贫穷的产生，更主要的还是由于客观的环境。中国社会一般人的贫穷主要的是由于客观的帝国主义者的侵略，而课本上却没有明显的提出。至于贫穷由于自己造成的原因，上面所述的几点，只能说是一部分是受了他的影响，不能说是主要的原因。并且如染有恶习，不事生产以及把犯罪的产生，直接间接的由于社会的不良与贫穷等形成的，至于救济的办法，在这过渡的社会里，或可暂用作消极上的补救，但我们该更明白地告诉儿童，努力于积极地反帝反封建的抗战，争取民族之解放，来彻底地解决贫穷。

上面所举的例子，只限于高级第三册的公民课本上，因为手头无课本参考，未能广泛的多多举出，同时篇幅的关系，也不允许我更多的举例。我相信小学教师们，在教学的过程中一定也会发现不少的问题的。

其他如国语课本，一个故事的叙述或人物的描写，也常会有成问题的意识发现，更如社会课本——尤其是关于历史方面的，常有不正确的见解。这许多都是要我们在实际教育中的朋友们自己去发现，去识别，去更正的。

在教育尚未普及的现在，能够有机会受教育的儿童，还是占在全国儿童中的极少数，而这极少数的侥幸而有机会受教育的儿童，还教以错误的观念不是太可痛心了吗？尤其是提倡关门读书的现行教育制度之下，只有公民一科才给儿童能认识社会，知道些做人的道理。而公民科的错误特多，我们怎忍任纯洁的儿童，养成错误的认识，到走斜曲的路上去！

儿童是未来社会的主人翁，是个正在发荣滋长的萌芽，我们将怎样注意地去培植他们。即以现实的情形讲，小学教师要从事救亡运动，除影响周围的同事，组织他们起来外，还应该影响儿童、组织儿童，更可通过儿童，使救亡运动到每个儿童的家庭里去发展。于此可见，儿童在救亡运动中也占着相当重要的地位。我们又怎能让儿童被错误的观念熏染呢！

前进的小学教师们，我们要随时随地的留心周围的一切，我们要好好地培植这社会的萌芽，正像照料个无知的婴儿样的。不只是穿暖了衣服或其他身体上的保护，尤其要紧的是食料的注意，这食料是否有营养还是有毒，这是于这婴儿的生命是有很大的关系的。小学教师们，我们不能过分的相信教材或全部的依赖教材，我们必须拿出自己的意见来，认识教材，批判教材，更正教材，正如对可疑的食品，加以消毒或煮沸样的。这样，儿童们才得健全的发展。在这敌人的文化侵略日益利害的今日，小学教师们将怎样认真的认辨教材的正伪啊！

（载《妇女生活》1937 年第 3 卷第 12 期）

小学常识科的乡土教材怎样搜集与编选

朱炳钊

（一）引言

“乡土”指本地方而言，乡土教材，即教学中所选择而欲传递的一部分本地的地理、历史、特产工艺，以及自然物、自然现象等材料。为什么小学常识科中要有乡土教材？乡土教材是常识教学中的一部分，不是常识教学的全体，更不能以乡土教材来替代常识。我们根据《小学课程标准》，各科教材的要目，大部分的乡土教材，可以纳于常识科中去教学，作为常识科的出发点。所以现在有许多的教育同志，不谈乡土教学则已，一谈乡土教学，便要说及常识教学，这原是很有意思的。我们再看最近修正的《小学课程标准》常识科作业类别中，一部分教材可以各地通用，一部分只限于一地通用，像这种限于一地通用的教材——乡土生活，势必各地自行编辑。乡土教材，统须各地自行编辑，那末教材的如何搜集、如何编选，想定为各地小教同志们所急欲解决的一个问题吧？

（二）乡土教材的范围

乡土教材，包括儿童整个的家乡生活，所以常识乡土教材的范围至为广博，它的内容是非常的复杂，但是这许多不是尽可以取作教材的。兹为选材便利起见，常识乡土教材的范围，规定下列几点：

（甲）乡土自然：1. 地质地形；2. 气候物产。

（乙）乡土经济：1. 农、工、商业；2. 金融机关；3. 度量衡制度。

（丙）乡土政治：1. 政府组织及工作；2. 人民自治。

（丁）乡土文化：1. 教育实施；2. 新闻事业。

（戊）乡土交通：1. 水陆交通；2. 邮电事业。

（己）乡土历史：1. 制度沿革；2. 名人传记；3. 文物进化。

（庚）乡土风尚：1. 风俗习惯；2. 生活民情。

（辛）乡土康乐：1. 卫生设施；2. 娱乐场所。

（壬）乡土胜迹：1. 自然名胜；2. 历史古迹。

（癸）乡土慈善：1. 慈善事业；2. 公益机关。

（三）乡土教材的搜集

搜集乡土教材，确是一件困难的事情，但是我们不要因为困难而不去做，如若能够依着有效的方法，和下个决心去干，想也不难得到圆满的结果。

（甲）参考书籍：省志县志，里面的山川、形势、田赋、人口、古迹、名胜、物产、风俗、学校等，都是可以供作编辑乡土教材的重要参考。至于现代的统计报告、报章杂志，过去的名人传记著作，都是很好的参考材料。有时在祠堂的家谱和庙宇的碑碣上，也能找出有关乡土历史的片断材料。

（乙）调查访问：不能在书籍上参考的，可用调查访问的方法。像本地的重要事业、人民生活状况、地方风俗习惯、地方自治、自然现象和本地特产等，都可用通讯调查成直接调查来探得结果。关于采用通讯调查的方法，须注意下列两点：1. 征集的信，要写得勤，说得客气。有时用公文去，倒不如用私人的名义去信有效些。2. 要把征集的事项，列成表格，或纲要式的条文，使对方便于回答。关于采用直接调查的方法，须要注意的下列三点：1. 把需要材料的项目，拟成表格，随问随填。2. 最好邀了熟人同去，便于接洽。3. 要顾到对方的时间经济，不要耽误太久，使人讨厌。

（丙）留心观察：有许多很好的材料，因受着时间环境的变迁，往往有价值的材料，一转为陈腐不合当时当地的情形，而变为没有教育的价值。所以应随时随地留心观察和搜集，使已成为材料有更新的机会，不致流为陈腐才好。

（四）乡土教材的选择

教材的来源有了以后，进一步便要编选教材。但是教材的可采与否、适用与否，是必须要注意的。否则随便摭拾，敷衍充数，必致贻误教学。所以选择，必须注意下列各点：

（甲）能代表本乡的特质：教材的选择，应择其能有代表性的，这是教学上的通则。乡土教材，比较繁琐，选材时应宜力求精当。如材料过分繁复，儿童会感乏味，不如提出中间重要的一件或二件，加以研究。倘使儿童兴味浓厚的话，仅可多研究几件。例如无锡的工业是很发达的，但亦只要把缫丝及纺织作为研究主体，其余的各种工业，酌量附带研究就够了。

（乙）与现时社会发生重大的关系：过去的乡土除与现时社会有重大的关系外，其余的当不与现在的乡土相提并论。例如我们无锡的沿革、古迹的传说，这种材料与儿童生活、社会需要都不发生关系，我们是不注重的。例如社会经济，是社会建筑的基础，与人民生活有密切影响，所以人民职业，以及地方上工商的状况，我们是应该特别的注重。

（丙）为儿童生活所必需：选择乡土教材，必须顾及儿童的经验是否适合，这是无可疑义的。所以乡土教材的内容，要侧重的应因地而异，才适应切身的需要，引起儿童的兴趣。假使一种教材，是超越儿童经验范围之外，任凭你尽心竭力地教导他，儿童总是不能发生相当的反应的。

（丁）侧重生产知能：在这社会经济破产的时期，根本的补救方法，只有增加生产的数量。而过去一般学校，忽视生产教育，不独对于生产的事业，很少研究，就是对于生产的技术，亦少训练，因此无形中养成儿童一种传统的骄气，耻为劳力的生产事业。欲矫正此弊，惟有乡土教材中，侧重生产的知能，并与劳作科联络，使儿童直接从事本乡生产事业，以纠正其观念，并养成刻苦耐劳的习惯。

（戊）发扬民族精神，适合世界潮流：民族精神是立国的要素，国家的强弱，常根据民族精神的盛衰为转移。我们一般人民，对于国家观念，认识薄弱，以致民族精神衰落，所以国势危殆了。最近倡议的乡土教育，可算是针对这种病症的。所以乡土教材的选择，必须注意民族精神的发扬，还顾及能适合世界的潮流。

（己）不违背课程标准：乡土教材的范围广博，内容复杂，我们编选乡土教材时，决不能任意充数不加抉择采为教材。除了根据前面的几条原则外，我们还应该根据《小学课程标准》常识科各学年作业要项的范围，分家庭、学校、乡土、民族国家、世界人类等，次第扩展，才不违背《小学课程标准》了。

（五）乡土教材的组织

乡土教材组织的原则很多，为限于篇幅，只提出下面两个重要的原则：

（甲）教材组织应以有意义的大单元为中心，作一深入的研究，不要只将许多琐屑的或不相联属的事实，拼凑在一块。所谓大单元中心组织，是不以教材为本位，而以各种活动，或实际的事物来组织的。

（乙）教材应从心理而渐进于论理的组织。所谓心理的组织是以儿童为主体的，完全以儿童的心智发展为依据，就是教材能适应儿童的能力与兴趣。

（六）乡土教材排列

中心及心理的教材组织，每一个中心也不是独立的，更不是零乱的随便排列，必须要注意先后次序及前后的关系。还要应用心理的排列方法，才不致发生教学上的困难。现在把排列教材的几个重要法则，写在下面：

（甲）前后单元应相联锁的关系，互相衔接，或几个单元组织成一个中心。

（乙）从时间方面说，先后次序，应由现在而至于过去，才便于学习。

（丙）从空间方面说，先后次序，应由近而远。

（丁）根据心理排列的方法，应从易的到难的，从简的到繁的，从具体的到抽象的，从基本的到高深的，从心理的到论理的，从最要的到次要的。

（戊）编辑教材，要应用儿童字汇，才可收得教学的效力。否则识字的障碍不能打破，儿童决不能直接获得这课的知识。

（己）课文的形式和长短，须和教科书相似。此外像纸张要白而无反光，印刷要清楚，笔画要端正，字体大小和行间距离要适度，插图要生动……这都是对于儿童学习兴趣、教育效率，相关很大。所以排列教材时，也须加注意的。

（七）乡土教材举例

例一：

《我们的学校》（四上）

创办的情形：我们的学校，在民国二年九月四日成立，叫做三师附小，创办人是师范校长顾述之先生，主事唐闰生先生。

经过的情形：唐先生以后，换了两位主事。到十六年以后，我校改叫锡中实小，主事也改叫校长，中间又有几位先生，来做校长。到二十一年，我校又改叫锡师附小，校长是潘揖山先生。

现在的情形：现在校里分高、中、低、幼稚园和单级五部，各部都有自治组织。全年经费，每年有二万五千多元，是省里发来的。我校的面积广大，校舍宽敞，地位幽静，设备完善，全校师生约有七百多人，比较从前发达多了。

爱护学校：现在我们在这里读书，应该锻练身体，努力学问，爱惜公物。将来毕业以后，替国家服务，为学校争光荣。

研究问题：（1）我校开办的情形怎样？（2）二十多年的经过情形怎样？（3）我们怎样爱护学校？

参观实习：（1）参观各室的设备；（2）调查我校的行政组织。

例二：

《我们的无锡》（四上）

无锡的位置：无锡在江苏的东南部，是京沪路的中心点。东面常熟，南面吴县，西面武进，北面江阴。

无锡的人口：全县的人口，约一百多万。农人工人最多，商学党政和军警较少。

无锡的交通：陆路除铁路外，还有许多公路。水路四通八达，船只往来很多。全省内地的交通，要算无锡最发达了。

无锡的农业和工业：无锡的耕田，约有十五万亩，物产丰富，农人除种田以外，还欢喜养蚕和捕鱼。工业方面，有丝厂、面粉厂、铁工厂等，全县大小的工厂，有二百多家，可算全省工业最发达的地方。

无锡的教育：全县的教育经费，一共有三十八万元，公立私立的学校，有四百多所，教育很发达。

无锡的名胜：无锡的名胜很多，像惠山、鼋头渚、蠡园、梅园等，都是无锡最有名的地方。

研究问题：（1）怎样建造新无锡？（2）怎样复兴无锡的工业？

参观实习：（1）制作无锡的模型；（2）调查无锡著名的物产和工业。

（载《儿童与教师》1937年第30期）

师范学校小学教材及教学法教本之检讨

程曦明

小学教材及教学法，是师范学校内一门很重要的学程。依据部颁《师范学校课程标准》的规定，每周三小时，共教授四学期。以这样重要的一门必修科，我们对于这种教科书编辑的好坏，似难忽视！现在我选择三种同程度的教本，把它们的内容，简要的加以检讨，最后更略抒笔者愚见，借就正于诸教育同志之前。

我所选择的几种教科书是：

一、赵廷为：《小学教材及教学法》（二册，商务印书馆出版）

二、吴研因等：《小学教材及教学法》（二册，中华书局出版）

三、李清悚：《小学教材及教学法》（二册，正中书局出版）

兹分别讨论于次：

一、目标

每一种教本，为着能审查通过，为着书坊能接受，大家总是遵照教育部颁布的课程标准而编辑的。既然是这样，无疑地，对于部定教学目标，当然是绝对遵守。请看表1和表2就可明白这种整齐划一的趋向。这种针对着教学目标的整齐划一，至少不能说是错误。

部订教学目标如下：一，使学生明了小学教材之内容及形式。二，使学生明了小学教材选择及组织原则。三，使学生获得编选教材之能力。四，使学生明了小学教学法之原则原理。五，使学生获得小学教学之实际技术。六，使学生对于小学教材及教学法具有研究的、实验的态度与兴趣。

本文所研究的各书，确是针对着上述目标而编撰，没有丝毫放松的。请看下列表1和表2：

表1

部颁小学教材及教学法教材大纲(壹)通论	赵著		吴著		李著	
	章数	节数	章数	节数	章数	节数
(一)教材及教学方法之意义	(1)	(1)(3)	(1)		(1)	
(二)教育目标、教材、教法、儿童环境等之相互关系	(1)	(4)	(2)		(2)	(1)(2)(3)
(三)小学教材之范围及来源	(2)	(1)	(3)		(3)	(1)(2)
(四)小学教材之组织原则及方法	(2)	(2)	(5)		(4)	
(五)小学教材选择、分量支配及排列之一般原则	(2)	(3)	(4)(5)		(5)	(1)(2)(3)
(六)小学教科书之选择及使用	(2)	(4)	(6)		(6)	

续表

部颁小学教材及教学法教材大纲(壹)通论		赵著		吴著		李著	
		章数	节数	章数	节数	章数	节数
(七)教学方法所根据之重要原则	(1)自动原则	(3)	(1)	(7)	(1)	(7)	(1)
	(2)类化原则	(3)	(2)	(7)	(2)	(7)	(2)
	(3)准备原则	(3)	(2)	(7)	(3)	(7)	(3)
	(4)兴味原则	(3)	(3)	(7)	(4)	(7)	(4)
	(5)设计原则	(3)	(4)	(7)	(5)	(7)	(5)
	(6)个性适应原则	(4)	(7)	(7)	(6)	(7)	(6)
	(7)其他	(4)	(5)(6)			(7)	(7)
(八)教学之各种方法	(1)问题的教学法	(6)	(5)(6)	(8)	(1)	(8)	(1)
	(2)练习的教学法	(5)		(8)	(2)	(8)	(2)
	(3)欣赏的教学法	(7)	(1)	(8)	(3)	(8)	(3)
	(4)发表的教学法	(7)	(2)	(9)	(4)	(8)	(4)
	(5)个别学习的教学法(如自学辅导、道尔顿制、文纳特卡制等)	(9)(8)		(9)	(5)	(8)	(5)
(九)教员之态度及教学技术		(12)		(10)		(9)	(1)(2)(3)(4)
(十)教学之准备	(1)环境之布置	(10)		(11)	(1)	(10)	(1)
	(2)教案之编制	(11)		(11)	(2)	(10)	(2)
	(3)其他	(10)	(2)				

表2

小学各科教材及教学法(贰)(卫生、体育、国语、社会、自然、算术、劳作、音乐、美术)	赵著		吴著		李著	
	章数	节数	章数	节数	章数	节数
(一)教学目标	(8)(10)(11)(12)(1)(4)(6)(7)(13)(15)(16)(21)(22)		(1)(2)(3)(4)(5)(6)(7)(8)(9)		(1)(2)(3)(4)(5)(6)(7)(8)(9)	(1)(1)(1)(1)(1)(1)(1)(1)(1)

续表

小学各科教材及教学法(贰)(卫生、体育、国语、社会、自然、算术、劳作、音乐、美术)		赵著		吴著		李著	
		章数	节数	章数	节数	章数	节数
(二)教材	(1)范围	(1)(4)(6)(7)(13)(15)(16)(21)(22)		(1)(2)(3)(4)(5)(6)(7)(8)(9)		(1)(2)(3)(4)(5)(6)(7)(8)(9)	(2)(2)(2)(2)(2)(2)(2)(2)(2)
	(2)选择	(3)(4)(6)(7)(13)(15)(16)(21)(22)		(1)(2)(3)(4)(5)(6)(7)(8)(9)		(1)(2)(3)(4)(5)(6)(7)(8)(9)	(2)(2)(2)(2)(2)(2)(2)(2)(2)
	(3)组织	(4)(6)(7)(13)(15)(16)(21)(22)		(1)(2)(3)(4)(5)(6)(7)(8)(9)		(1)(2)(3)(4)(5)(6)(7)(8)(9)	(2)(2)(2)(2)(2)(2)(2)(2)(2)
(三)教学方法	(1)教学过程	(3)(5)(6)(9)(11)(12)(21)(22)		(1)(2)(3)(4)(5)(6)(7)(8)(9)		(1)(2)(3)(4)(5)(6)(7)(8)(9)	(3)(3)(3)(3)(3)(3)(3)(3)(3)
	(2)初步教学法	(3)(5)(9)(11)(12)(15)(20)(21)		(1)(2)(3)(4)(5)(6)(7)(8)(9)		(1)(2)(3)(4)(5)(6)(7)(8)(9)	(3)(3)(3)(3)(3)(3)(3)(3)(3)
	(3)教学实例	(3)(5)(9)(17)(22)		(1)(2)(3)(4)(5)(6)(7)(8)(9)		(1)(2)(3)(4)(5)(6)(7)(8)(9)	(3)(3)(3)(3)(3)(3)(3)(3)(3)

续表

小学各科教材及教学法（贰）（卫生、体育、国语、社会、自然、算术、劳作、音乐、美术）		赵著		吴著		李著	
		章数	节数	章数	节数	章数	节数
（三）教学方法	（4）成绩考查	（3）（5）（6）（9）（10）（11）（12）（15）（20）（21）（22）		（1）（2）（3）（4）（5）（6）（7）（8）（9）		（1）（2）（3）（4）（5）（6）（7）（8）（9）	（3）（3）（3）（3）（3）（3）（3）（3）（3）
	（5）教学要则	（2）（5）（6）（9）（10）（11）（12）（15）（17）（21）（22）		（1）（2）（3）（4）（5）（6）（7）（8）（9）		（1）（2）（3）（4）（5）（6）（7）（8）（9）	（3）（3）（3）（3）（3）（3）（3）（3）（3）
（四）教具之研究		（3）（5）（12）（15）（20）（21）（22）		（1）（3）（4）（5）（6）（8）（9）		（1）（2）（3）（4）（5）（6）（7）（8）（9）	（4）（4）（4）（4）（4）（4）（4）（4）（4）
复式教学		商务		中华		正中	
		章数	节数	章数	节数	章数	节数
（一）复式教学之意义及种类		（1）	（1）	（1）		（1）	
（二）复式教科之配合		（2）	（4）	（2）		（2）	
（三）复式教学设备与座位之排列		（1）	（2）	（6）		（3）	
（四）复式教学自动作业之实施		（2）	（3）	（3）		（4）	
（五）复式教学日课表之配置		（2）	（5）	（4）		（5）	

针对着目标编撰教本，我既认为不是错误，那末，对于上表所显示着的各种教科书的整齐划一性，当然是无可批评。不过，若是相同科目

的教科书，其内容组织也完全一律，则坊间很可停止印行，由国家聘请专门学者编辑一部，通令全国采用好了，又何贵乎各书坊编出这许多种呢？我猜想我国教育当局对于教科书只掌握审定权，并未实行编辑统制，也许是想多产生几种更优良的而合乎部颁标准的教本，相互竞争，因竞争而格外进步。因此，我觉得教科书的编辑，目标当然要统一，而取材、组织、排列等，却不必徒徒顾念整齐划一，斤斤于课程标准的依据，而牺牲了编者自己的研究和经验。要知道这种损失是无可估计的。我就在这种信念下，再进论本文所研究的教科书的取材、编制、研究问题等各方面是否精当。

二、取材

三种教本的取材，各有其优劣，请分别述之：

赵编：通论和各论部分，取材均比较丰富，多少有点自己的研究和经验。其特点如下：

（1）增加必要的教材——如学习的意义和原则；同时学习的原则；自学辅导的方法独立一章讨论；巴达维亚制；能力分组；弹性升级制；不同的作业指定；开学的第一天；卫生教学与文字记诵；健康教育和体育；体育作业要项；体育所需的时间；体育对于性别差异的适应；小学儿童的姿势训练；音乐科的价值；几个关于国语教材的问题；读书的重要；默读和朗读的比较；两类不同时读书活动；迅速的读书能力的养成；读书与思考的关系；读书能力薄弱的原因；识字数量的增进；怎样指导朗读；复述和背诵；默读练习方法；说话与作文的比较；说话的作业；作文的作业类别；写字作业的重要性；学科合并问题；系统知识的归纳；年代和空间观念的发展；社会科的详细教学目标分类；怎样研究社会科的教材；珠算的教学；算术教科的选择；劳作科在课程的地位；美术的价值；等等。不过，这些增加的材料是否精当、是否嫌其杂乱，却待研究！

（2）国语、算术二科讨论得最详细，取材最丰富。

（3）竭力避免与他科材料的重复，如教育心理、教育测验与统计等科已经有的材料，在这里多从简或从略。

可是，在取材方面，编者也有主观省略的地方，如下列各项：

（1）音乐科——初步教法；教学实例；教具研究。

（2）社会科——历史、地理、公民及时事教学；初步教法；实例；要则；考查；教具研究。

（3）自然科——教学过程；初步教学法；教学实例；成绩考查；教学要则；教具研究。

（4）常识科——教学过程实例。

（5）美术科——初步教学法等。

这些主观的省略，究否应该？实为一大疑问！我认为依照课程标准一项一项的写下去，固然是太机械，要补救这种缺陷，只有在组织和排列上去研究，主观的省略，殊非必要！假使因为编撰上的困难，倒不妨去请各方面有专门研究和具有教育经验的人去合作，当能事半功倍，却不可因噎废食。再，这本书各论部分有数科教学实例一个都没有，这也是不十分妥当的地方。

吴编：这本书自己增减的材料很少，多以课程标准为依据。在各论部分各种教学实例是比较丰富扼要；在通论部分对于比较抽象的名词，以实例来解释，尤为难能可贵。如：（1）教材是儿童活动的材料；（2）教材是行为的方法；（3）教学是什么？（4）设计原则等等。这些都以很生动、很具体的实例来说明，读着颇亲切有味，使读者们确实容易了解，容易接受。同时，这书的取材，是以小学实际应用为对象，学者细心学习后即可应用，如果以“学以致用”这句话说明，这本书确能完成这种任务的。

虽然，这书的取材优点固不少，而缺点亦很多，我认为最重要的一点，编者似乎被课程标准束缚得相当厉害，这是十分可惜的。

李编：本书无特别独到之处。各论部分教学实例尚丰富，在三部书中，就分量说，例子之多要占第一位了。这些实例多引自现行小学教科书中，比较适用。在各科成绩考查方面，本书搜罗得也相当丰富。不过那些是研究的心得，那些是经过实验的结果，其可否适用，殊堪注意。至少还须应用本书的加以抉择。

三、组织和排列

教科书的组织和排列，绝对不能依照课程标准那样机械式的整齐划一，而牺牲了编者自己的研究和经验去勉强迁就。这是我坚定不移的信念。因此我再来研究这三部书的组织和排列究竟是怎样？请查阅表 1 和表 2 各书的章节次序和课程标准所定的次序作一对照，就可以明白看出的。现在为便利读者检阅起见，再分别提示如下：

甲、一般的比较

1. 吴编和李编两书的组织和排列，初无二致，这是因为他们完全根据课程标准的教材大纲而编撰的缘故。本来课程标准教材大纲，是集合许多专家意见而成，当然是可以作为编辑上的重要依据。不过，有两点值得我们注意的：第一点是这样的拘谨，容易流于呆板、机械；第二点编者的研究和经验，很不容易渗入其中，这本书也就无形中失去她的生命。这对于编者、读者和教者，总是一件憾事。固然，我们不应当把教科书看作天经地义，希望她怎样的满足各方面的欲望。但是为了时间经济和精力经济，我们是希望教科书对于学者的学习和教者的教学，都能有相当的便利，同时能指示出研究这门学科的一条比较正确的路线。否则教科书已无存在的必要了。

2. 赵编的组织和排列，较课程标准教材大纲是有相当活动性的，列举于下：

（1）“问题教学法”排在“练习教学法”后。

（2）“教员之态度和教学技能”排在“教学之准备”前。

（3）各论部分，依据课程标准教材大纲的次序是这样：①教学目标。②教材：范围；选择；组织。③教学方法：教学过程；初步教学法；教学实例；成绩考查；教学要则。④教具之研究。而本书中各科教材的排列，可以说是没有一科是依照课程标准教材大纲的次序的，这固然是因为增加了许多新的教材，原来的次序势不能不有所变动，而最大的原因，是在编者自己有一个系统，自己认为这是一个合于学生学习的组织方式。本书是否完成了这种任务，虽不能遽加评断，可是，编者所取得这种态度，是值得我们注意的。

3. 复式教学方面，赵编把“复式教科之配合”排在“复式教学设备与座位的排列”及“复式教学自动作业的实施”之后。吴编把“复式教学设备和座位的排列”排在最后，另增“复式教学顺序的支配”一章。李编是和课程标准教材大纲一致，未有增减和调动。

乙、分科的比较

这里专论国语、社会、自然、算术四科，见表3、表4、表5及表6。

表3

<table>
<tr><th>别类</th><th>赵编国语科教材
及教学法</th><th>吴编国语科教材
及教学法</th><th>李编国语科教材
及教学法</th></tr>
<tr><td>国语科教学目标和教材</td><td>课程标准所规定的教学目标
国语教材的范围
国语教材的选择和组织
几个关于国语教材的问题</td><td rowspan="3">国语科教学目标
国语科教材
甲、说话教材
范围
选择
组织
乙、读书教材
范围
选择
组织
丙、作文教材
范围
选择
丁、写字教材
范围
选择
组织
国语科教学方法
教学过程
甲、说话
乙、读书
丙、作文
丁、写字
初步教学法
甲、说话
乙、读书
丙、作文
丁、写字</td><td rowspan="3">国语科教学目标
国语科教材
一、说话教材
范围
教材举例
选择
组织和排列
二、读书教材
范围
教材举例
选择
组织和排列
三、作文教材
作文方法上的资料
文体练习的资料
命题的资料
四、写字教材
字的量数
字的体式
字的大小
字的难易
字的范本
国语科教学方法
一、说话教学法
1. 教学过程
2. 教学方法
3. 教学实例</td></tr>
<tr><td>读书的教学</td><td>读书的重要
读书教学的目标
默读和朗读的比较
两类不同的读书活动
迅速的读书的能力的养成
读书与思考的关系
读书能力薄弱的原因
识字数量的增进
实例和过程
几个教学原则
怎样指导朗读
复述和背诵
默读练习方法
初步的默读书教学法
成绩考查法</td></tr>
<tr><td>说话的教学</td><td>说话与作文的比较
说话教学的目标
说话的作业
说话教学的要则
日常会话的教学
故事讲述的教学
简短的报告及说明
演说的教学
说话教学成绩的考查</td></tr>
</table>

续表

<table>
<tr><th>别类</th><th>赵编国语科教材
及教学法</th><th>吴编国语科教材
及教学法</th><th>李编国语科教材
及教学法</th></tr>
<tr><td>作文的
教学</td><td>作文教学的目标
作文的作业类别
作文教学的要则
初步的作文教学
作文教学过程或步骤
作文成绩的考查</td><td rowspan="2">教学实例
甲、说话
乙、读书
丙、作文
丁、写字
成绩考查
甲、说话
乙、读书
丙、作文
丁、写字
教学要则
甲、说话
乙、读书
丙、作文
丁、写字</td><td rowspan="2">4. 成绩考查
5. 教学要则
二、读书教学法
1. 教学过程
2. 教学方法
3. 教学实例
4. 成绩考查
5. 教学要则
三、作文教学法
1. 教学过程
2. 教学法
3. 订正的研究
4. 作文的能力考查
5. 教学要则
四、写字教学法
1. 过程
2. 指导法
3. 教学要则
4. 成绩考查
国语科教具之研究</td></tr>
<tr><td>写字的
教学</td><td>写字作业的重要性
写字教学的目标
写字教学的材料和用具
写字教学的方法和过程
初步写字的教学
写字教学的原则
写字成绩的考查</td></tr>
</table>

表 4

赵编社会科教材及教学法	吴编社会科教材及教学法	李编社会科教材及教学法
社会科的教学目标和教材 社会科的教学目标 社会科教材的范围 学科并合问题 系统知识的归纳 年代和空间观念的发展 社会科教材的选择和组织 社会科的详细教学目标分类 怎样研究社会科的教材 社会科的教学法	一、教学目标 二、教材 范围 公民教材 历史教材 地理教材 选择 组织 三、教学方法 教学过程	一、社会科教学目标 二、社会科教材 教材的范围 公民 历史 地理 教材的选择 选择标准 各类选择的教材举例 公民教材

续表

赵编社会科教材及教学法	吴编社会科教材及教学法	李编社会科教材及教学法
一、历史的教学	初步教学法	历史教材
历史的功用	教学实例	地理教材
用传记法来研究历史	成绩考查	教材的组织
莫利途的单元教学法	教学要则	公民教材的组织
重要事实的记忆	四、教具研究	历史教材的组织
二、地理的教学		地理教材的组织
地理与人生		三、社会科教学法
新旧地理教学的比较		教学过程及教学法
地理科中的练习		社会科教学实例
旅行的方法		社会科成绩考查
地理教学的过程		教学要则
三、公民及时事的教学		四、社会科教具及设备
公民的教学		
时事的教学		

表 5

赵编自然和常识的教学研究	吴编自然科教材及教学法	李编自然科教材及教学法
一、自然科的教材和教学法	一、教学目标	
自然科的教学目标	二、教材	一、教学目标
自然科教材的范围	范围	二、教材
自然科教材的选择和组织	选择	范围
自然科的教学	组织	选择
二、常识科的教学	三、教学方法	组织和排列
常识教学的要则	教学过程	三、教学法
初步的常识教学	初步教学法	教学过程及教学法
常识科的教具	教学实例	教学实例
常识成绩的考查	成绩考查	成绩考查
	教学要则	教学要则
	四、教具研究	四、设备与教具研究

表 6

赵编算术科教材及教学法	吴编算术科教材及教学法	李编算术科教材及教学法
算术科的教学目标及教材	一、教学目标	一、教学目标
一、算术教学的目标	二、教材	二、教材
二、教材的选择	范围（心算、笔算、	范围（心算、珠算、
无价值的教材的裁汰	珠算）	笔算）
重要教材的加入	选择	选择
几个决定教材去留的标准	组织	组织和排列
三、教材的组织和范围	三、教学方法	三、教学法
旧时的组织	教学过程	教学过程
新式组织的特点	笔算	算术教学法
各学年作业要项	珠算	教学实例
算术科的教学法	初步教学法	成绩考查
一、怎样提示各种算术的知识	教学实例	教学要则
算术科所包的知识	成绩考查	四、应用教具
一般教学的缺陷	教学要则	
几个教学实例	四、教具研究	
几个原则		
二、怎样指导式题的练习		
反复和应用		
三种不同性质的练习		
几个原则		
练习的方式		
三、怎样指导应用题的练习		
应用题与式题的异点		
良好应用题的标准		
论理的分析		
论理的分析价值		
论理分析的限制		
几个重要的算术教学问题		
初步的教学法		
珠算的教学		
算术教科书的选择		
算术成绩的考查		
算术教具的研究		

以上四科教材的组织和排列，比较研究以后，有几点值得我们注意：

（1）小学各科教材及教学法的研究范围，当须和现行的小学课程标准相吻合，这三部书是完全注意到这一点的。在国语科是分说话、读书、作文、写字四部分讨论的，在社会科是分公民、历史、地理三部分，赵编并增加时事教学一节。在自然科方面，赵编更把自然和常识分开。算术科三部书也都注意到小学算术科课程标准所规定的范围。不过，因为这三部书都是在廿四年出版的，和廿五年修正的小学课程标准不适合的地方很多，这当然亟待修正。

（2）这四科教材的组织和排列，除了赵编能够摆开了课程标准的拘束，而拿点自己的研究和经验来定一个系统外，其他两部书都是很拘谨于课程标准教材大纲的规定，很少变动的地方，尤以吴编为最。

（3）赵编国语、算术两科取材特丰，前已提及。因之，这两科的教材组织和排列，几乎完全是编者自己的系统，如果取材能注意到精审，这种态度，我个人始终赞同的。

四、研究问题及其他

三部书都有一个共同趋向：对于问题研究和附录参考资料和参考书籍，都很注意。这当然是依据课程标准“小学教材”及教学法“作业要项”的规定，可是这种方式业已普遍化，其他各种教科书也大都如此。这样一方面供师生的共同讨论，一方面供学者课外阅读研究，实在是很必要的。不过在这三本书中关于研究问题的内容以及参考资料和参考书籍的选择，是很少一样的。这固然是随着各书编制的、体例的不同而有所差异，可是编者的主观和嗜好的各别，也是其中很大的原因。兹就形式和内容两方面比较其差别：

1. 形式方面

赵编有下列各项：总论，参考资料，注释，问题和设计，参考书簿，总温习。本科参考用书：（1）学生用书；（2）教师用书。

吴编有下列各项：参考资料，提问要点，注，参考书目。

李编有下列各项：参考读物，研究问题。

2. 内容方面

（1）赵编："总论"、"问题和设计"是每章必有的。"总温习"是在每一个单元之后，作纲要式的提示。"总论"可以说是帮助学生学习，"总温习"是促进学生记忆，而"问题和设计"是提供学生实际研究并启发其思想的。"问题和设计"以及"参考资料"、"参考书籍"的提示和介绍，我认为是很必要的，不过纲要式的"总温习"——也可以说是标语式的——以及"总论"两项，大可以由教者指示学生去注意，倒不用在教科上明白的写出，我认为这是越俎代庖，结果是徒劳而无功。因为这种工作还是由学生自己去做，印象或许比较深刻，同时也比较有益。

（2）吴编："提问要点"是每章都有，"参考资料"则不一定。

（3）李编"研究问题"和"参考读物"是每章都有。

现在专论"研究问题"、"提问要点"、"问题和设计"这一项：从表面上看三者的性质和内容好像相仿佛，实际上是很少相同的。兹列举美术一科，在三部书中所提示的问题，就可以明了其差别之大概了。

（1）赵编美术科教材及教学法"问题和设计"

一，搜集并研究小学各年级适用的美术教材。二，拟一最低限度的美术教具表。三，拟一欣赏教学教案，并在小学中实习。四，拟一技术教学案并在小学中实习。

（2）吴编美术科教材及教学法"提问要点"

一，小学为什么要设美术科？二，教儿童欣赏美术品有什么困难？三，低年级的发表教学和高年级有什么不同？四，怎样可以增进儿童对于美术的兴趣？五，试收集小学各年级儿童的美术作品。六，参观几所乡村小学的美术教学，并就己意加以批评。七，试拟乡村小学各年级美术教材要目。

（3）李编美术科教材及教学方法"研究问题"

一，欣赏、研究、发表三项作业目的的分析。二，各种美术教学法特点的比较。三，试拟图书量表的制法。四，编一则美术教材。五，编一则美术教学教案。

再就通论部分《教员之态度及教学技术》一章，三书中所提示之问题，列举如下：

（1）赵编：教员之态度和教学技能章“问题和设计”

一，参考其他教育书籍，并根据本章所述，制一特性自省表，供自省之用。二，试把本书通论部分详细温习一遍，并拟若干教学信条，供将来教学时的指导。

（2）吴编：教员的态度和教学技术章“提问要点”

一，教师的态度和教学的效率有什么关系？二，教师讲述时应注意什么？三，教师发问应注意什么？四，一般教师讲述时最易犯什么毛病？五，教师为什么要示范？示范要注意什么？六，讨论为什么很重要？怎样指导儿童讨论？七，参观附属小学或附近的小学，批评教师的态度和教学的技术。

（3）李编：教师之习态及小学技能章“研究问题”

一，调查三个专家意见对于教师应有之态度。二，调查某小学国语、算术课卷批改之方法。三，课卷订正与教学有何关系？四，课室秩序与教学效率有何关系？五，板书的效用之分析。

上面两章的研究问题，在三部书中每章问题很少类似，而大部分是绝对不相同，这虽然是由于各部书的取材不能尽同以及编者观点各别的关系。可是，这里有个很重要的问题：三个不同的读者读了这三部书，当然是会得着三种不同的印象，但是否还能达到所预期的共同目标？是值得我们深切注意的。我赞同私人编著教科书，我更赞同教科书内容不应一律！根据进化的原则，“齐一”之中，一定要有“变异”。然而又如何由“变异”而达到“齐一”，也不能忽视的。

五、结论

《小学教材及教学法》一书的编辑，原来是一件很艰难的工作。有理论、有实际，理论要指导着实际，实际要证验着理论，而且又包括了全部小学课程。假定不是一个万能的小学教师，同时又是一个教育专家，我相信不具备这种条件，谁也不能写好一部小学各科教材及教学法。现在还算是“青黄不接”的时代，我愿向一班试写这种教科书的作家们贡献一点浅薄的意见：

一，写这部书当然和其他教科书一样，不必斤斤于迁就课程标准教材大纲的规定，而牺牲了自己所认为最良善的组织方式。最理想的当然是自定一个系统，渗入自己的研究和教育经验。不过，要讲当心的，本书的读者是成万千的师范生，他们未来的任务是教育儿童，这本书的好坏，直接、间接的影响是很大的。编者必须冷静了头脑，虚心的想一想，自己所厘定的系统是否合理？自己的研究是否妥善？自己的经验是否正确？否则，请不必轻予尝试。假定是东抄西袭的来编教科书——尤其是小学各科教材及教法——我诚恳的希望可勿这样的儿戏，同时编者更要竭力避免个人偏见，勿以“标新立异”居奇。

二，内容的组织，自然不希望千篇一律，编者仅可增添一些自己所认为重要的教材，同时运用你的一枝妙笔很轻松的、郑重的写出一部最完美的教本。可是，无论内容怎样的变化，组织怎样的调动，但是目标必须一致，所谓“殊途而同归”，如果三位读者读了三部同性质的教本，而结果走向三个不同的方向，这是编者最大的失败，也就是编者最大的错误。

三，编辑小学各科教材及教法，不是一件容易的事，前已再三说明。我认为最妥当的途径，必须集合许多专家们——教育专家、师范学校优良教师、小学优良教师——共同合作，缜密地、虚心地去编撰，教本编成后，更须经过严密的实验，根据实验的结果，而为采用与否的准备，这样或许比较适当，同时也能够减少很多的流弊。

四，通论与各论务须取得密切联络，前后照顾。必如此，理论才可以指导实际，实际才能和理论相印证。

五，本学程最好要和实习一科联络，使本书所学，一一得到实际应用的机会。因为从实际工作中所学得的知识，才是真的知识，这种知识也才能为你所有。不过，在这里有问题了：一方面在编撰教本时必须预留实习的时间，再一方面本学程必须与实习一科联络。依据部颁标准，实习时期是在第三学年，本学程是在第二第三两学年，究如何妥善的联络？应切实筹谋，以增教学效率。

六，编撰这种教本，最容易流于干枯，编者必须用清醒、流利而有兴味的文字写作，同时更要能鼓励学生因读本书后，而引起进一步研究的兴趣。

最后，我还有一个建议，师范学校课程中各普通学科之教材应一律把小学各该科教材列入研究，这是我一向的主张。我认为这是最经济、最有实效的办法：一方面可以减轻小学各科教材及教学法一学程的担负；一方面还可以相辅而行，共谋小学各科教材及教法之改进，质诸高明。未识以为何如？

廿六年，六月，于安徽大学教育研究室。

（载《江苏教育》1937 年第 6 卷第 6 期）

关于中等物理教学及教材的意见

左震寰

（一）引言

“化学难记，物理难懂”，这是作者做中学生时很熟听的一句流行语。

真的，化学里面的分子式、构造式、反应方程式，物理学里面的这个定律、那个原理，对于一般初学的中学生是够难记和难懂的了。但是认真说起来，化学物理学以外的学科，那一科是容易学的呢？学历史地理不“难记吗”？学数学论理学不“难懂”吗？即使不谈读书这一道，而谈学习其他的手艺或技术的话，恐怕其难更只有过之而无不及了，因为那是不讲方法的死学呵！但是却为什么特别对化学物理学叫难呢，这倒是值得探讨的一件事！

我想，这种责任不能不要推到教授者的身上来。因为我们固然承认，化学物理学是新兴的科学教育中的一部门。在这科学落后的中国，一切科学设备欠缺，一般国民科学思想钝滞，初学者没有一个适宜的科学教育的环境，理论上是应该导引上述的结果的。不过，请要注意，人有随机应变之灵，难道我们的教学法就不能变成活的?！我们尽可以利用我们现实的经济和原料，去创造可能的完美的环境，导引着我们的青年朋友走向新的合理的快乐的途径！尤其是物理学，是最耐人寻味的一门课程，在我们的体验上和意想上，我们的智识饥荒的中学青年们决不至于自筑藩篱，愿与绝缘的。不过，因为一般教授者每拘于成法或成见只是依照着一本死的教科书或不合国情的翻译本，呆板板地向着学生背诵，使学生不知道与我人的生活上有什么关系。及物理学究为何物的基本观念，学生虽然怀着满腔吸收新知的热诚，终奈格格不入何？这个责任还不应归到教授者的身上来吗？

作者不敏，本不足以与谈这种严重问题，但却非常关心。所以按着本校教授文元模先生在廿四年度师大暑期中等教员讲习会物理组讲述关于本题所论的大纲，稍加阐述。惟因作者课业忙碌，在意思上未能多所发挥，在文字尤无暇细加推敲，讹误的地方，还得请大家原谅。

（二）物理学的范围

物理学英名 Physics，就是“自然”之意。新物理学研究的对象，从字义上讲即为自然。不过，“自然”这两个字的涵义，包罗万象，凡是宇宙间一切有生命和无生命的现象，都可以说是自然现象。而实际上物理学的范围，并不如此广泛，它只是对于物质的状态及能的变化加以研究，其关于物质的组织者，则归于化学，至于生命的现象，当然更不是它所顾及，而让诸生物学了！

（三）物理学的方法

牛顿看见苹果落地而发见万有引力；伽利略作歪塔实验而认定一切物体在真空内的自由落下速度都必相等。这是两个现在看来极简单的物理学的定律，而它们的被发见的方法，又是多么不费事！其实物理学的方法，也就只是这样。前者是一种观察法的代表，后者则是一种实验法的代表。所谓观察法，就是观察天然现象而记录其经过，探讨其因果。所谓实验法，就是利用客观的器械，辅助主观的感觉，以人工的方法改造天然的现象，去其枝叶，存其根干，由此达到真实的认识。这种实验方法是物理学的特殊方法，为他种科学所不能企及的。不过，近来他种科学也渐有采用这种方法的倾向了。

（四）物理学的目的

大凡一个科学在它的萌芽时期，因为它的短视，对于自身发展的途径和归宿茫然不知所之，所以它的原始的期望是很浅狭的。换句话说，就是它的最初的目的是比较质朴的，微小的，但当它发展到某一个阶段，发见了新的领域，于是它对于它的原始的目的或者已经实践，或者快要趋近，而又另设目标，望着新的深远的方向追求了。正如一个文盲，起初只希望能认识几个零碎的字，但后来他进步了，渐次想缀字成文了。物理学最初的目的是甚么呢？简单的说，不过是想用实验和观察的方法，去发见各种普遍的物理现象的法则（law）而已。但到后来，发展到了已经找得了许多这种法则，于是它最后的目的，便想在这些法则中发见它们相互间的关系。换言之，即是要由这些法则，寻出些更基本的原理（principle），以获得一个统一的物理学的宇宙观。

（五）对中等物理教学的意见

在这科学昌明的时代，每个人直接间接受着科学的便利，也有形无形受着它的威胁、迫害。我们不但为求知欲和利用欲的驱使要去研究它，而为避免或减少它的威胁、危害起见，也需要理解它。尤其是一般中学生，他们已具有些许模糊的零碎的科学智识，更具着这种倾向。物理学是一切自然科学的代表者，对它的企图了解，自是必然的趋势。但要了解物理学，应从上述的物理学目的的明晰和其方法的应用上去求之。无疑的，我们教授物理学者应使学生做到这几点，方是正务。不过中学生——尤其初中学生——学养尚差，告以物理学真正的目的，应用物理学真正的方法，事实上很不易使他们领悟，甚至反增见难思退之感，把他们的学习机会从此无形地给剥夺了，故我们对于中等物理学的教学有下列几点的意见：

A. 对初中的，即：

（1）使避免日常生活上因物理学之利用而发生的危险。物理学上的应用极广，自然不胜枚举，即其在日常生活上的应用，也是不可胜数，不过上面说过，人们常因此受着威胁、危害。我们是不是应该因为它的应用有害的一方面，便连什么也不顾弃而不用了呢？一班抱残守缺的腐旧者，便常是把这种不利的事实，误认科学的本身是罪恶的渊薮，而盲目地反对建设在科学基础上的物质文明。其实，宇宙间一切物质和现象的利用，除了在乎利用者的本意外，全赖利用者的素养的深浅。素养深，则利用得好，而造福于人类、社会；素养浅，则不会利用，影响所及，大则害群，小则伤身。譬如装设避雷针，是物理学在日常生活上的应用，假如我们安置得好便能避免雷雹的危害，不然，反而招致不测之祸。所以我们应使学生知道如何去避免因物理学上的应用而发生的危险，增加他们研究科学的信心，肃清社会上一切反科学的潜势力。

（2）唤起学生对自然科学的兴趣。物理学的教授在初中普通是三年级才开始的，而每周钟点又很少，不过三小时之谱，综计在一年的期间内，究能使学生得到多少物理学的智识和给予他们什么帮助呢？即使教师和学生都同样地特别努力，教学的效率达于极高点的话，恐怕除了给予学生一些模糊的零碎的概念以外，不能再有什么成果，更况经验告诉我们，事实上还有许多障碍呢？所以我们的意见，以为不必过分地强求学生领会教科书内一切的讲解，只要能够使他们对于这一门课程因为循循善诱而发生了兴趣，不致全使他们感觉乏味，甚至视为畏途，便算有相当的成功。因为初中学生本来一切在作育中，还没有固定的倾向，在这提倡科学需要研究科学人才的时代，如能做到这一点，唤起他们对自然科学的兴趣，建立一个最根本的科学基础，即使将来不再进习物理学，于他们也是极有益的！

（3）训练学生思想的习惯，观察的能力和实验的技术。教育的目的不是使学生全盘接受我们的讲解，食而不化地去作他们唯一的宝藏。说清楚些，不是使学生死守着学得的对几许特殊事物的极有限的智识，一点不晓得去活用。我们是要借对某些事物的特殊讲解，使学生去活用他们的头脑，发生联想的作用，应用到一切普遍的同类的事物上，去发见或推理其他不同性质的事物。这是一种思想的训练，对未成年的初中学生是很要紧的。物理学几乎可以说是一门推理的学问，需要思想的地方特别多，所以借它来作一种思想训练的张本，是很合理而必要的。至于观察的能力和实验的技术是研究物理学的基本要素，在上节物理学的方法内已略说明，自然在这为学生打初基的时期，应该使他们总得到相当的训练，也可作他们从事他业的基础。

总而言之，我们对初中学生的意见，以为不必强使他们对物理学的本身有何种程度的了解，即或说到极端的话，他们对于物理学竟至不知是何物，若能做到上述的三点，也是不无益处的。

B. 对高中的：

（1）仍注重上述对初中学生的三点。初中和高中本是教育中的同一阶段，即所谓中等教育，而两者的教育目标无疑地即是中等教育的同一目标了。虽然因为学生程度上的互有差异，在教他们学习的历程上不能全同，但大体上都是赓续着的，何况初中的最后期与高中的最前期是没有显著的界限的呢？所以我们觉得对高中学生应仍注重上述对初中意见的三点。

（2）使造成将来进修的基础。高中是中等教育的最后阶级，也是高等教育的预习时期。固然仍须注重普遍教育的设施，使一般不能继续深造的学生，获得相当的生活的技能和健全国民的素养，完成中等教育应有使命。而从另一大的立场上说，国家需要专门的人才，有高等教育的设施，便不能不亦趁此时期以作育预备的学子，期于整个的国家教育目标的实现。所以在物理教学方面，应使学生渐渐地明了物理学的真正的目的和方法，作进一步较深的学习，以造成他们将来进修的基础。譬如对初中仅注重于把物理现象的因果关系作概略的阐明，但对高中则应使如下节所述进一步更知其间数量上的关系。

（3）使学生对任一自然现象，自己由实验和观察的事实里发见其因果的关系，自然现象，一刻千变，层出不穷，当然没有一个人能把他们一个一个地都加考究，教学生一个一个地都去学习。其实也用不着这样，因为科学的目的是在用观察和实验的方法去发现少数的普遍的自然法则，利用这些法则，去解释和预测许多形态不同而因果关系一样的现象。科学之贵在乎此，科学之能迅速发展亦在乎此。高中学生比较有自动和自发的能力，应渐渐辅助他们在这方向发展，让他们慢慢地练习去对任一自然现象，自己由实验和观察的事实里面，去发见其间因果的关系。这样，对于他们才能有益，不失是一种科学的训练！

（4）使养成注重数量的关系。物理学的研究自然现象，头一步固在发现其间因果的关系。但仅仅做到这一步，物理学不会有今日的发展，也不会对人类有多大的裨益，因为这样只可以说是知道现象的大体轮廓，其间的关系或作用到底是怎么样的程度还是不知道。这样不彻底的智识，当然不能去利用它，控制它而有什么实际的功效了。所以我们在这时候应令学生进一步把现象发生的因果关系间的数量关系找出来，方算精确，才能引为实用。

（六）对中等物理学教材的意见

宇宙的一切事物，可供教材的真是了无穷尽，而能引为物理学教材者，尤其俯拾即是，譬如水总是往低处流，物体总是往下落等等普遍的现象，都是物理学的极好的教材。不过这些事物有的比较简单，容易了解，有的却非常错综复杂，非中学生的学养所能明晰。必须把他们能够了解的，尽量的分门别类，取为教材；把他们不能明晰的，毫不顾惜的予以摈弃，才能免于费力而不讨好。所以我们对于中等物理学教材的意见可以概略地归纳在下面：

A. 对初中的：

（1）凡日常生活上所遇到的现象予以解释。日常生活上遇到的现象很多，如雷电及重力的现象，普通人不是把他们当作是鬼神的作祟，划入迷信的圈围，便是以为自古已然的当然之事，毫不加以思虑。这种事实，在我国尤为显著。因此，一般初中学生从幼童时期起便受着这些成训的熏陶，有形无形都成了传统观念的承受者。长此以往，其对于人类科学思想的发展，真是不堪设想了。所以我们如果把日常生活上所遇到的自然现象为他们加以解释，他们自然会感着新的兴趣。只要教师循循善诱，没有不收相当效果的。而无形中又把他们的传统的迷信观念和不加深思的习惯打得粉碎了。

（2）应用物理学的原则制造简单器械。物理学的器械繁多，且有非常复杂，需要特别精制的，自然不能在学校里制造，但是比较很简单的，如不必求精的电流表等，稍为配备几个零件便可以自己制作了。把这些自己作成的简单器械，拿到教室里来作表演实验，既省学校开支，亦极便利，而对学生更比空说较有更大的鼓动和实益，岂非一举几得？还有许多用以避免危险和当作模型的器械，以及日常应用的东西如避雷针、模型飞机、滑车等，都可以随着学校的经济情形及所在地的材料的供应和地方的需要，斟酌加以制造。

（3）物理学发明史上最有名和基本的实验，予以表演或提示。一种学问的发展史，就像是一个人的过程。把这发展史展示在一个人的面前，毋宁是暗示他思想的方法。而一部历史的演成，无非是少数的能代表发展中的各阶段的伟大的发见或思想为其骨干。物理学是一种科学，是一种建设在实验的基础上的科学，所以把物理学发明史上最有名的和基本的实验，如伽利略的歪塔实验等，当作教材的一部，予以表演或提示，不但使学生知道物理学发展的程序，暗示其思想的方法，且使对名家起崇敬之念，而生上进之心。

B. 对高中的：

（1）凡学初中重复的部分删去，但需要详解者详解之，按其程序应补充者补充之。高中物理学与初中物理学的内容，本来大体相同，不过因为两级学生的程度上的差异，互有详简和难易之分罢了。有的在初中因为性质较难，只能略述概要。但高中学生理解力已较在初中时为强，便需要进一步的为之解释。有的在初中不能学而为高中程度所可及者，便应加以补充，一方面相当的满足他们的求知欲，一方面以备他们将来专攻本科时得以衔接。至于与初中重复的部分，自然应该删去，因为不特为时间所不允，且学生的心理对于重习总是不胜厌烦，而其结果反使学生感觉乏味，流于怠忽。

（2）将各种定律提示之，基本观念及定义解释之。所谓定律，就是从观察和实验所得出来的一般的法则，前已言之。物理学上定律很多，有的相似或容易混淆，应该一一为学生提示之，把他们彼此间的性质、范围和重要性等，或个别地加以阐述，或并列而比较之，使学生达于眉目清楚之境而后止。至于基本观念和定义，本是研究任何学科首先应该了解的，不过物理学在这一点上却和他科迥然不同。因为事实上非这样做势不可能，譬如牛顿第一定律内便把“力”这一个字引用上去，但关于“力”的定义却包含在其第二定律中。而在初中，甚至等到牛顿第二定律学完了还不能明了“力”的字义。还有好些基本观念和定义在初中时根本未曾也无法解释，而在高中却必定要使之弄得明明白白，不然，各仍存着通俗的谬误见解，入后便大生障碍了。

（3）为学生解答计算问题。高中学生上面说过应使注重现象发生的数量关系，则令学生计算物理学上的有关数量的问题，正是磨练着他们这种习惯。他们有所不解决的问题，为他们作详细的解答，让他们去领略解题的正当和敏捷的方法，当然是很要紧的一方面的工作。不过令作的问题的内容，应时变换，不可取意相似，以锻炼他们解决不同问题的能力，要不然，便只成了数学法则的运算，全失物理学习的本意了。

（载《师大月刊》1937 年第 31 期）

农业辅导教材应如何编选

韩玉书

一、导论

此处所云农业是指业农的人而言，故不能只以农业生产知能为讨论的对象，除农业生产知能外，文字能力、道德训练及其他公民常识和必备条件，都是正当的材料。此外，有关民族存亡、国家盛衰的特种教材，更须列入。但要想适应这种特殊要求，殊非易易。过去一般实施民众教育者，事前预编教材（文字教材除外）本为罕事；即或有之，亦类多流弊。最显著的，如教材的收选，零碎杂乱，且很多不甚必要，与生活没有多大关系，与时代需要互相违背，而占着很大的篇幅致将与生活关系最密切或正为时代所必须的资料，反沦于次要的地位。又且，专注重于文字教育，编辑成绩，亦只有农民识字课本，而此种课本，亦患上述之同样毛病。其收效甚微，乃必然的结果。

过去教材的编选，既如斯恶劣，今后须另行编订，以期合乎需要，乃为明显的事。力革以前课本的通病，适应非常时期的需要，并力求与农民相融合，自为不易方针。至编选原则，前文（《社会化辅导式职业教育的教材问题》）已略论之，应以生活为单元。因以生活为单元，本乎生活的顺序，自可达到适用化、生活化、通俗化、时代化、社会化，并趣味的目的。此外，教学便利问题，表面观之，似较学科单元不便，但事实上绝没有什么不便。因为，以生活为单元编成的教材，一则依其日常生活顺序编成，无搜集材料困难之虑；一则讲解时，因多系彼等最常见的普通事项，农民容易了解，无教而不明之难；一则因切乎实用，对方容易感到浓厚的学习兴趣。此非其便乎？何云不便？不过须教学技术优良，方克有效。否则，乱七八糟，反易致于没法应付弄巧成拙的境地。

至谈到具体的编选方法，因各地的地理形势、交通情况、自然环境、社会事业、经济状况、风俗习尚、居民文化程度等不同，殊难一概而论。尤其是农业生产知能方面的教材，更难同一的编选。不过，能够本乎原则，根据实际去编选，当不至发生很大的困难。

此外，尚有应声明者，即所谓教材，不一定要印成课本，发给农民，与他们讲死书。因为有许多农民根本不识字，且把教育课本化，亦难免灭杀兴味。只可使担任辅导者留有底稿以备必要时或准备时的参阅可也。但农民中有识字的，或是有散发课本之必要的教材，不在此限。再为了适合农民兴趣而利用现时坊间流行的图书小说等，作语文教材，很有考虑的必要。因其题材多为神奇鬼怪，满纸荒唐，只不过迎合低级兴趣的反教育作用的东西，自非我人所宜采用。但亦不宜矫枉过正，将一切有意义的歌谣、农谚或其他歌咏天时地利的谚语，亦一概摒弃。这类教材，不只不宜摒弃，而且要充分利用。

二、辅导教材编选的范围与示例

辅导教材的编选，应根据当地社会情况，自然环境与物产等具体规定，甚难一概而论。讯言之，凡有关增加生产等知能，有关品性修养，有关国家民族需要，或其他改善农民生活、农村组织，而完成经济建设，促进社会福利的资料，皆可罗列。如改良农具、改良品种、提倡副业，防虫害、兴水利，合作经营、合作运销，读写算能力训练，民族意识、国家观念，公平、勤廉、爱群，等等皆是。兹以山西平定县二区南蒿亭村为例。编选一月（国历三月份）之教材如后：

在未编选之前，先将该地自然环境、地理形势、气候土壤、物产、副业及居民性格、文化程度、风俗习尚等略加介绍，俾便证对。

查该村位于平定东南，正当太行山乾脉，四围村庄异常贫瘠。惟南蒿亭等三四村，土人俗称为测鱼川，比较肥富，因尚有河川贯境，水源不缺。但崇山环绕，石脊遍野，耕地不多。南蒿亭对此种困难，感受虽属较浅，然全村一百四五十户人家，所有耕地，亦不过二十顷左右(包括有地无粮的坡角小块)。而居民，按户云，十足务农，按口云，亦有百分之九十七八为农人，以是谋生不易，全赖辛苦与俭约救济。大概当地农友，少有休息数日者。谈到饮食方面，更令人骇闻，上户人家，糠（谷子皮）粮（玉蜀黍、小米等）参半为饭；下户人家，糠粮饭亦难饱餐。至于蔬菜，因该村有河川过境，尚不甚感缺乏，若稍往西行，即须以黑豆叶子或其他豆叶、树叶等为菜。此外燃料亦甚感困难，盖其距产煤区虽仅有数十里之遥，但因交通异常不便，因此，价格甚高，以当地居民的经济能力、生活程度，绝无燃煤的可能。于是山上的针针柴（土名记不清，大概是紫荆吧）便成了他们烧饭、暖窑（因住的房子大都是土窑或石头窑）的唯一燃料。并且每日所获，不但须足一日应用，而尚须在冬季准备春夏秋燃料，否则，来年便难营田间工作。此亦居民忙碌异常的一大原因。

该地自然环境与地理形势，大概如斯。气候为亚温带的本色。据云：特因群山环抱，冬夏变化较小。土壤亦颇肥腴。物产有核桃、柿子、黑枣、高粱、玉蜀黍、小麦、棉花、谷子、豆类、鸡、羊、猪等。惟因交通不便，黑枣、柿子虽有大量出产，价格甚低，裨益甚微，殊属可惜。牧畜业虽群山环境，然可用作牧场，生有牧草者不多且大都用做冬季的燃料。惟养鸡业独较相宜，但出产销路颇感困难，但亦有提倡与发展的必要。谈到民性，颇为强悍，但大多数忠实豪爽，且颇有自治的能力。（按山西社会，封建势力较固，普通各村村长，即有威不可犯之概。而独此地，因与河北省接境，颇有河北之风，所以干涉村政、干涉村长为常事。）惜以文化落后，教育不振，认识每多谬误，故有时会生“不正当的干涉”之嫌，诚遗憾也。至于风俗，尚朴、尚俭、尚勤、尚实，独保守性特大，是其缺点。习惯连带于风俗，故亦相同。于元旦日元宵节，犹有不停工作的。此种良好习惯，固是环境使然，但训练有加，亦难否认。该地之自然环境、社会情况等，已如上述，兹将应予编选的教材，分列于下：

1. 就当地环境，和他们加以详实的讨论与讲解，借以发挥提倡副业的主旨，是为教材之一。

2. 解释副业生产销路不畅的原因，借以鼓励他们稍筹时间，共筑大路，以利交通，是为教材之一。

3. 当时正当春耕伣始，但他们所用的犁耙非常笨重，每天仅能耕地二三亩，乘机和他们研究改良农具，是为教材之一。

4. 当时他们正在施用肥料时期，但现肥料的各种养分混杂，每多滥费。（喜多用氮质的作物，不能吸收之磷钾等为滥费。喜多用磷质的作物，不能吸收之氮钾为滥费，其余类推。）且效力较微，乘机和他们讨论改良肥料问题，是为教材之一。

5. 谈到改良农具，改良肥料问题，绝非各个人的力量所能办到，必须合作进行，遂可和他们讨论到合作问题，是为教材之一。

6. 当时正当孵化时期，但旧式方法，任其自生自灭，殊非所宜。和他们讨论新式孵化方法及其利点，是为教材之一。

7. 春季正当绵羊剪毛时期，但中国绵羊毛质不佳，且产量甚微，借机提倡饲养美利奴羊，并启导改良中国羊种，是为教材之一。

8. 三月正当青黄不接时期，牛羊的牧草，颇感困难，设法利用童山培植牧草，是为教材之一。

9. 当时正当果树修剪及施肥时期，对此一般农民颇为忽视，启导他们注意园艺管理的知识与技能，以求果业经营方法的改善，并乘机发动他们推广的意念，而期果业的发展，是为教材之一。

10. 当时正当准备种棉时期，对于棉种的改良、培植的方法、病虫害的防治及花絮的鉴定等，和他们研究讨论，是为教材之一。

11. 当时正当河冰初消而田土需要灌溉时期，和他们研究水利、灌溉、排水等，是为教材之一。

12. 他们日常生活中，难免有许多和语文发生关系的地方，借机教给他们些文字及应用与书写的方法，是为教材之一。

13. 日常生活中应当计算的材料甚多，用作算术的教材，辅导农民，最为妥当。

14. 他们日常生活中，不道德的行为，难免时时发生，无味的纠纷，难免时时兴起，借为公益公德的教材反导，很觉相宜。

15. 国难日亟，有加无已。山西首当其冲，而本地特处边陲，过去历次兵燹（民国十七年与奉军作战等）人民受苦甚大，印象最深。兹值地方当局，表扬“守土抗战”、“牺牲救国”之秋，借以实际灌输农民一些民族意识、爱国热忱，以促其渐渐醒悟，认识国际环境、政局形势，而产生有力的自卫力量，真诚的救国决心，能够自动起来推动一切，改进一切，是为教材之一。

16. 近来汉奸活跃，各色各样的怪剧，不一而出，引为笑语，以戒群众，是为教材之一。走私猖狂，以致国家税入渐减，而人民负担日增，借以表白防制走私为减轻赋税的有效办法，而启发人民服用国货并缉私等意念，是为教材之一。

17. 当时当地天花伤寒流行，死亡颇多，乘机和他们讨论该病的可怕与预防，及注意卫生的重要，是为教材之一。

18. 当时正值征兵制度预备时期，应积极挑选国民兵军官，借以发挥征兵制度的精意及实行的必要，与实行后国民的福利，使其有相当了解，不致再有误会及逃避等情，是为教材之一。

19. 当时该地正研究并实行防空防毒办法以备万一，借以灌输些防空防毒的常识，是为教材之一。

以该地情景三月份辅导教材，大概如斯。以后各月当有需要继续以前教材的，当有重复以前教材的，当有重新编选的，自可类推。量的分配，当以农民空闲时间为规定根据。且讨论时，亦不可言之过繁，以使生厌，或无时听习，都是教学上的问题，暂不赘言。

三、结论

各种教材皆可依据当地社会情况、自然环境等等编选而成，已如前云。惟各种资料——关于生产者，关于文化者，关于政治者，关于卫生者——须依生产顺序，妥为分配，不可稍有轻重。过去一般教育家，虽曾有智育、体育、德育并重之论，但办理民众教育者，对德育一项，显有歧视。盖智育、体育，固属重要，然德育又何尝可以忽视。今年以来，汉奸活跃，为虎作伥。大则假借名义，僭号叛变；小则探刺秘密，骚扰后方。做出卖民族的勾当，隐患殊为可忧，非从德育着手，不足以正此弊。尤其一般无知民众，大感物质生活的苦痛，一有金钱之诱惑，可作出危国祸己的勾当，乃意中事。因此德育的并重，更属切要。顾亭林先生说：“目击世趋，方知治乱之关，必在人心风俗。而所以转移人心，整顿风俗，则教化纪纲为不可缺。”又说：“苟非返普天率土之人心，使之先义而后利，终不可以致太平。”这真是顾先生的经验谈。

近来一般人每以为“道德”是迂腐的名词，其固因原于外受列强帝国主义的压迫，西方文化的侵袭；内受封建遗毒的惑弄，借道德从中自私，以致一般人生出上当之心。但彼等认识不真，目眩心乱，受了谬误的麻醉，亦不能说没有理由。果真，我国固有道德，完全是社会进步的障碍，完全是国家富强文明的阻力，而确有“打倒固有一切”的必要吗？因为一般人认识的不清，所以是非混淆，邪说盛行，正义消沉，朝秦暮楚，恬不知耻。汉奸的养成，不是没有原因。吾辈研习社会教育，而以社会上分子的复杂，智识普遍的低微，认识一般的不清，当然有并重德育的必要。庶几，完成经济建设，提高国民教育程度，不至反成了为虎作伥、增加忧患、培育有力的汉奸的“倒贴效用”的教育。

至于德育的实施，前已论及，今更补充如下：

近年以来，教育当局，似乎亦感到这种需要，关于德育的法令，曾有不少规定。兹为应付现在的环境起见，特别规定一种根本的修养，就是节操问题。

所谓节操，就是意志的坚定，穷达贫富不足以动其心。不过这种修养，必须于日常生活中加以锻炼，殊非临时可能做到。否则，必难收实效。

总之，农民辅导，要以整个的需要为教材范围。一方面建设经济，以遂其物欲的渴望；一方面提高教育程度，以确定其清晰的认识；一方面陶冶节操品格，以防其惑于邪说，祸国祸己。才可以适应时代的需要，增加自己的幸福。这就是编选农民教材的根本方针。

一九三七，四，十九，晚，定稿于思梦斋。

（载《教育与职业》1937年第189—190期）

非常时期之历史教材的商讨

尹炎农

一、非常时期的教育与历史

“非常时期教育”一词，随国难的严重而愈益脍炙人口了。理论的研讨也渐漫布于各种杂志报章。但是其实际工作，时至今日，除少数的省份的学校加紧些军事训练以外，是没有什么特征足以表示异于平常时期的。本来所谓非常时期教育的意义是暂时的、短促的，是必须在最经济的时间之内来造就应付非常时期的人材，是要快干的、实干的，而不是像平常时期大摇大摆来做的。因为平常时期教育的宗旨，是抱定“十年树木，百年树人”的大计，其功用与目的所凡传给青年的智识是以资其如何去谋生的，继续固有文化，吸收新的智识，并希望其日胜一日，而发扬光大。至于非常时期教育的功用与目的，其所凡传给青年的智识，是希望其能为国家，为民族，而牺牲自己的一切，以助其成功。

质言之，“非常时期”，就是中华民族已经临到最后的生死关头。“非常时期教育”，就是一种准备战争的教育，教育青年来担负起救亡的工作。

历史为整个教育的一部分，其关系于民族本来很深，而在此非常时期自当尤为密切。因为历史是人类生活的记载，也就是人群斗争的宝典。例如吴越争雄：槜李之战，阖闾死之，夫差使一人立于庭中以自警，卒报父仇。迩后夫椒一役，勾践臣妾于者三年，终能十年生聚，十年教训而沼吴。这都是历史上给后人的大教训。其次我们看德意志的勃兴与统一，他们的国民至今全推功于兰克（Ranke）所著的《日耳曼民族史》，因为兰克在叙述罗马时代的日耳曼民族时特别提高其民族的自尊心与团结精神，所以散漫中日耳曼族终能统一而强盛。再看日本的明治维新，其国中的文人，也是向来归功于元禄时代德川光圀等所著的《大日本史》。因为氏等以中国历史上的尊王攘夷、忠君爱国为立论，所以引起全国智识分子的觉悟，而能推翻六百余年来的幕府。这是历史教育的功效，所以法国的史学家米舍勒（Michelet）就武断地指历史为民族的武器。现在中国国难如此，对于这种民族的武器是迫功的需要，历史教育是应特别的借重！

二、非常时期历史教育的目标

历史教育的价值既有如此的重大，那末在此施行非常时期教育的高张声中，其教材的选择就更要特别地注意了。然而要决定非常时期历史教材的内容，又须先确定其教学的目标。关于历史教育的目标在平常时期是领导青年作学术的研讨，其目的与责任是单一的。现在时机不同，教学目标，除此以外，还要担负起领导救亡的工程，其目的与责任是属于双轨的了。在此，我们认为非常时期历史教学的目标在中等学校应具有下列的两大观念：

（甲）借历史来激发本国民族的精神以图自强者。

1. 说明中华民族建国奋斗的经过及历代盛衰的原因，使学生知先民创业的艰难。

2. 说明中国固有文化的伟大及其在历史上东被西渐的光荣，使学生坚定民族的自信力。

3. 痛论中华民族迭受列强的压迫及割地赔款的耻辱，以激发学生的爱国心。

4. 赞美中国历史上民族英雄的事迹，以鼓励学生牺牲奋斗的精神。

5. 研讨中国晚近文化低落的原因及其解放的途径，以唤起学生的自觉与自救。

（乙）借历史来分析国际政治的大势以谋抵抗者。

1. 说明东西各文明国家建国的经过及其今昔文化的演变与比较，使学生了解其历史的由来而资借镜。

2. 分析当今列强政治经济的概况及其内在的危机，以及各帝国主义者间因侵略殖民地而发生的矛盾关系，使学生能判断其成败的倾向。

3. 罗列世界各弱小民族自求解放的奋斗过程并讨论其前途的展望，使学生能一致奋起而自求民族的解放。

4. 指明各帝国主义对华侵略的计划，使学生了解其进攻的途径而能筹措我抵抗的方针。

5. 阐扬近世欧美各国科学的文明，使学生打破我固步自封的观念，养成其迎头赶上去研究科学的志尚。

三、非常时期历史教材的选择

关于历史教材的选择，晚近以来，本是主张不一，意见纷歧。在新史学方面的人们是摈弃名人传记及英雄主义的崇拜，他们的观点认为个人是不足以推动全社会，社会才可以支配个人。然而站在旧史学的观点的人们看来，又以为伟大的人物与整个的社会的表现是相互对应的，所以弄到一般教材的标准就无所适从了。但是现在我们须知道历史教学与研究历史是可以分为两途，即是说以史观来研究历史是学术的问题，而历史教学乃是教育的问题。当此非常时期，我们对于无益于民族生存或甚至于妨害民族发展的史迹，是应该剔除一尽。如其能借作复兴民族精神的资料，那末就该特别的提倡。我们依归上列的目标，对于历史教材选择的标准在本国与外国两方面，首先应特别注重下列的几个原则：

（A）关于本国史方面：

1. 须能培养民族的精神者，如叙述中华民族建国的经过，使学生了解中华民族光荣的历史。

2. 须能激发爱国的情绪者，如讲述鸦片战后，我国割地赔款，屡结城下之盟，势力范围的划定。与夫不平等条约束缚的由来，以及东北的沦陷与夫帝国主义者疯狂侵略的行动。

3. 须能巩固统一的思想者，如西晋有八王之乱，而引起五胡的大患；因有五代十国，而引起契丹的横行；因党争的尖锐与流寇的叛乱，南宋终至于灭亡。

4. 须能鼓励冒险的伟大精神者，如张骞、班超之通西域平鄯善，郭子仪的单骑见回纥及郑和的远征南洋。

5. 须能阐扬固有文化者，如秦汉以前学术思想的发达及秦汉以后各种事物的发明，说明国人对于世界文化的贡献。

（B）关于外国史方面：

1. 须能借作分析列强政治经济的大势者。如英国殖民地的动摇，法西斯与共产党的对峙，以及苏联的新经济政策，战后世界赔款与债权问题。

2. 须能借作判明帝国主义侵略政策的矛盾者，如昔日英法在亚洲与美洲的争逐，以及英美法德四国所唱三A、三B、三C、三S的策略。美国门户开放的主张，以及日本的大陆政策。

3. 须能引动中华民族自求解放者，如朝鲜印度的革命及目前埃及和叙利亚的独立运动。

4. 须能启发中国的文化者，如十九世纪以来欧美科学的发达。

5. 须能改进中国人民思想及习俗者，如十九世纪以来欧洲自由平等博爱的思想及近代各国政党斗争的态度，与社会的秩序。

总之非常时期历史教材选择的标准应以提倡民族精神为主，使其自强不息，才合乎时代的要求。本题意义重大，笔者略具刍议，谫陋之处，自然不足以餍人意，但是区区之念，只愿献诸高明，借作商讨。

（载《历史教育》1937年第2期）

教科书减价问题

行　安

教科书减价问题，是颇值得商量的。因为这一问题，关系于普及教育，殊为重大，未可忽视。教部前曾饬令各书局，将教科书定价核减。书业公会以纸张原料上涨，不能照办。对于此事，前日市教会列举教科书应减价理由，吁请各书局实行减价。翌日书业公会又申述不能减价理由，对教育会所陈各点，加以答辩。以此看来，书业方面，不愿减低教科书定价，是很显然的。

教科书定价，应以最廉价格发售，这理由是简单的。一、教科书为普及教育的工具，非以廉价出售，不能普及。二、教科书须定价低廉，以减轻学生的教育费，使一般人易于就学。三、教科书销路甚大，廉价发售，仍有厚利可得。四、书业负有促进教育的使命，对于教科书，尤应特别克己。

然而教科书在书业方面，每视为“奇货”。这只须一看各书局的争发教科书及过去竞争的情形，即可明白。教部饬令各书局，将教科书定价核减，此举殊善，各书局若能顾及我国教育前途，应立刻遵办才是。但书业公会，以纸张原料上涨为理由，不愿实行减价，这未免使人失望。

教科书能不能减价，须视成本为转移。教科书的成本多少，非外行人所得明白。据市教育会的计算，世界《初小国语》第三册，仅一分八厘，商务《初中国语》第三册，仅一角二分七厘。而前者定价六分，后者定价九角，可见获利是颇厚的。即依书业方面所说，此不过为一部分成本而已，还有其他费用。今假定前者成本为三分，后者成本为三角，与售价相差尚远，再减低一些，想是可以的。

“属会以为同业必须先谋维持生存，方能对教育有所贡献”，这话自然是不错的。叫各书局牺牲血本，来推销教科书，无论谁都不愿意。然而另一方面，将“生意眼”全放在教科书上，怕也是不该的。试问各书局的发行教科书，抱着怎样的态度？为教育而服务的成分多，还是为赚钱的成分多？

故教科书减价问题，在不亏本的原则下，还是希望书业能多少减一些。这对于各书局，或不免有若干影响。但对于普及教育，便有很大利益。即撇开大问题不讲，近来一般学生家庭，子女教育费负担极重，各书局若能将教科书定价，实行核减，这在求学者，真是受惠不浅。

（载《申报·谈言》1937 年 4 月 5 日）

谈教科书减价问题

某书局重要职员，为教科书减价问题，发表谈话云，自前清推行新式教育以来，教科用书向由书局编印。去年教部召集商务、中华、世界、正中四家，赴部商印部编教科书。政府既决定自编，在教育立场上各商应尽力辅助，遂毅然与教部订约印行，并愿分年担任协助编辑费十万元，以期部编教科书得以早日完成。订约后，对部编书即尽力赶印，并充分备足存书，以备各地学校采用。只以各科课本现在尚未编成全套，存书一时难甚售完，各家搁置资本，不在少数。若云借此谋利，实谈不上。至外间有谓教科书定价过高者，要知无论任何营业，其成本决不能以单纯的工料计算。况在他业存货，至不得已时尚可照本卖，而书本失效或不合时宜时，即等于废纸。且教科书在初编时，固然销数甚大，但至多三年，即须改编一次，每当改编时，旧教科书因失时效，均须切毁。民国二十二年《新课程标准》颁行时，上海出版教科书各家切毁之小学教科书，达八千余万本之巨。倘平时定价不以此项损失计算在内，则三年以后，部编教科书修改时，印行各家，势弃倒闭不可。又近来纸价飞涨，新闻纸几涨一倍，而书业因恐增加读书界之担负，影响教育，并未稍增书价。外间批评，实由于对书业情形太为隔膜之故。

（载《大光图书月报》1937 年第 1 卷第 5—6 期）

书业公会详述教科书不能减价之理由

日昨各报，曾登有市教育会减低教科书价运动之文件。兹向书业公会调查，据称：该会日前奉到市社会局，发下市教育会关于此事之呈文，业已详叙不能减价之理由，呈复在案。兹向该会索得呈稿，附载于下：

呈为遵令呈覆事，窃属会于三月廿四日奉到钧局市字第六一〇七号训令，内称据上海市教育会等，呈教科书应减价发售理由书一份，令饬属会查核具报，以便转呈教部等因。奉此，查前奉钧局转来教部训令，饬将教科书定价再行核减。当因纸张原料价格飞涨，曾于三月六日具文胪陈不能再减书价之理由在案，谨再按上海市教育会等指摘各节，分别答辩如下。

（一）书价

查阅该会等之理由书，其第一项有“教科书为普及教育之工具，当此扫除文盲之际不应涨价”等语。但属会各会员书店所出之教科书，自奉到教部图书划一出售办法后，均已遵令按照原有折扣，改定实价，并将各书实价先后呈报教部备案，从未增加教科书售价。该会等所称涨价一节，全与事实不符。

（二）部令

该理由书第一项有“教育部在廿五年二月间，曾通令各书局废除码洋，改售实价，并依照成本，轻减售价，以轻学生家长负担。各书局曾将部令登诸报端（三、四、五月间），并谓遵照部令云云。岂知书商将上半段居然奉行，将回佣等缩减，而下半段竟已忘却，反因教育部之令成变相加价之护符”等语。据属会所知，关于教科图书改售实价一事，教育部仅颁布《教科图书及其他图书划一出售办法》，并未有其他通令，曾于廿五年六月由属会将该办法刊登上海各大报。查该办法第四条规定，已出版书籍因原有折扣而定价较高者，应即由各该出版者核减，另定实价，标明于底里面，将来纸价涨落，或其他原因必须增减定价者，出版者仍得酌量增减之。但门市须照最后增减之定价出售，不得折扣或抬高增减定价者，如系教科图书，并应随时呈请教部核准。属会各会员书店均已遵令将有折扣各书分别核减，改售实价，且有向无折扣之书亦酌量减价，以副教部提倡文化之意。至教科图书原有定价，在世界各国中，最为低廉。二十二年以来，因纸价低落，同业竞争激烈，小学教科书售至六折，中学教科书售至八折。自去年四月间奉到部颁办法后，随即遵令废除折扣，改售实价。不料改价未久，而纸价涨风甚炽，较前贵一倍以上。依据部颁办法，纸价高涨之时，可以增加书价。但念书本为教育之重要工具，非至万不得已时决不愿涨价，以增加学生家庭之负担。而该会等反谓发行教科书之书局，因教育部之令，成变相加价之护符，毋乃离事实太远乎？至该会等所列同行回佣表，谓旧回佣最高为百分之四十，普通为百分之廿，新回佣本埠为百分之十五，外埠为百分之廿五，亦与事实不符。查属会各会员书店给予同行之回佣，向来多数在百分之十至百分之廿之间。有从前各家之回佣表可凭，间有高至百分之二十左右者，其故有二：一则较小之同业，分量较少回佣稍大；二则酬给少数特约经销之同行不能以此例外而视同全体之通则。且自属会将回佣订明于业规之内，则从前回佣较业规稍高者，纵可略减。而较业规为低者，转须增加以期一律。故从大体言，新旧回佣实际上绝少差别也。

（三）教科书之成本

据该会等之理由书第三项谓，教科书成本颇轻：世界书局所出之《初小国语》第三册，每册成本仅一分八厘；商务印书馆所出之《初中国语》第三册，每册成本仅一角二分七厘二。其所开成本，道源极多，容后再论。兹就其所谓成本加以分析，亦错误百出，谨择尤举例如下：

（1）纸张。印刷通例，每印一千张，须加废纸若干张，作弥补印刷上各项损失之用，俗称升头。此升头之纸，当计算在成本之内，而该会仅照书本页数计算成本，错误一也。

（2）纸价。照目前纸价四十五磅，报纸每令约五元四角，七十磅国产道林纸，每令约十七元。而该会谓目下市价前者每令五元，后者每令十四元，错误二也。

（3）印工。据商务印书馆、世界书局报告，教科书每令印工成本至少一元五角。外间小印刷店，因不照工厂法办理，职工待遇较薄，工作时间较长，且设备简陋。在平时固有每令仅收印工八角者。但自本年二月十六日印刷同业公会登报通告，照原定价目增加五成后，每令印工亦须一元二角，乃该会谓每令印工仅需八角之成本，错误三也。

（4）编辑费。该会谓照五千本计算，商务印书馆所出《初中国文》第三册每本仅需编辑及广告费二厘，是则该书编辑费连广告费在内只需十元。而平均计算，编辑费、广告费只需五元，相差数十百倍，与事实显然不符，错误四也。

（5）售价。商务印书馆所出之《初中国语》第三册，原定价九角，早经改售实价七角二分。而该会谓该书每册实售八角一分，错误五也。

以上仅就该会所谓成本加以分析，实仅其中之一部分，而错误已多。试再将该会对教科书之成本漏计各项，分别说明如下：

（1）失效旧书之损失。查教育部《修正教科图书审查规程》，订定小学用书每四年重审一次，中学用书每三年重审一次。重审后应印行新审定之书本，所有已印之旧书，因停止发行，只得切毁。此项切毁数目，据各大书局报告，约当全年销售之数。照每年平均担负计算，小中学书因上述关系，每百本约损失二十五本以上。换言之，每本成本即此一项，须加重百分之二十五以上。而该会所计之成本，竟未列入，此遗漏者一也。

（2）回用及账款。该会明知书业售给同行之书有回用办法，每本仅能照售价实收百分之八十五至百分之七十五，此外尚有账款损失。营业愈大者，账款亦愈大，其损失亦愈大。盖各书局长年放出之账，几与其全年营业数相等，呆账死账，为数甚巨。而该会亦未计及，此遗漏者二也。

（3）管理费。查该会等所计算之成本除直接成本外，只列广告费一项。但事实上尚有种种管理费用。例如谋教科图书之改善，有设立固定编辑机关之费用；为谋教科书流行普遍，有设立发行、批发等机关之费用；为主管账款，有设立会计、出纳各机关之费用；为备供应之需求，有设立进货造货栈务各机关之必要。此外尚有各项税捐负债利息及其他开支，凡此等等，莫不在在需款。据属会所知，各大书局之全年管理费用，约占全年营业总额百分之二十至三十不等，而此巨大之数额，该会等非内行不甚明了，亦无足怪，此遗漏者三也。

（4）纸张。该会仅知已印成书本之纸张应计算在成本之内，而不知除书本已用之纸张外，尚须储存巨量纸张，以为陆续加印之用。据属会调查发行教科书各家，每年因印教科书而须常存之纸张，约当全年教科书销售之数。即每本教科书至少须备两份之纸张，其备存未用之一份，利息栈租保险各项，所费均属不赀。此遗漏者四也。

（5）存货。无论任何商业不能不有存货，书业中经营教科书者，其必要之存货为数尤巨。据属会所知，教科书之存货，至少每销一份须有三份之存货。假定全年销数为一百份，其存货之总额即为三百份。其中一百份为总公司存货，一百份为各省分馆局存货，一百份为在运输中之存货。我国幅员广阔，而交通又极困难，由上海运至边疆各地，动辄需时数月，甚至在半年以上。故各分馆局及在途存货，非备足一年难免有缺书之虞。此项备存两份之教科书，利息栈租保险各项所费亦复不赀，而该会计算成本仅列一份，而忘却其他两份，此遗漏者五也。

（6）其他。除上开五项外，其遗漏未计之成本，举其大者尚有房屋、机械器具等之折旧，虫伤鼠蚀及运输中途之损失，合并计算，数亦可观，诸如此类，举不胜举。而该会等计算之成本均付缺如，此遗漏者六也。

总观上开各节，可见该会等所计算之成本，不仅本身错误甚多，不能自圆其说，且遗漏百出。其所谓成本者，不过直接成本中之一部分而已。该会会员皆为从事教育者，对于商情容有未尽明了之处，其计算遗漏错误，自在意料之中。至部编教科书及市政府所编识字读本，据属会承印之会员书店报告，其内容情形与该会等所述，完全不符。官厅有案可查，毋庸多辩。总之，纸张油墨为书业之主要原料，工资开销为书业之主要消耗。如纸价高昂，书业无从减低成本，即售价无从低减。属会会员中经营教科书者约十家左右，其苦难支持不能发股息者，殆在五分之二以上。现在纸张、油墨、铅锑及一切物品均大涨价，书业为商业之一，成本既增，自应涨价，安能再事减低。钧局主管教育实业，种种情形，当在洞鉴之中。属会以为同业必须先谋维持生存，方能为教育文化有所贡献，教育界不明此中情形，反欲责令减价，瞻望书业前途，危险曷极！兹奉前因，理合将教科书不能减价之情形，具呈陈明，即祈鉴核，并转呈教育部，至为公便。

（载《申报》1937年4月1日）

国立编译馆新编教科书价目决定之经过

二月九日南京某报著论，谓四大书商印行之国立编译馆自编教科书，其实价与书商所自出者同样高贵，并对于教部员司，肆为诬蔑之词。兹据教部重要人员发表负责谈话云："本部对于教科书定价之减低，历来甚注意，以往时教科书定价确实过高，故曾屡向书商劝说，促令酌减。同样小学教科书在五六年前，每册定价一角者，自去年起，均减低至每册六分左右，且页数增加，已非往时可比，此为彰明较著之事实。至编译馆编订之小学教科书，系交由正中、商务、中华、世界四书店出版，其定价乃由本部教科用书编辑委员会委员杨振声、雷震、马宗荣、顾树森四人，共同与正中代表陆品琴、商务代表李伯嘉、中华代表王祖廉、世界代表陆高谊四人，在部中开会郑重商定。初小国语、算术教科书每册定价六分，高小国语教科书每册定价一角，几经磋商，始获各书店之同意。当时编委会各委员，主张初小国语教科书每册定价四分以下，高小国语教科书依此类推。各书店代表则坚主初小国语教科书每册定价一角，高小用书依页数照加，其理由为：（一）教科书成本非他种书籍可比，绘图、缮写、工细印刷、装订、广告、运输等费，均须计算在内；（二）教科书不易预计销数，故必加倍印刷，发行时往往仅能销出其一部分，存货消耗实多，亦不得不酌算入成本内；（三）教科书之发行，假手同业，不能不给予批发照价六折之利益，定价六分，书店实只收三分六厘。而规模较大之书店，向外埠及偏僻地域推销，事务方面之开支复多，亦不能不算在成本内；（四）编译馆所编教科书，每三年须修改重印一次，至重印时版既须改，存货又不能再销，亦多消耗；（五）各书店为希望续编各种中小学教科书，以期出版齐全起见，预备每年协助编译馆以外编辑人稿费二万元，由四家分担，以五年为期，订入合同，双方遵守，则编辑费用，亦不能不计入。各该书商且表示如定价过低，即无法代印与推销。各委员以其所言，初非空词搪塞，势不能不予以考虑，故折衷定价如上。此乃经绝对公开讨议而决定之价格，决非任何人所得上下其手者。且所云国立编译馆教本与书商自编之教科书同样高贵，亦殊不确。兹将各书店印行之国立编译馆教本与各书店自编教本价目比较如次：

甲、编译馆所编教本

《高小国语》第一册，七二页，加封面二页，定价一角。《初小国语》第一册，三二页，中有彩色图四页，加封面二页，定价六分。

乙、各书店自编本

（一）开明　《高小国语》第一册，四五页，加封面一页，九分；《初小国语》第一册，二七页，中有彩色图一页半，六分。

（二）中华　《初小国语》第一册，二七页，中有彩色图页，六分。

（三）世界　《高小国语》第一册，六一页，封面二页，一角二分；《初小国语》第一册，二七页，中有彩色图二页，六分。

（四）商务　《初小国语》第一册，二六页，中有彩图二页，六分。

由上可见，编译馆教本定价实较书店自编本为低，且编译馆所编教本，后数册页数虽增加较多，而依当时决定仍不得因之增加书价。近两月来，本部曾向规模较大之书商切告，促其继续减价，惟近来纸张来源发生剧变，纸价突然高涨，续减之议，一时尚未实现。惟本部仍坚持纸价纵涨，小学及民众教本不得增价。以上情形，外间或未尽悉，兹故不惮词详，以明真相。

（连载《申报》1937年2月15日、16日）